二二八歷史教育與傳承

學術論文集

目　次

出版序

二二八事件紀念基金會執行長　**楊振隆**

　　二二八事件62週年前夕，二二八基金會與高雄市政府於高雄合辦「二二八歷史教育與傳承」學術研討會。為期兩天的研討會，由年輕世代研究者及學校教師擔綱發表論文，以二二八為核心，由不同層面探討二二八、國家暴力及人權教育的落實等議題，並從教學實務與抒發感想、集思廣益，表達接續及實踐「傳承歷史」與「人權教育」的重要意義。

　　隨著1987年的解嚴，台灣政治社會氛圍的逐漸開放，違反人權的政治事件與歷史禁忌相繼浮出檯面，發生於62年前之二二八事件真相一一揭露與平反，乍看到自由、人權與民主的曙光。儘管如此，但因事實真相未明、元凶責任未清，轉型正義未能實現，致使台灣在歷史與人權教育的推廣上遭遇阻礙及困境，甚至史實遭到嚴重的扭曲與誤解。基於此，本會夙力於深耕台灣文化、傳承歷史教訓、推廣人權教育，期透過學校、社會教育的撥種與深耕，釐清歷史真相、記起歷史教訓、喚起台灣主體意識，透過教學讓公平正義及人權意識抬頭，讓普羅大眾體驗與瞭解自由民主與人權價值的真諦。

本會自2004年轉型後，積極落實與推展二二八相關之台灣主體歷史及人權教育，將人權之核心理念與台灣歷史教育融入社會、學校及生活教育中，現今已有卓越成效。除此之外，更積極與國際人權組織接軌，建立國際交流之人權平台，讓國際社會瞭解二二八與台灣民主化之歷史經驗與重大意義。

　　本會秉持傳承教育的使命及推廣人權教育的理念，研討會特邀年輕世代碩、博士研究生及學者與北、中、南及離島之在職教師，以二二八事件為主體，分「媒體觀點」、「文化藝術」、「事件研究」、「轉型正義」、「影片賞析」、「教育現場座談會」6大議題進行研討，彙集多方學術專業及教學經驗共同現身說法，並與會場來賓互動交流，交換經驗，分享心得，除專業知識的探討並瞭解目前學校人權教育實況，進一步檢討與評析鄰近國家－韓國人權教育之成功實例，作為未來台灣落實人權教育之施行參考方向。

　　「歷史教育與傳承」是一項極為重要且必須持續努力的歷史任務。只有透過教育的宣導，回顧歷史、學習新知；透過教育的傳承，銘記歷史、記起教訓；透過教育的啟發，正視歷史、以史為鑒，進而汲取他國經驗，反省自身國情。期望透過本論文集，拋磚引玉，鼓勵台灣民眾關注與認識人權相關議題，並提供當局正面思維，從而真正落實二二八歷史教學及人權教育，傳承台灣自由、人權與民主之核心價值。

開幕致詞

二二八事件紀念基金會董事　張炎憲　先生

　　院長、院長夫人，各位二二八受難者家屬，各位研究者、貴賓、先生、小姐，大家好！今天研討會是二二八事件紀念基金會所主辦，基金會舉辦這類型研討會，可說是第3次了。二二八事件紀念基金會在2007年二二八事件60週年的時候舉辦了第1次，接著，2008年時辦了第2次，今年是第3次。第一次辦的時候，我們探討「轉型正義」；第2次辦的時候，我們探討在國外，諸如德國、韓國，他們怎麼處理？德國面對他們歷史上最悲慘的事件—納粹屠殺猶太人，德國怎樣來處理？而在韓國，1980年發生5‧18光州事件、1948年發生4‧3濟州事件，面對這些事件，韓國人是如何來處理？用外國的經驗，作為我們台灣面對二二八事件時，應該怎樣進一步追求真相、追究責任的參考。今年舉辦這場研討會，主要是要進一步將二二八的精神與研究，一代一代傳承下去。基於此，這次邀請較年輕一輩的研究者撰寫論文，以及站在第一線的國小、國中，和高中的老師，以親身經驗，說出他們如何教導二二八事件，以及所遇到的困難。

多年來，二二八事件紀念基金會做了非常多的事。過兩天就是2月28日，很多政治人物也乘機討論二二八事件。因此，有必要報告二二八事件紀念基金會這幾年來作了些什麼。1995年，李登輝總統在二二八紀念碑前面，向二二八事件受難者家屬公開道歉，隨之立法院通過《二二八事件處理及補償條例》。政府據此成立二二八事件紀念基金會。這是二二八平反運動的重要成果，也是關鍵性的一步。1997年，立法院通過二二八國定紀念日，台北市成立二二八紀念館。2003年，陳水扁總統頒發回復名譽證書，恢復二二八事件受難者的名譽，還給他們清白。二二八事件紀念基金會自1995年成立至2001年之間，是以發放補償金為主。2001年之後，基金會漸漸改變轉而注重歷史、文化教育，和追求歷史真相與責任。在2001年、2002年、2003年，二二八事件紀念基金會和國史館共同出版18本《二二八事件檔案彙編》。自2003年，基金會成立二二八真相研究小組，追究二二八事件的責任歸屬，經兩年多的努力，在2006年出版《二二八事件責任歸屬研究報告》一書。報告中說明「蔣介石是屠殺台灣民眾和菁英的元凶」。這本書出版後，引起很多討論。因為二二八事件的責任歸屬如果無法追究清楚，二二八事件的真相就無法釐清。二二八事件紀念基金會為達到這個目的舉辦了3次研討會。2007年，「補償條例」改為「賠償條例」，從補償到賠償，意義有重大改變，表示中國國民黨政府在當時犯了重大過錯，應負起責任。由此可知，2001年之後，二二八事件

紀念基金會慢慢地轉型，轉為推廣歷史文化教育和追究責任，希望在追求真相時，也追究元凶，並進一步能夠成立國家級的二二八事件紀念館，這也是二二八事件受難者家屬長期以來的願望。雖然台北市、嘉義市皆有紀念館，但那僅是縣市級的。數年來，二二八受害者家屬積極推動建館的運動，終於在2007年2月28日，國家級二二八紀念館揭牌成立了。

　　二二八事件紀念基金會在轉型過程中，認為賠償雖然重要，但「金錢」並不能撫平二二八受難者家屬六十幾年來的傷痛，因此致力二二八的歷史教育，認為這是追求轉型正義的重要工作。二二八是台灣人共同的資產，不分黨派、族群、性別、階級、來台前後，都應該瞭解二二八的歷史是中國國民黨屠殺台灣人民的事件，中國國民黨必須負起責任。多年來中國國民黨面對這個問題時，都想解釋成符合他們黨的利益的說法。但依史料、史實來看，鎮壓台灣人的元凶是蔣介石，要負最大的責任。二二八事件紀念基金會不管將來怎樣發展，基金會應稟持社會正義、維護民主人權，繼續追究歷史真相與責任，扮演推動者的角色。

　　基金會雖然做了很多，但民眾和媒體可能還不很清楚，所以今天我才稍作介紹，回顧過去種種，作為開幕式的致詞。感謝各位、感謝院長，因為院長在擔任立委時，對二二八的賠償條例用了很多心力，所以我們今天邀請他來作專題演講。感謝各位前來參加這次盛會，謝謝各位！

主題演說

前行政院院長　張俊雄 先生

　　我們二二八基金會敬愛的張董事，以及咱二二八事件的受害者的家屬，各位學者、老師，各位貴賓，各位女士先生小姐，大家早安，大家好！

　　二二八事件 62 週年的前夕，二二八基金會和高雄市政府共同舉辦了這場以二二八歷史的教育和傳承作為主軸的研討會，俊雄受主辦單位的邀請，進行主題演講。這場研討會對台灣歷史的意義是非常重要的！

　　1947 年的今天，就是二二八事件發生的前夕。當時國民政府來到台灣，經過不過一年多的執政，就讓台灣同胞對長年祖國的夢想破滅，且陷入非常絕望的局面裡。而台灣人民不滿的情緒，在兩天後因一件偶發的事件，引起台灣從北部到南部全面的抗爭，不過，還是敵不過國民政府軍隊武裝的鎮壓。我們知道長年以來，有很多很多的人為此犧牲他的生命，也犧牲他寶貴的自由。而接踵而來的是全世界最長的國民黨戒嚴體制—整整38年。藉著國家的暴力，任所有侵害人權性命的事件不斷發生。比如最出名的白色恐怖事件、陳文成命案、美麗

島事件、中壢事件等等……，通通讓戰後台灣的人權記錄留下無法抹消的污點。

　　二二八事件發生後的第2年，聯合國通過《世界人權宣言》，明確表示人權是普世的價值，並宣揚民主自由的理念。然而縱然當時聯合國宣布了《世界人權宣言》，而台灣的執政者仍然我行我素，不予理會，逆向操作，實行了長年的專制獨裁和恐怖的統治，讓人權的理念長期受到壓抑。儘管如此，隨著國際民主潮流的衝擊，以及海內外台灣人民的打拼和努力，終於逼執政者在 1987 年解除戒嚴，接著在 1992 年實行人民直選總統；2000 年完成第1次政黨輪替。以此看來，台灣是一步一步地走進了民權國家的軌道。雖然從正面看是如此，但不要忘記，畢竟40年來，台灣在黨國體制和國家暴力的歷史陰影下，時常帶給很多人民無法克服的障礙和無法達成的目標。

　　以二二八事件為例，對二二八事件的處理，就如同剛剛召集人二二八基金會張炎憲董事所言，當年李登輝總統代表國家向受難者暨家屬道歉，有立法、有行政的補償、有紀念碑、紀念牌的設立，但這些皆是二二八事件真相調查的工作，而二二八事件到底是歸屬於誰的責任，始終沒有辦法追究。這使我們二二八的被害者和受害家屬產生一種感想—政府好像只是用錢來敷衍，並不是認真地、真正地對歷史事件的真相來作反省，沒有對事件的責任者來作釐清，讓我們無法從黑暗的歷史中走出來，無法向人權國家邁進。它常常沒辦法面對這個歷史

事實的眞相，逃避這個責任，也因此致使台灣沒有辦法眞正地走出這個歷史的陰影，進入民權的國家行列。舉個簡單的例子：我們想要成立一個「國家人權委員會」，聯合國認爲人權是普世的價值，既然是普世的價值，那我們要成立一個「國家人權委員會」就是天經地義的事。但是各位，「國家人權委員會」遇到了多少的阻礙？結果截至目前爲止，仍是遙遙無期，胎死腹中。

　　像剛剛張董事表示，我們的隔壁鄰居韓國發生了光州事件、濟州事件，韓國將光州事件眞相本身和責任歸屬處理的清清楚楚，並設立了「國家人權委員會」。它成立在前，不管對光州事件，對濟州事件，事件的眞相處理地清清楚楚，也釐清責任的歸屬，轉型正義的價值就在這個地方上建立起來。若就這方面，將台灣和韓國來比較，說眞的，台灣是沒有辦法和韓國來作比較。我們對於本身轉型正義的價值始終不願去面對，甚至去掩蓋事件的眞相，我們逃避應該負的責任，因此無法眞正地撫平傷痛，無法眞正地走出這個歷史的陰影，無法眞正進入人權、普世價值的地方。

　　說到這點，我們非常感謝二二八基金會這幾年的打拼和努力，從 2004 年 10 月以後，二二八基金會的補償業務大致告一個段落，基金會開始對二二八事件歷史眞相的研究，對歷史的傳承、教育推廣方面，作新的努力。而今天之所以舉行這場研討會，主辦單位特別選定台灣民主人權之都高雄市來舉辦這場

研討會，再一次肯定、彰顯高雄市對過去台灣民主化運動的貢獻，這個意義是非常深沈和重大的！民主價值的基礎，一定要靠歷史的傳承，一定要靠教育的力量，在台灣一代傳過一代。政府若沒有辦法以很虔誠、很謙卑地態度來面對過去所犯的錯誤，還不斷地去扭曲、去逃避事件的真相，是無法真正地走出陰影，因此，一個民主自由國家的建立，是非常的困難的！

　　基於此，本人覺得今天舉辦這場研討會是非常具有意義的！二二八事件發生後，高雄也發生美麗島事件；像我長年居住在高雄，並曾擔任高雄事件的辯護，在此對二二八事件的受害者和被害者的家屬表示最大的肯定，最大的感恩。今天我特別回來高雄，誠懇的期盼藉由本次研討會拋磚引玉，影響台灣和其他的國家。像韓國等國家，他們對民權事件歷史的處理態度，啟發、教育台灣民眾及傳承我們的世世代代，讓我們的執政者能夠認真去面對、思考人權教育的落實，以及傳承的重要性。

　　在此，特別感謝長久以來研究這些問題的學者，尤其今天有很多年輕一輩的老師共同參與，所以今天是以「二二八歷史的教育和傳承」作為主軸的研討會，希望二二八事件的歷史教育能夠透過教育的傳承一代傳過一代。唯有透過傳承歷史，我們才能夠作認真的反省、檢討，走出歷史的陰影，走進人權普世、民主自由的價值之中。再一次對研討會所有參與的教授、老師，和所有的人士，表示我心裡對大家說不完的感謝，無限的祝福，祝福各位，並預祝大家平安喜樂，謝謝！

閉幕致詞

二二八事件紀念基金會董事　張炎憲　先生

　　首先，我要替二二八事件紀念基金會說幾句話。在今天（2月27日）和昨天的報紙，有很多人對二二八事件發表不少看法：馬英九先生說要立法院通過二二八預算等；有位中國國民黨立委說二二八事件紀念基金會沒有作什麼事情，所以不給預算。這是不是說二二八事件紀念基金會不配合馬政府，就是沒做什麼事。我要說明基金會到底做了什麼。

　　1995年，二二八事件紀念基金會成立，到現在已經14年。基金會成立的時候有四大目標，第一是補償；第二是撫慰；第三是追求真相；第四是族群和解。就這四大目標來看，早期大部份是以補償為主，並對二二八受難者及其家屬，舉辦多次聯誼會，讓家屬感受到溫暖，另外也強調族群和解。2001年之後，基金會開始改變，從事發掘新史料、出版書籍、舉辦研討會、追求真相與責任的工作。至2004年10月，補償業務結束之後，基金會轉型為推廣教育文化的工作。這些工作的意義與目的，是由於二二八事件是影響台灣極為深遠的重大事件，光靠補償不能解決問題，補償之外，應該要作的是歷史文

化的重建工作。二二八事件紀念基金會成立時，規定在補償業務結束之後就要解散，但因業務已由補償轉型為教育推廣，為建造台灣成為一個公義和平的社會而努力，所以有繼續存在的必要。目標改變之後，基金會在最近幾年，積極拓展國際人權交流，與韓國交流即為其中成功的案例，希望藉此汲取外國經驗，作為台灣解決二二八問題的參考。近幾年來，二二八事件紀念基金會在追求歷史真相與責任歸屬的問題上，著力甚深，也有顯著成果；與韓國人權團體的接觸和交流，也有具體成效。某些人不求瞭解，就說二二八事件紀念基金會沒做什麼，這是很不負責任的說法，造成社會大眾對基金會的誤解。

　　雖然二二八事件已經是62年前的事情了，但至今仍然無法完全走出陰影。馬英九每年遇到二二八的時候都會發表感言，表示他想接近二二八，拉近二二八受難者的感情。若陰影不見了，他根本就不需要刻意說話，也不用緊張或擔心今年來高雄參加二二八中樞追思紀念時，會被人丟鞋子。依報紙所說，國安人員對此次維安，滴水不漏，戒備森嚴。這表示二二八的苦難與陰影仍存在於台灣，中國國民黨的馬英九才會那麼提心吊膽。

　　我認為二二八事件紀念基金會轉型是很好的方向。但是問題是這樣的工作該如何繼續下去？今年6月底基金會董事面臨全面改組，因此7月以後新董事會會怎麼做？實在無法預料。但有幾項可以繼續做。第一，繼續觀察馬英九的言行，馬英九

面對二二八事件時，總會說出一些回應，可是我們要觀察他是不是光說不做？我們要聽其言觀其行。第二是結合民間力量。有錢出錢，有力出力，加強二二八研究，推動二二八的歷史文化教育。釐清二二八的史實，追究二二八的責任。第三，加強文化藝術的創作。鼓勵作曲家、戲劇家、美術家、文學家等，以二二八為主題來創作，拍出好的電影，演出好的戲曲，創作好的音樂，寫出好的文學作品……等等，藉由音樂、美術、戲劇、文學、舞蹈，喚醒台灣人的心靈，重建台灣人的自信與自尊。台灣是我們的國家，我們要讓台灣成為和平、公義、自由、民主、人權的國家，就必須堅持理想，拼命去做，才能真正走出二二八的陰影，不然怎麼說都是表面的。

　　這兩天的研討會，是延續3年來的活動，明年是不是還能順利舉辦，我們無從得知，但最重要的是我們必須要繼續堅持下去，要發揮民間力量，轉化二二八的精神，成為創造台灣文化和建立美麗國家的動力。這8年來，釐清二二八史實和追究二二八的元凶，雖然已有成果，但仍然做得不夠，還需要繼續努力。我們有這樣的信心，必然能夠達成我們的願望。謝謝各位！

從《人民導報》看戰後初期台灣的文化適應與社會衝突

吳 純 嘉

摘 要

二戰終結，日本宣布無條件投降、國民政府派員來台接受後，短短 1 年又 4 個月的 1947 年 2 月 27 日下午，一起查緝私煙的官民衝突，因政府的處置不當，在短短數天之內就演變成全島性的抗爭，史稱「二二八事件」。當時台灣報業主要的幾份民營報紙如《人民導報》、《民報》、《大明報》等都因為忠實報導並極力針砭政府的腐敗，而被政府視為是鼓動二二八事件的罪魁禍首之一；即使是官營的《台灣新生報》、《中華日報》與《和平日報》等也只因為言論稍有不利於政府就難逃被株連的命運。政府這種對於報業大規模的整肅行動，在歷史上是從所未見的。

《人民導報》在事件中因為「思想反動言論荒謬詆毀政府煽動暴亂之主要力量」的罪名而遭到台北綏靖區司令部查封停刊，報社中多名負責人也因事件牽連而遇害、失蹤或逃匿。《人民導報》受成員的影響，編輯取材與言論方針饒富社會主義或共產主

義的思想，從其篇章內容擔綱文本分析研究的主體，管窺戰後初期台灣種種文化差距與社會衝突事件，可以發現日產接收不公、對台民的歧視偏見、「祖國」的文化優越感、公務人員貪污腐敗、官僚特權、軍警人員法治觀念闕如、米糧嚴重缺乏等面向，皆可能是導致二二八事件發生的直接與間接因素。

關鍵詞：人民導報、二二八事件、文化差距與社會衝突

一、前　言

　　1945年8月15日，在日本宣布無條件投降後，經歷了日本長達半世紀殖民地統治下的台灣民眾，面對新的統治者——行政長官陳儀所代表的國民黨政權，從報章雜誌、個人回憶錄等各式各樣文獻的記載上，可以看出台灣民眾對於「祖國」是多麼熱情的歡迎，對未來願景更是抱持著高度期待。但在短短1年又4個月後，1947年2月27日下午，一起查緝私煙的官民衝突，因政府的處置不當，在短短數天之內就演變成全島性的抗爭，史稱「二二八事件」。為了平息事件、掌控全島，國民黨不惜派遣軍隊來台展開血腥的綏靖與清鄉行動，從台籍菁英到市井小民，許多生命因此犧牲，就算是來台的大陸籍人士，只要稍有不利政府的言論與舉動，也難逃被整肅的命運。台灣為何會在國民政府接收一年多之後，就爆發如此大規模的事

件，並造成日後民心與社會極爲深遠的影響，這是一個值得我們去深思與探究的歷史問題。

而報紙（新聞紙）[1]，它是一種總攬時事消息報導、評論、文藝、休閒……橫跨政治、經濟、社會與文化等各方面領域的傳播媒介。由於報紙以報導並評析當時社會上所發生的各種事件爲主，反映出社會輿論之所趨，可說是當時現況的第一手記錄。第二次世界大戰結束後，長久處於日本嚴屬的言論與新聞控制下的台灣知識份子，以及來台接收的大陸報人，亟盼興辦報紙抒發己見，因而造就出一波辦報的熱潮。在戰後短短一年多的時間裡，發刊的報紙、通訊社家數繁多[2]，除了由行政長官公署宣傳委員會督導經營的《台灣新生報》、及《中華日報》、《和平日報》、中央通訊社等具有黨、政、軍色彩的報社外，另有《民報》、《興台新報》、《光復新報》、《人民導報》、《大

---

1 根據1999年1月25日政府公布廢止的「出版法」第2條的解釋，報紙（又稱新聞紙）乃是指用一定名稱，其刊期每日或每隔六日以下之期間按期發行者而言。

2 到1946年1月底爲止，光台北市一地的報紙加上雜誌的聲請登記者就有39家，參見台灣省行政長官公署宣傳委員會、機要室合編，《台灣省行政長官公署三月來工作概要（三十四年十月二十五日－三十五年一月二十四日）》（台北：台灣省行政長官公署宣傳委員會，1946年1月），頁104。到5月底爲止，登記的報紙與通訊社共計21家，以發行型態來看包括有日刊14家、通訊社3家、三日刊3家以及五日刊1家，參見台灣省行政長官公署宣傳委員會編，《台灣省行政工作概覽》（台北：台灣省行政長官公署宣傳委員會，1946年5月），頁112。到11月底爲止，登記的報紙與通訊社更達到28家，其中包括有日（晚）刊19家、通訊社5家、三日刊3家以及五日刊1家，參見台灣省行政長官公署宣傳委員會編，《台灣一年來之宣傳》（台北：台灣省行政長官公署宣傳委員會，1946年12月），頁25-33。

明報》等民營報紙及其他地方性小型報刊，這些報刊內容廣泛
報導台灣政治、經濟、社會與文化等各方面的消息，且針砭當
時的種種問題，藉由分析這些報刊之篇章內容，正可以提供我
們另一條深入瞭解台灣戰後一年多社會變遷的途徑。

二、《人民導報》的經營與時代背景

　　《人民導報》是在1946年1月1日，由鄭明祿擔任發行人，
以日刊形式於台北創刊。籌辦這份報紙的重要人士，包括了在
日治時期即參加「台灣文化協會」、積極投身政治、社會運動
的活躍份子蘇新與鄭明祿，當時擔任台灣省行政長官公署教育
處副處長、具有「半山」背景的宋斐如，宣傳委員會專員、也
是電影專才的白克，以及從大陸來台的進步報人馬銳籌、夏邦
俊與謝爽秋等人。[3] 在發刊首日頭版的社論中，闡明了《人民導
報》創報的宗旨與自我期許：

　　……離開祖國五十年的台灣，許多方面已和祖國變得生疏，特
　　別是文化方面更需要一番的調整……台灣因爲日本帝國主義實

3　根據蘇新的回憶，《人民導報》是由他和宋斐如、白克、馬銳籌、夏邦俊、鄭明
　　祿、謝爽秋等人所創辦的，而由宋斐如擔任社長，蘇新自己則擔任總編輯，參見蘇
　　新，〈蘇新自傳〉，藍博洲主編，《未歸的台共鬥魂─蘇新自傳與文集》（台北：
　　時報文化出版有限公司，1993年4月），頁63。但另參考1946年5月12日《人民導
　　報》頭版所刊登的「白克啓事」：「本報創刊時本人謬任總編輯一職，惟是才疏學
　　淺，徒樹虛名，毫無建樹，業於三月間辭去該職，深恐外間不明，有所誤會，特此
　　聲明」，推斷蘇新應該是自該年3月間才接替白克，擔任《人民導報》的總編輯。

施殖民地政策奴化教育的結果，充其量只完成了文化的畸形發展。台灣文化的正軌和合理的發展，還有待於此後的開拓。

然而台灣自有台灣特殊的文化存在，台灣文化還承續著漢明的正統。只是它的發展中途爲日本帝國主義所壓抑，所閉塞，終於走入歧路罷了。所以今日台灣的文化必須側重於啓蒙，發揚，與溝通。我們有鑑於此，特創刊本報，用以啓發過去的閉塞，發揚固有的祖國文化，溝通國內外的消息與論說，宣揚政府法令，報導民間隱情以期建設三民主義的新台灣。本報願爲台灣文化的「掃雷艇」，新文化的「播種機」，使台灣文化走入合理的正軌。[4]

這篇〈發刊辭〉，與1月7日社長宋斐如以教育處副處長的身份在台北廣播電台播講的「如何改進台灣文化教育」一文內容大部分雷同，推測應該就是由宋斐如所執筆的。在戰後國民政府接收台灣的最初1、2個月裡，台灣民眾無不陶醉在勝利、「光復」、歡迎「祖國」的激昂情緒中，幾乎所有的報紙，也與《人民導報》一樣喊出「建設三民主義新台灣」的口號，更何況《人民導報》的創辦成員中本來就有半數的人來自於中國或擁有大陸經驗。因此，《人民導報》有這樣的宗旨與目標，並不表示它是一份不知批評的親官方報紙，而是整個大環境的趨勢潮流。《人民導報》更期勉自己以人民爲本位，做中國與台灣兩地之間文化溝通的橋樑，爲民喉舌的一份報紙：

……第一：本省光復迄今，爲時不過兩月。全省人民在五十年

---

4 社論，〈發刊辭〉，《人民導報》，1946年1月1日，第1版。

重重梏之下，驟然獲得解放，而又值政府解除言論統制，倡導言論自由的時期正不知有多少抑鬱，多少苦悶，須待訴說，須待陳述⋯⋯對於政府的措施，亦往往不盡完全了解⋯⋯徒然使人民與政府之間，增加隔閡⋯⋯今後深願本其餘力，略盡報人天職，一面爲人民作喉舌，一面導軌人民言論於正軌，儘量向政府提供合理的建議，使下情得以上達，毫無壅滯⋯⋯第二：本省同胞過去對於祖國政情，隔膜已久⋯⋯尤其對於政府政令的推行，措施的步驟，往往發生不必要的誤解，其結果適足以阻撓政令的推行⋯⋯所以本報同人，今後願以本省人的立場，對於政府本知無不言、言無不盡之義，儘量地歸納人民合理的意見⋯⋯使政府洞悉民意，認識民情，知所採擇，知所改革，以適應人民的要求，以滿足人民的希望。⋯⋯俾上意得以下宣，人民與政府之間，達於水乳交融的地步⋯⋯[5]

《人民導報》創辦人之一的馬銳籌在1946年1月6日頭版所撰寫、題名爲〈人民本位的報紙〉的星期論文，更可以印證其辦報態度：

⋯⋯我常常想：如果是作爲一張公報，像元代的雜鈔一樣，只登載『今日除某官、明日除某官』則台灣有一張報紙便足夠，否則；它要是作爲一張人民的報紙而出現，則千張萬張萬萬張還嫌少。⋯⋯人民本位的報紙，就有著不同的調子和不同的性格，它立腳于人民，從下而上，⋯⋯它反映人民的要求，它提出人民的建議，它分析人民的厲害得失，它品評社會的好壞善惡，它溝通人與人的關係，它廣播人民的聲音，總之，它是以人民的利益爲利益，它是以人民的聲音爲聲音⋯⋯人民本位的

---

5 社論，〈溝通上意下情〉，《人民導報》，1946年1月4日，第1版。

報紙，就是人民的機關報。[6]

　　由於《人民導報》站在人民的立場說話，不畏當道，亟力針砭時弊，對於政府一貫採取批判的立場，自然成為官方欲去之而後快的眼中釘。國民黨方面包括了行政長官公署宣傳委員會、省黨部宣傳處與警備總司令部，懷疑《人民導報》裡面可能有共產黨員在活動，並知道蘇新具有舊台共的背景，遂將注意力放在蘇新身上，這其間，宋斐如因此也受過幾次警備總司令部與省黨部的警告，行政長官陳儀更將宋斐如找去談話，威逼宋斐如改組《人民導報》，否則就撤換他的教育處副處長職務。[7]以刊登於《人民導報》的啟事來看，1946年5月8日頭版刊出了「宋斐如啟事」：「本人學經濟而從事文化工作經廿餘年，此次返台，因鑑於漢明文化需要振興，官民感情需要溝通，故創辦『人民導報』以為文化之掃雷艇、播種機。創辦以來尚能一本原則，為民喉舌，基礎漸趨穩固，發展可期，本人創辦初旨經已完成，特辭社長之職，以專力從事別部門之創設」，旁邊還有一則本社啟事：「本社改聘王添灯先生為社長，負責處理社務」，翌日則另有一則本社啟事「本社敦聘宋斐如先生為顧問」。[8]

　　王添灯就任《人民導報》社長沒多久，又因為在6月9日

6　馬銳籌，星期論文〈人民本位的報紙〉，《人民導報》，1946年1月6日，第1版。
7　蘇新，〈蘇新自傳〉，藍博洲主編，《未歸的台共鬥魂—蘇新自傳與文集》，頁63。
8　《人民導報》，1946年5月8日，第1版；5月9日，第1版。

21

第2版所刊登的一篇題名為「日人統治時代之暗影 又重現於今日之高雄 地主勾結劣紳警察壓迫農民 農民組織決死隊以保生命線」的高雄特訊，內容揭露「6月5日，高雄市大港村佃戶莊垂火與地主蔡胡之間因佃租過高問題發生衝突，莊垂火的鄰居、同樣也是以務農維生的張保在聞聲前來勸阻時，反遭蔡胡帶來的流氓用刀刺傷，全村農民團結對抗蔡胡，蔡胡遂找來高雄市參議員林迦及其他十多名地主研商對策，命高雄市金融課職員蔡瑞勇聯絡市警局，隔天二十多名全副武裝的警察大舉檢舉大港村，並逮捕四十多名農民，由地主與流氓組成的宋江陣也進入村裡對村民加以毒打，警察為地主的『走狗』……」事件內幕[9]，而遭到高雄市警察局長童葆昭控告控告王添灯毀謗及煽動他人犯罪。台北地方法院審判結果王添灯被判處徒刑6月、罰金600元並褫奪公權1年，王添灯不服，蒐集充分的證據後向台北高等法院上訴，但因1947年年初國民政府發布大赦令，高等法院予以免訴處分，高雄警察局也藉由《台灣新生報》撤銷了對《人民導報》的指控。[10]

在官司纏身與政府當局的壓力之下，王添灯接手《人民

---

9 《人民導報》，1946年6月9日，第2版。
10 〈王添灯無事 高院予以免訴〉，《人民導報》，1947年2月6日，第2版。蘇新，〈蘇新自傳〉、〈王添灯先生事略〉，藍博洲主編，《未歸的台共鬥魂─蘇新自傳與文集》，頁64-65、115-117。台灣省文獻委員會編，《二二八事件文獻補錄》（南投：台灣省文獻委員會，1994年2月），頁72。葉芸芸編，《證言二二八》（台北：人間出版社，1993年2月），〈三位台灣新聞工作者的回憶─訪吳克泰‧蔡子民‧周青〉，頁97。

導報》4個月後,於9月19日辭退了社長的職務,由宋斐如再
度接任社長,另外,《人民導報》也敦聘名餐飲業老闆王井泉
擔任發行人。[11] 隨著台灣政治、經濟、社會等方面的亂象愈來
愈嚴重,《人民導報》對於政府當局的批評也就日益猛烈。當
局終於按耐不住,於二二八事件發生前夕,將《人民導報》社
長宋斐如免去了教育處副處長的職務。發行至1947年3月初,
也就是二二八事件發生後沒多久,就因為「思想反動言論荒謬
詆毀政府煽動暴亂之主要力量」的罪名而遭到台北綏靖區司令
部查封停刊[12],報社中多名負責人也因事件牽連而遇害、失蹤
或逃匿,前後任社長宋斐如與王添灯先後被捕遇害,總主筆陳
文彬、創辦人之一的馬銳籌被捕入獄,總編輯蘇新、編輯吳克
泰、呂赫若與駐高雄記者周傳枝(青)等人則因被通緝而四處
逃亡。[13] 以《人民導報》的這些重要成員背景來看,其多半具有
社會主義或共產主義的思想,這對於《人民導報》的編輯取材
與言論方針自然產生了直接性的影響,與「二二八事件」有十

11　《人民導報》,1946年9月19日,第1版。

12　中央研究院近代史研究所編,《二二八事件資料選輯(四)》(台北:中央研究院近
　　代史研究所,1993年6月),〈台北綏靖區司令部綏靖報告書〉,頁189。

13　筆者根據如《二二八事件資料選輯(一)～(六)》(中央研究院近代史研究所
　　編印)、《二二八事件專號》(中央研究院近代史研究所「口述歷史」編輯委員
　　會編印)、《二二八事件文獻(輯)(續)(補)錄》(台灣省文獻委員會編印)、
　　《二二八事件研究報告》(行政院研究二二八事件小組,台北:時報文化出版企業有
　　限公司,1994年2月20日)等許多官方檔案報告,以及坊間所出版的如吳濁流、
　　蘇新等人的回憶錄、傳記與口述歷史專書整理而成。

分密切的關聯，而他們的言論，同時代表了當時台灣知識分子中一部份人的心聲，將他們集合起來的《人民導報》，其中他們所發表過論評與報導，自然也是我們在研究二二八事件時，必須去檢視的一份史料。而該報每日發行量超過1萬份，報社總部又設籍於二二八事件爆發地點的台北市，其報導對於社會更具有一定的影響力。[14]

綜合來看，在《人民導報》發行的這1年又2兩個月期間，除了要面對自身經營的艱苦外，更面對來自於政府當局的嚴密言論監控，報社重要幹部更屢屢遭受到撤換的壓力，但其對於政府的針砭，並不因此而畏縮的。

三、《人民導報》所揭櫫的文化差距與社會衝突

《人民導報》為一全方位的報刊，其內容種類相當多元，

14　當時各家報紙的發行量，缺乏一正確、公開且客觀的數字統計，關於《人民導報》的發行量目前筆者僅能根據藍博洲所寫的《沈屍流亡二二八》（台北：時報文化出版有限公司，1991年6月30日，頁267）得知，「《人民導報》的發行量突破一萬份，並行銷全省」。而將《人民導報》與同期的報紙作比較，負責接收日治時代遺留下來的印刷設備，因而得到最多行政資源的官營報紙《台灣新生報》，它於1946年6月的發行量有13萬8千份，參見陳國祥、祝萍，《台灣報業演進四十年》（台北：自立晚報，1987年10月）頁26；戰後最早創刊的民營報紙《民報》僅4、5千份，參見吳濁流，《台灣連翹》（台北：前衛出版社，1988年9月15日）頁172；當時最具規模的民營晚報《大明報》則為3萬份，參見何義麟，〈戰後初期台灣報紙之保存現況與史料價值〉，《台灣史料研究》第八號：1996年8月，頁91。因此我們可以看到《人民導報》的發行量為民營報業中的佼佼者。

其中包括有代表報社立場的社論，一般是由報社的主事者或總主筆所執寫，是報社用來監督政府施政、針砭時弊的重要管道；與社論的性質類似，呼應社會脈動所刊登的短評；由學者專家提出見解或批判，反映當時社會人們所關注的社會焦點與問題的專論；以及開闢「人民園地」一欄作為民眾發聲之場域，提供一般民眾抒發己見的管道，也給予社會大眾有參與政治、關心社會的機會。從上述文章內容，我們可以一窺當時台灣諸多文化差距與社會衝突。

（一）對於戰後台灣民眾財產的接收不公

戰爭結束後，台灣民眾對於能夠重回「祖國」的懷抱是滿心喜悅的。台灣民眾在日本統治時期被視為是次等國民，享受不到與日本人相同的法律地位和平等待遇。戰後，台灣民眾熱烈歡迎「祖國」的到來，滿心以為自己終於可以不再做次等國民了，但是由行政院所頒佈的「關於朝鮮及台灣人產業處理辦法」規定「凡屬台灣及朝鮮之公產，一律收歸國有；至於台鮮人民之私產，依照行政院頒佈處理敵偽產業辦法，予以接管。但如能提出確實證據，並未擔任日軍特務工作及其他罪行者，其私產可予發還」，以及「台灣籍人民，現已重歸祖國，中央已通令各地儘速遣送全部台民，返其故鄉，一律交台灣行政長官公署管理，不能仍留內地，或要求轉籍與寄籍」這兩項政策，將台灣人與朝鮮人並列對待，等於不將台灣民眾視為是本國公民，政府假「敵偽」、「漢奸」之罪名，可以順理成章地

將台籍民眾的全數財產沒收，雖然台灣民眾只要向政府當局提出確切的證據就可以拿回財產，但這要花費多少時間、精力和金錢？而強制在大陸上的台籍民眾返回台灣，也違反了公民權上的居住遷徙自由。從《人民導報》的社論〈再談「台胞」的身份〉一文中，我們可以看到這兩道命令造成了台灣民眾多大的憤慨：

> ……昏庸糊塗，真是滔滔者天下皆是！把台胞當作敵寇者，不僅是上海市公用局，這真該令人「怒髮衝冠」，當事人的台灣同胞不消說是更會痛憤填膺，至於每一個血輪都咆哮起來的！……台灣與朝鮮相提並論，已夠供人啼笑皆非。而台灣之遠離祖國，究竟又是「伊誰之咎」？祖國對台胞之獨絲毫沒有責任感與自咎心，卻反而把五十年來敵人所加給台胞的無情壓榨與威脅，成了台胞「敵性」的不可洗滌的烙印！……台省既為中國版圖，台民即中國同胞，凡中國國民所通用之民法，於台胞同樣適用，不得例外，寄籍、轉籍或仍留內地，台胞有充分自由選擇之權！若必欲分此畛域，則請在台省之非台籍官吏、人民全部退出！[15]

對於台灣人來說，日產的接收與處理幾乎可以與政府官員的貪污腐敗劃上等號。《人民導報》的社論〈敵產處理問題〉一文中有這樣的描述：

> 我們政府的第一件復員大事也就是接收忙，滿天價飛機，載的是我們接收大員，但一到了光復區，祇見接收的封條一貼，於是就算萬事大吉，接著就忙著「五子登科」，交際應酬，緊張

---

15 《人民導報》，1946年1月15日，第1版。

非凡,至於接收後的下文,則杳無下落,某些工廠的原料無人保管,上焉者在封條的權威下,讓它生蟲腐蝕,下焉者就偷竊盜賣,事發則一把火燒掉,省了報銷手續……[16]

上文中所謂的「五子登科」,原是指國民政府的接收人員到「光復區」專事接收金子、房子、車子、位子、女子,合稱為「五子登科」,而到台灣的國府接收人員,也將這套「準則」搬到了台灣。以台北市政府的日產接收工作為例,竟為了「便利各公務人員住宿起見」,而將封條分發給所屬公務人員自行處置,造成了一人可以封貼許多日人房屋,同樣一幢房屋被許多不同的政府機關單位亂加封貼,甚至將本省人所建築的日本式房屋也加諸封條,台灣民眾不堪其擾而群情憤慨。[17] 由於日產接收與處理工作的貪污弊端不斷,國民黨中央監察委員會、國民參政會、監察院互派委員若干人組織而成的閩臺區接收處理敵偽物資工作清查團第2組從上海搭機來台除調閱處理清點有關權案卷宗、敵偽原有財產目錄及原文財產底冊外,並向地方公正人士諮問或進行秘密調查,更鼓勵民眾以書面或口頭的方式密告貪官污吏,專賣局局長任維均及貿易局局長于百溪也因有舞弊情事而被報請行政處分並移送法院等候判決,但最後竟獲得不起訴處分並予以復職。[18]

---

16 《人民導報》,1946年2月1日,第1版。

17 〈群情憤慨 各機關濫請封條 台人住宅被封〉,《人民導報》,1946年3月12日,第2版;社論〈不拖不等待〉,1946年3月15日,第1版。

18 〈敵偽物資接收清查團 閩臺區第二組今飛省 三機關制定清查辦法〉,《人民導

（二）對於台灣民眾的性格偏見

不僅在法理地位對待上的刻意低視，「祖國」對於台灣民眾的民族性格看法，更可從行政長官陳儀在1946年1月15日公署所舉行的紀念週上的談話可見一斑。他談到台灣民眾的優缺點，優點乃是注重自治、做事認真，缺點乃是性急、器小，性急，遇事總恨不得即刻做好，器小則不能容物，認為這是受了日本50年奴化教育的影響。[19] 隔天的《人民導報》便以社論〈注重自治做事認真〉一文反駁，並認為這是大陸人歧視台灣人：

> 台灣人因為注重自治，做事認真，所以對於任何事物，常有意見，常提議論，現值光復初期，對於祖國的公文程序，辦事步驟，又不熟悉，致生隔閡，甚至於格格不入，自所難免，但願祖國同胞勿存歧視，不要像一部份台胞誤會的祖國同胞，當以征服者自居，而以被征服者視台胞……[20]

另外在短評〈相互諒解上下交流〉也提到：

> 有人還在爭「第一等國民」和「第二等國民」，也有人在分「我是外省人」、「你是本省人」，好像除此之外，就沒有天地，實在是戴上近視眼鏡，彼此都是器量狹小，風度不夠寬厚。[21]

報》，1946年8月3日，第2版；〈劉文島一行昨抵臺 清查接收工作 預定留一月望各界協助〉，8月4日，第2版；〈接收清查團昨發表 專賣貿易兩局舞弊 任維均、于百溪已移送法院嚴辦〉，《人民導報》，1946年9月13日，第2版。

19 〈公署昨舉行國父紀念週 陳長官講台胞優點〉，《人民導報》，1946年1月15日，第2版。

20 《人民導報》，1946年1月16日，第1版。

21 《人民導報》，1946年2月11日，第2版。

趁著中央派人來台宣慰的機會，《人民導報》就以社論提出忠言：

> 第一，「同胞之愛」為台胞五十年來所渴望，一切外省官員不可再有絲毫歧視，以激發一向仇視統治者的心情。第二，「漢賊不兩立」一向為台胞多年之積怨，官員的態度尤不可厚待日人而薄待台胞。第三，台灣一向慣於守法，官兵切不可有逾越法律的作為。第四，台胞歸宗祖國為日尚淺，祖國慣例辦法多未諳熟，苟有不合之處，各部主管及辦事人員，應親切予以開導。第五，台胞智識普遍而不深入，對於一切問題多有意見提出，即跡近批評，輿論可聽其表白，而加以善導與糾正。第六，台胞久困於戰爭，望治心切，故一切設施應以安定為第一義，人民生活、社會治安，及經濟活動，皆要以安定為要著。[22]

（三）「祖國」的文化優越感

接收人員假借「上海這樣」、「重慶這樣」，以文化優越感向台灣民眾誇示，使台灣民眾無知地追求上海化。浮誇奢靡的風氣侵蝕台灣社會，彷彿一顆原子彈不知何時會引爆。《人民導報》在社論中指出：

> 光復之後，中國好的東西沒有到台灣來，但壞的東西都先到了。
> 這從種種方面都表現出來。文化方面，嚴肅而有內容的新書刊物未入到台灣，而淫俗不堪的海派方形刊物卻捷足而登，美

---

22 社論，〈感謝中央關懷台灣 歡送李宣慰特使・楊監查使〉，《人民導報》，1946年2月19日，第1版

術、音樂也是這樣：新興的中國藝術，從炮火中生長出來足
以代表中國的優良東西沒有來，而上海的流行歌，或帶著幾幅
美人山水走江湖的「畫家」卻來了，使台灣同胞以爲中國沒有
文化。……文化的一面是這樣，其他的壞風尚，也像潮水一般
的湧進來，搭車不買票，看戲耍霸王，甚而有的人動不動就說
「上海這樣」、「重慶這樣」，自然有的東西是要以重慶上海爲
準的，但是，這只就在上海重慶的確是優良的東西，而台灣又
沒有的地方。而言不管三七二十一的把它吞進來，那是非常危
險的。表現最清楚的，是一般婦女的追求滬化，一日一日地向
奢侈的路上疾馳。在商場上的代表作，莫過于最近開幕的國際
大飯店，它是以台灣最華貴的姿態出現的，面掛著台北市政府
委託辦理的金字招牌。國際大飯店，在目前而言，無疑是台灣
社會風尚中一顆原子彈。一百元一杯咖啡，有誰說不是台灣的
新紀錄？一杯清茶十五元，有誰說不是台灣歷史的新頁？國際
大飯店的主人，自許以堂皇名貴誇耀于同濟但帶著一股奢侈腐
敗的上海氣氛來到台灣無論如何是不能原諒的。[23]

《人民導報》的社論〈外省人問題〉一文提到，當時外省
人對於本省人的歧視，使得本省人與外省人之間，有著一條很
深刻的鴻溝。這條鴻溝，阻礙了台灣的進步。

這條鴻溝的形成，很簡單。是外省與本省的界線分得太清楚。
外省人說：台灣人封建思想濃厚，盲目排外。本省人說，外省
人處處抱優越感，以統治者自居。……有的外省人來到台灣，
確別有用心，有的把台灣當作當年美國西部未開發的金礦，希
望在混水撈一把魚。有的把台灣當一塊殖民地，傲慢無禮，

23　社論，〈社會風尚的原子彈〉，《人民導報》，1946年9月12日，第1版。

養尊處優。氣勢恍像印度的「英印人」。自然，一個問題的發生，是有其社會根源的，是半封建性的中國社會，外省人問題，無疑的很容易在省與省之間發生。[24]

　　台灣與中國相隔50年，突然間被迫連結在一起，台灣民眾在經歷過日本半世紀的統治後，不論在性格、處事態度、守法觀念、知識水平……等方面都十分進步，與中國大陸產生了相當大的文化隔閡，這種隔閡，造成了外省人與本省人之間的互相歧視，但國民政府接收人員仍然以戰勝國的姿態，蔑視台灣人，文化摩擦日益嚴重而一發不可收拾，甚至因此產生衝突。

（四）公務人員貪污腐敗

　　當時政府官員貪污的管道太多，政長官陳儀在抵達台灣後，透過廣播勉勵所有的公務人員不應該做的3件事──「不撒謊、不偷懶、不揩油」其中的一件。受過日本嚴屬統治，已養成守法習慣的台灣民眾，並不瞭解「祖國」有此一官場文化，對於「揩油」這個詞彙自然是十分陌生的，《人民導報》的短評〈揩油〉一文曾作了以下的解釋：

> 「收賄」是「被動」的，而「揩油」則是強請他人「贈賄」，是
> 「威嚇」的、「主動」的。……在國內（內地），「揩油」這種
> 行為是司空見慣的，一般官員甚至不認為它是一種惡德……現
> 在這股惡風已經吹到我們這個「美麗島嶼」上來了。上海的報
> 紙大篇幅報導台灣初代某最高檢察官被逮捕、台南接收委員梁

24　社論，〈外省人問題〉，《人民導報》，1946年5月9日，第1版。

某投獄的消息，這股惡風正一一展現出來。[25]

　　而公務人員的「揩油」情事，要屬主管鹽、樟腦、鴉片、菸草、酒、汽油、度量衡、火柴等專賣事業的專賣局，以及主管全省進出口事務的貿易局最為嚴重；同時這股歪風也吹到學校裡，有教育工作人員透過學童來大肆「撈錢」。

　　身為執法者的警察人員貪贓枉法、擾民滋事的消息屢見不鮮。以1946年6月14日至24日間的《人民導報》來看，就有兩則重大的警察貪污消息：

【本報訊】本省光復以來，貪污風氣甚盛，本市前警察局某分局局長錦楓，十餘日前即因貪污舞弊數百萬被主管當局扣留……旬日前採辦大批貨品由其弟押運，配搭台交通船一○五號運來。內「菜燕」一項，即值法幣壹千萬圓之鉅，足見其平日不法聚斂，為數驚人云。[26]

【本報訊】本省光復以來，貪污風氣甚盛，尤其警察貪污接踵而來，使一般民眾啞然無聲，世上傳「歡天喜地」至今換句「黑天暗地」甚至「叫天叫地」者，乃係貪官污吏所造出來的，莫怪人民惡罵。茲誌一警員之惡逆無道，做民族敗類之貪污行為，北投鎮警察派出所巡警謝世禮（俗稱烏面仔），不顧身為警察要為國盡忠，倒反利用職權出賣國家名譽，揩油，恐嚇，姦淫良家處女，貪污等等無惡不作，日常在所內私造監禁所二棟，與惡里長陳永桂外敗類數名結託，若有可揩油之對象

25　《人民導報》，1946年2月2日，第3版。

26　〈前警局分局長楊錦楓　濫用職權舞弊數百萬　各方皆希當局徹底查究〉，《人民導報》，1946年6月14日，第2版。

者，無論三七二十一，一律擅自送入私造監禁所，致使北投鎮民叫苦連天，被害有日人松本鋧三外數十件，達三十萬元之巨……[27]

《人民導報》上所刊載的官員貪污舞弊消息實在是不勝枚舉，甚至到了1947年2月初，《人民導報》還特地另闢「污弊日知錄」一欄專門報導，並寫下了「政府的錯誤政策，養成一群飢餓似的狼，卻想以道德廉潔等空洞名詞制止貪污，豈非事之大謬」這段評語。[28]

（五）官僚特權

部分官員的官僚作風之甚，更是爲台灣民眾所唾棄。《人民導報》的短評〈官僚架子〉描述了當時一位縣長的趾高氣昂：

縣長者，父母官也，即使封建時代政客亦把縣長認爲是「親民官」，可是民主時代的今天，某大縣縣長，那股官僚氣仍是十足。老百姓要去見他，百分之九十九就要吃閉門羹，就是高級幹部見到他，也是神氣十足，據說他有時躺在地上，硬要幹部立正和他講話，綯起眉頭，問話有如法官審被告，然是威風。蓋某縣長素有「資格最老」之傳說，如果不依老賣老，何足以顯其資格之老哉？[29]

---

27 〈貪污何多 惡警謝世禮被拘 警務處已下決意肅清〉，《人民導報》，1946年6月24日，第2版。
28 《人民導報》，1946年2月11日，第3版。
29 《人民導報》，1946年6月14日，第2版。

當時的公務人員除了貪污情形嚴重並且仗勢欺人之外，任用資格也十分浮濫，牽親引戚的風氣熾盛。行政長官公署的用人管道，主要是採取推薦和甄選的辦法，而非經過公開、公平、公正的考試，只要有一張大陸內地中等學校以上的學歷憑證，縱使是買來的、偽造的，很容易就能矇騙過關，當上職等不低的公務員。在1946年5月省參議會開會期間，議員林日高揭發了農林處檢驗局葉聲鐘局長引用自己的太太謝吟秋為荐任技正，而將具有30年肥料技術的台籍技正范錦堂辭退，這件牽親引戚的醜聞轟動了全省。[30] 行政長官陳儀為了這件事，還特發手令禁止各機關主管人員不得任用自己之家族或親戚（兄弟、姊妹、妻子、子女、女婿及妻之兄弟），顯示了當時公務人員牽親引戚風氣的熾盛。[31]

　　從上述許多的實例來看，公務人員的貪污腐敗、官僚作風以及牽親引戚，實已成為當時台灣的官場文化，這使得台灣民眾對於「祖國」的統治喪失信心。

（六）軍警人員法治觀念缺乏

　　軍警人員除了貪污情形十分嚴重外，甚至還動輒持槍恐嚇、毆打甚至開槍射傷民眾，這是因為國民政府派遣來台駐守的軍隊紀律敗壞，警察的法治觀念缺乏，成為社會衝突的一大

30　《人民導報》，1946年5月9日，第2版。

31　〈陳長官手令各機關　不得濫用私人〉，《人民導報》，1946年5月23日，第2版。

觸媒。從1946年的1月至5月的短短數月間，揭櫫於《人民導報》上的消息就有數則：

> 昨日微聞明治橋邊，因爲誤會發生開槍傷人情事。事件之發生，由於士兵乘搭公共汽車不守秩序，經已一再引起售票員及司機之干涉，不但無效反常被打，昨日又有同樣事情發生，遂致雙方動手毆打，而人民圍觀如堵。馬路對面之官邸站崗衛士，誤以爲發生騷動，竟放槍射擊。一場混亂之後，聞重傷者五六人抬醫院治療。[32]

> 台灣自從光復以來，到了許多威武的國軍，他們是要來保護我們的，可是發見了有一種普遍不良的現象，就是有許多的小兵，或是買菜的兵，常常因爲語言不通的關係，發生誤會，而這些小兵們動不動就説，「開槍！開槍！」有時候更然開槍了，這是不幸的事實，「開槍！開槍！」天天在所見，「打死！打死！」的事也常發生，我們希望有槍的人們，要看重槍和子彈，民眾不是敵人，訊問你們吃的用的那一樣不是我們老百姓的血汗？請你們客氣一點，別的請慢要求，單單請你們大下決心，取消可怕的口號動不動就説，「開槍！開槍！」和防止子彈走火的事，以後再談軍民合作，那就比較容易了！[33]

> 士兵打賣票員，爲了先後買張電影票，又大打出手，你開武裝兵一排，我來機關槍一隊，誰說中國沒有內戰？[34]

至於軍隊紀律爲何會如此敗壞？《人民導報》認爲，一

32　短評，〈守秩序・勿闖禍〉，《人民導報》，1946年1月27日，第2版。

33　林一命，〈請下決心　取消可怕的口號　動不動就説「開槍！」〉，《人民導報》，1946年5月3日，第2版。

34　社論，〈時事雜感〉，《人民導報》，1947年2月6日，第2版。

二二八歷史教育與傳承學術論文集

方面國民政府派遣來台的軍隊多為農人組成，仍具有封建時代的官尊民卑觀念，另一方面國民政府發給駐台軍隊的薪餉是以法幣支付，而法幣在台灣是不准流通的，造成士兵生活上的不便，也是一大肇因。[35]

而最讓社會震驚的，即是1946年11月11日發生在台中縣的一樁警察毆斃法警案件，由於雙方皆是執法人員，因此格外地引人注目：

【台中訊】……數月前鹿港警察所長許宗喜及義警共同毆打該地參議員施江西至重傷，嗣後許宗喜調任台中縣警察局警察，施依法以傷害罪對台中地方法院提出告訴……許宗喜拒傳不到……法院乃派法警三名，並會同台看守所看守十五名……至員林台中縣政府警察局，由法警三人入內召許宗喜同至法院，許宗喜拒絕，法警謂非同行不可。許宗喜乃請法警彼等入內，動員警官多名將法警三人包圍，追至二樓加以監禁，至警察局門外看守十五名亦全體押入警察局二樓，將法警及看守所持手槍收繳，然後加以捆打並開槍，重傷者有法警二名、看守一名……[36]

（七）米糧缺乏的人謀不臧

戰後台灣處於物價高漲、失業嚴重的經濟環境，米糧的缺乏更成為台灣民眾從戰後到二二八事件發生前一直無法擺脫

35 社論，〈軍民合作〉，《人民導報》，1946年1月8日，第1版。
36 〈台中縣發生 警察毆斃法警案 已死一人數名受傷 主犯許宗喜已逃匿〉，《人民導報》，1946年11月15日，第2版。

的夢魘。行政長官公署接管台灣後，即於1945年10月31日公佈「台灣省管理糧食臨時辦法」，以糙米每百公斤132元8角的公定價格收購民間米穀，再由行政長官公署配給零售，並禁止米穀輸出省境。[37] 此一措施在當時的經濟情勢下有其必要性，但在執行上卻因為米穀的收購價格並未隨著物價的上漲而做調整，使得農民不願接受征收，行政長官公署因而掌握不到充足的米糧來供應配給，再加上奸商刻意囤積、哄抬價格之下，米價不斷地攀昇，終釀成嚴重的米荒問題。《人民導報》的社論〈歡迎李宣慰使〉一文，除寫出戰爭結束之後台灣米價迅速攀高的實況外，也指出這應歸咎於政府實施糧食配給制度與調漲交通費不當：

> 據統計台灣光復前米價每斤最高五角，光復以後，政府實行米配給制度，由於不能普遍配給，黑市猖獗，官價一元，黑市卻由一元、二元、三元、五元至突破十元大關，以致台中有餓而自縊之慘劇發生，一月十二日，政府因配給制度辦不通，明令取消，米價曾一度跌回至五元，但自二月一日政府宣佈交通運輸費（包括鐵路火車、公路汽車）提高增加至百分之五百後，米價突又暴漲，由五元步步高升至昨天之十二元，並仍有繼續上漲之勢，因為政府交通費一加就是五倍，米價豈能不受刺激而追隨二倍、三倍以上，中下階級及薪給生活者，莫不叫苦連天……[38]

---

37 台灣省行政長官公署秘書處編輯室編，《台灣省行政長官公署公報》，第一卷第六期（1945年12月19日），頁1-2。

38 《人民導報》，1946年2月8日，第1版。

《人民導報》的社論〈糧價會不會回跌〉一文，也說明了台灣自戰爭結束後到1947年2月的這一年多時間裡，糧價的節節高漲並非純粹的米荒所造成，而是政府糧食管理當局與米商的人謀不臧：

> 米糧爲什麼這樣的貴？誰使到米糧漲價？有什麼辦法抑平米價，使到人人有飯食，這是我們極欲尋求出一個正確的答案、及妥善的辦法，以本省來說，人口與米糧的生產，在供求的比率計算，根據李局長在糧食座談會上發表的見解說：「本省糧食是很多的，日人統治之初每年產量是四四萬石，因天時地利的關係，後繼續增至每年七四七萬石，後因本省產米過剩，日本恐影響其本國糧價，以折產方法來減少產米，但是因本省北部雨水多結果還是增產」。由此覺本省糧價飛漲，並不是產業及求與供的關係，而直接影響米價漲跌的卻是產量問題，現在既然知道本省產米數量實足供給本省消耗，米漲價也許是管理當局的處理問題，或米商的囤積操縱的原故了，誰使到米漲價，關於這個答案，我們定可以坦白的指出是糧食管理當局的管理，及米商的操縱，糧食管理當局最低限度要負責任上的問題，米商最低限度負囤積居奇之罪。[39]

　　糧食短缺的問題到了二二八事件發生前夕更達到了頂點，我們可以從《人民導報》的幾則新聞標題來瞭解當時米荒的嚴重程度：

〈高雄餓莩倒閉街頭　饑民僵斃路上　令人慘不忍睹〉／民國三十六年（1947）2月12日

---

[39] 《人民導報》，1947年2月3日，第2版。

〈市民怒吼了！黑市米百尺竿頭更躍上 市參會爲民請命再呼籲
要求平糶米繼續如期平糶 市民二千餘環請市長求救〉
〈無價無市人民絕粒 薪水階級叫苦連天 活現了一幅飢民圖 米
糧問題仍未見緩〉／民國三十六年（1947）2月15日
〈民眾焦急死了 飢餓人群觸目皆是 人民冒雨求米呼救 拋售
米糧不敷市民一日之食 現行政策未發生決定性作用〉／民國
三十六年（1947）2月18日

綜合來看，戰後惡劣的經濟環境，固然是戰爭結束以後
必然的後遺症，但是政府當局接收工作的脫節以及糧食配給制
度的不當，才是眞正的主因。在經濟凋蔽、民不聊生下，台灣
民眾對於「祖國」的「光復」，從高度期待沒多久就轉變成失
望，成爲二二八事件發生的重要原因之一，《人民導報》的
「人民園地」有一篇「光復是什麼？」，正足以說明了台灣民眾
的心情轉折：

「…光復，空腹啦…沒有事做，吃盡，用盡，沒家可歸，啊，
天呀！台灣說是光復，像這樣現樣，到底什麼意思，到底是在
表現什麼，車票起價，米價高騰，失業者徘徊在十字路頭，兄
弟呀，這到底叫做甚麼光復？」[40]

四、結　語

二二八件的發生絕非偶然，有其發生的特定歷史時空背

---

40 《人民導報》，1946年2月6日，第4版。

景。研究二二八事件的學者多半認為，文化方面長達50年的日本統治造成台灣與中國之間的文化差距與衝突；政治方面政府的施政失當與貪污腐敗引致台灣人的不滿，特權橫行使得台灣人政治參與的管道受阻，國民黨派系為爭奪利益在台相互傾軋鬥爭；經濟方面不當管制致使糧荒嚴重與物價膨脹，日產接收處置不當引起公憤；社會方面又治安日益惡化、社會風氣墮落、貧富差距懸殊……等原因皆可能是導致二二八事件發生的直接與間接因素。

而本文嘗試以《人民導報》的篇章內容擔綱文本分析研究的主體，以其對於當時社會環境中的各式新聞評論，管窺戰後初期台灣種種文化差距與社會衝突事件。《人民導報》不是唯一民營報紙，卻是敢寫敢言的報紙；雖然新聞標題並非十分誇飾聳動的，但它以敏銳深入的筆觸多所接櫫，並加諸針砭，進而中肯地提出解決之道。它見證了戰後初期台灣政治社會變遷，其多元的報導與評論，努力呈現台灣各地的現實情況，堅持與民眾站在同一陣線的立場，更能凸顯一份報紙的良知，新聞媒體應當作為督促政治社會進步的力量。

《人民導報》在二二八事件後，1947年3月8日所發行的報紙，除在它當日的兩個版面中，大幅報導了二二八事件爆發後各地的情況，以及處委會的各項要求與行動，同天，它也遭到查封停刊，結束了它1年又兩個月針砭時政、為人民疾呼的艱苦歷程。最後謹以這一天的社論「二二八事件感想」中，作

為沉重的結尾：

> 這次二二八事件，可說是中國的不幸，但也可說是台灣政治的
> 轉機。
> 因為：這一次的僅一緝煙之事，竟弄成重大的影響，可見遠因
> 並非一朝一夕，正如李翼中先生的說，是平時的積憤所致。
> 在這劇烈變動當中，如果當局回憶初來台時，台灣同胞簞食壺
> 漿的歡迎盛況，與今日來一相反比照，當可恍然自省。
> 一般人民的行動中，如打外省人等事是衝動的，可是關於台灣
> 行憲自治的要求原是合理的，政府應設法促其及早實現。[41]

徵引書目

1. 基本史料

中央研究院近代史研究所　1993　《二二八事件資料選輯（四）》，台
　　北：編印者。

台灣省行政長官公署宣傳委員會、機要室合編　1946　《台灣省行政長
　　官公署三月來工作概要（三十四年十月二十五日－三十五年一月
　　二十四日）》，台北：編印者。

台灣省行政長官公署宣傳委員會　1946　《台灣一年來之宣傳》（新台灣
　　建設叢書之二十），台北：編印者。

臺灣省文獻委員會編　1994　《二二八事件文獻補錄》，南投：編印者。

41　《人民導報》，1947年3月8日，第1版。

2. 專書與論文集

吳克泰　2002　《吳克泰回憶錄》，台北：人間出版社。

吳濁流　1995　《無花果》，台北：草根出版事業有限公司。

吳濁流著，鍾肇政譯　1988　《台灣連翹》，台北：前衛出版社。

李筱峰　1990　《二二八消失的台灣菁英》，台北：自立晚報社文化出版部。

李筱峰　1993　《島嶼新胎記－從終戰到二二八》（台灣歷史大系），台北：自立晚報社文化出版部。

張炎憲、胡慧玲、黎中光採訪紀錄　1995　《台北南港二二八》，台北：財團法人吳三連台灣史料基金會。

張炎憲、胡慧玲、黎澄貴採訪紀錄　1996　《台北都會二二八》，台北：財團法人吳三連台灣史料基金會。

張炎憲　2005　《王添灯紀念輯》。台北：吳三連台灣史料基金會。

張炎憲　2006　《二二八事件責任歸屬研究報告》。台北：二二八事件紀念基金會。

陳國祥、祝萍　1987　《台灣報業演進四十年》（台灣經驗四十年系列叢書），台北：自立晚報。

葉芸芸編　1993　《證言2‧28》（新校增訂第2版），台北：人間出版社。

藍博洲　1991　《沈屍流亡二二八》，台北：時報文化出版有限公司。

蘇新　1993　《憤怒的台灣》，台北：時報文化出版企業有限公司。

蘇新著、藍博洲主編　1993　《未歸的台共鬥魂—蘇新自傳與文集》，台北：時報文化出版有限公司。

藍博洲　2008　《消失在二二八謎霧中的王添灯》。台北：印刻出版。

3. 期刊（學報）論文

何義麟　1996　〈戰後初期台灣報紙之保存現況與史料價值〉，《台灣史料研究》8：88-97。

林怡瑩　2000　〈由「人民導報」看二二八事件對臺灣報業的影響〉，《新聞學研究》63：1-8。

4. 學位論文

洪桂己　1957　〈台灣報業史的研究〉，國立政治大學新聞研究所碩士論文。

陳翠蓮　1994　〈二二八事件研究〉，國立台灣大學政治研究所博士論文。

楊淑梅　1994　〈光復初期台灣的社會精英(1945-1949)〉，國立台灣師範大學歷史研究所碩士論文。

5. 報刊文章

1946.01.01 ～ 1947.03.08，《人民導報》。

1999.02.26，〈二二八大鎮壓　報界菁英受重創　受難家屬阮美姝跨國搜集史料　指出禁用日語是悲劇遠因　台灣陷入「精神鎖國」報界人士成為被鎮壓最徹底的菁英族群〉，《自由時報》，第3版。

1999.02.26，〈學者：研究二二八　職業別是重要線索　台籍媒體人士以批判性言論監督政府　事件中慘遭逮捕牽連　或喪命或逃亡〉，《自由時報》，第3版。

與談
從《人民導報》看戰後初期台灣的文化適應與社會衝突

李筱峰

　　很高興有這個機會擔任純嘉兄的與談人。我不敢說來評論，我只是來作一些回應。我們知道在戰後初期，報業如雨後春筍，雜誌、報紙一大堆，相當地興盛。而在當時的報業裡面，民間的報紙最有名的，或者說最受歡迎的有兩份報紙，一份是《民報》，就是林茂生擔任社長；另外一份就是今天純嘉兄所介紹的《人民導報》。這兩份報紙可以說是站在台灣人的立場辦報，向當時的行政長官公署提出相當多不客氣批判的兩份報紙。在十幾年前，我曾寫過一篇介紹《民報》的文章，題目叫做：「從《民報》看戰後初期台灣的政經與社會」，這個題目與今天純嘉兄的論文剛好為同一性質。今天找我來回應，不知是不是因為我曾經寫過那篇文章？這兩篇文章合起來，可以提供給很多老師做為教材，從這兩份報紙可以看出當時的台灣社會、政治、經濟，有相互呼應的作用。今天藉著這個機

會，以曾經寫過《民報》的立場，來看看純嘉兄所論述之《人民導報》。

首先，以主題來看，這個主題是相當有意義的。不過，在題目上有一些個人的小意見提供給純嘉兄參考，題目是「從《人民導報》看戰後初期台灣的文化差距」，問題出在「文化差距」這個用詞。說到「差距」時，內容中應該要有個比較，是什麼跟什麼的文化差距？若純粹只是台灣的文化差距，這在語意上會有一點混亂，當然我們知道這個比較是台海兩邊的文化差距、落差，所以我覺得主題很好，但在題目用語上面可能需要斟酌一下。因此建議可以改成「台灣的文化適應與社會衝突」，因為有差距，而這個差距難以適應，所以產生衝突，這樣的修訂，不曉得純嘉兄認為合理不合理？請各位指教。

綜合來看純嘉兄這篇文章，相當精采，但是又讓我有意猶未盡的感覺。也就是，這個裡面還有很多可寫，但是純嘉兄好像為了篇幅的關係、或者是時間的關係，論文所舉的例子，其實不多，這就讓我們覺得可惜！例如說，如果從《民報》來看，因為我做過統計，所以印象非常深刻。1946年1月底到2月中旬，差不多2個禮拜的時間，《民報》報導了有關貪污的案件就有6件(也就是說這是獨立的案件。今天出現？明天再出現？還是同一件？這樣就有6件)。在處理《人民導報》也可以用這樣的統計來看。如果範例太多，內容太多怎麼辦？事實上，你可以學其中一個方式，比如說21頁最下面那一段，

就用那些新聞的標題就可以了。你可以用標題，內容不用列出來，因為從標題就可以看出內容來。例如說「軍警人員軍紀敗壞，魚肉鄉民」這種例子也很多。我在寫《戰後初期台灣民意代表》的時候，就用這種方式，舉了很多例子。比如說我們在《民報》裡面看到，我們從《人民導報》裡面也看到，光在某個月裡面，這些警察、軍人，胡作非為，隨便殺人，隨便抓人，甚至打人、搶劫等等的新聞，光是那個標題就列一堆出來了。所以你不一定要舉一段新聞，可以只舉新聞標題，這樣也可以連貫得起來，而且剛好彙整一個例子。這是給純嘉兄的一個建議。

　　另外我發現，從整個《人民導報》去看當時的這些狀況，面向很多，但是在歸類上，有一些細節我提供一下個人的看法。比如說第18頁，這個段落是在講17頁的標題，在講「公務人員貪污腐敗」，如同剛剛講的。不過，這裡面出現一段，即第18頁的最後下面，談到「官僚架子」，論及當時的一位縣長趾高氣昂的情形。我讀完這部分的內容，發現到這裡面並沒有講到貪污，而是在講官僚的嘴臉，但是這本身不是講貪污，你把這段放在貪污的標題下面，覺得不是很恰當。我建議可以把它抽離出來，另外再訂一個標題，這個標題也許可以訂「官僚特權」，因為那個時候官僚特權相當嚴重！之後，你還可以再找其他的案例來補充，例如，我找一段《人民導報》的內容，這個部份各位手頭上沒有資料，由我報告給各位聽。這

是 1946 年 11 月 16 號《人民導報》的社論，內容說到：有一個花蓮地區警察所的所長，竟然不繳電費，而電力公司公共辦事處的人要來跟他收電費，結果那個警察居然抓人，而且還開槍。這樣的警察，居然還是派出所的所長！事情演變到最後，電力公司員工都相當氣憤表示：「你們警察所長就不用繳電費嗎？」最後大家集體罷工以示抗議。這就是表現官僚特權的心態。有關這方面的消息，《人民導報》裡面很多，還是可以找出來。另外，建議可以加一個項目出來。那當然還有一大堆項目，比如說還可以看整個社會的風氣的改變，或者是社會、文化的改變。當然也包括整個經濟的蕭條，使得生活文化層面改變。比如說我們台灣以前「做十六歲」的民俗，但是 1946 年那一年經濟差到無以復加的地步，這一年民間許多「做十六歲」的事情都省下來，這個新聞也都有報導，我印象中在《人民導報》都有看到。另外，比如說有一則新聞是這樣寫「請按月發放教師薪金。」這是《人民導報》的社論，還叫政府要按時發放教師薪金，我想這個全世界大概也很少看到新聞標題的社論是叫人要記得發放薪水的。這個背後其實都有一套文化現象。所以我們在談文化適應的過程中，這些都可以論述出來。

因時間的關係，我先簡單作這樣的回應，謝謝各位！

廣播與收音機在二二八事件中的角色[*]

石育民

摘　要

　　本文運用檔案、口述史料、回憶錄與前人研究成果，析論二二八事件前台灣島內廣播體系的建制與架構，與二二八事件中各地廣播電台的運作情形、相關事件，及其在事件中所扮演的角色。本研究並指出，廣播事業在台灣歷經日治時期與戰後初期的肇始與發展，已成為常民生活景觀中的重要部件之一，由於廣播與民眾公共生活的緊密結合，致使其於二二八事件中肩負起散播事件爆發消息、串連各地抗暴行動、傳遞各地衝突情況，甚至是形塑並建構民眾抵抗情緒的角色，而成為二二八事件所以能夠在短時間內迅速擴散並蔓延全島的關鍵因素。

關鍵詞：台灣史、戰後初期、二二八事件、廣播、資源動員論

---

*　本篇論文的撰寫受到清華大學姚人多與政治大學陳翠蓮兩位教授的啓發，並於發表時承蒙台北教育大學李筱峰教授的指教，特此向3位教授致謝。

一、前　言

　　飛機、汽車，與無線電波，被稱爲19世紀最重要的三大發明，此3者並在進入20世紀後，進一步被廣泛運用，成爲構築現代世界的重要景致之一。其中，廣播與收音機便是無線電波的衍生應用，較之於報紙、雜誌等傳統的消息傳遞媒介，廣播具有即時且大量的特性，不需等待印刷與配送，相對之下較不受地域的限制，只要擁有適當的設備，就能夠幾乎零時差並且大量的將訊息散播出去。在今日網際網路發達的年代，這樣的技術或許司空見慣，不足爲奇，甚至其只能單工運作，訊息發送者與收聽者之間無法即時互動，又缺乏影像與色彩，而頗有「低科技」之嫌，但在近百年前，如此的發明可說是大大改變了世界本來的面貌。

　　廣播系統傳入台灣之時，正值日本殖民時代。自1922年美國首次將無線電波應用在聲波的傳遞開始，世界正式進入「廣播」的時代，台灣的殖民母國日本也追隨時代的腳步，於1925年開始在東京、大阪、名古屋等地開始架設電台，發展廣播事業，而台灣總督府也在此年藉著「始政三十週年」紀念的機會在台灣進行試驗性播音。1928年，台灣首座固定的發射台建設完成，正式開啓了台灣的廣播事業。[1]

---

[1] 呂紹理，〈日治時期台灣廣播工業與收音機市場的形成（1928-1945）〉，《國立政治大學歷史學報》第19期（2002年5月），頁301。

　　時間來到1945年，日本裕仁天皇透過廣播，宣布日本戰敗、無條件投降，民眾集結在自家收音機前或商店門口收聽「玉音放送」，成為台灣近代史上一個特殊的重要場景。兩年之後，二二八事件發生，廣播與收音機再次躍上歷史舞台，成為事件中官民傳遞訊息的媒介工具。

　　二二八事件發生至今，已屆62年，歷來關於二二八事件的研究著作，成果頗豐，然多集中於政治、社會、文化，或者經濟層面的探討，對於事件中屬於物質層面的技術文明則較少提及。二二八事件所以能夠由偶然發生的緝菸血案，在短短數日內迅速擴大，引發全島性的衝突、抗暴、訴求政治改革，並演變為隨後的血腥鎮壓，當中必然有與之相對應的物質基礎。職是之故，筆者企圖透過文字檔案與口述史料，探討廣播與收音機在二二八事件中所扮演的角色。

　　關於戰後初期台灣廣播事業的研究成果，葉龍彥曾利用報章史料寫成〈台灣廣播電台的重建與發展（1945-1949）〉與〈台灣廣播電台的業務經營〉兩篇文章，[2] 然而文章內容著重於台灣廣播電台由日治時期過渡，到1949年改組為中國廣播公司之間的情形，對於二二八事件期間的描述，僅寥寥數語，並未有較深入的探究。另一方面，關於日治時期台灣廣播事業，則有呂紹理〈日治時期台灣廣播工業與收音機市場的形

2　葉龍彥，〈台灣廣播電台的重建與發展（1945-1949）〉，《台北文獻》第96期（1991年6月），頁149-167；葉龍彥，〈台灣廣播電台的業務經營〉，《台北文獻》第120期（1997年6月），頁23-41。

成（1928-1945）〉、何義麟〈日治時期臺灣廣播事業發展之過程〉，與柯佳文〈日治時期官方對廣播媒體的運用〉等3篇研究成果，[3]呂紹理的文章著重統計資料，何義麟的文章透過回憶錄與檔案史料回顧日治時期台灣廣播事業的發展過程，柯佳文的文章則詳細分析日治時期廣播節目的內容與其中的官方統治角色。3者的研究雖然都止於日治時期，卻為本文提供了相當詳實的背景資料。

二、日治到戰後初期二二八事件發生前的台灣廣播事業

　　台灣的廣播事業肇始於日本殖民時期，而發生於1947年的二二八事件，距離1945年日治結束僅短短一年有餘，因此，藉由回顧日治時期台灣廣播事業的發展與建置，可以窺知二二八事件發生當時，台灣島內廣播體系的整體概況。

　　日本的廣播事業始於1925年，在同一個年度，台灣也在總督府的主導下進行試驗性播音。由於廣播具有相當強大的訊息傳播效益，日本政府有感於此一強勢媒體將對社會產生巨大的影響，於是決定由政府出資構建廣播設備，並成立社團法人

3　何義麟，〈日治時期臺灣廣播事業發展之過程〉，收入國立台灣師範大學歷史系、台灣省文獻委員會合編，《回顧老台灣、展望新故鄉：台灣社會文化變遷學術研討會論文集》（台北：國立台灣師範大學歷史系，2000），頁293-311；柯佳文，〈日治時期官方對廣播媒體的運用〉（台北：私立淡江大學歷史學系碩士論文，2005）。

組織「日本放送協會」，以管理全國的廣播事業，該協會雖不是政府機關，但實際上是接受遞信省管轄。此外日本政府還頒佈法令規定，廣播收聽者必須向放送協會登記，並且繳納收聽費。[4] 台灣的情況與日本相同，1925年總督府藉「始政三十週年」紀念的機會進行試驗性廣播後，於隔年按照日本的規制設立「台灣放送協會」，1928年，總督府交通局遞信部架設了台灣第1座發射台（代號JFAK），正式開始進行廣播。當時在淡水設有「受信所」，負責接受日本、中國，與南洋方面的訊號，並在台北市內設「演奏所」，以製播節目。1930年，台灣放送協會將功率僅1KW的發射台增建為功率10KW的「台北放送局」，而後在1932年增設「台南放送局」（代號JFBK，功率1KW），1935年增設「台中放送局」（代號JFCK，功率1KW），台中放送局設立時，台灣放送協會並在台北、台中、台南各放送局間拉起訊號線，使3個放送局能以有線轉播的方式互相聯繫，以克服原本無線轉播所出現的雜音問題。此3局的廣播架構維持了一段相當的時間，直到1943年與1944年才又分別增設嘉義放送局（代號JFDK，功率500KW）與花蓮放送局（代號JFEK，功率100KW）。其中嘉義放送局的設立，主要是為了因應戰爭的需要，彼時中國南京的廣播電台對台灣

4　何義麟，〈日治時期臺灣廣播事業發展之過程〉，收入國立台灣師範大學歷史系、台灣省文獻委員會合編，《回顧老台灣、展望新故鄉：台灣社會文化變遷學術研討會論文集》，頁295。

的訊號構成嚴重干擾，日本為求反制，並且加強對南方戰線的宣傳戰，於是利用嘉南平原在地形上有利於電波訊號發送的優勢，設立超高功率的訊號發送設備。[5] 在日治時期結束時，台灣總計共有台北、台中、嘉義、台南、花蓮5處廣播電台，以及台北、板橋、台中北屯、台南、嘉義、花蓮6座訊號發送設備，[6] 幾乎全島都在廣播訊號的發送範圍內。

　　然而廣播體系不是僅有發送設備就能夠運作，還需要收音機與聽眾，整個體系才算完備。台灣總督府在管理廣播收聽眾上與日本一樣，廣播收聽者需要向台灣放送協會登記，並且繳交收聽費。台灣放送協會在組織上設有庶務、總務、放送3個部門，庶務部下轄人事、文書、監查等係，總務部下轄會計、加入、料金、技術、企畫、事業、經理、周知等係，放送部下轄第一放送、第二放送、第三放送、教養、文藝、報道等係，以及海外臨時放送課。與今日相當不同的是，台灣放送協會不僅負責廣播發送系統的架設維護與節目製播，連同廣播接收端的收音機也一手包辦，放送協會在台灣全島各城市設了15處固定與臨時的「相談所」（即服務處），除了接受聽眾辦理收聽登記、收取收聽費用、偵察非法收聽之外，還負責販賣收音機，並提供收音機的故障維修服務，還開設教導民眾收音機簡易故障排除的課程。除了販賣收音機，相談所還設有「勸誘

5　呂紹理，〈日治時期台灣廣播工業與收音機市場的形成（1928-1945）〉，頁301。
6　葉龍彥，〈台灣廣播電台的重建與發展（1945-1949）〉，頁150。

員」，負責到府推銷收音機。[7]

在擁有收音機的收聽人數上，由於台灣放送協會爲了推廣收音，在1928廣播開辦的第1年祭出首年登記收音者免收登記費與收聽費的優惠，因而在第1年就有7,888戶向放送協會登記收音，爾後的兩年，由於恢復收取登記費與收音費，且遭遇經濟大恐慌，使得收聽戶數轉而下降。然而隨著廣播系統日趨完備，訊號發送範圍擴及中南部，收聽戶數在往後數年逐漸成長，到了日治末期東亞戰爭期間，收音機已經成爲日常接收新聞資訊的重要媒介，1943年收聽戶數增加到100,315戶，至1944年則約略下降爲99,246戶。由此可以知道，在1945年日治時期結束時，台灣各地至少擁有十萬台左右的收音機。另根據當時的統計資料，1938年台灣每千人擁有收音機的比例爲8人，如此的密度在亞洲排名第四，僅次於日本、巴勒斯坦，與香港。除了個別家戶擁有的收音機外，1936年皇民化運動開始推行，總督府在選定的「部落振興運動」示範村落中配置公共收音機，另外總督府也因爲農村收音機不普遍，而在各村落的廟宇寺院設農村集會所，並配置公共收音機。上述這類設置於公共空間的收音機，數量上雖然不如個別家戶所擁有的收音機，但在訊息散播傳遞的效益上，卻是明顯大於後者的。[8]

7　何義麟，〈日治時期臺灣廣播事業發展之過程〉，收入國立台灣師範大學歷史系、台灣省文獻委員會合編，《回顧老台灣、展望新故鄉：台灣社會文化變遷學術研討會論文集》，頁298-300。

8　呂紹理，〈日治時期台灣廣播工業與收音機市場的形成（1928-1945）〉，頁309-

　　台灣自 1928 年開啓廣播事業以來，廣播系統日漸完備，收聽戶也逐年增加，不僅廣播訊號發送範圍幾乎遍及全島，公共空間多設有收聽設備，連民間持有的收音機都高達十萬部之譜，密度排名亞洲第四，平均每 10 戶人家就有 1 戶擁有收音機。戰後來台接收廣播電台的台灣廣播電台工務課長林柏中曾表示，日治時期台灣廣播事業所以如此發達，主要原因有三：其一，收音機價格低廉且收聽費用不高，民眾容易購買收聽；第二，台灣放送協會設有「勸誘員」，透過佣金制度促使收音機能夠廣泛推銷；第三，台灣民眾教育水平逐漸升高，培養出日常收聽廣播的習慣。[9] 1945 年東亞戰爭結束，日本戰敗，國民政府派員接管台灣，在「中央宣傳部接管台灣文化宣傳事業計畫綱要」中第 8 項便提及「台北、台中、台南放送局均由中央廣播事業管理處派員接收，改爲台北、台中、台南廣播電台，並即開始工作。」[10] 而實際負責接收的負責人爲半山人士

311。必須要說明的是，上述關於擁有收音機戶數的統計數字，另有收音機擁有者是在台日本人抑或是台灣人的問題，根據呂紹理的統計，登記爲收聽戶的戶數中，初期以在台日本人爲絕大多數（80.84%），爾後台灣人的比例逐年上升，至 1944 年，登記收聽戶中台灣人的比例爲 44.38%。然而戰後在台日本人面臨被遣返的命運，其在台資產多半求售變現或託付台籍友人處理，離台時僅能攜帶隨身行李與限額現金，故十萬部收音機的統計數字應仍具有代表性意義。

9　林柏中，〈台灣廣播事業的過去與現在〉，《台灣之聲》創刊號（1946 年 6 月），頁 6。

10　薛月順編，《臺灣省政府檔案史料彙編：臺灣省行政長官公署時期（一）》（台北：國史館，1996），頁 44。

林忠，林忠原名林坤義，為南投縣草屯人，日治時期赴日求學，後輾轉前往中國參與抗日活動，曾在軍事委員會任職，並在中國的中央廣播電台負責對日與對台的廣播工作。戰後奉派來台接收，擔任由日治時期台灣放送協會改組而成之台灣廣播電台台長。[11] 當時受到接收的廣播設施，除了台北電台部分設備損壞、台中北屯的播音機具在戰爭中被炸毀外，幾乎全與日治時期無異，此外又於1946年底增設台東廣播電台。[12] 值此政權交替之際，台灣的廣播事業不僅損害不大，更呈日趨完備之勢。而除了廣播訊號發送設備的延續與增加，廣播事業也因應戰後初期興盛的國語學習風潮而成為語言教學的主要媒介之一，林忠曾回憶道，林獻堂當時便每日固定收聽台灣廣播電台製播的國語教學節目，甚至收聽時遇有客人來訪，還得請客人先行稍待，一定要聽完了國語教學節目才見客。[13] 此外，台灣廣播電台在當時還提供廣播尋人的服務，接受民眾郵寄或電報託播，找尋戰爭時前往海外的親友。[14] 由此二例可以窺知，廣播在戰後初期的日常社會生活中仍佔有相當的地位。

11　張炎憲主編，《二二八事件辭典》（台北：國史館，2008），〈林忠〉條目，頁224-225。
12　葉龍彥，〈台灣廣播電台的重建與發展（1945-1949）〉，頁155。另於1947年底再增設高雄廣播電台。
13　賴澤涵、黃富三、黃秀政、吳文星、許雪姬訪問，蔡說麗紀錄，〈林忠先生訪問記錄〉，《口述歷史》第4期：二二八事件專號（台北：中央研究院近代史研究所，1993），頁30。
14　〈廣播信箱應接不暇〉，《民報》，1945年10月28日，頭版。

三、二二八事件中的廣播電台：台北

　　由於台北市為1947年二二八事件導火線之緝煙血案發生地，事件之爆發，消息之散播，均起於台北，故有必要專章討論台北廣播電台在事件中的角色。

　　1947年2月27日晚間，煙販林江邁因查緝私煙的糾紛遭專賣局緝私專員傅學通等人毆傷，由於圍觀民眾群情激憤，遭到包圍的緝私專員為求脫身，於是鳴槍示警，不意流彈擊中其中一名圍觀群眾陳文溪，導致陳文溪不治身亡。專賣局緝私專員逞兇的消息於當夜傳開，隔日抗議民眾遊行至警察局與專賣局，再到行政長官公署陳情，要求嚴懲行兇人員。然而行政長官公署疑似早一步得知抗議民眾向公署前來的消息，在公署頂樓架起機關槍，警戒人員並開槍向抗議民眾掃射，事態至此轉趨嚴重。據事件參與者廖德雄的回憶，遊行抗議與公署開槍事件發生後，參與抗議的學生與民眾大約一百多人，於28日下午兩點半左右前往包圍位於台北新公園（即今日的二二八和平紀念公園）內的台北廣播電台。由於包圍群眾人數眾多，電台門口的警衛與十數名荷槍士兵無計可施，只好讓民眾進入電台。下午3點左右，王添灯至電台廣播，而當時人在電台外頭的廖德雄並沒有聽到王添灯的廣播內容。[15] 另據化名林木順的

15　黃富三、許雪姬訪問，蔡說麗、朱明發紀錄，〈廖德雄先生訪問記錄〉，《口述歷史》第4期：二二八事件專號，頁65。

楊克煌與楊逸舟兩人記述，28日下午的廣播內容略為議論政治黑暗、官員貪污，地方官吏勾結走私，導致台灣米糧外流，並將前日與當日於台北發生之事公告周知。[16] 然而另有板橋轉播站抵制廣播，所以28日下午針對二二八事件的首次廣播其實僅於台北地區流傳的說法。[17] 無論板橋轉播站抵制28日下午廣播的說法是否真確，由於此後的數日無論官民都不斷有關於事件的廣播發出，至少在3月1日時，台北有事的消息便已經透過廣播傳至嘉義。[18]

　　關於台北廣播電台於二二八事件期間是否遭到抗議群眾「佔領」一事，當時為台北廣播電台負責人的林忠和親身參與包圍電台的廖德雄各有不同的說法，林忠認為二二八事件期間，台北廣播電台除了因為交通受阻，部分工作人員無法前往上班之外，其他運作皆正常，28日下午的廣播是他與包圍民眾協調之後答應替民眾「代播」，且陳儀等官方人員仍能前往電台發出廣播，甚至林忠還聽見柯遠芬透過廣播指揮南部的軍隊，故並無「電台遭到佔領」之事；[19] 廖德雄則說28日下午王添灯發出廣播之後，仍有部分包圍電台的民眾與學生留在現場

16　林木順編，《台灣二月革命》（台北：前衛，1990），頁14。
17　賴澤涵總主筆，《二二八事件研究報告》（台北：時報文化，1994），頁54；楊逸舟著、張良澤譯，《二二八民變：台灣與蔣介石》（台北：前衛，1991），頁83-84。
18　張炎憲、王昭文訪問，王昭文紀錄，〈蔡鵬飛〉，《諸羅山城二二八》（台北：吳三連基金會，1995），頁266。
19　賴澤涵、黃富三、黃秀政、吳文星、許雪姬訪問，蔡說麗紀錄，〈林忠先生訪問記錄〉，《口述歷史》第4期：二二八事件專號，頁34。

繼續佔領，直到3月2日二二八事件處理委員會與軍隊商談後才離開。[20] 純就敘事角度而言，雙方的說法應屬於主觀認知上的差異，然據事件見證者黃華昌的回憶，二二八事件發生之初，收音機除了播報新聞之外，還播放日本軍歌〈軍艦進行曲〉和〈台灣軍之歌〉，[21] 如此的情況明顯違背當時官方「去日本化」的既定政策。[22] 由此可以見得，二二八事件初期，隸屬於國民黨中央傳播事業管理處的台灣廣播電台，在廣播內容上已經失去相當程度的主導權。

28日晚間，台灣警備總部參謀長柯遠芬、省參議會議長黃朝琴、市參議會議長周延壽、國大代表謝娥等人前往台北廣播電台廣播，報告議會與長官公署針對緝煙血案交涉的經過，並呼籲民眾遵守秩序，[23] 其中謝娥在廣播中聲稱下午在長官公署前並沒有對民眾開槍，是有人想要強行進入公署，強搶衛兵槍枝，衛兵迫不得已而對空鳴槍示警，民眾受傷是因為推擠踐踏而起。謝娥的廣播內容與民眾的見聞相違背，因而引發現場民眾不滿，很可能一出廣播電台就遭到民眾包圍，要求解釋，

20　黃富三、許雪姬訪問，蔡說麗、朱明發紀錄，〈廖德雄先生訪問記錄〉，《口述歷史》第4期：二二八事件專號，頁65。

21　黃華昌原著、蔡焜霖等譯，《叛逆的天空：黃華昌回憶錄》（台北：前衛，2004），頁205。

22　有關戰後初期官方「去日本化」政策的討論，可參見黃英哲，《「去日本化」「再中國化」：戰後台灣文化重建（1945-1947）》（台北：麥田，2007）一書當中第三章「傳媒統制－台灣省行政長官公署宣傳委員會」。

23　賴澤涵總主筆，《二二八事件研究報告》，頁56。

才在幾分鐘後又2次廣播，稱下午長官公署前的情況是聽長官公署秘書長葛敬恩轉述，並不是她親眼所見。[24] 然而謝娥的2次廣播並未平息民憤，隔日（3月1日）上午又有民眾聚集到謝娥所經營的「康樂醫院」要求解釋，據楊克煌與楊逸舟二人的記述，民眾聚集時正好有前日在長官公署前受槍傷的民眾前來尋求謝娥救治，但謝娥以忙碌為由拒收病患，群聚的民眾憤而搗毀並焚燒康樂醫院。[25] 關於謝娥的這個插曲，可以看見廣播在事件中重要性的一個側面，作為訊息傳遞媒介的廣播，在事件中緊密的牽動著參與者，一則誤報的傳聞廣播，竟然演變成搗毀焚燒醫院的抗議行動。

除了傳遞關於二二八事件的直接相關訊息，台北廣播電台同時也是當時重要的新聞媒介，林忠在口述記錄中便提及：「事件（發生）後台灣新生報停刊，主要消息都得靠電台傳達，在這段新聞封閉的時期，有很多謠言產生，譬如說自來水廠被下毒，喝水發生了問題，我們也去請教自來水廠，他們說沒這回事，一切正常，我們就趕快播音讓全省民眾知道，水質並沒有問題，可以安心飲用。又如聽說台北打死了很多人，台北的水溝都是血之類的傳聞，其實也沒這回事。」[26] 這樣的記

24　蔣渭川，〈二二八事變始末記〉，收入陳芳明編，《蔣渭川和他的時代》（台北：前衛，1996），頁5。

25　林木順編，《台灣二月革命》，頁18；楊逸舟著、張良澤譯，《二二八民變：台灣與蔣介石》，頁86。

26　賴澤涵、黃富三、黃秀政、吳文星、許雪姬訪問，蔡說麗紀錄，〈林忠先生訪問記

述另可以從楊逸舟的書中得到佐證：「三月一日，台北市內各地發生軍民的衝突。武裝軍警巡迴街市，處處聽到鎗聲。學生、鐵路員工、商人、教員的死傷或被捕不斷發生。學校罷課，商店關門，工廠停工，交通斷絕，全市機能停頓，有如死城。報紙也停刊，收音機廣播真真假假，流言亂飛，人心極爲不安。」[27] 由此可見，二二八事件發生初期，行政機關的社會控制力下降，廣播系統雖然爲主要的訊息傳遞媒介，但對於所傳遞的訊息缺乏統合而一貫的查證機制，流言與廣播強大的訊息傳播能力相結合，不免助長事件初期民心浮動之勢。

　　3月2日二二八事件處理委員會正式成立之後，爲求維持治安，曾透過廣播動員學生與原台籍日本兵，出面組織服務隊以保護民眾，黃華昌在其回憶錄中便提及：「可能是三月三日左右吧，從收音機播放的雄壯軍樂突然中斷，換上『二二八處理委員會』的廣播，號召台灣青年團結一致徹底抗爭。接著下令前日本陸軍志願兵出身者，四日上午十點在公會堂前集合；海軍志願兵出身者，下午兩點集合；海南島、菲律賓等戰區的軍人軍屬，在何時何處集合等等…彷彿向各兵種、各戰區的復員軍人軍屬，再度下達召集令。」[28] 而蔣渭川於3月3日的廣播中提及處委會的臨時治安委員會決議成立「忠義服務隊」，

　　　錄〉，《口述歷史》第4期：二二八事件專號，頁33。
27　楊逸舟著、張良澤譯，《二二八民變：台灣與蔣介石》，頁87。
28　黃華昌原著、蔡焜霖等譯，《叛逆的天空：黃華昌回憶錄》，頁209。

「游（彌堅）市長邀請青年及學生參加協力。」[29] 類似這樣以廣播動員青年以維持治安保衛鄉土的情況也發生於嘉義廣播電台，且留待下一章節分析中南部廣播電台情況時再討論。

台北廣播電台除了在二二八事件中扮演將事件的發生傳遞至全島各地的角色之外，另有一項相當重要的功能，此即政令的傳播與官民之間協調過程與結果的發佈。如事件初期對於緝煙血案及稍後所引發之騷動的處理辦法、事件後期中央派員來台調查與宣慰時的發言、處委會的各種決議等，包括著名的32條要求，都是透過廣播來發佈。這類廣播的內容屬於二二八事件研究中政治史與文化史的範疇，已非本文所欲探討的重點，故在此不以贅述。從已知的資料中可以看見，官方人物如陳儀、柯遠芬，以及授命來台調查二二八事件的閩台監察使楊亮功、來台宣慰的國防部長白崇禧，都曾在事件中由台北廣播電台發出廣播，[30] 民意代表與事件參與者如黃朝琴、周延壽、謝娥、王添灯、蔣渭川等人也曾於事件中在台北廣播電台發出廣播。[31] 然而其中只有陳儀、楊亮功、白崇禧、蔣渭川等人的廣播留有完整廣播詞稿件，陳儀、楊亮功、白崇禧等人因為是行政

29　蔣渭川，〈二二八事變始末記〉，收入陳芳明編，《蔣渭川和他的時代》，頁43。

30　陳儀的四次廣播詞可參見台灣省文獻委員會編，《二二八事件文獻續錄》（南投：台灣省文獻委員會，1992），頁486-491；楊亮功廣播詞可參見前引書頁485-486；白崇禧廣播詞可參見前引書474-480，唯3月22日的廣播是在台中發出。

31　有關王添灯廣播次數與內容的整理可參見張炎憲主編，《二二八事件辭典》，頁74-75，〈王添灯廣播稿〉條目；蔣渭川六次廣播詞可參見〈二二八事變始末記〉，收入陳芳明編，《蔣渭川和他的時代》，頁18-23、41-44、64-67、97-103、112-116。

機關一級主管,所發表之公開言論有賴從人員隨行記錄,蔣渭川則是將廣播詞保留於個人日記之中,事後再將事件發生數日間的日記整理發表,其他人的廣播內容都來自事後的記述與追憶。另據林忠所言,當時台北廣播電台的慣例是廣播前會先擬定廣播詞,再按照廣播詞宣讀廣播,且二二八事件期間台北廣播電台所發出的歷次廣播也的確留有廣播詞存底,只是由於年代久遠,已經佚失。[32] 未來若能重新發掘出當時留存的廣播詞底稿,相信將會對二二八事件研究提供突破性的進展。

四、二二八事件中的廣播電台:中南部地區

1、台中廣播電台

　　二二八事件在中部地區的發展與台北頗為不同,台中與嘉義兩地在事件初期便都發展出政治解決與武裝抗爭的雙軌路線。事件在台北發生初期,行政長官公署民政處便與台中市政府取得聯繫,告知台北狀況,並訓令台中市政府「聯絡各機關,沈著應付」。隨著台北方面對於事件的廣播,以及由台北南下的旅客藉由口語傳遞,消息逐漸在台中市傳開,台中市參議會更於3月1日上午召開緊急會議討論台北的事件。台中市

32　賴澤涵、黃富三、黃秀政、吳文星、許雪姬訪問,蔡說麗紀錄,〈林忠先生訪問記錄〉,《口述歷史》第4期:二二八事件專號,頁34。

政府見消息已經擴散，於是請林獻堂出面廣播，說明事件情況，並呼籲民眾稍安勿躁、不要聽信謠言。[33] 3月2日，台中召開市民大會，會後民眾開始騷動，分別包圍了警察局與台中縣長劉存忠的住宅，學生並組成「治安隊」，開始收繳武器並向市內各個駐軍地點進攻。至3月3日清晨，「青年武裝部隊又佔領廣播電台，向中部地區廣播各地起義的情形，並要求全中部地區實行戰時體制和組織武裝起來響應。」[34] 另吳新榮也在其回憶錄中提到：「三月三日，各方面的友人都來交換消息。夢鶴為事變進展這樣快吃了一驚。台中廣播電台放送著：『台中市民同情台北同胞，已起了行動，警察局、廣播電台、電信局均被佔領，並組織防衛委員會以準備對來攻者戰鬥。』接著嘉義廣播電台也放送要募集志願兵，……」。[35] 至3月4日，台中地區的軍事設施只剩下空軍三廠未被青年武裝部隊控制，然而空軍三廠數百名士兵中有三分之一為台籍，傳出有意響應廠外武裝部隊，廠長於是接受准尉李碧鏘的建議，答應有條件接受武裝部隊指揮。[36] 楊克煌在記述此段過程時曾寫道：「上午十時二十分該廠長代理及兵員代表到作戰本部表示接受作戰本部的指示（投降條件：該廠官兵由雲廠長集中管理，一切武器

---

33 〈台中市政府關于「二・二八」事件的報告〉，收於陳興唐主編，《台灣「二・二八」事件檔案史料》上卷（台北：人間出版社，1992），頁385-386。

34 蘇新，《憤怒的台灣》（台北：時報文化，1993），頁128-129。

35 吳新榮，《震瀛回憶錄》（台北：前衛，1989），頁214。

36 賴澤涵總主筆，《二二八事件研究報告》，頁88。

集中封鎖，由學生隊監護）。到達時候那些所謂紳士們沒有一個敢跑到作戰本部的，但這消息廣播了後，大家知道中部地方已沒有一個武裝的蔣軍士兵，人民的勝利已成爲事實。」[37] 由此可以推知，台中廣播電台自3月3日由青年武裝部隊佔領之後，持續播送台中各地區的事件實況。

2、嘉義廣播電台

　　二二八事件在嘉義地區的發展，一般認爲是始於3月2日，當日有自台中地區南下的青年數十人，聚集於嘉義火車站與噴水池之間，向民眾演講，訴說北部發生的事況，自此正式點燃二二八事件在嘉義的火苗，民眾開始收繳武器，並有包圍官舍、毆打外省人的事情發生。3月3日，嘉義召開市民大會，並成立嘉義市二二八事件處理委員會，由於當時屯駐東門町的第21師獨立團第一營羅迪光營長部隊，受嘉義市長孫志俊之請進入市區鎮壓，處委會乃決議接收嘉義廣播電台，藉由廣播向嘉義與全台各地募集志願軍，於是布袋、朴子、鹽水、佳里、六腳、番路、斗六、台中、埔里、北港、台南工學院等地的青年陸續響應。[38] 據許雪姬的研究，嘉義廣播電台的佔領是由蔡萬居率領6、7名嘉中學生前往，並對電台工作人員善意說明之後開始播音。[39]

37　林木順編，《台灣二月革命》，頁69。

38　賴澤涵總主筆，《二二八事件研究報告》，頁105-106。

39　許雪姬，〈台灣光復初期的民變：以嘉義三二事件爲例〉，收入賴澤涵主編，《台

　　當時任職於嘉義地方法院的蘇櫳弘對於當時嘉義電台的廣播有如下描述：「二二八事件發生後不久，嘉義就組成二二八事件處理委員會。二二八事件處理委員會的工作多半是開會討論時局對策，透過廣播向民眾說不要太激動。因為國軍武力強大，處理委員會為了保衛嘉義市，才有當過兵的青年出來集合，這完全是為了自衛，而不是要去攻機場什麼的。廣播說的是：『大家要慎重！現在國軍已集中到機場，為防止他們進攻嘉義市，有部分做過兵的青年出來集合，目的在保衛嘉義。』當時市民手無寸鐵，軍隊如果攻進來一定是大屠殺的場面。」[40]而關於中南部各地響應嘉義電台廣播一事，也可由口述史料中看見，如事件時擔任斗六自衛隊隊長的黃清標就回憶道：「組織自衛隊後，隔天，三月初四，嘉義電台在喊：『阿山仔打人哦，趕快來幫忙嘉義市民哦。』等等，海永仙（陳海永，醫生）叫我們快出來啦，去嘉義看看。我帶隊到嘉義，先到嘉義市噴水池邊陳復志處報到，說我們是斗六隊。我們一共三輛卡車的人去，因為都是當過日本兵回來的，比較有組織。」[41] 又如原台籍日本兵，二二八事件時曾參與朴子青年組織的蔡耀景

灣光復初期歷史》（台北：中央研究院中山人文社會科學科學研究所，1993），頁176。

40　張炎憲、王昭文、高淑媛訪問，王昭文記錄，〈蘇櫳弘〉，《諸羅山城二二八》，頁223-224。

41　張炎憲、王昭文、高淑媛訪問，高淑媛紀錄，〈黃清標〉，《嘉雲平野二二八》（台北：吳三連基金會，1995），頁87。

回憶道：「收音機裡說：『嘉農嘉中等中等學校的學生，正在攻競馬場（現在體育場附近）的兵器庫，女學生為他們做飯，情況危急，外地的青年請來支援！』收音機放送說得相當激動，由嘉女及家政學校的女學生主持。女學生有時說到哭，說在那裡作戰的人沒得吃，在那裡苦戰，青年們一定要來援助。放送開始前，先放日本軍歌《軍艦進行曲》，這些去過海外的人一聽就都激動起來了。就這樣，大家都激動起來，爭著要出去嘉義支援。」[42] 此外，楊克煌也曾記述道，3月6日，台中方面仍收到由嘉義電台發出請求支援的廣播。[43] 楊克煌的記述並可以鍾逸人的回憶錄相互印證，鍾逸人在其回憶錄中記錄道：「晚上民雄廣播電台開始播送日本海軍『軍艦進行曲』等富有鼓舞士氣軍樂，並要求台中方面增派援軍，在那裡主持播送的竟是『嘉中』老師陳顯富，和兩名『自治聯軍』的人。」[44] 鄭哲文則記述道：「三月三、四兩日，澎湖人由收音機聽到嘉義的廣播說：『台灣各地都起來革命了，你們澎湖還在睡覺嗎？澎湖同胞快點起來呀！』」[45]

　　廣播呼籲各地青年支援嘉義之外，嘉義處委會也透過電台

42　張炎憲、陳重光、王逸石、高淑媛、王昭文訪問，王昭文記錄，〈蔡耀景〉，《嘉雲平野二二八》，頁328。

43　林木順，《台灣二月革命》，頁72。

44　鍾逸人，《辛酸六十年》（台北：前衛，1993），頁508。

45　鄭哲文，〈安靜的澎湖〉，收入鄧孔昭編，《二二八事件資料集》（台北：稻鄉，1991），頁233。

敦請警察繼續維持治安，如陳信紐回憶二二八事件中罹難的父親陳容貌時便提到：「二二八事件發生，嘉義市三月初才開始動亂。我們家就只有我和父親是男子，本來父親打算在家裡不出去，迨三月三日，嘉義市參議會透過廣播呼籲警察局不能沒有半個人任其唱空城，請警察人員儘速恢復上班維持治安，爰召集所有尚留市區內之台籍警員，於北門派出所開會，要求恢復警察以往原有之職務。因此需要有人統合調配，因為父親在資歷、經歷、人格、品德各方面為人所敬佩，大家乃推舉父親負責，維持警政的正常運作。」[46]

　　另外關於嘉義電台廣播呼籲各方出面維持治安保衛鄉土的部分，在利用廣播集合青年方面，口述史料中也有相當生動的描述，如二二八事件見證者林玉鏡便回憶道：「在二二八事件中，新港的青年都到嘉義去參加那邊的事。當時是這樣，大家在收音機中聽到用日文廣播說：『某某部隊的，請到嘉義車站，或是嘉義公園門口集合。』當時很多人在日本時代當過兵，或從海外戰地回來不久，聽到了這樣的廣播，就認為部隊又在集合，就跑去加入……當時收音機放送（廣播）的內容，我還記得也有用台語說：『台灣人啊！現在一定要流血了，咱竹竿接菜刀也要跟他打……』等，一直廣播，都是台灣人在廣播。這一步很有效，當時的人很聽話。又放送說：『一三八〇

46　張炎憲、高淑媛訪問，高淑媛記錄，〈陳容貌〉，《嘉義驛前二二八》（台北：吳三連基金會，1995），頁90-91。

部隊（日文），嘉義公園門口集合。』聽到的人想我是這個部隊的，要趕緊集合，就趕緊去集合了。」[47] 又如原台籍日本兵李江海回憶道：「二二八事件正式爆發後，嘉義放送台放送哪一個部隊第幾期的志願兵什麼名字，要趕快來，我們的戰友快死光了。」[48]

　　廣播戰況、呼籲各方前來嘉義支援之外，嘉義廣播電台同時還擔當向軍隊廣播，抑制事況繼續擴大的角色。如當時嘉義三民主義青年團的成員李曉芳便回憶道：「我曾去廣播電台和王甘棠一起對軍隊廣播。⋯⋯羅營長我們在會議中曾見過面交談過，所以我就廣播給他聽，直接呼籲羅營長，說今天會有這情形，都是因為接收過程充斥貪污，接收都收到自己身上去，軍隊又以解放者姿態出現，對台灣人不好，東西物價又貴，人民生活很困難，因此才會希望改革，並不是要獨立，或是仇恨外省人。外省人我們會保護。我說：『這些人不是要獨立或擺脫外省人，而是因為光復後政治方面及各方面無法使台灣人滿意，在這情形下台北又因取締私菸不公而鬧起來。如果軍隊真的攻進來，那些鬧事的人走了，吃虧的反而是安分的老百姓。如果流血誰要負責？倒不如軍隊先撤離，等省方的命令來再做定奪。外省人在這裡，我們會好好保護。』我說完，王甘棠也

47　張炎憲、高淑媛、王昭文訪問，王昭文記錄，〈林玉鏡〉，《嘉雲平野二二八》，頁266-267。

48　張炎憲、高淑媛訪問，高淑媛記錄，〈李江海〉，《嘉雲平野二二八》，頁113。

說了話，他們才撤退。不然羅營長打進嘉義的話，死傷會很嚴重。」[49] 綜觀各項資料可以發現，嘉義廣播電台在二二八事件期間，不僅擔任嘉義地區消息傳播、動員民眾、對軍方喊話的角色，在全島性二二八事件的傳播上也起了推波助瀾的效應。由於嘉義廣播電台是因應中日戰爭與二戰東亞戰爭的宣傳而建，擁有500KW超大高率的播放系統，播音範圍遠達澎湖，甚至連中國沿岸的廈門也收得到。事件期間人在廈門的原台籍日本兵林阿和便回憶道：「我們總共有五十三個台籍日本兵，從爪哇乘坐荷蘭商船，先到達廈門，等候船的期間，從收音機的廣播聽到台灣發生二二八事件的消息，例如播送學生佔領某地方，要到某某地方集合⋯⋯等等。」[50] 雖然並未言明收到的是哪個電台發出的廣播，但從廣播內容判斷，應是由嘉義廣播電台發出。

3、台南廣播電台

　　二二八事件期間台南市的情況並沒有如嘉義一般嚴重，沒有發生民眾大規模集結與劇烈軍民衝突。事件初期台南市內除了發生警察局、監獄的武器被民眾收繳，外省籍官民遭到追打的零星狀況外，並無重大衝突事件。就目前可得資料，僅知道3月5日下午兩點，台南市長卓高寧、市參議會議長黃百祿、

49　王逸石、王昭文訪問，王昭文記錄，〈李曉芳〉，《諸羅山城二二八》，頁232-233。
50　張炎憲、胡慧玲、黎澄貴訪問，黎澄貴紀錄，〈林阿和〉，《淡水河域二二八》（台北：吳三連基金會，1996），頁236。

青年團幹事長莊孟侯等人共同到台南廣播電台，廣播稍早做成「不擴大，不流血，不否認現有行政機構，政治問題用政治方法解決」的4項事件處理原則。並聲名該處理原則於下午3點正式生效，之後如果再發生變故，則由暴動者自行負責，同時警察也必須在此時回到警察局報到。[51] 由此可以推知，台南廣播電台在二二八事件中，並未如台北、台中、嘉義3地的廣播電台一般，遭到抗議民眾的包圍或佔領，而是扮演官民折衝，抑制事態擴大並維持地方秩序的角色。

有關二二八事件中的台南廣播電台，另有一段插曲，根據吳新榮的記述，3月11日，南京國民政府派兵來台鎮壓的消息已經傳開，島內重啟戒嚴，台南市長卓高暄曾由廣播電台發出「我們的救兵到了」的廣播。吳新榮並認為，如此的舉動很明顯是在對台灣人示威。[52]

4、花蓮廣播電台

二二八事件期間，花蓮地區的情形與台南類似，地方仕紳所組成的事件處理委員會一直都與縣政府和軍方保持密切聯繫，透過政治途徑提出改革要求，並防止衝突的發生。資料中可見花蓮縣長張文成曾於3月5日下午4點至花蓮電台廣播，將稍早由花蓮處委會做成的決議公告周知，內容包括：一、治

51 賴澤涵總主筆，《二二八事件研究報告》，頁109-111。
52 吳新榮，《震瀛回憶錄》，頁224。

安由青年團、學生、陸海空軍軍人、消防隊、警察等共同負責。二、禁止憲警外出，必要時不帶槍，憲警糧食由處理會負責。三、糧食局、專賣局殘糧，交處理會平糴。四、交通、郵政、電燈機關等照常辦公。五、凡中華民族，應互相親愛。六、檢查貪官污吏。七、以不流血解決政治問題。八、派委員三人監督縣長。九、令東台日報，改頭換面，接受民意。十、官營事業，歸予民營。十一、廢止海關。十二、日產會接收藥品，拿出救濟貧苦病民，並撤換糧食事務所所長等12項。[53] 3月12日，由於長官公署已經通令解散各地處委會，花蓮處委會乃於前日開會決議解散，憲兵隊也派兵進入花蓮市內維持治安。縣長張文成於下午廣播，呼籲民眾安居樂業，勿聽信謠言，恢復3月4日前的秩序，並將刀槍繳回原處。[54]

花蓮電台除了市長的廣播之外，另有3月6日花蓮處委會派許錫謙、林明勇2人廣播，向市民報告治安狀況，交涉經過及其感想。許錫謙於3月7日另有廣播，是因為響應台北號召組織台灣青年自治同盟，召開台灣青年自治同盟花蓮縣籌備會議，廣播號召青年參加。[55] 然而據行政院《二二八事件研究報告》指出，該組織在花蓮只是虛有其名，並沒有實際行動。[56]

53　勉之，〈花蓮紛擾紀實〉，收入鄧孔昭編，《二二八事件資料集》，頁226-227。
54　勉之，〈花蓮紛擾紀實〉，收入鄧孔昭編，《二二八事件資料集》，頁231。
55　勉之，〈花蓮紛擾紀實〉，收入鄧孔昭編，《二二八事件資料集》，頁228-229。
56　賴澤涵總主筆，《二二八事件研究報告》，頁145。

五、結　論

　　李筱峰曾以「文化衝突論」解釋二二八事件之所以發生的原因，[57] 歷來廣爲台灣史學界所接受。然而二二八事件何以偏偏發生於1947年2月27日，又何以在短時間內迅速蔓延全島，除了中國文化與剛剛經歷日本50年殖民統治，與中國文化分向發展之台灣文化相交會時所造成的隔閡與衝突，以及其他經濟與社會層面的因素，或者再加上一點歷史的偶然，其中應該還有埋藏於整個社會環境之中，發揮「最後一根稻草」功能的關鍵推力。

　　社會學家Graig Jenkins與Charles Perrow曾以「資源動員論」（resource mobilization theory）解釋社會運動產生的脈絡。資源動員論者認爲，單單只有不滿並不足以產生社會運動，不滿隨時都存在於社會之中，不足以成爲社會運動發生的動力，社會運動的產生，往往是因爲抗議者獲得可供運用的社會資源。[58] John McCarthy與Mayer Zald另外又補充道，在社會運動中，領導菁英是關鍵的角色，領導菁英掌握發起社會運動的主要資源，如知識、領導能力、動員能力等等，這些資源能夠將旁觀者變爲追隨者，進而發起社會運動。同時，不滿是可

57　李筱峰，〈二二八事件前的文化衝突〉，《思與言》第29卷：第4期（1991年12月），頁185-216。

58　Graig J. Jenkins, and Charles Perrow, *"Insurgency of the Powerless: Farm Worker Movement (1964-1972)"*, *American Sociological Review* 42 (1977): 249-268.

以被塑造的，領導菁英藉由言說與演示，將存在於社會之中的不滿組織化、議題化，造就行動的目標。[59] 如此的理論脈絡雖然過度強調領導菁英在社會運動中的位置，將社會運動中的領導者與追隨者階級化，並淡化普羅大眾的自主能動性，但其中有關於社會運動需要可供運用的社會資源，與塑造不滿兩點，值得吾人在探討二二八事件中廣播與收音機的角色時借鏡。通過對於整個廣播系統的分析可以知道，廣播系統正是在二二八中扮演「可供運用的社會資源」之一，廣播系統憑藉其即時而大量的訊息傳播效益，迅速的將二二八事件發生以及各個重要地區事件發展的訊息傳遍全島，將島內大多數的民眾動員到二二八事件之中，使民眾得以知悉、議論、參與、躲避；而透過廣播系統放送出去的事件消息、議論、戰情，甚至是日本軍歌，正是「透過言說與演示而形塑出的，被組織化、議題化的不滿」。必須要說明的是，所謂「被建構的不滿」，並非指涉二二八事件發生前存在於台灣社會的種種亂象、壓迫，與不平等並不存在，不可否認的是，多數被壓迫者從受到壓迫、發生不滿，到正確理解壓迫的情況、釐清壓迫者的面貌，進而將不滿具像化為一套可以被理解、被傳播的政治語言，其中仍有一段相當的距離。筆者此處所謂「被建構的不滿」，所指涉的便是從個人感受具像化為政治語言的過程。李筱峰所提出的「文

59　John D. McCarthy, and Mayer N. Zald, "*Resource Mobilization and Social Movements: A Partial Theory*", *American Journal of Sociology* 82, 6(1977): 1212-1241.

「化衝突」，在二二八事件發生前，固然已經透過報章、輿論，而形塑出足以支撐二二八事件發生的樣貌，但促成其爆發並迅速擴張的，正是在二二八事件發生的關鍵時刻，發生關鍵訊息散播作用的廣播系統。二二八事件中廣播系統的使用者，藉由廣播迅速而大量的訊息傳播效益，即時的將具像化、組織化、議題化的政治語言散播出去，並透過日本軍歌、戰情廣播，來達成情感的渲染，使得廣播與收音機，能夠發揮令二二八事件所以能夠快速蔓延，發揮「最後一根稻草」功能的關鍵推力。

二二八事件以前台灣的社會運動，如議會設置請願運動、農民運動、武裝抗日，甚至是清代的民變，在資訊的傳遞和參與者的組織動員上，倚靠的多半是報章雜誌或是現場集會演說。而隨著廣播事業在日治中後期與戰後初期的肇始與發展，在二二八事件中首次將廣播系統運用在社會運動的訊息傳遞與組織動員上，如此的情況，應可以作爲吾人考察台灣史上社會運動「現代性」的一個側面。

徵引書目

1、專書與論文集

中央研究院近代史研究所「口述歷史」委員會編　1993　《口述歷史》第4期：二二八事件專號。台北：中央研究院近代史研究所。
台灣省文獻委員會編　1992　《二二八事件文獻續錄》。南投：台灣省文

獻委員會。

吳新榮　1989　《震瀛回憶錄》。台北：前衛。

林木順編　1990　《台灣二月革命》。台北：前衛。

國立台灣師範大學歷史系、台灣省文獻委員會合編　2000　《回顧老台灣、展望新故鄉：台灣社會文化變遷學術研討會論文集》。台北：國立台灣師範大學歷史系。

張炎憲、王逸石、高淑媛、王昭文採訪記錄　1995　《嘉雲平野二二八》。台北：吳三連基金會。

張炎憲、王逸石、高淑媛、王昭文採訪記錄　1995　《嘉義驛前二二八》。台北：吳三連基金會。

張炎憲、王逸石、高淑媛、王昭文採訪記錄　1995　《諸羅山城二二八》。台北：吳三連基金會。

張炎憲、胡慧玲、黎澄貴採訪記錄　1996　《淡水河域二二八》。台北：吳三連基金會。

張炎憲主編　2008　《二二八事件辭典》。台北：國史館。

陳芳明編　1996　《蔣渭川和他的時代》。台北：前衛。

陳興唐主編　1992　《台灣「二‧二八」事件檔案史料》上卷。台北：人間出版社。

黃英哲　2007　《「去日本化」「再中國化」：戰後台灣文化重建（1945-1947）》。台北：麥田。

黃華昌原著、蔡焜霖等譯　2004　《叛逆的天空：黃華昌回憶錄》。台北：前衛。

楊逸舟著、張良澤譯　1991　《二二八民變：台灣與蔣介石》。台北：前衛。

鄧孔昭編　1991　《二二八事件資料集》。台北：稻鄉。

賴澤涵主編　1993　《台灣光復初期歷史》。台北：中央研究院中山人文社會科學科學研究所。

賴澤涵總主筆　1994　《二二八事件研究報告》。台北：時報文化。

薛月順編　1996　《臺灣省政府檔案史料彙編：臺灣省行政長官公署時期（一）》。台北：國史館。

鍾逸人　1993　《辛酸六十年》。台北：前衛。

2、期刊（學報）論文

呂紹理　2002　〈日治時期台灣廣播工業與收音機市場的形成（1928-1945）〉，《國立政治大學歷史學報》第19期，頁298-333。

葉龍彥　1991　〈台灣廣播電台的重建與發展（1945-1949）〉，《台北文獻》第96期，頁149-167。

葉龍彥　1997　〈台灣廣播電台的業務經營〉，《台北文獻》第120期，頁23-41。

Graig J. Jenkins, and Charles Perrow　1977　*Insurgency of the Powerless: Farm Worker Movement (1964-1972)*, *American Sociological Review* 42: 249-268.

John D. McCarthy, and Mayer N. Zald　1977　*Resource Mobilization and Social Movements: A Partial Theory*, *American Journal of Sociology* 82, 6(1977): 1212-1241.

3、報刊文章

不註撰人　1945.10.28　〈廣播信箱應接不暇〉，《民報》，頭版。

與談
廣播與收音機在二二八事件中的角色

李 筱 峰

　　不知道是最近景氣比較差，還是今年我們二二八基金會被國民黨凍結預算，所以兩篇論文都叫同一個人來評，這樣可以減少交通費。

　　說到交通費，我今天早上從台北坐高鐵下來，高鐵剛通車的時候，馬英九稱它叫「廢鐵」，大家應該記得。但是這個廢鐵很厲害，竟能讓我在開幕前就從台北趕到高雄的會場了，台灣有這麼厲害的廢鐵真不簡單！

　　我為什麼要做這樣子的開場？這是在台灣的空間感上面，劃時代的一刻。若說到空間劃時代的一刻，或者人跟人之間的那種凝聚，交通很重要，當然廣義的交通包括廣播。我們如果從整個台灣歷史去看，有幾個像劃時代的里程碑。比如說印刷機在台灣開始進行；1908年中貫鐵路通車，1911年阿里山登山鐵路完工……，這些都很重要，都把空間縮小了。1920年代，今天我們育民兄所介紹的廣播事業，台灣也開始進行，這都是

劃時代的里程碑。1950年代，電視時代的開始，還有21世紀的高鐵，這些都是在整個空間濃縮的歷史上具有劃時代的意義。以這樣的概念拿來思考二二八跟這個有沒有關係，我們發覺，原來廣播事業在二二八中扮演著非常重要的角色。從這個觀點來看，今天石育民兄所發表的論文就非常有意義，所以我今天很樂意來講評這篇論文。

　　順著這個觀點來看，我們知道，日本人統治台灣50年。這50年裡面已經完成了幾項非常重要的近代化基礎，包括嚴密的各級政府、司法機關、警察機構、戶政制度、農會系統、金融財經體系、普及全島的初等教育，還有農田水利、公路鐵路、海運港灣這些建設的所謂廣義交通，另外還有電力，還有電力輸送系統，這些都紛紛完成了。這樣的一種近代化的完成，比較兩岸狀況的學者們，大家有一個共同的發現，什麼發現？台灣到了戰爭結束以後，大概比中國要進步30年到40年，甚至還有學者，如中國的作家蕭乾，他1946年來台灣後表示台灣比中國要進步50年，進步半個世紀。這當然或許是講得有點誇大，但起碼進步了30年。這樣的進步，也就是台灣現代化、近代化的腳步比中國超前很多，其中，廣播這一項也比中國超前，現在都有數據顯示。這樣一個文化水準，他的生活水準，比中國大陸進步很多的台灣，在戰爭之後，滿懷期待地迎接心目中的祖國，但沒想到，祖國「遠看一朵花，近看我的媽！」怎麼是這個樣子？這比較出來的結果讓人很失望，

很失望之後就是絕望，絕望之後就釀成了二二八事件的這麼大的衝突。

　　二二八的衝突，很多人解釋，剛剛育民兄也幫我講了一句話，說我談到的文化衝突。二二八事件的衝突，其實不只是族群的問題，重點在於族群背後所代表的兩個社會文化的差異。也就是包括廣播事業在內的這種現代化的差異，而戰後台灣人民在不能適應的情況下，釀成了二二八事件。我現在再補充一個廣播的事情，日治時代台灣人透過收音機，生活的改變到什麼地步？我聽我們長輩講，在日治時代早晨打開收音機，就播送一種體操音樂，大家就在收音機前面作體操，叫做「ラジオ體操」，就好像現在電視前跟著作瑜珈一樣的狀況，當時許多機關單位職員們大家就一起跟著收音機做體操。村子也有裝收音機，一播放就廣播出來，然後村民便在廣場上面做體操，這叫作「ラジオ體操」。我小時候，在麻豆的鎮公所，就看到延續了日治時代的這種習慣，鎮公所早上都播放體操音樂，職員們早上都出來廣場上配合音樂做體操。我舉這個例子，是要來說明在日治時代的廣播事業，台灣人收聽廣播已經相當普遍了，這樣普遍收聽收音機的習慣，在二二八中發揮的角色是什麼呢？我們知道二二八事件發生時，鐵路經常中斷，有時候到桃園就無法通行了，或者到台中就不通了，鐵路一天到晚中斷。所以你要傳遞訊息是靠電話，但電話通訊也是有限，當年台灣電話擁有數雖然比中國要超前很多，但畢竟還是有限。在

鐵路斷、公路有時候也斷、電話有限的情況下，廣播就變得很重要。我們發現，廣播就成為當時二二八事件當中全島串聯的一個觸媒，或者是一種凝聚劑。對於這個慘案，或者說對政府的這種不滿的情緒，大家其實普遍存在，但是必須要有一個把他們整合起來的力量，而整合這個的力量竟然就是廣播。

　　育民兄論文最後的結論非常精采，他引用了社會學的理論，所謂「資源動員論」。普遍不滿沒有用，但是透過這個廣播之後，就把這樣的不滿凝聚起來，不滿凝聚起來後，形成一種反抗，而這個反抗的動態也透過廣播在傳播。而官方也是一樣，官方看到這樣的狀況，就開始運用廣播的力量，這時候廣播就變成雙方都在使用了。所以陳儀也開始用廣播。陳儀來到台灣之後，便開始在廣播了，不知道各位還記得嗎？當時官方電台就廣播說：「我們官員有三件事情是不做的：不偷懶、不欺騙、不揩油。」大家說揩油是什麼意思？我家裡有火油醬油土豆油一大堆油，就是沒聽過什麼叫揩油，像這個也是在散播他們中國的官場文化。此外，陳儀也透過廣播，向大家說明「我們要改革」……等等一大堆。所以雙方都在透過廣播戰在傳遞，最後廣播就發揮了整個二二八串起一個很重要觸媒，或者說我們叫做凝聚劑。我把它叫作凝聚劑，就是社會上所說的動員，支援動員的力量。我昨天為了參加這個會，特別打電話給鍾逸人先生，他就是在當時27部隊的部隊長。我問他二二八事件當時廣播電台對你們來說有什麼幫助？他說當然有

幫助,他說他去到民雄、嘉義到處跑的時候,沿路就都聽到很有名的日本軍歌〈軍艦進行曲〉。他說在嘉義的街道上,到處都聽到收音機在放這首歌,電台是從嘉義民雄放出來的。而且電台有時候會播放現在哪裡需要兵力,所以台中趕緊來支援等等,就是用這個方式來溝通。官方利用電台去指揮他的軍隊,我們的民兵也用電台在呼應,所以廣播電台在二二八中的角色是非常重要的。我舉這個例子來呼應今天石育民兄這篇有意義的論文。謝謝!

二二八事件期間駐台
中國記者報導之析論
——以報導事件起因、省籍形象與引述消息來源為例

張耀仁[*]

摘　要

　　本研究旨在探析二二八事件期間，駐台中國記者如何呈現二二八事件之起因？如何形塑省籍形象？其消息來源為何？本研究以《申報》、《新聞報》、《大公報》、《益世報》以及《中央日報》為析論對象，共獲得3則駐台中國記者報導，分別為：《大公報》署名「鷙」寄自3月10日〈臺北騷動事件紀詳〉；《益世報》署名「汪昌泰」寄自3月16日〈台灣事件經緯〉；《新聞報》未署名寄自3月19日〈臺灣騷亂始末〉，但該報導參照時任《新聞報》駐台辦事處負責人兼記者王康（1989）之回憶，推論應由其所撰無誤。

　　本研究發現：

---

[*]　國立政治大學傳播學院兼任講師、新聞學研究所博士候選人。

（一） **就事件起因而言**：《大公報》與《益世報》駐台記者立場皆偏向台人，其對於事件起因歸納為：一，少數人員不守法紀與失業民眾日增；二，管制進出口導致物價高漲；三，文化認同問題。而《新聞報》則未解釋事件之起因，僅就事件本身加以論述之，易誤導讀者何以台人毆打外省人至此？

（二） **就省籍形象而言**：《新聞報》在未解釋前因後過的情況下，將本省人視為「暴民」、「暴徒」、此一事件視為「暴動」，而外省人乃係受害者、憂心害怕於生命財產之不安全。至於《大公報》、《益世報》雖描述了台人毆打外省人的情況，但因其對事件起因歸究於「公署舉措失當」，試圖以此為台人緩頰，故讀者較能理解其衝動之舉。

（三） **就消息來源而言**：《大公報》與《益世報》皆將民間與官方說法兩造並陳，基本上皆為具名引述，而《新聞報》除了引述甚少外，採取了匿名引述，且內容不利於台人。

關鍵詞：二二八事件、駐台中國記者、中央通訊社台北分社、台灣省行政長官宣傳委員會

壹、前　言

當廿八日下午開始焚毀專賣局時，全市各街巷到處皆有暴徒集團尋找來自國內之外省人施以毆打……據記者所知：一數歲之兒童隨其母出街，途遇暴徒，用刀將其母之嘴割裂至耳，復將<u>衣服剝光痛毆垂斃拋之於水溝，其子被用力扭轉面部倒置背後</u>，即時氣絕斃命……[1]

在台北二‧二八那天早晨，有一個姓高的上海小姐，剛要出街買物，碰著暴徒四人即被挾持，把她的<u>衣服脫得精光</u>，按在地上，望其陰戶用亂石擊斃。另有一外省籍小婦，身懷六甲，亦被踢暈斃命，死狀至慘。<u>台北有幾個小孩則被把頭面摔往背後</u>，致成殘廢。[2]

上述這兩段分別引述自《申報》與《泉州日報》的報導片段，在駐台中國記者採取「據記者所知」或「據傳」等未經證實的消息來源引述下，揭露台人在二二八事件[3] 期間的「殘

1　湃崖，〈台北事件雨過天青：野心家混水摸魚始末記〉，《申報》，1947年3月31日，第7版。此文另收於黃存厚，《二二八事變始末記》（台中：國防部新聞局台中掃蕩週報社，1947年3月），頁41-54。強調底線為本研究所加，以下皆同。

2　林矕，〈歷史的慘劇：台灣騷亂中拾錄〉，收於李祖基，《「二‧二八」事件報刊資料彙編》（台北：海峽學術出版社，2007年2月），頁356。原載1947年4月5日《泉州日報》。

3　針對「二二八事件」一詞，近來有論者指出其係由陳儀所命名，故含有「共」產黨陰謀論之意味，實則應稱為「二二七事件」，此一看法早見於1947年5月1日第23期《新聞天地》，署名「路人」的作者指出：「二、二八，橫豎拚（原誤）起來，是個『共』字，但二、二八不是共產黨領演的……」此外，1947年3月12日《大公報》上海版記者周雨亦指出：「台灣事件雖被稱為『二二八事件』，但暴動之始卻在二月二十七日……」

暴」舉止，兩段敘述部分字眼若合符節，除造成外省人士恐慌外，也使省外讀者對於事件認知曲解，甚至成為中央政府派兵彈壓台灣主因之一。[4]

回顧二二八事件發生迄今已然六十餘年，一度成為島上禁忌，於媒體等公共領域遭到噤聲[5]，及至1987年宣佈解除戒嚴，民間乃發起二二八公義和平運動，「二二八事件」遂於事件發生40年後，大量被論者提出，歸納其研究成果與觀點，約莫可得出5個面向：

其一，從政治經濟角度切入：如張旭成（1988）、陳儀深（1992）、蕭聖鐵（1992）、翁嘉禧（1998）；

其二，從民族意識、民意代表探討：如李筱峰（1987）；Mondel（1970／陳俐甫、夏榮和譯，1992）、陳俐甫（1992）；

其三，從陳儀政府、派系鬥爭析論：如陳翠蓮（1995）、

4　此一「據傳」的情況，亦見於彼時扮演中央宣傳工具的中央通訊社台北分社（以下簡稱中央社台北分社），其於1947年3月3日的密電中指出：「又傳竟有外省人被砍去一手、一足，而欲死不得者……」參見〈三月三日，（台北三日參電）禮密〉，收於林德龍，《二二八官方機密史料》（台北：自立晚報社，1992年2月），頁25。而面對蔣介石1947年3月1日的日記強調：「反對紙煙專賣而起仇殺……」而3月7日日記寫著：「全台各縣市對中央及外省人員及商民一律毆擊，死傷已知者達數百人……」可知其對事件之印象偏袒外省人。對此，陳芳明（1992: 7）以為：「可以推斷的，蔣介石在醞釀動武決策時，中央社傳自台灣的消息，無疑產生了推波助瀾的作用。」

5　根據夏春祥（2000: 91）研究指出，二二八事件初始（1947-1949）相關新聞共達402則，但軍事戒嚴時期（1949-1987）卻僅有14則，等同此一議題在媒體中遭到閹割。

吳君麗（2005）；

　　其四，從法律、語言、文化闡述：如李筱峰（1991）、許雪姬（1991）、王泰升（1999）、羅詩敏（2000）、何義麟（2003）；

　　其五，從新聞論述分析：如何華欽（1996）、葉斯逸（1998）、夏春祥（2000）、吳純嘉（2001）、陳恕（2002）、黃淑英（2003）、林元輝（2008）、蘇瑤崇（2008）。

　　其中，有關新聞傳播研究方面，過往研究多以個別報刊為分析對象，如《民報》、《人民導報》、《台灣新生報》等國內報紙，近年則擴及國外媒體之探析，固然以媒體為析論對象，實則聚焦當時之政治、經濟與社會文化，多屬史學研究範疇，與傳播學術關聯不大。而傳播領域研究者，又多著眼於運用傳播理論闡釋大眾傳播媒體如何詮釋二二八事件，「反映的都是傳播領域研究者對臺灣史領域的研究成果相當隔閡，才會有骨子裡以歷來官方觀點為是、而顯然似乎不以翻案論點為然的評論」。[6]

6　林元輝，〈二二八事件期間台灣官民營媒體報導之比較：以報導事件起因為例〉，（宣讀於二二八事件61週年國際學術研討會「二二八事件與人權正義：大國霸權or小國人權」，2008年2月23日）。傳播學界向來忽略台灣本土媒介史之發展，究其原因，除與該學門之學理多借鏡西方外，更根本的原因在於早期國府對於台灣本土意識之打壓，並賦予媒體教育特殊意義，如對敵宣傳、中國新聞史等，少見台灣本地媒介史之撰述，晚近則有程宗明（1999）、林麗雲（2004）、林元輝（2006）等研究者投入。

　　省思此一傳播面向，除可增加比較性研究外，尚有諸多
研究對象值得析論，如官民營雜誌、廣播、中央社台北分社與
當時其他通訊社比較等。以本研究所擬之駐台中國媒體記者為
例，其報導內容係彼時省外讀者獲知台灣消息之主要來源，無
論是《大公報》李純青、《申報》江慕雲、《和平日報》蕭鐵
等，皆曾撰寫過有關台灣的報導[7]，而在二二八事件期間，緣於
社會動盪、電訊停頓的狀態下，駐台中國記者之報導不僅見證
事件現場，亦是左右省外讀者認知之關鍵，當時人在上海、事
件後曾於1947年3月11日參與「台灣旅京滬七團體赴台調查
團」的僑領陳碧笙即指出：「『二‧二八』事變爆發後，因消息
被封鎖，京滬所知不多，直到3月4日始得知較多情況。」[8]而
同樣參與赴台調查團的楊肇嘉亦回憶道：「這時京滬一帶的報
紙所登載的消息，真是使人怵目驚心！」[9]由此可佐證駐台中國
記者之報導對於省外讀者或旅居省外台人的重要性。

7　當時新聞訊頭少見記者掛名，故此處所引記者報導可參見李純青，〈台灣的祕密
　　和公開〉，《新聞天地》第10期（1946年2月），頁10-11。江慕雲，〈台灣的女
　　人〉，《新聞天地》第14期（1946年7月），頁9。蕭鉄（原誤），〈陳儀管理台
　　灣：長官公署的記者招待會寫實〉，《新聞天地》第16期（1946年9月），頁13-
　　15。另亦可參見李祖基（2007）一書。
8　陳碧笙，〈參加台灣旅京滬七團體記略：赴台調查『二‧二八』事變經過〉，收於
　　葉芸芸，《證言2‧28》（台北：人間出版社，1993年2月），頁131。此處「消息
　　被封鎖」不盡正確，應係發稿電訊不穩定之故，詳見本文以下論述。
9　楊肇嘉，〈楊肇嘉的回憶〉，收於張炎憲、李筱峯，《二二八事件回憶集》（台北：
　　稻鄉出版社，1989年1月），頁48。原載《楊肇嘉回憶錄》（台北：三民書局，1968
　　年12月），頁363-371。

　　除上述駐台中國記者外，由李祖基所編纂《「二‧二八」事件報刊資料彙編》一書可知，《僑聲報》丁文治、《文匯報》楊風、《泉州日報》林騊等，皆對當時時政提出不少批評，其中尤以《僑聲報》的丁文治爲最，諸如：「台灣省是不是已經變成了中國的殖民地？」[10]「『內地人』對於台灣人的威嚴和征服者對於被征服者，實在並沒有什麼兩樣」[11]⋯⋯凡此種種，看在省外讀者眼底，勢必對陳儀施政產生既定印象，反之亦然。

　　據此，本研究旨在探析二二八事件期間，駐台中國記者如何呈現二二八事件之起因？如何形塑省籍形象？其消息來源爲何？限於篇幅與爲使焦點集中，本研究時間範疇主要以1947年2月28日迄3月11日間的報導爲例，之所以選擇此一時間範疇，係因整編21師於3月8日已登台彈壓，以致3月10日除《中華日報》出刊外，全台並不見報紙，且3月13日起多數報館遭到查封，故廖崧傑研究指出，3月11日之前，《台灣新生報》尚能就事論事，針對事發原因進行客觀討論，但自3月11

10　丁文治，〈台灣混亂象，人事也發生風潮了：陳儀在忙於頒佈「原則」〉，收於李祖基，《「二‧二八」事件報刊資料彙編》，頁27。原載1946年6月12日上海《僑聲報》。

11　丁文治，〈感慨話台灣〉，收於李祖基，《「二‧二八」事件報刊資料彙編》，頁21。原載1946年5月26日上海《僑聲報》。有關丁文治、楊風等人報導之相關研究，可參見何義麟，〈二二八事件前後之自治論爭：從「台灣勿特殊化」問題談起〉，（宣讀於二二八事件61週年國際學術研討會「二二八事件與人權正義：大國霸權or小國人權」，2008年2月23日）。

日後，報導角度一改其調，全然傾向維護官方說法，據此，本研究考量事件背景與廖崧傑說法，選擇2月28日迄3月11日為研究範疇，以《申報》、《新聞報》、《大公報》、《益世報》以及《中央日報》為分析對象，以下即就彼時台灣媒體環境與駐台中國記者進一步說明之。[12]

貳、二二八事件與駐台中國記者

一、二二八事件發生前的台灣媒體環境

　　揆諸二二八事件發生前的媒體環境，多數文獻資料與研究皆已提及當時台灣媒體之興盛，尤以新聞報紙與雜誌為最，根據台灣省行政長官公署宣傳委員會統計，當時已發行之新聞紙雜誌總計有50種（參見【表一】）[13]，已登記尚未發行者則有13種，已登記發行後停刊者計有36種，合計近一百種，也難怪當時的《台灣新生報》社論指出：「本省自光復以來，新聞文化事業，極形蓬勃，我們的同業，幾乎月有增加，這是一極可

12　廖崧傑，《二二八事件期間《台灣新生報》的角色與作為分析》（2006），國立政治大學新聞研究所碩士論文，頁109。本研究時間範疇雖以1947年2月28日迄3月11日為主，但鑑於彼時台灣通訊不易，記者發稿勢必遲到，故3月11日以降，凡由駐台中國記者所撰之報導亦納入研究對象，參見本研究第參節說明。

13　行政長官公署宣傳委員會，《台灣一年來之宣傳》（台北：台灣省行政長官公署宣傳委員會，1946年12月），頁25-33。

喜的現象。」[14]

揆諸彼時之報紙媒體，有接收自日人爲監控新聞而合併《興南新聞》6家報社所創之《台灣新報》，其改制爲《台灣新生報》，係屬官營報紙，被視爲島內第1大報，銷售量超過20萬份[15]。另，創設於1946年2月20日的《中華日報》由台灣省黨部支持；創立於1946年5月5日之《和平日報》則屬軍方所有，上述3家報紙即爲彼時黨、政、軍主要經營之報紙。而在民營報紙部分，由林茂生所創辦的《民報》、宋斐如創辦的《人民導報》，是當時最爲活躍的民營報紙，對於時政屢有批判與省思。此外，創刊於1946年5月5日的《大明晚報》、1946年8月11日的《興臺日報》，以及1947年2月1日創刊之《中外日報》，亦爲民營報紙注入活力，「<u>這些官辦報紙和民間所辦的報紙是採取了同一的方向，就是在宣傳之外它們一樣的有批判現實的言論和暴露現實的新聞</u>，它們在政府新聞自由的政策下，不盡是屬於政府的，而且是屬於人民的」[16]。

對於彼時報刊格外興盛的情況，黃淑英歸納其背景有三：其一，國民政府接收台灣初期，行政尚未穩固，無暇顧及報業

14　〈新聞界的自肅運動〉，《台灣新生報》，1947年2月26日，第2版。

15　李純青，〈我對新生報的希望：紀念發刊週年〉，《台灣新生報》，1946年10月25日，第6版。《台灣新生報》乃創刊於1945年10月25日。

16　星辰，〈台灣的新聞界〉，《新聞天地》第15期（1946年8月），頁12。此處說法顯然過於樂觀，事實上，官、民營媒體的報導仍有其差異，尤其在二二八事件期間更是明顯，可參見林元輝（2008）。

登記核準與發行管理；其二，台籍知識分子公職出路欠佳，爲救國而透過文化出版事業，積極表達其對新時大的參政期望與對現實之積極介入；其三，台灣知識分子對於新時代充滿期待及使命[17]。對此，當時擔任中央社台北分社特派員葉明勳（1946年2月15日起任分社主任）指出：「三十五年（按：1946年）前後，報紙的言論內容，可以說是完全自由的，絲毫不受干涉或約束，部分報紙也許因爲剛剛解除日本統治的桎梏，對於新聞自由沒有深切認識，不免誤解而到了濫用的程度。」[18] 以致當時赴台灣調查二二八事件的監察使楊亮功、何漢文，於調查報告中歸納事件起因之一爲「輿論不當之影響」，此一「輿論」即指全台十餘家報紙成天批評政府，使得民眾「初則引爲怪事，繼則信爲正確，而漸啓輕視政府、不信任政府之心理矣」。[19]

然而自1945年11月23日起，宣傳委員會公告，要求已出版之報刊需補辦登記手續，未登記者則予以停刊處理，此舉使得多家報刊面臨停刊的命運。而宣傳委員會在成立迄撤銷期間（1945年11月1日迄1947年3月15日），總計於《台灣省行政

---

17 黃淑英，《民報與戰後初期的台灣》（2003），台灣師範大學歷史研究所碩士論文，頁8-9。

18 葉明勳，〈光復以來的臺灣報業〉，《新聞學報》第1期（1973年3月），頁19。

19 楊亮功、何漢文，〈附錄：調查「二二八」事件報告〉，收於蔣永敬、林雲漢、許師慎，《楊亮功先生年譜》（台北：聯經出版事業公司，1988年10月），頁397。原撰於1947年4月。

長官公署公報》上發布了81則相關規定、公告或通告，從這些規定、公告、通告中，可以看出宣傳委員會對於當時台灣在新聞雜誌、圖書出版、電影戲劇等之取締日趨嚴格（參見【表二】），尤其自1946年下半年起，由於國民黨台灣省黨部之介入，宣傳委員會的措施變得更形嚴厲。[20]

　　當時《文匯報》駐台記者楊風即指出：「《僑聲報》的一位特約記者丁君寫了幾篇攻擊長官公署的通訊，在《僑聲報》發表了，震怒了這兒的宣傳委員會（長官公署的發言機關），立即函召丁君來台北威斥了一頓，弄得現在這位丁君，不敢再給《僑聲報》寫通訊了。」[21] 除了宣傳委員會的規範外，亦有論者指出陳儀為箝制新聞言論，藉由公署所屬之紙業公會，壟斷全省大部分紙張生產配銷，報館需紙必要呈請配給，故倘若報紙明目張膽攻擊省政，則紙業公會便不配給紙，「眼看著報

20　張耀仁，〈建構「台灣」：以台灣省行政長官公署宣傳委員會之宣傳策略與論述為例〉（宣讀於中華傳播學會2007年年會「創新、典範、公共：傳播學門的定位、挑戰與契機」，2007年7月5日）。宣傳委員會的成員多青年黨人，與國民黨台灣省黨部屢有齟齬，形成陳儀主政下有兩個不同宣傳機構彼此競爭的特殊情形，曾任公署機要主事之秘書鄭士鎔（2006: 21）指出：「在事變（按：二二八事件）的過程中，我冷靜觀察，發覺長官敵手出乎意料的多……殺傷力最強的則是國民黨內各特務機構對長官開明作風的反擊」，鄭文並且提及：「當行政院發表台灣省政府人事名單時，李翼中獲悉被任社會處處長後，聞曾與其部屬林紫貴等彈冠相慶，歡呼（對陳儀的）『革命成功了』」（頁22）。

21　楊風，〈台灣的「民主」〉，收於李祖基，《「二·二八」事件報刊資料彙編》，頁104。原載1946年8月27日上海《文匯報》。丁君即是《僑聲報》駐台記者丁文治。

館關門」[22]。

由此可知，媒體環境勃興固然係陳儀主政初期之特色，但自1946年起，宣傳委員會逐步限制之，且陳儀本人也非如斯尊重新聞自由，尤其二二八事件發生後，部分台灣新聞從業人員遭到逮捕、殺害之命運，形成新聞界的寒蟬效應，且幾乎所有報社均在當時遭到查封命運[23]，則駐台中國記者如何在此情況下進行採訪？此外，揆諸本研究對象《申報》等報，可發現其在二二八事件期間，大量引述中央社台北分社電稿[24]，針對此一現象，亦將於下小節加以說明。

二、駐台中國記者與《申報》等報概述

根據1946年7月署名「星辰」的報導指出，彼時台灣擁有162名以上的新聞從業人員，並指出1946年4月21日在中央分社主任葉明勳、省黨宣傳處長林紫貴的奔走下，組成了首屆新聞記者公會，其會員打破了京、滬、渝、漢等記者公會的紀

22　揚風，〈台灣歸來〉，收於李祖基，《「二‧二八」事件報刊資料彙編》，頁233。原載1947年3月5日上海《文匯報》，原撰於2月28日，上海。「揚風」即楊風筆名，楊風本名爲楊靜明（1924～？），參見參見何義麟，〈二二八事件前後之自治論爭：從「台灣勿特殊化」問題談起〉。

23　中央研究院記代史研究所，〈台北綏靖司令部綏靖報告〉，收於中央研究院記代史研究所，《二二八事件資料選輯（四）》（台北：中央研究院記代史研究所，1992年5月），頁189。

24　經本研究統計，在總數225則的報導，共有126則來自中央社台北分社，佔一半之強，詳見下文。

錄，由此可知當時台灣島內新聞從業人員之眾多。其中，駐台中國記者「佔有相當的數目，這些記者，都為各個報紙工作著，他們大多能客觀地報導現實，而也有一小部分被稱為『另有作用』的將台灣的現實撰成通訊」[25]。

此一「客觀地報導」與「另有作用」的駐台中國記者，早在1945年10月5日時，即隨同首批準備受降與接管工作之前進指揮所人員共同赴台，計有《中央日報》楊政和、《掃蕩報》謝爽秋、上海《大公報》費彝民、重慶《大公報》李純青、中央社台北分社特派員葉明勳等，而葉明勳更指出因為空總的協助，台灣光復後第1條新聞，「於六日（按：1945年10月6日）就這樣順利播出，同來的四位同業，直到光復節（十月二十五日）前若干天從上海寄到的報紙上讀到筆者自白北發出的消息，大為奇怪，因為那時候台北和大陸海空交通未通，也無電訊往返，不可能拍發消息或投寄專稿」。[26]

由此可知，接收初期駐台中國記者發訊之不便。日後，尚有他報駐台記者先後加入，時任《新聞報》駐台記者王康即指出：「抗戰勝利後，大公報的胡政之、王芸生等對台灣非常重視，恰巧該報編輯部的李純青原籍台灣……李純青抵台後即

25　星辰，〈台灣的新聞界〉，頁13。1942年9月18日，國民政府社會部頒行「新聞記者公會組織暫行要點」共計7點，第7點為附註。

26　葉明勳，〈我如何發出第一條台灣光復新聞：前進指揮所來台三十週年〉，《新聞天地》第1447期（1975年11月），頁19。

著手成立大公報駐台辦事處，在台發行航空版。」[27] 此一航空版的設立，乃在於「因爲沒有定期航輪，於是大公報中央日報等都在台灣發行了航空版，雖然銷數不大，但可能獲得了若干影響」。[28] 根據台灣省文獻委員會編纂《臺灣省通志稿：教育志、文化事業篇》一書指出，在省外刊行報紙而運銷台灣者，計有上海《新聞報》等8家，其皆於台灣設有駐台辦事處：其中《新聞報》負責人兼記者爲王康；《申報》負責人爲江慕雲、記者楊文育；《大公報》負責人何添福、記者嚴慶澍；《益世報》記者沈引青；《中央日報》負責人兼記者黃榮；《東南日報》記者吳仲謀；《正言報》記者毛守豐；《金融日報》記者黃銘。此外，尚有《文匯報》楊風、北庚；《僑聲報》余潆之、林達、丁文治；《泉州日報》林驪等，聲勢頗爲浩大[29]。

其中，就本研究所擬研究對象而言，《申報》係由英商Ernest Major創刊於1872年4月30日，是中國發行時間最久、影響最大的報紙，其後於1912年9月售於史量才等人，其言論風格逐漸左傾，引起當局不滿，以致史量才於1934年遭國民

27 王康，〈王康的回憶〉，收於張炎憲、李筱峯，《二二八事件回憶集》，頁215。原載1982年3月7日-4月18日《加州論壇報》。

28 星辰，〈台灣的新聞界〉，頁13。

29 台灣省文獻委員會編纂組，《臺灣省通志稿：教育志、文化事業篇》（台北：台灣省政府，1958年2月），頁397。另參考李祖基（2007）編纂一書的記者署名與王康（1989）。

黨特務暗殺言論漸趨保守。[30] 而《新聞報》係由中外商人創刊於1893年2月17日，初以經濟新聞為主要內容，頗受工商界青睞，在上海的商業報紙中，新聞報的廣告高居第一位，聲譽與《申報》在伯仲之間，「新聞報抱定在商言商主義，不求津貼，不賣言論，不與任何特殊勢力締結關係，惟憑自己營業能力，步步經營，成為海內有數的大報」。[31]

　　至於《大公報》乃由英斂之（1867-1926）創刊於1902年6月17日，以「敢言」著稱，並有「四不主義」，即不黨、不賣、不私、不盲，在當時被視為國內重要報刊之一。[32] 而《益世報》則由羅馬天主教會創刊於1915年10月10日的中文日報，「雖為宗教背景，但並非傳教性報刊而是一種內容相當豐富的公共性報刊……特別是對當時發生的重大事件均有比較翔實的報道（原字）……」[33]，其與《申報》、《大公報》、《民國日報》

30　參見http://zh.wikipedia.org/wiki/%E7%94%B3%E6%8A%A5，上網時間：2009年1月15日。

31　賴光臨，《七十年中國報業史》（台北：中央日報社，1981年3月），頁107。賴氏將《申報》、《新聞報》歸納為「商業性報紙」，認為其「自避於政治之外，唯注重商業利益」（頁100）。

32　周雨，《大公報史（1902-1949）》（江蘇：江蘇古籍出版社，1993年7月），頁13、30。此四不主義係由該報總編輯兼副經理張季鸞所提出。另，因《大公報》總編輯王芸生被視為政學系，故有論者認為與當時的政學系（即陳儀等）有關，但李純青（1991: 433）撰文加以反駁，指出當時社論論點立於民族正義、憂國憂民，「不可能也沒有必要為所謂政學系發言」。

33　來新夏，〈序言〉，收於郭鳳岐，《《益世報》天津資料點校匯編》（天津：天津社會科學院出版社，1999年12月），頁1-2。

等報在當時被視為「四大報」。而創立於1928年2月1日的《中央日報》，係由國民黨中央宣傳部直接主辦的報紙，「根據『設置黨報條例』、『指導黨報條例』規定，黨報明文接受黨部的經濟補助」[34]，其目的自然在於為黨宣傳。

綜觀之，此5份報紙根據1933年的《申報年鑑（1933）》指出，《申報》、《新聞報》以及《中央日報》每日銷量計有15萬份，而《大公報》與《益世報》則各有3萬5千份[35]，影響力不容小覷，且各報皆派有駐台記者，尤以《申報》、《大公報》為重視，而上海《大公報》與《中央日報》都設有航空版，唯獨這兩報的航空版或因保存不周，而今在資料的尋找上皆有缺漏情況，尤以二二八事件期間的報導更是不見其蹤。

三、駐台中國記者之採訪狀態與中央社台北分社

儘管駐台中國記者人數頗眾，但其多為省外人士派駐台灣，少數為台籍人士或福建省人，因而在語言的使用上，與台人亦產生隔閡，《僑聲報》駐台記者丁文治即注意到此一問題：「從內地派來的工作人員，因為要遷就事實上的需要，也多學會了或多或少的日語……內地人要學台灣語的和台灣人要學普通語，都是同樣的困難，還是應用日本語文來的便當

34　高郁雅，〈戰後國民黨新聞機構的企業化嘗試（1945-1949）〉，《輔仁歷史學報》16期（2005年7月），頁218。

35　申報年鑑社，《申報年鑑（1933）》（上海：申報年鑑社，1933年4月），頁26。

點。」[36]

則當時之駐台記者究竟以何種語言與台人溝通、採訪？對此，葉明勳在接受訪談時指出：「我因為不會講閩南語，還特地請了一位本地青年，作我的通譯……」[37]亦即透過台人翻譯的方式，完成採訪工作，然則葉明明勳此處所指之「通譯」，乃當時任職於同盟社之台人，而中央社台北分社係接收同盟社而設立，故可免其翻譯費用，但就其他駐台中國記者而言，是否有財力聘請台人另作翻譯，則待商榷。

在此語言不通的狀況下，駐台中國記者的消息來源為何，遂成為左右筆下報導立場之關鍵，而官方部門自然是駐台中國記者最易取得、也最無障礙的消息來源首選。自1945年12月起，宣傳委員會固定於每週三舉行一次記者招待會，「由（原空一格）長官秘書及各處會局室首長輪流出席報告並答復（原誤）記者詢問」[38]，亦即針對行政機關由記者作一提問，係屬官方記者會，但記者對此的觀感卻是：「不像過去每禮拜三下午將記者們聚在公署四樓的會議室〔，〕在嚴肅的空氣中坐在

36　丁文治，〈改造台灣要根絕日本色彩〉，收於李祖基，《「二・二八」事件報刊資料彙編》，頁51。原載1946年7月3日上海《僑聲報》。

37　王丰，〈第一批訪台記者，第一手時代見證：新聞界耆宿葉明勳暢談光復初期的光怪陸離〉，收於葉明勳，《感懷3集》（台北：躍昇文化，1998年7月），頁206。原載1996年12月9日80期《時報周刊》。有關台灣行政長官公署時期的語言問題，可參考許雪姬（1991）。

38　行政長官公署宣傳委員會，《台灣一年來之宣傳》，頁25。

國父的面前。先由前宣委會夏主委來一套客氣話，報告的單位
主官再來一番對不起，每人1份書面報告，說不上幾句話，忙
的人拿份報告點個頭就走。」[39] 迄1946年8月14日宣傳委員會
規定：「可不必限於報告業務之某機關範圍內，凡關本省行政
上任何問題，都可提出，惟需請於每星期一以書面向本會提
出。」[40] 時任《和平日報》駐台記者蕭鐵即曾對此一記者招待
會有所描述：「中宣部有定期記者招待會，場面如何，我無從
猜起，不過據我估計，總不致比台灣的更宏大。台灣記者例會
會址在公署三樓會議室，室內兩排大窗子明朗之至……記者招
待例會出席人數並不見得次次踴躍……」[41]

　　以上所述係駐台中國記者平時遭遇之狀況，即語言不通、
較依賴官方消息來源，此一現象，也反映在二二八事件期間，
駐台中國記者依舊與官方聯繫緊密，如《新聞報》駐台記者
王康在事件當時，立即聯想到省黨部創辦於1946年5月1日的
《國是日報》，並透過該部負責人、也是省黨部宣傳處長林紫貴
之協助，得以與《申報》、《大公報》、《國是日報》、《大明
報》、《民報》等，聯合外出採訪，「自處委會成立後，我與

39　〈臺北週記〉，《中華日報》，1947年4月21日，第3版。文末署名「錢塘江」，原撰
　　於4月18日。

40　〈台灣官僚的荒謬：陳儀的喇叭吹出了濫調，黨辦報紙著論迎頭痛擊〉，收於李祖
　　基，《「二‧二八」事件報刊資料彙編》，頁96。原載1946年8月17日上海《僑聲
　　報》。

41　蕭鈇（原誤），〈陳儀管理台灣：長官公署的記者招待會寫實〉，頁13。

江暮（原誤）雲每天都到中山堂去採訪，但約定不發新聞，讓報社去採用中央社電訊，等事變結束後再寫一篇有系統的通訊稿」[42]。此處「讓報社採用中央社電訊」的做法，應是「明哲保身」的做法，畢竟在無從判斷報導立場的情況下，黨之宣傳工具中央社所撰報導便是「標準內容」，而從前述《新聞報》傾向國民黨股份的結構看來，其做法亦顯示該報之立場昭然若揭。[43]

事件期間，根據當時擔任《中華日報》記者錢塘江（原任《中央日報》駐台特派員）的說法，「整個的新聞機構也都陷入停頓狀態。但是已被暴徒控制的處理委員會卻派人通知我們，應繼續出報，並且要把他們一切動態以及向當局提出的條件，一一刊登，否則便有搗毀的可能」[44]，這是本地媒體記者受到外力介入的情況，駐台記者想必亦遭到類似情況，尤有甚者「躲在房內不敢出來」[45]，加諸郵電通訊中斷，這也是何以多數駐

42　王康，〈王康的回憶〉，收於張炎憲、李筱峯，《二二八事件回憶集》，頁194。

43　此處說法係依據本研究評論人林元輝教授，於2009年2月26日「二二八歷史教育與傳承」學術研討會所提供之觀點。

44　錢塘江，〈錢塘江的回憶〉，收於張炎憲、李筱峯，《二二八事件回憶集》，頁220。該書編者以為其回憶「代表官方說法」，但就此處引述，對照時任《台灣新生報》記者吳漫沙（1912-2005）口述，為了報社安全起見，印製號外交由民眾自行分發，但「長官公署宣傳委員夏濤聲匆匆到編輯部來，把我（按：即吳漫沙）替群眾代寫的原稿拿去看，舉筆修改後，遞給吳金鍊（按：《台灣新生報》日文版總編輯），說可以發號外」（李宗慈，2002: 149），吳氏為日本殖民時期頗負盛名之大眾文學小說家，相關研究可參閱吳瑩真（2002）。

45　王康，〈王康的回憶〉，收於張炎憲、李筱峯，《二二八事件回憶集》，頁215。

台記者於事件結束後，才航寄或郵寄報導回報社，王康於3月19日航寄報導〈臺灣騷亂始末：不逞之徒借端生事，善良臺胞發揮同胞愛〉於《新聞報》即是一例。

除了駐台中國記者之報導，檢視本研究對象，可知事件期間省外報紙屢屢引述來自中央社台北分社之消息，然而該社於二二八事件期間所扮演的角色，在當年密電電稿出土後，其扭曲失衡的報導觀點，已遭到論者質疑[46]。此一最初成立於1924年4月1日，隸屬國民黨中央執行委員會宣傳部的通訊社[47]，於1945年10月5日，由駐台灣特派員葉明勳主持接管同盟社台灣支社，迄1946年2月15日，中央通訊社台北分社方正式成立，於中山堂光復廳舉行成立酒會，與會者計有台灣行政長官公署陳儀、閩台監察使楊亮功、台北市長黃朝琴等人，一時冠蓋雲集，顯見台北分社備受重視之程度，其下設基隆、台中、台南、高雄以及花蓮等5個辦事處，在人事與業務方面，設有秘書室、總務組、採訪組等，人員總數最高曾達到七十餘人[48]。

46　參見林元輝，〈析論二二八事件期間中央通訊社電稿意義及其影響〉（國科會補助專題研究計畫，編號NSC 95-2412-H-004-010，2007年7月）。

47　中央通訊社成立初始，係設於中央黨部之內，正式名稱為「中國國民黨中央執行委員會宣傳部通訊社」，其業務範圍係每日發佈一次油印新聞稿，以黨政消息供給報社和有關機關，發展迄1948年，國內計有52處分支機構、國外則有25處，員工達2,653名，與成立初期僅有數人相比，其規模不可同日而語。參見冷若水，《中央社六十年》（台北：中央社六十週年社慶籌備委員會，1984年5月），頁67。

48　葉明勳，〈中央社六十年：臺北分社扮演的角色〉，《傳記文學》第44卷第4期（1984年4月），頁62。此外，宣傳委員會自1946年1月31日起，定期每月月終舉

　　這一頗具規模的分社架構，從設立乃至運作，看似秉持新聞價值，卻在日後二二八事件爆發時，其報導偏頗之觀點不禁啓人疑竇，尤其該社訊息能夠透過總社而送達中央高層[49]，這也使得台北分社的宣傳方式與影響力不同於其他媒體，不單是在台灣發送新聞，也將報導回傳給南京總社，因而台北分社在新聞功能之外，亦隱約兼具了情報單位的性質，這也是論者在研究「二二八事件中的情治單位」時，指出南京中央政府判斷事件發展的依據，其情報來源除了軍統局、中統局、台灣當局、憲兵司令部外，尚有中央通訊社台北分社。[50]

　　綜上所述，可知：

　　其一，就本研究對象而言：《大公報》、《申報》、《益世報》、《新聞報》皆屬於民營報紙，《中央日報》屬於黨營報紙，而《申報》言論立場自1934年起較趨保守。

辦「台灣省有關宣傳各機構會報」，參與之單位計有台灣省黨部、中央宣傳部特派員、《台灣新生報》、中央社台北分社等，參見台灣省行政長官公署宣傳委員會，《台灣省政令宣導人員手冊》（台北：台灣省行政長官公署宣傳委員會，1946年3月），頁87-88。

49　所謂中央通訊社之「密電」，早在該社設立之初，「若干消息不便公開發表的，也特別送給當局參考」（蕭同茲，1974: 266），而沈宗琳（1982: 39）亦指出，1944年8月，因為新疆督辦盛世才強抓一批中央派來之人員，遂拍發密電於重慶總社，「總社立即通知黃山官邸，委員長蔣公得悉，馬上著人追回剛請示下山去的迪化外交特派員吳澤湘，吩咐他立刻飛蘭州⋯⋯」，顯見中央通訊社之訊息確能輕易直達中央高層。

50　侯坤宏，〈情治單位在二二八事件中的角色〉，收於李旺台，《二二八事件新史料學術論文集》（台北：財團法人二二八事件紀念基金會，2003年12月），頁24。

其二，就駐台中國記者而言：《申報》等報皆設有駐台記者，唯獨語言不通，較依賴官方消息來源，且受制於宣傳委員會之規範。

其三，就引述消息來源而言：中央通訊社台北分社在省外報紙上，扮演重要消息來源，唯獨其報導角度與媒體角色引人爭議。

參、研究方法與資料分析

一、論述分析與樣本選取

意義的呈現往往涉及敘事、論述、言說等，其中論述（discourse）或論述分析（discourse analysis）在社會科學向「敘事轉」（narrative turn）以及Foucault（1979, 1980, 1991）學說的推波助瀾之下，儼然成為社會研究中經常被運用為檢視意義的方法之一。

游美惠指出，論述分析乃一跨學科領域的研究取徑，其理論預設及方法可以對媒體訊息之結構進行更加明顯化、系統化的瞭解作用，「因為論述分析處於各種不同學科領域的組合地帶，因此更可以將這種媒體結構與不同認知、社會、文化等脈絡屬性相互連接」[51]，以Foucault為例，其以論述實踐

---

[51] 游美惠，〈內容分析、文本分析與論述分析在社會研究的運用〉，《調查研究》第8期（2000年8月），頁26-27。

（discursive practice）此一概念來闡明知識／權力在社會鉅觀與微觀層次之散佈運作。[52]

然而「論述」或「論述分析」的概念內涵卻頗為分歧，倪炎元即曾對此作一耙梳，指出「論述」的運用有兩個大致方向，一是與語言學選擇性的親近，主要在於處理特定脈絡下一組文本的語言使用；另一則與哲學、文學及社會學選擇性親近，旨在處理一組被規約陳述的生產與傳佈。[53]

就本研究所欲採取的論述分析而言，係屬於後者，即視論述為一鬥爭場域，Reinhearz 指出，文件不單反映出規範，也型塑了規範，故社會研究者欲探索社會現實，絕不能忽略此一辯證關係，社會結構與行動主體、論述形構及社會現實。[54] Fairclough 在針對批判論述分析（critical discourse analysis）的闡發時，即特別將文本與社會實踐相連結，據此指出應留心「是誰在使用分析的結果，又是為了什麼使用」。[55]

因而論述分析能夠闡明社會矛盾在政治鬥爭中被經驗、被表現的方式，而在論述之外對於諸如國家、經濟結構等之闡釋

52　Foucault 著、王德威譯，《知識的考掘》（台北：時報文化，1993 年 7 月）。
53　倪炎元，《再現的政治：台灣報紙媒體對「他者」建構的論述分析》（台北：韋伯文化，2005 年 5 月），頁 51。
54　Reinhearz, (1992). *Feminist methods in social research*. New York & Oxford: Oxford University Press.pp.51.
55　Fairclough, N. (1995). *Critical discourse analysis: The critical study of language*. London and New York: Longman.

亦是必要的，因為這些層面皆能夠被詮釋為「論述」的形式，進而被妥適地理論化，因而進行論述分析時，雖可幫助解析意義、強化詮釋，但宜配合多元交叉檢證之研究策略，以免研究分析有失脈絡（decontextualized）之虞。

參照史學界研究「二二八事件」之原因，將其歸納為：（一）共產黨策動；（二）經濟困難：物價飛漲；（三）社會問題叢生：失業普遍；（四）政治歧視：不任用台省人士；（五）政治腐敗：陳儀治台班底不廉潔；（六）文化差距：省外人士轉嫁仇日情緒於台胞。[56]

據此，本研究擬採論述分析，結合文本論述與當時候社會情境，在限於篇幅的考量下，擬透過（一）事件起因：駐台中國記者如何述敘事件發生的原因；（二）省籍形象：駐台中國記者如何塑造本省與外省人士的形象；（三）消息來源：駐台中國記者偏向引述何種消息來源的說法等，就此3個面向針對駐台中國記者如何呈現二二八事件之報導作一探討，時間範疇以1947年2月28日迄3月11日之報導內容為主，唯鑒於彼時台灣通訊不易，記者發稿勢必遲到，故3月11日以降迄3月31日，凡由駐台中國記者所撰之報導皆納入研究對象。

分析對象以《申報》、《新聞報》、《大公報》、《益世

56　陳儀深，〈論台灣二二八事件的原因〉，收於陳琰玉、胡慧玲，《二二八學術研討會論文集（1991）》（台北：二二八民間研究小組、台北化交流基金會、現代學術研究基金會，1992年），頁27-75。

報》以及《中央日報》為主，之所以選擇此5家報紙，除了考量國內現有保存資料完整與否[57]，在於5家報紙銷售量與影響力，在當時可見一斑，尤其《申報》、《大公報》以及《益世報》在當時與《國民日報》被視為「四大報」。

而時間範疇的抉擇方面，乃據研究者指出，3月11日後，由於軍隊彈壓、當局控制了事件發展，連帶彼時媒體內容與之前的報導亦大相逕庭，特別是島內媒體遭到當局停刊或閉館的之命運，僅餘黨、官方媒體如中央社台北分社、《台灣新生報》、《中華日報》等正常發稿，即以《台灣新生報》為例，根據廖崧傑研究指出，在3月11日之前，「《新生報》多能就事論事，針對事發原因進行客觀的討論，指出政府應該檢討的地方以及人民應該遵行法治，同時對受難民眾表示同情」[58]，但自3月11日後，報導角度一改其調，全然傾向維護官方說法；而代表該報社立場的社論自3月3日迄3月17日（3月10日停刊）付之闕如，直至3月18日才又出現社論，但其言論立場，諸如3月20日社論〈敬慰遇難受傷外省同胞〉開頭即說：「這次

57　此處所舉各報，《大公報》、《申報》、《新聞報》與《中央日報》皆可於中央圖書館臺灣分館尋獲微捲資料，而《益世報》則有縮印影本藏於台灣大學總圖。基本上，事件期間尚有《文匯報》、《僑聲報》等左傾報紙值得探析，唯遍尋國內重要圖書館皆無館藏。此外，此五報在當時之中國重要城市皆設有當地版，本研究係以上海版《申報》、上海版《新聞報》、上海版《大公報》、天津版《益世報》以及上海版《中央日報》為主，為求便於書寫，故省略版別。

58　廖崧傑，《二二八事件期間《台灣新生報》的角色與作為分析》，頁109。

二二八不幸事件，最受委屈的莫過於外省同胞，最識大體的也莫過於外省同胞」，顯見該報觀點已全盤傾向官方。據此，本研究遂以2月28日迄3月11日為選取樣本範疇，並考量當時局勢不利發稿，故3月11日以降迄3月31日，凡由駐台中國記者所撰之報導皆納入研究對象。

二、資料分析

（一）資料基本統計

檢視本研究對象，自1947年2月28日迄3月11日期間，各報報導數量由少而多、內容由簡而繁，無論是報導數量與顯著性，皆在3月11日達到最高峰，當天各報平均刊載13則新聞、皆以頭條處理之，比起事件發生初期僅有寥寥數則的報導情況，顯見事件越至後期越受媒體重視。

而在刊載日期方面（參見【表三】至【表七】），以《申報》及《中央日報》最早披露此一事件，始於3月1日；以《益世報》最遲，始於3月3日。至於在報導數量上，《申報》總計共刊載42則報導、《新聞報》58則、《大公報》58則、《益世報》32則以及《中央日報》35則，合計共225則。

就駐台中國記者之報導而言，許是彼時電訊等通訊設備遭到破壞或控制，5份報紙之報導或來自「福州專電」或上海之「本報訊」，除此之外即採用中央社台北分社或南京總社電稿，直到3月11日以降，方有駐台記者陸續寄回報導。其中，《中

央日報》幾乎採用中央社電稿，完全不見駐台記者報導，迄事件稍獲控制後，才派記者赴台訪問，然而限於情勢，僅待在台北17小時。[59] 而《申報》刊載署名「湃崖」一文，既未按該報編輯常態註明記者身分，且收錄於國防部新聞局掃蕩週報社出版《二二八事變始末記》一書，等同《申報》並未見駐台記者報導。

綜觀此一資料之基本統計，可歸納出以下3點：

其一，就報紙採用中央通訊社稿而言：此5份報紙皆大量採用了來自中央社台北分社之報導，尤以事件發生初期為最，其中《申報》共計採用26則、《新聞報》31則、《大公報》25則、《益世報》18則以及《中央日報》26則，總計126則。

此一大量援引中央社台北分社報導，而非擇錄自家媒體駐台或駐福州記者之報導的情況，在於二二八事件期間社會混亂，駐台記者採訪不易，且郵電停頓使得發稿管道受到限制[60]，當時任職《新聞報》的駐台記者王康即指出：「自處委會成立後，我與江暮（原誤）雲每天都到中山堂去採訪，但約定不

---

59 楊溪，〈台北十七小時〉，《中央日報》，1947年3月15日，第2與第3版。

60 事件發生初期，3月2日《申報》第2版報導〈台北已解嚴：緝私紛擾事件解決〉即指出：「交通部上海電訊局前日至昨日下午四時，對台灣電報，全部停頓，四時後可接收慢電，何時到達，概無把握。」至事件後期，通訊受阻情形更加嚴重，3月11日《大公報》第2版報導〈台省情況隔膜：榕台滬電訊不通，傳有地方官員多人下落不明〉指出：「台灣騷動事件延續未已。本市拍發台灣各地之郵件、電報、長途電話至十日已全部斷絕。前數日發往台灣之電報、郵件均已絡（原誤）續退回。」

發新聞，讓報社去採用中央社電訊……<u>因當時郵電都受控制，我們什麼話也不能說。</u>」[61] 由此可知採用中央社台北分社電稿之不得不。儘管如此，《大公報》尚且採用了合眾社、聯合社等外電電稿以作為參照，而《益世報》亦刊用了路透社電稿，《申報》、《新聞報》雖未刊用外電，但亦有多則「本報訊」，唯獨《中央日報》除了2則「本報訊」外，皆為中央社台北分社或南京總社之電稿。然誠如前述，中央社台北分社之電稿顯然含有偏見，則《中央日報》之用意不言而喻。

其二，就駐台中國記者而言：承上所述，由於此一期間發稿與採訪不易，故此5份報駐台記者，除了《中央日報》與《申報》外，多在事件獲得控制後，分別航寄稿件回報社。其中，《大公報》計有1則署名「鷺」寄自3月10日〈臺北騷動事件紀詳〉；《益世報》1則署名「汪昌泰」寄自3月16日〈台灣事件經緯〉；《新聞報》1則未署名寄自3月19日〈臺灣騷亂始末〉[62]；《申報》雖有1則署名「湃崖」的報導〈台北事件雨過天青〉，但由該報刊登駐地記者報導必署名「○地○日航訊／本報特派員○○○」，推論應非駐台記者所撰。而《中央日報》則無此方面之報導，僅由署名「楊溪」於3月11日搭機前往台灣

---

61 王康‧〈王康的回憶〉，收於張炎憲、李筱峯，《二二八事件回憶集》，頁220。
62 《新聞報》該則報導，經檢視其內容，再比對王康所撰〈王康的回憶〉之片段，且據該文所言：「十日台北市仍繼續戒嚴……我共寫了兩篇通訊稿，一篇刊登於上海新聞報，一篇在廣西桂林中魯日報上刊出……」（頁223），故推斷此一報導應為王康所撰無誤。

採訪〈台北十七小時〉。綜觀之，駐台中國記者所報導之稿件，並未如預期中之多，此或許起於部分記者將稿件發表於新聞雜誌，抑或受限於本研究取樣之期間範疇，尚待進一步研究。[63]

　　其三，就黨／民營報紙社論而言：駐台記者之報導偏頗與否，與報社如何看待此一事件的立場有關，而官／民營報紙的立場更是經常迥異。其中，社論乃報社立場之表徵，就此5份報紙而言，除了《益世報》外，其餘各報皆在事件期間發表了相關社論，包括《大公報》2則、《新聞報》2則、《中央日報》2則、《申報》1則[64]。而《新聞報》在事件初期3月3日即刊載相關社論，至於《大公報》與《申報》則分別於3月6日刊載，再者，《中央日報》、《大公報》以及《新聞報》於3月11日第2次提出社論。

　　檢視各報論點，《新聞報》、《大公報》皆較傾向爲台人發聲，抨擊當局不是，如3月6日《大公報》第1版社論〈台灣慘案感言〉指出：「此次事件，固非全由專賣與貿易政策造成，遠因近因，頗爲複雜……實由各級官吏，奉行政令者，<u>平日對待人民驕縱專橫，搆怨多而且深</u>，民眾中懷怨憤，壓抑已

63　1945年1月20日創刊於重慶的《新聞天地》，於1947年5月1日第23期，製作二二八事件專輯，唯獨除了白克外，另外2位作者皆以筆名發表之。

64　此處所舉皆係以2月28日迄3月11日之間的社論而言，若延續至3月31日止，則《大公報》與《申報》分別增加1則。此外，《中央日報》中央圖書館臺灣分館館藏微捲資料，缺漏3月2日、3月3日以及3月7日第1及第2版，從其3月11日第2版社論〈再論台灣事件〉的「再論」2字，可知《中央日報》前此曾發表相關社論，唯無法判別爲何時發表。

久，故爾一觸即發。」此一對當局施政不力的指責，亦見於3月3日《新聞報》第2版社論〈慎重處理臺北糾紛〉：「我們初到臺灣辦理接收的人員，就給予臺胞以不良的印象，嗣後行政上種種措施，<u>又往往著眼於財政者多，著眼於整個臺灣經濟者太少</u>，因此引起臺胞的失望。」

此著眼於「官吏失當」的論點，皆以「如何收歸台人民心」作結，其中《大公報》云：「解除台灣危機，只有一條路，即政府經濟上改正<u>取而不予</u>的政策，政治上依憲法實現省自治。」《新聞報》則指出：「我們主張政府立即派大員到臺灣去，一面調查真相，追究責任，一面<u>撫慰臺胞，勤問疾苦</u>，然後揀定臺灣應興應革的數大端，以最大的決心，最快的手段行之。」亦即2報皆對事件處理提出了解決的辦法，《大公報》偏向政治改革，《新聞報》則偏向由官方安撫之，換言之，就此一解決辦法觀之，《大公報》立論較《新聞報》更偏向台人。

而在3月11日事件發展至白熱化之際，2報社論對於二二八事件的善後也有各自表述，《新聞報》指出：「此次臺灣動亂有什麼其他的背景，我們不清楚，<u>當然政府不能不對此有提防，但不能過份在這種角度下觀察</u>。」並指出：「臺灣今天的問題，除了特殊的背景外，我們無法否認是一個<u>政治與經濟的問題</u>，也就是今天中國一般的地方政治問題。」其立論雖然傾向台人，但其論點與大公報相較顯然溫和許多，其社論〈台灣官民要停止衝突〉提道：

「須知所謂『三十二條要求』，是情緒激昂時片面的要價，是二二八事件處理委員會把各方蕪雜意件彙集起來的。按目下情形，<u>各地人民也還沒有統一組織，尚不能以一個交涉體正式提出的條件視之</u>⋯⋯此次激發民變，責在政府。故在基本觀點上，<u>我們寄予同情</u>⋯⋯」

亦即《大公報》雖然認為台人應該「回復正常理智」，但此一「寄予同情」的觀點，始終未嘗改變，即使事件弭平後，3月25日《大公報》第2版社論〈為台灣善後進一言〉仍認為政府當局不應著眼於「三十二條要求」：

「解散二二八處理委員會，政府已然失信了。那個會是政府同意組織，並且躬自參加的，以後全盤推翻，理由是三十二條要求跡近叛國。<u>不知那些要求乃在人多口雜時群眾情緒的反映。</u>處理委員會第二天就自動登報取消了好幾條。最後弄到幫助政府的人也被捕或在逃。政府應示信，祛疑。」

相對於《大公報》與《新聞報》站在為台人發聲的立場，言論自1934年後較為保守的《申報》雖然也為台人說話，卻較少批判政府當局，且有暗批台人之嫌，其在3月6日《申報》第2版社論〈關心臺北事件的善後〉指出：「部份（原誤）台胞的<u>地方觀念濃厚，見解也有些偏頗，於是邪氣積蓄而生怨惡</u>，星星之火，頓成燎原。」此一看法與官方動輒強調台人「性急與氣小」不謀而合[65]，尤其在事件結束後，該報3月19日第2版社

65　陳儀，〈來台三月的觀感〉，收於台灣省行政長官公署宣傳委員會，《陳長官治臺言論集第一輯》（台北：台灣省行政長官公署宣傳委員會，1946年5月），頁49-

論〈中央處理台變原則宣佈以後〉論點：

> 「台灣事件迄今二旬，因消息阻隔，外間傳說紛紜，<u>而共產黨居中煽動破壞，意圖擴大事態，亦為此次紛亂因素之一</u>，作用很明顯。事實上，共產黨不能為台灣帶來幸福，祇是為台灣帶來罪惡，帶來更多的紛亂而已。今天台灣的善後，應以安定為第一，所以杜絕共黨在台所播的禍苗，與過去台灣苛政的廢除，是同樣的重要。」

此一「共黨居中煽動破壞」的論點，顯然與國民政府對於二二八事件起因的定調一致，不免透露其較傾向官方的陳述，而此論點，在作為黨營報紙的《中央日報》社論中，亦不難窺見：

> 「而『台省二二八事件處理委員會』所提出的卅二條建議案，其中竟有若干條超越了憲法規定的範圍，尤其如『撤銷警備總部』及『國軍繳械』，這種非法的要求，決非省民的公意。於此我們曉得目前台灣的騷動，其因素已不如開始的單純，<u>顯然有不良份子從中煽動</u>，置國家法紀與台民公意於不顧，企圖造成無政府狀態。」

這段出自3月11日《中央日報》第2版社論〈再論台灣事件〉中的引文，凸顯《中央日報》宣傳官方說法之樣板，畢竟從日後出土的檔案與證言中，已可獲知二二八事件處理委員會早被當局離間，時任忠義服務隊隊長許德輝即是最好的例子[66]。

50。此係陳儀1946年1月16日於第12次國父紀念週發表之演講：「台灣同胞既得了日本教育的好處，自然也不能免除日本教育的壞處，所以台灣同胞也有性急與氣小的兩樣缺點……」

66 陳翠蓮，〈解讀許德輝《台灣二二八事件反間工作報告書》〉，《臺灣史料研究》第

（二）資料分析

如上述析論，《大公報》、《新聞報》較站在台人立場發聲，而《申報》、《中央日報》則傾向維護政府當局，至於《益世報》雖無社論發表，但其與《大公報》、《新聞報》同爲民營報紙。

據此，本研究依此作爲參照，以下即針對前述「駐台中國記者」之3則報導：即《大公報》3月20日署名「鷺」寄自3月10日〈臺北騷動事件紀詳〉；《益世報》3月31日署名「汪昌泰」寄自3月16日〈台灣事件經緯〉；《新聞報》3月23日未署名寄自3月19日〈臺灣騷亂始末〉，分別從「事件起因」、「省籍形象」以及「引述消息來源」等面向，作一析論之[67]。

1. 就事件起因而言

綜觀此3則報導，《大公報》以半版篇幅刊出，《益世報》亦以近半版篇幅刊出，《新聞報》則以一般新聞處理刊載於第2版，3報皆以顯著篇幅處理之，並在報導中陳述了事件之經過與起因。

《大公報》社論立場傾向對台人「寄予同情」，觀此署名「鷺」之報導，其在導言中指出事件之起因係在於：

27期（2006年8月），頁137-141。

67 《中央日報》係於事件後派員赴台訪談，並非駐台記者之報導，而《申報》亦非駐台記者報導，故2者皆不相容於本研究之題意，爲求分析結果準確，遂不列入考量。

「因人事的不健全，<u>少數人員</u>的不守法紀，或竟欺騙上官，營私舞弊；所接收之日產工廠，又因人力和物力的缺乏，不能全部動工，人民失業者日眾，政府與人民間發生隔膜，<u>最近又為管制進出口</u>，因申請手續麻煩，所施措置，不但沒有達到抑平物價之目的，反因此而刺激物價高昂，民不聊生，積怨成忿……」

歸納此一導言，其將事件起因區分為：（一）少數人員不守法紀與失業民眾日增；（二）管制進出口導致物價高漲，即前者為遠因，後者為近因。基本上頗為公允，唯獨其提出「少數人員的不守法紀」一項，似有為當局說項之意，亦即從相關研究可知，陳儀政府施政一年餘來流弊橫生，豈是「少數人員」可以一語蔽之？儘管如此，該文點出「政府與人民間發生隔膜」一項，對於事件的起因論述仍屬客觀。

至於同樣傾向為台人發聲的《新聞報》，其報導或許限於篇幅或受官方說法影響，全然未提及事件之起因，僅就事件本身的經過作一陳述，並於文中暗貶台人：「當示威隊到達專賣局以後，群眾愈集愈多，<u>有政治野心的人及奸黨暴徒</u>，乘機煽動操縱……演成恐怖狀態的大暴動。」並於結尾指出：

「十日以後，二十一師全部到達，各地秩序，逐漸恢復。十七日白部長蒞臺，宣示中央寬大處理的方針，<u>民心悅服</u>，一場骨肉相殘的慘劇，才告結束，如果用政治方式促成臺灣政治的革新，可能使悲劇變成喜劇，可惜導演的手法太拙劣，結果使無數生命財產，蒙受不必要的犧牲。」

此一「奸黨暴徒」的說法，無異是附從官方對於事件起

因之認定，「民心悅服」亦是，則根據廖崧傑研究《台灣新生報》3月11日前後報導立場幡然轉變的觀點來推論，應是撰稿記者王康在彼時已受官方影響，畢竟在事件尚未獲得控制前，《新聞報》係屬商業性報紙，主要係在商言商，其3月3日與3月11日社論皆為台人發聲，從商業利益的邏輯來作考量自屬合理，但自3月9日後，台灣方面媒體實則已逐漸受到箝制，在官方刻意的操作下，記者自然受其影響，而國府在對事件的宣傳上，自然也不利於台灣[68]，尤其該報導航寄當天正是時任國防部長白崇禧抵台宣慰第3天，故或有迎合當局之意，因之其報導立場與該報刊登於3月3日及3月11日之傾向台人的社論截然不同。

事實上，即便相隔35年後，王康於〈二二八事變親歷記〉一文中指出：「如果二十七日晚或二十八日早晨採取有效的撫慰措施，以疏導憤怒的人心，或可將一場滔天大禍消弭於無形。」顯示王康對於事件一直以來就比較傾向官方立場，即只要官方在事件發生當時有意「誠心解決」，則可免此不幸，殊不知二二八事件並非緝私煙所致，乃係有其背景因素。

此外，《益世報》雖未刊載相關社論，但在駐台記者的報導中，反而較《大公報》更詳細陳述了事件之遠因，且幾乎站在台人立場發聲：

68　蘇瑤崇，〈二二八事件中的媒體宣傳戰〉（2008），財團法人二二八事件紀念基金會補助研究案，頁1。

「政府派來的零亂不堪的軍隊，使台省人見了，不禁搖頭，內地人幾種不良的習慣（隨地吐痰，隨地小便，上下火車公共汽車不守秩序)[69]，使台省人低估了祖國的文化……<u>台省人在精神上沒有得到勝利的安慰，在生活上又受到了勝利的壓迫</u>。日本投降後，大部份（原誤）的工廠停頓了，許多工人因之失業，比日本人統治台灣人留下更少的公教人員的位置，使他們對祖國失望。<u>再加上貪官污吏橫行無忌，遂引起了人民的憎恨。</u>」

這段報導說明了台灣在被中國接收後，在認同上的困惑，即「低估了祖國的文化」、「對祖國失望」，而「貪官污吏」反倒是壓垮駱駝的最後一根稻草。其觀點與日後不少研究者的說法頗爲相同，也凸顯《益世報》駐台記者對事件觀察之深入。

相對於《申報》與《中央日報》無駐台記者報導，僅由署名「湃崖」與臨時赴台灣記者之文，2文全然未見抨擊政府爲事件起因，唯闡釋何謂專賣制度，何以販售私煙必須遭到官方取締，以及取締後因槍傷人命案而發生二二八事件，《申報》甚且大力讚賞陳儀當局施行專賣制度之智舉：

「是以在去年雖云接收，但是一面仍恢復原有工作，工廠也逐漸地冒了烟，生產的場所，也擁有成千成萬的工人在作著工，

---

69 此一論電亦見於該報記者尹雪曼之報導：「一個熟知台省情形的人氏說，由於風俗、習慣、性格多方面的不同，因此使台省人民和內地人民中間，存在著隔膜和距離……他說內地的人民，因爲受八年堅韌抗戰和戰時生活波動的影響，所以學會了繞彎路走捷徑，做事比較圓通，從好的方面說，是有機動性；但從壞的方面說，卻易於流入取巧。」參見尹雪曼，〈「二‧二八」事件評議〉，收於李祖基，《「二‧二八」事件報刊資料彙編》，頁246。原載1947年3月6日上海《益世報》。

不論那一部門都有長足的進步，<u>陳長官爲穩定臺省之金融安定社會秩序，俾免受國內外之經濟危機所影響，除請中央准臺省仍用臺幣外，並推行專賣政策以防外資的侵蝕</u>，影響物價的波動，這是爲著臺灣的建設，人民的生活，亦得以補助省庫的收入。」

而《中央日報》亦指出：「香煙在台灣，是專賣的，因爲專賣，才有專賣局的設立，也因爲專賣，市面上才有所謂『私烟（原誤）』。<u>專賣局對於『私煙』，自然要取締……</u>」此類浮泛的解釋，除了合理化陳儀之措施，誤導讀者認爲此一衝突係屬偶發外，也在省籍形象的描述上（參見下小節），加深了省外人士普遍認爲台人「暴動」之印象。

綜上所述，可知《大公報》與《益世報》駐台記者對於事件起因之歸納：（一）少數人員不守法紀與民眾失業日增；（二）管制進出口導致物價高漲；（三）文化認同問題。而《新聞報》則未解釋事件之起因，僅就事件本身加以論述之。儘管在事件起因上，《大公報》與《益世報》較偏向台人，但一篇報導之立場仍需綜觀全文方能知曉，故如何形塑省籍形象亦是報導重要之一環。

2.就省籍形象而言

省籍形象的呈現，對於認知二二八事件具有關鍵性的作用，在「曾參殺人」的前例下，一旦報導皆聚焦於「台人毆打／殘殺外省人」，則可能造成南京中央政府產生「二二八事件

＝台人逞兇」的以偏概全印象，進而派兵予以鎮壓，中央社台北分社以偏概全的密電即是一例。

就此3則報導，均描述了事件初期，台人如何毆打外省人之情形，《大公報》寫道：「其中最慘者，為一般無辜的外省商人，在旅館的·（原標點符號）宿舍的·道途行走的，被他們拖出來打得半死不活，他們的打法並不一拳二拳就算數，<u>除非把你打死，便是打得你躺在地上不能動彈，眼睛睜不開，纔肯放手</u>。」[70] 而《益世報》亦寫道：「乘公共汽車的外省人，卻被揪下來毆打。本地人們跑上火車去尋找，很多被拖下車來……據說台省人有許多帶著尖刀和手槍，同時要在夜間按戶<u>搜索收拾外省人</u>，安靜的台北市，鬧得烏煙瘴氣，頓時成了外省人的恐怖世界。」至於《新聞報》則指出：「只要是外省人，無論在路上，車中或室內，遇著就打，<u>打的工具不一，用傘、用刀、用棍棒、用磚頭、用玻璃瓶</u>。被打的人，有的立即斃命，有的數小時後身故。」[71]

70　除了形塑省籍形象外，在陳述事件的經過中，《大公報》的報導與各報說法頗不一致，也與多數史料說法迥異，其指出：「時有女煙販名林江邁者，年約四十餘歲，因求告不遂，上前搶奪煙草，致被該批人員以槍柄擊傷頭部，以致流血。旁觀者非常憤慨，均代此老婦人抱不平，一聲喝『打』！眾拳齊下，正當此時，憲警趕至，<u>群眾知已惹禍，一哄而散。該批人員被打不甘，即抽出手槍射擊，時有一市民名陳文溪者，立即中彈斃命。</u>」

71　王康在其回憶〈二二八事變親歷記〉中指出：「<u>外省人被本省人打死打傷我只一筆帶過</u>，輕描淡寫，如果我寫得太詳細，會引起各省人民對台灣同胞的憎恨……」（頁223）雖自陳「一筆帶過」，唯檢視該報導計寫了24行近300字，描述此一本省

　　這3段報導，基本上有其雷同之處，皆說明了本省人毆打外省人之情形，其著眼於外省人被毆打，但對毆打的慘狀並未如《申報》般，鉅細靡遺加以刊載[72]。其中，《大公報》在描述台人毆打外省人時，其小標命為「遷怒外省人」，亦即台人之所以「向外省人報復」，在於其向公署請願時，遭到公署衛兵開槍射殺，顯示《大公報》視此毆打有其原由，而非無的放矢。而《益世報》雖亦指出公署對群眾「開槍驅散」，但未將此視為台人毆打外省人之原由，而係以「情勢愈益複雜，事態因之更形擴大」帶過，不免使讀者誤解台人何以至此？但由於其在導言中提出事件起因，故在報導上仍有邏輯可循，即在對祖國失望的情況下，2月27日緝私煙事件成為導火線，因而引發「台北騷動」。至於《新聞報》動輒稱群眾為「不法之徒」、「暴徒」、「無知市民」，全然未解釋群眾為何對外省人士動手，顯見該報導對於台人引發此一事件不以為然。

　　據王康回憶，3月2日其與《申報》江慕雲、《大公報》何添福、《國是日報》、《大明報》艾璐生、《民報》等記者，共同搭乘何添福的汽車外出採訪，然則撰稿之結果卻大不同，如《大公報》解釋毆打行為係「遷怒」；《新聞報》則未說明原由，而係視之為「政治野心家利用民眾對政府的不滿予以煽動」，儘管2報立場迥異，但在毆打細節的描述上皆以

人毆打外省人的狀況。

72　見本研究註1。

「打」、「被打」等字帶過，相對於《申報》的報導，其不僅詳述施暴過程，且畫面之血腥令人詫異，字裡行間亦對公署死傷亦頗為同情：

> 「一小孩被其雙足搓起倒吊將頭部猛向地上碰擊，至頭破髓流而甘心，又一將兩小孩之頭互為相碰，至腦血橫流，而引為快事，又一孕婦亦被暴徒用日本武士刀對準腹部插入即時兩命嗚呼，此種狠毒手段，不勝枚舉……外省人及公務人員被毆或傷或斃為數甚多，虎標永安堂與臺北唯一之大百貨商店新臺公司皆被搗毀或乘機搶掠一空（據民政處初步之調查統計僅臺北一隅公教人員死傷四百餘財產達新臺幣五億元數目相當驚人）……」

揆諸這類報導，無疑使省外讀者心生恐懼，認定台人係屬「殘暴」之徒，也凸顯了外省人於事件中的形象乃受害者，而本省人係加害者，全然忘記事件起因並非只為緝私煙肇事，而係一年餘來，陳儀主政舉措失當。此外，《中央日報》、《申報》於事件爆發初期，即以「暴徒」、「暴動」等字眼形容台人行為，顯示出此2媒體的報導有其預設立場，與日後國民政府將此事件定調為「共黨滲透」之觀點若合符節。[73]

綜觀之，在此3則駐台記者報導中，《新聞報》將本省人視為「暴民」、「暴徒」、此一事件視為「暴動」，而外省人乃係受害者、憂心害怕於生命財產之不安全。至於《大公報》、

---

[73] 《新聞報》於3月2日的報導中，亦曾以「暴徒」稱呼之，唯自3月3日起即無此稱謂。

《益世報》雖描述了台人毆打外省人之情況，但因其導言陳述「公署舉措失當」，故本省人遷怒毆打之，試圖以此為台人緩頰，尤其《益世報》在文末寫道：「<u>我被台胞毆打了，但是被毆的痛楚還超不過因見了台胞生活的困難而發生的同情心。</u>」顯見該報駐台記者對於台胞處境的理解，也暗批了陳儀政府的失當。

3.就消息來源而言

消息來源的引述，往往左右了新聞報導的立場，檢視此3則報導，就《大公報》而言，其引述多來自緝煙血案調查委員會、陳儀以及二二八事件處理委員會之說法，其中陳儀廣播照錄計有3月2日1次、3月1日與2日答覆台北市參議會2次，而引述自緝煙血案調查委員會1次、二二八事件處理委員會1次。觀察其引述字數，有關陳儀廣播與答覆皆佔有相當篇幅，且下小標為「陳儀的談話」，顯見記者意欲說明陳儀處理之方式與態度，然而陳儀的說法並無法滿足台人需求，於事件後被視為「等待國軍登陸」的緩兵之計。

該報固然不帶評論地引述陳儀及緝煙血案調查委員會之說法，但就二二八事件處理委員會的32條處理大綱，因已於該報3月10日第2版刊登，故略而未提細節，隨即針對此卅二條處理大綱抨擊道：「<u>這種條件如果全部實行，試問台灣視否還像中華民國的台灣？</u>」亦即記者在此之立場與《大公報》社論

視卅二條處理大綱係「情緒激昂時片面的要價」有所不同，此或許係該報導撰於3月10日，國軍已登台彈壓，則島內氛圍自是與島外無法相提並論，故記者迫於現實，下筆亦多少必須加以平衡。

　　儘管如此，此報導仍為二二八事件說項：「本來此事的動機尚屬善良。」而將卅二條處理大綱的責任歸咎於「一般暴徒乘機搗亂，愈演愈烈，竟想解除軍隊武裝，可謂荒唐」，即記者就卅二條處理大綱的立場，基本上是受到官方說法影響的。

　　而在《益世報》部分，其亦引述了民眾指稱陳情群眾遭公署衛兵射殺死傷人數，並將葛敬恩與民眾的說法分別提出，前者指出「兵民受傷各一」，後者則說「市民死二人、傷數人」，兩造說法並不一致。此外，該報導同樣引述了台北市參議會2月28日為解決事件6項提議，以及3月1日緝煙血案調查委員會對於解決事件之辦法4點，另有3月2日台北市參議會等決議處理原則5項，小標名為「初步的建議」，這類引述皆無主觀判斷，倒是該報導在引述3月2日下午4時陳儀對台人廣播4決定時，指出：「陳長官對於台省人所提出之各種建議，盡量採納，實屬應當，<u>同時也是基於當時情勢，不得不然耳（原誤）</u>。」亦即暗示陳儀並無誠意解決問題。

　　再者，該報導亦指出：「二二八事件發生後，便漸漸由槍殺烟販問題而轉向政治問題。」顯示其對台人提出政治改革有所認知，而非像《申報》、《中央日報》著眼於暴動、暴徒。

在二二八事件處理委員會的部分，該報導指出處委會於3月6日提出初步改革意見，「據外傳如果不予接受，當日○（原字模糊）即舉行有計劃的暴動」，因而該日下午陳儀再度廣播2點，該報導引述此2點後指出：「陳長官這兩項原則消弭了六日晚的暴動，但是並沒有因此解決了整個的問題。」至此，皆可見該報導暗示陳儀解決事件並無法提出有效辦法。因而32條大綱的提出，在該報導看來係台人意欲在改革地方政治問題上「想百尺竿頭更進一步」，奈何其「沒有把握尺度」，致使「過火的處理大綱，刺激了政府，八日○（原字模糊）的暴動招來了軍隊的彈壓」，換言之，《益世報》報導對於事件的陳述，其立場是偏向台人，其引述消息來源也多以台人為主。

其中值得注意的是，記者採取「據說」方式指稱中央原本並不打算以武力解決事件，「雖然派出了來台的兵船，卻沒有上陸（據說）」，此一「處理大綱激怒中央」的說法，其實是與官方一致的，且該報導指出3月7日提出32條處理大綱未被陳儀接受後，抗議民眾即「有計畫」地向警備司令部等處進攻，此一說法與白崇禧來台宣慰時如出一轍，顯見其對事件的後續認知也因時間差（即3月11日前或後）受到了官方影響。[74]

---

[74] 白崇禧於4月7日在中樞紀念週報告「台灣事變之起因及善後措施」指出：「所謂『二・二八處理委員會』，更提出無理之三十二條件，要挾國軍繳械，接收政府機關及倉庫物資，同時暴徒圍攻臺灣行政長官公署，警備總司令部，襲擊基隆、高雄兩

至於通篇抨擊台人的《新聞報》駐台記者報導，其引述一位台大日籍教授在事件中的說法，該教授對來自內地的某教授說：「你還是到我家來躲，比較安全些。」暗示台人「暴動」使得日人竊笑，即「親者痛，仇者快」。該文通篇少引述第3者說法，而係採主觀認知加以評斷，如針對二二八事件處理委員會指責其組織成員乃：「<u>野心家想陞官，暴徒想發財，少數學生要實現幼稚的幻想，三派同床異夢，抓不著中心</u>，今日向政府提七條，明天提九條，後天又變成三十二條，其中最狂妄的是取消警備總部，收繳全國軍武器。」

「幼稚」、「狂妄」等負面字眼是該報導對處委會的看法，其不問事件原由與動機，只看事件發生的經過，因而各地處理分會盡是「暴徒」、搶劫軍械與接收機關，且3月8日「臺北暴徒數百人挈輕機鎗、步鎗、照明彈猛撲各機關」，此一說法也與《大公報》及《益世報》雷同。基本上，《新聞報》此篇報導幾乎與官方說法如出一轍，除了扭曲讀者認知外，別無其他。

而對照3則報導，《大公報》與《益世報》基本上皆是具

要塞及空軍基地，軍需倉庫等處，由此種非法行為所表現，充分證明其企圖推翻政府奪取政權之野心。又對內地派遣來臺〔、〕協助臺灣建設〔、〕教育臺灣子弟之公教人員及其眷屬，橫加毆辱傷害，或劫奪其財物，此等公教人員不僅精神上受到威脅，物質遭受損失，甚至生命失却保障，此種排外行為，迨整編第廿一師及憲兵調兵增防始告稍戢。」原載〈中樞紀念週白部長報告來臺宣慰經過全文〉，《中華日報》，1947年4月9日，第3版。

名引述，而《新聞報》除了引述甚少外，採取了匿名引述，使人懷疑其消息來源的可信度？綜言之，《大公報》、《益世報》等2則報導在引述上雖有不同，但基本上皆持平引述了陳儀與民間兩造說法，其中《益世報》更暗批陳儀之答覆乃「不得不然」。而2報在32條大綱的引述上，或多或少受到了官方影響，皆指責其處理大綱之錯誤，使得「既得著的成果反而發生了問題」（《益世報》），這一撰稿方式，應是為了「平衡報導」所致，畢竟自3月11日起，台灣媒體已受官方控制，駐台記者想必亦受到氛圍的感染，就算是民營報紙亦無法自身其外。

肆、結論與建議

一、結　論

本研究旨在探析二二八事件期間，駐台中國記者如何呈現二二八事件，主要聚焦於：（一）事件起因：駐台中國記者如何述敘事件發生原因；（二）省籍形象：駐台中國記者如何塑造本省與外省人士的形象；（三）消息來源：駐台中國記者偏向引述何種消息來源？據此理解駐台中國記者在事件期間如何闡釋其起因？如何形塑省籍形象？其消息來源為何？

限於篇幅與集中焦點，本研究時間範疇主要以1947年2月28日迄3月11日間的報導為例，但考量彼時台灣通訊不易，

記者發稿勢必遲到，故3月11日以降迄3月31日，凡由駐台中國記者所撰之報導亦納入研究對象。析論報刊係以《申報》、《新聞報》、《大公報》、《益世報》以及《中央日報》為例，之所以選擇此5份報紙，除囿於國內資料取得難易外，也因諸報在彼時具有一定之影響力，尤以《申報》、《大公報》、《益世報》在當時與《國民日報》被視為「四大報」。

至於在研究時間範疇的選擇上，則係參照當時局勢自3月8日整編21師自南北登台彈壓，3月10日全台除《中華日報》外，並無報紙出刊，而在當局不單控制事件發展也控制媒體的情況下，根據廖崧傑以《台灣新生報》為例研究指出，3月11日後，該報報導角度一改先前持平報導，全然傾向維護官方說法據此，本研究遂以2月28日迄3月11日為選取樣本範疇，並考量當時局勢不利發稿，故3月11日以降迄3月31日，凡由駐台中國記者所撰之報導皆納入研究對象。

經檢視資料後，本研究發現囿於彼時郵電受阻，以及部分報紙如《中央日報》、《申報》、《新聞報》或因經營結構或因立場傾向，多採用中央社台北分社之電稿，在總則數225則報導中，計有126則來自該分社，佔一半之強。然則中央社台北分社在事件期間的報導，其扭曲乃至醜化台人，已受論者質疑。尤其《中央日報》幾乎採用中央社電稿，完全不見駐台記者報導，立場不言而喻。

其餘各報如《大公報》尚且採用了合眾社、聯合社等外

電電稿以為參照，而《益世報》亦刊用了路透社電稿，《申報》、《新聞報》雖未刊用外電，但亦有多則「本報訊」，然則無論是「本報訊」或「福州電訊」，多非針對事件原由作一報導，而係片段零碎之消息，凸顯出事件期間省外報紙獲知台省情況之不易。

　　至於就駐台中國記者而言，承上所述，由於此一期間發稿與採訪不易，故剔除不符本研究之命題的報導後，僅獲得3則相關報導：即《大公報》署名「鷺」寄自3月10日〈臺北騷動事件紀詳〉；《益世報》署名「汪昌泰」寄自3月16日〈台灣事件經緯〉；《新聞報》未署名寄自3月19日〈臺灣騷亂始末〉，但該則報導參照時任《新聞報》駐台辦事處負責人兼記者王康（1989）之回憶，推論應由其所撰。而《申報》雖有1則署名「湃崖」，但因其未按該報刊登駐地記者報導必署名「○地○日航訊／本報特派員○○○」，故推論應非駐台記者所撰。而《中央日報》則無此方面之報導，僅由署名「楊溪」於3月11日搭機前往台灣採訪。

　　而從事件期間的社論看來，《大公報》、《新聞報》較站在台人立場發聲，而《申報》、《中央日報》則傾向維護政府當局。至於就「事件起因」方面，《大公報》、《益世報》皆陳述了事件發生的或遠因或近因，唯獨《新聞報》付之闕如。而在引述「消息來源」一項上，《大公報》、《新聞報》則一反社論立場，批判了提出32條處理大綱的事件處理委員會，

《益世報》亦在此論點上對台人加以抨擊，顯示撰稿者受到當時軍隊彈壓後的氛圍影響。尤其檢視此3報駐台記者發稿時間先後，可知在3月9日後，台灣媒體基本上已遭官方控制，遂使得為台人發聲的《大公報》在提到32條大綱時，亦加以抨擊之。其中尤以《新聞報》報導為最，其稱民眾為「暴徒」，且未交代事件起因，論點又傾向官方，與廖崧傑研究《台灣新生報》3月11日立場幡變之現象不謀而合，特別是該文航寄當天，係白崇禧抵台宣慰第3天，不免有迎合之意。

　　據此，本研究發現駐台中國記者，於事件期間之報導特色在於：

（一）**就事件起因而言**：《大公報》與《益世報》駐台記者皆偏向台人，其對於事件起因之歸納為：其一，少數人員不守法紀與失業民眾日增；其二，管制進出口導致物價高漲；其三，認同問題與失業問題。而《新聞報》則未解釋事件之起因，僅就事件本身加以論述之，易誤導讀者何以台人毆打外省人至此？

（二）**就省籍形象而言**：《新聞報》在未解釋前因後過的情況下，將本省人視為「暴民」、「暴徒」、此一事件視為「暴動」，而外省人乃係受害者、憂心害怕於生命財產之不安全。至於《大公報》、《益世報》雖描述了台人毆打外省人之情況，但因其對事件起因陳述「公署舉措失當」，故本省人遷怒而毆打之，試圖為台人緩頰，尤

其《益世報》在文末寫道：「我被台胞毆打了，但是被毆的痛楚還超不過因見了台胞生活的困難而發生的同情心。」顯見該報駐台記者對於台胞處境的理解，也暗批了陳儀政府的失當。

（三）**就消息來源而言**：《大公報》與《益世報》基本上皆是具名引述，而《新聞報》除了引述甚少外，採取了匿名引述，且內容不利於台人。再者，《大公報》、《益世報》等2則報導在引述上雖有不同，但基本上皆持平引述了陳儀與民間兩造說法，其中《益世報》更暗批陳儀之答覆乃「不得不然」。但針對32條大綱，《大公報》與《益世報》皆受到了官方影響，批判了該大綱之提出，《大公報》亦著眼於「要求國軍繳械」之不該，卻寫道：「本來此事的動機尚屬善良，無奈一般暴徒乘機搗亂」，而《益世報》雖亦指責之，但卻認為此乃台人沒有把握好尺度所致。至於《新聞報》則維持其報導立場，採取抨擊與不以為然。

透過上述分析，可知在二二八事件期間，囿於郵電不通，故省外讀者僅能從中央社台北分社獲知偏頗之消息，尤以台人毆打外省人的情節描述為最，諸如未經查證即以密電拍發南京總社：「又傳竟有外省人被砍去一手、一足，而欲死不得者……」，作為南京政府情報來源之一的通訊社，此消息必然左右蔣介石是否派兵之觀感。

而駐台中國記者於事件後航寄報導回報社，在其不諳台語的情況下，如何在混亂局勢中採訪、乃至引述消息來源，也引人側目。儘管就本研究而言，《大公報》、《益世報》皆傾向維護台人，但其對於32條處理大綱的觀點仍不免受官方影響對台人加以批評。至於《新聞報》其社論雖為台人發聲，但駐台記者卻在報導中大肆抨擊台人，由此也可看出《新聞報》在事件後，記者因受島內彈壓氛圍的影響，立場有所轉變，不若《大公報》自始至終皆對於台人「寄予同情」。

　　媒體經由特定立場報導新聞事件，此非二二八事件所獨有，傳播學界歷來之研究，早揭露媒體屢有特定之立場與先入為主的概念，因而常有「烏龍報導」甚且造假新聞之出現，也引發媒體組織晚近爭議媒體自律或他律孰輕孰重（劉昌德，2007）。唯獨置於二二八事件中，因其尚涉及事件前、後，國府態度之轉變與對事件起因之定調，尤其彼時正值國軍「收復」中共老巢延安之際[75]，加諸官方媒體每日抨擊中共內亂等，則媒體是否因此而視二二八事件另有他謀、是否於事件後受到相關單位「施壓」，繼而失去新聞室控制，尚待後續進一步研究。

二、限制與建議

　　本研究面臨最大的問題，在於國內對於當時省外報紙保存

75　中央社西安十九日下午四時急電，〈國軍昨晨光復延安，俘虜共軍一萬餘人，餘向清澗方面狼狽潰竄〉，《申報》，1947年3月20日，第1版。

不足，諸如《文匯報》、《僑聲報》皆不見其蹤，故未來研究者在文本取得上，可再對此做更完整的探討。

其次，限於彼時通訊不易，故駐台記者發稿有限，本研究只得3篇相關報導，故未來研究或可朝省外報刊媒體，如何報導二二八事件作一析論，而未必囿於駐台記者，或針對駐台記者自1945年10月5日迄1947年2月27日期間之報導，加以探究。

最後，本研究建議後續研究者，可針對台灣與省外報刊報導作一比較性研究，尤其是台灣本土媒體在脫離殖民後，如何認知自身的發言權？其與省外媒體有何差異？是再殖民，抑或迎向「祖國懷抱」的開端？

表一：1945年10月～1946年11月台灣發行之新聞紙雜誌一覽表

報刊名稱	刊期	發行年月	發行人
新生報	日刊	1945.10.25	李萬居
中華日報	日刊	1946.02.20	盧冠群
和平日報	日刊	1946.05.05	李上根
民報	日・晚刊	1945.10.10	吳春霖
人民導報	日刊	1946.01.01	鄭明祿
自強日報	日刊	1946.08.06	周莊伯
自由日報	日刊	1946.12.01	黃悟塵
國聲報	日刊	1946.06.01	湯秉衡
東台日報	日刊	1945.01.02	陳篤光
工商日報	日刊	1946.05.01	林夢林
大明晚報	日刊	1946.05.05	艾璐生
國是報晚刊	日刊	1946.05.01	林紫貴
台灣經濟日報	日刊	1946.03.01	謝漢儒
興台日報	日刊	1946.08.11	沈瑞慶
中央通訊社	日刊	1946.02	葉明勳
民權通訊社	日刊	1946.03	謝漢儒
台灣通訊社	日刊	1946.03	林紫貴
經濟通訊社	日刊	1946.09.03	蔿滋翰
光復新報	三日刊	1945.11	黃金殿
商工經濟新報	三日刊	1946.04	汪文取
國民新報	三日刊	194？（按：原件年份不清）.06	魏賢坤
鯤聲報	五日刊	1946.04	高懷清
現代週刊	週刊	1945.11	吳克剛
諍友報	週刊	1945.11	胡正平
日月潭	週刊	1946.04	韓通仙
中華民報	週刊	1945.12	卓耀
台灣通訊	週刊	1945.11.08	夏濤聲
前鋒週刊	週刊	原件空白	林金波
民聲報	週刊	1946.03	鍾曉星
民生報	週刊	1945.12	謝登俊
教育新聞	週刊	1946.09.05	艾璐生
自強旬刊	旬刊	1945.11	周漢儀
海潮半月刊	半月刊	1946.05	任先志
心聲報	半月刊	1946.07	黃瀛豹
正氣	月刊	1946.04	柯遠芬
現代兵學	月刊	1946.06	柯遠芬
台灣警察	月刊	1946.01	胡福相
圖書月刊	月刊	1946.08	范壽康
婦女月刊	月刊	1946.08	謝娥

台灣之聲	月刊	1946.05	林忠
教育月刊	月刊	1946.07	袁國欽
國民教育指導月刊	月刊	1946.08.31	公署教育處
新新	月刊	1945.12	吳享霖
台灣畫報	月刊	1946.01	林紫貴
新台灣畫報	月刊	1946.01	夏濤聲
新台灣英文雜誌	月刊	1946.08	鄭南渭
台灣英文雜誌	月刊	1946.08	陳國欽
台灣文化	月刊	1946.09	游彌堅
台灣月刊	月刊	1946.10.25	張皐
台灣金融經濟月刊	月刊	1946.01	台灣銀行業務部

資料來源：《台灣一年來之宣傳》（pp. 25-29），台灣省行政長官公署宣傳委員會（編），1946，台北：台灣省行政長官公署宣傳委員會。

表二：台灣省行政長官公署宣傳委員會之主要措施

施行項目	施行日期	施行內容
施行新聞雜誌許可制	1945年11月25日	本省光復伊始，各地新聞紙及雜誌紛紛出版，惟因未諳手續，多未申請登記，故應依1937年之出版法予以登記核准。
取締「有毒」之日語圖書	1946年2月11日	爲免中敵人遺毒，特訂定查禁辦法八條，凡內容具日本文化思想遺毒之圖書雜誌及畫報，一律禁止售購，集中焚毀。
管制電影戲劇事業	1946年3月6日	爲管理本省電影戲劇，特定此辦法，凡由日人經營或日人與國人經營之電影戲劇，均由宣傳委員會派員前往監理或接管。
禁用日語	1946年10月25日	爲執行國策，並免妨礙本國文字之推行，決於10月25日撤廢省內所有報紙雜誌附刊之日文版。

資料來源：本研究整理

表三：1947年2月28日～3月31日《申報》報導

報別	日期	版次	主標題	內容概述
申報	03.01	一版	台北戒嚴 ●●●●●●●● 因查私煙傷及人命	【中央社台北廿八日電】
	03.02	二版	台北已解嚴 ●●●●●●●● 緝私糾擾事件解決	【中央社台北一日電】
	03.03	一版	台胞暴動事件 ●●●●●●●● 處理辦法決定 ●●●●●●●● 台北商店尚未開門	【中央社台北二日電】

	03.04	一版	台北情形安定 公路班車恢復 • • • • • • • 台南台中有小紛擾	【中央社台北三日電】 【中央社台北三日電】
	03.05	一版	台胞在紛擾中 傷亡約四十人 • • • • • • • 監院電楊監使查辦	【中央社南京四日電】 【中央社南京四日電】駁斥合眾社死傷之說法，指出台胞傷亡人數約四十人
	03.06	一版	台灣旅滬團體 昨招待新聞界 • • • • • • • 報告台北衝突始末	【本報訊】
			台南基隆復常態	【中央社台北五日電】 【中央社基隆五日電】
		二版	關心臺北事件的善後 （社論）	日本對台胞的一貫毒辣政策是奴民，就是視台胞如奴隸，因而光復後，台胞亟欲自由與平等。此次二二八慘案，遠因在於台胞不滿若干官吏的驕恣，近因在於少數台胞不滿政府標售日產，危及自身居住之權，並認為政府的經濟統制與貿易管制大有扼喉之威力。
	03.07	二版	台灣秩序已趨正常 政府決心改善政治 陳儀向台胞廣播懇切闡釋	【中央社台北六日電】 【中央社台北六日電】
	03.08	二版	台二二八事件處理會 告全國同胞書 歡迎外省人士參加改革政治	【中央社台北七日電】
			長官署 電各地參會	【中央社台北七日電】
			李翼中 向台胞廣播	【中央社台北六日電】
	03.09	二版	各地情形安定 李翼中兩度謁主席報告 台南糧食問題已獲解決	【本報南京八日電】 【中央社台北七日電】 【中央社南京八日電】 【中央社台北八日電】 【中央社台南八日電】 【本報南京八日電】 【中央社台北八日電】
	03.10	一版	台北基隆騷亂未已 各機關被暴徒襲擊 中央將派白部長往宣慰	【中央社台北九日電】 【中央社台北八日電】 【中央社南京九日電】 【中央社台北八日電】
			台省事件處理委會 提出三十二項條件	【中央社台北九日電】 【本報訊】
			處理委員會 以政府自居	【中央社台北九日電】台灣二二八事件處理委員會儼然以政府自居【又電】

03.11	一版	中央決本寬大政策 處理台灣不幸事件 主席曉諭台胞嚴守紀律 （頭條）	【本報南京十日電】	
		政府大員即赴台 維持治安軍隊抵基隆	【中央社南京十日電】	
		「二二八」事件處理會 陳長官下令解散 向全台廣播決嚴懲叛徒	【中央社台北十日電】	
		台灣警備總部 發表告民眾書	【中央社台北十日電】	
		「太康」號旗艦 奉命駛抵基隆	【本報訊】	
		楊監使錢署長 慰問受傷同胞	【中央社台北十日電】	
		榕垣人士焦灼	【本報福州十日電】	
		台南民眾選舉 過渡時期市長	【中央社台南十日電】	
		台胞均願效力祖國 不幸事件應早解決 台省六團體代表在京招 待記者	【本報南京十日電】	
		處理委會 非法要求	【中央社台北十日電】	
		美方官員 飛台訪詢	【又電】 【中央社本市訊】 【又訊】	
03.14	四版	足籃球健將陸鍾恩 臺灣暴動目擊談 爲首暴徒均係遣歸台省 浪人 襲擊公共機關搗毀商店 住戶	【本報訊】	
03.16	二版	台灣旅京滬六團體代表 在滬招待記者發表聲明	【本報訊】	
03.19	二版	中央處理台變原則宣佈 以後（社論）	台灣事件迄今二旬，因消息阻隔，外間傳 說紛紜，而共產黨居中煽動破壞，意圖擴 大事態，亦爲此次紛亂因素之一。	
03.23	一版	取銷東北政經兩委會 陳儀應撤職查辦 三中會通過交國府辦理	【本報南京廿二日電】三中全會中，委員 劉文島提出臨時動議：「台灣事件應將談 灣行政長官陳儀撤職查辦案」	
03.31- 04.01	七版	台北雨過天青 野心家混水摸魚始末記 （湃崖／撰）	文中提出對台人及對二二八事件處理委員 會之抨擊	

資料來源：本研究整理

表四：1947年2月28日～3月31日《新聞報》報導

報別	日期	版次	主標題	內容概述
新聞報	03.02	一版	臺北暴徒騷擾	【本報訊】接台北來電稱：有暴徒在警局與電信局附近騷擾 【中央社臺北一日電】
	03.03	二版	慎重處理臺北糾紛（社論）	事情遠因在於人心未附，官民的情感惡化，應該沒有疑問
			臺滬間電訊通暢 臺北秩序已恢復	【本報訊】 【本報訊】 【合眾社南京二日電】
			陳儀應參議會要求 決定釋放被捕臺人	【中央社臺北二日電】
	03.04	一版	臺北昨日明靜 臺南臺中曾有局部紛擾	【中央社臺北三日電】 【本報訊】 【本報訊】 【中央社臺北三日電】 【中央社臺北三日電】 【合眾社】此次暴動之起因在於當局檢查破壞煙草專賣之煙捲走私 【聯合社南京三日電】
	03.05	一版	臺北事件平息 臺胞傷亡約四十人 公教人員及眷屬死傷逾四百	【本報訊】 【中央社臺北四日電】駁斥合眾社死傷之說法，指出台胞傷亡人數約四十人 【中央社南京四日電】 【本報訊】
			臺北商店開門	【中央社臺北四日電】
	03.06	二版	全臺交通已恢復 柯遠芬勸告臺民各安生業 中興輪由滬安抵基隆	【中央社臺北五日電】 【中央社臺北五日電】 【中央社基隆五日電】 【本報訊】 【本報訊】 【又訊】
	03.07	二版	陳儀向臺胞廣播 改革臺省政制 長官公署擬改設省府 七月一日民選縣市長	【中央社臺北六日電】
	03.08	二版	臺中臺南未全平靜 楊亮功赴臺調查 今日有四輪由滬駛臺灣	【本報福州七日電】 【本報訊】 【中央社臺北七日電】 【中央社花蓮港七日電】
			李翼中向臺胞廣播 希望靜待合法解決	【中央社台北六日電】 【中央社台北七日電】二二八處委會於六日發表告全國同胞書

03.09	二版	臺南秩序恢復常態 臺北食糧問題解決 陳儀即到京出席三中全會	【本報南京八日電】 【本報福州八日電】 【中央社臺南八日電】 【中央社臺北八日電】 【中央社南京八日電】 【中央社臺北八日電】 【本報訊】 【中央社臺北七日電】
03.10	二版	鎗彈聲澈夜不絕 臺北再度宣佈戒嚴 暴徒攻擊公署及基隆要塞部 葛敬恩等住宅被擲彈搜	【中央社臺北九日電】 【中央社臺北八日電】忠義服務隊三日來日夜搜查此間外省人住宅，陳儀之弟陳公銓的住宅亦被搜
		三十二條要求 陳儀未予核批	【中央社臺北八日電】 【本市訊】
		楊亮功談話 希望迅即恢復秩序	【中央社臺北九日電】
		臺北事件處理委員會 正謀接收公營事業 將設處理局及政務局	【中央社臺北九日電】台灣二二八事件處理委員會儼然以政府自居
03.11	一版	對臺灣不幸事件 主席指示處理方針 凡憲法規定之權限可提前實施 中央即將派遣大員赴臺灣處理 望臺胞明大義守紀律恢復秩序	【中央社南京十日電】
		白崇禧今日飛臺	【本報南京十日電】 【本報南京十日專電】 【中央社】 【本報南京十日專電】 【中央社臺北十日電】 【本報福州十日電】在臺服務之公務人員達萬人以上，家屬均感恐慌 【中央社臺北十日電】
		二二八事件處理委會 陳儀下令解散 對少數叛徒決予制裁	【中央社臺北十日電】
		臺省警備部 告民眾書	【中央社臺北十日電】
		滬臺電訊中斷	【本報訊】
		臺省一般情形 刻已漸趨安定	【中央社】臺北事件平靜五日後，八日下午又死灰復燃
		臺南推舉市長 選定黃百祿等三人	【中央社臺南十日電】

	03.11	二版	再論臺局（社論）	臺灣今天的問題，除了特殊背景之外，無法否認是一個政治與經濟的問題
	03.13	二版	臺灣歸來 中興輪陳錫球船長談話 （友濟訪）	【本報專訪】陳述二二八事件，指出陳船長目擊五六個受重傷的，並指出無賴與流氓這兩種人最糟糕
	03.23	二版	臺灣騷亂始末 不逞之徒借端生事 善良臺胞發揮同胞愛 （按：應為王康所撰）	【本報臺北十九日航訊】陳述二二八事件，指出本省人毆打外省人之經過

資料來源：本研究整理

註：3月1日缺第五、第六版

表五：1947年2月28日～3月31日《大公報》報導

報別	日期	版次	主標題	內容概述
大公報	03.02	二版	台北曾發生紛擾 福州至台北電報昨中斷	【本報福州一日發專電】 【聯合社南京一日電】不滿經濟及政治現狀 【合眾社本市訊】反對政府加緊貿易統制發生暴動之結果 【中央社台北一日電】
	03.03	二版	台北市面尚未恢復	【中央社台北二日電】 【合眾社南京二日電】有三四千人殞命
		五版	台灣標售日產問題嚴重 租用人發傳單堅表反對（寄自二月廿三日，琛福）	【本報台北通信】文末寫著：中央社等昨傳台北發生騷動事件，惟語焉不詳，或與上述事件不無關係
	03.04	二版	臺北未發生新事件 臺南臺中亦曾騷動	【中央社台北三日電】 【中央社台北三日電】 【本市訊】 【本報訊】 【中央社台北三日電】
			台胞在騷動時 曾避入美領館	【聯合社南京三日電】 【合眾社本埠三日訊】此次暴動之起因，乃因中國當局增強經濟之控制
	03.05	二版	台北騷動事件 監察院令楊亮功前往查辦 市內秩序已恢復	【中央社南京四日電】 【中央社台北四日電】駁斥合眾社死傷之說法，指出台胞傷亡人數約四十人
		七版	颱風襲擊後 台灣管制物價 陳儀長官發表書面談話 （福二月廿日寄）	【本報台北通信】
	03.06	一版	台灣慘案感言（社論）	此次事件實由各級官吏，奉行政令者，平日對待人民膠縱專橫，構怨多而且深，民眾中懷怨憤，壓抑已久，故爾一觸即發。

		二版	彭學沛答問 經濟緊急措施決徹底實施 中共人員即全部送返延安	【中央社南京五日電】中宣部部長彭學沛答記者：據中央社報告，台灣本地人死傷約百人，他省人約四百人。
			台北事件真相 後援會昨向新聞界報告 提出五項要求並將入京請願	【本報訊】在滬六團體向新聞界報告台北事件經過。認為台灣長官公署應負大部分責任。 【中央社台北五日電】台南市各銀行商店今晨均已大部恢復營業。
03.07	二版		中樞曾議臺事 對人事及機構將有決定	【本報南京六日發專電】六日國防委員會會議中，有人提議撤換陳儀，並取消長官制度。 【中央社台北六日電】
			陳儀廣播 擬改革機構	【本報台北六日電】
03.08	二版		迅謀恢復台灣秩序 省方電縣市參議會 如縣長不稱職可另推舉人選	【本報福州七日發專電】台北秩序已恢復常態 【中央社台北七日電】 【中央社花蓮港七日電】 【本報福州七日發專電】福州與台北間電報，已於七日下午六時恢復正常 【中央社台北六日電】台省黨部主任委員李翼中，六日下午八時向全省台胞廣播稱 【中央社台北七日電】「二二八」事件處理委員會，六日發表告全國同胞書
03.09	二版		台人代表紛謁陳儀 或提意見請求採納 楊亮功奉派抵台調查	【中央社台北七日電】陳氏今函台省二二八事件處理委員會 【中央社南京八日電】楊亮功於七日乘海平輪抵台 【中央社台北八日電】陳文溪八日上午十時舉行喪禮 【中央社台南八日電】
03.10	二版		中樞關切台灣局勢 派白崇禧日內飛台視察 台胞提出政治建議多項	【本報南京九日發專電】國防部長日內奉派前往視察。 【中央社台北九日電】二二八事件處理委員會八日提出三十二條要求，顯欲反抗中央。 【中央社台北九日電】台灣二二八事件處理委員會儼然以政府自居 【中央社台北八日電】二二八事件處理委員會之措施盡如三十四年十月政府自日人手中接收各項事業時所採之步驟。 【本報訊】台灣騷動仍未平息。
			台胞建議案	【中央社台北八日電】台省二二八事件處理委員會發表建議案三十二條，但陳氏尚未批准。
			楊亮功談話 希望恢復秩序	【中央社台北九日電】

		留台外省人 均急於求去	【中央社台北八日電】台人胡亂搜索外省人住家，使其感到恐怖
		台灣旅滬人士	【本報訊】旅滬六團體向政府請願 【中央社南京九日電】台省旅京人士將召開二二八慘案聯合會
03.11	一版	台灣官民要停止衝突（社論）	不該將三十二條視爲交涉提出之條件，此次民變責在政府，故在基本觀點上，我們寄予同情。
	二版	蔣主席講處理台變 憲法中地方權限可提前實施 台胞要求不得超過憲法範圍 國軍一部抵台維持治安	【本報南京十日發專電】 【中央社南京十日電】原本不幸事件告一段落，豈料上星期五（七日）二二八處委會竟提出無理要求，不被中央接受 【本報南京十日發專電】國軍廿一師赴台接防 【中央社本市訊】
		二二八事件處理會 陳儀下令予以解散	【中央社台北十日電】 【中央社台北十日電】
		台省情況隔膜 榕台滬台電訊不通 傳有地方官員多人下落不明	【本報福州十日發專電】 【本報訊】 【本報汕頭十日發專電】 【中央社本市訊】 【中央社本市訊】
		台警備部 書告民衆	【中央社台北十日電】
		過渡時期民選市長 台南選出三人呈報省署圈定	【中央社台南十日電】
		旅滬台胞代表在京 要求慎重處理台變 楊肇嘉說：「假使台灣有共黨，可以槍斃我。」	【本報南京十日發專電】楊肇嘉表示，台變純係民衆對地方政府暴動之反抗，絕無其他背景。
		楊亮功錢宗起 慰問受傷同胞	【中央社台北十日電】
03.12	二版	台灣事件（本報記者周雨）	台灣事件雖被稱爲「二二八事件」，但暴動之始卻在二月二十七日。
03.13	二版	中興輪歸客談基隆（本報記者周雨）	台人毆擊外省人
03.14	二版	論處理台灣事件（柯台山）	台胞除曾救國衛國建國外，從未做過叛國行爲。
03.20	七版	台灣騷動事件紀詳 行專賣抓私煙釀成燎原之勢 外省人盲從者同勝池魚之殃（鶯十日寄）	
03.23	二版	台人代表在京談話 請政府速澄清台局	【本報南京二十二日發專電】台灣旅滬六團體代表發表政府處理台政事變聲明：（一）撤換陳儀；（二）台灣接收弊端橫生；（三）釋放被逮捕之人，並立即停止報復之恐怖政策；（四）未來台省主席應以本省人選用。

	03.25	二版	爲台灣善後進一言（社論）	所謂三十二條乃是人多口雜、群眾激憤之反映，最後弄到幫助政府的人也被捕或在逃。

資料來源：本研究整理

表六：1947年2月28日～3月31日《益世報》報導

報別	日期	版次	主標題	內容概述
益世報	03.03	一版	台北事件 陳儀允參會請 決定從寬處理	【中央社台北二日電】
	03.04	一版	台北事件 勸導調解中	【中央社臺北三日電】 【中央社台北三日電】
	03.07	一版	台北事件動機 純爲愛國至情 周延壽電覆張屬生	【中央社台北六日電】
	03.08	一版	台案輪廓 官民不洽實爲爆發主因 專賣局肇禍外省人受殃 謀根本解決將改革省政	【本報南京七日專電】
			改善政治 事件處理委員會呼籲	【中央社台北七日電】
			吳鐵城 有主台灣省政說	【本報上海七日專電】
			花蓮港安定	【中央社花蓮港七日電】
			不滿現任縣長 可另爺參會抽選	【中央社台北七日電】
	03.09	四版	北大台籍同學 昨發表聲明 說明台胞遭遇	【本報北平通訊】
	03.10	一版	台灣騷動勢如燎原 全省均被台人控制 示威遊行發現政治性標語 政府將派大員赴台省宣慰 楊亮功抵台曾遭暴徒截擊	【本報南京九日專電】 【路透社南京九日電】 【中央社台北九日電】 【本報南京九日專電】 【中央社台北九日電】 【中央社南京九日電】
			二二八事件處理委會 自居政府處理政務 設政務局策劃改革政制 設處理局接收公營事業	【中央社臺北九日電】
			二二八事件處委會 改革省政建議全文	【中央社臺北八日電】
			外省人寢食難安 台人公開劫掠製造恐怖	【中央社台北八日電】

	03.11	一版	中央極注意台灣事件 決定派大員前往宣慰 不違反憲法之要求政府可採納 蔣主席鄭重宣示解決台案方針	【本報南京十日專電】 【中央社南京十日電】
			國軍入台維持秩序 台警備部下令戒嚴 規定民槍登記禁止集會遊行 陳儀下令解散二二八處委會	【中央社台北十日電】 【中央社台北十日電】 【本報南京十日專電】 【中央社上海十日電】
			退役軍人參與暴動 利用日軍隱藏武器	【本報上海十日專電】 【中央社台北十日電】 【中央社台北十日電】
			臺南選出市長 黃百祿等當選	【中央社台南十日電】
			美軍事參贊 赴台謁陳儀	【中央社台北十日電】
			台省銀行被搗毀說 滬分行負責人聲稱不確 台招商分局亦平安無事	【中央社上海十日電】
			慎重處理台灣事件 望省府顧及大局寬大為本 台旅滬團體代表招待記者	【中央社南京十日電】
	03.31	三版	台灣事件經緯（汪昌泰三月十六日寄自台北）	指出台人未好好把握難得的機會，缺乏政治眼光；自身雖被毆打，但不及目睹台胞生活之困難。

資料來源：本研究整理

表七：1947年2月28日～3月31日《中央日報》報導

報別	日期	版次	主標題	內容概述
中央日報	03.01	二版	查緝私煙釀成紛擾 台北實行臨時戒嚴 少數民眾發生越軌行動	【中央社台北廿八日電】
	03.04	二版	台北局勢已和緩 調解委會研究此次不幸事件 市參議會分別向市民勸導中	【中央社台北三日電】 【中央社台北三日電】 【中央社台北三日電】
	03.05	二版	台北紛擾事件 監察院查辦 美通訊社報導傷亡人數不確 要求美領館保護說亦非事實	【中央社南京四日電】 【中央社台北四日電】駁斥合眾社死傷之說法，指出台胞傷亡人數約四十人 【中央社台北四日電】
	03.06	二版	中宣部招待記者 彭部長談話 經濟緊急措施澈底執行 共軍慘敗歪曲宣傳落空	【中央社南京五日電】

			台秩序轉好 鐵道亦暢通	【中央社台北五日電】
			台北事件後援會 招待滬新聞界 報告慘案發生經過	【本報訊】
03.08	二版		台北事件處理委會 告全國同胞書 目標是在爭取政治改革 並無排斥外省同胞意圖	【中央社台北七日電】
			林翼中（原誤）廣播 籲請靜待合理解決	【中央社台北六日電】 【中央社福建七日電】
			台省縣長去留 端視民意而定 長官公署通令遵辦	【中央社台北七日電】 【中央社花蓮港七日電】
03.09	二版		台南秩序恢復 市府正謀解決糧食問題 監使楊亮功已抵台視察	【中央社台南八日電】 【中央社南京八日電】 【中央社台北七日電】 【中央社台北八日電】
03.10	二版		台北情勢又形緊張 軍政機關多遭襲擊 外省人住宅遭搜查財物被劫 監察使楊亮功遇狙擊幸無恙	【中央社台北九日電】 【中央社台北八日電】
			台省事件處理委會 儼然自居政府 竟準備接收公營事業 將設處理會自辦善後	【中央社台北九日電】 【中央社台北八日電】
			楊監察使談稱 必能合理解決	【中央社台北九日電】
			改革台省政治建議 包括釋放戰犯漢奸	【中央社台北八日電】
03.11	二版		再論台灣事件（社論）	
			合理處置台省事件 主席重要指示 在憲法範圍內改善行政 希望台胞嚴守紀律切勿盲動 白部長內將赴台協助處理	【中央社南京十日電】 【中央社南京十日專電】
			二二八事件處理會 陳儀長官下令解散 該會要求越出改革政治範圍	【中央社台北十日電】 【中央社台北十日電】
			台省警備司令部 發表告台胞書 希望信賴政府各安生業 如不再蹈法網從寬免究	【中央社北（原誤）十日電】
			台省駐滬機關 與台電訊中斷	【本報訊】

			台省各團體代表 昨招待京新聞界 要求政府派員宣慰處理善後 張邦傑等謁白部長有所商談	【中央社南京十日電】
			台南實行選舉 過渡時期市長	【中央社台南十日電】
			楊亮功錢宗起 慰問受傷同胞	【中央社台北十日電】
			美軍事參贊鐸上校 飛台訪陳長官 表示美僑平安無礙	【中央社台北十日電】
	03.15	二、 三版	台北十七小時（本報記者 楊溪）	

資料來源：本研究整理

註：3月2日至3日缺報，3月7日缺第1、第2版。

參考書目

〈三月三日，（台北三日參電）禮密〉 1992 收於林德龍主編，《二二八官方機密史料》，頁24-25。台北：自立晚報社。

〈中樞紀念週白部長報告來臺宣慰經過全文〉 1947.04.09 《中華日報》，第3版。

〈台灣官僚的荒謬：陳儀的喇叭吹出了濫調，黨辦報紙著論迎頭痛擊〉 2007 收於李祖基主編，《「二‧二八」事件報刊資料彙編》，頁96-100。台北：海峽學術出版社。

〈新聞界的自肅運動〉 1947.02.26 《台灣新生報》，第2版。

〈臺北週記〉 1947.04.21 《中華日報》，第3版。

http://www.hudong.com/wiki/%E3%80%8A%E6%96%B0%E9%97%BB%E6%8A%A5%E3%80%8B，上網日期：2009年1月15日。

http://zh.wikipedia.org/wiki/%E7%94%B3%E6%8A%A5，上網時間：2009年1月15日。

丁文治　2007　〈改造台灣要根絕日本色彩〉，收於李祖基主編，《「二・二八」事件報刊資料彙編》，頁50-51。台北：海峽學術出版社。

丁文治　2007　〈台灣混亂象，人事也發生風潮了：陳儀在忙於頒佈「原則」〉，收於李祖基主編，《「二・二八」事件報刊資料彙編》，頁27-28。台北：海峽學術出版社。

丁文治　〈感慨話台灣〉，收於李祖基主編，《「二・二八」事件報刊資料彙編》，頁20-24。台北：海峽學術出版社。

中央社西安十九日下午四時急電

1947.03.20　〈國軍昨晨光復延安，俘虜共軍一萬餘人，餘向清澗方面狼狽潰竄〉，《申報》，第1版。

中央研究院記代史研究所　1992　〈台北綏靖司令部綏靖報告〉，收於中央研究院記代史研究所主編，《二二八事件資料選輯（四）》，頁189。台北：中央研究院記代史研究所。

尹雪曼　2007　〈「二・二八」事件評議〉，收於李祖基主編，《「二・二八」事件報刊資料彙編》，頁245-247。台北：海峽學術出版社。

王　丰　1998　〈第一批訪台記者，第一手時代見證：新聞界耆宿葉明勳暢談光復初期的光怪陸離〉，收於葉明勳著，《感懷3集》，頁200-211。台北：躍昇文化。

王　康　1989　〈王康的回憶〉，收於張炎憲、李筱峯主編，《二二八事件回憶集》，頁197-232。台北：稻鄉出版社。

王泰升　1990　〈台灣戰後初期的政權轉替與法律體系的承接〉，《台大法學論叢》29(1)：1-90。

台灣省文獻委員會編纂組　1985　《臺灣省通志稿：教育志、文化事業

篇》。台北：台灣省政府。

台灣省行政長官公署宣傳委員會 1946 《台灣省政令宣導人員手冊》。
台北：台灣省行政長官公署宣傳委員會。

本報訊 1947.03.11 〈台省情況隔膜：榕台滬電訊不通，傳有地方官員
多人下落不明〉，《大公報》，第2版。

申報年鑑社 1933 《申報年鑑（1933）》。上海：申報年鑑社。

江慕雲 1946 〈台灣的女人〉，《新聞天地》14：9。

行政長官公署宣傳委員會 1946 《台灣一年來之宣傳》。台北：台灣省
行政長官公署宣傳委員會。

何華欽 1996 〈二二八歷史敘事權的爭奪及其社會效應：歷史的敘事
分析〉，東海大學社會學研究所碩士論文。

何義麟 2003 《二・二八事件：「台湾人」形成のエスノポリティク
ス》。東京：東京大學出版會。

何義麟 2008.02.23 〈二二八事件前後之自治論爭：從「台灣勿特
殊化」問題談起〉，宣讀於二二八事件61週年國際學術研討會
「二二八事件與人權正義：大國霸權or小國人權」。

冷若水 1984 《中央社六十年》。台北：中央社六十週年社慶籌備委員
會。

吳君麗 2005 〈陳儀與台灣光復初期的政局：從光復接收到二二八事
件前〉，台灣師範大學政治學研究所碩士論文。

吳純嘉 2001 〈人民導報研究（1946-1947）：兼論其反映出的戰後初
期台灣政治、經濟與社會文化變遷〉，中央大學歷史研究所碩士
論文。

吳瑩真 2002 〈吳漫沙生平及其日治時期大眾小說研究〉，南華大學文

學研究所碩士論文。

李宗慈　2002　《吳漫沙的風與月》。台北：台北縣政府。

李祖基　2007　《「二‧二八」事件報刊資料彙編》。台北：海峽學術出版社。

李純青　1946　〈台灣的祕密和公開〉，《新聞天地》10：10-11。

李純青　1945.10.25　〈我對新生報的希望：紀念發刊週年〉，《台灣新生報》，第6版。

李純青　1993　〈為評價大公報提供史實〉，收於周雨主編，《大公報史（1902-1949）》，頁430-445。江蘇：江蘇古籍出版社。

李筱峰　1987　《台灣戰後初期的民意代表》。台北：自立晚報。

李筱峰　1991　〈二二八事件前的文化衝突〉，《思與言》29(4)：185-215。

沈宗琳　1982　〈記者生涯四十年（一）〉，《報學》6(8)：37-41。

來新夏　1999　〈序言〉，收於郭鳳岐主編，《《益世報》天津資料點校匯編》，頁1-2。天津：天津社會科學院出版社。

周　雨　1993　《大公報史（1902-1949）》。江蘇：江蘇古籍出版社。

周　雨　1947.03.12　〈台灣事件〉，《大公報》，第2版。

林　驪　2007　〈歷史的慘劇：台灣騷亂中拾錄〉，收於李祖基主編，《「二‧二八」事件報刊資料彙編》，頁346-356。台北：海峽學術出版社。

林元輝　2007　〈析論二二八事件期間中央通訊社電稿意義及其影響〉，國科會補助專題研究計畫，編號NSC 95-2412-H-004-010。

林元輝　2006　《新聞公害的批判基礎：以涂醒哲舔耳冤案新聞為主例》。高雄市：麗文文化。

林元輝　2008.02.23　〈二二八事件期間台灣官民營媒體報導之比較：以報導事件起因爲例〉，宣讀於二二八事件61週年國際學術研討會「二二八事件與人權正義：大國霸權or小國人權」。

林怡瑩　2000　〈由《人民導報》看二二八事件對台灣報業的影響〉，《新聞學研究》63：頁1-8。

林麗雲　2004　《台灣傳播研究史：學院內的傳播學知識生產》。台北市：巨流。

社會部　1958　〈新聞記者公會組織暫行要點〉，收於台灣省文獻委員會編纂組主編，《臺灣省通志稿：教育志、文化事業篇》，頁407-408。台北：台灣省政府。

侯坤宏　2003　〈情治單位在二二八事件中的角色〉，收於李旺台主編，《二二八事件新史料學術論文集》，頁18-52。台北：財團法人二二八事件紀念基金會。

星　辰　1946　〈台灣的新聞界〉，《新聞天地》15：12-13。

倪炎元　2005　《再現的政治：台灣報紙媒體對「他者」建構的論述分析》。台北：韋伯文化。

夏春祥　2000　〈媒介記憶與新聞儀式：二二八事件新聞的文本分析（1947-2000）〉，政治大學新聞研究所博士論文。

神州社本市訊　1947.03.02　〈台北已解嚴：緝私紛擾事件解決〉，《申報》，第2版。

翁嘉禧　1998　〈光復初期臺灣經濟政策的檢討(1945-1947)〉，《臺灣經濟》258：71-92。

高郁雅　2005　〈戰後國民黨新聞機構的企業化嘗試（1945-1949）〉，《輔仁歷史學報》16：211-238。

張旭成　1988　〈二二八事件的政治背景及其影響〉，收於陳芳明主編，

《二二八事件學術論文集》，頁111-130。台北：前衛出版社。

張耀仁　2007.07.05　〈建構「台灣」：以台灣省行政長官公署宣傳委員會之宣傳策略與論述為例〉，宣讀於中華傳播學會2007年年會「創新、典範、公共：傳播學門的定位、挑戰與契機」。

許雪姬　1991　〈台灣光復初期的語文問題〉，《思與言》29(4)：155-348。

陳　恕　2002　〈從民報觀點看戰後初期(1945-1947)臺灣的政治與社會〉，東海大學歷史系碩士論文。

陳　儀　1946　〈來台三月的觀感〉，收於台灣省行政長官公署宣傳委員會主編，《陳長官治臺言論集第一輯》，頁49-50。台北：台灣省行政長官公署宣傳委員會。

陳芳明　1992　〈他們是這樣寫歷史的：《中央社電文原稿資料》導讀〉，收於林德龍主編，《二二八官方機密史料》，頁6-14。台北：自立晚報社。

陳俐甫　1992　〈二二八事件與台灣民族意識〉，《台灣‧中國‧二二八》，頁251-257。台北：稻鄉出版社。

陳碧笙　1993　〈參加台灣旅京滬七團體記略：赴台調查『二‧二八』事變經過〉，收於葉芸芸主編，《證言2‧28》，頁131-135。台北：人間出版社。

陳翠蓮　1995　《派系鬥爭與權謀政治：二二八悲劇的另一面相》。台北：時報文化。

陳翠蓮　2006　〈解讀許德輝《台灣二二八事件反間工作報告書》〉，《臺灣史料研究》27：132-147。

陳儀深　2003　〈豈止是「維持治安」而已：論蔣介石與台省軍政首長對二二八事件的處置〉，收於李旺台主編，《二二八事件新史料學術

論文集》，頁144-161。台北：財團法人二二八事件紀念基金會。

陳儀深，〈論台灣二二八事件的原因〉，收於陳琰玉、胡慧玲，《二二八學術研討會論文集（1991）》（台北：二二八民間研究小組、台北化交流基金會、現代學術研究基金會，1992年），頁27-75。

陳儀深　1992　〈論台灣二二八事件的原因〉，收於陳琰玉、胡慧玲主編，《二二八學術研討會論文集（1991）》，頁27-75。台北：二二八民間研究小組、台北化交流基金會、現代學術研究基金會。

揚　風　2007　〈台灣歸來〉，收於李祖基主編，《「二‧二八」事件報刊資料彙編》，頁227-233。原載1947年3月5日上海《文匯報》。台北：海峽學術出版社。

游美惠　2000　〈內容分析、文本分析與論述分析在社會研究的運用〉，《調查研究》8：5-42。

湃　崖　1947.03.31　〈台北事件雨過天青：野心家混水摸魚始末記〉，《申報》，第7版。

程宗明　1999　〈析論台灣傳播學研究／實務的生產（1949-1980）與未來：從政治經濟學取向思考對比典範的轉向〉，收於林靜伶主編，《1998傳播論文選集》，頁385-439。台北：中華傳播學會。

黃淑英　2003　〈民報與戰後初期的台灣〉，台灣師範大學歷史研究所碩士論文。

楊　風　2007　〈台灣的「民主」〉，收於李祖基主編，《「二‧二八」事件報刊資料彙編》，頁104-106。台北：海峽學術出版社。

楊　溪　1947.03.15　〈台北十七小時〉，《中央日報》，第2-3版。

楊亮功、何漢文　1988　〈附錄：調查「二二八」事件報告〉，收於蔣永敬、林雲漢、許師慎主編，《楊亮功先生年譜》，頁377-408。台北：聯經出版事業公司。

楊肇嘉　1989　〈楊肇嘉的回憶〉，收於張炎憲、李筱峯主編，《二二八事件回憶集》，頁45-53。台北：稻鄉出版社。

葉明勳　1984　〈中央社六十年：臺北分社扮演的角色〉，《傳記文學》44(4)：60-64。

葉明勳　1973　〈光復以來的臺灣報業〉，《新聞學報》1：19。

葉明勳　1975　〈我如何發出第一條台灣光復新聞：前進指揮所來台三十週年〉，《新聞天地》1447：18-19。

葉斯逸　1998　〈由敘事理論角度分析媒介對「二二八事件」的報導〉，政治大學新聞研究所碩士論文。

路　人　1947　〈台灣228眞相〉，《新聞天地》23：27-28。

廖崧傑　2006　〈二二八事件期間《台灣新生報》的角色與作爲分析〉，國立政治大學新聞研究所碩士論文。

劉昌德　2007　〈民主參與式的共管自律：新聞自律機制之回顧與再思考〉，《台灣民主季刊》4(1)：109-139。

鄭士鎔　2006　〈細說我所認識的陳儀〉，《傳記文學》88(3)：4-40。

蕭　鐵　〈陳儀管理台灣：長官公署的記者招待會寫實〉，《新聞天地》第16期（1946年9月），頁13-15。

蕭同茲　1974　〈中央社廿週年紀念會講詞〉，收於蕭同茲文化基金會籌備處主編，《在茲集》，頁264-268。台北：蕭同茲文化基金會。

蕭聖鐵　1992　〈台灣二二八事件的經濟與文化背景：社會期望理論之應用〉，收於陳琰玉、胡慧玲主編，《二二八學術研討會論文集（1991）》，頁77-113。（台北：二二八民間研究小組、台北化交流基金會、現代學術研究基金會。

錢塘江　1989　〈錢塘江的回憶〉，收於張炎憲、李筱峯主編，《二二八

事件回憶集》，頁 191-196。台北：稻鄉出版社，1989 年 1 月。

羅詩敏　2000　〈二二八事件之法律史考察〉。臺灣大學法律學研究所碩士論文。

蘇瑤崇　2008 年 2 月 23 日　〈外國人見證的二二八事件〉，宣讀於二二八事件 61 週年國際學術研討會「二二八事件與人權正義：大國霸權 or 小國人權」。

蘇瑤崇　2008　〈二二八事件中的媒體宣傳戰〉，財團法人二二八事件紀念基金會補助研究案。

賴光臨　1981　《七十年中國報業史》。台北：中央日報社。

Mondel, D. 著、陳俐甫、夏榮和譯，〈二二八革命：台灣民族主義形成的關鍵〉，無編者，《台灣‧中國‧二二八》（台北：稻鄉出版社，1992 年），頁 171-184。

Fairclough, N. (1995). *Critical discourse analysis: The critical study of language*. London and New York: Longman.

Foucault, M (1979). *Discipline and punish: The birth of the prison*. New York: Vintage Books.

Foucault, M (1980). *Power/Knowledge: Selected interviews and other writings 1972-1977*. Brighton: Harvester Press.

Foucault, M. (1991). Governmentality. In Burchell, G., Gordon, C., & Miller, P. (Eds.), *The Foucault effect: Studies in governmentality*. Chicago: The University of Chicago Press.

Foucault 著、王德威譯，《知識的考掘》（台北：時報文化，1993 年 7 月）。

Reinhearz, (1992). *Feminist methods in social research*. New York & Oxford: Oxford University Press.pp.51.

與談
二二八事件期間駐台中國記者報導之析論
—— 以報導事件起因、省籍形象與引述消息來源爲例

林 元 輝

各位好，我先講評報告人的作品，等下如果還有時間，再來針對二二八事件的議題開放提問討論。

耀仁兄年輕人，願意花這麼多時間進進出出這很不容易尋找的新聞文本裡頭，又能找到這麼多，眞的很不容易。這個部份是一個全面性的困境，所以研究者都會碰到類似的問題。

他的論文，花了整整10頁（原研討會發表之大會手冊會議資料，以下所提頁數皆同）在編製相當多的表格，製作這些表格需要的是基本功夫，在基本功夫上當然不能馬虎，要花很多的時間，這是他作事情的方式。他也告訴我們，因爲只找到3則報導，前面的論文在文字敘述的部分，基本上就是在這3則報導裡頭來分析、觀察、推論。講到他的敘述部分，個人是覺得，他花了太多的時間在編製表格上，這個部份提供給耀仁兄參考。我們知道這個研討會的主辦，從題目決定，一直到作者供稿，中間的時間其實非常緊迫，3位提供這樣的稿子給

大家分享，其實已經是難能可貴了，前面2篇可能是從以前的論文再延伸，可是耀仁兄這篇，我知道他是從頭開始的，是在時間很緊迫的情況之下，做一分算一分。台灣人只能這樣做，才有辦法繼續往前走。事實上，我們的環境不是非常的具備。而在這樣有限的時間裡頭，免不了怎麼分配心力的問題，可以再斟酌，比如有大的方向有小的方向，都要耗心力，就要抓大放小。就我看他分析2月28號到3月11號的社論，他在56頁的地方發表說，《新聞報》雖然屬於官營報紙，然而其與《大公報》皆較傾向為台灣人發聲，這在56頁的地方。然後他分析從3月19日寄出去到23日才能夠登出來的新聞的時候說，《新聞報》的報導起先是受官方說法的影響，後來且說是附從官方的言論，這個在59頁的地方講。換句話說，若說它是官營的報紙，它就不是受官方說法影響，因為它本身就是官方的，所以也不是附從官方，因為如果是民營報紙，它就不是附從官方。也就是你這裡的論述基本上前後不一致，我想這是因為在時間非常趕的狀況之下趕出來的，換句話說，我看了以後發現，耀仁兄，在49頁的地方，一下子說《新聞報》是沒有掛國民黨招牌的黨報；在56頁的地方，一下子又說它是官營的報紙；在58頁的地方，一下子又說它是民營報紙，那它到底是什麼營的？如果作者自己引的史料可以相信，因為他說國民黨的股份有51%，那就沒有問題了，這個就是黨的報紙了，因為它超過一半了。所以這是一個黨營刊物！在時間不很充足

的情況下，免不了會有這樣子的疏忽，應該要再多花一點心力上去。我個人勸你，製表方面不要花那麼多的時間，因為表格整理只是基本功夫而已，表格整理得那麼多，卻好像沒有從表裡面推論出什麼東西出來，所以說前面的時間要多花一點。

另外，論斷報紙是不是為台灣人發聲的問題，前後基本上也不太一致，就讓我懷疑你的線索是什麼？你的觀點到底是什麼？你的觀點和線索到底有沒有問題？因為它為不為台灣人發聲，你是憑什麼部分去研判？倘若你憑這個東西去研判時，也都沒問題，那就是歷史有問題了，就是事實有問題了，那問題就很大了。如果你所憑著來研判的線索和觀點有問題，這是什麼意思？這是什麼現象？作一個學者，這是嚴重問題，你就可以解釋，因為這裡牴觸了，這裡頭可能就有辦法討論了：編輯部跟記者之間是怎樣的權力支配關係，叫得動叫不動？或者指揮得動指揮不動？或者記者想要蒙混編輯部，編輯部的那些長官、主筆，果然能夠洞徹整個歷史的趨勢？他看穿了國民黨在台灣是混搞的，所以才會挺台灣人？這裡頭你可以解釋，因為這是關鍵問題。而這個解釋，我跟你講，你花一點時間去想這方面的問題，比花一點時間去作你的表格，孰輕孰重，應該可以看得出來。

其實3月8號以前台灣人的心聲，大致還能夠從台灣的各個民營報紙出現。我除了個人做研究，也指導學生做研究，包括耀仁自己也參與過，也都知道，因為8號國民黨部隊就從基

隆、高雄上來，同時從北往南打，和從南往北打，包抄的把台灣夾在中間，9號民營報紙到底在幹嘛，我們不曉得，因為全台灣10號沒有報紙，你可以想像嗎？就如同你今天起床打開門一看，全台灣都沒有7-11，你就知道出問題了！當時全台都沒報紙，到底發生什麼事情？那是很恐怖的事情，很嚴重的事情。有的就是《中華日報》，它有印出來，可是沒有發行出去，就如同剛才看的照片一樣，整個重慶南路空蕩蕩沒半個人，誰還幫你發報紙？所以，這幾乎可以讓你想像：9號當天台灣不曉得發生什麼事情，殺到什麼地步？殺到什麼地步！殺到人鬼都怕，報紙不敢印，或者不能印，或者不准印，或者印出來也沒有辦法發行。那3月11號的《台灣新生報》呢？有人分析《台灣新生報》是機關報，也就是省的行政單位的機關報，當然會幫官方講話，但儘管是幫官方講話，我們可以看到3月8號以前的，從2月28號它就有報導，一直到3月8號。那個時候所有報導、言論，不得不幫官方講話，可是你如果拿它去跟《中央社》的報導並排對比的話，就可以發現，它還是能夠講一些實話，講為什麼會發生這種事情，希望大家能夠冷靜，大家不要如何如何…，因為它好歹裡頭還是有台灣人。這意思就是說，做錯事情你應該要承認，以後不能再做這種事情，也就是說至少有是非在那個地方。可是3月11日以後，新聞報導的是非整個都倒了，3月11日以後台灣根本沒有民間報紙了，一家都沒有。8號的時候部隊來了，9號發生什麼事情我們不曉得，而到了10

號、11號以後，台灣沒有一家民間報紙了。這種狀況之下，耀仁兄的論文裡頭有提到說《大公報》跟《益世報》，之後，它們發了稿子，發稿的事在這一段時間後面。它們發了那個稿子，還能夠發出台灣人的心聲？我就覺得很奇怪，爲什麼？其實3月8日、9日之後，國民黨21師已經控制全台灣，也因此國民黨開始否認他做錯事情了，對於參與處理委員會的人都當作亂臣賊子、叛亂團體。處理委員會是經過陳儀認可成立的，不只程序合法，甚至他的長官公署也派處長來參加，可是這個東西，以後他根本就翻臉不認了。因此，所有媒體基本上就是亂臣賊子，一直講到5月15號都還在講亂臣賊子。這種狀況之下，在當時3月下旬，爲什麼《大公報》或《益世報》從台灣發出去的電稿會幫台灣講話？它有那個膽量，有那個膽識幫台灣講話，幫台灣講話是那個電稿能夠穿透整個電信系統的封鎖，能夠發出去，所以我覺得這裡隱含的意義更大。可是耀仁好像沒有想到這個部份也要去解釋。除了解釋外，也要探析原因，到底是爲什麼？我們從這個地方可以看出這兩家報紙至少有它的報格，而台灣很多的報紙基本上早就已經屈服了，全聽長官的話去轉述。換句話說，這兩家報能夠有這個作爲，也值得我們對比出別的報紙的報導不可信，這裡頭的虛實你總要去解釋，因爲這個是歷史的問題，這個需要去解釋。

在這個文章裡頭，耀仁有問到一個地方，就是有幾份報紙，比如他剛才講到王康跟江慕雲的時候，他們有一段對話，

內容大致是「我們到中山堂去跑新聞，可是我們不要發稿，我們讓《中央社》去報導。」耀仁不曉得爲什麼要讓《中央社》去報導，當然《中央社》發的稿子比例很高，耀仁沒有實際從事過新聞工作，不像我們在報社都待過很長的時間，我們都知道，報社爲什麼要用《中央社》的稿子，最重要的，一方面是政治正確，反正用《中央社》的稿子不會出問題，特別是一些敏感問題，政治的問題就用《中央社》的，因爲當時《中央社》的社長，基本上都是黨國大老，這個職位根本就是蔣介石直接指派的。換句話說，他們就會根據那點來定調，那是一個政治的定調。民間報紙對時事的立場無所適從的時候，就會用《中央社》的稿子，至少不會出問題。包括《聯合報》也是如此，經常使用《中央社》的稿子。而在這個時候，可能還有另外一個原因，《中央社》本來就有發電稿，甚至它自己都有發報機，別人發不出去的稿子《中央社》發得出去那是正常的。而它能夠發稿出去，可能有兩個原因，一個是技術性的原因，另一個是政治上策略性安全的選擇。關於這點，年輕一輩，若未曾在國民黨系的媒體裡頭做過事，就無從知道它是這樣子在想的。我們這些人都曾迷迷糊糊在國民黨系的聯合報或中國時報做過事情，往往30歲以後，才慢慢能夠醒過來，才慢慢能夠跟他對抗，才會知道它哪裡有藏東西，哪裡在搞什麼心機。

耀仁兄的論文裡頭有一些地方的語意，可能會使人誤會，例如，有幾個地方講到日產接收不利，論文58頁的地方有提

到，報導中說「日產接收不利」，這句話的邏輯，讓人誤解那是日本人抵擋，日本人反抗，要不然就是本地的台灣人使來接收的人工作不順利，所以才會說日產接收不利。可是等到看到最後，看到58頁的地方的時候才瞭解你的意思，日產是接收了，比如說接收了工廠，工廠從此就不再生產，生產線從此停擺，煙囪也不再冒煙，因為這樣，沒有生產，沒有產品，那個機器就壞了，緊接著，人民就失業了，失業的人很多。如果照這個情況，那不是什麼日產接收不利，因為日產接收不利，聽起來感覺上責任是誰的？是日本人去抵擋？還是台灣人在抵擋作怪，讓來接收的人沒辦法接收？原來《大公報》的報導講的，就是在責怪中國人！接收的結果，把台灣搞得亂七八糟。「因為日產接收」，不必用那個措辭，會讓人家誤解，誤解的結果是適得其反，那就很嚴重了。那個組織是誰？那個該負責任的人是誰？那個44頁的地方裡面有提到，二二八事件怎麼會是台灣政治史上難以排解的冤魂？二二八是一個事件，那不是一個冤魂，二二八事件裡頭犧牲的人才是冤魂。

另，剛才也提到採訪能力的問題，採訪能力的預設是沒有錯，2年前我們去訪問葉明勳，當時他都95歲了，走起路來像機械人一樣，因為老人家膝蓋慢慢鈣化，膝蓋沒辦法彎，走路就像機械人一樣，但是腦筋清楚得不得了。訪問時，該他負責任的地方他就聽不懂，問了老半天，不曉得是重聽還是怎麼了？我發現想要鉅細靡遺訪問這個老人，非常不容易。到了民

進黨執政那8年，他就講一些同情二二八等諸如此類的話，所以這個人的彈性非常強，跟他鈣化的膝蓋完全不一樣。比如國民黨長期統治時期，說到李萬居，他把很多責任都推給李。李萬居是過去的人，他的家人也都不在台灣，沒有任何人可以幫李萬居辯護，他把所有責任都推給李萬居，說李萬居用裙帶關係拉人，徇私等等，我不知道李萬居在台灣能有什麼私人關係？他媽媽早死，姐姐老早就嫁了，就是一個台灣普普通通的農婦，李萬居的兒子都出國唸書去了，他在台灣根本沒有什麼親人，如何亂用私人關係？把這些責任都推給他，是為什麼？因為人家已經不在了！綠色執政以後，這個老先生又開始講了，講到當年在行政院門口看到很多人去行政院陳情，被機槍掃死留下一地凌亂木屐的情況，看了以後很難過，事後在台北火車站前面看到一大堆死人的血，野狗都去舔那個血，他看了也很難過。他真的很會隨時勢起伏，所以能活那麼久，的確有本事，很會利用資源，很會保護自己，明哲保身，隨時都在注意，腦筋清楚得很，要從他那邊套任何東西都套不到。

　　另外，我們當時就問到語言的問題，因為他到現在也還不會講台灣話，他是閩北人，並非閩南人，不會講台灣話要如何採訪？《中央社》就是接收以前《同盟社》的。《同盟社》日本時代就有了台籍的員工，所以他就找一位《同盟社》時代就任職的張先生，那位張先生專門幫他翻譯，因此，他在台灣採訪，若沒有張先生隨同出去，根本就無法採訪，因為沒有辦法與本地人溝

通！跑新聞要有消息來源，每天要到處混，才能順利發稿，當個記者，搞到最後就是每天去跑機關，在北京話能溝通的地方，才有消息來源，這些消息來源都是現成的，這樣的消息來源，台灣人絕對是吃虧的！因為所有消息都從機關單位來，機關單位的消息哪裡來？由陳儀來的！由柯遠芬來的！由葛敬恩來的！這樣的狀況下，一定不會有台灣人的聲音出來的。基本上我們的假設是這樣，可是我須提醒耀仁一下，你用的是什麼？用的是邀訪團，是一批到台灣來短期採訪的中國記者會不會講台灣話？從這裡去推論，這樣的話就不準，我的意思是：這些人講不講台灣話沒大關係，可以無所謂，可是在台灣駐點的中國記者，若不會講台灣話，日常採訪就會出問題，若不出問題，就一定是根據官方的言論，台灣人吃虧的就是在這個地方。

你在歸納文獻的時候，因到目前為止，研究這方面的文獻，包括新聞傳播方面，一定比較少，不過在後頭的書目你已經列了廖崧傑的東西，最好就應該把廖崧傑對《台灣新生報》分析的那部分當作個突破點，但你沒有。廖雖然只是個碩士生，不過我覺得他做那個研究，讓我們看到《台灣新生報》11號以前的新聞跟11號以後的，有那麼大的差別，同一家報紙除非人格分裂，不然怎麼可能這樣？其實沒有人格分裂，是整個權力結構改組了。

這是我對張耀仁論文提供的一些意見，大致就是這樣，等一下若有需要，我們再來討論二二八的事情。謝謝！

台灣古典詩與二二八事件

—— 以林獻堂、曾今可及其步韻詩爲主要研究對象**

顧 敏 耀*

摘　要

　　本文主要透過《正氣月刊》第2卷第2期的重新挖掘，找到百餘首至今仍未被討論的關於二二八事變的詩作，在爬梳整理之後，有不少新的發現：其中以支持官方立場者佔其大宗，這可能是時代環境背景下的無奈以及被扭曲的結果，但也有批判的空間；以「兄弟」來比喻中國與台灣者比比皆是，相關的典故（如「鬩牆」、「蕭牆」、「分荊」、「讓梨」、「豆箕」、「同根」、「鴒原」等）也絡繹不絕的出現，這可能是當時陳儀政權動輒「台灣同胞」影響下的產物（「兄弟」即是父母同胞所生）；「步韻」詩難有佳作，古有明訓，在林獻堂〈二二八事變感懷〉及其步韻詩當中，仍以葉榮鐘所作最優，而周定山、曾紀焜、龔

---

*　本論文於2009年2月26日在「228歷史教育與傳承」研討會發表時，承蒙詩人李敏勇先生惠予指正，受益良多，謹致誠摯的感謝之意。

**　作者係中央大學中文系博士候選人、中央大學中文系兼任講師。

警初等人的詩作亦有可觀；至於曾今可〈二二八事變書感〉及其步韻詩作裡，因為體裁頗似竹枝詞，許多詩作流於淺露而無「詩味」，亦有蹈襲原作語意的情形，其中，僅在林獻堂的詩作裡，有少數幾首較佳。關於二二八事變當中的相關人物之描述，這些詩作對於領導起事者（如謝雪紅與王添灯）往往都予以扭曲／醜化，甚至還說「二二八事件處理委員會」是為了求官與求財；對於另一面的人物，如鎮壓事變的柯遠芬、意圖息事寧人的謝娥，反倒有不少正面的書寫。若以這些詩作作為歷史素材，看到的毋寧是當時陳儀政權「負面行銷」的奏效，以及台灣古典詩人的學舌與附和。族群身份也對書寫角度有所影響，例如曾今可〈二二八事變書感〉有殺伐之氣以及對台灣人民的偏見，林獻堂步韻時，語氣就較為和緩且對於曾詩予以反駁；「本省」文人葉榮鐘、周定山、曾紀焜等較能站在台灣人民的立場，表示批判或哀悼之情，「外省」文人陳必康、曾怡吾、張紹達等則帶有對台人起事感到憤恨之意。不過亦有反例，如龔警初應為「外省」文人，但仍有關懷與反省之意，黃純青、魏清德、林春懷等雖為「本省」文人，但是其詩作卻是完全的官方立場。最後，在二二八事變當中犧牲犧牲的陳容貌，其絕命詩雖然未曾發表在任何報刊上，但是卻閃耀著人性的光輝，再現真實的受難者樣貌。

關鍵字：台灣文學、台灣史、舊體詩、林獻堂、曾今可、葉榮鐘

一、前　言

　　台灣詩人透過詩記憶二二八，發現二二八；台灣詩人也經由這
樣的記憶與發現，建構了自己，建構了詩文學的意義體質。[1]

　　這是著名詩人李敏勇在《傷口的花：二二八詩集》序
文當中所說。其實不止現代詩如此，在台灣古典詩當中也
記載不少關於二二八（或稱事變、事件、起義、慘案）的記
憶——有的以寫實手法為事發當時留下第一手資料，有的
提出公允的議論、尖銳的評判、或是充滿悲天憫人情懷的哀
悼，當然也有讓人感到遺憾的，一味維護官方立場的作品
（但是後人正可藉此明瞭作者的立場，並給予恰當的評價）。

　　廖振富教授〈與「二二八事件」相關之台灣古典詩析
論——以詩人作品集為討論範圍〉[2] 是目前對於二二八事件與
台灣古典詩的第一且唯一的研究成果，文中蒐集到的相關詩
作共有104首[3]，詩人共有21家，包括林獻堂、楊爾材、張
李德和、林玉書、陳虛谷、李建興、陳文石、黃文陶、顏其
碩、石中英、葉榮鐘、陳逢源、吳夢周、呂嶽、林佛國、吳
新榮、莊垂勝、呂伯雄、周定山、詹作舟以及林糊。

1　李敏勇〈記憶與發現〉，收錄於氏編《傷口的花：二二八詩集》（台北：玉山社，
　　1997），頁8。
2　收錄於廖振富《台灣古典文學的時代刻痕：從晚清到二二八》（台北：國立編譯
　　館，2007），頁259-335，該文為行政院國科會92年度補助研究計畫〈台灣古典詩
　　中的二二八〉研究成果，編號NSC92-2411-H-025-003。
3　文中說「90餘首」，但筆者清點其〈作品資料表〉所列，應為104首。

該文具有條分縷析、綱舉目張的特色，例如，對於這些詩作的「**主題趨向**」，便歸納出以下4種：一、描寫因二二八事件被捕的心境，反應坦蕩胸襟；二、抒發強烈悲憤，感慨是非不明；三、哀弔死難精英，寄託深沈隱痛；四、呼籲政府寬大處理，期待社會回歸平靜。在「**書寫角度**」方面，也歸納為四類：一、站在民間立場，指斥政府失政；二、指責陳儀失政，歸因共黨煽動，支持國府統治；三、未明顯表達立場，以感慨不幸為主；四、支持官方立場，視起事者為盲動暴民。至於「**思想意涵**」則有3種：一、退避隱忍以遠禍，知識精英心靈受創與政治恐懼症的投影；二、屈從依附當權者，反映台灣人喪失自我主體的悲哀；三、在黑暗中尋找微光，在毀滅中尋找新生，展現台灣人的堅韌精神。這些詩作的「**寫作手法**」，作者分析共為三類：一、直言指斥以抒憤；二、以議論語氣針砭當道；三、藉象徵手法隱藏深意。

對於台灣古典詩中的二二八事件，廖振富可說已經發揮得淋漓盡致，論述扎實，鞭辟入裡，令人嘆服，雖然文中說道：「限於時間與篇幅，本文探討之相關詩作，以目前已出版之詩人作品集為主」[4]，然而，不屬於「詩人作品集」的吳新榮《震瀛回憶錄》，作者仍從中找出詩作11首，還有，文中的林糊（二二八受難者）詩作，更是來自他當時被憲兵抓走，原本自

4　廖振富〈與「二二八事件」相關之台灣古典詩析論──以詩人作品集為討論範圍〉，同前引文，頁259。

料必死之際所寫下的「絕命詩」（引自中央社記者報導），蒐集資料的功力確實不同凡響。

圖一：《正氣月刊》第二卷第二期（1946年5月）封面。

不過，正如其文中所說：「至於可能散見於當時報章雜誌之作品，有待進一步蒐羅整理」[5]，因為在風聲鶴唳的的蔣政權專制獨裁時期，詩集之出版與發表往往有所顧忌，面對已經成為「禁忌中的禁忌」之二二八事件，即使詩人在先前曾經寫過相關詩作，在編輯出版詩集的時候也不敢收錄（如林獻堂），以免受到蔣政權的戕害[6]。因此，若能找到事發未久（二二八尚未成為禁忌）之際的刊物，或許能發現一些非常珍貴的詩作，可供與詩集當中找來的詩作相比較。

筆者在五六年前便曾聽中央中文系教授、資深詩人張夢機提及：「曾今可是台灣戰後初期『本省』與『外省』詩人之間的重要溝通橋樑」，恰巧在去年惠蒙羊子喬先生吩咐撰寫「《台灣大百科》專業版」的「曾今可」詞條，發現此詩人確實十分

5　同前註。

6　慘痛的例證如：林水泉在1976年寫〈二二八事件二十週年告台灣同胞書〉就被判刑十餘年，彰化醫師石錫勳為其原稿改動一字，就被判八年，見阮美姝，《幽暗角落的泣聲——尋訪二二八散落的遺族》（台北：前衛出版社，1994），頁16。

特別，而廖振富文中對於林獻堂關於二二八事件的一首極重要詩作，僅錄其詩題，而未睹其內容：

> 林獻堂〈二二八事變感懷一詩〉一詩，並未收入其詩集中，承匿名審查委員以書面意見告知：「據聞」發表於《正氣月刊》。[7]

筆者先在《正氣月刊》總編輯曾今可的詩集《亂世吟草》裡，發現到作者附錄了林獻堂的這首重要詩作[8]，繼而循線找到《正氣月刊》第2卷第2期（1946年5月），就是「二二八專輯（下）」！果然林獻堂該詩作就刊載其中（證實了「據聞」），而且上面刊載了明確以二二八爲題的古典詩多達103首（只比廖文論述的詩作總數少一首，兩者重疊者亦僅有一首），作者包括了林獻堂、魏清德、黃純青、謝尊五以及曾今可等「本省」與「外省」的重要詩人，而且這些關於二二八的詩作除了陳文石所作之外，其他都沒有收錄在他們的詩集當中！《正氣月刊》的重要性不言可喻。

本文便聚焦於《正氣月刊》刊載的林獻堂〈二二八事變感懷〉、曾今可〈二二八事變書感十首〉與其他相關步韻詩作，爲台灣古典詩史找到遺失的拼圖碎片，也希望能夠藉此看到不同樣貌的二二八事件。

7　同前引文，頁272。

8　曾今可《亂世吟草·蓬萊集》（台北：台灣詩壇，1948），頁60-61。另外，曾今可〈台灣的舊詩人〉（《民權通訊》，80、81號，1948年5月21日，頁545-546）亦有提及此詩，見許雪姬〈二二八事變中的林獻堂〉，胡健國主編《20世紀台灣歷史與人物》（台北：國史館，2002），頁1058-1059。

二、林獻堂〈二二八事變感懷〉及其他步韻詩作

　　以下按照《正氣月刊》第2卷第5期（1946年5月，頁49-
50）上原始的排列先後逐一論述，依序是林獻堂、柯遠芬、曾
今可、陸志鴻、遊客（即曾今可化名）、魏清德、黃純青、陳
必康、宋昂、陳季博、洪鶴瑞、林栢森、管新佽、謝尊五、曾
紀焜、林光烱、林子惠、王編年、林春懷、蔡柏樑、張紹達、
龔警初、徐箕、文石，共23人，詩作則有25首（曾今可與陳
必康皆作2首）。

　　在古典漢詩中的「唱和」可分為數種，清人吳喬（生卒
年不詳）之說頗為簡潔扼要：「意如問答而韻不同部者，謂
之『和詩』；同其部而不同其字者，謂之『和韻』；同其字而次
第不同者，謂之『用韻』；次第皆同，謂之『步韻』」[9]，這25首
詩作的韻腳全部都是「庚」韻字，且首句押韻，依序是：兄、
情、驚、明、鳴，屬於「步韻」。

（一）林獻堂

　　林獻堂（1881～1956），名大椿，又名朝琛，號灌園，阿罩
霧庄（今臺中霧峰）人，日治時期領導台灣自治運動，以及隱含
現代潮流的文化啟蒙運動[10]，美國史學家Johanna M. Meskill對林獻

9　吳喬，《圍爐詩話》，收錄於《清詩話續編》（台北：藝文印書館，1985），頁485-
　　486。

10　Johanna M. Meskill著，王淑琤譯，《霧峰林家：台灣拓荒之家（1729-1895）》（台

堂的評價甚高：「從林獻堂的一生中可以看出儒家教育的精神和獻身公益的美德，他是日人統治的半世紀中，臺灣的第一公民，臺灣自治運動的領袖，文化的保姆，同時也是個慈善家」[11]。其實，他更是一位傑出的詩人，現存四百餘首詩作，學者廖振富將其與林癡仙、林幼春並列為櫟社的3位靈魂人物，稱其詩作風格可用「質樸內斂」概括，「純任自然，不假雕飾而益見真情」，但在戰後則「轉為幽咽悲涼，烙下深刻的時代傷痕」[12]

圖二：林獻堂像，台灣新民報社編，《台灣人士鑑》（台北：台灣新民報社，1936），頁445。

對於這麼一位台灣政治史以及古典詩史上的重要人物，其書寫二二八事件的詩作實則具有不容忽視的重要性，許雪姬說道：

他在二二八時的心情可用他往後在日本所做的詩做一註解，他在〈次旨禪女士見贈原韻〉時言「今日所餘惟白髮，自慚[13]無

北：文鏡文化公司，1986），頁310-311。

11　Johanna M. Meskill 著，溫振華譯，〈霧峰林家：一個臺灣士紳家族的興起〉，《台灣風物》，29卷4期，1979年12月，頁1-10。

12　廖振富《櫟社三家詩研究》（台北：台灣師範大學國文言就所博士論文，1996），頁378-382。

13　原文誤作「漸」，其徵引來源之林獻堂《林獻堂先生遺著》便已印錯。

力可回天」、「物役已空心力定，如同井水不揚波」，又如〈聞
廣播有感〉一詩，「自愧老衰已無用，惟祈民眾勿犧牲」這正
是他有心無力，只能避免民眾勿犧牲流血的具體表現。[14]

文中說這兩首詩作可作爲他在二二八時期心情的「註解」，似
乎只是許雪姬藉這些詩作來闡述林獻堂的心情，但是如此模糊
的處理卻容易讓人誤以爲這兩首詩作是針對二二八所發，其實
並非如此──〈次旨禪女士見贈原韻〉[15]（共3首）第1首開頭
便云「啓蒙運動廿[16]年前，每遇艱危讀率先」，主旨在感嘆物
是人非，廉頗老矣。

　　至於〈聞廣播有感〉：「傳來消息總關情，時事朝朝側耳
聽；英美外交行各別，中蘇友好約將成；海南作戰攻偏急，台
北興謠掃未清；自愧老衰已無用，惟祈民眾勿犧牲」，更不是
因爲聽到二二八事變當時的廣播而寫，該詩繫年排列在〈庚寅
元旦〉之後，〈民國三十九年一月十五日有感〉之前，應是在
1950年（歲次庚寅）所作，更何況詩中「中蘇友好約將成」指
的是中華人民共和國在1950年將與蘇聯簽訂新的中蘇友好同
盟條約，而「海南作戰攻偏急」也是指1950年初在海南島負

14　許雪姬〈二二八事件中的林獻堂〉，前引文，頁1060。

15　錄該詩全文如下：啓蒙運動廿（原文誤作「念」）年前，每遇艱危獨率先，今日所
　　餘惟白髮，自慚（原文誤作「漸」）無力可回天（其一）；不爭名利是神仙，次韻詩
　　成茗自煎，欲問歸期何日是，春風駘蕩月嬋娟（其二）；何曾飲酒與聽歌，靜坐焚
　　香四體和，物役已空心力定，如同井水不揚波（其三）。見林獻堂《灌園詩集》（台
　　北：龍文出版社，1992），頁21。

16　原文誤作「念」，同年詩作〈次鏡氏鎌倉晤談有感原韻〉便有「廿年風雨負初心」
　　之句。

隅頑抗的蔣軍，面臨著中國共產黨軍隊的猛攻。總之，這兩首詩作皆與二二八事件無關。

廖振富則認為林獻堂的〈次鏡擎氏鎌倉晤談有感原韻〉、〈三月一日聞雷〉以及〈二二八事變感懷〉是關於二二八事變的3首詩作，後者詩題便已點明，自不必論，但前二者則頗有商榷的空間：

> 歸台何日苦難禁，高論方知用意深；底事弟兄相殺戮，可憐家國付浮沈；解愁尚有金雞酒，欲和難追白雪吟；民族自強曾努力，廿年風雨負初心。（〈次鏡擎氏鎌倉晤談有感原韻〉）[17]

對於此詩頷聯的理解，廖振富其實也未能十分確定：「弟兄相殺戮，可能是指二二八事件中，政府軍隊對台灣民眾之殘暴虐殺，也可能是指國共內戰之禍害，使家國浮沈、台灣因而處在激烈動盪之中」，筆者認為應以後者的可能性較高，原因是：此詩作於1950年，距離二二八事變已經3年，但正是國共戰爭如火如荼之際！與其說他在當時突然想到此事，毋寧是與鏡擎氏談論時事之後而有此作，應是對於台灣無端捲入中國內戰之中，深表感慨之意。

至於〈三月一日聞雷〉[18]，其全詩為：

> 一聲霹靂出雲中，餘響遙拖羯鼓同；啓蟄龍蛇將起陸，應時花木漸成叢；穿窗細雨深宵急，翻幕寒風薄暮洪；失箸英雄今已

17　林獻堂《灌園詩集》，前引書，頁25。
18　同前引書，頁30。

矣，惟餘燕子自西東。

廖振富認爲「這是故意以隱諱的象徵手法寄託深意的象徵詩」[19]，而對於整首詩作的象徵意涵，他的詮釋是：

> 意謂二二八有如一聲巨雷，被陳儀視作統治者威脅的精英人才，不幸遇害者多矣（原註：今已矣）；而劫後餘生的台灣菁英，就如同燕子飽受驚嚇而各分東西，亡命天涯。「失箸英雄」原指劉備，獻堂在此用以譬喻台灣菁英，被陳儀視作心頭大患，正如曹操對劉備的猜忌一般。[20]

雖說「詩無達詁」（董仲舒《春秋繁露》語），常州詞派譚獻亦有「作者之用心未必然，而讀者之用心何必不然」之說（〈復堂詞錄序〉），但這首詩的作者本意可進一步推敲——「聞雷失箸」（典出《三國志·蜀書·先主備傳》）是傳統古典詩創作者在書寫雷聲時廣泛運用的典故，例如蘇軾〈唐道人言，天目山上俯視雷雨，每大雷電，但聞雲中如嬰兒聲，殊不聞雷震也〉：「已外浮名更外身，區區雷電若爲神，山頭只作嬰兒看，無限人間失箸人」，范成大〈雷雨鄰舍起龍〉：「雨工避事欲蟠泥，帝遣豐隆執以歸。連鼓一聲人失箸，不知挂壁幾梭飛！」，甚至林獻堂自己有另一首歸類於「軼詩」的〈春雷〉[21]寫道：

> 蒼天不雨過三冬，播種雲霓望老農；驚蟄應時來正好，一聲因

19　廖振富，〈與「二二八事件」相關之台灣古典詩析論——以詩人作品集爲討論範圍〉，同前引文，頁326。

20　同前引文，頁327。

21　林獻堂《灌園詩草》，同前引書，頁37-38。

此起潛龍；震翻幕燕使人怊，雲霧千山似墨濃；失箸英雄傳逸話，我今種菜自雍容。

詩中也同樣用了「失箸」這個典故，甚至連驚蟄、翻幕等用詞都十分相似，可見林獻堂創作〈三月一日聞雷〉所用的詞語素材，應該都只是意之所至而編織成章，並非刻意有所寄託，且陳儀與台灣菁英人士有上對下的統治關係，若以曹操與劉備的平行關係相比擬，恐亦有不妥。

其次，「失箸英雄今已矣，惟餘燕子自西東」指的是劉備早已成為歷史人物，眼前惟有看到燕子來來去去而已，這也是扣緊創作當時的季節背景而寫，亦非暗指台灣菁英「各分東西，亡命天涯」，遑論眾多的台灣菁英如林茂生、陳炘、王添灯、吳鴻麒、張七郎等，都慘遭殺害，能順利逃出台灣者（如廖文毅）實屬少數。最後，「三月一日」在整個二二八事件的歷程之中是「二二八處理委員會」成立之日，若真要以霹靂雷聲隱喻台灣民眾之慘遭殺戮，則應該以整編21師在基隆上岸的「三月八日」為題才是，在3月1日，殺人之雷聲尚未響起也。

總而言之，林獻堂針對二二八事變所寫的詩作，應該只有〈二二八事變感懷〉（七律一首）以及〈次今可先生二二八感懷原韻〉（七絕十首）而已。前者根據曾今可步韻之詩題有「灌翁事變後來省，手寫近作見示」之語，而陳必康〈和林獻堂先生二二八事變感懷原韻〉序文中則云：「正氣出版社以林獻堂君〈二二八事變感懷〉律詩囑和」，可知應是事變之後，林與曾見面，並出示〈二二八事變感懷〉一詩，曾除了自己步韻之

外，也傳布給眾多詩友，廣邀和詩。林獻堂該詩內容為：

> 光復欣逢舊弟兄，國家重建倍關情。干戈頓起誰能料？消息傳
> 來夢亦驚！全島幾難分黑白，大墩²²有幸自昏明。從茲綏靖多
> 良策，不使北雞得意鳴！

首聯便表現了作者的情感認同，對戰後來接收（民間稱為「劫
收」）的中國國民黨政權以「弟兄」相稱。「倍關情」者，乃
「特別關心」之意，如「病後簪纓殊寡興，老來泉石倍關情」
（唐·徐炫〈池州陳使君見示游齊山詩因寄〉）。次聯表達了作
者聽聞事變爆發之後的驚訝之意，「誰能料」與「夢亦驚」似
乎讓人覺得此事乃無緣無故而爆發，其實，若貼近民眾、關懷
社會者，看到戰後一年多來的台灣社會充滿著社會不公、物價
飆漲、民生凋敝、治安敗壞等景象，對於事變爆發應該會認為
是遲早的事情而已²³。頸聯可看出作者對於自己在台中的處置
感到滿意（當時他曾聯絡黃朝清等人在「台中地區時局處理委
員會」內設保安委員會，以牽制謝雪紅等人的活動²⁴。末聯則

22　原註：「台中舊名」。

23　例如吳新榮在《震瀛回憶錄》當中便表示，自己在事變之前已經有所預感：「他
　　（指吳新榮本人）直感到這樣社會的恐慌狀態，必將招到政治的危機，他慄然於預
　　覺著『大變的前夜』將臨到」，見張炎憲、李筱峰編《二二八事件回憶集》（台北：
　　稻香出版社，1993），頁2。

24　戴寶村，〈林獻堂〉，張炎憲主編《二二八事件辭典》（台北：國史館、二二八事件
　　紀念基金會，2008），頁254。左派人士對此非常痛恨：「這個老台奸的罪責，人
　　民是絕不會忘記的」，見林木順，〈台灣二月革命〉，收錄於鄧孔昭編，《二二八事
　　件資料集》（台北：稻香出版社，1991），頁151。

是表示他支持官方的清鄉行動，並且對於謝雪紅（蔑稱為「牝雞」）表達了痛恨之意。

（二）柯遠芬

在《正氣月刊》當中，緊接著林獻堂詩作之後的是柯遠芬〈和灌園老人二二八事變感懷原玉〉：

> 海角天涯皆弟兄[25]，忘年交見故人情；國旗招展全台喜，風鶴倉皇[26]一夕驚！煮豆燃萁同憤慨，公私恩怨自分明。我慚守土疏無狀，仗義扶危起共鳴。

柯遠芬（1909～1996），家名桂榮，字遠芬，別號為之，中國廣東梅縣羅衣鄉人，二二八事變當時任職台灣警備總司令部參謀長，軍階為中將。若單看此詩，似乎呈現的是一位憂國憂民、盡忠職守的地方官員，但是，真實的柯遠芬形象呢？他在事變期間刻意派遣特務混入處理委員會，藉機擴大事端，製造派兵鎮壓的藉口，進行清鄉行動時更公開表示「寧可枉殺九十九個，只要殺死一個真的就可以」，甚至還曾經乘亂勒索板橋林家主人林宗賢，事變之後來台「宣慰」的白崇禧認為柯「處事操切，濫用職權，對此次事變舉措尤多失當，且賦性剛愎、不知悛改」，建議「予以撤職處分，以示懲戒，以平民忿」[27]，對照其詩作所說的「公私分明」、「仗義扶危」，實在令

---

25 原文「弟兄」誤作「兄弟」。
26 原文誤作「倉黃」。
27 陳翠蓮，〈柯遠芬〉，張炎憲主編《二二八事件辭典》，前引書，頁280-281；江燦

人感到十分諷刺。

（三）曾今可

　　曾今可（1901～1971），
名國珍，以字行，中國江西泰和
人，「南社」成員，日本早稻田
大學畢業，歷任審計部浙江省審
計處、江西省保安司令部政治部
上校科長兼江西《政治日報》社
長、中國國民黨中央宣傳部「中
央文化運動委員會」委員等職，
終戰不久便由閩來臺，任職上
海《申報》駐臺特派員兼臺灣行
政幹部訓練團講師，後擔任臺灣
省通志館主任秘書，兼《臺灣
詩報》主編，並編選《臺灣詩

圖三：曾今可像，呂無畏主編，
　　　《中華民國詩人名鑑・第一
　　　輯》（臺北：自由中國詩人聯
　　　誼會，1966），頁13。

選》，在戰後的台灣古典詩界頗為活躍，曾獲選「國際桂冠詩
人」[28]。

　　騰、陳正茂《新台灣史讀本》（台北：東大圖書公司，2008），頁179；李筱峰、林
　　呈蓉，《台灣史》（台北：華立圖書公司，2003），頁293。
28　曾今可編，《臺灣詩選》（台北：中國詩壇，1953），頁342；劉紹唐編，〈民國人
　　物小傳・曾今可〉，《傳記文學》，266期，1984年7月，頁139-140；徐友春編，
　　《民國人物大辭典》（石家莊：河北人民出版社，2007），頁2080；胡迎建，《民國
　　舊體詩史稿》（南昌：江西人民出版社，2005），頁176-177；呂無畏主編，《中華

曾今可的步韻之作共有兩首，其一是〈灌翁事變後來省手寫近作見示敬步原韻〉，另外則是以「遊客」為筆名所發表的〈和林獻堂先生二二八事變感懷原韻〉：

> 風雨同舟本弟兄，寧忘唇齒相依情？奸徒荒謬法難恕，學子盲從事可驚。暴動殺人何恐怖，陰謀叛國已分明！亡羊應速將牢補，正氣聲如萬籟鳴。
>
> 本是同根若弟兄，雖云久別未移情。忽然叛變借端起，遂致暴行舉世驚！各地曾經成混亂，前途現已復光明。萬千感慨心頭湧，和罷新詩劍欲鳴！

對於作者的性格，李筱峰評其「雖有黨、軍經歷，但非諾諾之徒，自有其個性，他還曾經因言論得罪陳儀下獄」、「像曾今可這種剛直的性格，受林茂生的欣賞當不稀奇」[29]，觀乎曾今可在事變前發表的詩作，如「萬人舞弊幾人死？惟將公理訴閻羅」（〈舞弊歌〉）、「貪污遍地今何世？憂國突然熱淚瑩」（〈今何世〉）、「士須人待情何慘？官比狗貪政可哀！」（〈春雷〉）[30]，彷彿是果真個關心台灣民間疾苦、與人民站在同一陣線的詩人，但是，在〈和林獻堂先生二二八事變感懷原韻〉這兩首詩，卻換成另外一副臉孔：「奸徒」、「盲從」、「暴動殺人」、「陰謀叛國」、「叛變」、「暴行」云云，種種污名化的大帽子一個一個扣上起義抗暴的民眾，對於事變發生的遠因與

民國詩人名鑑‧第一輯》（臺北：自由中國詩人聯誼會，1966），頁13。
29 李筱峰，《林茂生‧陳炘和他們的時代》（台北：玉山社，1996），頁247。
30 曾今可，《亂世吟草‧蓬萊集》，前引書，頁5、14、56。

近因、人民無奈下的反抗等，都略過不提，何以如此？

其實，曾今可是柯遠芬的人馬，屬「軍統」系，而陳儀則是「政學」系，此2派系頗有夙怨，明爭暗鬥；故曾今可對陳儀之嚴詞批評，與其說是性格剛直、關心民生疾苦，毋寧是自任派系鬥爭的馬前卒，而陳儀之羈押則是對此行為的反將一軍[31]。對於曾今可的真實樣貌，若能參考他在918事變之後所作的〈畫堂春（新年詞）〉[32]、他與魯迅之間論戰的經過[33]，以及魯迅對他不假情面的批判[34]，當更為清楚，不過，從這兩首詩也可看出他對柯遠芬的支持、對綏靖清鄉行動的擁護。

31　陳翠蓮，《派系鬥爭與權謀政治——二二八悲劇的另一面相》（台北：時報文化出版公司，2003），頁233。

32　全詩為：「一年開始日初長，客來慰我淒涼，偶然消遣本無妨，打打麻將。 且喝乾杯中酒，國家事管他娘，樽前猶幸有紅妝，但不能狂！」，見曾今可《亂世吟草‧蓬萊集》，前引書，頁38。

33　魯迅《偽自由書‧後記》，收錄於《魯迅全集‧第四卷》（上海：人民文學出版社，1973），頁598-599；房向東《魯迅與他的論敵》（上海：上海書店，2007），頁599-600。

34　「過去有曾某其人者，硬以『管他娘』與『打打麻將』等屁話來實行其所謂『詞的解放』，被人斥為『輕薄少年』與『色情狂的急色兒』，曾某卻嘮嘮叨叨辯個不休，現在呢，新的事實又證明了曾某不僅是一個輕薄少年，而且是陰毒可憎的蛇蠍」、「聽說曾某年紀還不大，也並不是沒有讀書的機會，我想假如曾某能把那種吹牛拍馬的精力和那種陰毒機巧的心思用求實學一點上，所得不是要更多些嗎？然而曾某卻偏要日以吹拍為事，日以造謠中傷為事，這，一方面固愈足以顯曾某之可怕，另一方面亦正見青年自誤之可惜」，同前註。對於魯迅的這些嚴厲抨擊，曾今可耿耿於懷——1946年10月21日，時任台灣省編譯館館長的許壽裳（1883～1948）在《和平日報》發表〈魯迅的德行〉，稱揚魯是「中華民族之魂」，曾今可立刻在《正氣月刊》第1卷第2期（1946年11月）化名「遊客」而發表〈「中華民族之魂！」〉（頁3-4）予以反唇相譏，報一箭之仇。

（四）陸志鴻

陸志鴻（1897～1973），字筱海，浙江嘉興人，在二二八事變時，正擔任台灣大學校長（任期從1946年至1948年），其〈和林獻堂先生二二八事變感懷原韻〉云：

> 五十年前老弟兄，千頭萬緒訴離情；正謀棠棣連枝秀，忽起風波遍地驚，不恤分荊勞斧斫，終令同氣各神明；年年此日應回憶，春草池塘鳥共鳴。

其實，台大學生在二二八事變之際，熱血澎湃，積極參與：曾結合中等以上學校學生共組「台北學生自治會聯合會」，並自2月28日起全部停課，參與示威抗議活動、張貼標語、散發傳單、開會抨擊陳儀政權之施政等[35]，可惜在此詩中卻完全沒有看到相關的內容，前6句出現的「弟兄」、「離情」、「棠棣」[36]、「連枝」、「分荊」[37]、「同氣」云云，都是意義類似的符碼，只是一味的從感性角度強調民族認同，關於事件的起因與後續的屠殺都略而不提。

---

35 歐素瑛，〈台灣大學〉，張炎憲主編《二二八事件辭典》，前引書，頁588-589。

36 《詩經・小雅・常棣》之〈詩序〉云「常棣，燕兄弟也」，後用以比喻兄弟。「常」為「棠」之假借，「常棣」即「棠棣」。

37 《太平御覽・卷421》引吳均《續齊諧記》：「田眞兄弟三人，家巨富而殊不睦。忽共議分財，金銀珍物，各以解量，田業生貲，平均如一。唯堂前一株紫荊樹，花葉美茂，共議欲破為三，人各一分，待明就截之。爾夕樹即枯死，狀如火燃，葉萎枝摧，根莖焦瘁。眞語弟曰：「樹本同株，聞當分析，所以焦瘁，是人不如樹木也」，因悲不自勝，便不復解樹。樹應聲遂更青翠，華色繁美。兄弟相感，更合家財，遂成純孝之門。眞以漢成帝時為大中大夫」。

（五）魏清德

　　魏清德（1888～1964），號潤庵，原籍新竹，後遷居台北，日治時期曾任《台灣日日新報》記者與漢文部主任、台北市與台北州協議會員，並擔任瀛社第3任社長，也曾加入竹社、星社、南雅吟社等，漢詩成就頗受台日詩人學者之推崇，戰後在台灣詩壇仍有重要地位[38]。其〈和林獻堂先生二二八事變感懷原韻〉云：

圖四：魏清德像，林進發編，《台灣官紳年鑑》（台北：民眾公論社，1932），頁418。

　　常棣詩稱弟與兄，鬩牆禍起倍傷情。鴒原有難曾交急，箕豆相煎孰不驚？綏靖早聞寬脅從，肅清又報露光明。前車誤覆應同鑑，篝火宵狐莫再鳴。

詩中的「常棣」、「鬩牆」（指兄弟相爭）與「鴒原」（比喻兄弟友愛，急難相扶持）都出自《詩經·小雅·常棣》：「常棣之華，鄂不韡韡」、「兄弟鬩於牆，外禦其務」、「脊令在原，兄弟急難」；至於「箕豆相煎」則出自《世說新語·文學》曹丕與曹植兄弟之典故。魏清德與陸志鴻同樣都用這些字詞將社

38　黃美娥，《重層現代性：日治時代台灣傳統文人的文化視域與文學想像》（台北：麥田出版公司，2004），頁185-194；黃美娥，〈魏清德〉，許雪姬總策劃《台灣歷史辭典》（台北：行政院文化建設委員會，2004），頁1326。

會衝突的意義挪移／混淆成為家庭糾紛之兄弟相爭。至於結尾則是勸告人民不要再「重蹈覆轍」，並且用陳勝吳廣之典[39]，希望謠言平息，社會也莫再動亂。

（六）黃純青

黃純青（1875～1956），台北樹林人，後遷居台北市，日治時期歷任樹林庄長、鶯歌庄長、臺北州協議會員、臺灣總督府評議會員等要職，戰後則擔任臺灣省參議員、省府顧問、臺灣省通志館主任委員等，黃得時（1909～1999）即其哲嗣[40]。其〈和林獻堂先生二二八事變感懷原韻〉云：

> 四海無人不弟兄，況同黃族倍關情。燃箕煎豆心何忍？叛國殃民事可驚！正氣發揚排急難，妖氛掃蕩見光明。西疇有事農安業，暖送春風布穀鳴。

作者完全附和官方立場而認為起事人民是「叛國殃民」，他也贊成軍事鎮壓，覺得如此便能讓民眾回復安居樂業（引用陶淵明〈歸去來兮辭〉：「農人告余以春及，將有事於西疇」）。黃純青在日治時期對於統治者採取的是合作而親附的態度，從他

39　秦末陳勝吳廣預備起義，在夜間置燈火於竹籠中，並裝出狐狸的叫聲；後以此比喻謀劃起事或謠言惑眾，《史記・陳涉世家》：「又間令吳廣之次所旁叢祠中，夜篝火，狐鳴呼曰：『大楚興，陳勝王』」。

40　台灣新民報社編，《台灣人士鑑》（日刊一週年版）（台北：台灣新民報社，1934），頁59；曾今可，《台灣詩選》（台北：中國詩壇，1953），頁223：〈黃純青傳〉，原刊《台北縣志・人物志》，收錄於黃純青，《晴園詩草》（台北：龍文出版社，1992），扉頁。

在當時所寫的漢詩作品當中都可看得出來[41]，至戰後也是「吾道一以貫之」，並無改變。

（七）陳必康

陳必康，生平待考，應為「外省」文人。其〈和林獻堂先生二二八事變感懷原韻〉有小序：「正氣出版社以林獻堂君〈二二八事變感懷〉律詩囑和，茲僅步原韻呈郢政」，共有兩首：

> 鬩墻那管弟和兄，觀感渾忘[42]骨肉情；潮湧伊誰爭妄舉，路謠亂我最虛驚；蒙塵海國慚無色，止雨江城幸放明；潛伏符符猶隱患，萬方啓蟄仔雷鳴。

> 淪胥久認賊為兄，返本翻無手足情；唧勒乍鬆心未貼，劫灰每憶夢猶驚，世風今欲宗邦化，文教先開一隙明；仰賴諸君扶正氣，頻宣孤憤以詩鳴。

作者認為二二八民眾起事是因為受到日本統治多年（「淪胥」意指遭遇苦難，出自《詩經‧小雅‧雨無正》：「舍彼有罪，既伏其辜；若此無罪，淪胥以鋪」），早已「任賊為兄」，絲毫不顧「手足之情」。陳必康更將台灣人民比擬為馬匹，脫離日治正如「唧勒乍鬆」，故輕舉妄動，對新的主人尚未服服貼

41　例如歌頌日本總督政績的〈鳥松閣雅集席上賦呈〉：「盛世躬逢頌太平，筵開閣上締詩盟。松高百尺庭瀟洒，一樹清風驗政聲」（《台灣時報》，72期，1915年9月15日）；擁護日本帝國對外軍事侵略的〈大東亞戰爭大詔渙發一週年感賦〉：「天涯海角旭旗翻，我武維揚萬國尊。英美驅除天外去，域中足跡已無存」（《興南新聞》，4280期，1942年12月18日）等。

42　原文誤作「忙」。

貼。詩中透顯出潛意識中對台人的歧視、輕視以及對於事變的氣憤難平與毫不諒解。

（八）宋昂

宋昂，屬「外省」文人，曾今可之詩友，戰後曾短暫來台，1948年升任湖南省軍法處長[43]，其〈和林獻堂先生二二八事變感懷原韻〉云：

> 祖溯軒轅本弟兄，相煎箕豆倍傷情；彎弓盤馬如臨敵，去火抽薪始定驚；青簡有名酬妙略，白圭無玷見賢明，最難風雨同舟日，眾志成城起共鳴。

正如「本省」文人黃純青所謂「況同黃族倍關情」，此詩則云「祖溯軒轅本弟兄」，都以「黃帝」此一中國清末塑造出來「政治神話」[44]作爲民族主義的認同對象，並且藉以譴責二二八事變中的台灣人民是「箕豆相煎」，對於相關人員的處置則以「妙略」、「白圭無玷」（意指毫無瑕疵）、「賢明」等語大加讚賞，認爲會在史書（即「青簡」）上留名。

（九）陳季博

陳季博（1888～1953），名汝濟，以字行，號任楨，中國

---

43 曾今可，《亂世吟草‧蓬萊集》，前引書，頁44-45。

44 莊萬壽於其〈「炎黃子孫」論〉說：「反清革命時所標榜的『中華民族』、『黃帝子孫』等狹隘漢民族主義的口號，其實都是指夷狄、韃虜等非漢語民族的對稱」、「所謂『炎黃世冑』只是象徵古帝王權貴血統的成語而已」，見氏著《中國論》（台北：玉山社，1996），頁32-36。

廣東梅縣人，曾留學日本，畢業於明治大學政治經濟科，先後擔任中國國民黨廣東省黨部秘書、廣東省政府秘書等職，戰後來台，歷任台灣省行政長官公署及台灣省政府參議、台灣省文獻委員會編纂[45]，其〈和林獻堂先生二二八事變感懷原韻〉云：

> 系本宗邦稱弟兄，欣還初眼見衰情；措施誤解偏滋戚，禍變狂猖自可驚；雨過天晴白日耀，雲開空淨赤霞明；且扶正氣重攜手，萬眾歡騰待鶴鳴。

詩中認為二二八起事是因人民對政府措施有所「誤解」所致，作者並以「狂猖」形容民眾，此詩寫作之際，台灣全島正處於清鄉的恐怖氛圍之中，但陳季博乃以「雨過天晴」、「雲開空淨」來形容。到結尾則用《詩經‧小雅‧鶴鳴》的典故：「鶴鳴于九皋，聲聞于野」（《詩序》云：「誨宣王也」，孔穎達《正義》解釋說：「誨，教也，教宣王求賢人之未仕者」），「待鶴鳴」者，等待賢明的政府起用賢人也。

（十）洪鶴瑞

洪鶴瑞，中國浙江省人，終戰之後，於1946年7月來台，至1947年4月離台[46]。其〈和林獻堂先生二二八事變感懷原韻〉云：

45　徐友春主編《民國人物大辭典》（石家莊：河北人民出版社，2007），頁1429；劉國銘主編，《中國國民黨百年人物全書》（北京：團結出版社，2005），頁1374。

46　洪鶴瑞〈離台詩六首〉，《正氣月刊》，2卷2期，1947年5月，頁63。

胡越同舟一弟兄，南州[47]冠冕仰豪情；憂時涕淚含悲憤，嫉世心肝雜險驚；天壤王郎空自誤，孤山林叟見英明！拂衣欲作歸田賦，且讓群蛙閣閣鳴。

所謂「南州冠冕」是指才識出眾的人，出自《三國志・蜀書・龐統傳》：「徽甚異之，稱統當為南州士之冠冕」，作者用以指涉林獻堂，詩中第2句與第4句都給予林高度讚揚（稱其「豪情」、「英明」）；至於「天壤王郎」則語出《世說新語・賢媛》謝道韞評論其夫婿王凝之的話：「一門叔父，則有阿大、中郎；群從兄弟，則有封、胡、遏、末，不意天壤之中，乃有王郎！」，語中對王凝之頗有不滿之意，此處則指王添灯，對他同樣不表認同（「空自誤」）。洪鶴瑞或許在台灣任職頗引人批評，故在此詩末聯表達了「不如歸去」之感且對於各界批評的聲音以「群蛙閣閣」視之。

（十一）林栢森

林栢森，生卒年不詳[48]。其〈和林獻堂先生二二八事變感懷原韻〉全詩為：

---

47 原文誤作「洲」。

48 或疑應作「林柏森」（1897～1960），廣東蕉嶺人，畢業於保定陸軍軍官學校以及日本砲兵學校，歷任陸軍工兵學校校長、軍官訓練團教育委員會委員，終戰之後先後任職陸軍總司令部中將參謀長兼後勤總司令部工兵署署長、陸軍副總司令、戰略顧問，在台病逝。徐澄清，〈林柏森〉，《傳記文學》，67卷2期，1995年8月，頁140-142；徐友春主編，《民國人物大辭典》（石家莊：河北人民出版社，2007），頁817；劉國銘主編，《中國國民黨百年人物全書》（北京：團結出版社，2005），頁1513。但是此一林柏森並未有戰後初期來台的紀錄，為免張冠李戴，姑且存疑待考。

半世暌違弟與兄，今朝相見倍生情；應憐上國文風喪，莫爲大
冤[49]殺氣騰，攻錯有心民自愛，懷柔無貳政多明；桑榆善策終
非晚，願共先生抵掌鳴。

此詩較無殺伐之氣，反倒有反省之誠：要台人體量中國統治集
團（「上國」）的落後與粗暴（「文風喪」），並且勸告當局對於事
件的善後不要殺氣騰騰，而應該以懷柔爲主，民眾提出的批評
並無惡意（「民自愛」），也可當作當局施政的參考（引用《詩
經‧小雅‧鶴鳴》的典故：「它山之石，可以爲錯……它山
之石，可以攻玉」），並且認爲現在妥善改良施政，並不嫌晚。

（十二）管新侊

管新侊，生平待考，應爲戰後來台文人，其〈和林獻堂先
生二二八事變感懷原韻〉云：

五一年[50]前舊弟兄，依稀應記讓梨情；淚殘台島風雲變，血濺
櫻花草木驚；獨運韜鈐資鎮懾[51]，撥開雲霧見光明；焚香愧對
成功廟，塞外猶聞筊鼓鳴！

詩中溫情款款的說台灣人民應該還記「讓梨之情」（引用孔融
的典故），而「淚殘」、「血濺」卻表達了當時社會動亂之慘
烈，但作者卻也肯定軍事鎮壓的行爲（「韜鈐」是古代兵書
《六韜》與《玉鈐篇》的並稱，後因以泛指兵書，並借指用兵

49　原註：明季萬曆稱台灣爲大冤。
50　原文遺漏「年」字。
51　原文誤作「攝」。

謀略），對於中國政權接收台灣卻發生此一事變，作者覺得實在愧對開台聖王鄭成功，而末句則可知當時中國邊疆地區亦有動盪不安的情況。

（十三）謝尊五

　　謝尊五（1872～1954），字夢春，號靜軒老人，台北市人，清光緒年間諸生（即俗稱「秀才」），1925年曾前往北京，任職外交部科長，返台後曾任教公學校，後創立書塾，執教二十餘年，並兼灘音吟社、鷺洲吟社社長，戰後擔任台灣省立成功中學教員[52]，乃謝長廷的曾祖父[53]。其〈和林獻堂先生二二八事變感懷原韻〉云：

> 一脈相延屬弟兄，人非太上竟忘情；蕭牆釁起干戈動，蓬島災生痌瘝驚；賴有賢能懸□[54]鑒，寧容奸暴亂清明；弦歌化洽臻隆治，絕卻哀鴻入耳鳴。

首聯表示不應忘記台、中雙方的兄弟知情，對於民眾起事也不表贊同，以「奸暴」視之，結尾則用孔丘弟子子游「武城弦歌」的典故（《論語‧陽貨》：「子之武城聞弦歌之聲」），希望不要再次發生哀鴻遍野的慘況。

52　曾今可，《台灣詩選》，前引書，頁318；謝尊五，《夢春吟草》（台北：龍文出版社，2001），扉頁。

53　郭瓊俐，《打鐵街少年：謝長廷的故事》（台北：布客文化出版公司，2005），頁48-49。

54　原件字跡不清，根據前後文推敲，疑為「高」字，崔顥〈澄水如鑒〉：「方寸懸高鑒，生涯詎陸沉」。

（十四）曾紀焜

曾紀焜，生平待考，曾在《平言週刊》1卷10期（1948年2月）發表〈台灣文學開拓者〉以論述賴和生平事蹟，可能是「本省」文人。其〈和林獻堂先生二二八事變感懷原韻〉云：

> 暴戾吾讎善我兄，憑將事變識人情；含沙此日噓餘毒，疑影經旬飽眾驚；勁草疾風欽亮節，黃花碧血哭清明；痛定覆轍同更始，莫使冤魂地下鳴。

首句便與他人相異，不與中國稱兄道弟，反而認為「暴戾」者，便是我的仇敵，而「良善」者，才是我友愛的對象，作者也認為藉由這次事變，認清了人情冷暖，何有此說？在次聯就說：二二八事變之後的清鄉行動中，往往含沙射影，任意構陷，疑影重重，讓民眾飽受驚惶。不過，這次事變也顯現出人性的可貴，正所謂「疾風知勁草」，而對於犧牲寶貴生命的受難者，詩中也以充滿感情的筆觸哀悼，認為那是為正義、為人民而流的「丹心碧血」，末聯更勉勵社會大眾要振作精神好好努力，痛定思痛，別再重蹈覆轍，不要使受難者白白犧牲。

（十五）林光炯

林光炯（1916～？），中國福建永春人，戰後來台，擔任台灣省立成功中學國文教員、教務主任，後又兼實踐家專、醒吾商專等校講師、副教授，亦加入瀛社成為社員[55]，其〈和林獻

---

55 曾今可，《台灣詩選》，前引書，頁132；瀛社創立六十週年紀念集編輯委員會編

堂先生二二八事變感懷原韻〉全詩爲：

> 壺漿夾道弟親兄，投抱未忘骨肉情；不判薰[56]猶飛禍結，乍傳風鶴旅□驚[57]！亂循拳匪忘敵我，義仗棠陰自晦明；謀政元存胞與志，胡爲秦越不平鳴。

首聯引用《孟子・梁惠王下》「簞食壺漿，以迎王師」的典故，描摩台灣當時對於所謂「光復」的熱烈歡迎[58]，接著作者認爲起事的民眾是「不判薰猶」（「薰」爲香草，「猶」爲臭草，意指「不分黑白」），並且將之比擬爲清末的義和團（即「拳匪」）。第六句則是以周朝初年召公奭的典故（他常在棠樹的樹蔭下處理政事，甚得民心，在召公死後，人民不敢砍伐那棵棠樹[59]）讚揚林獻堂當時在中部的處置甚爲得宜，對於人民對於時局不滿的聲音，林光炯則難以理解，他認爲陳儀政權本著民胞物與的態度來做事，爲何人民對待政府卻好似有胡越之別呢？

《瀛社創立六十週年紀念集》（台北：瀛社，1969），頁155。

56　原文誤作「董」。

57　原文爲「乍傳風鶴旅驚」，筆者猜測應該是「乍傳風鶴旅魂驚」，「旅魂驚」爲漢詩當中的常見用語，如「旅魂驚塞北，歸望斷河西」（崔融〈塞上寄內〉）、「露下天高秋水清，空山獨夜旅魂驚」（杜甫〈秋夜客舍〉）、「荒村倚廢營，投宿旅魂驚」（李商隱〈淮陽路〉）。

58　當時有一首陳保宗填詞的〈慶雲歌〉：「台灣今日慶昇平，仰首青天白日青，六百萬民同快樂，壺漿簞食表歡迎，哈哈！到處歌聲，哈哈！到處歡迎，六百萬民同快樂，壺漿簞食表歡迎」，見曾健民編著《1945光復新聲——台灣光復詩文集》（台北：印刻出版公司，2005），頁111。

59　原文見《史記・燕召公世家》：「召公巡行鄉邑，有棠樹，決獄政事其下，自侯伯至庶人各得其所，無失職者？召公卒，而民人思召公之政，懷棠樹不敢伐，哥詠之，作〈甘棠之詩〉」。

（十六）林子惠

林子惠（1898～？），字恩應，台北市人，幼承庭訓，詩文均有可觀，及長，從名宿劉育英茂才遊，詩近元白一派，亦爲瀛社社員[60]。其〈和林獻堂先生二二八事變感懷原韻〉全詩爲：

> 奚忍鬩牆弟與兄，同枝聯氣
> 感眞情；蜃樓海市憑他幻，
> 鶴唳風聲漫自驚；寬縱[61]脅從
> 心惻隱，嚴懲奸宄政光明；
> 河山由此金甌固，藻繪昇平
> 喜共鳴。

圖五：林子惠像，《瀛社創立六十週年紀念集》（台北：瀛社，1969），頁8。

詩中對於台灣人民與陳儀政權之間的衝突感到無奈與傷感；原本滿懷希望的迎接所謂「光復」，結果卻是一場「海市蜃樓」，作者於此也是無能爲力（「憑他幻」），他也十分支持當局的善後工作（「寬縱脅從」者，應指當局曾公布對於參與者「從寬免究」[62]），末聯則樂觀的認爲經過此事之後，應該就從此可以天下太平了。

60　瀛社創立六十週年紀念集編輯委員會編《瀛社創立六十週年紀念集》，前引書，頁32。

61　原文誤作「從」。

62　戴寶村，《台灣政治史》（台北：五南圖書公司，2006），頁279。

（十七）王編年

王編年，生平不詳，根據其內容可知應為戰後來台的「外省」人士，其〈和林獻堂先生二二八事變感懷原韻〉云：

> 我愛台胞若弟兄，豈因遽變便無情？迫言倭語寧為辱，慘殺阿山大足驚！十日陰雲憎叛亂，一朝勁旅掃分明；革新政治時非晚，滿肚不平氣欲鳴！

作者可能在事變期間被逼問是否會講日語，因而對此感到十分羞辱[63]，對於聽到有「外省」人被殺害，也感到非常震驚（作者不知道其中可能有部分是情治系統吸收的流氓，滲透到民眾之中，蓄意擴大事端[64]），對於起事民眾，王編年也以「叛亂」稱之，並表達憎恨的情緒。末聯則認為可藉此革新政治，但對於本身在事變中的遭遇，仍讓他感到滿肚子不平。

（十八）林春懷

林春懷（1889～1967），號白水，別署春槐，生於彰化縣城（今彰化市），後遷居霧峰，台灣總督府醫學校畢業，曾任台灣公醫，繼而回到霧峰創設懷仁醫院，擔任霧峰庄協議會員等地方職務，且加入櫟社，戰後曾任擔任臺中監獄醫師兼衛生

---

63 事變期間確實有此種情形：「由於許多『阿山』的相貌外型不易辨識，因此要考驗對方是不是『阿山』，便以台灣話或日本話詢問對方，如果兩者都不會，便斷定是『阿山』無疑，於是加以拳頭或棍棒，或集中一地看管」，見李筱峰，《解讀二二八》（台北：玉山社，1998），頁125。

64 李旺台、楊振隆總策劃，《二二八事件責任歸屬研究報告》（台北：二二八基金會，2006），頁317。

課長[65]，其〈和林獻堂先生二二八事變感懷原韻〉全詩為：

> 本是同根舊弟兄，何堪動輒便傷情？支離骨肉誰能忍？驀地風波眾震驚！雞犬無知忘恥辱，妖魔作祟沒光明；從茲激濁揚清日，舉國相親起共鳴。

詩中可看出作者對於二二八事件的不贊同與不支持，認為台灣與中國本是同根所生的弟兄，卻發聲如此激烈的行為，實在是很傷感情，簡直就像要拆散親骨肉一般，看待起事民眾則以「雞犬」、「妖魔」稱之，並且覺得經過當局善後處理之後，便可「激濁揚清」，舉國相親相愛，和樂融融。

（十九）蔡柏樑

蔡柏樑（生卒年不詳），字香宇，台中霧峰人，少從林竹山研修漢學，更從林幼春、莊太岳、傅錫祺學詩，亦為櫟社社員[66]，其〈和林獻堂先生二二八事變感懷原韻〉云：

> 應為弟恭敬有兄，謳歌光復萬民情；青天霹靂庸人擾，赤鬼橫行治世驚！凶猛犬鷹終伏戮，迷離禾莠自分明；仁風遠佈欽宣化，感奮中心翼翼鳴。

作者認為二二八事件是「庸人自擾」，而因為中部有謝雪紅等舊台共人士領導群眾，也讓他感到驚訝，並以「赤鬼」指稱。對於當局事後所謂「清鄉綏靖」的屠殺暴行（死亡人數一般認

65　台灣新民報社編，《台灣人士鑑》（台北：台灣新民報社，1943），頁456；陳炎正主編，《霧峰鄉志》（台中：霧峰鄉公所，1993），頁304。

66　曾今可，《台灣詩選》，前引書，頁293。

為在1萬8千人至2萬8千人之間[67]），蔡柏樑不僅無譴責或哀悼，反倒認為這樣可以讓「凶猛犬鷹」都伏法受戮。至於孰為良民，孰為莠民，當局也非常清楚，並無迷離不分的情況。詩末則稱許蔣政權的處置是「仁風遠佈」，令他心中感動而奮發不已。其實，當時軍憲「或羅織入罪，或借端報復，或勒索敲詐等，不一而足」[68]，相較於確切的歷史情況，詩人卻如此書寫，頗令人咋舌。

（二十）張紹達

張紹達，生平不詳，其〈敬和柯參謀長及林獻堂先生二二八事變感懷瑤韻〉全詩為：

> 五十年間別弟兄，今朝再會敍歡情；重光國土山河固，動亂台疆中外驚！民族精神需認識，漢家歷史應看明；開元黃帝子孫繼，肇造和平在共鳴。

詩中對於陳儀政權的倒行逆施非但不置一詞，反而帶有責備的口吻要台灣人多認識所謂「民族精神」以及「漢家歷史」，這樣同屬「黃帝子孫」的「外省」與「本省」雙方才能共創和平。其隱藏在詩句背後的言外之意正是認為台灣人被日本統治

67　陳翠蓮，〈歷來各方對二二八事件傷亡人數統計一覽表〉，見氏著《派系鬥爭與權謀政治——二二八悲劇的另一面相》，前引書，頁372-374；黃秀政、張勝彥、吳文星，《台灣史》，前引書，頁255；李筱峰，〈二二八事件〉，林礽乾等編《台灣文化事典》（台北：台灣師範大學人文中心，2004），頁13-14。

68　行政院研究二二八事件小組《「二二八事件」研究報告》（台北：時報出版公司，1994），頁225。

了50年，深受「奴化」之害，所以要重新進行「再中國化」的改造才行，此與白崇禧為代表的國民黨高官所言若合符節，但是，「彼強調日本治台五十一年對台民的『奴化』、『毒化』，不瞭解祖國，正可以把國民政府的責任推得一乾二淨」[69]。

（二十一）龔警初

龔警初，生平不詳，其〈敬和柯參謀長及林獻堂先生二二八事變感懷瑤韻〉全詩為：

> 信是同胞弟與兄，一枝一葉總關情；中原底定江湖闊，草莽蔓延道路驚；慚愧治絲雙劍在，艱難籌策一燈明；願將肝膽酧黎庶，不使城□鼓角鳴[70]。

作者可能是政府官員，對於事變之爆發感到慚愧，並且表示面對紛亂的情勢，仍有一絲希望在，詩末則描述他願意披肝瀝膽，黽力從公，不會再讓類似事情爆發。

（二十二）徐箕

徐箕，生平待考，其〈敬和柯參謀長及林獻堂先生二二八事變感懷瑤韻〉全詩為：

> 同氣連枝弟與兄，閱強禦侮見真情；當前歧路仍應辨，過去風波不必驚；仇視相殘多鄙俚，和衷共濟顯高明；黎庶懲忿須宣

---

69 陳儀深，〈論台灣二二八事件的原因〉，張炎憲、李筱峰、戴寶村編《台灣史論文精選・下》（台北：玉山社，1996），頁333。

70 原文作「不使城鼓角鳴」，因「鼓角鳴」為常見之詞（如岑參〈獻封大夫破播仙凱歌〉：「日落轅門鼓角鳴」），故漏字的位置應在城字之前或之後，姑置於其後。

導，猷賴先生鼓掌鳴。

詩中認爲事變已經過去，不必感到驚慌，而台灣人民也應該選擇正確的道路——彼此敵視是鄙俗之見，和衷共濟才是高明之策，要好好教育民眾以「懲前毖後」（語出《詩經・周頌・小毖》：「予其懲而毖後患」，意指：以先前的過錯爲教訓，謹愼不再犯錯），期待林獻堂能妥善宣導。

（二十三）陳文石

陳文石（1898～1953），號輝山，澎湖湖西人，師事陳梅峰，其詩作時常掄元，也常被推舉爲評審詩作的詞宗，著有《漱齋詩草》[71]。發表在《正氣月刊》上的〈敬和柯參謀長及林獻堂先生二二八事變感懷瑤韻〉之署名僅作「文石」，不過，葉連鵬《澎湖文學發展之研究》有提及澎湖詩人陳文石的這首詩作。比對葉書當中摘錄之詩作字句，僅「沙蟲」作「沙虫」，而「穩定」則誤作「隱定」，餘皆相同：

> 箕豆相煎愧弟兄，那堪激發亂心情；沙蟲底事因時變，風聲頻傳到處驚；挽住波瀾歸穩定，撥開雲霧本光明；懲前謹向同胞告，親愛精誠好共鳴。

第3句的「沙蟲」用的是《抱朴子》的典故：「周穆王南征，一軍盡化。君子爲猿爲鶴，小人爲蟲爲沙」（《太平御覽・羽族部・鶴》所引），原指軍士戰死沙場，此處應指事變中人民

71　葉連鵬，《澎湖縣文學發展之研究》（澎湖：澎湖縣文化局，2001），頁54-55。

200

的被逮捕殺害。他在詩末同樣勸告人民要「懲前毖後」，彼此「親愛精誠」（蔣介石爲黃埔軍校所擬的校訓），和睦相處。

由以上這23家詩作（共25首）可以看得出來「步韻」詩要作得好，確實不容易，往往會流於對原作之蹈襲，例如首句韻腳是「兄」，便出現了一堆語意重疊複沓者，如林光炯的「壺漿夾道弟親兄」只是把林獻堂原作「光復欣逢舊弟兄」換個說法表達；至於曾今可所作「本是同根若弟兄」，與其相似者更多，諸如「祖溯軒轅本弟兄」（宋昂）、「系本宗邦稱弟兄」（陳季博）、「一脈相延屬弟兄」（謝尊五）、「本是同根舊弟兄」（林春懷）、「信是同胞弟與兄」（龔警初）以及「同氣連枝愧弟兄」（徐箕）等，都是一再重複類似的語意。宋人嚴羽《滄浪詩話》便云：「和韻最害人詩，古人酬唱不次韻，此風始盛於元白、皮陸，本朝諸賢，乃以此而鬭工，遂至往復有八九和者」[72]，對於和韻的風氣頗不以爲然，清人沈德潛《說詩晬語》也說明了和韻詩的缺點：

> 古人同作一詩，不必同韻，即同韻，亦在一韻中，不必句句次韻也。自元白創始，而皮陸倡和，又加甚焉。以韻爲主，而以意相從。<u>中有欲言，不能通達矣</u>。近代專以此見長，名曰『和韻』，實則趁韻。<u>宜血脈橫互，句聯意斷也</u>，有志之士，當不囿於俗。[73]

的確如此，在前文所述25首詩作當中，也會看到這種毛病，例

72　嚴羽著，郭紹虞校釋，《滄浪詩話校釋》（台北：里仁書局，1987），頁193。
73　沈德潛，《說詩晬語》（北京：人民文學出版社，1998），頁249。

如洪鶴瑞所作，首句「胡越同舟一弟兄」，第2句卻接「南州冠冕仰豪情」，兩句之間的連慣性不足，有「趁韻」的痕跡，甚且第2句還與第6句「孤山林叟見英明」的語意重複，整體結構因為「步韻」而顯得凌亂，諸如此類，不勝枚舉。

此外，因為《正氣月刊》是柯遠芬發行的刊物，帶有官方的色彩，而且當時正處於風聲鶴唳、草木皆兵的時期（根據警總的資料顯示，逮捕的民眾數以千計[74]），所以刊登在此處的詩作幾乎都帶有附和官方的色彩。另外還有兩首未發表於這份刊物的步韻詩作，正好可拿來相比——周定山〈步灌園感懷原韻（二二八事件）〉主旨是「為二二八之冤死者抱屈，要求當道公正處理，追究責任」[75]：

> 閱牆隱痛弟逾兄，天縱無知讓苦情；死不復生評莫酷，存眞餘悖語猶驚；秉公誰解因追遠，持正人需責究明；政果有恆民格恥，豈容瓦缶世雷鳴。

第7句用的是《論語》的典故：「道之以政，齊之以刑，民免而無恥；道之以德，齊之以禮，有恥且格」，委婉的勸告當政者不要嚴刑峻法，而要以德、以禮來施政。最末句則是屈原〈卜居〉之典故：「世溷濁而不清，蟬翼為重，千鈞為輕，黃鐘毀棄，瓦釜雷鳴，讒人高張，賢士無名。吁嗟默默兮，誰知吾之廉

74　黃秀政、張勝彥、吳文星，《台灣史》（台北：五南圖書公司，2002），頁255。

75　廖振富，〈與「二二八事件」相關之台灣古典詩析論——以詩人作品集為討論範圍〉，前引書，頁295。

貞！」，感嘆當時社會黑白顛倒、是非不明的混亂情況。至於葉榮鐘〈敬步灌園先生二二八事件感懷瑤韻〉具有更強的批判性：

> 莫漫逢人說弟兄，閱牆貽笑最傷情；予求予取擅威福，如火如荼方震驚；浩浩輿情歸寂寞，重重疑案未分明；巨奸禍首傳無恙，法外優遊得意鳴！

此堪稱關於二二八事件的最出名之古典詩作——莊永明《台灣記事》之〈夢魘的二二八事變〉即引此詩作為歷史的證言[76]；戴寶村在《台灣近代名人誌》當中的〈士紳型政治運動領導者：林獻堂〉文中，描述林獻堂對二二八的觀感時，殆因未能找到林獻堂的〈二二八事件感懷〉，而以葉榮鐘的這首步韻詩作為參考[77]。在這首詩中，首聯就給那些將台灣與中國比擬為同胞兄弟的人一盆冷水[78]，頷聯也與原作針鋒相對，認為陳儀政權帶來的官員在台作威作福已經這麼久了，人民累積的不滿早就像火山一樣要爆發了，對此怎麼一無察覺？等到事變之後才來震驚？頸聯則以簡單數筆就勾勒出當時台灣社會已經產生寒蟬效應，

76　莊永明，《台灣記事（上）》（台北：時報文化出版公司，1989），頁200-201。

77　戴寶村，〈士紳型政治運動領導者：林獻堂〉，張炎憲、李筱峰、莊永明編《台灣近代名人誌（四）》（台北：自立晚報，1991），頁68-69。

78　與此相似的，是戰後首屆台灣省參議員、二二八事變受難者王添灯（1901～1947）在質詢陳儀時所說的：「陳儀長官很關懷台灣同胞，開口閉口，台灣同胞，台灣同胞，對長官的關懷，台灣同胞是非長感激的，但是很不幸的是，那些接收大員不是關新台灣同胞，他們關心的是台灣糖包，對這點，陳長官知影不知影？」同樣強烈諷刺、揶揄對於那些拉攏台灣人而稱「兄弟」、「同胞」的中國來台官員。該文引自：蘇新，〈王添灯先生事略〉，收錄於氏著，《未歸的台共鬥魂——蘇新自傳與文集》（台北：時報文化出版公司，1993），頁110。

人民敢怒不敢言，而許多被逮捕的台灣精英還是音訊杳然，疑雲重重；末聯抨擊引發事變的「巨奸禍首」（應是指陳儀）並未受到應有的懲處，還在得意洋洋呢！

　　在所有以〈二二八事件感懷〉為題的步韻詩作當中，最值得肯定的便是葉榮鐘的詩作，其他周定山、曾紀焜、林柏森等也都具有關懷民瘼、疴瘝在抱的精神，其餘或是受到個人好惡與階級立場的侷限[79]（如林獻堂），或是跟著軍憲對起事民眾喊殺喊打（如曾今可），或是以「仁風遠佈」來吹捧當局（如蔡柏樑），都令人難以苟同。

三、曾今可〈二二八事變書感十首〉及其他步韻詩作

　　在《正氣月刊》第2卷第5期（1946年5月，頁51-52、90）刊登有曾今可〈二二八事變書感十首〉以及林獻堂、黃純青、陳一元、林光炯、曾怡吾、林春懷、蔡柏樑、張紹遠共9人的步韻之作，以下依序論述之。

（一）曾今可

　　曾今可（見前文）在〈二二八事變書感十首〉當中，除了批判「二二八事件處理委員會」提出的32條處理大綱為「不

79　林獻堂身為全台數一數二的大地主，當然是台灣的共產黨／左翼人士要打擊的對象，他本身也非常反對共產主義，亦反對激情的群眾路線，見許雪姬，〈二二八事件中的林獻堂〉，前引文，頁1026。

通」之外，對於起事民眾與領導人物都予以負面的描寫，充滿著不屑、鄙夷、睥睨、嘲諷的口吻：

> 三十二條太不通，暴徒奸黨竟相融！殺人劫庫稱「民主」，禍水難忘謝雪紅。
>
> 人馬紛紛妄遣調，夜郎自大對人驕；「新華」國號憑空擬，良善心如鮞尾焦。
>
> 堂皇官署入雲層，暗裡安排要路登；奔走鑽營堪捧腹，幾人持重自莊衿？

第2首指涉的對象是王添灯，在1947年3月13日陳儀呈報蔣介石的〈辦理人犯姓名調查表〉當中，對於王添灯（表中稱其為「陰謀叛亂首要」）的所謂「罪跡」就有一項：「密組偽新華民國政府」[80]，這也是當時民間盛傳的謠言之一[81]。曾今可也認為台人組「二二八事件處理委員會」是希望謀求政府高位。至於「鮞尾焦」則是暗用《詩經・周南・汝墳》之典：「魴魚頹尾，王室如燬」，魴魚疲勞時，白色的尾巴會變紅，作者在此處用以形容他對當時情況感到憂心如焚。第4至7首，作者對於謝娥、正氣學社成員以及柯遠芬大加讚揚：

> 國代謝娥出水蓮[82]，大聲好似曉鐘傳；薄言逢怒花容改，慘被叛徒飽老拳。
>
> 正氣發揚有社員，生龍活虎各欣然；競相表現同胞愛，義舉善

80　行政院研究二二八事件小組，《二二八事件研究報告》，前引書，頁268。
81　台灣省黨部主委李翼中亦有此紀錄，見前引書，頁336。
82　原註：「謂其不同流合污也」。

行遠近傳！

安良除暴速清鄉，休使奸徒暫隱藏；既已亡羊牢必補，分區綏
靖濟時方。

「處女」計能過禍芽[83]，將軍智勇自堪嘉；大功屢記威名重[84]，德
被蓬萊萬物華！

柯遠芬於本文前一章節已有述及，此處曾今可對其誇讚可謂
「更上一層樓」，似乎落實了魯迅對他的批判（見前文所述），
其實到了1959年，曾今可還是堅持認為「『二二八』事變，
因柯將軍指揮得當，轉危為安」[85]。至於謝娥（1918～1995，
醫師、台灣省婦女會理事長、國大代表），在2月28日當天，
「約有四五百人趨向長官公署而行，衛兵舉槍阻止群眾錢進，
旋聞槍聲卜卜，計約二十餘響，驅散民眾，其後據一般民眾
說，市民即死二人，傷四人」[86]，謝娥卻在下午前往廣播電台講
出：「今天在長官公署前，因民眾擁擠而造成有人輕微受傷，
並沒有發聲開槍事件」[87]等粉飾事態的、欺騙性質的話，民眾一
時群情激憤，將謝娥開設的康樂外科醫院搗毀[88]。當時民間給予

83　原註：「《孫子兵法》：『始如處女』」。

84　原註：「柯參謀長連記大功」。

85　曾今可，〈送柯遠芬將軍赴美考察〉之〈後記〉，王大任等編《莊膽集》（中國文藝
　　界聯誼會勞軍專刊）（台北：中國文藝界聯誼會，1959），頁139。

86　《台灣新生報》在1947年3月4日的報導，見李筱峰，《解讀二二八》，前引書，頁
　　116-117。

87　莊惠惇，〈台灣政壇第一位女將：謝娥〉，張炎憲主編，《台北人物志・第一冊》
　　（台北：台北市政府新聞處，2000），頁95。

88　莊惠惇，〈台灣政壇第一位女將：謝娥〉，前引文，頁95。

的評價頗為負面，其被焚燬的醫院甚至後來還被懸掛一幅大布
幕：「貪官污吏的走狗的末路」[89]，不過曾今可卻對她大加揄揚。

最後3首則是對於台灣民眾的勸勉，首先要學習華語文，
其次可以加入蔣政權的軍隊，最後則是要不分彼此，同心協
力，保衛國家：

> 國家明日主人翁，今日青年屬望隆；但願台胞齊努力，首先勤
> 把語文攻。
>
> 民性剛強四海聞，如今際會得風雲；男兒有志當投筆，保衛家
> 鄉賴國軍[90]。
>
> 同心合力保中華，畛域不分愛自加；大好前途休暴棄，安居寶
> 島樂無涯。）

曾今可在這些詩作當中，與〈和林獻堂先生二二八事變感懷原
韻〉（兩首）的內容大同小異，除了將起事民眾污名化之外，
提出的勸勉之詞也與民間真正的要求脫節，譬如政治清明、對
台人平等相待、平抑物價等皆隻字未提，而「安居寶島樂無
涯」映照著軍事鎮壓之後的台灣實況：「到處充斥著冷冽的肅
殺之氣」、「台灣人民對政治產生恐懼、灰心、失望」[91]，更令人
感到無言以對。

89　楊逸舟著，張良澤譯，《二‧二八民變──台灣與蔣介石》（台北：前衛出版社，
　　1991），頁86。
90　原註：「台省將征兵」，耀按：「征」應作「徵」。
91　李筱峰，《台灣史100件大事（下）》（台北：玉山社，1999），頁21。

（二）林獻堂

林獻堂在〈次今可先生二二八感懷原韻〉之中，沒有刻意／無謂的扭曲與污衊，語氣比曾今可和緩許多：

> 語言文字少能通，本是同根意自融，試看萬民齊下拜，青天白日國旗紅。
>
> 徒爭利害失和調，群眾如荼[92]意氣驕；不意無明一星火，燎原遂使客心焦。
>
> 高樓階級幾層層，民眾何曾一步登；從此果能消隔膜，饒他狂悖轉哀矜。
>
> 新開橘井現紅蓮，芳馥隨風到處傳；欲救眾生無別物，慈悲一念永拳拳。
>
> 議事堂前日滿員，呼聲奮起更紛然；是非功罪當明瞭，留與千秋太史[93]傳。

其中第3首除了反駁曾今可之外，林獻堂還藉機用反諷的口吻，指責行政長官公署排斥台人擔任公務要職的舉措（他在3月23日接受白崇禧詢問時便曾指出：當局不能重要台人也是二二八事件發生的原因之一[94]）。而對於「二二八事件處理委員會」成員的是非功過，林獻堂表面上是以委婉／含糊的筆法帶過，但是從「呼聲奮起」、「留與千秋太史傳」等透顯正面意涵的用語，則詩人的看法其實已經不言可喻。

92　原文誤作「茶」。
93　原文誤作「使」。
94　黃富三，《林獻堂傳》（南投：國史館台灣文獻館，2004），頁167。

　　後5首則一方面勸誡當局要寬大處理（林獻堂在事變後的3月15日面見陳儀之時，以及3月17日與白崇禧會談時，都一再表示事起有因，請求要從寬處置[95]），另一方面感嘆自己年老力衰，無能為力，並且希望社會和諧，台灣興隆發展：

> 莫道難言即互鄉，哲人用捨慎行藏；果將寬大施仁愛，便是治平不易方。
>
> 挹注三年愛國芽，能同靖亂亦堪嘉；自慚老朽終無用，祇[96]有星星兩鬢華。
>
> 本是鄉村一老翁，偏叨禮遇意何隆，蕭牆禍起誠無為[97]，從此相親息戰功。
>
> 何曾消息惑傳聞，幸有詞人谷子雲，浮海東來編正氣[98]，不辭勞苦遠從軍。
>
> 一世殷勤重歲華，晴耕雨讀復何加，弟兄無復燃箕事，家國興隆未有涯。

在第9首的首句，作者以婉曲筆法對曾今可原作「民性剛強四海聞」提出反駁，表明二二八事變之爆發，並非台人民性剛強[99]（曾殆以台人為「刁民」），而有外在的眾多原因。至於「詞

95　同前引書，頁166。

96　原文誤作「祗」。

97　筆者懷疑應作「無謂」才是。

98　原註：「《正氣雜誌》是柯參謀長發行，曾先生為編輯」，耀按：原文「雜誌」誤作「難誌」。

99　戰後因為蔣政權接收人員的貪贓枉法、橫征暴歛，四川在1946年9月就發生了聚眾十多萬人的民變，西康在同年12月亦有50餘萬人的暴動，並組織「政治革新委員會」，見郭廷以，《近代中國史綱》（北京：中國社會科學出版社，1999），頁758。

人谷子雲」則是用西漢儒士「谷永」（字子雲）來比擬曾今可——谷永博學經書，亦工書牘，時有「谷子雲筆札，樓君卿脣舌」之譽。表面上看起來好像是稱讚，其實，谷永此人的歷史評價頗為負面，他在漢元帝時任太常丞，當時外戚王鳳掌權，他前後上奏四十餘事攻擊皇帝與后妃，以阿諛王氏，後世因而以其為奸諛小臣的代表！例如王世貞《鳴鳳記・第14齣》便云：「不過杜欽、谷永者流，摭拾浮辭以塞責耳」。林獻堂以「谷永」比擬曾今可，有可能是心中對於曾的為人可能早有定見，而以「言之者無罪」的隱晦手法來寓含褒貶之意。

（三）黃純青

黃純青〈次韻和今可先生二二八事變書感十首之作〉則不像林獻堂對原作有反駁、辯解與譏刺之詞，似乎只是對曾今可原作的再多加闡釋而已，書寫觀點與其幾乎完全相同：

> 官意民情隔不通，釀成煙案失和融；蓬山二月延平路，血染鵑花處處紅。
>
> 兒戲無謀烏合調，井蛙見小牝雞驕[100]；見人[101]便打誠遺憾，黑白無分玉石焦！
>
> 人垣高築兩三層，議事堂包任意登；粵女如花聲日語，委員殺盡自誇矜[102]。
>
> 才高詠絮舌生蓮，時事關心借電傳；呼起狂風吹怒火，繡衣化

---

100 原註：「謂謝雪紅」。
101 原註：「謂外省人」。
102 原註：「暴徒包圍議事堂，中有粵籍女學生用日本語，放聲欲殺盡二二八處理委員」。

蝶又揮拳[103]。

正氣青年好社員，不偏不黨自超然；同胞愛護排危難，義俠稱揚美事傳[104]。

久安長治計清鄉，兵器凶徒勿隱藏；期待紳耆鄰里長，協同軍警保地方。

欣欣草木吐新芽，雨霽春晴萬物嘉；黃族從今須覺醒：大同團結建中華。

新興民國創孫翁，地大人多德教隆；願我青年中國化，五千年史下帷攻。

卜卜槍聲遠近聞，戒嚴令佈士如雲；治安五日全恢復，掃蕩妖氛賴國軍。

台灣柱石國精華，訓勉青年愛護加[105]；百姓聞言齊感泣，恩波浩大海無涯。

圖六：黃純青像，林進發編，《台灣官紳年鑑》（台北：民眾公論社，1932），頁321。

其實黃純青留有一份未發表的文章，分析二二八事件發生原因有：「省公署九處處長，公營大公司大銀行理事長、總經理，以及大工廠廠長全無登用本省同胞者」、「外省同胞有優

---

103 原註：「二二八處理委員謝娥女士在台北廣播電台報告二二八事變經過情形，暴徒聞之，怒其袒官，圍其宅，焚其衣，毀其器，又飽以老拳」。

104 原註：「正氣社員中，有本省人青年於事變時，解救外省同胞危急，報紙稱揚其義俠，傳爲美事」。

105 原註：「國防部長白將軍蒞台宣撫，訓勉青年，有謂：『青年是台灣柱石，國家精華』」。

越感，誤解本省同胞爲奴化」、「公務員生活奢華惹起民眾反感」、「語言不通發生誤會」等[106]，但是這些話語無法寫入詩中發表，其10首次韻之作反而充滿著附和官方的話語，

（四）陳一元

陳一元，生平待考，其〈步今可先生二二八事變十章原韻〉雖然也批評了緝煙人員的手法有欠圓融、物價飛騰的情況已經非常嚴重等，但是對於「二二八事件處理委員會」的描寫手法，卻也跟曾今可一樣，出現許多以小人之心度君子之腹的偏見：

> 忽報延平路不通，緝私虐案欠圓融；群情到處妄生事，血染櫻花滿地紅。
>
> 粒粒如珠世不調，貧人無食富人驕；居奇贏得錢多少？任爾唇乾與舌焦。
>
> 官居參政最高層，不足人心九五登！懸想「新華」真寶座，僞庭一日亦驕矜。
>
> 信口雌黃燦若蓮，頭頭是道自宣傳；集中力量爭權利，話不投機飽老拳。
>
> 竊國痴心妄動員，不分夷夏共悽[107]然；寧捐好惡清君側，打殺由人夕數傳。
>
> 不念故鄉念帝鄉，圖窮無復任刀藏；修明政治條條舉，目的無

---

106 黃得時提供之〈前省參議員黃純青遺稿〉，見台灣省文獻委員會編，《二二八事件文獻輯錄》（台中：台灣省文獻委員會，1991），頁22-23。
107 原文誤作「淒」。

非在孔方。

漸滋蔓草欲除芽，務盡根苗我拜嘉；莫使燎原星火在，猶餘遺恨誤中華。

大義凜然仰此翁，從茲聲望日豐隆；修齊二字同更始，繼往猶需漢史攻。

民治翻新創異聞，借端生事起風雲；自將省界離中土，曲突何須仗國軍。

青年素性本無華，略地人爭毒化加；五十一秋名教罪，中庸道已到天涯。

詩中無端認為「二二八事件處理委員會」提出32條處理大綱的用意，只是為了要錢（「孔方」）而已，而對於善後處理的情形，雖然當時狂拘濫捕、秘密逮捕等行徑十分嚴重[108]，但陳一元卻還是鼓吹要「務除根苗」、撲滅星星之火，以免徒留遺憾，貽誤中華。

（五）林光炯

　　林光炯（見前文）〈敬步今可先生詞長二二八事變書感原玉〉除了延續原作對於處理委員會的攻擊（第3首）之外，在第五首也提到了當時台灣人民向美國領事館求助之事（二二八事件處理委員會確實在1947年3月3日曾拜會美國領事Ralph J. Blake，要求美國領事把事件真相對全世界宣布[109]）。其全詩10

108　李旺台、楊振隆總策劃，《二二八事件責任歸屬研究報告》，前引書，頁267。
109　王景弘編譯，《第三隻眼看二二八──美國外交檔案揭秘》（台北：玉山社，2002），頁45。

首如下：

孤島濱州一楫通，原應水乳自
交融，何當禍起蕭牆內，再造
河山濺血紅。

骨肉相殘自惹禍[110]，還將婢膝
向人驕，毒深德薄頑難化，說
教空勞唇舌焦。

妄想青雲最上層，終南有徑竟
難登，笑他十日黃粱夢，回首
沐猴祗[111]自矜。

舉國同欽拔水蓮，牝雞也把姓
名傳，是非歷亂都顛倒，弱質
無端享敵拳。

圖七：林光炯像，引自《瀛社創立
六十週年紀念集》（台北：瀛
社，1969），頁13。

覆楚奔吳誚伍員，自甘奴下信
誰然，勞他碧眼馳謠電，話柄留供萬口傳。

海弟山兄本一鄉，奈何傾軋禍機藏，簡刑興教民如子，寬大風
懷有義方。

旦夕亂如雨後芽，大墩仗義獨堪嘉，德風掩草仰高範，亮節光
同日月華。

堂堂上國主人翁，模範頻誇望自隆，既覆前車宜改轍，治台要
政把心攻。

寸地獨支勁節聞，復明大義薄天雲，繼先惟望青年輩，建國瀛
東起異軍。

文明首屆我中華，兼愛精神箋以加，一統山河無畛域，何分地

110 原文誤作「調」。
111 原文誤作「祗」。

角與天涯。

詩中與其他人所作大致類似：強調中國與台灣是兄弟同胞（「海弟山兄本一鄉」）、無情的諷刺二二八事件的領導人物（「回首沐猴衹自矜」、「牝雞也把姓名傳」）、對於官方立場的謝娥則予以讚揚（「舉國同欽拔水蓮」）等，而由「堂堂上國主人翁」以及「文明首屈我中華」等詩句，也可看出當時在終戰之後，官方極力進行的「去日本化」與「再中國化」[112]已獲得成效，尤其在原本就傾向漢文化認同的古典詩壇中，其文化／政治認同很輕易的便與官方所宣傳的完全疊合。

（六）曾怡吾

曾怡吾，生平待考，其〈二二八事變時身遭毒打傷痛餘生步今可先生感懷原玉以誌感慨〉也與幾位的詩作相仿，都是用類似「竹枝詞」的淺白語詞，責備起事民眾、勸勉和平共處，全文如下：

> 待行民主正萌芽，期望吾人步武嘉；一匱功成幾遭折，心傷多事此中華！
> 同室操戈駭聽聞，竟於歧路起風雲；弟兄竟若仇人視，惜此中央未駐軍。
> 凱旋[113]歌唱入雲層，建設前程望興登；殊殺自傷忘外侮，此中人性復何矜！

---

112 參考黃英哲《「去日本化」「再中國化」──戰後台灣文化重建（1945-1947）》，台北：麥田出版公司，2007。
113 原文誤作「族」。

春風荊梅共繁華，頓起陰霾摧折加。本是同根移種後，可憐惡化此生涯。

　　台澎原不是互鄉，毒素深嘗憂患藏；今後願能成一體，寬容宣化賴良方。

　　中華劫後正復員，不意復員不盡然；願化干戈為玉帛，如今生聚在相傳。

　　國家君亦主人翁，發憤圖強戰責隆；負此在 [114] 肩期共造，如何邅變以兵攻！

　　正義花開九品蓮，蛾眉節氣姓名傳；相期此日裙釵裡，風範共維莫學拳 [115]。

　　其中的第4首說台人被「惡化」，第五首說台灣「毒素深嘗」，都是指台灣被日本統治50年，深受所謂的「奴化」之毒，這不禁令人想到《民報》在1947年2月19日的社論〈可怕的心理破壞〉中所說：「自祖國來的大先生們，時常說我們奴化，當初我們很憤慨，不知道指什麼為奴化，現在我們已經了解了，奉公守法，即是奴化，至禮義廉恥於度外，才能夠在這個『祖國化』的社會裡生存」[116]。詩中對於事變亦無反省之意，反倒認為中央在台駐軍不足才會如此（第2首）。

（七）林春懷

　　林春懷（簡介見前文）〈敬步今可先生二二八事變書懷十

---

114 原文誤作「仔」。
115 原註：「本人當日被打之時，竟有婦孺參加在內，故有『莫學拳』之感」。
116 李筱峰，《解讀二二八》，前引書，頁108。

韻〉表達了對當局所謂「綏靖清鄉」的擁護之意，並且勉勵民眾也要從旁協助，若使「南山藏虎豹」則非愛國與愛鄉之人。對於白崇禧來台「宣慰」，也感激涕零，認為人民要努力閱讀《三民主義》以作報答。其十首詩作內容如下：

> 靈犀一點是神通，人到窮時氣自融；從古男兒須衛國，大聲長嘯滿江紅。
>
> 聞說清鄉漸順調，不愁賊子馬蹄驕；興華誰是同心者，尚有梧桐尾未焦。
>
> 非同污濁似池蓮，巾幗名聲遠近傳；一語精誠圖弭禍，可憐群逆不拳拳。
>
> 崎嶇世路奈層層，未接青黃穀待登；況又違天天譴日，憑誰為汝轉哀矜？
>
> 異黨爭端未復員，萬才多難覺悽然！同心同德同匡國，大義興時史上傳。
>
> 誰忘愛國愛家鄉？莫使南山虎豹藏！倒挽狂瀾扶大局，群賢合擬濟時方。
>
> 細草回青盡茁芽，護良除莠眾欽嘉；須知錦繡江山地，列國垂涎萬物華。
>
> 綏靖全台迎白翁，同霑雨露感恩隆；六百萬民須報答，三民主義用心攻。
>
> 男兒有志上青雲，萬里封侯天下聞；投筆棄繻雙巨擘，班超去後是終軍。
>
> 五千年史國精華，歷代豪賢次第加；大好江山須護惜，半耕半讀樂生涯。

第9首用了「終軍」（？～西元前112）的典故，出自《漢書・

終軍列傳》：「軍從濟南當詣博士，步入關，關吏予軍繻，軍問：『以此何爲？』吏曰；『爲復傳，還當以合符』，軍曰：『大丈夫西游，終不復傳還』，棄繻而去」，作者認爲班超與終軍是東漢「投筆棄繻」（即「投筆從戎」）的兩大巨擘（「擗」即「擘」之異體），藉以鼓勵當時台灣青年響應徵兵、投入中國戰場——與曾今可的親官方的立場完全相同，族群身份在此似乎毫無影響。

（八）蔡柏樑

蔡柏樑（見前文）的〈次今可先生二二八事變書感十首原玉〉延續其〈和林獻堂先生二二八事變感懷原韻〉所表述的內容而作，其10首全文如下：

> 倭寇投降喜共通，版圖收復樂融融；八年抗戰何悲壯，多少英雄血染紅。
>
> 兄弟同根見協調，相親相愛本無驕；誰知禍起蕭牆日，煮豆燃箕意欲焦！
>
> 奸徒叛逆惡層層，禍國殃民史籍登；舉世惶惶隨播亂，揶揄紛見赤魔矜。
>
> 財物驚見化火蓮，雌黃信口亂謠傳；陰謀不軌施奸策，操縱狼群逞毒拳。
>
> 收容掩飾[117]禁官員，銃火攻軍眾愕然！覆地翻天竟無忌，公然播電作宣傳。
>
> 軍民合力爲清鄉，鷹犬休教有隱藏；保甲實施連坐法，恢恢天

---

117 原文誤作「餙」。

網遁無方。

良心從此茁新芽,自首知非法宥辜;大義攸關存正氣,光輝漢族大中華。

海角無忘及灌翁,亂時不負國恩隆;洋洋大道同胞愛,園宅居然亦被攻!

宣明德意自天聞,志士登庸眾若雲;憲法新頒民主立,干城衛國應徵軍。

揚眉吐氣擅才華,會繫風雲莫以加;台島同胞齊奮起,赤心報國樂無涯。

詩中以「奸徒叛逆」指稱參與二二八事變的民眾,積極領導群眾的謝雪紅等台共人士則被稱為「赤魔」。在第8首當中,記載了林獻堂宅邸在事變期間被民眾包圍之事(在1947年3月2日,至台中洽公的嚴家淦因為回台北的道路不通而前往林家暫住,但因消息外洩,導致地方流氓及看熱鬧的群眾共二千餘人包圍林家[118]),作者也為其深抱不平。

(九)張紹遠

張紹遠,生平待考,其〈敬和今可先生二二八事變書感瑤韻〉詩中,將二二八事件中的民眾形容是「無視國家」(第2首)的「暴徒惡漢」(第1首),對於謝娥與柯遠芬也延續曾今可原作之詩意,同樣給予高度讚賞,其10首詩作如下:

暴徒惡漢共勾通,擾亂台疆意失融;弟殺恩兄兄怨弟,演成慘

---

118 許雪姬,〈二二八事件中的林獻堂〉,前引文,頁1027-1030。

劇血流紅！

呼群結黨似兵調，無視國家蠻氣驕；地慘天愁悲動亂，滿城風雨萬民焦！

國家組織有階層，豈可野心錯路登？忠義平民無妄念，貪權自是欲□矜。

鬚眉尚服女青蓮，無畏精神舉省傳；冒險救人言未盡，現身赴義受三拳[119]。

政府寬仁派大員，蒞台處理復安然；從茲民族千秋睦，共保金甌萬古傳。

勸君反省早歸鄉，莫在山中作久藏！改過前非當自首，國家自有赦民方。

智謀百出似萌芽，緯武經文實可嘉！正氣忠貞光日月，功昭台省德盈華[120]。

還政於民作主翁，從今我國自興隆；人多地廣資源富，建設須從科學攻。

功成抗戰普天聞，民眾歡心躍出雲；雖畢復員原未復，還期協力助官軍。

國基王道獨中華，民主新猷盡可加；平等自由天下樂，文明人類福無涯。

在第6首，作者向逃亡到山中的民眾喊話「只要自首的話，國家自會寬赦」，彷彿是在為官方宣傳──陳儀在1947年4月曾公布〈盲從附和或被迫參加暴動分子自新辦法〉，其中便云：

119　原註：「謝娥」女士以無畏之精神赴義救人。
120　原註：柯參謀長足智多謀，正氣忠貞，豐功偉蹟。

「凡自新分子，政府當一本大信，並切實予以保護」[121]云云，其實，部分自首民眾到了1949年之後的白色恐怖時期，仍被蔣政權藉機秋後算帳[122]。

　　總而言之，在以上這的88首詩作當中，語意重複、拉雜湊韻的情形仍然不少，清人吳喬堅決不作步韻詩，且云：「限於一韻，即束詩思……若又步韻，同于桎梏，命意佈局，俱難如意。後人不及前人，而又困之以步韻，大失計矣！」[123]，誠然如是，在前述的這些詩作裡，對原作亦步亦趨的現象也不少見，如曾今可詩中說正氣學社成員「競相表現同胞愛，義舉善行遠近傳」，黃純青便說：「同胞愛護排危難，義俠稱揚美事傳」，兩者雷同程度極高，這種情形甚多，如此作詩則是著重在社會交際的功能，而非追求文學藝術了，所謂「步韻乃趨承貴要之體」[124]的說法卻在此獲得證實。除此之外，這些類似竹枝詞的詩作還有太過淺露、阿諛附和、人云亦云等缺點，在9位詩人裡，惟有林獻堂的詩作有部分幾首較為可觀。

---

121 原載《台灣省行政長官公署公報》1947年4月15日，收錄於鄧孔昭編，《二二八事件資料集》，前引書，頁390。

122 如阿里山鄒族菁英高一生、湯守仁，省府委員林日高等，見李筱峰、林呈蓉，《台灣史》，前引書，頁293；又如省立台中農學院學生陳明忠，他曾加入二七部隊，事件後因該院院長周進三向21師求情，而得以返校繼續完成學業，但在1950年突然莫名被捕，飽嚐牢獄之災，見行政院研究二二八事件小組，《「二二八事件」研究報告》，前引書，頁226。

123 吳喬，《圍爐詩話》，前引書，頁486。

124 吳喬語，同前註。

四、小　結

　　二二八事件影響了台灣的各個面向，諸如社會、經濟、政治、族群、文化、以及精神層面等，解嚴之後出版的相關書籍可謂汗牛充棟，正如向陽所說的：足以形成一門「二二八學」[125]，在「二二八文學」方面，具有代表性的選本有：林雙不編《二二八台灣小說選》（台北：自立晚報，1989）、李敏勇編《傷口的花：二二八詩集》（台北：玉山社，1997）、許俊雅編《無語的春天：二二八小說選》（台北：玉山社，2003）以及曾健民、橫地剛、藍博洲合編《文學二二八》，大多聚焦在新文學方面，古典詩僅在《文學二二八》書中有選錄：葉榮鐘〈三月二日〉、〈哭若泉兄〉、梁秋水〈哀台民（有序）〉、螺陽居士〈哀二二八〉、詹作舟〈哀台灣同胞〉共5首。王韶君在《二二八事件辭典》之詞條〈二二八文學〉說道：

> 以文學為憑藉書寫二二八，呈現了台灣能夠正視二二八的禁忌與傷痛，並反應台灣人民在爭取自由與民主的過程中，不憚地為二二八真相奮鬥之路的漫長，作家們將二二八鑲嵌在文學思想中，透過文學形式讓二二八在各種場合中不斷再現和蛻化為希望的光明，將死亡的悲痛化為生命的力量。[126]

這是對於具有正面意義的二二八文學的評論，在古典詩方面，除了有符合此評論的詩作之外，另外還有另一種意義的詩作：

125　向陽，〈二二八學〉，氏著《跨世紀傾斜》（台北：聯合文學出版社，2001），頁73-75。
126　王韶君，張炎憲主編，〈二二八文學〉，《二二八事件辭典》，頁5。

可看出事件之後統治當局的高壓統治對於文人／知識份子的心靈所造成的扭曲，以及掌控在官方手裡的新聞傳播媒體對於事件本身的污名化、對於參與事件者的醜化等手法[127]，在社會上／古典詩壇裡實際上已經收到了強大的效果。

　　前文所述，可以歸納出以下幾項重點：第一，林獻堂關於二二八的詩作應以〈二二八事變感懷〉與〈次今可先生二二八感懷原韻〉為主，其餘如〈三月一日聞雷〉與〈次鏡擊氏鎌倉晤談有感原韻〉應該關連性不大。

　　第二，在以二二八事變為主題的古典詩當中，廖振富原本認為支持官方立場的詩作「仍屬極少數」[128]，但是，筆者在《正氣月刊》當中挖掘出來的103首詩作裡，支持官方立場的詩作卻是佔其大宗。這當然有時代的無奈（這些詩人可能藉此而進行「政治表態」的表演），但是亦有批判的必要，「作詩本是一件頂好的是，但是需有眞的靈感，所謂『情動於中而形於言』者才行」、「沒有眞的靈感，所以作出來的詩就沒有生命，沒有個性」[129]，葉榮鐘於1928年發表之〈墮落的詩人〉中的這些句子，仍然讓人心有戚戚焉。

127　參考張耀仁，〈二二八事件期間駐台中國記者報導之析論——以報導事件起因、省籍形象與引述消息來源為例〉，《2009年二二八歷史教育與傳承學術研討會大會手冊》（台北：二二八基金會，2009），頁43-85。

128　廖振富，〈與「二二八事件」相關之台灣古典詩析論——以詩人作品集為討論範圍〉，前引書，頁313。

129　葉榮鐘，《台灣人物群像》（台北：帕米爾書店，1985），頁38、39。

第三，這些詩作當中，以「兄弟」比喻中國與台灣的非常多，相關的典故（如「鬩牆」、「蕭牆」、「分荊」、「讓梨」、「豆萁」、「同根」、「鴒原」、「棠棣」等）也絡繹不絕的出現，這可能是當時陳儀政權動輒「台灣同胞」、「台灣同胞」影響下的產物（「兄弟」即是父母同胞所生），而且「在國家中，『人民』本來就是堂堂正正的名字，不必接受如江湖幫會叫『兄弟』式的稱謂」[130]，更何況在二二八事變及慘酷的清鄉之後，還想要藉由所謂「民族情感」來消除不滿、彌合裂縫，可能也是徒勞無功。

　　第四，「步韻」詩難有佳作，古有明訓，在林獻堂〈二二八事變感懷〉及其步韻詩當中，仍以葉榮鐘所作最優，而周定山、曾紀焜、龔警初等人的詩作亦有可觀。

　　第五，至於曾今可〈二二八事變書感〉及其步韻詩作裡，因為體裁頗似竹枝詞，許多詩作流於淺露而無「詩味」，亦有蹈襲原作語意的情形，其中，在林獻堂的詩作裡，有部分幾首較佳。

　　第六，關於二二八事變當中的相關人物之描述，這些詩作對於領導起事的人物（如謝雪紅與王添灯）往往都予以扭曲／醜化，甚至還說「二二八事件處理委員會」是為了求官與求財；對於另一面的人物，如鎮壓事變的柯遠芬、意圖息事寧

---

130 莊萬壽，〈「同胞」論──「同胞」是籠絡人民的政治口號〉，收錄於氏著《中國論》，前引書，頁43。

人的謝娥，反倒有不少正面的書寫。若以這些詩作作爲歷史素材，看到的毋寧是當時陳儀政權「負面行銷」的奏效，以及台灣古典詩人的學舌與附和。

第七，族群身份也對書寫角度有一定的影響。例如曾今可〈二二八事變書感〉有殺伐之氣以及對台灣人民的偏見，林獻堂步韻時，語氣就較爲和緩且對於曾詩予以反駁；「本省」文人葉榮鐘、周定山、曾紀焜等較能站在台灣人民的立場，表示批判或哀悼之情，「外省」文人陳必康、曾怡吾、張紹達等則帶有憤恨台人起事之意。不過亦有部分反例，如龔警初應爲「外省」文人，但仍有關懷與反省之意[131]；而黃純青、魏清德、林春懷等雖爲「本省」文人，但是其詩作卻是完全的官方立場。

古典詩與現代詩相比，在優勢方面有豐富的語彙典故以及悠久的創作傳統，不過，卻也有附和執政者的「應制詩」包袱，容易流於形式化與交際化，對抗此一負面的吸引力恐怕需要更大的獨立思考與自立自覺的能力。李敏勇與西方許多詩人交流之後，有感而發的說：

在東方，很少詩人如此的參與類似社會運動工作，但是在西

---

131 身爲「外省人」的傅正在二二八事件四十週年（1987年）的時候，也曾經寫下這樣的文字：「一切的一切，主要是由於國民黨的權力中毒，因此，在整個接收過程中，愚昧自私，無法無天，以至於貪污、腐化、無能，在台灣如此，大陸各地也是如此」、「所以，『二二八事件』大約只是與當時的國民黨有關，而與絕大多數的外省人無關。當時的國民黨，固然絕大多數是外省人，但國民黨畢竟不等於外省人！」見傅正，《向蔣家父子挑戰——連續兩次感化關不死的政治犯「罪行」》（台北：自印，1989），頁32-33。

方，詩人參與社會卻是很普遍的現象，作爲社會與國家的一個
公民、一個文學工作者、一個詩人，也同樣可以擁有社會參與
的責任。[132]

在張我軍於 1924 年發表〈糟糕的台灣文學界〉而引發新舊文學
論戰之後[133]，古典詩人對於本身的社會責任以及文學藝術的要求
方面，雖有部分詩人進行自我警惕與反省，但由本論文所述可
知，張氏當時所批評的古典詩壇之陰暗面，仍然頑強的體現於
部分詩人身上，持續保存到戰後——即使換了不同的殖民者。

最後，筆者還發現一首目前僅見的死難者的詩作，未被廖
振富〈與「二二八事件」相關之台灣古典詩析論——以詩人作
品集爲討論範圍〉收入討論範圍中，即事變當時任職嘉義縣警
察局的陳容貌（1899 ～ 1947）所留下的絕命詩：

> 非關榮利與貪名，大禍臨身惹恨生，四八年華從此斷，甘心爲
> 眾作犧牲。[134]

陳容貌在事變之後，負責嘉義市警力的統合調配，雖然心裡知
道恐將使自己的生命不保，但是仍然勇敢擔負起維持治安的工
作，結果卻被無故收押而綁赴嘉義火車站前槍決！後乃由親戚
將其遺體運回家中，家人在陳容貌的長褲懷錶袋裡發現一張紙

---

132 李敏勇，〈如何重建台灣人的歷史正義〉。
133 秦賢次，〈台灣新文學運動的奠基者〉，張炎憲編《台北人物誌》（台北：台北市政
　　府新聞處，2000），頁 110。
134 張炎憲等採訪，《嘉義驛前二二八》（台北：吳三連台灣史料基金會，1995），頁
　　93。

條，就寫著這首詩[135]。雖然詩中沒有用什麼典故，也沒有華麗的辭藻，但是卻呈顯作者視死如歸的情操，閃耀著可貴的奉獻人群的光芒[136]，事隔六十多年之後的今日讀來，仍然令人動容——即使本文發現在事變之後，有許多令人遺憾的、站在官方立場發聲的、扭曲事實的詩作，但是，受難者的真實形象，永遠不會被我們遺忘。

圖五：陳容貌像，引自張炎憲等採訪，《嘉義驛前二二八》（台北：吳三連台灣史料基金會，1995），頁92。

---

135 同前引書，頁90-93。

136 另外還有一位代表嘉義市民前往水上機場談判而犧牲的潘木枝醫師，於其遺書中也寫下：「木枝是為市民而亡，身雖死而猶榮」，同樣都有為人群犧牲的覺悟，同前引書，頁224。

與談
台灣古典詩與二二八事件
—— 以林獻堂、曾今可及其步韻詩為主要研究對象

李 敏 勇

這篇論文很特別。在台灣，不只是古典詩，就是一般詩歌跟二二八的關聯也很少。從古典詩，他提到林獻堂跟曾今可兩人跟二二八有關的詩，以及另一些人用相同的步韻去應和的那些詩。我們知道詩比歷史真實，如果是正常的國度，正常的文化狀況，詩可以拿根據來，對照歷史，可能是更直接的歷史。歷史通常是事後根據那個事件的資料去描寫。在正常的國度，正常的文化狀況，詩應該比歷史更真實。古典詩裡面，要找出來跟歷史回應的真實，是非常困難的。難得能夠找到一百多首。大部分的詩又是為事變的肇事者和迫害者說話，去批評的很少。有許多用和緩的語氣講中國和台灣是同根生的兄弟等等，沒有真正的去面對歷史的真實，去作批評。這不只是詩的問題，更是說那個時候台灣的文化態度與政治狀況、社會氣氛，還有面對到恐怖的迫害的事情的反映。這些古詩本身很困

難找到批評意識，大部分都是在替他們化妝，只有少數有幾個有志氣，有說出來的心聲。在台灣現在還是一樣，台灣因認同的差別，到現在，本省人和外省人，從事件看起來，還都有一些不是站在眞實的立場。詩不應該是這樣。但是台灣因爲政治因素，很多文化問題也站在政治裡面，去分本省人外省人，而不是辨是非。許多人就只是站在某個立場。那就不一樣。

　　但是我要來補充的就是，古詩本身，常常會流於遊戲化，爲什麼？因爲古詩是到這一百年來慢慢的被新體詩改變，就是因爲它的形式化。你看一些人寫這樣的詩，而後面寫的人形式又跟著它，韻腳都跟隨它。一個人寫一首詩，後面的人去對，通常有時候可能只是一個場所，大家在那邊喝茶，一個先寫出來，後面的人跟著去對，所以它有一種遊戲化，變成一些文人的一種風雅趣味性的東西，那種東西沒有辦法形成文化高度。很多國家，像日本也一樣，現在還有很多人寫那種古早的俳句與和歌，他們不是當作文學來追求，而是變成一種教養和修閒，是生活裡面某種的一種高尚趣味。古詩特別是這樣，而我覺得裡面反映到文化上的保守性，戰後的中國詩影響，古詩本身到現在也是一樣，有很多到現在還在寫古詩的，常常變成一個文化的保守性，很保守，價值觀很保守。第2種，有很多變成體制的統治者的附和，就是看統治者誰有權誰就去附和那個權力，比較沒有去對那個東西作批評，很少這樣。這是台灣的一個問題，就是文化本身並沒有獨立。因爲我去尼加拉瓜參

加國際詩歌節，正好是桑定革命30週年。他們國家是1979年的革命，而台灣的高雄1979年發生美麗島事件。他們的革命推翻了獨裁政府，那時代一些游擊隊的詩，我譯介出版了《革命之花》。德國也有一個詩人，戰爭的時候，父母都被納粹殺死，而他用德語寫詩，這個德語是殺他父母的人的語言，但是他從小就是被德國人統治，用德語。這個人50歲，現在在巴黎，是讀醫的。作一個詩人，在他的詩裡面，不斷地去寫德國納粹屠殺猶太人的事情藉以抒發情緒，但仍覺得他永遠沒辦法活下去了。有這種的詩人，追求真實，寫很多詩以後，還覺得他沒有辦法活下去，很多人把詩寫得如化妝品一般，這標的文學，不是我們台灣要去追求的文學。不是只有古詩這樣，台灣現在的新詩也有一些，顯現台灣政治和文化的病理，缺少深刻政治批評。從他的論文裡面，可以讓我們擴大去反省這標的問題。

再殖民的認同困境

—— 李石樵的社會寫實繪畫〔市場口〕研究

潘 桂 芳

摘 要

　　本文主要探討李石樵如何於其首屆省展的作品〔市場口〕中，表達對台灣社會的觀察與省思。文中嘗試將〔市場口〕的畫面分解為以下四大面向：一、「有餘裕的內地人」和「貧窮的本地人」；二、赤貧的老少、頭家級的米商、瘦乾的癩皮狗；三、失業的青年與憤慨的「友仔」；四、側目斜看的婦人與牽鐵馬的現代女性。前述第4個面向又可細分為：（一）對當前中國繪畫的評斷；（二）從舊傳統社會前進到現代化的台灣人；（三）唯藝術以鬥爭的精神；（四）發掘現實與呈現美感的世界性創作等四個部分，進一步的予以深入論述。本文從藝術社會學的觀點切入，藉由重返歷史現場的形式，認知台灣社會從1945年8月終戰後興起一股狂歡回歸「祖國」的熱潮，不意卻陷入比日治殖民時代更為悲苦的生活，繼而產生失望乃至絕望的情境。李石樵的社會寫實繪畫〔市場口〕留下戰後至二二八事件爆發前夕，「祖

國」政權極盡蹂躪台灣的全紀錄，以及現代化、充滿自信的台灣人意識之抬頭，嗆堵拒絕「祖國─中國」的再殖民統治。

關鍵詞：〔市場口〕、李石樵、二二八事件、再殖民、認同困境

前　言

　　1945年8月6、9兩日，盟軍分別於廣島和長崎投下原子彈，日本終於無條件投降，台灣人掀起狂歡「回歸祖國」的熱潮，台籍菁英對建設新台灣的理想更是充滿了熱切的期待。日治時代第1位因連續7次入選帝展而獲得無鑑查（免審查）的台籍畫家李石樵（1905-1995），承租因日人離台改由台北市教育局託管的原天理教的會堂作爲畫室[1]。1946年10月下旬，首屆省展轟轟烈烈登場，李石樵推出〔市場口〕（圖1）、〔河邊洗衣〕（圖2）、〔唱歌（合唱／聽音）〕3件社會寫實繪畫[2]，前

1　白雪蘭1989年完成《李石樵繪畫研究》，書中說明李石樵承租搬進畫室的時間爲1948年。但1947年二二八事件爆發，吳天賞驚聞自己被列入追殺的名單當中隨即離家逃亡，3月下旬躲到李石樵的畫室直到6月初才返回台中住家，可見李石樵畫室應在二二八事件發生前成立。又1946年《新新》月報社的記者王俊明曾專訪李石樵，報導畫室玄關掛有「臺灣省藝術協進會籌備處」的看板，由此可知畫室於1946年就已經開設，是否更早則有待進一步的考證。白雪蘭，《李石樵繪畫研究》（台北市立美術館：1989年6月），頁40-42；張炎憲、曾秋美，〈陳遜章先生訪問記錄〉，《台灣史料研究》14（1999年12月），頁178；王俊明，〈李石樵画伯を訪ねて〉，《新新》7（1946年10月）（台北：傳文文化公司，覆刻版），頁21。

2　關於「社會寫實繪畫」的名詞界定請參閱潘桂芳，〈殖民與再殖民的認同困境──李石樵〔唱歌的小孩〕與〔市場口〕之研究〉（國立臺灣師範大學美術學系在職進

兩件保存良好且不斷地被各方加以論述詮釋，〔唱歌（合唱／聽音）〕則僅能於省展會場的照片中稍稍窺得大致的形象（圖3）[3]。本文主要探討處於戰後初期政權切換，急風驟雨的台灣社會中，李石樵如何於〔市場口〕表達其觀察與省思。

一、「有餘裕的內地人」和「貧窮的本地人」

〔市場口〕引起最多爭議的莫過於是否具有社會批判的精神之辯證。以下先摘錄 3 份重要的相關敘述：

（甦甡）

……但是，臺灣光復已經一年有餘了，其間的臺灣社會的變化是怎麼樣，請看「市場口」「失望」「路傍」，就一目瞭然。「市場口」是一幅「群像畫」，描寫「市場口」一瞬間的情景：中央有一個上海小姐，身穿綢緞旗袍，腳穿美國皮鞋，手攜小皮包，眼戴黑色眼鏡，傲然闊步；她的前面，有兩三個穿無袖破衣的小米商在呼客；她的右邊有一個面上帶憂後(愁)中年的本地婦女，想是為著她的不斷地叫(叫)餓的小孩子出來買米；她的後面有一個垂頭喪氣的本地失業青年；她的左邊有一個瞎老花子；老花子後面，有三個「友的」(台北隱語，好漢的意思)，正在憤慨的模樣；她的腳邊有一隻像殭屍的餓犬……，不幸的台灣人，個個都稱讚(讚)說「宛然把台灣現況縮寫在一幅圖」！[4]

修碩士班論文，2008 年 7 月），頁 15-18。

3　潘桂芳，〈二二八風暴籠罩下的台灣美術〉，《台灣史料研究》32（2008 年 12 月），頁 76-77。

4　甦甡，〈也漫談臺灣藝文壇〉，《台灣文化》2：1（1947 年 1 月），（台北：傳文文化公司，覆刻版），頁 16。

（李石樵）

這一張是〔市場口〕，是光復後第二年，民國35年開展覽的，那時我搬到台北來住了，是以太平町的市場為題材。那時代，皮包都是小小的，當中那個上海派的女人帶墨鏡，拿一個那麼大的皮包，好像說是跟人約會，相好的時候拿來當枕頭。那時候大家穿得很襤褸，而她穿得多好，你看人沒得吃，市場裡的狗當然沒得吃，才會那麼瘦，那這些是友仔，他們流行穿花俏衣服。牽鐵馬的則是咱這裡的人。市場上有各式各樣的人。我是用來記錄當年生活社會的情況。[5]

（謝里法）

我家正對面是永樂市場的進口，有一排三層樓房，樓下是商店，樓上是旅社，當時還沒有觀光大飯店，唐山來的官，除官位最高的住在賓館以外，這家永樂大旅社就是接收官員初來台北時的行館了，因此經常有黑頭仔車停在旅社門口，從車裡走出頭戴黃色「師公帽仔」、身穿中山裝掛著兩個大口袋的中國官，陪伴在身傍的是一位妖豔女郎，我們都稱她上海婆仔。[6]

　　老畫家回憶當年創作時的社會情境似乎猶義憤填膺，以父權的性暗示輕蔑地形容〔市場口〕畫面上的焦點人物——外省籍的上海派女子[7]。但如根據謝里法教授的回憶，則可說明李石樵所說的上海派女子的身份角色並非空穴來風。

　　甦牲（蘇新，1907-1981）、李石樵兩人對〔市場口〕的描

5　顏娟英，〈訪李石樵手稿（二）〉（1988年7月21日）。

6　謝里法，《台灣心靈探索》（台北：前衛出版社，1999年11月），頁117。

7　鄭宜欣，〈從〔市場口〕論女性形塑之意涵〉，《2001年台灣地區藝術學相關研究領域碩士班學生論文發表會論文集(下冊)》，（國立台灣師範大學美術研究所，2002月2月），頁411。

述雷同之處其實不少，顯示他們對台灣社會的觀察英雄所見略同。蘇新之所以寫〈也漫談臺灣藝文壇〉的原因是有一位署名「多瑙」的外省人，在《人民導報》上發表〈漫談臺灣藝文壇〉[8]，批評台灣藝壇「漸漸走入畸形的現象」，如省展的作品「死氣沈沈，不見生色」，會場雖然堂皇寬大，四壁卻只點綴著「聊聊的沒有次序的畫幅」且「觀眾聊聊」，展覽的效果「微乎其微」。戲劇部分提出「新劇不受歡迎，好的演員不會來此，間或有新劇出演……觀眾也局限於內地人，本地人也不會發生興趣」。音樂方面則說「間或有少許眞正優越的音樂家舉行演奏會，也是列入不受歡迎的現象，觀眾少的可怕」。[9]

　　1946年底，台灣的經濟狀況下滑到接近崩潰的邊緣，民不聊生的慘境自不待言，省籍問題早已浮上抬面，蘇新在此言人人殊的話題上一一舉證反駁，認爲多瑙先生「只爲批評而批評」，是沒有建設性的「漫罵」[10]。例如省展會場以部門（國畫部，西洋畫部，彫刻部），種類（油畫，水彩畫），個人作品也以大小分類懸掛，因而反問多瑙「怎樣點綴，才算有次序？」而省展10天的觀眾，包含小學生總計約有五萬餘人，多瑙卻輕率的說「觀眾聊聊」？蘇新再舉「聖烽演劇研究會」的〈壁〉及〈羅漢赴會〉爲例，3天公演的期間「觀眾天天都擠得水洩

8　多瑙，〈漫談臺灣藝文壇〉，《人民導報》（1946年12月1日），版4。
9　同前註。
10　甦甡，〈也漫談臺灣藝文壇〉，頁14。

不通」來反證多璐所說「新劇不受歡迎」。蘇新進一步說明「內
地人」因為薪俸較高，有看戲的餘裕，本地民眾因失業和物價
飛漲的關係，連三頓都顧不著，那有餘力買50元、30元的入場
券？[11] 而演奏會的入場券最高100元，最低50元，除有餘裕的階
層以外，一般貧窮的文化人是無能登其大雅之堂的[12]。

在反駁多璐的文章中，蘇新一再強調「有餘裕的內地人」
和「貧窮的本地人」之對比性。亦即蘇新藉由〔市場口〕畫面
中間「有餘裕的上海派女子」和四周「不幸的台灣人」，說明
本省人與外省人兩個族群間貧富之落差，也道出二二八事件前
夕，因行政長官公署的貪污腐敗，加上省籍資源分配嚴重失衡
的錯誤政策，導致「有餘裕的內地人」和「貧窮的本地人」之
間所產生緊張的對立現象。

李石樵除了畫出戴墨色眼鏡的上海派女子無視周遭貧窮的
本地人，傲然闊步前行之外，也安排了正如顏娟英教授對〔市
場口〕的解讀：

> 右下角的小販蹲踞的姿勢代表典型的農夫，他身著破爛的汗衫
> 和短褲，臉有意扭向右邊，拒絕舞台中央的女主角，女主角的
> 前方有條躬身覓食的瘦狗擋路，還有一位清純的少女推著自行

11　同前註，頁17。

12　蘇新分析馬思聰小提琴演奏會的觀眾不多之現象應是指台北地區。實際上，馬思聰
假台中戲院舉行的演奏會獲得「很大成功，場場滿座」，會前馬思聰還接受台中文化
界的招待請宴，「幾乎整個台中文化界人士」都參與此一盛會。周夢江，〈記楊逵
二、三事〉，《台灣舊事》，（台北：時報文化出版公司，1995年4月10日），頁104。

車向她壓過來，暗示著一場無言的鬥爭。[13]

這場「無言的鬥爭」正是記者唐賢龍檢討二二八事件的背景時所描述的——台灣人的「自尊心」對抗中國軍政人員的「優越感」：

> 一些職位未必十分重大，而能力又未必特殊驚人的不大不小的官吏，卻自命不凡，處處以「征服者」的態度自居，而瞧不起台灣人。又因為他們與台灣人接觸的機會甚多，於行動言語間，時時會流露出一種高傲的優越感，予一般台灣人的印象最壞。至於那些貪官污吏們，平日更是作威作福，儼然像小皇帝一樣，認為所有的台灣人，都是奴隸馬牛，這與日本在統治時代，常自誇為「優秀民族」而將台灣人視為「劣等民族」之心理正如出一轍。難怪很多台灣人都敏感地認為：這與日本在統治時代的情況並沒有什麼兩樣，而誤解為凡是由內地去的外省人，大都是一種「新的統治者」。故外省人的這種優越感，幾乎使得每一個具有自尊心的台灣人，都普遍地引起強烈的反感……。[14]

戰後不久，台灣社會逐漸流行新的俚語「狗去豬來」，表達了台灣人「回歸祖國」的失望與不滿。而隨著政治經濟情況加速惡化，痛苦指數相對急速攀升之際，台灣人更進一步懷念起「昔日的敵人」，原本一片學習國語、練唱國歌的熱潮逐漸褪去，代之而起恢復說日語、唱日本歌[15]。這種現象無疑加深

13 顏娟英，〈從肖像畫到空間宇宙之畫——李石樵畫展〉，《現代美術》21（1988年11月30日），頁22。

14 唐賢龍，《台灣事變內幕記》（南京：中國新聞出版部，1947），收於鄧孔昭編，《二二八事件資料集》（台北：稻鄉出版社，1991年2月28日），頁29-30。

15 李筱峰，《解讀二二八》（台北：玉山社出版公司，2000年3月，初版6刷），頁107。

外省人對台灣人「奴化」現象的惡感，省籍之間的緊張關係更爲升高惡化。對此，文化人王白淵(1902-1965)所寫〈告外省人諸公〉之中也有著充分的告白：

> 許多外省人，開口就說臺胞受過日人奴化五十年之久，思想歪曲，似乎以爲不能當權之口吻。我們以爲這是鬼話，除去別有意圖，完全不對。那麼，中國受滿清奴化三百年之久，現在女人還穿著旗袍，何以滿清倒臺後，漢人能（仍）可當權呢？臺胞雖受五十年之奴化政策，但是臺胞並不奴化；可以說一百人中間九十九人絕對沒有奴化。只以爲不能操漂亮的國語，不能寫十分流利的國文，就是奴化。那麼，其見解未免太過於淺薄，過於欺人。……外省人諸公，若是以爲發奇財而來臺，或是以裙帶人事爲上策者，當然奴化這個名詞，可以做護身符亦說不定。……
>
> 還有一部分外省人，以爲「我們由重慶來，抗戰八年，而獲得最後的勝利，臺省的光復，完全靠著我們的力量，你們並無任何的功勞」，好像把臺省看做一種殖民地，對臺胞抱著一種優越感，使臺胞和外省人，在不知不覺之中，漸漸發生隔膜。……。臺灣因淪陷五十年之久，其間不能和外省人多接觸，因此以爲外省人，是怎麼樣了不得，特別說是由重慶來，那不是抗戰的勇士，就是有良識的政治家，而無條件歡迎他們。但是經過這幾個月來，臺胞的眼光亦醒過來了，由此開始向著自己和外省人加以嚴厲的批判起來。以爲外省人不一定了不得，不一定高明，不一定是臺胞的朋友，亦不一定爲臺胞造福而來。[16]

值得注意的是，王白淵發表〈告外省人諸公〉的時間爲

16　王白淵，〈告外省人諸公〉，《政經報》2：2（1946年1月25日），（台北：傳文文化公司，覆刻版），頁1-2。

1946年1月下旬，慶祝台灣「光復」僅3個月。1933年7月，王白淵接受謝春木(謝春木，1902-1969)的邀約前往上海任職於華聯通訊社，將日本廣播電台播放的消息翻譯爲中文新聞稿協助抗日[17]，因而在1937年被日軍逮捕送回台北服監6年。從1933年至1937年間，近四年不算短的時日，王白淵在上海親炙「祖國」的山川人文，似乎未能讓他認清「祖國」複雜陰狠的政治文化[18]，或體悟鍾理和(江流，1915-1960)所寫「白薯的悲哀」[19]，反而是在台灣慶祝「光復」3個月後才幡然醒悟「祖國」原來的廬山眞面目。

第1屆省展開跑之際，王白淵曾在《台灣新生報》上發表評論，極力推崇李石樵的作品爲台灣藝術樹立起劃時代的里程碑：

例如他的〔市場〕及〔唱歌〕中聚集許多人物，卻不覺得平板或散漫，反而以多采多姿的變化，統一收入畫面中，由此可知他構

---

17 何義麟，《跨越國境線——近代台灣去殖民化之歷程》(台北：稻鄉出版社，2006年1月)，頁29。

18 1933年6月18日，「中國人權保障同盟」的總幹事楊杏佛（楊銓）被國府特務刺殺後，宋慶齡與魯迅均震驚哀悼。1934年11月14日，《申報》主編史量才一家人搭乘私家座車時，除了兒子史永賡得以安全逃脫，其他均遭國府特務格斃。楊、史兩案都在上海發生，且震驚國內外，上海市參議會還集體辭職以示抗議。王白淵於1933年7月抵達上海，楊案於社交圈仍應持續發酵，一年之後史案上演，王白淵目睹國府使用陰狠殘酷之手段對待「同胞—異己」，以及置身於上海這種政治文化的氛圍中，似乎只能用「霧煞煞」來形容王白淵的觀感吧。參魏斐德Frederic Wakeman, Jr.著、梁禾譯，《特工教父——戴笠和他的秘勤組織（上）》(台北：時英出版社，2004年1月)，頁376-384。

19 江流，〈白薯的悲哀〉，《新臺灣》2（1946年2月）(台北：傳文文化公司，覆刻版)，頁10-13。

圖的正確性。⋯他抱著真摯的創作態度，勇敢地一步跨出沙龍藝術，直接面對冷酷的現實。從這層意義來看，不論對他自己或對台灣藝術界而言，〔市場〕這幅畫都是重要的一個轉變。[20]

進出國府牢獄如家常便飯的王白淵，於1965年10月3日帶著「民族的傷感與難說的淒涼」黯然去世，10月8日台籍文化界成立的治喪委員會舉辦哀思追悼晚會，席上各委員分別發表心中的感想，李石樵說：

> 白淵兄是我美術學校的老先輩，也是我個人的導師，每次要畫一幅畫的時候，請教他，他就說：創造藝術，先要把握一個中心點，也就是說你要畫什麼？創意要顯明，才能夠創造出一件有力而完美的作品。他的仙歸，可說是美術界失掉了一個暗夜的明星了[21]。

短短數語表達了李石樵對王白淵仙逝的哀慟，更揭示出〔市場口〕所呈現的中心意涵——直接面對冷酷的現實，兩人之間的心意誠然相通矣。而鑑於〔市場口〕這件巨幅創作的精緻筆調，以及群像寫實功力之表現，可以推知從構思到完成必須花費半年左右的時間。亦即1946年的春夏之交，李石樵隨著王白淵的視線所及，也深深的感受到「有餘裕的內地人」相

---

20 譯文引自顏娟英，〈戰後初期台灣美術的反省與幻滅〉，《二二八事件研究論文集》（台北：財團法人吳三連台灣史料基金會，1998年6月，1版2刷），頁83，原載王白淵，〈永遠に藝術なるもの——第一次省展を見て〉，《台灣新生報》（1946年10月23日，版4）。

21 巫永福，〈緬懷王白淵〉，《民眾日報》（1985年3月20日），收於巫永福，《風雨中的長青樹》（台中：中央書局，1986年12月），頁157-166。

對於「貧窮的本地人」，這冷酷的現實社會——台灣再殖民的歷史情境，已然活生生、血淋淋的上演。

二、赤貧的老少、頭家級的米商、瘦乾的癩皮狗

〔市場口〕畫面中，有餘裕的上海派女子的右側有一位白髮蒼蒼著台灣衫，拄著枴杖的瞎眼老乞丐靜默的站在人群中等待施捨，以及前方衣衫襤褸，癩癩頭上貼狗皮藥膏，赤腳揹著木箱四處走動兜售香菸以補貼家用的小男孩。右下角有一位蹲在地上穿無袖破背心的薪嘍（傭工），他身旁是正在秤米，穿戴整齊站得直挺挺，屬於頭家級的米商，買米的是上衣著窄袖大裪衫，搭配格狀洋裙的婦女[22]，她愁眉苦臉，低頭屈指細細計算，像是買不起米商所開的價錢。上海派女子左腳尖皮鞋跟前是一條瘦骨嶙峋，只顧低著頭找尋食物的癩皮狗，對即將踩踏過來的鞋子似乎渾然沒有察覺。

國民政府接收台灣之後，經濟上採取特殊化的統制政策，除了將日本人留下的龐大產業轉變為隸屬行政院的「資源委員會」，與台灣省行政長官公署所主宰下的國營省營企業之外，又另設「專賣局」與「貿易局」對台灣各項物資的生產與進出口採取全面性的管控。透過對龐大的國營、國省合營、省營等

---

22 這種大裪衫搭配洋裙（裙在衣的下面）的服裝樣式於日治中期逐漸形成，為中年以下較年輕的婦女所穿著。曹介逸，〈生活習俗變遷談——閒談衣食住行為中心〉，《台北文物》6：3（1958年3月1日），頁79。

公營企業的掌握與「專賣局」與「貿易局」的設立，國民政府大量吸取台灣的物產資源，作爲大戰方酣國共內戰再起，墊付軍政款項補充物資之緊要來源[23]。

「光復」不久，長官公署便奉國府中央之命令，將日治末期所儲存的15萬噸的白糖，美其名爲「集運上海代爲銷售」實則無償輸出[24]。15萬噸白糖無償輸出對台灣經濟造成多大的缺口？從二二八事件處理委員會在3月7日所提的42條「處理大綱」中特別列出：「送與中央食糖十五萬噸，要求中央依時估價，撥歸台灣省。」便可知其嚴重性。對戰後原本破敗，亟待重建的台灣經濟而言，國府這種獅子大開口的物資掠奪，無疑雪上加霜，也是「壓倒駱駝的第一個大包袱」的開始。

由於屬行統制經濟，公營事業之規模無限擴大至遠遠超過日治時代的獨佔企業，上下官員且集體貪污舞弊，監守自盜，中飽私囊[25]，再加上外行領導內行，使得公營事業經營困難[26]。實

---

23 陳翠蓮，〈「大中國」與「小台灣」的經濟矛盾──以資源委員會與台灣省行政長官公署的資源爭奪爲例〉，《二二八事件研究論文集》（台北：財團法人吳三連台灣史料基金會，1998年6月），1版2刷，頁69；吳聰敏，〈臺灣戰後的惡性物價膨脹〉，《國史館學術集刊》10（2001年12月），頁148。

24 二二八事件後，蔣介石才批准此項存糖所得之半數劃歸台糖，但其時物價膨脹嚴重，臺糖實際所得恐遠低於原先之價值。吳聰敏，〈臺灣戰後的惡性物價膨脹〉，頁146-147。

25 史明，《台灣人四百年史》（San Jose CA：蓬島文化公司，1980年9月），頁712-713；王宏仁，〈戰後初期（1945-49）台灣各階級之經濟活動〉，《臺灣風物》47：1（1997年3月31日），頁26-27。

26 如鐵路局裡有一些人僞造學歷，透過行政長官公署的關係進入鐵路局，搞得「鐵

際上，各公營企業的短期周轉資金與長期資本支出都仰賴台灣銀行的信用創造，台銀不斷印製濫發台幣紙鈔創造信用大舉融資給公營企業[27]，終於引發無法遏止的通貨膨脹，導致各類物價的飛漲。惡性通貨膨脹的程度甚且使台灣的各種生活必需品，從布匹、服裝、鞋襪，到肥皂、火柴、牙膏、牙刷等高過中國上海的一到兩倍[28]。

　　1946年10月，蔣介石抵台親自出席慶祝「光復節」的紀念大會，隨行的行政院資源委員會又向陳儀政府下令，要求台灣下年度須再提供中央15萬噸台糖、3千至4千萬噸台煤、及50萬噸稻米，以肆應國府內戰軍需之孔急[29]。長官公署上下為了達成中央不斷的需索，也竭盡所能全力配合搜刮台灣民間的物資。例如號稱陳儀四大義子之一的蔡繼焜少將(1912-2006)[30]，偕

路局烏煙瘴氣」。又如台糖高階管理人員，多為外省籍的機械學歷出身，且無一人有製糖之專門技術或管理經驗。〈大稻埕耆老座談會記錄〉，《臺北文獻》直字99（1992年3月），頁23；劉士永，《光復初期台灣經濟政策的檢討》（台北：稻鄉出版社，1996年3月），頁131。

27　陳翠蓮，〈「大中國」與「小台灣」的經濟矛盾——以資源委員會與台灣省行政長官公署的資源爭奪為例〉，頁66-67。

28　段承璞主編，《台灣戰後經濟》（台北：人間出版社，2003年10月），頁120。

29　何漢文，〈台灣二二八事件見聞紀略〉，收入於鄧孔昭編，《二二八事件資料集》，頁15。

30　李梅樹於1988年的演講稿〈台灣美術的演變〉中提及：「有一位蔡啟坤先生，自稱是當時行政長官陳儀的乾兒子。楊三郎夫婦就託蔡啟坤先生建議行政長官舉行台灣自己的展覽會，經行政長官同意，下令教育廳舉辦全省美展。」前述的「蔡啟坤」應為「蔡繼焜」近音之誤植。不過，蔡繼焜於2002年接受謝里法訪問時卻矢口否認自己為陳儀之義子，謂：「都是外面一些人亂傳的」。李梅樹，〈台灣美術

同警備總司令部的熊姓少將抵達台中，再由縣長劉存忠出面邀約林獻堂(1881-1956)、霧峰鄉長林水來、農業會長林士英等人到舊知事官邸晤談有關「要米」之事，一位在場的人士敘述當日的情境如下：

> 下午三時我到達官邸，園中噴水池邊站著數名的憲兵，執著上刺刀的步槍，臺階上同樣有憲兵站崗，樓上走廊客廳門口也是一樣。這是向來所無的光景，我內心頗為納悶，同時也有「鴻門赴會」的感覺。但事到如今，也不便退縮，乃硬著頭皮步入客廳就座。他們人已到齊，劉縣長見我入座，就說剛好你來啦！我們現在就開始。於是蔡少將站起來開口便說：「我是陸軍少將，官並不小。我一向為國家的事是不怕死的。今天特地來到貴地向林獻堂先生要米，中部是臺灣的米倉，霧峰又是米倉中的米倉，所以說霧峰沒有米是無人肯信。有米無米，盡在林獻堂先生是否肯幫忙政府而定。」說時態度傲慢而語氣尖刻。林獻堂先生聽著很不高興，他老人家說：「政府搬去的米糧皆是老百姓的伙食米，他們現在都是糴黑市米維持生活。但因糧價飛漲，困苦異常，正在籲請發還前所運去之米以紓困境。政府若沒有米可還老百姓，亦應結價給與價款……假使現在不能立即給發，亦應指定日期償還。政府一味向老百姓要米，而拿去之米分文不給錢。如此作法，不但老百姓無法維持生活，政府也無法維持威信。」於是熊少將怒氣滿面，坐在椅上說：「本人現在發燒三十八度以上，但是為著公務，死且不

的演變〉，《歷史、文化與台灣（一）——台灣研究研討會紀錄（1～27回）》（台北：台灣風物雜誌社，1992年10月，再版），頁156；謝里法，〈台灣省展的催生者蔡繼焜〉，《藝術家》333（2003年2月），頁466；《二二八事件辭典》（台北：國史館，2008年2月），頁671-672。

怕，遑顧區區的病痛。今日之事，只看林先生答應不答應，若
不答應，就請你老先生同我們上臺北去。」說時遲，那時快；
他說完最後一句話，同時用手向桌面一拍，他面前一只茶杯跳
起兩三寸。這一拍有分教，好響斯應，四個憲兵拿著上刺刀的
步槍，排闥而入，神氣十足，來勢洶洶，在座諸人除兩位少將
外，莫不為之失色，尤其是劉縣長左右為難，情形更為狼狽。
還好，這一幕綁票活劇，終於在未完成的狀態下閉幕。[31]

　　兩位官階少將的國軍以近乎恐嚇要脅的方式，向台灣民間
聲望甚高的林獻堂強索米倉之存糧，若無長官公署或相關高層
的授意與撐腰，其行徑當不至於如此的囂張。再根據台中縣參
議會向省參議會請求救濟米荒的呈文所述：

> 本省光復以還，臺中縣下糧米先被糧食局征用一萬八千餘石，
> 嗣後又被蔡少將以恐怖手段強迫運去二萬五千餘包，兩度合計
> 達四萬餘包，合米四百萬斤。假使以每斤十五元計算，其金額
> 應達七千萬元之譜，數目並非僅少，而老百姓前季糧米，繳者
> 繳出，食者食完，早已蕩然無存，本季收錢又無把握，現在米
> 價已漲至每斤二十元以上……。[32]

　　戰後，為了征用軍糧以運送至「祖國」大陸，國府便是
以這種「古色古香的硬派作風」[33]，不擇手段「公然劫米」。而台
灣的米糧也在「無限量的義務供應」之下，復經由不肖的商人
與官員相互勾結，將台灣僅存極為有限的白米加以囤積大肆炒

31　葉榮鐘，〈臺灣省光復前後的回憶〉《民主評論》（香港，1964年12月），收於葉芸
　　芸主編，《臺灣人物群像》（台北：晨星出版社，2000年8月），頁427-458。
32　同前註，頁452。
33　同前註，頁455。

作之後，米價終於扶搖直上，從戰後 1945 年 8 月 1 台斤的 0.2 元，一路狂飆至 1947 年 1 月的 80 元，漲幅高達 400 倍之多[34]，終至使民怨沸騰到極點。

李石樵構思創作〔市場口〕之時，米價的漲幅早已破百，直到完成裝框於省展會場展出期間，米價依舊持續飆漲。全台糧荒與物價波動之嚴重，以及民眾的辛酸與不滿之程度，可從當時流行的歌謠中深切的感受到：

臺灣光復真吃虧　餓死同胞一大堆
物價一日一日貴　阿山一日一日肥[35]

〔市場口〕中米販一干人等，並非靠近中央的焦點位置，但李石樵巧妙的將他們安排至右下角屬於前方的位置，人物的大小比例因而成為畫面之最大，成為畫作中另一個重要的訴求。米商站在陰暗處，衣著體面但神情冷漠，汗衫破爛蹲在地上等待指令的僱工，無視前方裝扮時髦的上海派女子轉頭向右張望。米商與僱工相互對照，一站一蹲、一暗一明之間，李石樵以對比的形式描繪出不同位階的貧富關係，也隱喻了台灣社會官商勾結的陰暗結構。這樣的手法與意涵甚為接近 S.S. 漫畫集團洪晁明所畫之〔米！米！米！〕（圖 4），全部黑影的畫面描繪底層的普羅大眾與高高在上的奸商，象徵不肖官員與狡詐

34　史明，《台灣人四百年史》，頁 736-737。
35　吳濁流著、鍾肇政譯，《台灣連翹》（台北：前衛出版社，1993 年 3 月 15 日），台灣版 5 刷，頁 169。

的商人狼狽爲奸，囤積米糧的黑箱作業。李石樵同時藉著米商手中的米秤導向一臉愁容買不起米糧的婦人，繼而指向焦點人物——有餘裕的上海派女子，以及站在其前方和右側緊緊相鄰的老人與小孩，也是台灣社會最貧困無告的弱勢階級。

　　強勢的米商和倨傲的上海派女子，相對應於貧苦無奈的傭工、家庭主婦、老人與小孩，〔市場口〕運用如此強烈的對比手法，其控訴與批判的立場精神昭然若揭。至於最下方那條瘦巴巴，只顧低頭找尋食物的癩皮狗，或許可以套用畫家自己所說的：「你看人沒得吃，市場裡的狗當然沒得吃，才會這麼瘦，……」[36] 一種同病相憐，惺惺相惜的情感吧。

三、失業的青年與憤慨的「友仔」[37]

　　緊接著有餘裕的上海派女子身後，有一位前進方向相同，神情茫然沮喪頭戴灰色小帽的失業青年。畫面左後方則是3位「友仔」，一位背對上海派女子穿了深色服裝緊握拳頭，慷慨陳詞，另外兩位則凝神傾聽，其中穿條紋長褲藍色上衣的青年，

36　顏娟英，〈訪李石樵手稿（二）〉。

37　此處「友仔」爲引用顏娟英教授採訪李石樵的手稿，是蘇新（甦甡）所言「友的（台北隱語，好漢的意思）」，或謝里法所稱「阿友的」，亦即鶴佬話中的「友--e」。筆者推測最早使用「友仔」一詞的可能是吳濁流，他稱「友仔」爲「無賴、流氓、鱸鰻、地痞」。參甦甡，〈也漫談臺灣藝文壇〉，頁16；吳濁流，《無花果》，（台北：前衛出版社，1996年3月，初版9刷），頁186；顏娟英，〈訪李石樵手稿（二）〉；謝里法，《台灣心靈探索》，頁117。

雙手交叉抱胸，頭部上揚，像是感同身受忿忿不平，最後面的則是憂心忡忡的深思模樣。這3位憤慨激動的「友仔」民間一般多稱為「流氓」、「鱸鰻」，或「兄弟人」，而根據蘇新〈也漫談台灣藝文壇〉中所述，這些「友的」（友仔）卻是「好漢」的意思。「友仔」的身份背景與台灣社會的互動關係為何，在此進一步的予以解析討論。

　　二二八事件爆發不久，出現穿日本軍裝，戴日式軍帽的台籍青年，這些戰後復原的軍人軍屬和學生赤手空拳接收國府公務行政機關的武器，也是直接響應起義對抗國民黨軍的主體[38]。根據日本厚生省1973年所發表的資料統計，台籍日本軍含軍伕、軍屬共207,183人，其中176,879人復員，30,304人死亡[39]，加上被派遣到日本內地的「工業戰士」，以及南洋、華南各地的「勤勞動員」，則戰爭結束時戰死及流亡島外的台灣青年應超過30萬人[40]。台灣人被徵召入伍的對象主要為16至30歲的男性青年[41]，但也不乏12、13歲臉龐稚嫩的「台灣少年工」（圖5-7）在當局連哄帶騙的情況之下，於1943年初陸續被徵召至

38　楊逸舟著、張良澤譯，《二‧二八民變》（台北：前衛出版社，2002年10月），初版12刷，頁84；黃金島著，潘彥蓉、周維朋整理，《二二八戰士：黃金島的一生》（台北：前衛出版社，2004年12月），頁97。

39　引自黃昭堂著、黃英哲譯，《台灣總督府》（台北：前衛出版社，2002年5月），修訂1版5刷，頁253。

40　林繼文，《日本據台末期(1930-1945)戰爭動員體系之研究》（台北：稻鄉出版社，1996月3日），頁225。

41　同前註。

日本橫濱附近大和市的「高座海軍工廠」接受短期的訓練，再分派到各地的航空廠從事飛機製造的工作[42]。戰時台籍軍伕、軍屬的位階，原本就比日本軍人爲低，故多受歧視，戰爭一旦結束，連以郵政存款方式託付日本政府保管的貯金也討不回來[43]。甚且，當國府儘速遣返在台所有的日軍之際，台籍日軍卻依然遭到冷落，遲遲無法回台，其中被拘留在海南島的4個集中營，總共一萬七千多名的台籍日軍的情況最爲悽慘：

> 每日與飢餓和病魔纏鬥，餓死與病死的人不計其數。
> 相較於日本兵，當1945年8日15日日本敗戰後，在海南島的日本軍民於同年年底都全部被遣回日本。但同在海南島的台灣籍軍人軍屬，卻拖到1946年年底付出無數青年的生命後，才狼狽地返抵故土。比起日軍的遣返，足足慢了一年之久。[44]

1946年12月發行的上海《觀察》週刊的〈海南島的台灣人〉一文，也報導了他們的慘況：

> 碼頭上日軍修建的寬敞的貨倉，集居著近千的「台灣人」，他們蓬頭垢面，衣不蔽體，每人一張破蓆子，橫七豎八的坐臥在地上，有的還正在各自燃火爲炊，弄得煙霧迷漫。倉的一邊還養著馬，右面是一片空曠，盡是糞便—人便、霉臭、馬糞的各種氣息，病者的痛苦呻吟，飢者的長吁短嘆，加之一陣陣聳人毛骨的夜風，一齊襲擊而來，我們置身其中，非若人間。

42　陳碧奎，〈緒言〉，《高座海軍工廠台灣少年工寫眞帖》（台北：前衛出版社，1997月11日），頁10-15。
43　黃昭堂著、黃英哲譯，《台灣總督府》，頁252。
44　黃金島著，潘彥蓉、周維朋整理，《二二八八戰士：黃金島的一生》，頁31-32。

……。一年來，他們身上穿的霉爛了的依然是一年前被降時的單衣，吃的平均每天領不到半斤糙米，甚或還一連數天不發，病的就任其死亡。名為集中管理，實際是無人過問。[45]

　　總算聯合國救濟總署的工作人員發覺這些台籍軍人軍屬的處境，立刻通知陳儀政府協商返台事宜，但得到的回應卻是「這些軍伕都是日本的通敵」，現在又得給他們吃穿治病，又得送他們回台灣「簡直是浪費金錢」。[46]國府何以對發動侵略戰爭的日本能抱著「寬大為懷、以德報怨」的精神，不但快速遣返一般日人，十六萬多駐台日軍也於1946年4月底全數送回日本[47]。國府如此的「重日輕台」，除了觀念上根深蒂固「台籍浪人」的惡感，以及作家鍾理和所感受到「白薯的悲哀」等雙重的民族歧視與猜忌的因素之外，也和大戰方酣中國內戰旋起，利用日軍打擊共軍的互利政策有關[48]。海南島的台籍日軍經過聯合國救濟總署的工作人員不斷地和國府積極交涉之後，才得以遣返台灣，然在此之前，許多人久等不及，自力救濟想盡辦法

45　引自陳翠蓮，《派系鬥爭與權謀政治——二二八悲劇的另一面》（台北：時報文化出版公司，1995年5月10日），初版2刷，頁48，原載〈海南島的台灣人〉，《觀察》1：16（上海：1946年12月14日），頁15-16。

46　柯喬治(George H. Kerr)著、陳榮成譯，《被出賣的臺灣》（台北：前衛出版社，2004年10月），初版14刷，頁110。

47　盛清沂、王詩琅、高樹藩編著，《臺灣史》（臺灣省文獻委員會，1994年6月），3版，頁735；鈴木茂夫資料提供、蘇瑤崇主編，《最後的台灣總督府：1944-1946年終戰資料集》（台中：晨星出版公司，2004年4月30日），頁50。

48　林照真，《覆面部隊——日本白團在台祕史》（台北：時報文化出版公司，1996年7月20日），頁6-19。

逃出集中營輾轉回到台灣[49]，卻不幸碰上颱風、暗流、海盜等不可掌握的因素，因而葬身魚腹，或慘死刀下，無能生還返台者不知凡幾[50]。

台籍日軍歷盡千辛萬苦，幾度死裡逃生才終於回到自己的家園，迎面而來的卻是新政權的貪腐無能導致物價飛漲、經濟衰敗，遍地哀嚎的台灣社會，連「最後絲毫的希望都破碎了，全身跌落谷底。」[51]內心沮喪、鬱卒、苦悶的程度可謂達到無以復加的地步。1946年4月至6月底，各縣市戶口清查，全台有六百三十幾萬人，其中壯丁為一百一十五萬一千多人[52]。經濟敗壞，百業蕭條，伴隨著失業的問題，而失業的人口則主要來自海外歸僑、軍人軍屬[53]。1946年底，《台灣新生報》估計全台失業人口約有四十五萬之多，省參議員王添灯(1901-1947)和顏欽賢(1901-1983)兩人分別統計估算為不下40萬、50萬人[54]，由此可知，失業情況之嚴重為空前所未有。

1946年2月13日，警務處長胡福相(1908-1972)於記者會上

49 陳彥斌，〈烏牛欄一役力挫國民黨清鄉部隊──黃金島一生追求台灣獨立〉，《台灣老兵影像故事》(台北：前衛出版社，1997年10月1日)，頁91；鄭麗玲，《台灣人日本兵的【戰爭經驗】》(台北縣立文化中心，1995年7月)，頁85-90。

50 陳俐甫編著，《禁忌・原罪・悲劇──新生代看二二八事件》(台北：稻鄉出版社，2000年6月)，1版2刷，頁9。

51 陳碧奎口述、林慧婭整理、張良澤校閱，《赤手空拳──一個「少年工」的故事》(台北：前衛出版社，1998年11月)，頁115。

52 《台灣新生報》，1946.10.11，第5版。

53 陳翠蓮，《派系鬥爭與權謀政治──二二八悲劇的另一面》，頁98。

54 李筱峰，《解讀二二八》，頁66-67。

指出，終戰之時日人將原拘禁在火燒島、台東等地的流氓悉予釋放，其他原在福州、廈門等地之流氓也乘機混入台灣，故在警務處接手之時，僅台北一地即有流氓一萬餘人[55]。但台灣的流氓浪人之含義與形成，卻有其特殊的歷史源由，不同於其他地方，如閩台監察使楊亮功(1895-1992)認為自海南島及南洋各地遣送回台的台籍日軍約十萬人，他們「大都無正當職業，流浪各地，恢復其流氓生活」[56]。而光是台北市的流氓浪人即可分為3派：其一於太平町，由海南島遣送回台沒有產業者；其二是萬華地方有產業的浪人；其三則屬住在近郊士林地區的浪人。[57]

從另一個面向來看，戰後國府原擬派18軍第1師來台，後因強風將船隻吹散，遂改派被稱為「叫化子部隊」的70軍來台駐防[58]。這些軍人來到台灣，最初因怯生而採觀望，不久便堂而皇之開始偷竊，耍賴、威脅、詐欺、恐嚇、調戲、搶劫、殺人等無所不為，令一般純樸的台灣百姓只能瞠目咋舌，氣憤至極，70軍「賊仔兵」的新稱號便不脛而走[59]。謝東閔(1908-2001)接任高雄州不久，有部隊行經高雄與鳳山間的小村莊和民眾發生衝突，軍人隨手開槍打死一位平民，謝東閔知道後要

55　陳翠蓮，《派系鬥爭與權謀政治──二二八悲劇的另一面》，頁113。

56　蔣永敬、李雲漢、許師慎，《楊亮功先生年譜》（台北：聯經出版公司，1988年10），頁400。

57　陳翠蓮，《派系鬥爭與權謀政治──二二八悲劇的另一面》，頁113。

58　許雪姬訪問、蔡說麗紀錄，〈陳知青先生訪問紀錄〉，《口述歷史4》（中央研究院近代史研究所「口述歷史」編輯委員會，1993年2月1日），頁101。

59　李筱峰，《解讀二二八》，頁73。

求立刻嚴辦，雖然部隊的師長找出肇事的士兵當著激動的群眾槍斃以平息紛爭[60]，但全台各地駐軍拔槍示威乃司空見慣，令台灣民眾驚駭不已：

> 光復後使余感覺驚異者，隨身攜槍之士兵警員持（特）多，因此時肇事端，如臺南市編餘士兵與警員衝突，新營鎮民眾與警員衝突，員林鎮法警與警局衝突，甚至夫妻口角亦拔槍示威，至於嫌疑犯拒捕擊斃者，時有所聞，此實為惹起二二八事件之導火線。[61]

大戰結束，台灣人原來真情誠摯地狂歡「回歸祖國」，乍看國軍抵台下船時七零八落、神色倉皇、制服膨鬆不整、穿草鞋、扛鍋罐，與站在一旁縱使打敗仗卻保持莊嚴挺拔的日本軍隊相比，簡直無法置信，也不明其所以然。等到有人代為解釋說：「我們中國的軍隊，便是在這種最艱難困苦的環境中鍛鍊出來的。而8年來的抗戰，也是在苦戰中，才獲得最後勝利的；他們拿着最低的待遇，過着最苦的生活，而在精神上卻依然毫無怨尤！」[62] 幾句簡單的話，使得台灣人聽後都不禁深受感動：

> 一霎那，很多的台灣同胞都自動的出來為國軍搬槍彈抬行李，並

---

60 陳守國、王美玉專訪，〈謝東閔資政談二二八事件及經國先生本土化政策〉，原載《中國時報》（1992年1月15日），收於《二二八事件文獻續錄》（臺灣省文獻委員會，1992年4月，初版第2次印行），頁544。

61 韓石泉，《六十回憶》（韓石泉先生逝世三週年紀念專輯編印委員會，1966年6月），續誌印行，頁75。

62 唐賢龍，〈台灣事變的主因〉，原載《台灣事變內幕記》，南京：中國新聞社出版部，1947，收於陳芳明編，《台灣戰後史資料選──二二八事件專號》（台北：二二八和平日促進會，1991年3月），頁48。

紛紛地捐出皮靴來給國軍穿，而他們更紛紛地殺豬宰雞，拖著國軍回家去飲酒吃飯，以示慰勞。真的，世界上哪裡還有比這再真的感情！天地間哪裡還有比這更熱烈的場面！然而，不幸的是，日子過得不久，便由於國軍風紀的欠佳，而將這種敦厚的和濃烈的感情逐漸的沖淡了，沖淡得就像天空一片薄薄的浮雲。[63]

1946年2月10日，蘇新在《政經報》上發表〈主義·機構·人物〉，敘述台灣人對「祖國」從仰慕到譏諷的現象：

自臺灣光復至陳長官蒞臺，這個期間中，臺灣民眾是何等稱讚「三民主義」！何等仰慕「國民政府」！何等尊敬外省人！但是現在呢，只因多數可敬的外省人中間，混雜著些不良份子，到處招搖動（撞）騙，欺壓良民；有些官僚主義者流，到處拉攏人事，非親不用；有些半官半商之輩，到處圖謀事業，奪取民營等等，致使一般省民嘲笑地說：「趕出一隻狗，牽入一隻豬」，宛然把外省人當做「豬」款待；諷刺「三民主義」為「慘民主義」或「三面取利」；把各地行政機關當做「商行」——這是何等侮辱我們的政府，何等冒瀆我們的國父！[64]

換言之，到了1946年初，針對「阿山」與「狗去豬來」的怒火已經在市井小販與平民大眾間竄燒，也是李石樵體察台灣社會「從一個頂點轉到另一個頂點，即從歡迎到憎恨」的關鍵時刻[65]。

63 同前註。

64 蘇新，〈主義·機構·人物〉，《政經報》2：3（1946年2月10日），（台北：傳文文化公司，覆刻版），頁6。

65 王思翔，〈台灣二月革命記〉，《台灣舊事》（台北：時報文化公司，1995年4月），頁197。

〔市場口〕中，因失業而心情沮喪的青年與3位憤慨激動的「友仔」，既是由海南島遣送回台沒有產業者，也是自火燒島、台東等地釋放、或原住在福州廈門等地返台的流氓浪人。這一大群為數驚人的無業遊民，正遭逢空前的經濟蕭條與生活困頓之窘境，眼見多數外省籍的公務人員酒池肉林，上下其手，貪得無厭，他們「用一種忿怒的、伺機報復的眼光，嫉視著以主人自居的『阿山』」。[66] 誠如學者陳翠蓮所言：「不啻是戰後台灣社會中所埋藏的威力強大的定時炸彈。」[67] 亦即李石樵以太平町的市場為題材所繪製的巨幅寫實油畫〔市場口〕，雖然高彩度的筆調烘托出整個畫面的明亮精緻，但背後醞釀的卻是陰霾密佈，一場驚天動地的風暴即將來到。

四、側目斜看的婦人與牽鐵馬的現代女性

〔市場口〕畫面上，站在失業青年左邊的是梳台灣傳統髮型「龜仔頭」的中年婦女[68]，她身穿淺藍色樣式樸素的短袖旗袍，手提青菜側目斜看戴墨鏡傲然闊步前行的上海派女子。憤慨的「友仔」的右前方則有一位留短髮、牽鐵馬，著現代服飾的清純少女正面迎向上海派女子——暗示著一場無言的鬥爭。

---

66 同前註。

67 陳翠蓮，《派系鬥爭與權謀政治——二二八悲劇的另一面》，頁98。

68 曹介逸，〈生活習俗變遷談——閒談衣食住行為中心〉，頁80；阮昌銳，《民俗與民藝》（臺灣省立博物館，1984年10月），頁9-10。

（一）對當前中國繪畫的評斷

　　1946 年 10 月發行的《新新》雜誌同時刊登〈談台灣文化的前途〉座談會的紀錄，以及記者王俊明專訪李石樵的文稿，李石樵在這兩個場合中均表達了對當前中國繪畫之評斷：

> （座談會）
> 中國的繪畫向來就是一種高度的藝術，可是經過漫長的時間仍然看不到它改變的跡象。這就好像我們平時泡茶一樣，當一壺茶喝完了，便要重新沖水，沖過一次又再沖一次，一沖再沖之後，茶的味道自然變淡，而致全然無味。所以，如果我們想為中國創出新文化，就非得重新換一壺茶葉不可。[69]

> （記者專訪）
> 觀察現代中國繪畫發展的進程，目前正處於戰爭影響下，極端困苦的黑暗時代，大部份作品好像從最底層爬出來的，臭氣沖天而黯淡。[70]

　　李石樵從日治時代到戰後初期，雖然透過至友王白淵與陳澄波(1895-1947)可以得知中國國畫壇的訊息，但實際上，陳澄波在上海居住的幾年裡，活動雖然頻繁卻未打入中國畫壇的核心[71]。再者當時中國畫壇本身就相當混亂與分裂，上海美專的劉海粟(1896-1994)、北京的徐悲鴻(1895-1953)、杭州的林風眠

69　譯文引自謝里法，《台灣出土人物誌》（台北：前衛出版社，1992 年 6 月 15 日），台灣版 3 刷，頁 176，原載〈談台灣文化的前途〉，《新新》7（1946 年 10 月 17 日），頁 7。

70　譯文引自顏娟英，〈戰後初期台灣美術的反省與幻滅〉，頁 84，原載王俊明，〈李石樵画伯を訪ねて〉，頁 21。

71　顏娟英，〈勇者的畫像──陳澄波〉，《臺灣美術全集第 1 卷：陳澄波》（台北：藝術家出版社，1992 年 2 月），頁 36。

(1900-1991)、嶺南高奇峰(1889-1936)等，雖頗有名號，但若論具有全國性影響力的，或許反而是魯迅(1881-1936)所引領的「當革命之時，版畫之用最廣，雖極匆忙，頃刻能辦」的木刻版畫[72]，由於製作簡便，一版多印，節省經費，易於流傳，其革命文宣的功能實大於藝術創作的性質。這些左翼木刻版畫家，部分於戰後初期來到台灣拓展新的天地，而在許多雜誌和報紙的副刊上活躍了一段時間[73]，直到1948年2月魯迅生前好友，任職國立編譯館館長的許壽裳(1940-1948)在其寓所被刺殺之後，警覺性較高的木刻畫家們「從許壽裳的死嗅出了當局放出來的恐怖訊號」[74]，紛紛離開台灣返回中國，最後只剩最早抵達台北，卻不幸於白色恐怖期間遭國府以匪諜叛亂罪名槍殺的黃榮燦(1916-1952)[75]，以及日後改為走向抽象水墨的耳式（陳庭詩，1916-2002）兩人。

李石樵和這些外省籍的左翼木刻畫家往來的情形如何？在有限的資料中，只能作一個粗略的推估與判斷。依據朱鳴岡(1915-)的回憶，1947年冬天他曾到楊三郎淡水的家裡作客，在場人士還有李石樵、藍蔭鼎(1903-1979)、黃榮燦、陸志庠、

72　魯迅，〈《新俄畫選》小引〉，《魯迅全集（第七卷）》（台北：谷風出版社，1989年12月），頁335。
73　謝里法，《我的畫家朋友們》（台北：自立晚報，1988年9月），頁243-265。
74　謝里法，《我的畫家朋友們》，頁261。
75　吳步乃，〈刀鋒激人心，壯士志未酬（上、下）〉，《新國會》10-11（1994年6月、7月），頁68-72、74-79。

戴英浪等[76]，席上李石樵不大說話，藍蔭鼎與黃榮燦兩人最爲活躍[77]。另外一位親身經歷二二八事件的外省籍木刻版畫家荒煙(1921-1989)，則有如下的敘述：

> 事變當天我沒有課，立即到出事地方去，看到激烈的群眾鬥爭，心潮澎湃，不能自已，隨後人民起義被鎮壓下去，接著是大逮捕，大屠殺。我蟄居寓所，不太外出，而要用木刻刀參加鬥爭的願望異常強烈。直接刻畫二二八事變是不可能的，而一幅表現群眾鬥爭的木刻構思卻在我心中成熟了，那就是「一個人倒下，千萬人站起來！」，這是紀念聞一多先生被殺害的大幅木刻，……二二八事變群眾鬥爭場面的啓發，終於在我心中形象化。爲了表現群眾鬥爭的壯大，人民力量的不可阻擋，我在畫面上除安排了人數眾多的群眾外，還特意用了熊熊的火炬在人們手裡一支接一支傳過去，象徵鬥爭永遠不息。[78]

荒煙沒有具體說明爲甚麼不能像黃榮燦一樣，以強而有力的畫面〔恐怖的檢查／台灣二‧二八事件〕（圖8）直接刻畫二二八事變，爲台灣留下珍貴的歷史見證。不過，左翼木刻版畫向來有正面直擊的色彩，同樣目睹台灣人起義抗暴卻遭國府殘酷的鎮壓，所有大逮捕、大屠殺的恐怖實態不是荒煙創作的泉源，反而激起他刻畫〔一個人倒下去，千萬人站起來！〕（圖9），以紀念在中國大陸被國府特務暗殺身亡的作家聞一多。

---

76 吳繪，〈難忘四十年前舊游地──木刻家朱鳴岡憶台灣之行〉，《雄師美術》210（1988年8月），頁153。

77 同前註。

78 謝里法，《我的畫家朋友們》，頁260。

畫作雖然刻工細膩，氣勢澎湃，呈現出似乎令人感動萬分的悲壯情懷，但也不禁令人好奇反問台籍菁英在二二八事件中遇害者不計其數，何以無一能成為其創作的靈感與素材？或許只能說，在戰後初期一片內台文化交流的活動當中，實際也存在著「內台文化不交流」與「省籍隔閡」的現象吧。朱鳴岡接受謝里法的訪問時也提到：「木刻藝術在當時台灣畫家心目中，也像30年初期在中國畫家心目中一樣，並未能引起重視」。[79] 顯然，台籍畫家和左翼木刻畫家之間是有「一條鴻溝」橫在其中。

如此看來，李石樵在缺乏中國當代畫壇豐富的訊息之下，一方面肯定中國傳統水墨畫是高度藝術，唯應「換一壺茶葉」以創造出新的文化，另一方面則對中國來台左翼木刻畫家的作品提出大部份「好像從最底層爬出來的，臭氣沖天而黯淡。」看來相當鄙夷的論斷。值得注意的是，李石樵提出這些評語的時間點為1946年的秋天，此時「臺灣光復真吃虧／餓死同胞一大堆／物價一日一日貴／阿山一日一日肥」的歌謠傳遍大街小巷，省籍情結早已嚴重發酵。

日治時代，李石樵7次入選帝展，拔得首位台籍西畫家獲得無鑑察榮耀的頭籌，在民間流行「物價一日一日貴／阿山一日一日肥」的歌謠，傳達出台灣人對「狗去豬來」的憤懣情緒之際，李石樵對「祖國」來台左翼木刻版畫家的作品發出不屑與排斥的觀點，誠屬可以理解之情事。比較有趣的反而是李石

79　謝里法，《我的畫家朋友們》，頁263。

樵在所謂「中國繪畫……大部分作品」的用詞上，透露出個人潛意識裡對台灣回歸「祖國—中國」的不確定性之意涵。尤其是〈談台灣文化的前途〉的座談會場上，雖然李石樵只發言兩次，但第2次他將中國繪畫比喻為泡茶的原理時，現場隨即響起一陣的笑聲[80]，可見其觀點引發了在場台籍人士普遍的共鳴，從而顯示當時許多台籍菁英內在國籍認同上的曖昧現象。

（二）從舊傳統社會前進到現代化的台灣人

　　1946年初，王白淵於《政經報》上發表〈在臺灣歷史之相剋〉一文，說明台灣只接收四個多月卻出現許多令人寒心的地方，如「教育之退步，治安之不周，工業之停頓，商業之不振，交通之亂脈，行政之不能徹底，均萬人所共認。而米荒日趨嚴重，若不設法挽救，有不可收拾之慨，而亦有由社會問題，進入政治問題發生之可能。」[81]。他分析這些問題的根源所在：

> 臺灣雖在日本帝國主義高壓之下，竟在高度工業資本主義下，過着半世紀久之生活。因此其意識形態，社會組織，政治理念，均屬於工業社會之範疇。當然臺胞本身不能說是工業民族，但是亦不能說是農業社會的住民，竟受過近代高度資本主義深刻之洗禮。而其血統雖是漢族，但是受日本多年之教育，許多地方，有帶日人脾氣。陳長官說「臺胞氣短」，恐怕亦是

80　〈談台灣文化的前途〉，《新新》7（1946年10月），（台北：傳文文化公司，覆刻版），頁7。

81　王白淵，〈在臺灣歷史之相剋〉，《政經報》2：3（1946年2月10日），（台北：傳文文化公司，覆刻版），頁7。

說其此點。但是氣短亦不一定是壞處，亦有其特長，中國的馬馬虎虎主義，在臺灣是不能通行的。中國在八年抗戰中，當然許多地方，有相當地步，但還脫不離次殖民地之性格，帶着許多農業社會的毛病。在這一次接收過程中，我們明明白白可以看得出。農業社會和工業社會的優劣。接收臺灣，就是接收日本，從低級的社會組織，來接收高度的社會組織，當然是不容易的。米國管理日本之順利，不是由麥元帥一個人之能幹所致，是最高度的工業社會，來管理其次的工業社會所致。愛親覺羅以武力征服四百餘洲之後，以漢人治漢為原則，其政治手腕，使人能可欽服。因在其歷史範疇看來，當時之滿洲，還脫不離遊牧民族之階段，然漢族竟在高度之農業社會。農業社會勝過於遊牧社會，當然不必待言。愛親覺羅之明智，能看透這個歷史之階段，因此採取以漢治漢之政策，來保持滿清三百年之榮華。[82]

王白淵於文末提出滿清之所以能保持300年之榮華，原因在於「以漢治漢」的策略所致。這樣的想法與二二八處委會所提出的42條大綱中所標榜「台人治台」的精神十分吻合，也是大戰末期在「祖國」參加抗日的台籍志士一再向國府陳情，卻遭漠視猜忌甚而擱置不予理會的諍言[83]。

1895年甲午戰役，清廷戰敗將台灣割讓與日本，殖民地的台灣人「就這樣被強迫投入現代社會，不管願意與否，享受近代

82　同前註。

83　鄭梓，〈試探戰後初期國府之治台策略〉，《二二八學術研討會論文集(1991)》（台北：二二八民間研究小組、台美文化交流基金會、現代學術研究基金會，1992年2月），頁236-252。

化的恩惠。」[84]亦即經過日本當局傾全力孜孜不倦的經營，五十年下來「把台灣建設成幾乎十全十美的資本主義殖民地。」[85]無可諱言，日本政府也從台灣攫取包括一年高達兩千萬圓的砂糖出廠稅與各種企業的鉅額紅利，其所累積的利潤之龐大難以估計。[86]

殖民地台灣現代化的象徵之一爲斷髮與放足運動的開展與普及。日本當局領台之初並未驟然強制實施斷髮，故斷髮人數時有增減[87]。但總督府視教育爲同化的工具，移風易俗則爲貫徹同化政策必要的過程，尤其辮髮與纏足之陋習更須儘速予以革除，因此宣導放足斷髮乃是殖民教育的主要任務之一。當局遂迭次招待台灣各地的仕紳耆老前往日本旅遊參觀，不少人看到保持天足的日本女子，不但接受正規的學校教育，社交活動中也進退有度，在工商機構行號工作之表現亦不輸於男子……等情況，留下深刻的良好印象[88]。1903年大阪舉行博覽會，總督府趁機鼓勵台灣社會中流以上的各地紳商共五百餘人參訪，他們目睹日本女子的教育及生活狀況之進步深受影響，回台後紛紛起而重視女子教育，繼而呼籲解放纏足之陋習[89]。迨放足斷髮

---

84 王育德，《臺灣——苦悶的歷史》（台北：自立晚報社文化出版部，1993年9月），1版2刷，頁114。
85 同前註，頁112。
86 同前註，頁114。
87 吳文星，《日治時期臺灣的社會領導階層》（台北：五南圖書出版公司，2008年5月），頁216。
88 同前註，頁217-218。
89 同前註，頁223-224。

運動掀起熱潮時，日人認為公學校教師係地方新知識分子，負有鼓吹文明思想之責，更應以身作則率先斷髮。身為公學校教師的蔡培火更呼籲台人教師應積極推行斷髮運動，以盡社會上流階層之責任[90]。由此可知台灣社會的中、上階層扮演了推動斷髮風氣之先鋒。

　　台灣中上階層的斷髮運動，雖然來自視髮辮為陋習，並將斷髮當成文明或時髦的象徵，但從蔣渭水夫人陳甜的獨照（圖10）、霧峰婦人國語漢文研究會修業紀念照（圖11）、臺北木工工友會細木部會員攝影（圖12）、台灣文化協會活動寫真部記念（圖13）等相片中，仍可發現1920至30年代，部分台灣人在民族意識與現代化的雙重考量下堅持「斷髮不改裝」。

　　前行政院新聞局駐東京新聞處主任張超英(1933-2007)，於其口述傳記中提及：

> 我的母親甘寶釵是彰化名紳甘得中的長女，彰化女中第一屆畢業，也是當時女孩子到日本留學的先鋒之一，就讀於至今仍享有盛名的日本女子大學。在一九二〇年代，她因深受日本西化的影響，自由、平等、人權的理念深植心中，主張女子剪髮，投入社會服務。[91]

　　儘管不少人堅持民族大義寧可「斷髮不改裝」，但前衛進步的甘寶釵則率先掙脫女性的枷鎖，把髮型改為西式著全套洋

90　同前註，頁228。

91　張超英口述、陳柔縉執筆，《宮前町九十番地》（台北：時報文化出版公司，2007
　　年5月），初版11刷，頁15。

服（圖14）[92]。再從《台灣服裝史》一書中所展示的台灣常民在服飾上逐步現代化的老照片[93]，以及台籍菁英在台灣民族自覺的政治社會文化運動中，普遍穿西服、打領帶、留「海嘎辣」（圖15-18）的情形[94]，甚至文化協會二林支部長的醫師李應章（1897-1954），領導二林蔗作組合與日本製糖會社抗爭活動之餘，也騎著以現今的角度來看，造型依然十分拉風的「喔都拜」（摩托車）四處奔波應診（圖19）[95]。這些日治時期的老照片處處彰顯台灣中上階層自1910年代開始，在傳統的習俗環境當中逐步走向日本化、西化、現代化的生活實態。

1936年，李石樵的作品〔楊肇嘉氏家族之像〕（圖20）入選日本改組文展，同儕特別於台北江山樓設宴為之慶賀，當時絕大多數的與會人士皆西裝筆挺（圖21）[96]。1938下半年，李石樵隻身於日本東京的中央畫壇繼續奮鬥，台灣的妻子周來富女士攜長子、長女到相館拍了一張紀念照（圖22），相片中周來富剪短髮，著時尚風行及地的長旗袍，再搭配高跟鞋，手抱幼子正襟危坐，長女倚在身旁留河童頭（娃娃頭），手提小皮包，姊弟兩人均以西式洋裝亮相。

---

92 同前註，頁72-73。

93 葉立誠，《台灣服裝史》（台北：商鼎文化出版社，2005年8月，1版2刷），頁55-96。

94 台語「海嘎辣」是西裝頭，日文拼音 ハイカラ（原意high collar）。

95 台語「喔都拜」是摩托車，日文拼音 オートバイ（原意autobicycle）。

96 《臺灣美術全集第8卷：李石樵》（台北：藝術家出版社，1993年1月），頁237。

再從李石樵的作品來看，自1933年的〔林本源庭院〕（圖23）入選第14回帝展開始，他便屢屢以親人家族爲創作的題材，除了少數著台灣傳統服飾或日本和服，其他多傾向於現代化的西式服裝。尤其是年輕女性的衣著，如1935年第2部會展〔編物〕（圖24）、1934年第15回帝展〔畫室內〕（圖25）、1936年第1回府展〔初孫〕（圖26）、1938年第2回新文展〔窗邊座像〕（圖27）、1940年第6回台陽展〔我是一年級生〕（圖28），以及1943年〔唱歌的小孩〕（圖29）[97]。這些作品說明父母經營「土壟間」（碾米廠）的李石樵家族的生活狀態[98]，也代表了日治時代台灣社會許多中上階層的家庭生活的典範。

（三）唯藝術以鬥爭的精神

1935年7月4日至12月9日，第1屆台陽美術展覽會於台灣教育會館正式發表，展出期間，李石樵在台灣文藝聯盟的機關刊物《台灣文藝》發表〈最近的感想〉。文中他先提出繪畫創作因個人的意識型態不同，可分爲3類；第1類將繪畫視爲生活手段，第2類因過去一直在作畫所以繼續畫下去，最後一類爲喜好繪畫的人，接著又說明：

> 喜好繪畫也還可以分爲兩類，即作畫聊以自娛的人，以及更進一步意識到繪畫可以在社會中發揮作用的人。我想後者才是畫

---

97 〔歌唱的小孩〕畫面右側兩個小女孩穿著改良式的「罔蔽」爲西式燈籠褲。「罔蔽」一詞參曹介逸，〈生活習俗變遷談——閒談衣食住行爲中心〉，頁79。

98 李石樵，〈酸苦辣〉，《台北文物》3：4（1955年3月），頁87。

家之中的真正畫家吧！……繪畫（如同文藝）是比文化運動更
為艱鉅之事業，同好間更應互相鼓勵提攜，依其共同建設[99]。

上述內容顯示李石樵期許自己不是「作畫聊以自娛的
人」，而是真正成為「畫家中的畫家」，可以在社會上發揮作
用，也深刻的體認到繪畫之路比文化運動更為任重道遠，有志
之士應互相鼓勵提攜共同建設。從首屆台陽美展剛結束不久，
李石樵即發表這篇語重心長的短文來看，與其說是他個人「最
近的感想」，不如說是身為台陽美協8位發起人的他，呼應社
會大眾期待新成立的台陽美協能展現民族意識「共同抗日」的
一種表白。

1954年12月15日台北市文獻委員會舉辦〈美術運動座談
會〉，主席黃得時(1909-1999)提問台陽美協創立之時：「當別
有意圖？」現場多位台籍畫家中只有楊三郎(1907-1995)、王白
淵和李石樵3人予以回應。楊三郎回答：「別沒有甚麼企圖，
不外是相互切磋琢磨的團體」。王白淵則說：「『台陽展』反日
只是日人的看法，實在它本身並沒有這種意識。」[100]考量當日
的與會者均歷經日本與國府兩個政權的統治，在一片「自己
人—台灣人」的氣氛情境之下不約而同地想起1947年的大屠
殺、大逮捕，而昔日共同打拼創辦台陽美協的老友陳澄波甚且

99　引自顏娟英譯，〈最近的感想〉，《風景心境：台灣近代美術文獻導讀（上冊）》
　　（台北：雄獅，2001年3月），頁162，原載李石樵，〈この頃の感想〉，《臺灣文
　　藝》2：7（1935年7月）。
100　〈美術運動座談會〉，《台北文物》3：4（1955年3月），頁11。

不幸含冤往生，此情此景使台籍人士或有不勝欷噓與恍如隔世之慨嘆。面對主席的詢問，楊三郎和王白淵兩人暮然間「懷念起日治時代的敵人」，不覺地真情流露表明台陽並無反日的說法，從而推翻先前自己一再表達台陽具有強烈的抗日意識[101]。

但李石樵的回答卻獨樹一幟：「臺陽會是純然站在藝術上的立場而曉爭的」[102]，和日治時代他所發表〈最近的感想〉一文中期許自己成為「畫家之中的真正畫家」、「在社會中發揮作用」的陳述對照比較，李石樵戰前戰後理念一致，策略清楚——唯藝術以曉爭的精神一以貫之，無絲毫模糊的空間。

回顧1933年李石樵首度入選帝展，慶賀的人潮離開之後，他寫下對摯友陳植棋的感念：

> 一夜沒睡，想到植棋君若在世。——非常寂寞，好像宇宙中剩我一人漂蕩。台灣的藝術前途暗澹……。[103]

李石樵追尋陳植祺的精神——堅持藝術抗爭的路線，在配合「光復週年慶」舉辦的省展中推出社會寫實繪畫〔市場口〕，適值「祖國」最高領導人——蔣主席巡視台灣「接受民

---

101 筆者以為不論是王白淵的台灣美術運動史、台陽戰後「光復紀念展」新的宣言、楊三郎的〈臺灣美術的十年〉與〈台灣繪畫的回顧〉等，目前可見比較正式的文字紀錄均屬白色恐怖時期的「公開表態」，明哲保身的意味甚濃。參王白淵，〈臺灣美術運動史〉，《台北文物》3：4（1955年3月），頁22、27-28；楊三郎，〈臺灣的美術〉，《臺灣十年》（台灣新生報，1955年10月），頁50；楊三郎，〈台灣繪畫的回顧〉，《臺灣文獻》26/27：4/1（1975年12月-1976年3月），頁304。

102 同前註。

103 葉思芬，〈英雄出少年——天才畫家陳植棋〉，《臺灣美術全集第14卷：陳植棋》（台北：藝術家出版社，1995年1月30日），頁43。

眾熱烈歡呼」[104]，「停頓片刻」「欽定」省展的作品[105]。〔市場口〕揭示了台灣民間經濟破敗，民不聊生的窘境，這種「哪壺不開提哪壺」顧人怨的畫面能引起「偉人」多少關懷的眼神？當「回歸祖國」的台灣，比日治時期的生靈塗炭有過之而無不及，「支持美術發展的工商社會之形成」仍舊遙遙無期[106]，台灣人的基本生活確實是「憂鬱的民生主題」[107]。生吃着無，哪倘曝干？抹上〔市場口〕的最後一筆色彩之後，李石樵是否對台灣的藝術前途更為悲觀，更加追念往昔的故友呢？

（四）發掘現實與呈現美感的世界性創作

前文所提的〈談台灣文化的前途〉座談會乃《新新》月報社所主辦，1946年9月12日假太平町的山水亭舉行[108]。當日與會人員除了李石樵，尚有主席蘇新、新生報翻譯主任王白淵、臺大教授黃得時與張冬芳(1917-1968)、山水亭老闆兼人民

---

104 簡榮聰，《抗戰與台灣光復史料輯要》（台灣省文獻委員會，1995年10月），頁540。

105 據李梅樹之子李景文轉述，蔣介石伉儷參觀省展的過程中「地方官吏全程陪伴在側，每走到引他注意的作品就停頓片刻，隨從既刻將該作記錄下來，總共記下郭雪湖、范天送、李梅樹和陳澄波等人之作4幅。蔣氏並未表示要購買，而是長官公署自動買下來，等蔣氏回南京後才獻上」。謝里法，〈從第一屆全省美展創立過程探討終戰後臺灣新文化之困境〉，《全省美展一甲子數位美術館》（http://www.tpg.gov.tw/DCEA/arts/content1.asp，2006年4月。

106 關於日治時期「支持美術發展的工商社會仍待形成」的論述，請參顏娟英，〈台灣早期西洋的美術發展3〉，《藝術家》170（1989年7月），頁179-181。

107 原句為「啊，賣烟，你們的憂鬱確實是個民生主題啦。」踏影，〈賣烟記〉，《新新》2：1（新年號）（1947年1月），頁15。

108 〈談台灣文化的前途〉，頁4。

導報社的發行人王井泉(1905-1965)、劇作家林博(摶)秋(1920-1998)等。整個座談會中王白淵發言次數最多，語氣最強烈[109]。

　　針對臺大教授黃得時所述台灣文化應世界化和中國化同時並行發展的意見，王白淵卻抱持不同的觀點：「民族性較小，普遍性較大的文化，是高層次的文化。反之，則屬低層次的文化。」繼而提出不一定要以中國文字表現的文化，才稱得上中國文化，最後歸結：「擁有人類所共通的國際性內容，同時又達到民族性的表現，這才真正是我們期待中的文化。」[110] 王白淵何以有「世界性的文化優先於民族性的文化」的想法，這可由他所執筆〈獻給青年諸君〉的一文中看出端倪：

> 某位服務於麥克阿瑟司令部的中國通副官，曾經在東京批評戰後中日兩國和其國民，說：「現今日本在國家層次上確實是四等國家，但國民則是一等國民；相反的，中國在國家層次上雖列為一等國家，可是國民卻依然祇是四等國民。
>
> 這位盟邦人士的辛辣批評，的確令我們覺得有如冷水灌頂，冰涼沁骨。
>
> 每當目及那些沈醉在戰勝的餘榮中得意忘形、竟日追逐名利的情景，大凡關心國家民族之前途的人，何人不墮入沈思之中而感憂心的呢？而且，當我們虛心坦懷地捫心自問之際，到底又有誰膽敢針對這位副官的批評提出抗議呢？[111]

---

109 謝里法，《台灣出土人物誌》，頁172。

110 同前註，頁175。

111 譯文引自王白淵撰、陳才崑譯，〈獻給青年諸君〉，《王白淵‧荊棘的道路》(彰化縣立文化中心，1995年6月)，頁280，原載《新新》7（1946年10月），頁12。

王白淵對盟邦人士的辛辣批評覺得「有如冷水灌頂，冰涼沁骨」，內在的情緒可說盪到谷底，座談會中他進一步強調：

> 現在我們須講求的（文化方向），是朝民主主義文化這個方向去推進。而談到文化的方向，就非得以政治為先決條件來決定不可。
> ……在美術方面也一樣，從沙籠美術的領域跨出來是絕對必要的，因今天已經面臨到世界性的潮流了。[112]

　　王白淵接著詢問現場唯一的畫家李石樵的看法，李石樵除了肯定王白淵所提「民主主義文化」的觀點，也積極的回應：

> 今後的政治屬於民眾的，美術及文化也必須屬於民眾。因此，繪畫的取材也應從這個方向來考慮。必須放棄僅止於形式上好看的作品，採取有主題、有主張有意識(ideology)的作品才好。如此一來，便開拓出今後我國藝術發展的路線。美術的發展應朝向世界性，而目前的作法卻是脫離了世界的潮流。[113]

　　這樣的觀點，在李石樵接受《新新》雜誌的記者王俊明的專訪時尚有一番精闢的解說，他嚴肅地向記者闡述自己繪畫創作的中心思想：

> 然而與之完全相反的，輕易地與人生和自然妥協以終，只會表現很美麗的輕率的作畫態度，脫離現實，製作出許多逃避的，無法看出人生深層意義的作品也很多。這些也就是意味著不道德的事。此所謂道德並非根據艱澀的道理而來，而是做為一位

---

112 譯文引自謝里法，《台灣出土人物誌》，頁176，原載〈談台灣文化的前途〉，頁6。
113 譯文引自顏娟英，〈戰後初期台灣美術的反省與幻滅〉，頁89，原載〈談台灣文化的前途〉，頁6。

真正的畫家，必然以良心來創作。亦即繪畫是完成人格之事。
因此，一定要考慮自己的畫在現代的社會中扮演什麼角色？其
存在的價值如何？

今日的美術絕對是要具有主題的藝術。而且必須要有確定的目
標。一定抱著拚命努力發掘現實的態度，企圖呈現美感的價值。
繪畫必然是生活在社會中，與大眾共相處的。這並不是說畫家
得譁眾取媚。而是表現出畫家自內心湧出的良心。今天我便就
我國美術的現況為主題，清楚地表現。[114]

　戰後李石樵遷回廢墟四處的台北城（圖30-32），滿懷願景
想為台灣受到戰火波及而蕭條不振的文化事業盡一己之力，他
延續終戰前達到爐火純青、成熟穩健的人像寫實與畫面經營的
功力，選擇大稻埕區的太平町（今之延平北路）的市場口為創
作的題材。日治時期大稻埕的發展已超越清治時期的「一府二
鹿三艋舺」，區內不但商業貿易鼎盛，也有蔣渭水(1890-1931)
開設的大安醫院（圖33）、台灣文化協會創會的地點靜修女
中、演出抗日意味濃厚的〈閹雞〉的永樂座劇院、文化界經常
聚集討論交流的「波麗都（ボレロ）」咖啡廳，以及王井泉所
經營的台式餐廳「山水亭」。此外還有格局雖小卻名聞遐邇的
霞海城隍廟，每年農曆5月8日起連續5天舉辦全台最大的迎
神賽會，聚集高達二、三十萬以上的人潮（圖34）[115]。1930年郭

---

114 譯文引自顏娟英，〈戰後初期台灣美術的反省與幻滅〉，頁84，原載王俊明，〈李
　　石樵画伯を訪ねて〉，頁21。
115 謝森展編著，《台灣回想(1895-1945)》（台北：創意力文化公司，1994年1月，再
　　版），頁269；莊永明，《台北老街》（台北：時報文化出版公司，2002年4月，2

雪湖(1908-)的〔南街殷賑〕（圖35）獲得第4屆的台展賞與無鑑察，其主題即為霞海城隍廟的中元普渡，畫面上各式各樣鮮麗的招牌、旗幟交錯，人聲鼎沸，熱鬧滾滾，充分表現出物富民豐的祭典盛況。總之，太平町商賈雲集，人文薈萃，區內的市場口更是人潮熙來攘往，資訊傳播快速，可說是觀察台灣民情的最佳場景。二二八事件爆發前，傳聞蘇澳至花蓮路段有一位公路局的司機遭十幾名軍人摑掌侮辱，司機流淚哀求其他乘客下車謂：「和豬送做堆不值得。」待乘客全部下車後，司機自行加速開車衝向斷崖和軍人同歸於盡，這個故事便是由乘客中的一位青年於永樂座前親自見證述說[116]。

　　1988年7月李石樵接受顏娟英教授採訪時，表達〔市場口〕是用來記錄當年的社會情況，他特別指出「牽鐵馬的則是咱這裡的人」[117]。〔市場口〕中梳「龜仔頭」髮式，穿著淺藍色短袖旗袍的中年婦女，在李石樵精密的構思之下，一方面描繪她半隱在後方的人群中側目斜視上海派女子，乍看為消極性的角色，實則隱喻在新舊雜陳的台灣社會裡潛藏著一股對上海派女

版12刷），頁89-90。

116 此傳說的另一版本為二二八事件由北部迅速擴及中、南、至東部，中國國民黨黨軍急電東部黨軍支援。東部黨軍因無車輛載送官兵馳援，遂攜槍枝強迫當地一家運輸業者載送，該業者的司機心知此去必造成無數冤魂，但在槍枝逼迫下答應了。滿載官兵的車子沿蘇花公路急馳，及至一處臨海的懸崖，司機突然駛向懸崖，所有官兵和司機便墜入於太平洋的深海中。謝里法，《台灣心靈探索》，頁115；衛德全，〈蘇花公路的二二八故事〉，《自由時報》（2009年2月24日），自由廣場。

117 顏娟英，〈訪李石樵手稿（二）〉。

子不以爲然，難以苟同的傳統力量，另一方面也顯示畫家對台灣舊時代傳統的揮別。代之而起的則是穿了全套新穎西式、現代化的服裝，充滿自信、牽著鐵馬的清新少女，她雖然不是站在畫面中央的焦點位置，卻是畫家筆下的台灣人之象徵，在戰後初期縱使處於政治權利的邊緣角色，仍然勇敢向前，正面抵擋對抗象徵權力核心的外省統治勢力──有餘裕的上海派女子。

結　論

　　1945年8月15日，裕仁天皇透過廣播宣布無條件向盟軍投降，台灣人狂歡回歸「祖國」，焚香祭祖，感謝天地，終得擺脫50年殖民統治的枷鎖。不意眨眼之間，風雲變色，新鐵鍊更加緊箍台灣人的頸項[118]，接收變成「劫收」，台灣社會陷入比日治殖民時代更爲痛苦與悲慘的境地。李石樵作爲新時代執台灣畫壇牛耳的洋畫家，他秉持個人內在的道德良心，以民主主義的文化精神與努力發掘現實的態度，加上承襲自日本東京美術學校與帝展所練就的現代化與世界性潮流的藝術語彙，創作了深富美感價值的〔市場口〕。這件鉅幅的社會寫實繪畫留下戰後至二二八事件爆發前夕，「祖國」政權極盡蹂躪台灣的全紀錄，以及現代化、充滿自信的台灣人意識之抬頭，嗆堵拒絕「祖國─中國」的再殖民統治。

---

118 楊逵，〈爲此一年哭〉，《新知識》1（1946年8月）（台北：傳文文化公司，覆刻版），頁13。

徵引書目

1. 專書論文

王育德　1993.9　《臺灣──苦悶的歷史》，台北：自立晚報社文化出版部，1版2刷。

王思翔　1995.4　〈台灣二月革命記〉，《台灣舊事》，台北：時報文化公司，頁170-230。

史　明　1980.9　《台灣人四百年史》，San Jose CA：蓬島文化公司。

白雪蘭　1989.6　《李石樵繪畫研究》，台北市立美術館。

吳濁流著、鍾肇政譯　1993.3　《台灣連翹》，台北：前衛出版社，台灣版5刷。

吳濁流著　1996.3　《無花果》，台北：前衛出版社，初版9刷。

吳文星　2008.5　《日治時期臺灣的社會領導階層》，台北：五南圖書出版公司。

巫永福　1986.12　《風雨中的長青樹》，台中：中央書局。

李梅樹　1992.10　〈台灣美術的演變〉，《歷史、文化與台灣──台灣研究研討會紀錄（1～27回）》，台北：台灣風物雜誌社，再版，頁145-158。

李筱峰　2000.3　《解讀二二八》，台北：玉山社出版公司，初版6刷。

何義麟　2006.1　《跨越國境線─近代台灣去殖民化之歷程》，台北：稻鄉出版社。

阮昌銳　1984.10　《民俗與民藝》，臺灣省立博物館。

林繼文　1996.3　《日本據台末期(1930-1945)戰爭動員體係之研究》，台

北：稻鄉出版社。

林照眞　1996.7　《覆面部隊——日本白團在台祕史》，台北：時報文化
　　出版公司。

周夢江　1995.4　〈記楊逵二、三事〉，《台灣舊事》，台北：時報文化
　　出版公司，頁101-106。

柯喬治(George H. Kerr)著、陳榮成譯　2004.10　《被出賣的臺灣》，台
　　北：前衛出版社，初版14刷。

段承璞主編　2003.10　《台灣戰後經濟》，台北：人間出版社。

張超英口述、陳柔縉執筆　2007.5　《宮前町九十番地》，台北：時報文
　　化出版公司，初版11刷。

陳芳明編　1991.3　《台灣戰後史資料選——二二八事件專輯》，台北：
　　二二八和平日促進會。

陳守國、王美玉專訪　1992.1.15　〈謝東閔資政談二二八事件及經國先
　　生本土化政策〉，《中國時報》，收於《二二八事件文獻續錄》，
　　臺灣省文獻委員會，1992年4月，初版第2次印行，頁543-546。

陳才崑　1995.6　〈王白淵生平‧著作簡表〉，《王白淵‧荊棘的道
　　路》，彰化縣立文化中心，頁418-439。

陳翠蓮　1998.6　〈「大中國」與「小台灣」的經濟矛盾——以資源委員會
　　與台灣省行政長官公署的資源爭奪爲例〉，《二二八事件研究論文
　　集》，台北：財團法人吳三連台灣史料基金會，1版2刷，頁51-77。
　　1995.5　《派系鬥爭與權謀政治——二二八悲劇的另一面》，台
　　北：時報文化出版公司，1995年5月，初版2刷。

陳碧奎　1997.11　〈緒言〉，《高座海軍工廠台灣少年工寫眞帖》，台
　　北：前衛出版社，頁10-15。

陳碧奎口述、林慧姃整理、張良澤校閱　1998.11　《赤手空拳——一個「少年工」的故事》，台北：前衛出版社。

陳彥斌　1997.10　〈烏牛欄一役力挫國民黨清鄉部隊——黃金島一生追求台灣獨立〉，《台灣老兵影像故事》，台北：前衛出版社，頁88-94。

陳俐甫編著　2000.6　《禁忌・原罪・悲劇——新生代看二二八事件》，台北：稻鄉出版社，1版2刷。

許雪姬訪問、蔡說麗紀錄　1993.2　〈陳知青先生訪問紀錄〉，《口述歷史4》，台北：中央研究院近代史研究所「口述歷史」編輯委員會，頁99-111。

莊永明　2002.4　《台北老街》，台北：時報文化出版公司，2版12刷。

楊三郎　1955.10　〈臺灣的美術〉，《臺灣十年》，台灣新生報，頁50-53。

楊逸舟著、張良澤譯　2002.10　《二・二八民變》，台北：前衛出版社，12刷。

黃昭堂著、黃英哲譯　2002.5　《台灣總督府》，台北：前衛出版社，修訂1版5刷。

黃金島著，潘彥蓉、周維朋整理　2004.12　《二二八戰士：黃金島的一生》，台北：前衛出版社。

盛清沂、王詩琅、高樹藩編著　1994.6　《臺灣史》，臺灣省文獻委員會，3版。

鈴木茂夫資料提供、蘇瑤崇主編　2004.4　《最後的台灣總督府：1944-1946年終戰資料集》，台中：晨星出版公司。

葉榮鐘　1964.12　〈臺灣省光復前後的回憶〉，《民主評論》，香港，收

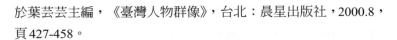

於葉芸芸主編，《臺灣人物群像》，台北：晨星出版社，2000.8，頁427-458。

葉思芬　1995.1　〈英雄出少年——天才畫家陳植棋〉，《臺灣美術全集第14卷：陳植棋》，台北：藝術家出版社，頁15-44。

葉立誠　2005.8　《台灣服裝史》，台北：商鼎文化出版社，1版2刷。

鄧孔昭編　1991.2　《二二八事件資料集》，台北：稻鄉出版社。

蔣永敬、李雲漢、許師慎　1988.10　《楊亮功先生年譜》，台北：聯經出版公司。

鄭　梓　1992.2　〈試探戰後初期國府之治台策略〉，《二二八學術研討會論文集(1991)》，台北：二二八民間研究小組、台美文化交流基金會、現代學術研究基金會，頁229-277。

鄭麗玲　1995.7　《台灣人日本兵的【戰爭經驗】》，台北縣立文化中心。

鄭宜欣　2002.2　〈從〔市場口〕論女性形塑之意涵〉，《2001年台灣地區藝術學相關研究領域碩士班學生論文發表會論文集(下冊)》，國立台灣師範大學美術研究所，頁406-422。

劉士永　1996.3　《光復初期台灣經濟政策的檢討》，台北：稻鄉出版社。

魯　迅　1989.12　〈《新俄畫選》小引〉，《魯迅全集（第七卷）》，台北：谷風出版社，頁333-335。

韓石泉　1966.6　《六十回憶》，韓石泉先生逝世三週年紀念專輯編印委員會，續誌印行。

謝里法　1988.9　《我的畫家朋友們》，台北：自立晚報。

　　　　1992.6　《台灣出土人物誌》，台北：前衛出版社，台灣版3刷。

　　　　1999.11　《台灣心靈探索》，台北：前衛出版社。

謝森展編著　1994.1　《台灣回想(1895-1945)》，台北：創意力文化公

司,再版。

顏娟英　1988.7　〈訪李石樵手稿(二)〉。

　　　　1998.6　〈戰後初期台灣美術的反省與幻滅〉,《二二八事件研究論文集》,台北:財團法人吳三連台灣史料基金會,1版2刷,頁79-92。

　　　　1992.2　〈勇者的畫像——陳澄波〉,《臺灣美術全集第1卷:陳澄波》,台北:藝術家出版社頁27-43。

顏娟英譯　2001.3　〈最近的感想〉,《風景心境:台灣近代美術文獻導讀(上冊)》台北:雄師圖書公司,頁162。

簡榮聰　1995.10　《抗戰與台灣光復史料輯要》,台灣省文獻委員會。

魏斐德Frederic Wakeman, Jr.著、梁禾譯　2004.1　《特工教父——戴笠和他的秘勤組織(上)》,台北:時英出版社。

2. 期刊論文

王白淵　1946.1.25　〈告外省人諸公〉,《政經報》2:2,台北:傳文文化公司,覆刻版,頁1-2。

　　　　1946.2.10　〈在臺灣歷史之相剋〉,《政經報》2:3,台北:傳文文化公司,覆刻版,頁7。

　　　　1955.3　〈臺灣美術運動史〉,《台北文物》3:4,頁16-64。

王俊明　1946.10　〈洋畫壇の權威——李石樵畫伯を訪わて〉,《新新》7,台北:傳文文化公司,覆刻版,頁21。

王宏仁　1991.3　〈戰後初期(1945-49)台灣各階級之經濟活動〉,《臺灣風物》47:1,頁23-38。

江　流　1946.2　〈白薯的悲哀〉,《新臺灣》2,台北:傳文文化公司,

覆刻版，頁10-13。

李石樵　1955.3　〈酸苦辣〉，《台北文物》3：4，頁84-88。

吳步乃　1994.6、7　〈刀鋒激人心，壯士志未酬（上、下）〉，《新國
　　　　會》10、11，頁68-72、74-79。

吳　燴　1988.8　〈難忘四十年前舊游地 —— 木刻家朱鳴岡憶台灣之
　　　　行〉，《雄師美術》210，頁150-154。

吳聰敏　2001.12　〈臺灣戰後的惡性物價膨脹〉，《國史館學術集刊》
　　　　10，頁131-159。

曹介逸　1958.3　〈生活習俗變遷談 —— 閒談衣食住行為中心〉，《台北
　　　　文物》6：3，頁77-91。

張炎憲、曾秋美　1999.12　〈陳遜章先生訪問記錄〉，《台灣史料研
　　　　究》14，頁161-181。

甦　甡　1947.1　〈也漫談臺灣藝文壇〉，《台灣文化》2：1，台北：傳
　　　　文文化公司，覆刻版，頁14-17。

楊　逵　1946.8　〈為此一年哭〉，《新知識》1，台北：傳文文化公司，
　　　　覆刻版，頁13。

楊三郎　1975.12-1976.3　〈臺灣繪畫的回顧〉，《臺灣文獻》26/27：
　　　　4/1，頁303-306。

踏　影　1947.1　〈賣烟記〉，《新新》2：1（新年號），台北：傳文文
　　　　化公司，覆刻版，頁15。

潘桂芳　2008.12　〈二二八風暴籠罩下的台灣美術〉，《台灣史料研
　　　　究》32，頁62-96。

顏娟英　1988.11　〈從肖像畫到空間宇宙之畫 —— 李石樵畫展〉，《現
　　　　代美術》21，頁18-23。

1989.7〈台灣早期西洋的美術發展3〉,《藝術家》170,頁178-191。

謝里法　2003.2　〈台灣省展的催生者蔡繼琨〉,《藝術家》333,頁464-467。

蘇　新　1946.2.10　〈主義‧機構‧人物〉,《政經報》2:3,台北:傳文文化公司,覆刻版,頁6。

3. 報刊文章

多　瑙　1946.12.1　〈漫談臺灣藝文壇〉,《人民導報》,版4。

4. 學位論文

潘桂芳　2008.7　〈殖民與再殖民的認同困境 —— 李石樵〔唱歌的小孩〕與〔市場口〕之研究〉,國立臺灣師範大學美術學系在職進修碩士班論文。

5. 座談會、網站

新新月報社　1946.10　〈談台灣文化的前途〉,《新新》7,台北:傳文文化公司,覆刻版,頁4-8。

臺北市文獻委員會　1955.3　〈美術運動座談會〉,《台北文物》3:4,頁2-15。

1992.3　〈大稻埕耆老座談會記錄〉,《臺北文獻》直字99,頁1-38。

謝里法　2006.4　〈從第一屆全省美展創立過程探討終戰後臺灣新文化之困境〉,《全省美展一甲子數位美術館》,http://www.tpg.gov.tw/DCEA/arts/content1.asp。

圖　版

圖1　李石樵〔市場口〕1946
　　　省1

圖2　〔河邊洗衣〕1946 省1

洪晁明〔米！米！米！〕《新新》第2期
1946.2

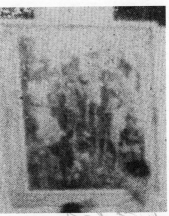

圖5　高座海軍工廠臺
　　　灣少年工(周德
　　　義) 1943

圖3　李石樵〔唱歌〕1946
　　　省1

圖8 黃榮燦〔恐怖的檢查／台灣
二‧二八事件〕1947

圖6 高座海軍工廠
第405寮2樓
窗口的臺灣少
年工 約1943-
45

圖7 在機艙內進行
打鉚工作的高
座海軍工廠臺
灣少年工 約
1943-45

圖9 荒烟〔一個人倒下去，千萬人站起來！〕
1948

圖10 陳甜女士 1923

圖 11 霧峰婦人國語漢文研究會
修業紀念照 1925

圖 12 臺北木工工友會細木部會員撮
影 1927

圖 13 台灣文化協會活動寫真部記念
1927

圖 14 甘寶釵女士 1920 年代

圖 15 賴和、蔣渭水一干人等於
1923 年 12 月 22 日治警事
件中被捕入獄，1924 年 1
月 7 日午後 7 時獲釋後合
影，脫帽者為出獄人，戴
帽者為出迎人。

圖 16 赤島社展覽會合影。左
　　　為廖繼春，中為郭柏川
　　　約 1929-1931。

圖 17《台灣文藝》發行人張星建（前排右
　　　4）赴日，1936 年 6 月 7 日，與文友合
　　　影於東京新宿明治西餐廳。

圖 18 台陽美術協會 1935 年成立，畫友
　　　攝於教育會館。右起陳澄波、李
　　　梅樹、陳春德、陳植棋遺孀與子
　　　昭陽、女淑汝，楊三郎夫妻與一
　　　雙女兒，李石樵。

圖 19 李應章 1920 年代騎
　　　摩托車外出應診

圖20 李石樵〔楊肇嘉氏家族之像〕
1936 改組文展

圖21 李石樵〔楊肇嘉氏家族之像〕入選日
本文展,同儕於江山樓為之慶賀。中
坐者為李石樵,1936 。

圖22 李石樵妻子與長子、長女之
合照 1938

圖23 李石樵〔林本源庭院〕1933 帝 14

圖24 李石樵〔編物〕
1935 第 2 部會展

圖25 李石樵〔畫室內〕1934
帝15

圖26 李石樵〔初孫〕1936 府1

圖27 李石樵〔窗邊座像〕
1938 新文展2

圖28 李石樵〔我是
一年級生〕
1940台陽6

圖29 李石樵〔唱歌的小
孩〕1943台陽10

圖30 鄧南光遭空襲的台北城一角 1945

圖31 遭空襲的台北帝國大學附設醫院
（今台大醫院）1945

圖32 遭空襲的總
督府 1945

圖33 太平町街上蔣渭水的大安醫院

圖34 日治時期霞海城隍廟的祭典
活動

圖35 郭雪湖〔南街殷賑〕
1930 台展4

與談
再殖民的認同困境
—— 李石樵的社會寫實繪畫〔市場口〕研究

謝 里 法

　　這是一篇相當精采、立論清晰的論文。一開始閱讀這篇文章時，我習慣上總是跳躍著很快看過去，只看到三分之一不到，便又趕緊回頭從第1行重新認眞閱讀，一個字也不肯放過地讀下來。作者是如此用心來寫這篇文章，我當然要用心把他讀完。

　　方才顧敏耀先生講到二二八前後台灣詩人寫的詩，舉出十幾首，聽了實在令人感到〝失志〞；潘桂芳只談一幅畫，爲一幅畫寫一篇論文，沒想到繪畫的語言比詩更豐富！

　　從剛才所舉的戰後台灣詩人的詩，令我又想起日本領台初期兒玉總督在南菜園廣邀台灣詩人吟詩唱合，被後來更年輕一代的知識分子譏爲無恥。將來若有人再寫論文提到二二八前後詩人的詩，不妨將更早在世紀初的拍總督馬屁的詩拿來對照，看看台灣人的氣節是否因時代有何不同。

再回來談李石樵的《市場口》，是一幅台灣史上少見的大場面的油畫，在他的年代裡台灣畫家的繪畫功力能像他這樣深厚的還很少，寫實功力如此結實，群像的構圖表現得如此得體的大概只有李石樵一人。從潘桂芳的分析，她將畫中人物分成幾大類，各有不同性格、地位和角色，表面上看來位在正中央的上海婆仔是畫裡的主角，其實她是用來作襯托的，以她上等外省人來對照市場裡頭討生活的台灣平民，顯然李石樵是個有社會意識的畫家！不過從這個上海婆仔身上穿的布料似乎可斷定她也不過是大官府裡的一名佣人，乘自家用三輪車前來買菜，車子此刻正等在市場門外，這一幕正反映了戰後台灣社會大陸來台接收官員和本地市民的階級差異，潘小姐指出了這一點，是全文中最可貴的地方。

　　然後他引用了王白淵在一次文化座談裡提出的〝民主主義的文化〞所引申的所謂〝民主主義的美術〞，認為既然在政治上已經由人民作主人，美術的創作也當然以民眾為主要角色，描繪人民的生活，為人民發出聲音，我想這是王白淵當年究讀《三民主義》的自我解讀，依據三民主義來衡量現實中國民黨政府的作為當然令人大失所望。

　　針對王白淵的民主主義論，李石樵是第1個以具體創作相應和的畫家，以後他又畫了《建設》、《農家樂》等巨作，對他而言，不僅是一次改變，而且是一次藝術觀的大覺醒。

　　這之前李石樵只一意往沙龍美術的領地鑽進去，目的在爭

取帝展和台展的榮耀，以此作爲藝術創作的最高指標，戰後終於找到了實在而具體的方向，畫出了台灣的現實社會，而且也帶動了其他身邊的畫家，如楊三郎也畫《老乞丐》、李梅樹畫《黃昏》、鄭世潘畫《三等車廂》、蒲添生塑造《魯迅像》等，認爲有意識的作品才是好作品。

然而他們的黃金時代未免太短了，二二八事件過後出現的白色恐怖，不僅文人不敢提筆，畫家也從此只敢畫花鳥或畫風景和美女，這以後四十幾年，李石樵不再言自己是在創作，而只說在畫布上研究，靠畫筆去了解什麼是立體派、超現實派和抽象派，以研究者自居。

這情形一直延伸到解嚴之後，李登輝的時代，有人大膽舉辦二二八美展，才見畫家把過去的老畫拿出來，勉強說些什麼來詮釋畫中景物與二二八的關係，這些話和畫一樣，可以將之與南菜園的詩相提並論。

李石樵在70年代裡畫過一幅《將軍圖》，晚年在美國向我提起這幅畫時，表情十分得意，畢竟也畫出一幅足以被殺頭的好畫，後來我終於看到它，原來他所畫的就是蔣介石，一個世間少有的大魔頭。

台灣美術史翻開來看，最值得提出來談論的除了李石樵恐怕找不到第2人，潘桂芳如果不寫李石樵而寫其他人，恐怕也寫不出這麼精采的論文來！

二二八事件時期台灣經濟危機之探討

翁 嘉 禧[*]

摘　要

　　歷史事實顯示，經濟危機與社會動亂常如影隨形。本文藉檢視相關歷史文獻，以釐清台灣在二二八事件時期，所遭遇經濟危機的背景、演變過程及其衝擊等。

　　研究發現，因戰亂之影響，糧食之供需有極大落差，加上政策上之疏失，導致糧食成為戰後初期最嚴重的問題。當時在面對通貨膨漲的棘手問題，所採行政策主要為幣制改革、利率政策、外匯政策、所得政策、農產品產銷與公營事業的價格政策等，因各項政策之搭配缺乏整體性與一貫性，故其效果亦大打折扣。另外，隨著投資與貿易關係加強，以及物價變化，匯率的調整頻繁且幅度更大，亦使得貨幣政策呈現高度不穩定性；加上匯率制度之僵化，造成套匯問題更嚴重。

　　台灣戰後重回中國經濟圈，因台灣偏向輸出農礦產品，而從中國大陸進口民生用品，由於產品反映物價之敏感度有別，台灣

---

* 中山大學中國與亞太區域研究所副教授、社會科學博士。

顯得較吃虧；又因政府的強力介入，台灣的米、糖、鹽、煤等物資，廉價大量輸往大陸，反而使得台灣本地物資短缺，導致價格高漲。在海峽兩岸新的依賴關係中，發現台灣明顯居於較不利處境，國民政府所採行糧食、黃金與貨幣的強制政策，台灣卻成為受害對象。

關鍵詞：二二八事件、經濟危機、戰後初期、行政長官公署

一、緒　言

　　近期因受金融風暴的衝擊，全球經濟籠罩在低迷氛圍中，經濟危機等聳動的新聞亦不斷地出現。回顧 1945 年 8 月中旬，二次大戰剛結束，在戰後初期，可發現全世界經濟亦是一片混亂，尤其中國的經濟問題叢生，財經情勢惡化，歸納當時之經濟困境，主要有下列幾項：（一）、生產更加疲蔽：此可從農工復員狀況得到印證，觀察 1946 年及 1947 年的主要農作物產量皆比戰前的年平均量減少。此乃戰爭造成田地荒蕪及水利失修，另外 1946 及 1947 年的水災、旱災、雹災與蝗害亦是主因。再就整個工業而言，收復區的工業復員，如與日據時期比較，大多數之產量均少於日據時期，尤其電力、煤炭、鋼鐵、水泥、肥料、紙等之復員率，還不到一半。（二）、財政赤字擴大：由於戰後之財政赤字，一直是個困擾問題。而在總支出中，軍費之暴增，更使政府財政不堪負荷。例如：1946 年軍

費所佔比率59.9%，1947年為54.8%，1948年則高達68.5%。[1]
軍費的鉅額超支，是導致收支無法平衡，濫發通貨的原因。
（三）、通貨膨脹嚴重：1945年大戰結束時，物價呈現短暫的
平穩。[2] 唯從1946年起，物價呈現快速上漲，1946年起全中國
物價已較1945年秋上漲2倍多，到了1947年物價則出現飆漲
狀況。[3] 當時的國民政府針對劇烈的通貨膨脹問題，曾陸續推
出一些反通貨膨脹政策，唯效果有限。中國經濟問題遞延到台
灣，致使台灣經濟陷入更惡劣狀態。

　　戰後的台灣再度回歸中國統治，因台海兩岸長期的疏離、
接收人員問題及高度統制經濟後遺症，不但使行政長官公署，
這個如同韋伯（Max Weber）所批評「鐵盒子」（iron box）的官
僚系統，應對進退失據且加速腐化，導致釀成歷史的大悲劇。
由於台灣經濟所具有的處境，觀察在戰後初期階段，不論構成
因素、發展階段與對外經貿關係的網絡上，深具特殊性。本文
所觀察之二二八事件時期，係以陳儀所領導的行政長官公署時

1　秦孝儀主編，《中華民國經濟發展史》（台北：近代中國出版社，1983），頁936。
2　此乃因游利帶給國人強烈的樂觀心理，國民政府重回較富庶的沿海區，而東北、
　台灣的收復將使物資供應大量增加，另外和平亦使得交通恢復，物資通暢。此種樂
　觀心理，造成囤積貨物大量流入市場，加上日本待遣軍僑拋售物資，使得各地物價
　紛紛下跌。
3　當時物價之暴升原因是複雜的，就需求面而言，包括政府赤字的惡化，貨幣數量及
　貨幣流通速度增加所致；而供給面，主要包括：（1）、法幣對其他政權之貨幣收兌
　率與法幣對美金匯率偏高；（2）、戰後經濟復員速度緩慢；（3）、工資及中間原料
　價格不斷隨物價調高；（4）、戰局逆轉，國民政府控制區縮小；（5）、交通受破
　壞，運輸成本提高等因素。

期為範圍（1945.10-1947.05），主要焦點在探討當時所面臨的經濟大危機，限於資料與能力所及，乃選擇以糧食、物價與貿易為分析主軸，藉以釐清當時經濟危機的起因、歷程與影響。

二、台灣的糧食危機

由於戰後初期，農業發展的重心在於迅速恢復生產，其目的在於解決糧食短缺，緩和惡性通貨膨脹及滿足人民的基本需求。惟因主事者忽視台灣人民久經戰亂，急需修養。加上中國內戰轉劇，國民政府又再進行糧食及金銀外幣之強制徵收。自從台灣行政長官公署成立後，國民政府便於 1945 年 10 月 31 日發布「糧食管理臨時辦法」，並於 11 月 1 日成立「台灣省糧食局」，積極推動糧食統制政策。這個臨時辦法，顧名思義，乃是暫時沿用日據末期的戰時糧食統制機構與分配制度，並且結合國民政府在大戰期間所實行的「地租物納」（田賦徵實）及一連串的糧食政策。[4]

由於在朝向土地稅物納制的作法，進行相當順利。於是在 1946 年 7 月 3 日公布「台灣省田賦（地租）徵收實物實施辦

4　二次大戰期間，中國面對：1.軍糧需求增加，糧食徵收日漸困難；2.將土地稅的徵收增長與物價上升區隔；3.業者惜售、囤積，故有必要防止其投機。國民政府遂在 1941 年 6 月的全國財政會議中，決議實行「田賦酌徵實物」及「發行糧食庫券」等兩法案。所謂「田賦徵實」是以低廉的糧食價格來獲取糧食。而「發行糧食庫券」則是先行收取土地物，是一種具有公債形式的糧食徵收辦法。

法」，從1946年第2期作物收穫時採行。此雖是用以隔離因通貨膨脹所造成實質土地稅收之減少，是一種非常時期體制下的特殊財政手段。其是一種確保軍糧供應的糧食徵收手段，它的動機與形式，乍看之下，似乎是合理的。惟就台灣的土地稅制度在物納制改為金納制後，再度回到物納稅，劉進慶（1992）認為，不管實施理由為何？田賦徵實可算是社會經濟發展過程的一大反動。[5]

　　自1947年以來，物價飛漲，國民政府雖於2月14日頒佈《金融緊急措施方案》，仍無法遏止市場投機，嚴重影響農業資金的投入。不久「二二八事件」爆發，各地社會秩序失控，交通受阻。導致肥料、存穀皆無法正常輸運。但6月13日起，台灣各地雷雨不斷，各地水位暴漲沖毀堤防，僅台中一地，便流失水田875甲。再因多次颱風襲擊，致使稻米產量落入戰後的最低點。[6]

　　此外，台灣長官公署既缺乏有效率的征收機構，又無足夠警力配合統制經濟的實施，當時警察人員中，以臺籍人士居多，他們並未切實奉行命令，征收米糧；至於繼續留任的日本警察，則抱著「不在其位，不謀其政」的態度，唯恐得罪臺人而不肯賣力，且其臺籍下屬亦常不聽指揮，以致無法執行上級所交代之任務。因產區米穀征收的成效不彰，致使銷售區缺乏米糧，且農民之多餘米糧多半流入黑市，在奸商乘機把持、任

5　劉進慶，《台灣戰後經濟分析》（台北：人間出版社，1992），頁58-59。
6　劉士永，《光復初期台灣經濟政策的檢討》（1996.03），頁85-86。

意抬高價格情況下，又逢生產量的不足，黑市米價不斷上升。
針對此一問題，行政長官公署沿用日據末期的征購配給制度，
並於 10 月 31 日頒布「管理糧食臨時辦法」，因執行效果不佳，
遂於 1946 年 1 月廢止征購配給制，依民意結果（贊成配給者
24,404 票，反對者 32,656 票），只好順從民意，准許糧食自由
買賣流通。[7]

　　在農業生產方面，日本在戰爭末期為確保戰時糧食供應，
雖曾極力推行米穀增產，並以低廉之公定價格強制收購農民生
產之米穀，惟以當時農村之少壯者均被徵調參加作戰，農村勞
力極端缺乏，而化學肥料供應不繼，各地水利工程年久失修，
加以農產品之低價強制收購，等於無代價之被搜括，農民對米
穀增產已失去興趣，故米穀生產一落千丈，大為減少。至 1945
年，全島產米僅 638,829 噸（折合 447 萬石），不及盛產期年產
量之半數。[8] 據當時全台消費量約需 88 萬 6 千噸，不足約 24 萬
7 千噸，因台灣光復導致人民存有樂觀之心理，故大戰末期私
存的糧食，一時有傾銷市面的狀況。但隨即因戰爭與接收之破
壞太甚，政府財政又未能平衡，致令人民希望破滅，再度囤積
糧食，此舉使糧食局可登錄之稻米量大幅降低。因此，糧食是
行政長官公署時期最嚴重的問題之一。

　　1946 年第 1 期稻作遭受旱災，第 2 期又遇台灣數十年未有

7　賴澤涵主編，《台灣光復初期歷史》（台北：中央研究院，1993），頁 86-87。
8　王曉波編，《陳儀與二二八事件》（台北：海峽學術出版社，2004.02），頁 14。

的大颱風之影響，以致糧荒的現象無法解除。其後，米價即居高不下。考其原因，概受（一）一般物價上漲的影響，（二）大糧富戶閉藏不售，（三）游資作祟，奸商收購囤積等之影響。當時全省大糧戶有1,998戶，握有糧食（稻穀）約二成。走私稻米運到海外的爲數不少，足見越是缺糧，囤積居奇以牟私利者越多。[9]

雖然隨著稻米及其他糧價日見高漲，農民乃爭相改種糧食，但因肥料難以取得，故產量無法提高。加上統制經濟的失敗，更使台灣嚴重缺乏米糧。爲了解決米糧問題，政府不得不頒布「台灣省徵購三十四年第二期米穀獎懲辦法」，但收效不大，米價還是居高不下。[10]

按1946年稻米生產達89萬4千噸，1947年則增加到99萬9千噸，同時期之甘藷產量亦有所增加。照理說，糧荒應不致惡化。配合糧食調劑委員會之成立，該會是聯合黨政軍及社會力量組成，從事調劑民食，平抑糧價，暢通糧運工作。加上一連串的獎勵措施，從2期作開始實施責任內的穀物量交糧完成者，剩餘的米可以自由處置。因爲政府農務當局期望穀物能緊急增產，以及交公糧的措施能徹底實施，所以決定了『穀物的生產及交糧確保政策』的緊急措施。這樣的獎勵，可以增加

9　行政院二二八事件小組，《二二八事件研究報告》（台北：時報出版公司，1994），頁24-25。
10　行政院二二八事件小組，《二二八事件研究報告》，頁24-25。

農民的生產意願。[11] 籌購外來米，及舉辦平糶等措施，米價到1946年底大致還能撐住，但到1947年初，糧荒危機卻爆發了。

根據日治時期1941年12月公布的「台灣食糧管理令」，農民應將米穀（數量由政府規定）賣給各地農業會，再由農業會賣給食糧營團，然後由食糧營團配給消費者。戰後的政策續維持，雖然政府收買價格時有調整，但總賤賣到不近人情。一般估計1945年第2季米1斤，成本要1元5角，第1季米則要兩元。台灣農民辛苦耕種，粒米奉公，而多生產多賠錢，並且賠累太大了，所以他們不願意增產。[12]

依據當時旅滬福建台灣各團體致各報社文中提到：「台灣向有米倉之稱，今則米價…，躍居全國第一，較之接收當時，暴漲至60倍以上，即京滬粵一帶向來缺糧之處，亦不至有此離奇現象也。[13] 各地皆出現嚴重米荒，以台南為例，若依1945年10月31日公布「管理糧食臨時辦法」，規定食米零售價格每百公斤不得超過166元，換算為每台斤1.03元，至1946年10月漲至每台斤11元，1947年2月12日每斤則漲為30元，而且米店拒售或一日三市情形非常普遍。[14] 依據經濟學的預期心理作用，民眾預期幣值趨貶，物價益高，追漲心理更趨強烈，致囤

11　楊渡，《激動一九四五》（台北：巴札赫出版社，2005.09），頁13。

12　楊渡，同前註，頁103。

13　陳興唐主編，《台灣「二二八」事件檔案史料》（上、下）（台北：人間出版社，1992），頁63。

14　朱高影，〈行政長官公署時期台灣經濟之探討〉，《台灣風物》42卷1期：（1992.03），頁67。

積情形更加嚴重，糧荒與米價暴漲更難控制。糧商預期市場缺糧，價格必定攀高，在厚利可圖下，大量採購囤積，更使問題惡化。1947年2月初，上海爆發「黃金風潮」，造成法幣大跌，物價劇升，台灣亦受此風潮波及，黃金每兩由2萬元勁升到近6萬元。台灣之物價隨之波動，久受抑制之米價，亦如脫韁之野馬，更是取黃金而代之，成為經濟風暴的中心。[15]

1947年2月下旬，台北市出現「台灣民眾反對抬高米價行動團」，此一組織在元宵節散發傳單，內容是：「…本省為產米巨區，全省所產米量，不僅供全台消費有餘，且可輸出外地，絕非糧荒之因，純乃各地奸商巨賈地主囤戶操縱之故。…既可痛恨，又極該殺。本團為生活之驅使，為全台民眾之生命爭鬥，…決定於三日後，率領民眾實行搶米運動，並制裁囤積魁首，以申正義。特先警告三點：一、自即日起，限囤戶以囤糧出售；二、米價最高不得超過二十元；三、奸商應以孽財捐獻，救濟餓死者之遺孤及失業民眾」。[16] 台灣的危機四伏，已陷入瀕臨爆發變亂的邊緣。

或許從另一角度來觀察，在戰爭結束不久，以糧食為中心的農產品價格（特別是相對價格）必然會高漲。除了農產品價格對農民有利外，農村秩序又會鬆懈，呈現短暫性的「無政府狀態」。糧荒益趨嚴重之際，直接生產糧食的農民，可趁機

---

15 許登源，〈二・二八前夕的台灣經濟〉(1993)，收錄於葉芸芸編，《証言・二二八》，頁215。

16 鄧孔昭，《二二八事件資料集》(台北：稻鄉出版社，1991)，頁12。

獲得「小利」，有何理由參加抗暴和抗議運動！？依據資料顯示，「二二八事件」過程的抗暴和抗議運動是以市街區青壯年及學生為核心而開展的，他們的權益基本上與農民的權益沒有直接關係。[17]

但因為米價的高低因關係著百姓的生計，其漲跌直接影響到人民最起碼的生活。蓋米糧的缺乏，不僅造成生理的，而且造成心理的壓力，因而往往某種不利的消息傳出，糧價就直線上昇，不易抑制。戰後初期的米荒問題，涉及政治、經濟、及社會等各個層面，實為當時台灣社會動亂的重要因素之一。[18]

三、台灣的物價危機

1937年中日戰爭後，物質需求增加，物價亦溫和上漲，商場囤積牟利之風氣漸盛，日本政府為抑制漲風，在1939年5月頒布「日本國家總動員法」，擴大統制範圍。及至戰爭末期，日本處境已居劣勢，由於物資大量消耗，軍需浩繁，生產劇減，導致供需失調，財政危機嚴重，行政效率日趨低落，社會風氣亦見敗壞，凡此皆使得物價管制機能喪失，政府實際上無法控制市場，再加上通貨發行之失控，終於使台灣經濟掉入惡性通貨膨脹的泥淖中。1944年以後，通貨發行及物價出現飆

17　戴國輝、葉芸芸著，《愛憎二‧二八》，（1992），頁109-110。
18　賴澤涵主編，《台灣光復初期歷史》（台北：中央研究院，1993.11），頁80。

漲情形，1945年物價爲1937年的22倍，通貨發行則達24倍。[19]

　　當時物價上漲之嚴重，根據長官公署統計室的《台灣物價統計月報》所載，自1946年1月到1947年2月，台北市民生主要日用品的物價，以米爲例，1946年1月的米價，1斤只要8.84元，但到了翌年2月1斤米要價42.67元；最驚人的是，白糖1斤2.70元，短短一年之間，上漲到60.28元，相差竟高達22.33倍。特別是，當時台灣的物價可以說是全中國最高的，各種日用品如布匹、肥皂、襯衫、襪子、玻璃、皮鞋、牙刷、牙膏等，平均都比上海貴1～2倍。當然，這中間必須考量台幣與法幣匯率兌換問題，但也反映出台灣物價暴漲問題的嚴重。[20]（參閱表1）

　　當1945年8月，日本宣告戰敗投降，爲求生存並著手儘速撤離返日，故對於台灣的物資供需、租稅政策及金融信用等，自然無暇過問，物價管制頓時消失，配給制度亦蕩然無存；加上戰時被壓抑的民間消費，突然解放，社會購買力顯著擴大，在生產劇減，供需完全不平衡下，戰時被壓抑的物價，則如脫韁野馬，狂奔亂竄，物價呈現巨幅狂飆現象。[21] 1945年底漲幅尚溫和，這時候，因爲廢除了戰時經濟統制，又逢和平時刻的來臨，致使原本囤藏的物資資源不斷地從各處流出，到了泛濫

19　潘志奇，《光復初期台灣通貨膨脹之分析》（台北：聯經出版社，1980），頁19。
20　張炎憲等，《二二八事件責任歸屬研究報告》（台北：二二八事件基金會，2006.02），頁32-33。
21　上述統計數字，乃根據日本官方發表者，至於一般商品的黑市交易，則未包括在內，故實際物價之上漲率，當遠較上述之指數爲高，殆無疑義。

的程度，使物價暫時維持穩定的狀況；由於物價安定，也使治安、社會秩序不致陷入混亂。[22] 1946年初到12月，則漲約2.5倍，1947年漲約6倍，已呈現惡性通貨膨脹的情景。

表1：戰後初期台北市民生主要日用品物價表　　單位：台幣元

時間　　　種類	1946年1月	1947年2月	上漲倍數
米（斤）	8.84	42.67	4.83
麵粉（斤）	11.11	59.72	5.38
豬肉（斤）	31.95	102.78	3.21
雞蛋（個）	2.67	9.17	3.43
花生油（斤）	27.67	106.39	3.84
鹽（斤）	1.33	9.44	7.10
白糖（斤）	2.70	60.28	22.33
茶葉（斤）	6.70	61.11	9.12
香菸（十支）	3.00	9.67	3.22
陰丹布（尺）	15.40	92.40	6.00

資料來源：台灣省行政長官公署統計室，《台灣物價統計月報》，1946~1947年。

　　通貨膨脹原因之探討，應是多面向的。由於許多公營企業不僅已無生產資金，且所擴充的生產設備、購買原料、週轉等所需資金，均依賴銀行貸款，對於應徵盈餘亦依賴貸款還款，繳納政府。故台灣銀行放款對象，一向以各種公營企業及交通事業單位為主，而該項放款數額，竟佔該放款總放款額的50%以上。這項貸款的膨脹，係促成通貨膨脹之重要因素。通貨增加，刺激物價上漲，反過來又增加公營企業對資金之需求，此

22　曾健民，《1945破曉時刻的台灣》（台北：聯經出版社，2005.08），頁79。

爲戰後初期台灣通貨膨脹之主要循環特徵。然而當企業經營不善，銀行爲填補缺口，乃大量發行貨幣，兩相影響即造成惡性循環，通貨膨脹日漸嚴重，而物價問題亦相形惡化。[23]

　　台灣在第二次世界大戰發生後，工廠遭到破壞，生產萎縮，供求（需要）已失平衡，貨幣的基礎本已不甚鞏固；加以戰後台灣因人口驟增，恢復生產建設的各項費用又復大量增加，從而在維持台幣價格穩定、抑制物價高漲的政策方面，自難得心應手。所以台灣在戰後不到半年，生活必需品就有大幅度的波動。國民政府這時採取一些嚴峻措施，防止大米走私出口，並大量購進美製肥料配給農民（按台灣肥料生產在當時不夠需要），仍不能抑制米價回跌，滿足人民願望。當時台灣因米價高漲，其他物價亦隨之上升，台幣價格亦相應地貶值，陳儀的願望亦隨之而破滅，他所主張的台灣銀行貨幣自成體系的辦法，也無助於台灣人生活之安定了。[24]

　　整體而言，戰後的台灣，通貨膨脹問題，一直是揮之不去的陰影，帶給人民很大的痛苦。觀之當時通貨膨脹之原因與嚴重程度，略可分成下列幾點來說明：

（一）台幣發行暴增

　　台幣在1945年底發行額爲23億1千萬，至1946年增爲53

23　張炎憲等，《二二八事件責任歸屬研究報告》，頁31。

24　王曉波編，《陳儀與二二八事件》（台北：海峽學術出版社，2004.02），頁107-108。

億3千萬元，約爲2.31倍，至1947年底則爲171億3千萬，爲1945年的7.42倍。此種通貨發行之快速增加，當然與物價上漲互爲因果關係。而隨著台幣流通數量增加，其價值反而降低。例如1937年6月中日戰爭前夕，台幣發行額爲7千5百萬元，約值美金2千1百萬元，1947年底發行171億，約值美金1千8百萬元，1948年底台幣發行達1千4百億元，約值美金660萬元。此種趨勢有擴大傾向。[25] 另外，日銀券泛濫的問題，歸納其原因是日本中央政府用各種管道把大量日銀券運到台灣濫發所造成的，行政長官公署毅然以迅雷不及掩耳的貨幣政策對付，收回了通貨，降低物價，博得了民眾的喝彩。至於米價爆漲的問題，初時公署採用了錯誤的政策，反助長了米價，其後雖調整了政策，但效果不彰，無法抑制米價。米價問題的根本原因，是日據末期日本戰爭總動員體制所遺留的問題，亦即「預伏的炸彈」，不是一時可以解決的，然而，它卻是戰後初期台灣最大的社會、政治課題，造成社會的動盪。[26]

　　通貨膨脹的通俗定義，即是：「過多的貨幣在追逐較少的財貨」（Too many dollars chasing too few goods）。光復之初，由於日本軍事復員，國庫支出劇增，使得台灣銀行券發行數字大幅增長，一般物價之波動亦見增速，而當政府接收大量公營事業，其所需要短期週轉資金和長期的資本支出，皆賴銀行的信

25　吳耀輝，〈民國37年之台灣金融〉，《台灣銀行季刊》2卷3期：（2004.02），頁40。
26　曾健民，《1945破曉時刻的台灣》，頁221。

用創造。而對於鐵公路等公共建設的復建，亦需大量的財政支援，加上軍政費用浩繁，皆靠銀行貸款墊支，貨幣供給與銀行貸款每月皆呈快速成長。

　　由表2可看出，從1945年8月到1947年12月，短期內通貨發行增加達十倍以上。貨幣的增發，刺激物價的上漲，反過來又加重公營事業及政府對資金的需求，此便引發光復初期通貨膨脹的惡性循環。

表2：戰後初期台幣發行額之變化　　　　單位：舊臺幣百萬元

日　　　期	發　行　額	指　　　數
1945年 8月	1,652	100
1945年 12月	2,312	140
1946年 1月	2,456	149
1946年 12月	5,331	323
1947年 12月	17,133	1,037
1948年 12月	142,040	8,598
1949年 6月14日	527,033	31,903

資料來源：1.臺灣銀行經濟研究室，《臺灣之金融史》，表2，頁3。
　　　　　2.臺灣省文獻委員會，《臺灣省通誌36》，（1970），頁129-130。

　　加上由於敗戰後日本政府還印製大批紙幣，載到台灣來濫發給在台灣的日軍日人。這大批日銀券的流入，急速助長了台灣的通貨膨漲，使物價高騰。8月15日在日本投降當時，台灣的通貨發行總額有13億，但是到了10月卻暴漲到28億，短短兩個月間暴增了15億元，這是十分異常的現象。而台幣的貶值，加上公營事業與政府的借貸，台幣的發行更大幅增長，對通貨膨脹而言，更是火上加油了。

（二）生產低落，導致供需不平衡

在經濟生產方面，戰爭期間也受到了嚴重的破壞，而發生急速的衰退。據《台灣省通誌》云：「例如在電力供應方面，台灣供應電能力，在1941年前後最高曾達32萬瓩左右，但至戰爭末期因受轟炸及颱風災害之破壞，損失奇重，供電能力最低時已降至4萬2千瓩，不及最高供電能力七分之一。此種生產低落，其原因如戰時之轟炸、日本管理與技術人才撤離、缺乏綜合計畫、全台各地各工廠各自為政、經濟不安定、資金凍結、融資不易、通貨膨脹、技術不足、資材取得不充分、運輸極為困難等，各種因素之衝擊，生產低落是一時難以扭轉的局面。但是隨著戰爭結束，戰時的嚴格經濟統制與統收購統配給制急需調整。在需求大幅增漲下，供需顯得很不平衡，物價亦快速的彈升。[27]

二次大戰末期，台灣受到盟軍猛烈轟炸，損失極為慘重，各類生產量，急劇下降。由於台灣當時仍是典型的農業經濟社會，因此，農業生產的良寙，攸關整個經濟的榮枯。1945年後，因肥料與農藥的缺乏，工程水利失修，灌溉不濟，生產未見恢復，由於各種機器設備、原材料等損失慘重，管理效能低落，加上日本技術人員的撤離，致使各項生產陷於停頓或低潮期。從表3資料亦可看出，由於受到戰爭之破壞，工業產量大

27　楊渡，《激動一九四五》，頁102-103。

幅下降，以1937及1945年來比較，即可明瞭各類工業受害情形。1946年及1947年的工業生產指數，只有17左右，礦業生產亦只佔戰前最高產量的四分之一。在供給不足，但需求卻大量增加下，必然引發通貨膨脹。

（三）外貿的剝削與抵制

　　台灣重回中國經濟圈後，雙方之貿易產品結構，台灣偏向輸出農礦產品，而從大陸進口民生用品，由於產品反映物價之敏感度有別，台灣農礦產品顯得較吃虧，加上政府的強力介入，在台灣省貿易局的掌控下，台灣的米、糖、鹽、煤等物資，廉價大量輸往大陸，不公平的交易，使得台灣本地缺貨，價格高漲。又因行政長官公署為減少大陸經濟危機之衝擊，台灣的行政特殊化與隔離政策，拒絕四行二局或任何私立銀行到台灣設立分行，此導致中國大陸的政府銀行以「通匯問題」，來反制台灣的封鎖政策。此種對峙，使得台灣與大陸間的船票、機票不能出售，海關無法課稅，船不准出口，台灣貨運無法暢通，加上其他因素之糾結，使得外貨不能到台灣，而台灣貨物亦難以出口的自我封鎖。[28] 在此情況下，搶購風潮不斷興起，物價亦被人為炒作起來。

28　行政院研究二二八事件小組，《二二八事件研究報告》，頁25。

表3：台灣各業生產類指數與總指數 （1937-1950） 　　1937年=100

年	農業指數	水產業指數	林業指數	工業指數	礦業指數	畜牧業指數	總指數
1937 年	100.00	100.00	100.00	100.00	100.00	100.00	100.00
1938 年	104.83	92.89	120.22	102.90	115.26	102.50	104.22
1939 年	107.96	105.81	108.01	116.79	129.29	92.44	110.57
1940 年	93.27	193.70	139.71	121.25	129.86	74.27	105.12
1941 年	92.00	98.89	172.06	100.20	129.28	63.75	95.49
1942 年	94.62	68.42	216.18	124.51	108.41	72.64	105.98
1943 年	86.77	47.03	394.12	120.57	97.82	69.93	100.80
1944 年	81.44	21.96	206.62	102.52	80.28	53.10	87.36
1945 年	47.75	14.88	355.15	36.97	33.79	41.27	45.38
1946 年	55.42	53.15	41.54	18.32	43.55	49.60	40.72
1947 年	64.68	61.01	54.04	17.57	58.72	64.05	46.94
1948 年	74.80	74.54	110.66	44.60	74.27	68.86	63.69
1949 年	91.40	77.85	81.99	75.63	71.29	82.79	83.90
1950 年	99.86	83.05	122.43	79.55	76.59	84.10	90.51

資料來源：夏齊成，1951，〈論發行、物價、生產〉，《財政經濟月刊》，1卷8期，頁59。

（四）公營事業效率低又率先漲價

　　陳儀強調「發達國家資本」，因此主張公營事業規模愈大愈好。由於當時國共內戰正殷，中央政府本身財政陷於短絀，戰後台灣的經濟重建，財源上需自給自足，此使得賺取盈利的公營事業，成為行政長官公署的重要財源。在經濟統制下，政府透過專賣、貿易局、金融體系及公營事業，積極籌措經費，查1946與1947 兩個年度的預算中，營業盈餘及事業收入，分列占總歲入40 ％ 及42 ％ ，由此可知公營事業盈餘與事業收入對於省財政之重要性。為了應付不斷增加的政府支出，在公營

事業經營效率未能提昇下，唯有提高價格來彌補收入之差距。由於公營事業價格的不斷調漲，更使通貨膨脹加速嚴重化。

（五）人口激增

戰後雖有日僑撤退大約50萬人外，人口仍是呈現快速增加，全台灣1946年約624萬人，1949年則超越750萬人，這增加人口除了從南洋回來約十萬人，另外自然增加及大陸遷居者亦相當可觀。[29] 由於戰後初期物資供應已相當緊張，而人口的激增，必然加重物資供應的困難。因此，在對外貿易尚未完全恢復，無法補充台灣所缺乏物資，而在人口大量增加下，物資供應相對顯得缺乏，當然通貨膨脹就蔓延了。

（六）中國大陸經濟情勢之影響

1945年後期，台灣對外經濟關係由日本經濟圈轉成中國經濟圈，接收伊始，特准許台灣繼續使用台幣，旨在避免中國大陸經濟混亂對台灣的衝擊，藉以安定民生，並穩定物價。

有人嘆道：「台灣與祖國隔絕半世紀，頭一次發生連繫，竟是由物價騰漲開始。」[30] 惟台幣與法幣兩種貨幣體系的連繫，並不僅限於貨幣的表象，而是決定於兩地區間經濟的與非經濟的各種關係。戰後的台灣，既成為中國經濟的一環，自受制於戰後中國經濟的諸要素，並不因為不同的通貨形成而完全隔絕；而此

29　潘志奇，《光復初期台灣通貨膨脹之分析》，頁51。
30　賴澤涵主編，《台灣光復初期歷史》，頁80。

種因素滲透作用的力量,必然又反映於台灣的物價水準。[31]

　　另外,我們如就戰後台灣貿易對象觀察,當時的貿易主要對象從日本轉移到中國,尤其是以工商業最發達的上海地區,形成對這一地區出口以米糖為中心的農產品,並進口日用的工商產品。從表4,即可明瞭台海兩岸經貿關係的進展及台灣對中國大陸的經濟依賴關係。由於戰後台灣繼續實行米、糖的統制經濟,米由台灣省糧食局壟斷收購出口,砂糖則由官營台糖公司一手包辦。進口產品主要來自上海地區,由於該地通貨膨脹特別激烈,故進口的產品價格扶搖直上,米糖出口的收入雖歸政府,但因採用中國大陸通貨,即以法幣來兌換,並將其作為台幣發行準備金,而存入中央銀行,此種兌換機制遂造成通貨膨脹的惡化。而為了減少中國大陸經濟對台灣的衝擊,便透過匯率調整來控制兩地貿易收支和物價,以求經濟穩定。但因此套匯兌制度並未達到預期效果,反而造成外匯調整跟不上實際情勢的變化,台幣的購買力常被低估,中國大陸的通貨膨脹亦藉此種匯率關係而影響台灣,緊接著中國大陸動亂加劇,巨額避難資金湧向台灣,更使得台灣的通貨膨脹益形激烈。

---

31 台灣省文獻委員會編,《台灣省通誌36》卷四經濟志,物價篇,(台北:眾文圖書公司,1970),頁131。

表4：戰後初期台灣進出口貨物價值統計表　　單位：舊臺幣百萬元

	貿易總值		進口值		出口值	
	對大陸	對外國	對大陸	對外國	對大陸	對外國
1946	3,555 (94%)	211 (6%)	1,046 (96%)	38 (4%)	2,308 (93%)	173 (7%)
1947	54,179 (93%)	5,461 (7%)	20,738 (88%)	2,758 (12%)	33,441 (93%)	2,702 (7%)
1948	357,885 (96%)	55,898 (4%)	170,761 (91%)	16,751 (9%)	187,120 (83%)	39,147 (17%)

資料來源：臺灣省政府主計處編：《臺灣貿易五十三年報》。
轉引自：潘志奇，《光復初期臺灣的通貨膨脹》，（1980），表3-18，頁72。

四、台灣的貿易危機

台灣是一海島型經濟，本身資源有限，必須拓展對外貿易，以解決人民的需要，並藉以促進經濟的發展。在日據後期，台灣對外貿易明顯出現依賴的特性，例如：

1. 從台灣輸至日本的，是種類單純的農產品，反之，從日本輸至台灣的，則為各種工業品，充分表現隸屬於日本的地位。
2. 對日本貿易佔絕大部分，1930年代後，兩地之貿易額佔總貿易額90％左右。
3. 當時的台灣對外貿易是出超，以對日本出超佔最大比重。
4. 台灣的對外貿易，包括金融、運輸，完全為日本獨佔資本所壟斷，而少數的土著資本，則扮演「買辦」角色，替日本獨占資本收買原料或推銷商品。
5. 日本一面由台灣輸出大量貨物，又同時以台灣的貿易所得

在台灣從事生產，美其名為開發，實則發揮再剝削與控制的作用。

6. 台灣貨物輸往日本之所得，日本政府亦透過「存款」、「公債」等方式來吸收。

7. 日本資本亦透過政治力量的推動，例如專賣制度的實施，使得樟腦、鴉片及菸酒的販賣權，轉入日本商人之手，再配合關稅制度的運用，使得台灣主要貿易路線，由中國大陸轉向日本。

8. 金融資本的發展，對於日本資本獨佔台灣對外貿易，亦大有幫助，例如台灣銀行對於日本商人的支援，不僅金融的援助，而且予以各種計劃、獎勵與擔保。[32]

隨著戰爭加劇，戰時統制益趨嚴密，不僅對外貿易遭受重重限制，加上各種重要物質不斷列入統制，使其分配對象完全以供應有關軍事、國防上之需要為優先，並極力限制民間消費，導致人民對各種重要物資的需要，無法獲得充分供應。同時，對於各種與國防軍需無關的農工企業生產，亦多由於原料器材之供應不繼，而遭受嚴重打擊。[33] 此種景象延續至戰後初期，當然窘相更趨明顯。因此，戰後初期的外貿情勢，主要有下列幾點值得一提：

（一）戰後，因日本及東南亞各國都欠缺外匯，加上中國大陸情勢動盪，台灣產品失去國外市場，更因納入外匯貿易管

32　周憲文，《台灣經濟史》（台北：台灣開明書店，1980），頁632-633。

33　台灣省文獻委員會編，《台灣省通誌26》卷四經濟志，綜說篇，（台北：眾文圖書，1971），頁138。

制，導致欠缺貿易經驗的台灣貿易商一時難以適應，遂使得台灣對外民間貿易幾乎陷於停頓。戰後重要輸出品之生產均停滯在最低水準上，而向來最大的輸出市場—日本—因為敗戰元氣大傷，且因盟軍總部的法令限制，不能對外通商，因此，台灣遂失掉了最重要的日本市場。台灣過去的國外貿易均由日本獨佔資本所壟斷，戰事結束以後，其地位由本省貿易商所取代，但因缺乏經濟知識和資力，不能夠與國際市場直接取得連繫。再則台灣主要的特產外銷品，如砂糖、樟腦、水泥、鹽等，均在政府手中，尤其是首屈一指的砂糖，在光復當時的存糖全部由行政院自日人手中接收處理，致無貨可以出口，直至1947年6月，尚無法拓展國外銷售，僅能在上海一地拋售而已。至於其他不屬於公營事業所經營之外銷品，如水菓等則囿於政府之禁令及交通工具之缺乏，商人對國際貿易自無法染指。迨至1947年7月，中國銀行委託台灣銀行辦理台灣外銷物資之結匯事宜，台灣的國際貿易才逐漸開展。[34]

（二）對外貿易已成為台灣經濟的命脈，概因為戰後初期，台灣由於天然資源與工業化程度之限制，一方面雖有糖、米、茶、煤、樟腦、香蕉、鳳梨與香茅油特產可以外銷，但另方面卻也有許多物資，如肥料、五金、紡織品、工業原料與器材，化學製品、中西藥材與藥品、豆類及其製品等，必須自國外進口，方能滿足民生需要。戰後初期，因外銷出問題，不僅

34　葉榮鐘（2002），《近代台灣金融經濟發展史》，頁163-164。

進口所需之外匯無從挹注，直接間接仰賴出口貿易為生的商人，以及佔全省生產事業重要地位的公營機構，亦受不利的影響。而進口原料，工業器材等重要民生物資，亦發生供不應求現象，不但影響生產，亦造成通貨膨脹。

（三）戰後初期對外貿易，比起日據全盛時期，貿易總值呈現大幅萎縮，考其萎縮原因，主要為：1.受戰爭摧殘，許多工業停頓，生產尚未恢復；農業缺乏肥料，水產缺乏漁具，礦業缺乏炸藥，以及電力不足，遂使生產劇減；2.戰後因聯軍規定日本暫不能對外正式通商，使台灣失卻多年來唯一的貿易大伙伴；3.台灣對外貿易向來為日本政府及商社所壟斷，戰後初期因一時無貿易設施與外銷拓展經驗，故未能爭取國際市場；4.戰爭甫告結束，全國各省忙於復員，繼因國共爭鬥轉劇，政經局勢動盪不安。[35]

台灣盛產蔗糖，日本統治時期，年產量曾達140萬噸。第二次世界大戰末期，日本的軍艦、商船被美空軍炸沉，台灣與外界交通形同斷絕。曾有資料顯示，在戰後初期，台灣各地到處是糖，而售價僅及上海的十分之一。利之所在，暗中偷運糖出口者，比比皆是。[36]

（四）戰後初期的貿易額逐年增加，從表5中可發現，進

35　台灣省文獻委員會編（1970），《台灣省通誌34》，卷四經濟志，商業篇，台北：眾文圖書，頁284。

36　王曉波編，（2004.02），同註24，頁131。

出口總值由1946年的35.7億，增加到1948年的4,137.8億，增加約百餘倍，惟當時物價亦漲三十餘倍，故實質上約增加三倍多。而在總值中，約有九成係以中國內地各省爲對象，純然對外國的貿易，不到一成，而對國外的貿易中，約有三分之一係以日本爲主。

表5：戰後初期台灣進出口貿易值（1946-1948）　單位：舊台幣億元

年度 \ 類別	進出口總值			對內地各省			對外國			對日本		
	進口	出口	合計	進口	出口	合計	進口	出口	合計	進口	出口	合計
1946	10.9	24.8	35.7	10.5	23.1	33.6	0.4	1.7	2.1	—	—	—
1947	235.0	361.4	596.4	207.4	334.4	541.8	27.6	27.0	54.6	1.9	11.1	13.0
1948	1875.1	2262.7	4137.8	1707.6	1872.2	3579.8	167.5	391.5	559.0	74.0	108.9	182.9

資料來源：台灣省主計處，《台灣貿易五十三年報》。
　　　　　轉引自台灣省文獻委員會，《台灣省通誌》（34），（1970），頁283-284。

（五）陳儀到台灣之後，即著手實行經濟的統制，目的在於：（一）是要使台灣的重要進出口物資掌握在政府手中，避免奸商操縱，牟取暴利；（二）是要把貿易所獲的盈餘全部投到經濟建設上來。雖然他知道這會引起商人的反對，但陳儀認爲他是爲公不是爲私，他所要「追求的不是要肥少數人的腰包，而是要使台灣人民的食、穿、用等民生問題逐步獲得解決。」這種態度顯示其頗嚮往社會主義思想，加上他剛毅固執的個性，使得他的經濟政策受到極大的批評與反彈，而成爲後來「二二八事件」的導火線之一。[37]

37　賴澤涵總主筆，《二二八事件研究報告》，頁7。

再就鹽、糖、煤、米4項大宗物資來看：戰後初期，國民政府將台灣糖公司向日人接收的15萬噸的白糖無償的搬出台灣，致使台灣公司缺乏再生產的資本。因此台糖公司的復興款項及其生產資金，可以說全靠台灣銀行的放款，總額超過40億元台幣。台灣銀行的錢那裡來的？完全是靠發行紙幣。「二二八事件」以前，台灣的糖價零售每斤170元台幣，而上海的價格卻每台斤只售130元（運費在內）。台灣1年的砂糖消費量約7萬噸，以上海糖價與台灣糖價的差額每台斤40元台幣，乘以7萬噸，台灣人民只砂糖一項就被掠奪達數十億元台幣，此外，台糖尚有其本來的利潤，合算起來，台灣人民財產損失之鉅，實無從估計。

五、結　論

本文從糧食、物價與貿易等三方面，分析在「二二八事件」期間，台灣主要的經濟危機。由於戰後台灣繼續實行米、糖的統制經濟，米由台灣省糧食局壟斷收購出口，砂糖則由官營台糖公司一手包辦。而為了減少中國大陸經濟對台灣的衝擊，便透過匯率調整來控制兩地貿易收支和物價，以求經濟穩定。但因此套匯兌制度並未達到預期效果，反而造成外匯調整跟不上實際情勢的變化，台幣的購買力常被低估，中國大陸的通貨膨漲亦藉此種匯率關係而影響台灣，緊接著中國大陸動亂

加劇，巨額避難資金湧向台灣，更使得台灣的通貨膨脹更激烈。

　　戰後初期，由於金融秩序相當紊亂，台灣陷於空前的金融危機，因此，貨幣政策的採行，則顯得格外愼重。當時，台灣形式上維持獨立的貨幣制度，目的在區隔法幣的影響，以杜絕大陸惡性通貨膨脹的衝擊。而當時的台灣銀行，被賦予扮演代理中央銀行的角色，其對同業放款與貨幣政策有密切關係；而隨著兩岸投資與貿易關係加強，以及物價變化，匯率的調整更加頻繁而加劇，此使得貨幣政策呈現高度不穩定性。由於匯率制度僵化，造成套匯問題極嚴重。因實施戰時經濟管制的物價，一旦解放，則出現狂飆現象。歸納當時通貨膨脹，主要原因包括生產銳減、人口激增、貨幣增加發行、中國大陸經濟情勢惡化影響等。而對通貨膨漲的棘手問題，當時所採行政策主要爲幣制改革、利率政策、外匯政策、所得政策、農產品與公營事業的價格政策等，因各項政策之搭配缺乏整體性與一貫性，故其效果亦大打折扣。

　　台灣重回中國經濟圈後，雙方之貿易產品結構，台灣偏向輸出農礦產品，而從中國大陸進口民生用品，由於產品反映物價之敏感度有別，台灣農礦產品顯得較吃虧，加上政府的強力介入，在台灣省貿易局的掌控下，台灣的米、糖、鹽、煤等物資，廉價大量輸往大陸，不公平的交易，使得台灣本地缺貨，價格高漲。又因行政長官公署爲減少中國大陸經濟爲機之衝擊，台灣的行政特殊化與隔離政策，拒絕四行二局或任何私立

銀行到台灣設立分行，此導致中國大陸的政府銀行以「通匯問題」，來反制台灣的封鎖政策。此種對峙，加上其他因素之糾結，使得外貨不能到台灣，而台灣貨物亦難以出口的自我封鎖。

隨著戰後中國危機的蔓延，財經情勢的惡化，皆使台灣的政經情勢受到嚴重波及，人民經濟生活當然亦受到很大影響。尤其貨幣的匯兌與通貨膨漲的衝擊，益形複雜。因為台幣與法幣的關係，不僅是限於貨幣匯兌的表象，而是決定於兩地區間經濟的與非經濟的各種關係。原先為減輕大陸情勢對台灣經濟的衝擊，便透過匯率調整來控制兩地貿易收支和物價，以求經濟穩定。但因匯率調整與實際市場脫節，造成投機炒作風行，中國大陸通貨膨脹反藉著匯率關係而影響台灣，使得台灣通貨膨脹問題更加惡化。另外亦可發現在海峽兩岸新的依賴關係中，台灣明顯居於不利處境。國民政府採行糧食、黃金與貨幣的強制政策，台灣反而成為被榨取的對象。

參考文獻

台灣銀行季刊調查室　1947、9　〈長官公署時期之台灣經濟〉，《台灣銀行季刊》，1卷2期，頁149-189。

台灣省文獻委員會　1970　《臺灣省通誌》（34），卷4經濟志，綜說篇，台北：眾文圖書公司。

台灣省文獻委員會編　1970　《台灣省通誌》（35），卷4經濟志，金融篇，台北：眾文圖書公司。

台灣省文獻委員會編　1970　《台灣省通誌》（36），卷4經濟志，物價篇，台北：眾文圖書公司。

台灣省文獻委員會編　1971　《台灣省通誌》（32），卷4經濟志，工業篇，台北：眾文圖書公司。

台灣省行政長官公署　1946　《台灣省五十一年來統計提要》。

行政院研究二二八事件小組　1996　《二二八事件研究報告》。台北：時報文化公司。

王曉波編　2004、2　《陳儀與二二八事件》。台北：海峽學術出版社。

朱高影　1992、3　〈行政長官公署時期台灣經濟之探討〉，《台灣風物》，42卷1期，頁53-85。

何鳳嬌編　1990　《政府接收台灣史料彙編》。新店：國史館。

吳若予　1992　《戰後台灣公營事業之政經分析》。台北：業強出版社。

周憲文　1980　《台灣經濟史》。台北：台灣開明書店。

秦孝儀主編　1983　《中華民國經濟發展史》（第3冊）。台北：近代中國出版社。

徐淑敏　2004　〈互賴理論中「敏感性與脆弱性」概念應用於兩岸互動關係的操作化分析〉，《遠景基金會季刊》，5卷4期，頁11-25。

涂照彥著，李明俊譯　1992　《日本帝國主義下的台灣》。台北：人間出版社。

張果為主編　1970　《台灣經濟發展》（上、下）。台北：正中書局。

張瑞成編　1990　《光復台灣之籌劃與接收》。台北：中國國民黨黨史委員會。

張炎憲等　2006、2　《二二八事件責任歸屬研究報告》。台北：二二八

事件基金會。

許登源　1993　〈二・二八前夕的台灣經濟〉，收錄於葉芸芸編，《証言・二二八》，頁204-222。

葉振輝　1995、2　〈台灣光復初期的經濟重建初探〉，台北：《台灣光復後經濟發展研討會》論文。

陳正卿　1989　〈試析台灣「二二八」起義前的四大經濟矛盾〉，收集於李敖編，《二二八研究續集》，頁159-182。

陳鳴鐘、陳興唐主編　1989　《台灣光復和光復後五年省情》（上、下）。南京：南京出版社。

陳芳明編　1988、9　《二二八事件學術論文集》。台北：前衛出版社。

曾健民　2005、8　《1945破曉時刻的台灣》。台北：聯經。

陳興唐主編　1992　《台灣「二二八」事件檔案史料》（上、下）。台北：人間出版社。

楊　渡　2005、9　《激動一九四五》。台北：巴札赫出版社。

劉士永　1991、9　〈戰後初期台灣工業政策與生產概況〉，《台灣風物》，41卷3期，頁156-206。

劉士永　1996　《光復初期台灣經濟政策的檢討》。台北：稻鄉出版社。

劉進慶著，王宏仁等譯　1992　《台灣戰後經濟分析》。台北：人間出版社。

潘志奇　1980　《光復初期台灣通貨膨脹之分析》。台北：聯經出版社。

鄧孔昭　1991　《二二八事件資料集》。台北：稻鄉出版社。

賴澤涵主編　1993　《台灣光復初期歷史》。台北：中央研究院。

賴澤涵總主筆　1994　《二二八事件研究報告》。台北：時報文化公司。

賴澤涵、馬若孟、魏萼合著，羅珞珈譯　1993　《悲劇性的開端：台灣
　　二二八事變》。台北：時報文化公司。

薛化元主編　1990　《台灣歷史年表終戰篇Ⅰ》（1945-1965）。台北：國
　　家政策研究資料中心。

薛月順編　1993　《資源委員會檔案史料彙編－光復初期台灣經濟建
　　設》（上），1995，（中、下冊）。台北：國史館。

Chou, Shun-Hsin　1963　*The Chinese Inflation ,1937-1949*. N.Y. : Columbia
　　University Press.

Lin, Ching-Yuan　1973　*Industrialization in Taiwan ,1946-72*. New York:
　　Praeger.

Keohane, Robert O. & Joseph S. Nye　1977　*Power and Interdependence:
　　World Politics in Transition*. Boston: Little ,Brown and Company.

與談
二二八事件時期台灣經濟危機之探討

劉孟奇

　　我今天來擔任翁教授的論文評論，我覺得還滿感慨的。因為在我大學的時候，差不多二十多年前，我還記得很清楚，那時候要看一些二二八的東西，是要躲在宿舍棉被裡面偷看的，而20年後，我可以坐在這裡侃侃而談，這的確是很大的歷史進步。

　　就拿翁教授來說，就我所知，他其實專注在二二八的研究上面，已經有相當一段時間。我覺得我們今天在中山大學這樣的國立大學裡面，可以出現這樣一個學者，真的可以視為是台灣歷史的重大進步。從這點來看，很多人在這20年來的努力，的確推動了很大的進步；像今天這樣的研討會，可以看到如翁教授這樣的論文，我覺得本身就是一種值得肯定的勝利。這是我的第一個感想。

　　其次，這篇論文是非常有價值的，也可以看出翁教授下了很多功夫。其實討論二二八的意義，不僅在於追究責任、釐清

眞相而已，而是本身就具有很高的研究價值。就以翁教授的論文題目來說，可以將學術價值提升到蠻高的地步。至於如何提升，我大致分幾點說明：

第一，關於這篇文章，我希望所有的資料可以作更系統性的整理。譬如說，現在文章裡的資料是以中文資料爲主，建議可以進一步加入日文跟英文的資料。特別是數據方面，如果年份能夠更延伸往前的話更好。我認爲二二八應該放在「台灣於世界史」這樣的脈絡中來看。如果我們不只看1946到1948年的資料，這個世界史的脈絡可以釐清得更清楚。

第二，翁教授已經完成的事情非常有貢獻，不過既然整理這些史料，那對於史料矛盾的地方，不如就一併抓出來，我猜測這裡面是有許多小論文可以做的。論文中一些史料有明顯矛盾，這不是翁教授做錯，而是翁教授所引用的文獻，有大量是出於有強烈意識形態的時期，所以這裡面有很多說法，其實是整理史料的人先有偏見，才去擴展出來的結論，而這中間會有很大的問題。

舉例來說，一般人都把台灣戰後一開始遇到的問題歸罪於戰亂，特別是歸罪於二次世界大戰，但我非常懷疑。就拿表3來說，從1937年觀察到1947年，我們會發現，所有的生產指數眞正發生急遽下跌的時候，是在1944年到1945年，特別是1945年8月前後，從這邊開始，幾乎跌了一半。到底是發生什麼事情？而且工業指數從1945年到1947年，只有1944年的五

分之一，這顯然不能歸罪於世界大戰，而是「錯誤的政策比大戰更可怕」。

美國對台灣的轟炸在1944年達到高峰，之後他其實已經不管台灣了，為什麼？因為他繞過去打沖繩去了。所以從1944年末到1945年，美國除了因為神風特攻隊，特別來轟炸台灣的糖廠，阻止我們繼續生產酒精之外，在1945年前後，美國那時基本上已經不理台灣，他的主力已經沿著沖繩往北邊上去了，所以這個1945年掉一半的生產指數，是沒有道理用二次大戰來解釋的。

而且我們光看史料就會看到矛盾，像是這裡有一句話是很重要的。在論文第228頁，王曉波說：「終戰後初期，台灣各地到處是糖，而售價僅及上海的十分之一。」這沒道理，如果你說1945前後因為戰爭破壞生產，然就糖價因此大跌，這完全是沒道理中的沒道理。史料整理與比對是很有意義的，它可以讓我們看出來，什麼才是真正的原因，可以對戰後台灣經濟破壞得這麼厲害。

第三，翁教授的論文裡面有很多具有學術價值的材料，甚至可以整理出來作為教學案例。舉例而言，我們在教經濟學原理時都要教學生，自給自足與開放貿易的差別在哪裡，二二八前後的台灣史就是一個再好不過的例子，可是卻沒有進入我們的經濟學原理教科書，也沒有成為我們在教經濟學原理時的重要教案，這是很大的遺憾。翁教授提到一件事，當時陳儀的作

法等於是拿「統治經濟」或「社會主義經濟」對台灣做實驗，然後遭遇慘敗。同樣地，這在我們教導學生比較經濟制度時，也是非常有價值的教材。

如果能將這些例子整理出來，成為我們教導台灣下一代時的教材，讓他們從這當中吸收知識、記取教訓，學到怎樣才能讓台灣更好，我覺得這才是對於在二二八當中犧牲生命的人—不管是誰、哪一種身份、哪一個族群—真正的安慰與尊崇。所以我非常希望翁教授能把這些教材做出來，特別在經濟學、經濟制度方面，成為我們可以拿來用的教案，我覺得這會是非常有價值的事情。

回到學術研究方面，我們可以從翁教授的論文當中，追問一些非常有意思的問題。譬如說，我們看台灣的工業從1945年到1947年跌得這麼慘。我們不只可以問：「政府做了哪些事，導致這樣民不聊生的結果？」，我們還可以進一步問：「為什麼政府會做這些不利於國計民生的事情？」這都是政治經濟學中的熱門問題。

就以第2個問題為例，我們可以有幾個猜測，第1個是說政府不是首先追求人民福祉，而是有其他目的，比如說陳儀剛愎剛自用，就是要追求他心目中的社會正義，然後把大家都搞得很慘。第2個猜測可能是因為社會不穩定，所以政府有心無力。當然也非常可能是因為貪污橫行，或者說當時政府優先追求的其實是自我保護。回答這些問題，是具有國際學術價值的。

　　另一個可以問的問題是，有沒有the other way？我覺得二二八當中，有一個非常有意思的議題，就是：當時如果採取其他的方法，有沒有另外一種可能？這是在經濟史中非常喜歡玩的思考遊戲─如果採取另外一種政策，不同的做法，可能會產生什麼樣的結果？但是到目前為止，我還很少在二二八的文獻中看到the other way的探討。

　　不管是二二八當中外來政權與本土社會的衝突，或是台灣在那段過渡經濟時期所遭遇的困難，在今天的世界中仍然有重要的現實意涵。例如美國在伊拉克的經驗，或是東歐一些國家嘗試改變的過程，還是不少第三世界國家的政經困境，我們都不難看到二二八經驗可以對話的地方。60年前，在我們的土地上發生了一件改變許多人一生的巨大悲劇；直到今天，我們透過這些人的犧牲所學到的教訓，仍然是有意義的。我很希望像翁教授這樣的學者，能夠透過研究，進一步提昇二二八經驗的價值─在一個國家被迫改變，或嘗試改變的過程當中，到底我們台灣人學到了什麼教訓，是可以與世界來分享的。如此一來，翁教授應當會有更高一層的貢獻。謝謝！

二二八事件前本土菁英的參與障礙與其我群意識之形成

倪仲俊、李汾陽

> 記得去年的今天，我聽著日皇投降的電訊，感動到汗流身顫。是覺得我們解放了，束縛我們的鐵鎖打斷了，我們都可以自由的生活。
>
> 我相信我們的心未死，有所爲，很多的朋友都說：我們要同心協力建設一個好好的新臺灣，但是結局如何呢？
>
> ～楊逵，〈爲此一年哭〉

摘　要

本文旨在討論於「二二八事件」前後臺灣本土菁英因「參與障礙」所造成的束縛感、與臺灣人／本省人之我群意識形成之間的關連性，並說明這種我群意識之本質，以期對該事件中的「族群衝突」面向，提出新的觀點與解釋。本文取徑於班乃迪克・安德森（Benedict Anderson）所稱的「受束縛的朝聖之旅（cramped pilgrimage）」概念，並驗證了其範式對於探討戰後初期臺灣國族意識形成的適用性，指出：自 1945 年 10 月中國的國民政府接收臺

灣後，當地本土菁英並未如原先預期地在政治與經濟的參與上獲致解放，仍遇障礙，因而產生束縛感。這種束縛感遂使本土的菁英間覺察到彼此同受歧視、同為「受排擠者」，「同我族類」的我群意識亦油然而生。當時公部門的政治資源分配不均導致當時臺人所遭遇到的參與束縛，不但成為戰後初期臺灣人與外省人兩個主體間衝突摩擦問題的起點，也因使臺灣本土的菁英份子在回應、辯駁外在歧視的過程中，藉由嘲諷對方與對照彼此而形成了一個自我形象的觀照，此係當時臺灣人新的一波進行我群想像的原點；這種想像的邊界緣附於地方的具體行政界線去發展，遂使這種可相互指涉的臺灣人或本省人意識就具備了國族意識的先質，隨後來社會情境的變化，而可進一步蛻化成準國族、甚至國族意識。

關鍵詞： 二二八事件、國族想像、政治參與、受束縛的朝聖之旅、臺灣人／本省人意識

一、前 言

　　西元1947年於臺灣發生的「二二八事件」是一件不幸的事件。正因為「二二八事件」的陰影對其後逾半世紀間臺灣的政治、社會、文化各層面，都有重大的影響，所以，「二二八事件」常為當代知識份子所關懷、甚至進行研究的重要課題。若單就「二二八事件」成因的分析，約略言之，當代的相關研究不外乎觀照以下3類因素：政策失當而引致官逼民反、經濟

窮困的刺激、以及族群暨文化的摩擦與衝突。當然，「二二八事件」所涉及的層面其實甚廣，筆者以為自不宜以單方面的因素逕行解釋，而應視為一複合了多項因素所造成的事件。

惟近十數年來，由於臺灣社會內部族群衝突又見激化，遂趨促了和解與寬容的需求。由是，有關「二二八事件」成因中「族群衝突」此一變項的研究，別受重視；同時，透過對「二二八事件」歷史真相的瞭解，以達成族群的融洽與祥和的目的，更是受到鼓勵的研究動機。事實上，所謂「族群衝突」與「二二八事件」間的辯證關係，在學界或一般民間社會中，仍存有歧見。有謂戰後臺灣人／本省人與外省人間的「族群衝突」係造就「二二八事件」之因者，亦有以為族群的衝突與疏離為「二二八事件」之果者。但無論如何，「二二八事件」與戰後臺灣社會內部族群衝突相互糾結的事實，遂使「二二八事件」猶如最鮮明的印記，承載了臺灣群眾對於所謂本省人、外省人間族群衝突的集體記憶。當代的學者王明珂就認為：這種集體記憶反使得一特定的族群得而強化凝聚本族群，並由對誰是受害者、誰是迫害者的下定義，來界定內族群與外族群的邊界。[1] 本研究亦聚焦於「二二八事件」前後臺灣內部的族群衝突問題，並取徑於美國學者班乃迪克・安德森(Benedict Anderson)所稱的「受束縛的朝聖之旅(cramped pilgrimage)」

1　王明珂，《華夏邊緣──歷史記憶與族群認同》(臺北市：允晨文化出版事業股份有限公司，1997)，頁394。

概念，以討論在「二二八事件」前後臺灣本土菁英因「參與障礙」所造成的束縛感、與臺灣人/本省人之我群意識(we-group consciousness)形成之間的關連性，並進一步說明這種我群意識之本質，以祈能對於「二二八事件」中的「族群衝突」面向，提出新的觀點與解釋。

二、定義、研究架構與途徑

「我群意識」指的是一群體(group)中的每個個體主觀以為自己與此群體中的其他個體屬於同一群體，而且有與其他成員休戚與共的感覺。這種主觀意識與「我群」界限認定的關係，則正如挪威學者巴斯(Fredrik Barth)所指陳：族群為其組成份子主觀認定的範疇，其「邊界」往往是由各類透過文化性的解釋、而形成的符號所建構之「社會邊界」，並以此排除外者(others)暨強化內部的凝聚與連繫。[2]

本文所主要探討的「我群意識」，係有兩種的名稱來指涉同一種主體。第1種我群意識是指「臺灣人意識」。這種主體觀的出現，甚至可以溯及臺灣受到日本殖民以前，而於日本殖民時期更為明確化。當然，就國族想像(nation-imagining)的層次而言，當時所謂的「臺灣人意識」，其實頗為曖昧，甚至已

2　Barth, Fredrik, *Ethnic Groups and Boundaries: The social organization of social differences*. Boston: Little Brown Company, 1969, p. 5 & pp. 9-38.

經出現了二元的分歧發展。其一，是一種「臺灣人、漢人、及中國人」三合一的複合想像。這種想像植基於根基式條件，其發展較早，即使在日本殖民時代的中、後期，就臺灣的社會運動，仍有一定的主導性。其二，透過以「反殖民」等為訴求的民族運動，一種把臺灣人想像成受到外在壓迫的我群主體也被建構出來。這個主體與其它的任何群體未必有垂直的從屬關係，本質上則被視作是一平行於他群的主體。[3] 總之，「臺灣人」作為一個我群意識的主體，雖然早就出現，但「臺灣人意識」的分歧，又複合了日本殖民政府在臺灣所推動的同化、皇民化等國族改造政策，此一主體的國族認同，遂因此趨於複雜化。本研究所指的第2種我群意識，也是本研究主要要探討的，則是戰後所產生的「本省人意識」。這一方面是因為有了一個新的對照組——「外省人」，使臺灣人作為一個我群主體，可以對照「外省人」此一「他群」，新建構「我群意識」。另一方面，國家主權的轉換、地方行政架構的新建，使得中央政權與地方社群(community)之間又產生一種與原先經驗不同的新鮮關係，使得當地的菁英可以緣附著新的政治邊界去重新建構我族的想像。

當然，本文亦無可避免地必須處理所謂的「本省人意識」

3　以上觀點可參見：吳叡人，〈臺灣非是臺灣人的臺灣不可～反殖民鬥爭與臺灣人民族國家的論述〉，收入林佳龍、鄭永年(主編)，《民族主義與兩岸關係》(臺北：新自然主義公司，2001)，頁 43-110。

與「臺灣／臺灣人意識」的關係。相對於目前在廿一世紀的臺灣社會已弱化、漸漸少人使用的「本省人意識」，「臺灣／臺灣人意識」則仍然是一個持續發展中的概念。至於「臺灣／臺灣人意識」雖然是一種「我群意識」，但是否已經是成為成熟為所有人都能接受的「國族意識」，則還是在臺灣的學術界與民間社會中高度爭議的問題。其實，爭議之所以存在，並不全然是政治的問題，而亦應歸咎於「國族」──或曰「民族」，皆對譯英文「nation」一詞──原就難以定義。這早已是困擾學界多年的難題。在本研究中，筆者將援引班乃迪克‧安德森之「想像的共同體(imagined community)」作為「國族」定義。安德森此一之「想像的共同體」範式，原是西元1980年代起以社會建構論(social constructivism)或族群符號模式(ethnosymbolic paradigm)論究國族主義內涵，而所有的一種理論突破。安德森與其他的社會建構論者，揚棄了過去文化先決論者強調以不同國族在生物上、政治上或文化上的客觀特徵以資區辨的範式，[4] 轉趨研究國族之形塑所應有的主觀條件。班乃迪克‧安德森以為國族認同(national identity)的形成是一個集體認知過程(cognitive process)，但渠不同意其他的建構論者如霍布斯邦(Eric J. Hobsbawn)和葛爾納(Ernest Gellner)等視「國族係人為虛構、捏造、發明、或創造出來」的看法，而強調國

---

4 Smith, Anthony D., *The Nation in History: Historiographical Debates about Ethnicity and Nationalism.* Hanover: University Press of New England, 2000, pp. 6-25.

族是在現代化的過程中被「想像(imagining)」出來的。班乃迪
克・安德森進一步地把國族定義爲一種「想像的共同體」──
被想像爲本質上有限的、但卻有主權的共同體。[5] 而國族想像
則就是指形成共同群體過程中所有對此一集體的形象認知，以
塑造國族認同與國族意識。班乃迪克・安德森「想像的共同
體」的國族研究範式既由主觀認知的條件出發，從而使血緣、
語言等客觀條件變成只具參照性，而不再是絕對性。由是，這
對於同屬華人社會如中國、臺灣、新加坡等地的國族主義研
究，可能提供了一種有效的解釋模式。班乃迪克・安德森就
指出，臺灣國族主義是很克瑞奧里式(creoles，原指在美洲出
生的歐洲移民後裔，現又有引申爲海外移民者到新居地所繁衍
的後裔)的[6] ──即使與中國分享同樣的語言、宗教與文化，但
獨特的歷史經驗與政治對立，促使形成一個新的國族想像。班
乃迪克・安德森的同胞兄弟佩里・安德森(Perry Anderson)則
在肯定班乃迪克・安德森的分析已經爲臺灣這個個案在民族
主義形態學系統內提供了正確分類時，也提醒臺灣的個案也有
其特殊性。他以爲，除了最早造成海外移民的社群與原先的帝

5　Anderson, Benedict, *Imagined Communities: Reflections on the Origin and Spread of Nationalism* , New York: Verso, 1991, pp. 5-6.

6　Anderson, Benedict, "Western Nationalism and Eastern Nationalism: Is there a difference that matters?" in *New Left Review*, Vol. 9, May, 2001. (http://www.newleftreview.net/NLR24302.html) 按：本文原是安德森於西元2000年於臺北發表之專題演講的講稿，後來才又發表在英國的《新左評論》上。

國母體分離的原因竟是外敵的割併外；而當前欲主張獨立的國族本身，卻完全仰賴一個外在強權。過去一個世紀與中國的分離，塑造了臺灣的特定經驗，但這分離一直源於帝國主動的行動，而非針對帝國的反抗。[7] 這一點又使臺灣的國族主義與典型的克瑞奧里式──或曰海外移民式(overseas style)──有所不同。由於安德森兄弟都以比較史的架構分析過去一世紀的臺灣國族主義，從而得以跳脫了現代學者過去研究國族主義時所長期存在的歐洲中心主義偏見，而強調國族主義在新世界的起源。[8] 班乃迪克‧安德森認為，18世紀在美洲殖民地的菁英份子們在社會流動的過程中，因其天賦的、根基式的身份條件，而受到來自於母國的歧視與阻撓，使渠等感受到他們有共同的宿命、並因此認知了彼此之間的伙伴關係。班乃迪克‧安德森以「受束縛的朝聖之旅」來形容這個過程，而且認為這種共同認知與殖民地區劃的重合，正是克瑞奧里國族主義的源起。[9] 這一點對本研究頗有啟發。如借鏡此一「受束縛的朝聖之旅」模式，而用於觀察戰後「臺灣國族主義」的源起，筆者以為：戰後中國的國民政府接收臺灣之後，臺灣的本土菁英並未如原先預期地在政治與經濟的參與上獲致解放，仍然遇上障礙，因

7　Anderson, Perry, "Stand-Off in Taiwan" in *London Review of Books*, 26:11, June 2004. (http://www.lrb.co.uk/v26/n11/ande01_.html)

8　Anderson, Benedict, *Imagined Communities: Reflections on the Origin and Spread of Nationalism*, "Forewords".

9　Benedict Anderson, *Imagined Communities: Reflections on the Origin and Spread of Nationalism*, pp. 50-55.

而產生束縛感。這種束縛感遂使本土的菁英間覺察到彼此同受歧視、同爲「受排擠者」，「同我族類」的我群意識亦油然而生。本研究也就在藉由史料的耙梳，來指認在「二二八事件」之前本土菁英份子透過印刷資本中所釋放出來、因參與束縛所導致的「我群意識」，以理解一個與原社群平行的群體——一個新的想像共同體的先質——是如何被想像出來的，並且再進一步探討這類的「我群意識」與「二二八事件」之間孰因孰果的辯證關係。

　　在史料的取徑上，本研究亦得益於班乃迪克‧安德森的研究有關印刷資本與國族主義之關係的分析。渠以爲包括報紙、小說等印刷資本的盛行，使特定族群內的知識菁英得以交換彼此的想像內容，方使一個與原族群平行的、共時的族群想像之成立得而可能。本研究乃將以1945年8月二次世界大戰戰爭結束後到1947年「二二八事件」發生前後見載於臺灣本地的報紙和雜誌上的文字資料進行研究。爲了儘可能貼近「二二八事件」之前實際的社會氣氛與歷史情境，本研究將應用在事件前後即已公開發行的文本，儘量少引用當時仍未公開發布的資料與事後的回憶，以避免發酵後的情緒進入了最後的研究成果。其時間斷限亦僅止於1947年2月間。

　　至於「二二八事件」相關的研究論著，可謂汗牛充棟。就中以「中國人」與「臺灣人」兩個不同「國族」之間的壓迫與反抗立說「二二八事件」之成因者，可以追溯到史明的《臺

灣人四百年史》與王育德的《臺灣：苦悶的歷史》兩本早期流傳於海外的通史類著作。但是，史明強調以文化等主觀界限區分國族的論點，則開後世以「文化建構論」想像臺灣國族的先河；而史、王2人的著作，也可說是1970年代海外「臺灣中心論史觀」原型的代表作品。學者李筱峰的研究沿襲了「臺灣中心論史觀」，並修正其內涵。渠之觀點，以《解讀二二八》一書爲例，除了以爲「二二八事件」係一場「官逼民反」、「民反官壓」的輪迴外，也從文化的意義上視其爲一場「文化衝突」。[10] 這點似可再參酌謝里法的意見。謝氏指出，「二二八事件」的根本理由，在於台灣社會近代化的法治觀念與中國統治者封建心態的不協調、及台灣都市近代化生活形態與中國人價值觀的矛盾，尤其是臺灣新知識份子思想與中國文化的差異。[11] 由是，在李、謝2人的研究中，「二二八事件」成爲不同文化主體間的衝突；這種主觀的文化條件差異，其實正提供了兩個不同共同體——在李、謝2人的著作中指的是中國人與臺灣人——在想像上的邊界。

　　賴澤涵、魏萼、與馬若孟(Ramon Myers)以英文寫成的《悲劇性的開端》(*A Tragic Beginning: The Taiwan Uprising of*

---

10 李筱峰，《解讀二二八》(臺北：玉山社，1998)，頁 204。該書原爲李氏發表於《思與言》之論文（李筱峰，〈二二八事件前的文化衝突〉，《思與言》，29：4，1991年12月），另題爲《島嶼新胎記：從終戰到二二八》。

11 謝里法，〈從二二八事件看台灣智識份子的歷史盲點〉，收入陳芳明編，《二二八事件學術論文集》(臺北：前衛出版社，1989)，頁179-194。

February 28, 1947)雖然也認為主觀條件造成的群體差異性是引起「二二八事件」的原因之一。但是，渠等以為從日本殖民時期開始，因「在臺灣的中國人」與「在大陸的中國人」有不同的發展經驗。儘管賴澤涵等同李筱峰在「臺灣人」內涵的想像，不盡相同；然而，他們亦都由本省菁英對政治參與的挫折感與憤怒來立說「二二八事件」潛因。以賴氏為總主筆的《行政院研究二二八事件小組研究報告》，也具體指陳「台人在政治上遭受差別待遇」為一因素，並以為本省人士擴大政治參與的期待之破滅、以及許多機關中外省人和本省人分工與用人不當的問題，引發了不同群體間的相互敵視。[12]

至於就這類本土菁英參與障礙的形成進行專題探討者，過去以湯熙勇與鄭梓的研究最具代表性。而他們的研究則係以組織與制度史為核心。湯熙勇的〈台灣光復初期的公教人員任用方法〉就同意陳儀從事臺灣復員工作之所以成效不彰，不用臺籍人士為原因之一。湯熙勇具體指認有爭議之處：陳儀未妥善解決臺灣人曾具中等教育及專科教育學歷者的任用問題，又從未信任在臺受教育的臺籍人士，又過於重視公教人員的基本能力，致使臺灣人企求工作者遭遇阻礙。他的結論是：在臺省的公教人員中，臺籍與外省籍人員應保持多少比例，卻似乎無法尋求一個定論的，而陳儀未嘗建立人事任用的制度化，方是問

---

12 行政院二二八事件研究小組，《行政院二二八事件小組『二二八事件』研究報告》（臺北：時報文化出版企業股份有限公司，1993），頁19-21。

題的關鍵。[13] 再舉鄭梓的〈試探戰後初期國府之治台策略——以用人政策與省籍歧視為中心的討論〉為端，渠以為國府在接收前後所制定治臺策略，不曾深入地研究與瞭解臺灣地區的「特殊國民性」，反而因不同的歷史經驗所造就的刻板印象，如「台灣浪人」等，所埋下「省籍歧視」的種子，而影響其用人政策；而此省籍歧視的用人政策，併同有別於大陸其他各省的特殊化軍政一元體制、及全面的經濟統治，在在皆促使臺灣人民以為國府政權為「外來政權」的入侵、和殖民統治的又次復活。同時，他也以為派系政治的偏私，也在政治上對臺灣本土菁英造成排擠；而國民黨內各派系的鬥爭跨海移殖而來臺，也是臺灣人民災難開端，亦是「二二八事件」爆發的歷史背景。[14]

陳翠蓮的研究則聚焦於「二二八事件」之前的反奴化論爭以探求臺灣文化主體性的形成。她以為：戰後陳儀的統治帶有嚴重的政治歧視，其「中國化」政策與日本人殖民之思維無異；所以，所謂臺灣的「光復」對臺灣人而言只是「再殖民」。她也以為當局「奴化」的指控深深地傷害到臺人的尊嚴，使受挫的臺灣本土菁英企圖自我防衛，乃從過去被殖民的經驗中找尋「我者」與「他者」的區別。她的結論是，在

13　湯熙勇，〈台灣光復初期的公教人員任用方法——留用台籍，羅致外省及徵用日人 (1945.10-1947.5)〉，《人文及社會科學集刊》，4:1(1991)，頁 391-424。

14　鄭梓，〈試探戰後初期國府之治台策略——以用人政策與省籍歧視為中心的討論〉，收於氏著，《戰後台灣的接收與重建－台灣現代史研究論集》(臺北市：新化圖書有限公司，1994)，頁 178-237。

「二二八事件」之前，由於臺灣人對中國的失望、以及自主和自治意識的增強，臺人的祖國認同已逐漸消褪。[15]

此外，許雪姬的〈台灣光復初期的語文問題〉一文，除了認爲「二二八事件」時因語言不通造成悲劇外，也探討語言政策如何造成政治參與障礙形成。她認爲當時國語政策操之過急，語言本身反而成爲一種歧視的來源，使臺胞產生「心理上的變化」。她的結論直指這種「心理上的不平、不滿」成了「二二八事件」的遠因。[16]

總而言之，過去對二二八的研究中，有關參與障礙的形成與「二二八事件」之間的關連，已經累積了相當的成果。從這些研究中，已可以初步建構出一種邏輯：本土菁英的「參與障礙」形成族群間的「敵對意識」，並進一步成爲引起「二二八事件」潛因。但本研究除了要援引史料驗證這個邏輯、以期能有裨益於建構「二二八事件」之歷史論述外，亦探討「二二八事件」前後縛於參與障礙的本土菁英們所成的「我群意識」本質如何，並以此爲案例初步探討「想像的共同體」此一範式對探討臺灣族群問題的適用性。

15　陳翠蓮，〈去殖民與再殖民的對抗：以一九四六年「台人奴化」論戰爲焦點〉，《台灣史研究》，9：2(2002)，頁 145-201。

16　許雪姬，〈臺灣光復初期的語文問題〉，《思與言》，29:4(1991)，頁 155-184。

三、人才登用豈小事哉？——戰後本省菁英的 參與障礙

　　1945年8月中，日本宣布無條件投降，因此結束了二次世界大戰；同年10月，臺灣則由國民政府接收。毋庸諱言地，目前臺灣的學界與政界，對於國府接收臺灣的合理性與否，頗有爭議。但若拋開爭議，而直接就1945年戰爭結束當時的社會情境而言，臺灣人民對於國府的接收、或復歸為中國的主權之一部分，是普遍地表示歡迎的。這可由當時臺灣各地都有熱烈的自發性慶祝光復、以及歡迎國府接收活動可以看出。

　　而沉浸於回歸祖國的歡欣之時，臺灣的菁英份子也同時對於未來的參與表達了高度的期待，而且躍躍欲試。[17]《民報》在之後不久的社論中，就有如下描述：「臺灣五十年來，在日人統治下，埋沒了許多俊秀的人材。……及至這次臺灣光復，凡懷不遇，大志莫伸，或具有一技一能者，都在期待起用，以為人人從此可以揚眉吐氣了。」[18]

17　這一點筆者試以接收不久後於《政經報》上由王溪森發表的〈起用臺灣人材應有的認識—帝國主義支配下五十年來的政治淘汰〉一文所指陳的：「臺灣光復了！……六百萬的臺灣省民的心裏都充滿著歷史的歡喜的感激！……而在這種感激的裏面，我們可以分析出臺灣民眾心理的兩個部分來：一個是對於五十年來踩躪我們的帝國主義懷著無限的咀咒和痛恨，另一個是對於將來無條件地抱著無限的希望！……第二個的心理可以說是屬於建設的了：對於前進指揮所，長官公署，記者團等直接或間接地提出了許多的意見，或著在各地像雨後的春筍一樣地相繼而起的成立了許多的團體和報紙雜誌的出版，這可以說就是這一種建設的心理的表現了。」

18　民報（社論），〈本省民的起用問題〉，《民報》，1945年11月7日，第4版。

這種期待當然是可理解的。

先從客觀層面看來，戰後不論是在臺灣的各機關、或生產的事業單位，都將因日本人的退出，而產生了許多人事空缺，亟需填補。次從主觀層面看來，臺灣的人民對於臺灣在脫離日本殖民統治、並回歸中國統治後的建設發展，有所憧憬，並期許能奉獻己力。即舉戰後最早發行的本土刊物《前鋒》雜誌上的兩篇文章為隅。郭秋生的〈我們要三大努力〉就指陳：「我們要盡所有的力量，務先復興給戰爭破壞了的生產機構，以恢復鄉土的生色，我們不能再消極而只等待母國的幫助，我們更不能以力不足而想逃避這尊貴的責務了。」[19] 署林萍心的〈我們新的任務開始了──給臺灣智識階級〉一文亦云：「我們應策勵未來的新建設！今後我們應肩起的任務非常的多、非常的重」。[20] 同期《前鋒》雜誌並刊登了林茂生(後來擔任接收後的臺灣大學預科主任、文學院長，並於1946年初創辦《民報》)的稍早的一篇「祝詞」，林氏認為「光復」後凡同胞即可「發見我是人，自然之人」、「發見社會」、與「發見國家」，此「國家」為「不得不鞠躬盡瘁、努力服務之真國家也」，乃呼籲要「為民前鋒，以肩負先知先覺之責」。[21]

---

19 郭秋生，〈我們要三大努力〉，《前鋒》，第1期，1945年10月25日，頁7-8。
20 林萍心，我們新的任務開始了──給臺灣智識階級〉，《前鋒》，第1期，1945年10月25日，頁9-11。
21 原文為林氏於1945年10月25日向「台灣留學國內學友會」的書面祝詞。林茂生，〈祝詞〉，《前鋒》，第1期，1945年10月25日。

由是，戰後臺灣人的參與期望，一個層面，是透過政經位置的取得，以獲致臺灣建設進步、與本身經濟條件改善的雙重結果；另一個層面，則是透過特定的行動來參與政治活動與政治資源的分配。

　　尤其，臺灣人民在日本的殖民統治下，長期被視為次等公民，除了教育與經濟的機會受限外，政治的參與亦遭箝制；現在既已從日本人的殖民統治解放，自然希望情況有所改變。事實上，臺灣菁英份子在日本殖民時期即已從事的民族運動中，爭取臺灣人更大的政治參與空間、如議會民主之目標，一直是運動的核心。「臺灣是臺灣人的臺灣」等以解殖為正鵠的活動既為臺灣人過去長期奮鬥之所以，於是，在戰爭結束後，許多臺灣的菁英份子遂在心態上以為自己的待遇理當與過去做為被殖民者有所不同、而應擁有完全之政治參與。[22]《民報》的一篇方塊文章對此心態，即有所楬櫫：「光復後本省人的一大希望是進出政治的大舞台，為國家民族效力、為民眾揚眉吐氣，這種希望因為臺灣不是殖民地，……。」[23] 甚至，這種對政治參與的期待進一步被建構在臺灣人已然作為國家「主人翁」的自覺之上。[24] 至於在當時

22　這種因脫離殖民的壓迫而對參與有所期盼心情，可以見諸具有官方色彩的《臺灣新生報》的一篇社論：「臺胞過去受日本統治者的歧視，抑壓下層，人才沒有出頭的機會，光復以後，在個人自當，在政府尤需盡量提援，……。」臺灣新生報(/社論)，〈論用人問題〉，《臺灣新生報》，1946年2月14日。

23　佚名，〈小乾坤〉，《民報》，1946年7月18日。

24　民報的社論有云：「我們又要敬告老百姓，只有人民自己是國家的主人翁，我們的國

臺灣人民的參與熱情,著名的臺灣本土作家吳濁流在多年後回憶起來,還甚至形容爲是「患上政治渴望症了」,並指陳「不管張三李四,都焦急著想當個政治家」。他寫道:「光復後,有知識者都不約而同地想走進政治的窄門,這個現象正和燒開水時,把茶壺蓋開個小洞,水蒸氣自然就會從這個洞跑出去,但水一沸騰,蒸氣就無法同時排出而蓋子就自然往上掀開是同樣的道理。」[25]

　　相對地,國民政府對臺灣的實際政策,卻無疑地對著臺灣人的參與熱情當頭澆潑了一盆冷水。國府的接收政策,在事前設計的階段,就並未將臺灣人對於參與的期望計算在內,而在正式實施後,亦未將臺人的參與熱情適加導引,遂對臺灣人的參與造成障礙。本節以下所分析的參與障礙,將主要就政治參與的層面來論述。過去有關「政治參與」一詞的定義,由行爲研究的角度,常被狹隘地定義爲公民企圖去影響政府決策的行爲。[26] 但是,具體的「政治參與」活動,則有多種的類型,除了最消極的關心政治資訊外,還有投票、評論或發表政治意見、參與或成立政黨、與政府官員的接觸與互動、助選、捐助

　　家,正在向民主的路上走。畸形的民意機關和不代表人民的參議員,在不久的將來是要被淘汰的。」民報(/社論),〈省參議會第二次大會〉,《民報》,1946年12月1。

25　吳濁流,《無花果》(臺北:前衛出版社,1993重排本),頁211。

26　例如:米爾布拉斯(L. Milbrath)就認爲「政治參與」指的是「個別公民影響或支持政府和政治,而進行的活動」。又如:佛巴(S. Verba)和尼耶(Norman H. Nie)則以爲這是「人們影響政治系統之投入與產出的過程」。

候選人，乃至於最積極的成為公職候選人並進而當選。所以，政治參與不僅是公民從外在改變政府產出(output)行為而已，還包括了政治資源的分配與取得。由是，研究戰後初期臺灣本土菁英的政治參與障礙問題，固然可以由公民的政治性活動來切入，亦需由政治資源的分配面，尤其是公部門的人事問題，加以觀察。

以下乃先從戰後臺灣公部門的人事問題論述。

這個問題當然可以溯源自原先的接收設計。國民政府最初負責設計暨執行接收事宜的機關是1944年6月成立的「臺灣調查委員會」。這個組織係由蔣中正指派陳儀出任主任委員；而組成之初，臺籍人士的參與即遭忽視，其原始的6名委員中，[27] 全無臺人，後來雖補進丘念臺、黃朝琴、游彌堅、謝南光、及李友邦等5位臺籍委員，實則這5人都各有原職，對於該組織的參與或出席都很有限。至於未來在臺灣所需應用的管理人材之網繆，當局自始就有趨於在接管後採取大規模地引入大陸內地的人員來替代即將撤離日人的政策。臺灣調查委員會重要的工作之一就在培訓各類接收幹部，[28] 其辦理之各訓練班培訓了包括行政幹部、警察、和銀行人員已超過千名。其政策可以由此管窺。儘管當時有許多正遊仕或旅寓中國大陸的臺籍

---

27 除陳儀外，其餘委員如沈仲久、王芃生、錢宗起、周一鶚、及夏聲濤等，幾為陳儀之前主持福建省政時的班底。

28 參見：鄭梓，《戰後臺灣的接收與重建－臺灣現代史研究論集》，頁55-56。

人士呼籲有關臺灣復員所需的人材應「就地取材」，當局始終未加重視。最重要的是，日本投降之際，國府即成立「臺灣省行政長官公署」，並特任陳儀為行政長官後，在陳儀的主導之下，臺灣行政長官公署之組織係體現了將臺灣予以「特殊化地位」的概念。陳儀認為，付以公署較大的權力以制訂不同於其他省分不同的單行法規，是「過渡時期不得不採取的措施」。[29]但這種設計，不但使臺灣的接收與復員，與大陸內地的其他省份不同，也與原先臺調會時期國府所頒定的〈臺灣接管計劃綱要〉相逕庭。此外，陳儀還兼任臺灣省警備總司令。由是，陳儀這個行政長官，一人可以獨攬臺灣的軍令、行政、與立法大權。就外在的觀瞻，這確予臺灣人民有翻版過去日本時代的總督之感，其內涵亦與臺灣人期待透過完善「地方自治」以遂政治參與的長期奮鬥目標，相去甚遠。

1945年10月24日陳儀率部抵臺、行政長官公署開始運作後，陳儀政府實際政策的失當，更使公部門的人事問題在原先設計已經不健全的基礎上，雪上加霜。

陳氏蒞臺時，即直言批評日本統治時「限制臺胞」、「不許臺胞做高級公務員」的不當。渠明白表示：未來施政方針在積極面首要要讓臺胞「工作機會平等」、讓臺灣同胞有「服務」的機會。陳儀還特別指出：「……對於高級人員，以前不

29　周一鶚，〈陳儀在臺灣〉，收錄於李敖(編)，《二二八研究三集》(臺北市：李敖出版社，1989)，頁153-164。

准臺胞充任的，以後要在勝任的條件之下，儘量給臺胞以擔任機會」。[30] 表面上，這似是鼓勵了臺灣人的參與，然究其實際的運作看來，卻非如此。以當時行政長官公署本身的一級單位之人事而言，主管多係陳儀之前主閩及主浙時的班底，其餘的亦幾乎全為由非臺籍的人士——也就是所謂的外省人，僅有教育處副處長宋斐如為臺籍。至於由行政長官公署派任至地方擔任縣及省轄市(當時設9市、8縣，合計有17個縣市)的首長中，亦僅臺北市長黃朝琴(後辭職，接替的游彌堅亦臺籍)、新竹縣長劉啟光、和高雄縣長謝東閔為臺籍。而以上所謂的臺籍人士，亦並非係行政長官公署就地取材，而是隨著陳儀來臺、且原先即已游仕於國民政府或長期旅居於中國大陸的臺籍人士。

　　當代學者湯熙勇的研究指陳，光復初期臺灣地區公教人員的任用，基本上有羅致本省人材、邀轉省外人士、以及留用日人3種途徑；3者之間有連動關係。[31] 接收初期留用日人或有維持業務運轉的考量，以求「行政不中斷」、「工廠不停工」；[32] 事實上，隨著接收的逐漸全面化，及至接收滿1年後，日本人在臺充任公教人員的數字，已大幅縮減。至於臺灣籍或外省籍擔任公教人員的總人數，則在國府接收的頭一年內均大幅成長，

30　見1945年11月3日陳儀於「國父紀念週」上的演講。

31　湯熙勇，〈戰後初期台灣中小學教師的任用與培訓〉，《人文及社會科學集刊》，8:1(1996)，頁303-346。

32　參見：佚名，〈陳公洽與臺灣〉，收入李敖(編)，《二二八研究三集》，頁177~276。

終於逐漸替代日人。然而，問題在於臺灣籍公教人員總數的成長率，卻遠不及外省籍公教人員總數的成長率來得尖銳。特別值得注意的是，儘管臺灣籍公教人員的總數，仍較外省籍公教人員總數為多，但臺灣籍的公教人員通常充任基層，至於中、高階的領導與管理幹部，卻仍然以邀轉而來的外省籍人士為多。

以上指陳的這種在公部門中不符比例原則的人事晉用情況，很快地在臺灣引起了本土知識菁英的注意與警醒，並透過輿論發聲。一開始，輿論的重點或在批評留用原職的政策上，立論也頗激進。例如在新發行的《政經報》雜誌上，蘇新為文就直言臺灣百姓對於當局「仍然舉用奸黨；留用日籍官吏」感到失望。蘇氏指過去臺胞遭受日本「狗官」吸去膏血，現在既是戰勝國，卻要採用戰敗國的官吏來統治自己人民，實在不成體統。[33] 署名王溪森者亦指出「不可以誤認在過去占著社會上優越的地位的就是臺灣唯一的人材」，並呼籲當局應「從民眾裏面來開發大批的真正的優秀人材」。[34] 廖文毅則署毅生在《人民導報》上指陳「本省因過去的歷史過程，抱著朝秦暮楚的投機分子，確實不算少數。若因惜其才而用其人，若因目前的緊急，一時起用之，恐會使民眾失望，會惹起日後的禍根的」，又強調「本省非無人，蓋屈守於草澤焉」。[35] 亦與前述蘇、王2人文同其義。至於《民報》的一篇名為〈本省民的起用問

33　蘇新，〈論人事問題〉，《政經報》，1:3，1945年11月25日，頁3。
34　王溪森，〈起用臺灣人材應有的認識〉，《政經報》，2:1，1946年1月10日，頁3-6。
35　毅生(廖文毅)，〈人格與人才〉，刊於《人民導報》，1946年1月7日，第4版。

題〉，則指陳：

> 「然而光復近三閱月，許多上層部的辦公要員，業已發表。就中除即在祖國服務的幾個(臺灣籍)人而外，本省人受拔擢起用的，寥寥如晨星一樣。性情較急的人們，早已漏(露)出失望的聲。尤其目睹或聞日人一部分之受採用，便頓足意氣消沉之狀。甚至有自暴自棄的，以爲是無異於日人的統治。」[36]

當時民間亦已流傳有「重用日官、輕視臺胞、政治混亂，所以『黑天暗地』」的流行語抒發人民的對於當局人事政策的怨懟。

隨著邀轉來臺的外省人士愈多、且多佔據中、高階的職位，《民報》的社論乃又提醒讀者避免落入數據的陷阱，進一步地解讀臺灣人於公部門人事遭逢參與障礙問題的核心，在於「質」的問題。緣於1946年11月間，行政長官公署發表了一項統計：在全省公務員計39,802人中，臺灣籍者佔61.11%，外省人佔19.95%，另有外國籍人17.65%。但《民報》社論卻指出，臺灣籍的人士雖在「量」的部分有斷然優勢，但在「質」上，則：「簡任和簡任待遇，在三百二十七人中，(本省人)只佔○‧八二%，薦任和薦任待遇，在二千六百三十九人中，(本省人)只佔六‧六三%」；這還不算上特任官。由是，《民報》社論批評道：「其實我們的頭腦中，在人事方面，仍舊感覺著和日人時代並無二致，依然是在受日本式或是荷蘭式的統治一樣。」[37]這種批判，可以說是很嚴重的，已然直指行政長

---

36 民報（社論），〈本省民的起用問題〉，《民報》，1945年11月7日，第4版。

37 民報（社論），〈人材的登用量質要並重〉，《民報》，1946年11月15日，第4版。

官公署的公部門人事政策，無異於過去的殖民政府，即自覺臺人之處境亦無異於過去被殖民的時代。

不只在公部門，臺灣人的參與普遍受挫，省營事業亦復如此。輿論也很敏感地指出以下事實：即如生產事業，臺人亦逢參與障礙；經濟參與的障礙遂造成當地嚴重的失業問題。如《民報》社論的批判：「本省人昔日雖多被日人壓在下位，但共事日久，經驗多，而責任觀念重，儘堪負責經營，現時有因光復而失業的，有如昔時一樣，仍被處於下位的，不可勝數。何以捨此不用，一批又一批，由內地牽親引戚，招來腐化貪污份子，驅本省人失業者之群。」[38] 該報社論又認為起用臺灣人才是「經濟再建的捷徑」：「本省有許多甚用人材，居多尚徬徨在失業的岐路，使人莫名其妙。登庸人材的叫聲已聽厭了，當局既沒有信用台胞，怎麼能使台胞拼命協力？」[39]

除卻輿論之外，臺灣當地所推選出的民意代表對人事問題表達關切之情，亦不絕如縷。舉臨時省參議員為例，早在選舉時，就有候選人引人事問題為政見；其見諸報章者如黃純青、與王添灯。前者「要求重用本省人材」；後者以為「在臺灣應即盡量登用省內賢能清廉之士，以免貪官污吏之跋扈，移植壞風氣與省內」。[40] 其中，王添灯可說開風氣之先，從競選、到當選後，都是最勇於透過傳媒與社會交換意見者。除了揭露「現在公務

---

38 民報（社論），〈莫驅台胞人失業者群〉，《民報》，1946年7月1日，第4版。
39 民報（社論），〈經濟再建的捷徑〉，《民報》，1946年9月29日，第4版。
40 王添灯，〈我的政見(一)〉，《人民導報》，1946年4月12日，第4版。

員上級均由外省人獨佔，下級工作始由台灣人服務」的實況外，[41]
他也以爲各參議員在會議中既多針對官員風紀的問題質詢，足見
「澄清吏治，是刻不容緩的工作」。他一貫力陳吏治與人事登用問
題實爲一體兩面：「要振肅官紀，是要有關於官吏之任免，賞罰
薪俸，身分的合理的制度及其嚴格的執行，使登用官吏不引親帶
戚：完全以技能爲本位，且適材適所不混亂位置。」[42] 另外，郭
國基在議場的質詢則頗受媒體注意，予以大幅報導。郭氏詢及：
「過去十幾代日人總督，一到臺灣，一張嘴即喊『一視同仁』，而
未曾有過實施，今日臺省光復，內地過來之人亦一張嘴就說好
話，而事實卻未曾實現過。」他要求政府幾件事：「政府絕不應
以臺胞不解國語國文爲理由，拒絕登用臺灣省人。」[43] 至於其他
議員相關之言論見諸媒體者，可見下表：

議員姓名	言論摘要
吳鴻森	應極力登用本省人材。
林爲恭	登用有能力之人材。
顏欽賢	登用本省人爲幹部。
黃純青	人材登用係全省民之要望。

　　儘管臺灣省臨時參議會的多位參政員在議場內外不斷質疑

41　佚名，〈物價狂騰生活苦，咸望急速完成地方自治，須要盡量登用台灣人材—省參
　　議會招待京滬記者團時所提出意見〉，《民報》，1946年10月20日。
42　王添灯，〈掃除民主政治的障礙！〉，《人民導報》，1946年5月25日。
43　佚名，〈要求重用本省人材，郭國基大聲疾呼黃議長專制〉，《臺灣新生報》，1946
　　年5月3日。

當局的人事政策、並進言改善，但顯然無裨益情況的改善。這就要回歸到另一個層面，也就是不僅於進入人事體系、或在這個體系獲得上升的問題，而在更根本上臺灣人的最基本的政治參與行動是否受到阻礙的問題。方當戰爭結束，臺灣社會如雨後春筍般成立許多團體和報刊的出版，原就在躍躍欲試，準備進行政治的參與。[44] 而原來陳儀在籌備接收時主張要「迅速成立各級民意機關，使被壓迫已久的民氣得以伸張」。[45] 但是，在實際接收的執行過程中，行政長官公署除了並未放任自由的政治活動、對於新聞自由與結社自由仍有所管制外，最根本的問題在臺灣並未實施地方自治。緣此產生的第1個問題就是所有的官員的任命並不符於理性權威，而使得行政長官公署得以完全壟斷政治資源，這可以說是公部門一切人事問題的根源。而縣、市等地方首長係官派而未能開放民選，亦無疑是剝奪了一般人民的參與權。第二，省級的立法權亦並非交由省級民意機關，而是由行政長官公署行使。雖然1946年4月在臺灣就成立有省臨時參議會，但它不過係諮詢機關，並無制衡及實質監督的權限。所以，外表看來，臺灣人民可以參與投票來選舉參議員、其本土的政治菁英也可以透過參與選舉而得到部份的公職，以滿足部份的參與慾望——事實上，這次的省參議員選舉參選爆炸，全臺灣計有1,180個候選人競逐30個名額，可見臺

44　王溪森，〈起用臺灣人材應有的認識─帝國主義支配下五十年來的政治淘汰〉。
45　周一鶚，前揭文。

灣人旺盛的政策參與企圖；但是，省臨時參議會卻猶如花瓶。議會政治可以說是臺灣人過去在日本殖民時期長期從事民族運動的核心，所以議會開會非常受到民眾重視。如今，議會的功能受限，使人民的參政權變成一種有限的參政權，又是一種參與障礙，反使臺籍的精英份子頓感挫折。正如王添灯所批判的：「現在不論誰都是主人翁，可是我們省參議會的權限，卻是有限的。因此我們做主人的權限也是有限制的」。由是，對於想要以「省人之手」來合理解決臺人的生活水準、完成民主與自治的期待，遂成幻想。[46]

四、束縛感的形成

正如前節所述，陳儀政府接收臺灣初期，臺灣人參與障礙的形成，與當局不當的政策設計與執行有關。而自接收後，臺灣本地媒體的輿論、以及所民意代表對於行政長官應儘量登用臺灣人材、與儘速開放地方自治的呼籲，不絕於縷。至於當局的回應，卻頗令臺灣人失望。

1946年2月中旬，陳儀在對臺的廣播中表示：「一般臺胞覺得光復以後政府任用臺胞不多。其實這是不能性急的，我們用人有一定的手續、有相當的條件，一時間把臺胞一齊任用是不可能的」。[47]從陳儀的講詞中，可以窺知渠之人事政策或有

46　王添灯，〈省參議會的感想〉，《民報》，1946年12月29日。

47　陳儀，〈陳長官演詞全文〉，載於《臺灣新生報》，1946年2月16日，第4版。

專業化的考量。[48] 於此同時，官方的媒體《臺灣新生報》的立論亦與陳儀的思維一致：

> 政府用人，重在選賢任用，量才器使，以期事得其人，才盡其用，而不能有地方珍域之見。臺灣現在已是整個中國的一部，需要與全國打成一片，消滅過去五十年的隔閡。……
>
> 臺灣接受後，政府應多用本省人，這是臺胞的希望，也是政府的方針，……所以政府對本省的人才早已事行登記，正在積極訓練，使臺胞獲得政治知識，明瞭國家政令，認識中國史地，了解國家情況，訓練是必要的。……我們以為行政幹部人員，在多用本省人的原則下，事實上必須經過一番訓練，但交通、工礦、農林各種事業的技術或管理人才，應盡量選拔臺胞，他們有科學技術，工作經驗上，絕不落後，即使因為過去在日本人壓制下，不能擔任高級職位之故，不免缺乏從政與管理的經驗，現在提高他們的地位，正所以使他們有獲得經驗的機會。[49]

但是，對於參與心切的臺灣菁英份子而言，所謂用人需有「相當的條件」、以及「必須經過一番訓練」等項，毋寧是一種變相的限制。尤其，陳儀並不諱言：「台灣雖然歸還我國，但是還有許多台胞不懂得國語國文，這是中國的恥辱」。陳氏並且認定通曉國語文是擢升臺灣人出任主管、秘書等工作的前題。當局這種動輒強調臺灣人民的語言不通、政治訓練不足等論調，更令臺灣人油然而生受歧視之感。誠如《民報》一貫地對當局之語言政策的批評，認為：「當此過渡時期，登用人材的標準，

48　周一鶚，前揭文。

49　臺灣新生報(社論)，〈論用人問題〉，《臺灣新生報》，1946年2月14日。

若過於重視國語國文，以其瞭解國語國文的能力而判定其有能無能，則本省許多有爲人材難免有向隅之泣，不特埋沒青年有志，也是國家的一大損失。」[50] 該報也指陳，「在內地各省，全體人民中，能操國語寫國文的人數，未必比我臺灣多」，從而質疑：有人可以假國語國文的能力，「來制止臺灣人辦政治」。[51] 類似的意見，又如賴明弘的〈光復雜感〉一文有謂：

> 「有幾位政治者和評論家說：臺胞對三民主義還無深切的理解，同時缺乏民族文化。……這是近視眼者看臺灣的皮相看法，都不是根本的立論。極端的講：正和日本統治者指臺灣沒有『皇民化』異曲同工，而是自欺欺人的邪說。……假使有人要以臺省人不大明瞭三民主義的理由，指謂臺省人尚是不夠『資格』的新民，那麼，這論者便是十足帶著統治者臉孔的人，就是欺人太甚的僞政治者，僞評論家，……」

賴氏亦以爲：在人口比例上，臺省人懂國語國文者甚多、未必比他省少。但是，懂國語、國文不過是「枝葉問題」而已，「民族文化保存與否，是要看是否有民族的思想，節操，血氣來予以斷定的」。渠之結論，強調在臺灣人的心中「光復」的眞實政治意義在「政治的解放」，而不僅止於「兄弟的重聚」、與「返到祖國的懷抱」。[52]

所以，不但是以上所謂的語言與政治訓練條件的不足，令人備覺束縛，而部份官員與來自臺灣以外的中國人士有意或

---

50 民報(社論)，〈爲什麼要裁員？〉，《民報》，1946年7月11日。

51 民報(社論)，〈國語國文和自治能力〉，《民報》，1946年11月28日。

52 賴明弘，〈光復雜感〉，《新知識》，第1期，1946年8月，頁11。

無意的臺人奴化論調，更是一種赤裸裸的歧視；即如《民報》的反應：「受命接收的人們，往往忘卻安慰本省人過去長期辛苦的使命，動輒發生優越感，於有意無意之間，表露輕視本省人的態度，甚至有敢以『亡國奴』的暴言相侮辱的。」[53] 除了認為這是政策歧視之外，臺灣的知識菁英恐亦有當局不信任其政治忠誠之質疑。吳濁流嘗回憶起渠當時曾私下詢問時任國民黨省黨部主委李翼中有關何以政府不起用臺人的問題，李氏雖然不以為這是「奴化」問題，但卻指出：「不過只因害怕共產黨，所以還是非訓練兩三年，恐怕不能起用」。吳濁流的感覺是：「我真是失望透了。原來，政府和黨都完全不信任臺灣人。與日本時代一樣，政府機關上層部分，由外省人取代了日本人，而臺灣人依然是龍套角色。」[54] 這種社會流動的管道受阻卻，而且臺人又難以進入政府的決策核心，甚至只有花瓶般的民意機關，自使臺人感到有氣難呻。即使國民政府已決定要於1947年底正式施行憲法，但行政長官公署卻宣布臺灣要到1949年才會開放縣市長民選。陳儀政府推遲本地縣長民選的理由之一，就是語言問題；其民政局長周一鶚甚至以為國語文問題不只是語言問題，甚至是「國民精神、國家觀念」的問題。由是，參與障礙、國語文能力、以及政治忠誠之間的邏輯關聯被架構出來。臺灣本土的菁英份子遂逐漸體會到參與障礙

53　民報(社論)，〈為什麼要裁員？〉，1946年7月11日。
54　吳濁流，《臺灣連翹》，頁157-158。

的產生，不見得眞是因爲客觀的能力不足，而是他們先天的位置——曾經受過日本殖民的經驗——使得他們的政治與文化的忠誠受到質疑。而當局在戰後對於處理所謂「漢奸」的手段，使臺灣人備感委屈，多少也坐實了當局對臺人有所不信任的假想。過去的共同宿命，成了現在新的共同束縛之根源。著名作家楊逵在日本宣布投降方屆週年時，回顧過去一年，自覺慚愧而哭，「哭民國不民主，哭言論，集會的自由未得到保障」。他撂下一句極沉重之語：「打碎了舊枷鎖，又有了新鉄鍊」。[55]束縛感確實深刻。

五、在衝突中再認識自己

　　吳濁流嘗回憶當年二二八事件之前臺灣人與外來的中國人有所摩擦的情況。他寫道：

> 「各機關接收以後，日本人所留下來的位置由外省人所替代，而下面的本省人仍然居於原來的位置。因此，對工作、環境詳細的本省人居於下位而不諳工作的外省人卻悉數居於上位，於是就孕育了很大的矛盾。這樣一來，政令的推行就無法順利。那麼，本省人就走入愚昧的感情路線上，毫無顧忌地把妒忌表露出來，而外省人又抱著反正上位者都是外省同志，所謂『官官相護』，互相維護的關係，自然會懷有優越感而去輕視本省人了。」

這段近卅年後的回憶，直指摩擦的起因與臺灣人與外來的中國

55　楊逵，〈爲此一年哭〉，《新知識》，創刊號，1946年8月。

人之間參與機會不公、及其衍生問題的社會情境有關。[56]

　　吳濁流的回憶與二二八事件後時人的觀察相符。丘念臺就認為當局「拒用臺人、待遇不平」遂使「外省歧視、仇視臺人，而臺人亦嫉視、惡視外省」、「上下內外隔膜」。非臺籍的何漢文也指陳：「服務機會不均等。如各機關高級人員以外省人居多，而臺灣同胞每多屈居下僚，所謂待遇高低尤不公允」。臺籍的蔡培火也以為，國家原應有特別之用意措施以表現其公正愛護臺胞之原意，以慰其五十餘年之艱辛，但反而謂臺胞多受日人毒化未諳國語國文為口實，「而置台胞於同其甘脂之外」，族群的成見由是而生，「甚至『阿山』之惡名惡意亦畢泄於全省之任何角落矣」。[57]

　　接下來，且讓我們的目光向前移到「二二八事件」發生之前。《民報》於1947年1月21日，也就是「二二八事件」發生前1個月前，發表了〈臺灣人要歸那裡去〉社論，其中有一段話如下：「由內地來的同胞，不肖多於賢達，而又佔了優越的地位，以致臺胞們大形失望，終至內外省人的感情隔膜，日趨深刻」。這個即時的觀察——而非事件後的反思——為「二二八事件」之前臺灣人和外省人之所以產生嫌隙，下了一個最終的注腳：因人事政策不臧而導致的政治資源分配不公和政治亂象，絕對是最關鍵的原因。其實，若再往前回顧於

56　吳濁流，《無花果》。

57　蔡培火，〈致陳立夫部長、余井塘副部長報告〉，《蔡培火全集》(臺北市：吳三連臺灣史料基金會，卷四，2000)，頁41-44。

二二八事件前1年內之印刷物，臺灣人與外來的中國人族群摩擦問題的嚴重，早已躍然紙上；以下所引用的相關史料，將有助於我們進一步去建構「戰後臺灣人的參與障礙」與「族群邊界想像」之間的邏輯關聯。

《人民導報》在1946年5月間就以〈外省人問題〉為題，發表社論，以為臺灣人與所謂的「外省人」族群間深刻鴻溝之所以形成，是「外省與本省的界限分得太清楚」：「外省人說：臺灣人封建思想濃厚，盲目排外。本省人說：外省人處處抱優越感，以統治者自居。」[58] 不久後，官方媒體《臺灣新生報》對於因此產生的隔閡問題，亦有所回應，而以〈隔閡應該消除〉為題發表社論云：

> 「本省光復後，因接收及行政上的需要，也曾由國內來了不少人。由於五十年來的長期隔離，這些人和本省同胞之間，不論在語言上、思想上、生活上的懸殊，當然都遠較西南方大後方和沿海人士之的懸殊為大，因而本省人和所謂『外省人』之間的隔閡似乎也較深，……近來常有人談到國內來的人頗多具有優越感。假如真有其事，我們認為是不應該的。國內的生活並不比臺灣好，國內的建設並不比臺灣進步，國內社會並不比臺灣安定，國內同胞已回到祖國，則國內同胞與本省同胞同是中華民國的國民，休戚榮辱同其命運，國內來的人憑什麼可以有優越感？」
>
> 「又如，『本省人』與『外省人』在口頭上常被作為兩個對立名詞來使用著，這也是足以加深隔閡的。」[59]

58　人民導報(社論)，〈外省人問題〉，《人民導報》，1946年5月9日。
59　臺灣新生報(社論)，〈隔閡應該消除〉，《臺灣新生報》，1946年5月24日。

這篇社論點出隔閡的造成是族群相互刺激的結果。此外,當時臺灣的本土菁英其實已多有「外省人自以為優越」的觀感,亦可以此管窺一二。這種觀感之一體兩面,則是渠等受到歧視的心理感受。《民報》的社論中就指陳,少數「外省公務員」的「優越感」和臺灣人與「外省人」間的「差別待遇」,正位列臺灣人最討厭的事之中。[60] 更早點出臺灣人對外省人的優越感感到不滿、並且將省內外人士之所以產生隔閡的邏輯之所在加以完整闡釋者,還有詩人王白淵。王氏除了在1946年1月間,於《臺灣新生報》發表〈所謂「奴化」問題〉一文,首開爾後臺人奴化說與反臺人奴化說的論戰烽火外,又在《政經報》雜誌上發表〈告外省人諸公〉一文,痛陳渠對於族群隔閡的感受。筆者先引時任該刊主編的蘇新於同期〈編輯後記〉針對王文所寫的跋語:

> 「臺灣光復後不上五個月,就惹出本省人和外省人的種種紛糾,使本省人和外省人無意中發生感情上得隔膜。……從來,本省人最痛恨的,是日人的優越感;日人污辱本省人的時候,他們都慣用『清國奴』這句名詞。現在,本省人最感不快的,亦是某種外省人的優越感,這些外省人常說本省人是『奴化』,把『奴化』這個名詞當做『臺灣人』的代名詞。」[61]

這已經簡單點出了王白淵寫作當下的社會情境。同時,表面上

---

60 民報(社論),〈要緊接收人心〉,《民報》,1946年8月26日。另,該社論指陳其餘兩項本省民最討厭的是,則為「貪官污吏的盛行」與「官場的惡作風」,亦率皆與臺灣人的政治參與束縛間接相關。

61 蘇新,〈編輯後記〉,《政經報》,2:3,1946年2月10日,頁14。

看來，確如蘇新的歸納，王白淵的確強烈批判「外省人」的優越感問題。王氏提及，「臺胞與外省人的糾紛」除了當然由言語不通、習慣不同而所致者外，厥為其中有「非常惡質的外省人」以「奴化」之名詞做為「發奇財」、「裙帶人事」的護身符，或「把臺省看做一種殖民地，對臺胞抱著一種優越感」，終使臺胞和「外省人」在不知不覺中漸漸發生隔膜。王白淵在文中力辯臺胞並不奴化，「可以說一百人中間九十九人絕對沒有奴化」；渠以為若只以臺胞不能流利使用國語文為奴化，那不過是「淺薄」、和「欺人」的見解。相反地，王氏認定臺灣人不但保持住民族精神、還特有強烈民族的意識：「臺胞的基本份子，本是在三百年前，四百餘洲均屈於滿清之時，還和鄭國姓堅持大義，在臺灣再抵抗三十餘年，以臺灣之小，而使滿清之大，不能容易加以非禮。這種堅強的民族意識，在日人治下還是一樣繼續下來，並無一點被他們破壞。」[62] 類似於王白淵以上以辯論臺灣人仍保持強烈中國民族意識為思考脈絡者，其實可以在許多同時期的印刷文本中找到。試舉其隅：

> 「談到臺省缺乏民族文化一層，也是一個荒謬的愚論。我們敢斷言，中國文化的本質，在臺灣是沒有變過質。雖然在形式上，有不少的變態，或添上不少異民族的文化色彩，但本質上仍是保存著其精粹[不]易。臺省人的思想的主流，例如對每一個事物的看法，想法，其表現在日常生活上的一切風俗習慣、語言等，莫不是我們中國的民族文化和精神。」(賴明弘，

---

62 王白淵，〈告外省人諸公〉，《政經報》，2:3，1946月2月10日，頁1-2。

〈光復雜感〉，《新知識》)

「台灣人在過去五十年間雖然在日人壓迫之下，但能夠維持著民族的正氣，而不爲日人同化，因此能夠在開羅會議得到光復的決定。」(〈台灣的認識問題〉，《民報》)

「推行自治的最重要事項，並不只在語言文字，而是在于熱意與能力。有沒有爲國家爲民族著想的熱情，是最根本的問題。關于這點，我們可以自負，臺胞是不遜任何省份的。」(〈國語國文和自治能力〉，《民報》)

「『台灣人往那裡去？』我們絕對不是『一群的迷羊』；我們是大明的遺民，漢民族最優秀的宗派，大中華民國的國民。」(廖文毅，〈國慶日感言〉，《民報》)

「臺灣同胞受過日本帝國主義者半世紀的凌辱壓迫，強制施行殖民地的教育，使臺胞沒有機會學習國語國文，但是臺灣同胞的愛國精神和研究熱誠，具有優越條件，……」(吳漫沙，〈新年的新希望〉，《新新》，2:1)

「臺灣給日寇的殘暴統治五十年，實際並沒有被同化，他們的民族意識現在仍栩栩地活著，他們所具有的漢民族的優良傳統始終保持著。」(李萬居，〈臺灣民眾並沒有日本化〉，《政經報》)

事實上，以上王白淵和其他人的論述，從表象看起來，似乎仍是高度中國本位思考的。會有這種思考，可以說對當局之於臺灣人既有偏見與刻版印象的回應上。這種偏頗，舉陳儀治臺不久後對臺灣人的看法爲例。陳儀雖然讚揚臺灣同胞有「注重自治」和「做事認眞」兩種優點，卻批評臺灣人「性急器

小」，並認爲這些缺點正是「五十年來受了日本教育的影響」所造成的。[63] 陳儀的偏見，其實就是一種奴化論調，亦即強調臺灣人受日本人殖民統治、尤其是皇民化運動的影響，而使「一般人民都習于日本的思想及性格」，而失卻其中國性。所以，陳儀一再強調渠施政的重點即在臺灣推行「中國化」，推行「心理建設」要使臺胞成爲「地道的中國人」。[64] 這種奴化的論調，不僅存在於陳儀個人，渠之幹部抱類似想法者亦多有之。例如，其教育處長范壽康甚至在1946年因批評臺灣人排擠外省人是「完全奴化」，而引來滿城風雨。這種偏狹的「臺人奴化」觀點，恐怕是當時許多中國知識份子的集體認知。這一點，由遠從接收計劃時期臺灣調查委員會所擬定的〈臺灣接管計劃綱要〉有「接管後之文化設施：應增強民族意識，擴清毒化思想」之明言，可見一般。面對陳儀等人的批評，王白淵雖然也在另一篇文章〈在臺灣歷史之相剋〉承認：「(臺灣人)血統雖是漢族，但是受日本多年之教育，許多地方，有帶日人脾氣。陳長官説『臺胞氣短』，恐怕亦是説其此點。」但是，他也強調，「氣短亦不一定是壞處，亦有其特長，中國的馬馬虎虎主義，在臺灣是不能通行」。[65] 簡而言之，王氏雖不否認日本殖民對於臺灣人的文化習性有所影響，但卻以爲這未必是一種負面的形象，

---

63 佚名，〈陳長官致詞：臺灣有優點亦有缺點〉，《臺灣新生報》1946年1月16日，第四版。

64 佚名，〈政府最緊要任務，首使臺胞中國化〉，《民報》，1946年10月16日。

65 王白淵，〈在臺灣歷史之相剋〉，《政經報》，2:2，1946，頁6。

反而在與那些少數來自臺灣以外、且惡質的中國人相較下，適突顯臺灣人的進步特質。王白淵再論及：「臺省本是一個富有秩序的社會，雖是在日人之高壓下，還有保存著自己的社會道德，不能泯滅的志氣」；「臺胞雖是在日人高壓之下，但竟受過高度資本主義的洗禮，很少有封建的餘毒」。[66] 又指陳：

> 「臺省之接收，只四個多月餘，當然不能施行什麼理想政治，但是亦不必弄到這樣的地步。但是其根本原因可歸於從前的中國和臺灣的社會範疇之不同。……臺灣雖在日本帝國主義高壓之下，竟在高度工業資本主義下，過著半世紀久之生活。因此其意識型態，社會組織，政治理念，均屬於工業社會之範疇。當然臺胞本身不能說是工業民族，但是亦不能說是農業社會的住民，竟受過近代高度資本主義深刻之洗禮。」[67]

一方面，王白淵以「受過高度資本主義深刻之洗禮」，來對照於中國人的馬虎與落伍，以辨認臺灣人共有的進步特質，形成一種對我族的想像。另一方面，王白也認定國府之接收，係一種「低級社會組織來接收高度的社會組織」，當然不容易。事實上，當時部分外來的中國人的確有牽親引戚、貪污腐化、巧取豪奪的惡行，在當時的報刊中也經常性的出現相關報導，這些惡行被草率地推廣後，也成了臺灣人想像中的中國人形象的一個重要元素。但誠如當代學者王明珂的提醒：「這是以台灣秀才與中國大兵比較的結果。」[68] 由是，陳儀的偏頗，固不可

66　王白淵，〈告外省人諸公〉。
67　王白淵，〈在臺灣歷史之相剋〉。
68　王明珂，前揭書，頁394。

取，但前述王白淵與以下與王同期臺灣本土菁英所形成對「外省人」此一他者族群的想像，亦未見公允。但是，正如本報告所引述的文本看來，省內外人士彼此的確互存偏見，並相互辯誣，因此而產生的言辭交鋒與論戰，就難免具有衝突性。以下，我們還可以由其他的文本中，找到相同的脈絡。

比王白淵稍早，《人民導報》的社論就已經以強烈的言詞回應陳儀對於臺灣人的批評。該社論中除自省缺點外，也指陳：

> 「臺灣人因爲注重自治，做事認眞，所以對於任何事物，常有意見，常提議論，現值光復初期，對於祖國的公文程序，辦事步驟，又不熟悉，致生隔閡，甚至於格格不入，自所難免，但願祖國同胞勿存歧視，不要像一部份臺胞誤會的祖國同胞，常以征服者者居 [作者按：應爲「自居」]，而以被征服者視臺胞，應該一以外地初歸的小弟弟待臺胞，予以誠懇指導與勸誘，相信在最短期內可獲得最大效果，其成就可能超過內地任何一省，……」

這一方面提醒當局，接收不過才3個月，臺灣人民已有被歧視之感，所以會有省內外人士的隔閡；另一方面，該社論又以爲「臺灣同胞承漢明之後，確爲中華的優秀民族，確能注重自治做事認眞。惟其如此，始能於51年間槍炮政策及皇民化教育之下，保持現在的民族精神」，乃借力打力，強調臺灣同胞之所以注重自治、做事認眞正是保持中華民族精神的結果。後來《民報》的方塊文章中，亦以爲臺灣人雖被批評有「性急氣短」、「拘泥細故」等脾氣，但卻有替國家擔憂、先天下之憂

而憂的優點。[69] 都是以同一脈絡的邏輯，回擊陳儀的偏見。

　　同時，其他的臺灣菁英份子也一如王白淵，開始認真檢視自我內涵、特質、與真實形象。《新新》雜誌的主編就對臺灣人有如下看法：「我們很喜歡遵守規律、重視效率和系統、組織」；「我們以『信用』—這是現代國家的血輪—互相相信，不但在買賣上、就職上、人格相存的意識也已經成熟了在臺灣人的心頭裡了。」[70]《人民導報》的社論亦嘗指陳：「腳踏實地，實事求是原為臺胞之優點，若能擴大胸襟，放開眼界，則在建國過程中，臺胞之貢獻，亦必不致後人，蓋可斷言。」[71] 其他對臺灣人特質的想像上，除「屈強苦幹的精神」[72]、和「有正義感和責任感，也有犧牲的精神」[73] 等項外，亦多強調臺灣人有較高的民主法治素養。這不啻是向當局所謂臺人政治訓練不足的主張有所異議。蔣瑞仁(即蔣時欽，臺灣民族運動耆宿蔣渭水之子)就以為：「本省民比國內一般省份，民度較高，法治觀念較深。」[74] 相反地，光復後一些政治的亂象，則被臺灣的知識份子認定是由外移入的，如《民報》社論於1946年底回顧過去1年時，又指陳：「由內地移入各種惡作風、貪污盛行，奢侈日盛，執法者玩法，虛偽欺詐，殺人越貨，凡社會上所有之惡事

69　佚名，〈小乾坤〉，《民報》，1946年8月21日。
70　〈卷頭語〉，《新新》，第3、4期合刊，1945年。
71　人民導報（社論），〈臺胞急起準備參政〉，1946年2月6日。
72　龍泊夏，〈駁周憲文「如何看臺灣」〉，《人民導報》，1946年6月9日。
73　民報（社論），〈經濟再建的捷徑〉。
74　蔣瑞仁，〈憲政運動及地方自治〉，《政經報》，2:10，1946年5月，頁5-6。

象，無一不備。」[75] 這許多外來的中國人士到臺灣後的種種不端行爲，適又形成一種對照體，使臺灣的本土菁英份子得以映照出自我形象，從而將自我想像成與外省人——也就是非臺灣人的中國人——這個他者係不同的集合，並進一步推敲中國人與臺灣人所不同的主觀特徵。《民報》就曾反諷：「奉公守法，就是奴化，置禮義廉恥於度外，才能夠在這個『祖國化』的社會裡生存。」[76] 又批判道：「國內現在的習俗思想，未必全可以爲我們的模範。某些社會賢達，經已指出現代中國人的生活，爲污穢、浪漫、懶惰、頹廢，必須以整齊、簡單、樸素的原理改進。」[77] 這種他者鮮明的異己形象，從而有助於臺灣的本土菁英去鋪陳自我的想像，該報就認爲臺灣人有「守法精神」、「社會公德」等爲現代生活所必須的精神。由是，在許多臺灣本土菁英份子的眼中，臺灣人—或本省人—與「外省人」之間兩個群體的邊界，乃愈形清楚。最後，筆者舉《民報》於1946年7月中的題爲〈爲什麼要裁員？〉一文的內容來說明，該文除批判部分中國接收大員有優越感的事實，並且以爲：

> 「這些看不起本省人，差別本省人的要員，多屬貪污腐化之徒，爲遂行它貪污的目的(，)總要有一批的黨羽，做它的眼線，替它張羅，從事搜括，既牽親引戚招呼來了成群的徒黨，爲生活計，不得不給它一個位置(。)無火不出孼，坊間的流

75　民報（社論），〈一年間的回顧〉，《民報》，1946年12月31日。

76　民報（社論），〈可怕的心理現象〉，《民報》，1947年2月19日。

77　民報(社論)，〈中國化的眞精神〉，《民報》，1947年12月31日。

言，想必由此而生(。)如不早爲防止此類惡作風，台灣政治，恐無明朗化之日。」[78]

這很清楚地將政治參與的束縛，歸咎於外來的中國接收人士的私心，並且以此爲之後的政治污濁的源頭。這種對政治參與束縛由來之猜想，已經到認其有陰謀論的成份在內，質疑其政策形成的原始動機。顯然地，本省的知識份子已經對非臺籍的中國公務員產生了不信任。後來一些「中國人是豚」、「五子登科」的譏評，亦不外循此脈絡而行，而進一步加深了族群間的「隔膜」和「鴻溝」。

雖然，這些族群的隔閡以衝突意識開啓：臺灣本土的菁英份子旨在點出歧視的事實存在，進而回擊、辯駁，最後藉由嘲諷對方與對照彼此而形成了一個自我形象的觀照，這的確有助於強化我群間有相同宿命之感。但正如王白淵於〈告外省人諸公〉一文之破題：「現在的臺灣主腦者特別是政府的主要角色，大部分都是外省人諸公」。[79] 可見臺人所遭遇到的參與束縛的政治現實，是當時臺灣人新的一波進行我群想像的原點。當然，這並不意味著以臺灣人爲想像主體的我群意識迄今方才出現。只是過去在日本殖民時期所開始發展的臺灣人我群意識，直至戰後都未臻成熟，其內涵也頗曖昧。正如筆者先前所指陳，日本殖民時期的臺灣人意識已經出現了二元分歧發展的趨勢，而過去祖裔爲中國

78　民報(社論)，〈爲什麼要裁員？〉。
79　王白淵，〈告外省人諸公〉。

人/漢人的根基身份，對於臺灣人能夠把自己與彼不同的日本人進行族群想像的抽離，有其關鍵性。到了戰後，日本人離開，但是新的他群對照組——所謂的「外省人」取而代之；但是，這種臺灣人與外省人在根基條件相同的預設立場，這與過去日本殖民時期相比，就我群想像的歷程而言，的確又是一種新鮮的經驗。過去，臺灣人意識的造就固然與爭取改善臺灣人在日本殖民體制下不公義的政治待遇有關，但是，臺灣人與日本人兩種族群主體的摩擦與衝突，卻早在殖民體制下政治資源的分配不均的正式開展之前；也就是說，當時問題的起點在臺灣人與日本人之間的根基差異。相對地，檢視戰後初期臺灣人與外省人兩個主體間之所以有衝突摩擦，政治資源分配不均反而成了問題的起點。當然，不肖的中國人帶來了貪污、侵佔、及謀私的風氣，造成臺灣政治毫無進步，也破壞了臺灣人對中國人的整體觀瞻，這都使族群的摩擦雪上加霜。這些問題，歸根結柢，都在於陳儀政府的人事政策。這種偏狹的人事政策，使臺籍的菁英份子先因有參與障礙的存在，而產生了束縛感；進而，在追索這種束縛的源頭時，又體認到正是作為臺灣人的身份使他們受到了歧視。由於臺灣人共同在政治待遇上所受之束縛，與天賦的而無從選擇的身份有關，除了將之歸咎於共同的宿命之外，也讓臺籍的菁英份子開始思考：過去與中國人不同的歷史經驗與集體記憶，其實已經造就了臺灣人與中國人有所不同。這種對自己的再認識，對於我族邊界的重新想像，產生了效果。

六、二二八事件之前的我群動員

在二二八事件之前，臺籍的知識菁英已經形成一個鮮明的「臺灣人意識」，有時這個意識亦以「本省人意識」作為指涉。值得吾人進一步探究的是，當時的臺籍菁英對這樣一個我族的成員，到底有何期待？

本報告試由當時的印刷資本中進行耙梳，歸納出兩個方向。

其一，期許內族群成員亦應有所自省言行，以消除族群隔閡。《人民導報》的社論就指出，「對于本省人，我們也要求謹慎自省，嚴密檢討，不要以為所有的本省人都是白璧無瑕，為國為民。」該社論也提醒：「不管他是外省本省，只要他善良的，只要它不是損害人民的，我們都應該尊重他，幫助他，站在同一的立場，為臺灣服務。」[80] 有大陸經驗林忠則謂：「本省的同胞也應該多多認識祖國，檢討自己，體貼別人，分辨黑白是非，萬不可感情用事。我們應該對事不對人，不問那省份的人，好人，就是我們的朋友，壞人，就是我們的敵人。」[81]

其二，期許我群成員能團結而更凝聚。《民報》的社論呼籲，「我們六百五十萬全體(臺灣)同胞團結起來，……須圖謀結合各個人的全力量，來奮鬥爭取光明的出路，這是全省同胞應有的覺悟」。[82] 該報一向認為臺胞過去就如一盤散沙，從未

80　人民導報(社論)，〈外省人問題〉。
81　林忠，〈臺灣政治怎樣才能明朗化〉，《臺灣評論》，1:1，1946年7月，頁15-16。
82　民報(社論)，〈台灣的出路〉，《民報》，1946年8月19日。

老實地下過團結和組織的工夫;現在應認識其自身缺點,「爭取我們團結的力量」。[83]

其三,期許我群成員持續其參與的熱情。之前既然有參與障礙的存在,挫折感難免使臺灣人降低參與的意願,引以為憂者遂提醒其成員「不要悲觀現在的黑暗」,[84] 而應改善其政治態度。《人民導報》的社論就指陳:

「但是我們本省人中間、尚有存『日本去而中國來』這種『潛在意識』的人。因為有這種『潛在意識』、所以他們對于政治、至少還存著『不關心』這種態度。……關于這一點、我們本省人不可不反省。既然政府是我們自己的(,)要把臺灣的政治弄好弄壞、都要我們自己來決定。雖然官員中間有些不肖份子,到處招搖撞騙、壓迫榨取、但這決不是政府整個的施政方針。所以對于這種不良份子、斷然要芟除。但是,對于政(府)將斷不可採取『反抗』、而須要積極『協力』、對于政治、斷不可採取『不關心』、而須要積極『參加』。」[85]

這個段落中提及了「要我們自己來決定」臺灣政治的好壞,其類似的觀點,在當時其他的媒體中也常常找到。如《民報》的社論也強調,只有靠臺人自己的力量,才能解消當前他們對政治的不滿:「我們怨恨貪污舞弊,憂慮產業停滯,徒喚不平,於事無補,假使能夠體會三民主義的原理,團結我們的力量,努力爭取民主政治,豈不是貪官污吏可由我們肅清,

---

83 民報(社論),〈團結的力量〉,《民報》,1946年10月12日。

84 民報(社論),〈台灣的出路〉。

85 人民導報(社論),〈我們須要改變政治態度〉,《人民導報》,1946年3月7日。

補救失業，推行增產，種種問題，儘可依我們自己的力量來解決嗎？」[86] 又提醒：「台胞何辜，五十年前為割地求和的犧牲者，五十年後的今日，依然脫不出茫茫苦海，台胞呀！往那裏去了？要知道要享受幸福，非靠自己力量去努力是不可以的！」[87] 又次如王白淵的意見亦復如是。渠指陳：「臺灣自有臺灣之苦衷，頂愛臺灣者亦是臺灣之人。我們以為臺胞應該負起歷史的使命，不可將自己的命運送給外省人」。雖然王氏強調他非是主張「臺灣門羅主義」，也歡迎有勝任能力的外省人來臺服務與指教，但他已經具體地對外喊出應當「臺人治臺」。[88] 由是，遂又將這個「臺灣人／本省人」這個我群與臺灣這塊土地、以及共同的命運進行了聯結。

　　至於王白淵所提到的「臺人治臺」主張，其實在當時的臺灣社會中已有醞釀。這種主張原來或可比附於在中國其他省份的地方主義，如「川人治川、粵人治粵」等。例如林獻堂、廖文毅等就強調「本省人治本省人」，俾以「愛鄉之心」來杜絕貪污腐敗。但，所謂的「本省人治本省人」不免令人有「驅逐外省人」的聯想，這在當時臺灣既有的社會情境，頗為敏感。事實上，之前就有部份臺省參議員就因具體主張要「以臺治臺」，即受到外在的誤解。林獻堂就為其主張辯護，希望以「聯省自治」的模式，認為「軍事，外交，金融等凡是屬於全

86　民報(社論)，〈團結的力量〉。
87　民報(社論)，〈台胞幸福了嗎？〉，《民報》，1946年7月6日。
88　王白淵，〈告外省人諸公〉。

國性的,都由中央來辦,普通行政,交通,教育等屬於地方性的由省來辦」。[89] 這可說是一種類似美國聯邦制度的主張,也合於孫中山之「中央與地方均權」的要旨。由是,所謂「臺人治臺」,並未臻於國族自決或分離主義的主張,亦非盲目的排外運動,而是一種臺灣人用於爭取「地方自治」的口號。《民報》在一篇題為〈爭取地方自治〉的社論中,就對「以臺治臺」的主張進行辯誣。該社論指稱:「用同地方的人來治理同地方的事,極合乎地方主旨」;何況以「省為地方自治單位」係符合孫中山的遺教和國民黨政綱的。[90]

姑不論以上林、廖等人對於「臺人治臺」與孫中山的均權主張之間聯繫的理解是否正確,至少,由這些辯誣,可以反應出當時所謂的「臺灣人/本省人」概念應當被理解是緣著省級的行政邊界而產生的一種我群意識。另外,「名實相符的地方自治」也被視為是可以解決「內外省人感情隔膜」的一個關鍵。[91]

只是,臺灣人意識/本省人意識做為一種我群意識,又遠比一般中國內部常見的地方省籍意識來得複雜。此蓋因「本省人意識」固然沿著行政邊界進行想像,並以「外省人」作為一種對照;但是,這個我群被想像成一個主體,卻早於「本省人

89　臺灣評論社,〈本省參政員對時局發表政見〉,《臺灣評論》,1:3,1946,頁6-9。
90　民報(社論),〈爭取地方自治〉,《民報》,1946年8月29日。
91　民報(社論),〈爭取地方自治〉;民報(社論),〈嚴辦貪官與實施自治〉,《民報》,1946年9月16日;民報(社論),〈限期完成地方自治〉,《民報》,1946年9月25日。

想像」的產生之前。

　　緣於作為一種我群意識的「臺灣人意識」，早在日本殖民時期就已經形成、而且經常被動員用於臺灣的民族運動中。然此臺灣人意識的本質本身卻很曖昧。過去學者對於日本殖民時期的「臺灣人意識」的本質，多有爭論。[92]簡單述之：在日本殖民早期，為了抵抗日本的殖民、或擔心其同胞因殖民的浸深而結構性健忘其所源出，一種「臺灣人、漢人、及中國人」三位一體的想像，於焉產生；而1920年代以後，一種視臺灣人為受到外在壓迫的、與其他外在族群相平行之國族的想像，也被建構出來，以進行國族動員來從事「反殖民」、「自決」等為訴求的民族運動。這種國族想像的分殊，複合了日本所從事的同化、皇民化等國族動員運動，遂使臺灣人的我群意識，就國族想像的層次而言，在日本殖民的後期，多有曖昧：在行動上，自決運動雖然為這個我群找到政治的出路與目標，但是在我族的想像上，臺灣人要利用根基性的條件來想像自己與日本人的不同，從而，這種根基式的想像卻也始終讓臺灣人在心理上掙脫不了與中國人千頭萬緒的血胤與文化聯繫。

　　但正因在人們開始以文化建構論去理解國族主義以前，根基式的條件一直是大多數人們理解與建構國族的主要憑藉。這

92　有關爭論，筆者之前曾於另一篇研究報告有過分析，請參見：倪仲俊、李汾陽，《當代二二八史述中的國族想像》(桃園：開南管理學院[二二八事件紀念會贊助研究案結案報告]，2004)。

一點，對於理解當時臺灣人的我群意識，非常重要。筆者已經指出，在日本殖民時期，以根基條件進行的國族想像，一直對於臺灣人的我群想像，具有主導作用；到了戰後初期，這種以根基條件進行國族想像的模式，仍然被延用，並且還被強化。這就使得戰後初期的「臺灣人意識」並未具體將臺灣人從中國人的範疇中抽繹出來。舉隅而言，如《人民導報》以〈外省人問題〉為題的社論就指出，「我們都是中國人，都是黃帝的子孫，直到今天為止，我們還在談外省人問題，實在覺得沒有意思。臺灣是中國的一部，臺灣人也是中國人，中國能進步，它會影響到臺灣，臺灣能進步，也會影響到中國」。[93] 至於之前的日本殖民統治政策，例如皇民化運動，雖不致於讓臺灣人真的變成日本人，但至少讓年青一代的臺灣人在國家認同上已經產生混淆，至少是「低中國性(less Chineseless)」。[94] 這也是陳儀政府與其他來自中國之知識份子集體偏見的起點。由是，儘管臺灣的本土菁英對於所謂的「中國性」不時冷嘲熱諷，但為了辯駁奴化論，他們仍不斷強調臺灣人在殖民政權在奮鬥與反抗殖民的歷程，並把其動力聯繫於其先祖的抗爭精神；這反而像是努力在確認其在中國的位置。所以，臺灣的本土菁英在

93　人民導報(社論)，〈外省人問題〉。

94　Wan-yao Chou (周婉窈), The Kominka Movement in Taiwan and Korea: Comparisons and Interpretation, in Peter Duus, Ramon H. Myers, and Mark R. Peattie edit, *The Japanese Wartime Empire, 1931-1945*. Princeton, NJ: Princeton University Press, pp. 40-68.

二二八事件爆發之前，仍然想像自己是中國人、炎黃子孫，甚至是以更狹隘的漢人中心主義而自我標榜。由是，所謂的「臺灣人」作為一種想像的我群，在當時的臺灣本土菁英的印刷文本中，從外表看起來就像是在承認屬於一「中華國族」的事實與前題下而存在的一種次群體。尤其是突然性的「光復」，使臺灣變成了中國的一個「省」，使這個次群體既又緣附著「臺灣省」這個有具體邊線的行政單位來形成界限。

這一點，如果回頭去思考班乃迪克・安德森在理論上與範式上的提醒：在國族的定義上，「政治主權」是定義的一部份；在新的與原先母群體相平行的新群體被想像的過程中，原先群體所依附的行政單位，則對於新群體之邊界的建構於想像，提供了客觀的空間條件。因此，這些新的主權、行政單位的出現，給予族群一個客觀的空間單位去緣附發展。這顯然對於臺灣人的我群意識發展，非常有意義。〈民報〉的社論就指出：「在半封建的中國社會，外省人問題，無疑的很容易在省與省之間發生。」[95]「本省人」和「外省人」，就如是被視作是以省籍作為條件、於當時在臺灣的國人中所切割出來的兩個次族群。

相對於「本省人」，當十所謂的「外省人」群體，固然是因其的外來身份而被本省人想像或是外省人所自我想像成一個不同於「本省人」的他者族群(out-group)，但作為一次族群，其內部未必如「本省人」族群具有明確的同質性。由於傳統的

95　人民導報(社論)，〈外省人問題〉。

中國社會過去安土重遷，個人、家庭、和初級的社會網絡，與土地有強烈的鍵結，這造就了中國人會有所謂的出生地認同或祖籍認同；這從而使新的外來者或客居者因認同與文化的差異性，或許一時未便融入新移居的社會。此係過去的中國的內部移民社會會將新的客居者予以標籤化的成因之一。[96] 然而，外省人來自於中國大陸的不同省縣，其語言腔調與生活習慣不但或與臺灣人有異，即便外省人之間亦未必相得；但是，在政治詞彙的簡約下，外省人內部的異質性——原先可能只包括客觀的原籍，後來可能進一步地擴及於主觀的行為與道德表現——於客居臺灣時也卻被粗率地模糊化。當然，在國族的層次上，當時來臺灣的外省人都有作為「中國人」的自我想像，殆無疑義。但是，這種在國族想像的同質性，無以建構所謂「外省人」內部的共同聯繫。儘管同為客居者的身份、離鄉背景於外地工作的共同經驗，勉強可以創造一些「外省人」的內在聯繫。但事實上，從現在可以找到之當時的印刷資本中，似乎未見當時的外省人族群有意或無意利用這些微弱的內在聯繫去動員我建構我群意識。正如杜亦取(Karl W. Deutsch)所指陳的：國族意識本身就是一種社會動員(social mobilization)。[97] 由是，

96　對於過去中國內部移民社會的移民雙重認同與對新客居者的標籤化的相關研究，可參見：William T. Rowe, *Hankow: Commerce and Society in a Chinese City, 1796-1889,* Stanford: Stanford Universiy Press, 1984; Emily Honig, *Creating Chinese Ethnicity: Subei People in Shanghai, 1850-1980,* New Haven: Yale University Press, 1992。

97　Karl W. Duetsch, *Nationalism and Social Communication: An Inquiry into the*

既然脫離的族群動員，那麼就很難說有我族意識的存在。儘管當時外省人內部未必建構出一種具有主體性、或有意義的而可指認的「我群意識」，但是，對臺灣人／本省人的我群主體而言，「外省人」這個他者的存在——即使其群體再鬆散，但確實存在——本省人適得以映照自我。

至於，本省人固然是因為同隸籍於臺灣而被想像成一個我群，但就當時的中國社會而言，一如前面所提及中國人慣有的出生地認同與祖籍認同，「省」作為一個地方行政的單位，既然有具體的邊界，其實也是中國人常據以作為認同意識的依附對象。在這個階段，「臺灣人」與「本省人」這2個詞彙在臺灣本土菁英的印刷資本中，既然互相指涉，顯見其我群意識仍停留在一如於中國其他各地也可見到的省籍意識。而「臺人治臺」等自治主張，也一如過去的「川人治川」、「鄂人治鄂」等口號，在「二二八事件」發生之前，一度成了臺灣這個我群尋求未來政治參與的新出路。但是，也正因為臺灣地理上與中國本土的隔絕、臺灣人受過日本殖民的共同經驗，其實已讓臺灣本土的菁英體認到：臺人與中國內地其它各省人之間的差異，與中國內地內部各不同省人彼此之間的差異，要大得多、也特殊的多。事實上，在日本殖民時代，由於日本人的歧視，臺灣人這個族群已經體驗過了一次「束縛的朝聖之旅」，所謂的臺灣我族意識，已早有萌芽；而戰後的社會情境使得這種意

Foundations of Nationality. Cambridge: MIT Press, 1953.

識的「非中國性(non-Chineseness)」被強化，甚至逐漸有「反中國性(anti-Chineseness)」因子的產生。由是，這種臺灣的省籍意識已具備作為國族意識的先質，隨後來社會情境的變化，而可進一步蛻化成準國族、甚至國族意識。最後，剖析這些本土菁英份子之所以不斷地提醒族群隔閡的的確存在，確然有進行我群動員以達到特定目的期待。但是，考其原始的動機目的，並不在加深族群鴻溝。相反地，臺灣本土菁英也利用對於事實上存在著族群隔閡的一再提醒，呼籲當局採取特定的政策，如登用本省人才、及加速進行地方自治等，以避免衝突的激化。

七、結　論

很遺憾地，在省內外人士隔閡消除以前，二二八事件就爆發了。

無論後來的學界或政界人士如何界定二二八事件的本質，但1947年228當日爾後的一段期間內，省內外人士間的流血衝突的確發生，也造成雙邊各有傷亡。誠然是一件悲慘的事。不過，事件爆發之後所產生的衝突，仍應置於戰後臺灣因政治參與束縛所造成族群矛盾過程的一部分來觀察，才能掌握其發展脈絡。同時，在當年3月間，二二八處理委員會的32項政治要求中，與臺人政經參與有關的項目，就佔了8項。爾後，來臺調查的閩臺監察史楊亮功也在他的報告中建議：今後臺省既為

我國領土，臺省人民亦為我國同胞，自應一視同仁，而不能不設法培植其本省幹部人才，以糾正目前之畸形現象也。可見，無分官民，當時咸認解除臺人政治參與的障礙，為解決省內外人士族群衝突的關鍵。但是，在二二八事件爆發之前，雖然臺灣的本土政治菁英，誠如本文所指出，已經因政治束縛的產生而感受到彼此間有共同的不平政治待遇，於焉又緣著省籍為邊界進行新的一波我群想像；至於當時臺灣人的我群意識，雖然可以用「臺灣人意識」或「本省人意識」等名詞加以指涉，但就當時公開於印刷資本的公開討論中，這種意識顯然尚無足以成熟到一種國族意識、甚或準國族意識。尤其，當時臺灣本土的菁英仍然著重以根基式的條件來想像國族，由是，所謂的「臺灣人意識」或「本省人意識」在當時是用以抽離或區別所謂「外省人」此一具衝突關係的重要的他群，其相對性並非聚焦於「中國人」而來。在二二八事件之前，這個臺灣人／本省人我群雖然對其對照組產生了一定程度的不滿與不服，這種心結乃造成兩者間的隔閡與緊張。但是，無論這些我群的菁英份子再如何不滿，在2月27日晚前大規模的集體暴力(collective violence)全面引爆前，卻實未見渠等進一步地鼓勵對抗、對立、甚或分離。當然，整個二二八事件顯然是一個重要的歷史經驗，這對於臺灣意識的強化或進一步地變遷為準國族或國族意識，應有重要的影響；但二二八事件的本身，尚不致於是一場國族的革命或起義。囿於研究範圍，目前尚未能進一步坐實

在「二二八事件」後臺灣意識或本省人意識如何轉型為目前我們所理解到的臺灣國族主義。但是，臺灣人或曰本省人，他們所面對的參與障礙在「二二八事件」之後，並未根本解構，也就是原來造成族群隔閡的根本原因並未因「二二八事件」的發生而消失，政治資源的分配未能與權威理性相符，這或許才是近50年來臺灣社會族群隔閡進一步加深的主因。

最後，在範式的適用上，本文也發現安德森「束縛的朝聖之旅」概念，的確有助於探討戰後臺灣國族意識的形成。經過史料的耙梳，從戰爭結束到「二二八事件」爆發的這段時間，臺灣的本省菁英份子在政治參與過程中，因垂直流動不如預期而形成參與障礙，並因備受歧視，而強化了我群想像。

與談
二二八事件前本土菁英的參與障礙與其
我群意識之形成

陳 佳 宏

　　主辦單位，主持人，張老師，還有發表人倪教授、李教授，及現場在座先進，大家好！

　　我已經很久沒來高雄了，這裡的變化真的很大。原本是打算利用這次的機會在高雄玩個幾天，但是明天還要上課，所以實在是沒有辦法。如果錯過這次，已經不知道什麼時候才會再來到高雄了，所以我非常地珍惜這次機會。關於這篇文章，李教授、倪教授都是這方面的專家、前輩；在看完這篇文章之後，我有一些想法想與大家分享。

　　第1點，論文開始便使用「民國36年」，我就覺得非常的突兀，可能我比較敏感，但相信二二八事件的家屬應對這個名詞更為敏感。當我們在討論如何去除國民黨的統治，去除殖民化時，在寫文章時竟還是書寫民國36年；可能是我想太多了。但你會發現，我們在二二八基金會所舉辦的研討會使用這

樣的詞彙，其實是滿諷刺的一件事情！

　　這篇文章的整個架構非常地清晰，看完之後獲益匪淺；它在討論二二八事件發生之前的事。以往我們對於二二八事件的研究大部分都集中在該事件之後，即為後來的人對他事後的追憶，但這樣的東西有時候可能會失真；所以我覺得文章中倪老師、李老師他們的切入點滿好的，即是二二八事件發生前那時的台灣菁英們他們在想什麼？這也是未來研究者滿可以持續發展的研究方向。此外，還有幾個重要論點，剛剛倪老師已經敘述過，我再簡單地講一下，主要是針對所謂的本土菁英；那時候的台灣人想要參與政治，往往會遇到阻礙；遇到阻礙之後那個反作用力打回來之後，產生一種所謂的我群意識，有些人會用「認同」這個詞彙來代替。那時候包括菁英們、大眾們，他們針對所遇到的障礙、挫折，而產生一種我群的意識，甚至藉此去建構國族論述，它主要是要觀察這個方向。

　　方才倪教授表示，論文資料中主要是借用了安德森的理論，論及當時所謂的印刷資料，反照菁英們之間的交流；所以藉由印刷品為主要論證資料。故在這篇文章主要資料多是使用《民報》、《人民導報》對一些台灣社會當時的報導。個人是認為此資料雖然是借用了安德森的理論，但我想當時的台灣應該有它的特殊性，這個部分我們也不應該忽略；包括說當時這些菁英們在想什麼？我們不能只依賴那時候的報章報導。尤其是一些具代表性的菁英們，在事件發生前的一些言論和主張，我

覺得也是滿值得參考的資料！例如林獻堂日記。二二八事件之前，林獻堂是一個非常具指標性的政治人物，幾乎所有當時的台灣菁英份子皆有跟他往來，因此他的日記內容，我覺得是非常可貴的！所以，若能將此資料加進去參照討論，會更具論證性。

　　另外，倪老師表示他的主軸主要討論到「參與障礙」，就如同我剛剛講的，當菁英碰到障礙時，他要如何去應對。這個障礙裡面分成好幾種層次，是非常有系統的架構，包括政治活動、政治參與；架構中有一個指標，即參與公共部門。當時擔任公務人員的台灣人，非只是一般性的公務人員而已，包括中高階級的、文官以上的。而當時中下階層的公務人員是台灣人的比例有六成。他主要是質疑，上層結構的公務人員台灣人比例太少的問題。這個假設若要能成立，我覺得應該還要再作一些比較分析，簡單來講，可以比較日治時代台灣人的遭遇與戰後國民黨來台灣兩個時期作比較，看有沒有比較好？據一些文獻之記載，這篇文章也有提到，行政長官陳儀認為，台灣人過去被日本人當作奴才，祖國來了，才改善了很多台灣人的待遇。這當然是各說各話，因為也有些人說是祖國來了才更糟！更差！就拿公務人員來說，就是一個很好的對比指標；日治時代台灣人出任公職的比例，不管是質或是量，是不是有比較好？如果真如陳儀所論有比較好，如果真是這樣，代表台灣人要求的是更多。你就可以這樣子推測：國民黨給台灣人的比日

本人還要多了，是台灣人自己不滿足。這如果成立的話，是不是另一種答案？其實可以作一個分析，就是雙方彼此期望差距的問題。陳儀認為給60分即可，不過台灣人要求70分、80分而造成落差，更或許日本人只有40分而已。之前我看國民黨有一些關於二二八的論述，即所謂加害者的論述，他們認為說台灣人只敢跟國民黨、只敢跟中國人反抗，而不敢針對日本人；說日本人壓榨台灣人，台灣人都不敢說什麼，都不敢喊出聲音。而戰後，國民黨覺得自己做得比日本人還好，可是台灣人都不滿意。另一個說法是那個時候台灣人看不起中國人。而之會發生二二八衝突事件，我認為雙方之間認知的差距，應該是要去探討。包括你說要用什麼人，他的文章裡面也有引出來，例如廖文毅，蘇新他們跟陳儀政府說：「不要用台灣人裡面那些台奸！」因此，台灣人內部可能也有分裂、互相排擠的情況，說這個人不要用。台灣人有這樣子內部的問題，是不是跟以前日本人有關係呢？這其實是非常複雜的，有時候不能一概而論。

另外，戰後新聞自由、結社自由這些部分，文章中也提及是一種參與障礙，我是比較質疑的。因為二二八事件發生之前，那時有些言論空間，其實比日治時代言論空間還大滿多的。在二二八事件前，有很多人的言論是非常激進的，例如郭國基，主張中國人就是被滿洲人如何如何…；我們台灣人可以建國；那個時候就有這樣的言論出現。這樣的言論都可以在

二二八事件發生前出現，故當時的言論空間其實未必很封閉。封閉是因為事件發生之後，國民黨緊縮，至於之前，其實未必比日治時代更緊縮。所以這算不算是一種所謂的參與障礙，其實是應該要能夠作更細緻的分析。

在台人奴化的問題部分，當然是一種對台灣人比較污蔑性的說法；中國人說台灣人被日本人奴化了，可是奴化－文章裡面有講到說－奴化也有優點，「奴化」可以意謂台灣人作事情比較認真、比較有效率、比較講求信用、比較腳踏實地、實事求是、富正義感、有責任、懂得犧牲……中國當局說這叫作奴化。過去我曾參加一場研討會，也是二二八的研討會，那時有一位阮美姝女士，她在現場教訓發表人說：「我們這個奴化，被日本人教的，我們就是這樣，他教我們這樣。」「中國人沒有教我們這個，中國人都教我們什麼？」文章裡面有提到，包括貪污，什麼虛偽、狡詐、騙人、骯髒、懶惰……，這叫所謂的中國人。所以說到奴化，有些台灣人其實還引以為傲，說台灣人與其當中國人那種非常骯髒的，倒寧願去被日本人奴化。所以說你可以發現其中差距是不可謂不大。

說到二二八，都是我們事後去討論，而這篇文章很可貴的地方就是它還原到事件前的一個情境。了解當時的情境跟我們事後去追究它，其實是不太一樣。討論二二八跟所謂的國族意識、我群意識；包括跟台灣建國的關係。我長期作台灣獨立的研究，但我發現這是屬於事後的狀態，因為如此，當下所說那

種國族意識在事件前其實是非常地薄弱的。當時所謂台灣人要「自治」，這種理念其實早在日治時代就有了，1920年代林獻堂等菁英份子就是如此鼓吹著。所以戰後初期的二二八當下，其實我覺得並沒有特別突顯國族意識，只因為在二二八事件發生後，有的人跑到海外從事台獨運動，包括主持人張炎憲老師也是這方面研究的專家；海外台獨才去引用二二八這個象徵。其實不可諱言，要建構一個國家，一定要有一些傷口，一些所謂的國家神話，就拿美國來說，也是一樣充滿了建國神話。所以我認為二二八已經有點被圖騰化了。這樣講其實比較不禮貌，雖說不禮貌，但我認為二二八可以轉變成一種正面的能量。像台灣人說要建國，我覺得這是將二二八引為國殤，並去汲取二二八為養份。這也是二二八未來有可能繼續發酵的地方。

最後，容我提出一個感想。說到1945年戰後的形勢，日本戰敗，亞洲各個殖民地紛紛獨立建國，但為什麼台灣沒有呢？可能當時台灣的所謂本土菁英們過於怯懦。例如當時南韓出現了一位李承晚，可是台灣沒有，沒有一個人具備足夠聲望而能夠領導全台，所以錯過了一次最好的時機。而本文倪老師講說這是一次「朝聖之旅」，然後菁英碰觸到參與障礙，而形成一個所謂的我群意識、「國家」。在二二八事件前後，台灣人其實已經走過一遍了，並付出慘痛的代價，但現在我們還在走這一條漫長的朝聖之旅。而結果如何？其實還有待歷史的檢驗。謝謝各位！

從「市參議員」到「悽慘議員」

——論二二八事件前後的第一屆高雄市參議員

鄭 志 敏

摘 要

1946年4月，高雄市第1屆也是史上唯一一屆的市參議會成立，到1950年11月宣佈結束其歷史任務止，一共歷經了二二八事件、三七五減租實施、大陸淪陷國府播遷及蔣中正在臺復行視事等，臺灣現代史上的重要政治、經濟衝擊年代，特殊的歷史背景，使第1屆參議員原本2年的任期，延長了一倍有餘。在二二八事件中，許多出面協調官民衝突的參議員，慘遭橫禍，歷史教訓，歷歷在目。第1屆市參議員，不僅擴大並承續高雄市地方精英自日治時期以來的從政規模，也開啓日後高雄市政壇的新生態，是瞭解高雄市議會政治發展史，不可不知的一頁重要史實。

關鍵詞：高雄市、市參議會、市參議員

一、前 言

1945年8月，日本裕仁天皇公開廣播，宣佈接受同盟國

無條件投降的要求，結束了第二次世界大戰，同時也宣告了日本政權殖民臺灣51年的統治結束，臺灣暫時交由盟軍中國戰區的中華民國政府接管。此一被臺灣人視為「光復」的重大改變，帶給在日本殖民政權下深受桎梏半世紀之久的臺灣人，莫大的興奮與鼓舞。其中最令臺灣人期待的，莫過於過去在日治時期參政權利的受限，可以撤除，真正達到臺灣人「出頭天」的企望。

在日治時期，殖民政權箝制臺灣人的參政管道，不只高級官吏盡為日本人所獨占，即使是地方民意代表的選舉，也是遲至1935年才開放，且設限甚多，旨在確保日本人與親日派的臺籍議員佔大多數，以致根本無法發揮監督地方行政的功能[1]。1935年首屆選出的高雄市市會議員，一任4年，但1939年選完第2屆之後，因戰爭形勢日益嚴峻，遂未在1943年辦理第3屆，直至戰後[2]。雖然是限制重重，但是日治時期的這兩次「半民主式」的地方民意代表選舉，卻讓臺灣人比多數中國政府統治地區，更早體驗到選舉的滋味，也熟悉選舉的相關事務，這對戰後國民黨政權來臺後的地方選舉的施行，有著很大的幫助。

為了緩和臺灣人對於國民黨政權來臺後，自省行政長官公

1　有關1935與1939年兩次州市會議員的地方選舉詳情，請參許淑貞，〈日據時期臺灣地方選舉與政治參與──以兩次市、州會議員選舉為例（1935~1940）〉（臺中：中興大學歷史學研究所碩士論文，1996）。

2　有關日治時期的高雄市會議員選舉詳情，請參拙著，〈日治時期高雄市臺籍人士地方自治參與之研究〉《高市文獻》，第20卷第1期，頁58-153，2008）。

署到地方縣市政府，都大量晉用外省人與親國民黨臺籍人士，行政長官陳儀遂決定趕在行憲之前，即辦理臺灣省及各縣市鄉鎮的民意代表選舉，以平息民間的反彈聲浪。高雄市第1屆（也是唯一的一屆）參議會的選舉，便在這樣的時代背景下產生。

高雄市參議會從1946年4月13日正式成立，到1950年11月19日宣告終會止，總共存在約4年半的歲月。時間雖不長，但這段期間，卻經歷了臺灣史與中國現代史上，最驚濤駭浪、風起雲湧的混亂與衝突的年代。在臺灣，1947年的二二八事件，對高雄市民包括市參議員，造成了相當大的傷害；在中國，1949年底國共戰爭勝負底定，國民黨政權播遷來臺，下野的蔣中正總統，於1950年3月，自行在臺復行視事；而對日後臺灣社會經濟發展影響深遠的土地改革政策中的「三七五減租」，則是在1949年中，未經立法程序即發動奇襲，倉促推動完成。臺海兩岸騷動的軍政情勢，一直要到1950年6月，韓戰爆發後，才漸趨緩和。當時美國政府派遣第7艦隊巡防臺灣海峽，防止兩岸軍事衝突，並加強對臺灣的軍經援助，以強化其在亞太地區，對抗共黨勢力擴張的防衛能力[3]。至此，國民黨政權才得以休養生息，而臺灣的政治緊張情勢，也才稍獲喘息的餘地。就在1950年的10月，為展現對於美國援臺的善意回應，國府當局決定開始實施地方自治，辦理行憲後的第1屆縣市長

---

3 〈中國臺灣網 —— 美國第七艦隊入侵臺灣海峽〉，http://big5.chinataiwan.org/web/
webportal/W2001214/Uliuf/A4459.html，上網日期：2006/7/14。

與縣市議會的選舉。高雄市參議會，也在這樣的歷史背景下，宣告結束她的歷史任務。

　　過去學界對於臺灣戰後初期的縣市參議會，分區域的專題研究，甚是有限[4]。對於高雄市參議會的專題學術研究，更是付之闕如。但是，事實上，這唯一的一屆高雄市參議會，不只在高雄市地方議會歷史上，傳承了來自日治時期高雄市會的經驗，更是開啓日後省轄市時期高雄市議會的先河，可謂承先啓後且絕無僅有的一屆民意機關。對她進行詳細的研究，可有助於吾人理解高雄市的地方精英，在戰後初期政權轉移前後，所扮演的重要角色，也可有助於瞭解，國民黨政權撤退來臺後，對於高雄市地方政治生態所起的變化作用。這對於瞭解高雄市的地方政治發展史，特別是議會政治的發展史，應該是有其跨越時空的意義在。

二、市參議會的選舉與成立

1.選舉前的準備工作

　　國民政府接管臺灣之後，一仍日治時期的政區劃分，市名

4　早年有鄭梓的《戰後臺灣議會運動史之研究 —— 本土精英與議會政治（1946-
　1951）》（臺中：作者發行，1993），討論的是臺灣省參議會的情形，以及李筱峰
　的《臺灣戰後初期的民意代表》（臺北：自立晚報社文化出版部，1993），討論的是
　從中央到地方縣市參議會的民意代表。唯一專論縣市參議會的著作，目前所見只有
　張炎憲、高淑媛合著，《混亂年代的台北縣參議會（1946-1950）》（板橋：臺北縣
　立文化中心，1996）。

稱不變，將原本的州廳改稱為縣，庄街改稱為鄉鎮，全臺粗分為8縣9市，高雄市是屬於省轄的二等市，市以下再分區，高雄市之下共分10區304里2386鄰[5]。根據臺灣省行政長官公署公佈的〈臺灣省各級民意機關成立方案〉中的規劃，對於省轄市的地方民意代表產生時程與程序如下：

（1）各市政府應於三十五年一月底以前，依照臺灣省省轄市組織暫行條例之規定成立里辦公處，並於二月底以前選舉區民代表，三月十五日以前成立區民代表會，選舉市參議員，區民代表會暫不選舉區長。

（2）各縣（市）政府應於四月十五日以前，成立縣（市）參議會，並選舉省參議員[6]。

此一時程規劃，自公佈日至完成日，約只有3個月的準備期限，即需將全臺所有地方選務辦完，對於剛結束被殖民統治的臺灣人而言，實是一個不小的考驗。不過，由於有著日治時期舉辦過兩次地方民代選舉的經驗，加上對於戰後臺人參政的高度期待，在省署一聲令下，全臺灣都動了起來，積極努力配合省署所訂時程，推動選務。

　　另外，關於市參議員的產生方式，本文在此要特別做說明。從上舉〈臺灣省各級民意機關成立方案〉的書面內容來

5　高雄市發展史編纂小組，《高雄市發展史》（高雄：高雄市文獻委員會，1988），頁241-242。

6　〈臺灣省各級民意機關成立方案〉（1945/12/26公佈），收錄於臺灣省行政長官公署民政處編，《臺灣省民意機關法令輯覽》（台北：該處，1946），頁142-143。

說，乍看之下，似乎是由區民代表間接選舉市參議員，但這只是一個政府規劃方案，實際施行時，仍得視相關法規的規定來判定。此一方案內容，雖然經常縣市並舉，可是在實際執行時，縣與市的參議員選舉方式，其實是有所區別的。可惜長時期以來，臺灣學界對此似乎有與事實差距頗大的誤解，最普遍的一種誤解，是認為市參議員與縣參議員的產生方式一樣，都是經由區（或鄉鎮）民代表會的代表間接選出，對此有必要在此加以釐清[7]。

縣參議員的選舉，一如過去日治時期的州會議員選舉，可能因為縣的幅員遼闊，直接選舉辦理不易，因此在〈縣參議員選舉條例〉[8]第8條規定：「鄉鎮民代表會選舉縣參議員，以鄉鎮公所為投票所，用集會之方式行之，以得出席代表總額過半數之投票者為當選，選舉結果，無人當選時，應舉行再選，以得票較多者為當選。」確是透過鄉民代表會間接選出。但在〈市參議員選舉條例〉[9]中，並無類似規定，不應以縣擬市，張冠李戴。另外，根據〈臺灣省縣轄市市民代表會組織規程〉[10]與〈臺灣省鄉（鎮）民代表會組織規程〉[11]中，有關鄉鎮

---

7 李筱峰在《臺灣戰後初期的民意代表》頁15-19中，把縣市參議員的選舉方式，等同視之，認為都是間接選出，但揆諸實際，恐非如此。

8 收錄於臺灣省行政長官公署民政處編，《臺灣省民意機關法令輯覽》，頁20-33。

9 收錄於臺灣省行政長官公署民政處編，《臺灣省民意機關法令輯覽》，頁40-46。

10 收錄於臺灣省行政長官公署民政處編，《臺灣省民意機關之建立》（台北：該處，1946），頁349-351。

11 收錄於臺灣省行政長官公署民政處編，《臺灣省民意機關之建立》，頁359-361。

民代表與區民代表的職權，確有一項是選舉或罷免該鄉鎮市所選出的縣參議員。但在〈臺灣省省轄市區民代表會組織規程〉[12]中，關於區民代表的職權規定，只有選舉或罷免區長、副區長，並無權過問市參議員的選舉或罷免。由此可見，縣與省轄市的參議員的選舉與罷免方式，確實存在極大的差異。這可能是因為省轄市市的範圍小，選舉人有限，較易處理選務，照選舉法規及高雄市的實例來看，應是由各區的合格公民經公告為正式選舉人後，舉行市公民直接選舉，而非區民代表行間接選舉。更何況，臺北、高雄等9市，早在日治時期即有兩次辦理市會議員直接民選的經驗，實無再回頭行間接選舉的必要。

有關市參議員選舉，〈市參議員選舉條例〉中的直接相關規定如下：

第十一條　市政府應於選舉前一個月，辦理選舉人及候選人登記。前項選舉人與候選人之登記名冊，應於選舉前十五日於各該區公告之。

第十二條　市公民對於登記公告之名冊，如認為有錯誤或不確實，得於選舉三日前於登記處所聲請更正。

也就是說，選出區民代表後，並非由區民代表間接選出市參議員，而是由市政府造出合資格的選舉人名冊後，再進行公告與修正的工作。如果是由區民代表會行間接選舉，即不需要這些相關的規定。因此，市參議員與區民代表一樣，都是透過區

12　收錄於臺灣省行政長官公署民政處編，《臺灣省民意機關之建立》，頁336-339。

公民直接選舉而產生，具有最直接的民意代表性，這點與間接選出的縣參議員或省參議員，是有很大的不同的，不應魯魚亥豕，混爲一談。

因爲臺灣長年淪爲日本殖民地，未受中華民國政府實際統治，因此辦理民代選舉之前，尙須依〈臺灣省公民宣誓登記規則〉，透過法定程序，正式取得公民權，其規定是「中華民國人民，無論男女，在本鄉（鎭）區域內居住6個月或有住所達1年以上，年滿20歲經宣誓登記者，享有公民權」[13]，較之日治時期的選民資格規定，寬鬆很多。高雄市政府原本要在1946年2月10日，於各區公所辦理公民宣誓登記，但因各區公所應編造表冊數量太多，實務上趕辦不及，故延至2月12日才在全市15個處所同日舉行，從上午9點到下午2點止，據云共有九萬多市民參加宣誓活動[14]。市政府根據宣誓結果，編造公民名冊，總計全市共有男女公民75,191人，占高雄市20歲以上人口的93%，占全市人口的45%[15]。公民數確定後，接下來則是要對有否公職人員候選資格進行檢覈。依據〈臺灣省省縣市公職候選人臨時檢覈實施辦法〉的規定，縣市公民年滿25歲以上者，可以聲請公職候選人檢覈，其檢覈又分甲、乙二種，欲參

---

13 〈臺灣省公民宣誓登記規則〉，收錄於臺灣省行政長官公署民政處編，《臺灣民政第一輯》（台北：該處，1946），頁352-359。

14 〈地方通訊：高雄〉，《台灣新生報》，版3，1946/2/21。

15 〈臺灣省公民人數統計表〉，見臺灣省行政長官公署民政處編，《臺灣民政第一輯》，頁140。

加省縣市參議員選舉者，須具備甲種公職候選人檢覈及格的資歷[16]。高雄市合格公民的申請檢覈情況，甚是踴躍，經檢覈後，申請甲種公職候選人檢覈及格者有399人，乙種者有937人，合計1,336人，占高雄市公民人數的1.3%[17]。

2. 選舉活動的進行

高雄市政府依據國民政府與省署的相關法規[18]，訂出〈高雄市參議員選舉須知〉，於1946年3月，開始著手辦理高雄市參議員的選務工作。高雄市當時的人口數是198,049人，依人口比例，可選出區域參議員22名，另可分配職業團體參議員9名，總計應選名額是31名。有意參選者，可自行擇定參加區域代表或職業團體代表的選舉。最後登記參選者，共計有62人。高雄市共分10區及5種職業團體，其選舉人名冊，由市政府編造完成[19]。各區之選舉人數、候選人數及應選名額，如表一所示。

---

16 〈臺灣省省縣市公職候選人臨時檢覈實施辦法〉，收錄於臺灣省行政長官公署民政處編，《臺灣民政第一輯》，頁328-336。

17 〈臺灣省複審合格公職候選人統計表〉，見臺灣省行政長官公署民政處編，《臺灣民政第一輯》，頁142。

18 〈各市辦理選舉須知——市參議員選舉〉，收錄於臺灣省行政長官公署民政處編，《臺灣省民意機關之建立》，頁378-380。

19 林玲玲編，《高雄市選舉史》，頁260-261。

表一：第一屆高雄市參議員選舉之選舉人數、候選人數及應選名額一覽表

		投票選舉人數	候選人數	應選名額	候選人平均分配選票數	當選機率
區域代表	鹽埕區	2468	10	5	247	50%
	左營區	3867	6	3	645	50%
	楠梓區	3722	2	1	1861	50%
	三民區	1090	6	3	182	50%
	新興區	1529	2	1	765	50%
	鼓山區	950	4	2	238	50%
	前金區	1048	2	1	524	50%
	連雅區	2452	4	2	613	50%
	前鎮區	1927	4	2	482	50%
	旗津區	1010	4	2	253	50%
	合　計	16341	44	22	372	50%
職業團體代表	商會	46	8	4	6	50%
	農會	19	2	1	10	50%
	漁會	71	2	1	36	50%
	工會	6	4	2	2	50%
	自由職業團體	6	2	1	3	50%
	合　計	148	18	9	9	50%
全市	總　計	16489	62	31	266	50%

資料來源：〈臺灣省高雄市第一屆參議員當選人及候補當選人題名錄〉，見臺灣省行政長官公署民政處編《臺灣省民意機關之建立》，頁295-298。

　　關於第1屆高雄市議會的當選者與候補者之詳細名單與其背景資料，在此先以表二列出，接續再做細部討論。

表二：高雄市第一屆參議員簡歷一覽表

姓名	性別	年齡	職業	籍貫	學歷	重要經歷	選出區域或團體	備註（得票數）
林瓊瑤	男	32		高雄市	早稻田大學專門部經濟學科畢業	鹽埕區第二町會計、高雄興業信用組合理事、常務理事、組合長	鹽埕區	當選（465）
郭國基	男	46	商	屏東東港	明治大學法學部畢業	長榮女中教師、高雄州廳民事調停官、國民黨高雄市黨部黨務指導員兼臺灣省黨部指導員	鹽埕區	當選（318）選上省參議員後辭職
蔣金聰	男	34	商	高雄市	高雄商工專修學校畢業	東壁印務局主、高雄佛教支會監事、三青團高雄分團理事	鹽埕區	當選（263）
郭萬枝	男	28	商	高雄市	高雄商業補習學校畢業	保甲壯丁團團長、蘭室書局主、高雄文具株式會社董事、第三信用合作社理事、臺灣日光陶器有限公司董事、高雄印書股份有限公司董事、三青團區隊長	鹽埕區	當選（187）
李炳森	男	49	醫師	高雄岡山	臺灣醫學士	協議會員、市會議員、興業信組監事、高雄實業組合理事、興南新聞社顧問、高雄市醫師公會理事長	鹽埕區	當選（184）
林仁和	男	35	商	高雄市	臺南師範學校畢業	學校訓導、高雄市農會理事、商會理事、仁和營造廠主、三青團高雄分團理事	左營區	當選（1444）
陳大清	男	40		高雄	臺南師範學校		左營區	當選（566）
曾宗鏡	男	47		高雄市	國民學校畢	保正、里長、舊城國小家長會長	左營區	當選（441）
高再福	男	57	醫師	高雄市	臺灣總督府醫學校	開業建安醫院、楠梓坑興業信用組合理、監事、楠梓區長、高雄市醫師公會副理事長	楠梓區	當選（1809）
王隆遜	男	41	商	高雄市	高雄商業補習學校	經營瓦廠、陶器廠、米穀廠等、文具公司董事、農業組合副組合長、組織三青團社會服務隊、三民區長	三民區	當選（259）

孫太雲	男	27	商	高雄市	臺灣總督府普通文官考試合格	高雄市役所職員、臺灣食糧營團高雄支部主任、洽豐商行主、三民區農會常務理事		三民區	當選(226)
邱道得	男	30	商	高雄市	高雄商業補習學校	保正、防戶團副隊長、三青團高雄分團理事、高雄水利組合評議員、高雄市雜貨公會理事長、農會監事、漁會監事		三民區	當選(211)
許秋棕	男	48		澎湖	中學畢業			新興區	當選(413)
陳武璋	男	32	商	臺南	高雄商業補習學校	璋記碾米廠主、高雄市精米商組合常務理事、高雄糧食興業公司總經理		鼓山區	當選(259)
陳騰雲	男	37	商	高雄市	日本岡山鷺中學校	保正、市會議員、內惟區長、農會理事、信組監事、鼓山區調解委員會主席		鼓山區	當選(237)
王清佐	男	46	律師	屏東萬丹	日本中央大學法律學科畢、高等考試司法科及格	開業律師、民報商事社董事、三民主義青年團高雄分團籌備主任、幹事長、高雄地方法院院長		前金區	當選(584)
陳啓清	男	43	商	高雄市	明治大學法科	苓雅寮區長、市會議員、皇奉中央支部委員、高雄支部參與、新興製糖會社董事、臺灣貿易會社董事、臺灣木工會社監事、烏樹林製研會社監事		連雅區	當選(1024)
陳浴沂	男	27	商	高雄市	滿蒙專門學校經濟科、慶應大學外國語學系肄	高雄州林務課書記、組合庶務長、一信商行主、知恩建築信用利用組合長、苓雅區牡蠣生產合作社理事主席、精華月刊出版社總經理		連雅區	當選(465)
張啓周	男	39	商	高雄市	臺南長老教中學肄業	海運業丸二組事務董事、高雄窯業董事長、前鎮區長、高雄一信監事主席		前鎮區	當選(796)
張媽意	男	47	商	高雄市	公學校畢	榮茂製米所主、三義成物產公司董事長		前鎮區	當選(410)
莊高都	男	26	商	高雄市	高雄商業補習學校	中洲漁業協同組合任職、曾到中國遊歷、高雄市漁會中洲分會長、第二漁業生產合作社理事主席		旗津區	當選(683)

龔遜霖	男	50	工	臺 南	臺北工業學校	合盛鐵工所副理、臺雄鐵工廠廠主、臺灣省鐵工業公會理事	旗津區	當選 (85)
※※※	※	※	※	※※※	※※※	※※※※※※	※※	※※
林本南	男	37	商	高雄市	臺北工業學校畢	株式會社湯川組董事 (建築營造業)、土木建築業建昌公司主、高雄市商會理事、高雄市土木建築公會理事	商 會	當選 (13)
蕭華銘	男	36	商	澎 湖	臺北高等商業學校畢	新高建築信用組合監事、高雄市商工會議所議員、多個產業組合組合長、高雄市五金行商業公會理事長	商 會	當選 (9)
黃賜	男	55	商	臺 南	臺北工業學校畢	高雄工友鐵工場主、水泥瓦會社、木材行經營、臺灣民眾黨員、高雄機械工友會負責人	商 會	當選 (6)
黃朝聰	男	33	商	澎 湖	名古屋藥學專門學校畢	鳳山郡藥業組合長、鳳山郡生藥小賣商組合長、高雄市藥劑師公會理事長	商 會	當選 (5)
林建論	男	45	農	臺 南	臺北師範學校	學校訓導、左營庄助役、區長、舊城信用組合長、高雄市農會理事、理事長、左營區合作社理事主席、三青團高雄分團理事	農 會	當選 (17) 副議長 (20)
王石定	男	33	漁	高雄市	早稻田大學商學部	皇奉支部委員、高雄漁市仲買人組合長、興業信組理事、漁業協同組合理事、臺灣木工株式會社監事、高雄市第一漁業合作社理事主席、鼓山戲院與明星戲院董事長、三青團高雄分團理事	漁 會	當選 (53)
黃再德	男	62	工	福建省	新加坡英華中學畢	廈門英語教師、下門美孚石油高雄出張所主任、日本華僑分會理事、高雄市華僑公會會長、高雄市碼頭公司董事長、碼頭公會理事長、唐榮鐵工廠顧問	工 會	當選 (2)
方錫淇	男	41	工	臺 南	總督府商業專門學校畢	東洋製罐株式會社高雄工場任職、臺灣鋼鐵機械公司第二場任職、新興區調解委員、高雄市製罐工會理事長	工 會	當選 (2)

| 彭清靠 | 男 | 56 | 醫師 | 屏東市 | 醫學博士 | 彭産婦人科醫院院長、高雄市第一信用合作社理事長、高雄市警民協會理事長 | 自由職業團體 | 當選 (4) 議長 (24) |

資料來源： 臺灣省行政長官公署民政處編《臺灣省民意機關之建立》、臺灣省行政長官公署民政處衛生局編《臺灣一年來之衛生》、臺灣新民報社編《臺灣人士鑑》（昭和十二年版）、興南新聞社編《臺灣人士鑑》（昭和十八年版）、《國聲報》（1947/1/14）、章子惠編《臺灣時人誌》、全民日報社編《臺灣省首屆參議員名鑑》、林玲玲編《高雄市選舉史》、許雪姬等編《高雄市二二八相關人物訪問紀錄》（上）（中）（下）。

　　觀察表一，我們發現，不知是否刻意的協調與安排，每一區域與每一職業團體的當選機率，都正好是50%。等於說，有一半的候選人，必須面對敗選的事實。這樣的競爭，算不算激烈呢？若以日治時期所辦的兩次市會議員選舉的當選機率來比較，1935年第1次選舉的民選市會議員，當選機率是66.7%，1939年第2次民選市會議員的當選率是84.2%[20]，50%已算是高雄市有選舉以來，最低的當選機率。若是以區域與職業的區別來看，顯然選職業團體的代表，要比區域代表輕鬆得多，雖然當選機率相同，但顯然競選工作的壓力要小很多。不過，因為要成為職業團體的候選人，相對的限制比較多[21]，所以也同樣不能掉以輕心。

　　從投票的結果來看，我們驚訝地發現，在擁有有史以來第1次普遍民選民意代表的權利下，高雄市民對於選舉的參與，卻表現出空前的冷淡態度，全市7萬5千多名20歲以上的合格

20　拙著，〈日治時期高雄市臺籍人士地方自治參與之研究〉。

21　根據〈市參議員選舉條例〉第16條的規定，「參加職業選舉，以在選舉前依法成立之各職業團體之會員，而實際從事該職業三年以上者為限」。

公民，竟然只有1萬6千多人出來投票，其投票率之低與棄權率之高，十分令人咋舌！

　　就選民面的原因來說，日治時期因為選舉資格上的限制，所以能成為合格選民者，只有極少數人，以1939年11月的第2屆市會議員選舉為例，全高雄臺籍合格選民，只有4,343人[22]，而這次市參議員的選舉人數，暴增為75,191人，等於說，有超過九成的選民，都是初次取得公民權，或從未有過選舉經驗者，可能由於時間、工作或其他因素的影響，使其行使第1次的公民權的意願不高，尤其是在日治時期從無投票資格的婦女，參與選舉的意願更低，以致創下這次的超低投票率。但選民不行使投票權，無從責備起，要激發選民的投票意願，候選人應該拿出更高的熱情與競選手段才是。但戰後國民黨政權在高雄市的施政績效不佳，以及臺灣人之間的內鬥，使得很多優秀人才，對於投身政治，裹足不前，降低了這場選舉的精彩度與可看性，更冷卻了選民前往投票的意願。高雄市民周傳枝，在選舉過後不久，寫了一篇題為〈高雄市參議員選舉雜感〉的文章，投稿給報紙登出，從這篇文章中，隱約透露出這場戰後初期的首次市參議員民選，其實存在不少的問題。周傳枝認為，使選民對選舉冷漠以對的原因，不是別的，而是真正優秀的人才，不願投入這場選戰，而投入選戰的人，又似乎都不把選舉當正事辦，敷衍了事。他說道，過去日治時期辦的兩次市

---

22 《臺灣地方行政》，第5卷第12號，頁106，1939。

會議員選舉，選前幾天，候選人一定會在公開場合，發表講演，陳述政見與抱負，「這樣做法，實在有令人靠得住的地方」，因為它提高了民眾的參與感。但這次的選舉呢？只見候選人白紙黑字寫上「某某區市參議員候選人○○○」，全無隻字片語的政見與論述，最後有些實在看不下去的熱心市民，就在那些只填上候選人姓名的宣傳單的上面或對面，再貼上「希望市參議員候選人出來發表政治意見高雄市民一同」的宣傳單，刺激候選人發表政見。以當時高雄市失業嚴重、生活困苦的情況來說，一般市民對於投票之事會興趣缺缺，本不足為奇，但候選人本身的消極，也同樣難辭其咎。周傳枝更直截了當地認為，投票率低、棄權率高，反應出兩件事情，「一是市民對政治沒關心」、「二是票數的數目，是反映著候選人之人格價值的大小」，難怪有人在開票完後，會諷刺地說「這回的選舉，一流的人物卻沒有出來，一流的人物卻沒有出來」[23]。周傳枝的個人觀察，可能不見得全對，但倒可為這次參議員選舉的超低投票率，下一簡潔有力的註腳。

　　至於競選的過程，若依目前所見資料來看，似乎是十分平和的，報紙上也少見對於高雄市參議員選舉的報導。連雅區（即苓雅區）選出的陳浴沂參議員回憶說，「當時選舉都很規矩，很少買票情形發生，至於我，不但不需要買票，甚至很多人都自動送票來。」陳浴沂特別得意的是，以他一個既非世

23　周傳枝，〈高雄市參議員選舉雜感〉，《人民導報》，版2，1946/4/17。

家子弟也不是資產家出身的普通人，在投票當天，竟然很多人都主動投票給他，讓同區的世家後代陳啓清很緊張，趕緊回去動員支持者來投票，最後兩人都宣告當選。而因當時的投票規定，是必須正確書寫候選人姓名[24]，所以會發生「投票人在填寫時，外面的人很容易察覺他寫的大概是誰」的有趣狀況，而預知自己的選情大致如何[25]。另一位三民區參議員邱道得則回憶說，當時他的競選，「既沒有廣告宣傳，也沒有政見發表，更沒有買票的事情，只是四處向認識的人拜託賜票。」[26] 同為三民區選出的孫太雲參議員也說，他當時「既不必去運動票源，也沒做宣傳，居然還能高票當選」[27]。不過，大概不是每一區的情形都是如此，例如在新興區的許秋粽與蔡崇禮，據說因為蔡氏是新興區的首富，在地方上也頗有人望，因此一開始勝選希望很高，但是因為許秋粽「很會講話、講演都很出色」，所以最後蔡崇禮落敗，而由許秋粽當選[28]。可見，善於競選演說，應該還是有助於吸引選民，進而當選的。

---

24 〈市參議員選舉條例〉第23條：「投票人之選舉，應自寫自投，其不能自寫者，得請投票所臨時指定之代書人於監視員監視下代書之。」
25 〈陳浴沂先生訪問紀錄〉，見許雪姬等編，《高雄市二二八相關人物訪問紀錄（上）》（臺北：中央研究院近代史研究所，1995），頁190。
26 〈邱道得先生訪問紀錄〉，見許雪姬等編，《高雄市二二八相關人物訪問紀錄（上）》，頁343。
27 〈孫太雲先生訪問紀錄〉，見許雪姬等編，《高雄市二二八相關人物訪問紀錄（下）》，頁197。
28 〈許國雄先生訪問紀錄〉，見許雪姬等編，《高雄市二二八相關人物訪問紀錄（上）》，頁224。

三、高雄市參議會的異動情形

　　按照〈市參議會組織條例〉第5條的規定：「市參議員任
期二年，連選得連任。」[29] 但是，高雄市第1屆參議員，卻因政
治上的複雜因素，使原本預定的2年任期，無形中被延長了二
年多，自1946年4月就任，直到1950年11月，任務才解除。
而這段期間，正值臺海兩岸的多事之秋，許多因政權轉移後的
制度混亂，並未即時矯正，使得這唯一的一屆參議員，成為異
動量極大的一屆民意代表。這種短時期內市參議員大量異動的
情形，在往後的高雄市議會中，是不曾見到的。而這種民意代
表的大量流動，似乎也成了這唯一一屆高雄市參議會的一大特
色。關於其異動狀況的詳情，請見表三所示。

表三：高雄市第一屆參議員異動一覽表

選出區域或團體	1946/4/13 成立時參議員姓名	異動原因	遞補者	第二次異動原因	第二次遞補者	1950/10/10 解散時參議員姓名	備 註
鹽埕區	林瓊瑤					林瓊瑤	
鹽埕區	郭國基	辭職	駱榮金			駱榮金	1946/5/25辭職，1946/5/28遞補。
鹽埕區	蔣金聰	因犯刑法於一會期內未出席	陳銀櫃			陳銀櫃	1947/9/27去職，1947/9/30遞補。

29　〈市參議會組織條例〉，收錄於臺灣省行政長官公署民政處編，《臺灣省民意機關法
令輯覽》，頁37-39。

鹽埕區	郭萬枝	因犯刑法於一會期內未出席	易金枝			易金枝	1947/9/27去職，1947/9/30遞補。
鹽埕區	李炳森					李炳森	
左營區	陳大清	辭職	曾宗鏞			曾宗鏞	1946/4/18辭職，1946/4/22遞補。
左營區	曾宗鏡					曾宗鏡	
楠梓區	高再福					高再福	
三民區	王隆遜					王隆遜	
三民區	孫太雲					孫太雲	
三民區	邱道得					邱道得	
新興區	許秋粽	死亡	蔡崇禮	辭職	許玉崑	許玉崑	1947/3/6去職，1947/9/1第二次遞補。蔡崇禮遞補日期不詳。
鼓山區	陳武璋					陳武璋	
鼓山區	陳騰雲					陳騰雲	
前金區	王清佐	因犯刑法於一會期內未出席	鍾同家			鍾同家	1947/9/27去職，1947/9/30遞補。
連雅區	陳啓清	辭職	李庭飛			李庭飛	1947/5/8辭職，1947/5/21遞補。
連雅區	陳浴沂					陳浴沂	
前鎮區	張啓周					張啓周	兼任前鎮區區長
前鎮區	張媽意					張媽意	
旗津區	莊高都					莊高都	
旗津區	龔遜霖					龔遜霖	
商　會	林本南					林本南	
商　會	蕭華銘					蕭華銘	
商　會	黃賜	死亡	曾祥			曾祥	1947/3/6去職，1947/5/21遞補。
商　會	黃朝聰					黃朝聰	
農　會	林建論					林建論	

漁　會	王石定	死　亡	蔡文彬			蔡文彬	1947/3/6去職， 1947/5/21遞補。
工　會	黃再德					黃再德	
工　會	方錫淇	辭　職	黃　得			黃　得	1947/11辭職， 1947/12遞補。
自由職業 團體	彭清靠					彭清靠	

資料來源：同表二。

　　從表三可發現，在最初當選市參議員的31人中，共有10人因各種因素而未做完任期，比例超過三成，如果再計入遞補後再辭職的蔡崇禮，則比例更高。而這似乎是全臺各縣市參議會的「常態」，高雄市還不算是最嚴重的[30]。令人不禁要問，為什麼會有如此高比例的異動情形呢？

　　就高雄市的參議員而言，導致他們產生職務異動的因素，大致有以下幾個：

（1）**當選後轉向更高一層的民意機關者**，如郭國基。當時省參議員是由各縣市參議員間接選出，高雄市參議會在成立後兩天，即1946年4月15日，於市府大禮堂，舉行省參議員選舉，參選者共多達16人，市參議員中共有九人登記參選，競爭非常激烈[31]。經過兩輪投票後，結果

30　據研究，全台17個縣市參議會中，有8個縣市的參議員異動比例超過四成，其中以花蓮縣的異動率高達70%（7/10）最嚴重，9個省轄市中，則以嘉義市的63.16%（12/19）最嚴重，足見當時縣市參議員異動情形之劇烈。參李筱峰，《臺灣戰後初期的民意代表》，頁60-61。

31　〈臺灣省行政長官公署公告（卯佳（卅五）署民字第03031號）〉，《台灣新生報》，

由郭國基以16票過半數當選，陳啓川得13票，列爲候補當選人[32]。不過，1946年5月1日省參議會成立後，郭國基卻沒有立即辭職，而是遲至5月25日，才辭職而後由同區候補第一順位的駱榮金醫師遞補。

(2) **就任後轉向地方基層行政工作者**，如蔡崇禮。他在遞補因死亡去職的許秋粽的遺缺後，又因當選新興區區長[33]，因而辭去參議員，就任區長。蔡崇禮的情況比較特殊，因爲該區區域代表在他辭職後，已無候補者，故爲補足缺額，市政府依法在1947年8月31日，假大同國小辦理補選，計有謝有用、許玉崑與許伯財等3人參選，結果由許玉崑勝出，隔天遞補爲市參議員[34]。

(3) **就任後遭死亡變故因而自然去職者**，如黃賜、許秋粽、王石定等3位參議員。高雄市參議員並無任內因病過世者，3個死亡的參議員，都是在二二八事件期間，因遭軍警射殺而橫死。關於他們的遭遇，請容本文稍後的段落再詳述。

(4) **就任後因觸犯當時法令而被迫去職者**，其例如王清佐、蔣金聰與郭萬枝等3位參議員。他們也都是在二二八事件期間，因爲遭當局逮捕訊問監禁，甚至遭

版1，1946/4/12。

32　〈臺灣省行政長官公署公告（卯皓（卅五）署民字第03636號）〉，《台灣新生報》，版1，1946/4/20、〈高雄市郭國基氏當選〉，《中華日報》，版4，1946/4/16。

33　當時區長選舉晚於參議員選舉，在1946/11/5舉行，所以會發生先選參議員再回頭去選區長的情形。參林玲玲編，《高雄市選舉史》，頁627-628。

34　林玲玲編，《高雄市選舉史》，頁272。

到判刑，以致無法出席參議會，而觸犯〈市參議會組織條例〉第8條關於「市參議員如於一會期內全未出席，而無正當理由者，視爲辭職，依前條規定遞補之」[35]的規定，而被迫解除職務。有關這些參議員在二二八事件中的遭遇，同樣容後詳述。

（5）　**就任後因個人因素或其他不明原因而辭職者**，如陳啓清與方錫淇、陳大清等3人。其中陳大清是在就任5天之後，4月18日即辭職，成爲高雄市議會史上任期最短的民意代表[36]，其原因目前無從查考。辭職後，改由同區候補者曾宗鏞繼任。陳啓清則是在二二八事件之後，因臺灣省政府成立，1947年4月30日他被國民政府任命爲臺灣省政府委員[37]。這是高雄市的臺灣人中唯一獲此優遇者，他在上任後不久即主動辭職。至於方錫淇的辭職，內情似乎就比較複雜。表面上的說法是「因事」[38]，但如果從日後方家親屬接受訪談中所透露，

35　〈市參議會組織條例〉，見臺灣省行政長官公署民政處編，《臺灣省民意機關法令輯覽》，頁38。

36　林玲玲編，《高雄市選舉史》，頁268。據目前高雄市議會網站的統計資料，稱郭國基上任15天後辭職，是任期最短的市參議員，其實是漏掉了上任5天即辭職的陳大清。跟陳大清相較，郭國基的任期只能算是次短，而非最短。參〈高雄市議會55週年專輯──有趣的統計〉，http://www.kcc.gov.tw/magazine/april/part2-8.htm，上網日期：2006/7/22。

37　《臺灣省政府公報》（1947年夏季號），頁2。當時被任命的的省府委員共有10人，分別是陳啓清與林獻堂、朱佛定、杜聰明、馬壽華、劉兼善、李翼中、南志信、游彌堅、朱文伯，陳啓清可說是南臺灣，特別是高雄市的代表。陳家也成了跨越兩個不同政權，而同時能得到統治者垂青的高雄市在地世家大族。

38　〈高雄市議會────高雄市議會55年來大事紀〉，http://www.kcc.gov.tw/magazine/

實情恐不單純。方錫淇曾在二二八事件中，被冠以「暴動主嫌」的罪名，遭高雄市警局逮捕，之後又移送臺北勞動訓練營管訓[39]。按理，其去職原因應該是與王清佐、郭萬枝、蔣金聰等人相同，皆是因一會期全未出席而被視為自動辭職才是。但不知為何在官方編輯的《高雄市選舉史》相關紀錄中，卻只是簡單地記上「辭職」，而未如王、郭、蔣等人詳述原因。

　　事實上未完成任期的參議員，應該不止上舉10人，有一些可能是官方資料漏失未記入者。如陳浴沂參議員，在現有資料中，全未說明其異動狀況，但筆者根據陳浴沂對外的口述資料得知，他在二二八期間，曾經逃亡到北部好幾個月，但不知為何未被當局以未出席參議會的名義削職，1949年10月時，因獲得情資，他等不及參議會宣佈解散，即又重啟逃亡生涯，並從此流亡在日本、大陸、香港等地達二十多年後，才返回臺灣[40]。如果陳浴沂所言屬實，那異動的參議員，就應該再加他一個才對，高雄市政府的官方紀錄，必須修正。

　　老實說，當年能當選市參議員，固然是件光榮的事，但就現實利益來看，卻不一定值得欣喜。因為，根據〈市參議會組織條例〉第23條的規定，「市參議員為無給職，但在開會

---

april/part2-1.htm，上網日期：2006/7/18。

39 〈方淑梧女士訪問紀錄〉，許雪姬等訪問紀錄，《高雄市二二八相關人物訪問紀錄（下）》（臺北：中研院近史所，1995），頁63-70。

40 〈陳浴沂先生訪問紀錄〉，見許雪姬等編，《高雄市二二八相關人物訪問紀錄（上）》，頁198-211。

期間內，得按照當地情形，酌給膳宿費及交通費。」所以，選上市參議員的人，幾乎都是抱著滿腔熱忱去做義務勞動，不能支領固定酬勞。孫太雲參議員就證實，「那時市參議員沒有薪水，只給點開會津貼、飯錢一百元而已」[41]。邱道得參議員則直言，「當議員完全是服務性質，並沒有薪水，所以生活所需就靠祖產來維持」，因為邱道得為了要專心從政，一度還把自己原先經營的雜貨店（米店）結束營業[42]。總而言之，當年出來擔任市參議員，其實是責任多於利益的工作，這些願意擔任者，多少都帶有一些為高雄市的未來發展貢獻心力的熱情，否則也不可能支撐長久。可惜的是，在混亂的年代中倉促成立的高雄市參議會，制度不健全，外加政治局勢的動盪不安，造成參議員的大量異動，使其滿腔熱血壯志，無從發揮或甚至慘遭夭折。這是時代的悲哀，也是高雄人的無奈。

四、參議員與戰後初期的高雄政局

1946年4月13日上午8點半，第1屆高雄市參議會在市政府大禮堂，正式宣告成立，並召開首次大會，陸軍151師林師長、連謀市長等軍政要員，都親臨與會[43]。省署民政處長周一鶚，更

---

41 〈孫太雲先生訪問紀錄〉，見許雪姬等編，《高雄市二二八相關人物訪問紀錄（下）》，頁197。

42 〈邱道得先生訪問紀錄〉，見許雪姬等編，《高雄市二二八相關人物訪問紀錄（上）》，頁343。

43 〈高雄市參議會成立　開首次大會　討論區里組織事項〉，《民報》，版2，1946/4/17。

拍來賀電謂：「接貴市長電知貴會成立，際茲春光明媚，獲覩民意昭蘇，所期一心一德，叶敬梓恭桑之義，群策群力，盡興利除弊之能，佇望勗華，敬電馳賀！」雖屬官樣文章，但也可見各界對高雄市參議會期待之深切。成立大會完成後，旋即舉行備受矚目的正副議長選舉，結果彭清靠與林建論兩位參議員，分別以過半數的24票與20票，當選第1屆高雄市參議會的議長與副議長[44]。德高望重的彭清靠，長年在高雄市開設產婦人科醫院，醫術與醫德都受人敬重[45]，他在當選議長後致詞謂：「參議員應為民前鋒，推進市政，議長不肖益將與各位協力，以謀建設之積極推行」，大家一致希望能「破邪顯正建設美麗高雄市」[46]！

　　戰後初期的高雄市，剛從受殖民的桎梏與戰爭的烽火中脫身，一般高雄人的心情，毋寧都是十分欣喜興奮，期待公平美好的未來。在地的知識份子與社會領導精英，更積極地想為地方、為「祖國」多做一點事。1945年11月29日上午，省行政長官陳儀等一行人，抵達高雄市巡視，受到2萬名市民莫大的歡迎，連謀市長親領高雄市各界，盛大歡迎，日後當選參議長的彭清靠醫師，更以地方士紳的身份上臺致辭，呈現出高雄市各界對新政權的歡迎與期待，陳儀則是重申他的「愛國心、責任心、榮譽心、不撒謊、不偷懶、不揩油」等6大信條[47]。後來

44　〈市政推進に邁進　高雄市參議會成立典禮終る〉，《中華日報》，版4，1946/4/15。
45　〈高雄濤聲〉，《新高新報》，頁14，1935/11/16。
46　〈市政推進に邁進　高雄市參議會成立典禮終る〉，《中華日報》，版4，1946/4/15。
47　〈陳長官抵高雄對市民致訓六信條二萬眾參加歡迎會〉，《民報》，版2，1945/12/2。

曾當上國大代表與高雄市長的楊金虎醫師就說，戰後初期「進
行歡迎國軍及政府來臺，學唱國歌，東奔西走籌，籌設會場，
尤覺奔忙為快」[48]。會講北京話的陳浴沂參議員，還特地推辭了
高雄縣政府的林務課長一職，義務與李萬居等人籌處「臺灣
光復會」，擔任副會長，負責組織與訓練高雄市的年輕人，藉
以「組織青年、鞏固青年、擁護政府、杜絕壞人破壞」，不計
個人利害，努力為臺灣前途奮鬥[49]。王清佐與郭萬枝參議員，則
是選擇加入了以吸引青年向心力、維護臺灣治安為訴求的國民
黨官方派系組織----三民主義青年團（簡稱「三青團」）高雄分
團，王任書記長，郭任區隊長[50]。郭國基則因為早已是國民黨的
祕密黨員，戰後繼續投入國民黨地方黨務，成為該黨高雄市指
導員[51]。為了迎接1946年的元旦，高雄市各界還在市府對面的廣
場，搭起可容納6萬人的大會會場，以迎接這新時代第1次新
年的到來[52]。總之，當時高雄人的共同願望，都是希望能在不同
的崗位上，為臺灣更為高雄市的未來，盡一份心力。

48　楊金虎，《七十回憶（上）》（臺北：龍文出版社，1990），頁90。

49　〈陳浴沂先生訪問紀錄〉，許雪姬等訪問紀錄，《高雄市二二八相關人物訪問紀錄
　　（上）》，頁188-189。

50　〈郭萬枝先生訪問紀錄〉，許雪姬等訪問紀錄，《高雄市二二八相關人物訪問紀錄
　　（下）》，頁34。有關三青團的性質與在大陸時期的運作，請詳參陳翠蓮，《派系鬥
　　爭與權沒政治──二二八悲劇的另一面向》（臺北：時報文化出版企業股份有限公
　　司，2003），頁215-216。

51　〈郭拔山先生訪問紀錄〉，許雪姬等訪問紀錄，《高雄市二二八相關人物訪問紀錄
　　（下）》，頁51-52。

52　〈大會場可容六萬人　高雄市興工建設　籌備慶祝元旦大會〉，《民報》，版2，
　　1945/12/26。

　　有關二二八事件前的高雄社會實況，目前已有相當多的研究論述，本文不擬在此多作贅述。根據許雪姬等人的研究，二二八之前的高雄市，可謂百亂並陳，其大略狀況可簡述如下：

（一）政治方面

（1）第1任市長連謀重用私人，不尊重市參議會，將市政府變成個人同鄉俱樂部。第2任市長黃仲圖，本省竹山人，則文弱缺乏擔當。

（2）中國國民黨與三民主義青年團，分別在高雄市成立黨部與分團，吸收在地青年精英加入，形成某種形式的黨派競爭，黨與團雖同出一源，但彼此互不相容，隱藏高度政治風險。

（3）對高雄市政府任用私人、留用日人及大量任用外省人的情形，引發在地本省人極大的不滿。

（4）貪污腐敗情形嚴重，市府公務員屢被揭發貪污弊端，卻不見有效處理，令人大感痛心失望。

（二）經濟方面

（1）戰後復建緩慢，高雄市最重要的機場與港口，機能喪失大半，漁獲量大幅衰退，市民生活漸陷困境。

（2）米價高漲，最後引發米荒，物價波動厲害，民生物資百物價騰，人民生活大不如前，對政府作為，怨聲載道。

（三）社會方面

（1）本外省人之間的歧見、誤解與摩擦日增，外省人認為臺

人是「日本奴」，本省人嘲諷對方是「中國豬」，族群對
　　立日益嚴重。

（2）失業問題嚴重，政府未有效協助解決，致高雄市自殺人
　　口急速攀升。

（3）霍亂、天花等久已不見蹤跡的傳染病復起，市府防治過
　　程漏洞百出，不能有效保護市民的生命財產安全。

（4）各式搶案、竊案頻傳，軍警不法甚至是外省籍校長與教
　　員，胡作非爲的事端，時有所聞，罷工、罷課事件紛
　　起，治安大亮紅燈警戒[53]。

以下，只針對上舉事端中，與高雄市參議員有直接相關的部
份，對前人所未詳談者，再做補充論述。

　　第一，在政治問題方面。官派的首任（1945/11-1946/5）
高雄市長連謀，福建惠安人，情報局出身，能通閩南語，剛接
收高雄市時，的確有心在高雄事做一些事情[54]，甚至還曾提出要
讓高雄市民「讀書不要錢、吃藥不要錢、娶妻不要錢」的「三
不要」動人福利政策口號[55]。但他做人做事，風格蠻橫，且重
用大陸帶來的親信，排擠本省人[56]。跟他接觸過的市參議員，似

53　關於二二八之前的高雄市，可參許雪姬，《續修高雄市志》（高雄：高雄市文獻委
　　員會，1994）卷八〈社會志‧二二八事件篇〉，頁10-37、林秀玲，〈高雄中學與
　　「二二八事件」〉（台北：台灣師範大學歷史研究所碩士論文，2003），頁42-54。
54　〈高雄市接收完畢　積極進行市民福利事項〉，《民報》，版2，1945/11/28。
55　〈讀書樂‧害病苦，皆得免費　高雄市顧念民生　重聘弊風能除便成三不要〉，《民
　　報》，版2，1946/1/30。
56　連謀任內只啓用了兩個臺籍科長，一是與其爲舊識的總務科長蔡伯淙，一是教育科

乎對他都沒有好印象。郭萬枝參議員說「連謀這個人做事較霸道，議會問政，要求政府做某些事，他都不理，而且還帶一些同鄉的惠安人來當官……郭國基就曾在省（參）議會攻擊他，市參議員也不喜歡他。」[57]陳浴沂參議員也說，「當時的市長是連謀，議員質詢時他常不出席議會。我覺得連謀是個厲害角色，口才很好，很會說話，但都帶威嚇性。」[58]市長的個人行事風格是一回事，但如果涉及營私不法，就令人難以忍受。

　　市參議會本來就負有監督市政府施政的職責，身任民意監督機關又滿懷建設美好新高雄期望的市參議員，對於連謀的所作所為，自然憤慨在心，可是又苦無直接證據可依法向監察機關舉發不法[59]。個性較剛直的蕭華銘與郭國基2位市參議員，就曾在參議會上，質問連謀市長應把高雄市當故鄉，多起用本省人，不要只是任用同鄉與近親，使高雄市幾乎成了「（福建省）惠安縣的殖民地」，另外對於時值三十多萬元的日產石丸鐵工場，市府竟只申告8萬元就要出售，明顯是連謀試圖參與

長王天賞，其他市府一級主管，都是外省人。〈蔡景軾先生訪問紀錄〉，見許雪姬等編，《高雄市二二八相關人物訪問紀錄（下）》，頁214。

57　〈郭萬枝先生訪問紀錄〉，見許雪姬等編，《高雄市二二八相關人物訪問紀錄（下）》，頁35-36。

58　〈陳浴沂先生訪問紀錄〉，見許雪姬等編，《高雄市二二八相關人物訪問紀錄（上）》，頁190。

59　〈市參議會組織條例〉第21條：「市參議會對於市長，認為有違法或失職時，得向監察機關舉發之。」，見臺灣省行政長官公署民政處編，《臺灣省民意機關法令輯覽》，頁39。

投資經營獲利，才行此不合理的日產交易。連謀聞言，氣憤不已，簡單辯解後，即當場退席，而後由祕書代為傳達其不再出席議會的意思。最後是正、副議長及林仁和參議員為雙方作和事佬，好話說盡，連謀才好不容易同意回到議場，重新開會[60]。據當時也曾參與勸和的參議會主任秘書蔡景軾形容，當時郭國基作勢掏槍（假動作），「像要和連謀拼命，被眾人勸下來，連謀一氣之下就不接受質詢」，他和正副議長到市長公館去好說歹說，解釋「這是民主時代，人人可以暢所欲言，才會有這種現象」，連謀才氣消，回到議場開會[61]。為什麼連謀能夠如此氣燄囂張？原因就出在，因為受限於〈市參議會組織條例〉的相關規定，使得市長對於參議會的決議事項，有選擇接受與不接受的自由心證空間，相對也限縮了市參議會的決議效力，使得市參議員對於市長及市府官員，幾乎只有詢問與建議權[62]。孫太雲甚至認為「那時市參議員（會）只是諮詢機關，不是決議機關」[63]，這種說法當然與〈市參議會組織條例〉的規定不符，

60 〈高雄市參議會辯論　郭議員指摘連市長〉，《台灣新生報》，版3，1946/4/20、〈議場頓みに紛糾化　市長と郭議員が一騎打〉，同報同日，版4。
61 〈蔡景軾先生訪問紀錄〉，見許雪姬等編，《高雄市二二八相關人物訪問紀錄（下）》，頁215。
62 〈市參議會組織條例〉第20條：「市參議會決議案，應送市政府執行，如市政府執行不當或延不執行，得請說明理由，如仍認為不滿意時，得報請上級機關核辦。」、第22條：「市參議會決議案，如市長認為不當或執行困難時，得附具理由，送請覆議，覆議如果仍認為不滿意時，得呈請上級機關核辦。」見臺灣省行政長官公署民政處編，《臺灣省民意機關法令輯覽》，頁39。
63 〈孫太雲先生訪問紀錄〉，見許雪姬等編，《高雄市二二八相關人物訪問紀錄

但卻極可能是實際參與市參議會的人，內心的真實感受。因此，如連謀之流，只要與上級官長結好，官位即可確保，本身又欠缺議會民主素養，因此幾乎可以完全不理會市參議員的質詢，我行我素的結果，才會爆發如此激烈的衝突場面。

其次，在經濟問題方面。戰後初期，威脅高雄市民生活最嚴重的，大概就是米價物價的暴漲與所謂的「糧荒」。當時臺灣的糧荒與米價上漲的問題，是一個普及全島的結構性問題，並非高雄地區所獨有。關於其之所以發生的背景，前人已有研究可參，本文在此不再贅述[64]。以下只簡單探討當時高雄市的糧荒米漲問題，與市參議員之間的關係。

糧荒與米價物價上漲的問題，早在1946年上半年時，即已相當嚴重，連謀市長任內，就不得不發出佈告，強迫糧食調劑，並聲言將嚴格取締囤積居奇，可惜成效不彰，連謀也迅即下臺[65]。蔓延到1947年時，情況已呈一發不可收拾之勢。該年元旦，高雄市在地的《國聲報》上，刊出多篇文章，均不約而同地指出此一問題的嚴重性[66]。

這些關心高雄市民生經濟者的愷切建言，絕非危言聳聽。

（下）》，頁197。

64 顏清梅，〈臺灣光復初期米糧問題之研究（一九四五年～一九四八年）〉，頁82-102。

65 〈臺灣省高雄市政府佈告（致辰篠糧字第3171號，日期：中華民國35年5月17日）〉，《台灣新生報》，版2，1946/5/22。

66 周生必，〈一年來臺灣與高雄的經濟〉，《國聲報》，版2，1947/1/1、李言，〈一年來的高雄〉，《國聲報》，版7，1947/1/1、張亞盆，〈高雄農村之前瞻與後顧〉，《國聲報》，版4，1947/1/1。

因為到了1月下旬，高雄市的米價就漲破一小斗300圓，媒體批判「餓殍滿路，怨聲四起。此種狀況係地主及奸商結託從事屯積、走私，操縱市價」[67]。市政府不得已，緊急約集市參議員及相關人員，在市府禮堂召開「糧食調劑討論會」，當場達成了取締囤積米商、懇請糧食局發米平糶等多項共識[68]。為求實效，隔天高雄市與高雄縣、屏東市等縣市的參議會代表，齊集高雄市參議會會議室，召開臨時會議，研討對策。高雄市參議會的議長彭清靠與副議長林建論以及多名參議員都親臨參與，結果達成非常重要的決議謂「今後凡搬運米谷出境，一律須經當地參議會許可，如執有糧食局發給之證明書者，須經市參議會之複查，方得出境，否則即將米谷沒收充公，以公訂價格公開平糶市民」[69]。高高屏3縣市參議會此一決定，顯示出參議員們已對行政部門的無能為力，感到不耐，咸認問題已嚴重到不能奢望政府官僚解決的地步，必須與行政權相競爭，站到第1線來保障人民的基本生存權。這個霹靂辦法，果然有效，據報導，第2天米價就受到抑制，但也不無後遺症，因為其侵奪了行政權，引發各界議論紛紛。為免政府部門自相杆格，於是3縣市的參議會代表，再度與3縣市的政府代表集議，以求「政

---

67 〈米價昨日突破三百臺　圓若無補救對策、悲劇難免〉，《國聲報》，版3，1947/1/30。

68 〈嚴重取締囤積奸商　田賦米應盡量放出　本市昨召開調劑討論會〉，《國聲報》，版3，1947/1/31。

69 〈解決民生疾苦　高雄市縣及屏東市參議會　召開臨時會議商討對策〉，《國聲報》，版3，1947/2/1。

府（與）民意代表機關並駕邁步，制定最理想之糧食調劑緊急辦法」[70]。幾天後，官方特別制訂〈高雄糧食區臨時米糧調劑辦法〉，以因應高高屏3縣市的糧食調度，辦法中明訂，無縣市政府及參議會證明之糧食，不得運出，檢舉囤積居奇，得發獎金獎勵[71]。而除了糧食局高雄事務所拋售米糧受到市民歡迎外，還需不斷地對大業戶及米商進行道德勸說與查訪，希望其不要囤糧。最重要的，仍是必需對惡意囤積的奸商滑民，作強力的查緝與嚴厲處份，才能達到真正遏阻米價上升及缺米的危機，這當然有賴市民的熱心檢舉，才能竟其功[72]。果然過沒幾天，就在彰化銀行高雄倉庫等地，查獲囤積白米一千五百多包，逮捕囤積者多人，除將其移送法辦外，並將查獲的囤積米沒收，平糶給一般市民購買[73]。由於官方的大動作，產生嚇阻效果，高雄市的米價，漸有穩定甚至跌落的現象[74]。足見先前的糧荒與米價暴漲，人謀不臧的因素，恐是主因。

　　第三，在社會問題方面，以下略論傳染病防治與教育問題。

　　有關高雄市在戰後初期的傳染病防治問題，筆者在另一篇

70　〈防止走私取締囤積　解除民眾疾苦　屏東及高雄縣市參議會　定期集議研討妥善對策〉，《國聲報》，版3，1947/2/2。

71　〈高雄縣、高雄市、屏東市政府參議員聯合公告〉，《國聲報》，版3，1947/2/5、〈高雄糧食區臨時辦法自本日起發生效力〉，《國聲報》，版3，1947/2/6。

72　〈市民熱望當局繼續拋售　當局熱望市民告發屯積〉，《國聲報》，版3，1947/2/6。

73　〈屯積白米千餘包　沒收充為平糶　本市檢舉奸商獲頭功〉，《國聲報》，版3，1947/2/9。

74　〈米價漸告跌落〉，《國聲報》，版3，1947/2/9。

論文中，已有詳細論述[75]，在此不復贅相關的背景問題，同樣只針對與市參議員有直接相關的部份，補作論述。

戰後高雄市的傳染病疫情，以霍亂與天花為最嚴重。霍亂起自臺南灣裡，於1946年6月間，傳入高雄市，並迅即蔓延至高高屏地區。高雄市政府在7月10日，由市長黃仲圖自行召集市內警察局長、衛生股長，以及市參議會議長、醫師公會會長、藥劑師公會會長、省立高雄醫院長、檢疫所長及各報社駐高雄分社主任等政府與民間的代表，聲勢浩大地成立「高雄市防疫委員會」，頒佈3條簡單的禁賣瓜果冷飲等的禁令[76]，並決定以7月10日起為「防疫運動週」，其運動目標，是施行全面的清潔檢查、預防注射等，特別是商請警察機關，協助取締不衛生的飲食店之販賣行為，以求全面防疫[77]。可是因為各單位協調聯繫不足，防疫成效有限，疫情並未立即獲得有效控制。7月19日，省署民政處衛生局長經利彬，親自趕赴高雄市，召開高雄防疫緊急會議，再度邀集市長、警察局長、市參議會議長、醫師公會會長、衛生院股長、省立高雄醫院長、東港檢疫所長、聯總外勤醫師以及隔離病院長等二十餘人，共商高雄防疫大計，會中決議調整防疫本部、改善隔離病院、組織預防注射隊、加緊工作聯繫、嚴密疫情報告、實施交通管制與檢疫

75　鄭志敏，〈二二八事件前高屏地區的傳染病防治————以霍亂與天花為中心的探討〉《臺灣文獻》，第55卷第2期，2004），頁249-288。
76　〈高雄防疫委會成立　將防止虎疫蔓延〉，《民報》，版2，1946/7/16。
77　〈高雄市　防疫運動〉，《台灣新生報》，版4，1946/7/7。

等，其他如禁止魚類捕食、不合衛生飲食的管理取締與加強海港檢疫等事項，也決議要嚴屬執行[78]。

至於教育方面，在國民黨政權接管高雄市後，教育界制度與人事上的問題，層出不窮。不同省籍間的校長與教師、教師與教師之間，糾紛不斷，以致有鬧到學生憤而罷課的不幸事件發生者，實是當時高雄市杏壇的大不幸[79]。而其中有些糾紛，則是逼得市參議員不得不介入協調處理。1946年7月，高雄市參議會舉行第1屆第2次會議時，蔣金聰參議員就質問教育科長王國安，為什麼他在參議會上報告的學校班級、教師與學生數目，都與蔣氏本人實地調查的結果不符合，且楠梓國小的外省籍教員某，離職後還繼續支薪，教育科為何卻渾然不知？教育科長推說該教員是請病假而非離職，故仍支薪。蔣金聰則更進一步指出，該名教員請假期間卻在某化學公司上班，領兩份薪水，為何教育科不察？曾宗鏡參議員也說，此事發生已近一個月，教育科長卻被蒙在鼓裏，質疑是監督不周。教育科長則辯稱，市內教職人員眾多，科長一人無法一一詳知。李炳森與方錫淇參議員，則繼續質問，有關外省籍教員上課無體統（將腳跨在講桌上、授課完即自行離校），及關於某校長打算大量裁撤本省籍教員之事，請教育科長詳查後再作報告[80]。更嚴重的一次

78　〈霍亂患者續有發現　井水四處檢獲疫菌　經利彬昨趕赴高雄主持防疫　宜蘭發生真性霍亂八人罹疾〉，《中華日報》，版3，1946/7/20。

79　許雪姬，《續修高雄市志》卷八〈社會志・二二八事件篇〉，頁32-36、林秀玲，〈高雄中學與「二二八事件」〉，頁52-54。

80　〈無故裁撤省籍教員　質問集中教育科長〉，《民報》，版3，1946/7/29。

事端，是前金國校的本省籍教師蔡清泰與外省籍教員陳雪卿之間，因發生口角，演出肢體衝突，教育科遂將蔡氏調離該校，以平息紛爭。不料陳氏竟心有未甘，上書警備總部，控告該校鐘校長與蔡、李等兩位教員，有反動思想，警總遂根據檢舉，下令將鐘校長等3人，一併革職。此事在當時高雄市教育界，頗為聳人聽聞，鐘校長與蔡老師更向市參議會提出陳情，在第1屆第4次市參議會召開時，林仁和參議員遂提臨時動議，面陳此案。參議會為求慎重其事，議決由省內外公正人士，合組調查委員會，以便將結果向層峰陳訴，委員會成員則由彭清靠議長指定，包括外省籍的陳桐（市黨部主委）、謝劍（市府主祕）、宓汝卓（專賣局分局長）、吳伯俊（市女中校長）、游志堅（市府宣導股長），本省籍的成員則除了教育科長陳俊雄之外，全是市參議員，包括議長彭清靠、副議長林建論及王清佐、林仁和等人。此事不知之後如何發展，但在二二八事件中，前金國校共有4人被捕，據被害者之一的蔡清泰老師表示，恐怕與此次校園風波，脫不了關係[81]。

五、二二八事件與市參議員

1947年的二二八烽火，在臺北市引燃後，到了3月3日時，延燒到高雄市。有關其大致經過與後續的綏靖、清鄉過

---

[81] 許雪姬，《續修高雄市志》卷八〈社會志・二二八事件篇〉，頁35。

程，許雪姬教授已有基礎的論述[82]，在此不作重複。以下仍僅就
與高雄市參議員直接相關的部份，再補充作加強論述。

1. 衝突的爆發與協商

　　3月2日下午，爲因應北部的緊張情勢，高雄市政府邀集
各界人士，共商大計，出席的市參議員王清佐、林建論等人，
在現場公開發言支持臺北市二二八事件處理委員會的決定，被
在場的高雄要塞司令彭孟緝認定是「站在反對政府的立場」。彭
孟緝察覺事態不對勁，於是開始調度部署，準備應付更大的變
局[83]。3月3日當天，市參議會仍如期開會，但已聽聞北部的騷
動，所以會中有人說道：「如果沒有生事，就不用來開會，若
發生事情，需自動來開會」[84]。一種山雨欲來風滿樓的氣氛，已在
市參議員間，瀰漫開來。當天夜裡，素行久爲高雄市民不滿的
警察局長童葆昭的座車，最先被燒毀在高雄酒家前，童葆昭本
人欲逃往與其住所相近的王清佐參議員家中躲避遭拒，連夜再
奔往壽山的要塞司令部求援。本應維持治安的警察局長率先逃
離崗位，遂使整個高雄市的治安，陷入群龍無首的混亂狀態[85]。

82　許雪姬，《續修高雄市志》卷八〈社會志・二二八事件篇〉，頁38-116、同氏，
　　〈二二八事件時高雄市的綏靖〉，頁163-197。

83　彭孟緝，〈臺灣省「二二八」事件回憶錄〉，收錄於中研院近史所編，《二二八事
　　件資料選輯（一）》（台北：中央研究院近代史研究所，1992），頁58-61。

84　〈孫太雲先生訪問紀錄〉，見許雪姬等編，《高雄市二二八相關人物訪問紀錄
　　（下）》，頁197。

85　〈郭萬枝先生訪問紀錄〉，見許雪姬等編，《高雄市二二八相關人物訪問紀錄

許多憤怒的市民，開始追打外省人，專賣分局長岔汝卓、臺灣銀行經理曾昭徇、港務局長林則彬、高雄地方法院院長孫德耕、鐵路局長華澤鈞等外省籍要員，都逃上壽山要塞司令部躲避，部份走避不及的外省人，則被集中到高雄中學或其他安全處所，統一看管保護[86]。

經過3月3日一夜的混亂之後，整個高雄市，已經陷入極度的不安與恐慌中。幸虧當時的臺籍市長黃仲圖，並未擅離職守，所以市府一般行政還能維持。3月4日，黃仲圖與市參議員及部份地方人士，群聚高雄市政府，共商解決之道。就在當天，「高雄市二二八事件處理委員會」（高雄市處委會）正式成立，並推由參議長彭清靠擔任主委，副參議長林建論任副主任委員，多數參議員都義不容辭地加入處委會。大家再推選郭萬枝參議員繼任警察局長，郭國基的弟弟郭國清當警衛隊長，繼續負起維護治安的責任，防止地方無賴流氓趁機滋事[87]，王

（下）》，頁38。

86 彭孟緝，〈臺灣省「二二八」事件回憶錄〉，頁62。當時的外省人，跑得快的，大概都上了壽山的要塞司令部躲藏，留在市區的，有一大部份被集中在雄中，但據孫太雲說，也有些被集中在區公所，如三民區公所就曾收容了上百名外省人，還有一些則是由澎湖同鄉會與三青團分隊部收容。參〈孫太雲先生訪問紀錄〉，見許雪姬等編，《高雄市二二八相關人物訪問紀錄（下）》，頁197-198、〈郭萬枝先生訪問紀錄〉，見許雪姬等編，《高雄市二二八相關人物訪問紀錄（下）》，頁43。只是，對於外省人的集中管理，按郭萬枝的說法是「集中保護」（本註前舉資料頁45），但在彭孟緝的說法卻是「被視為俘虜，被拘捕集中禁閉」（本註前舉資料頁62），可見當時對於外省人收容一事，在官與民之間的歧見極大。

87 〈郭萬枝先生訪問紀錄〉，見許雪姬等編，《高雄市二二八相關人物訪問紀錄

清佐則被推為繼任的地方法院院長[88]。高雄市處委會分設宣傳、醫療、總務、供應等組，市參議員多依其能力與意願，編入不同的分組，如陳浴沂、孫太雲、黃賜、許秋粽等人，因口才不錯，編入宣傳組，黃賜則因政治運動經驗豐富，出任宣傳組組長，邱道得則因開米店，可供應糧食，就編入供應組[89]，蔣金聰則擔任連絡組長[90]。眾人各司其職，既「要負責維持法律和秩序，還要磋商改革建議」[91]，大家莫不希望能使此一風波，在高雄市早日和平落幕。而左營區選出的林仁和參議員，因為平素與左營海軍軍方交情不錯，因此當事件一發生時，即緊急與海軍方面取得聯繫，約定軍不犯民、民不犯軍，各安其位，相安無事，才使得市區的烽火，沒有迅即延燒到左營地區，保住左營地區的安全[92]。

由於不時傳出民眾追打外省人以及軍憲警對民眾開槍的

（下）》，頁38-39。

88 〈王瑞成先生訪問紀錄〉，見許雪姬等編，《高雄市二二八相關人物訪問紀錄（中）》，頁85。

89 〈陳浴沂先生訪問紀錄〉，見許雪姬等編，《高雄市二二八相關人物訪問紀錄（上）》，頁193、〈孫太雲先生訪問紀錄〉，見許雪姬等編，《高雄市二二八相關人物訪問紀錄（下）》，頁198-199、〈黃獻瑞、黃陳白女士口述〉，臺灣省文獻委員會二二八事件文獻輯錄專案小組編，《二二八事件文獻輯錄》（台中：臺灣省文獻委員會，1995），頁441。

90 〈郭萬枝先生訪問紀錄〉，許雪姬等編，《高雄市二二八相關人物訪問紀錄（下）》，頁44。

91 彭明敏，《自由的滋味——彭明敏回憶錄》，頁79。

92 〈蔡景軾先生訪問紀錄〉，見許雪姬等編，《高雄市二二八相關人物訪問紀錄（下）》，頁219。

傷害事端，為求早日和平解決，黃仲圖市長與彭清靠參議長等地方領導階層，決定主動向當時的高雄要塞司令彭孟緝，遞出橄欖枝，希望能派代表上壽山，與彭司令直接談判和平解決之道。此一提議在3月5日初次提出時，被彭孟緝拒絕，可能是尚未準備妥當，但同意隔天可派人上山談判[93]。3月6日上午，黃仲圖市長、彭清靠參議長與日產清查室主任涂光明、具上尉身份的無線電技術員曾豐明、苓雅區長林界、臺電高雄辦事處主任李佛續及齒科醫師范滄榕等7人，一齊乘坐軍車上山談判，其他人則留在市政府，靜觀後效[94]。不料，7人進會議室同彭孟緝坐定後不久，突有衛兵高喊「有刺客」、「有槍」，隨即衝進現場架走被指稱身上攜帶武器的涂光明，其他人則被衛兵制服，全數加以囚禁[95]。

　　這一場計畫週詳的「三六壽山鴻門宴」，彭孟緝名為和平談判，實則是「擒賊先擒王」策略的運用[96]。彭孟緝主觀上先認定這些上山的代表，其中的涂、曾、范等3人，其實就是山下的「暴徒首領」，必須先予以設計制服，讓山下民眾群龍無

93　彭孟緝，〈臺灣省「二二八」事件回憶錄〉，頁66。

94　彭孟緝在其回憶錄中稱尚有副參議長林建論也上山，但證諸其他多人的口述證詞，林建論並未隨同上山，應是誤記。並參彭孟緝，〈臺灣省「二二八」事件回憶錄〉，頁66、〈林鶴雄先生訪問紀錄〉，許雪姬等編，《高雄市二二八相關人物訪問紀錄（上）》，頁97-98。

95　〈李佛續先生訪問紀錄〉，許雪姬等編，《高雄市二二八相關人物訪問紀錄（上）》，頁30-32。

96　許雪姬，《續修高雄市志》，卷八〈社會志・二二八事件篇〉，頁45。

首，無人統一指揮後，再出兵加以弭平[97]。所以7個上山的代表中，除了立場較中性的李佛續，及與彭素有交情，被認為是被「暴徒首領」脅迫上山的黃仲圖與彭清靠，事後被釋放下山外，其餘4人，全遭殺害，無一生還。收押了談判代表後，3月6日當天下午，彭孟緝見事機成熟，市區應已無人可以指揮反抗後，隨即指揮所屬武裝部隊，兵分三路，直撲高雄市區的市政府、高雄中學與火車站等臺人集中抗爭的幾個重點區域，執行他自詡是「將在外君命有所不受」，而國民黨軍政高層事後稱許為「獨斷應變制敵機先」典範的軍事掃蕩行動[98]。當時因為大部份的市參議員，都集中在市政府運作處委會事務並等待談判後的消息，因此當軍隊開到市政府，進行無情掃射時，這裡便成了市參議員犧牲慘烈的重災區。

2. 軍隊的鎮壓與捕殺

軍隊自壽山抵達市政府後，在現場並無明顯武力反抗的情形下，竟未進行示警或喊話動作，即逕行開槍射擊，顯然事前應有上級的動武命令，才能如此迅速行動。眾人在市政府內外活動者，一見軍隊凶狠開槍，驚慌之下，四散逃逸，卻反而造成更嚴重的傷亡。其中王石定參議員，在逃往市政府旁側的

97　彭孟緝，〈臺灣省「二二八」事件回憶錄〉，頁73。
98　彭孟緝，〈台灣省「二二八」事件回憶錄〉，《二二八事件資料選輯（一）》，頁73、〈大溪檔案・白崇禧四月十七日簽呈〉，中央研究院近代史研究所編印，《二二八事件資料選輯（二）》，頁252。

愛河時，因鐵絲網鉤住西裝，不幸成爲槍靶，當場斃命。另外許秋粽參議員在逃亡過程中，被蜂擁而至的士兵射中，當時許秋粽的兒子許國雄也在現場，充滿父愛的許秋粽，趕緊叫許國雄趴在他的身體下方，替他兒子擋子彈（因爲許秋粽體格胖碩），犧牲自己卻讓許國雄逃過一劫。更慘的是黃賜參議員，他原本躲在市政府內的防空壕，沒被掃射擊中，但因想救援其他人，遂雙手舉起白旗與拐杖，帶領防空壕內的人，走出市政府之外，沒想到軍隊仍然照殺不誤，結果，黃賜就這樣莫名其妙地死於市政府前的空地[99]。

慘死在市政府的3名市參議員，因爲軍隊不准立即收屍，其中王石定在曝屍3天後，才被一位素有交情的善心牧師，用人力板車拖運回家。他身上「共有十二個傷口，有彈孔，刺刀傷口等」，可見他被槍擊後，還遭用刺刀試探是否已經死亡，而王石定出門時「身上穿著的西裝、戒指、手錶等全被剝去」，可見死狀之慘。雖然逢此巨變，可是王家家屬，仍不記仇地收容過被臺灣人追打的外省人士兵，而原本富裕的王家，則家道自此中落，景況甚是悽涼[100]。黃賜參議員，生前爲高雄地區的民族運動乃至勞工運動，貢獻甚多，有一度還潛返大陸，加入國民黨，但這次國民黨的軍隊，依舊沒有放過他。黃

---

99 〈謝有用先生訪問紀錄〉，許雪姬等編，《高雄市二二八相關人物訪問紀錄（上）》，頁146-147。

100 〈王武雄先生訪問紀錄〉，許雪姬等編，《高雄市二二八相關人物訪問紀錄（上）》，頁240-243。

賜死後，也被曝屍3、4天後，家屬才知道實況。據說其致命傷在眉心之間，共中兩槍殞命。而因為戒嚴的關係，只能在不敢驚動親友參與的低調下，以單薄合板所製成的簡陋棺木，草率將其葬於林德官的公墓區，其子黃獻瑞無限感歎地說：「一位畢生戮力同胞權益的民主鬥士，從此孤寂地踏上最後旅途」。平日不善於累積資產的黃賜，死後遺下不少債務，黃家一家人的生活從此陷入困境，內心的苦悶，更非外人所能感受於萬一。[101]

　　另一位至死都不忘要保護兒子的許秋粽參議員，當時因為他兒子許國雄齒科醫是市政府救護隊的隊員，在現場支援救護傷患，沒想到同遭此難。許國雄因是習醫出身，見血不懼，有父親掩護且能裝死，強作鎮靜，終能逃過一劫。但他親眼目睹，士兵進入市府之後的殘酷屠殺場面，不僅開槍射殺在市府內的人，人被射中後，還繼續用槍尾的刺刀「一個一個刺，很多人被刺後，連腸子都跑出來了」，更凶狠的是，人死還不放過，隨即上前搜身，「屍首上的手錶、戒指，甚至有人連衣服都剝下來。」許國雄在軍隊掃蕩完後，僥倖未死，但被與其他人一同押往壽山下的看守所囚禁，3天後才獲釋放。收押罪名不詳，獲釋原因則據說與他曾醫治彭孟緝母親的牙痛有關。但許家的災厄並未就此結束，就在許國雄獲釋，忙著為父親趕辦

---

101 〈黃獻瑞先生訪問紀錄〉，許雪姬等編，《高雄市二二八相關人物訪問紀錄（上）》，頁251-252。

喪事時，又驚傳他的弟弟許世雄與許劍雄，在岡山被捕，遭移
送高雄要塞司令部，可能被槍決。許國雄趕忙再求救於彭孟
緝的母親，在百般人情請託下，兩個弟弟才總算獲救。雖然獲
釋，但許家兄弟日後，似乎都成了國民黨當局黑名單上的人
物。除了許國雄因為當醫師，未受政治迫害外，許世雄在清鄉
時期，曾經流亡在外一年多，許劍雄則是在白色恐怖時期，無
端坐了5年的政治黑獄。日後創辦高雄市育英護校及高雄縣東
方工專的許國雄，甚至加入國民黨成為正式黨員，一直保持與
國民黨當局不錯的關係，算是受到二次傷害較少的二二八罹難
者家屬，但他卻也很感慨地說，「彭孟緝應該要為此事件負
責，並且要道歉」[102]。

　　除了王、許、黃3位參議員當場死於市政府外，當時其他
在市政府會商的參議員，各有其幸與不幸的遭遇。

　　先說較幸運者。最幸運的，應該是副參議長林建論，他
在市府內聽到槍聲後，不像其他人往愛河邊奔逃，他選擇往市
府後方逃竄，雖然市府後方有與民宅違建相隔開的5公尺高的
鐵絲網，林建論當時卻在情急之下，竟奇蹟式地一躍而過。逃
離現場後，他求助於一戶民家，躲在其家中大床之下達2天1
夜，直到7日晚間才平安返家。據說躲藏期間，士兵也曾前往
搜索，並以槍托撞床板，幸而未被發覺，景況驚險萬分[103]。邱

---

102 〈許國雄先生訪問紀錄〉，許雪姬等編，《高雄市二二八相關人物訪問紀錄（上）》，
　　頁223-234。
103 〈林鶴雄先生訪問紀錄〉，許雪姬等編，《高雄市二二八相關人物訪問紀錄（上）》，

道得參議員當時也躲在市府內的防空壕，幸運未被掃射，軍隊接近後，將其中尚存者全數押出，命其在市府前廣場高舉雙手待命，當時還在現場的，除邱道得外，還有張啓周、郭萬枝、蔣金聰等參議員。正好其中一個軍官是邱道得的舊識，在其協助下，邱道得未被拘禁。由於參議長與軍方協調善後，軍方希望要殺20頭豬並提供煙酒，以慰勞士兵的辛苦，彭清靠懇求邱道得務必幫忙。邱道得在兩名士兵的陪同下，憑其平日的情面，順利完成此一艱困的勞軍任務，因勞軍有功，日後遂能倖免於難。當時與邱道得一起被分派覓糧勞軍任務的，是陳浴沂參議員，由於軍方意圖白吃白喝，所以陳與邱2人在市面上的採購，都是簽上自己具名的借條後，將來須自行負擔費用，壓力甚大。陳浴沂與邱道得不同的是，他並不想就此成為軍方的俎上肉，於是在採買過程中，趁機輾轉逃往臺北，直到風波較平靜時，才又回到高雄市[104]。

　　當時也在市政府被逮捕的郭萬枝與蔣金聰參議員，境況就比較悽涼。本來黃仲圖市長也推荐他們2人出去勞軍，但不為軍方所接受，原因不明，可能與其先前擔任米穀查緝隊正副隊長，作風硬派，引發軍方疑慮有關。他們2人遂被押解到壽山的要塞司令部囚禁。據說軍憲對於被捕的市參議員，有「特別待遇」，

　　頁97-98。按常理，一躍而過五公尺高的圍籬，似嫌誇張，不知是否為五尺（約150公分）之誤記。
104 〈陳浴沂先生訪問紀錄〉，許雪姬等編，《高雄市二二八相關人物訪問紀錄（上）》，頁193-199。

未被捕的孫太雲諷之為「高等修理」[105]。實際受難過的郭萬枝則說，被捕的人以市參議員被打得最為嚴重，當時軍人用刀背、鎗托打他，嚴重到獲釋後數十年來，他都要吃藥做復健，才能稍減神經痛楚，可見當時刑求之猛烈[106]。蔣金聰參議員的夫人黃碧雲女士，在為蔣氏所寫的陳情書中也提到，蔣氏「軀本微弱，若嘗此冤獄之苦味，天慘慘而何忍」[107]。在經歷不人道的拘禁與無法上訴辯駁的審判之後，郭萬枝與蔣金聰在莫名其妙的情況下，同以「企圖顛覆政府」的罪名，判刑4年半，但郭萬枝實際只關了不到半年，就以保外就醫的理由，獲得自由。蔣金聰則由夫人黃碧雲，向臺灣高等法院提出冤獄陳情，但不知下文如何[108]。不過，從日後的發展可知，他們兩人當年雖免於一死，但是因一整個會期未出席議會，而被以同樣的理由，削除市參議員的職位，而由陳銀櫃與易金枝兩位參議員遞補[109]。

3. 綏靖與清鄉時期的市參議員

3月6日高雄市的軍事掃蕩，可說是全臺最早的大型軍事鎮

---

105 〈孫太雲先生訪問紀錄〉，許雪姬等編，《高雄市二二八相關人物訪問紀錄（下）》，頁200。

106 〈郭萬枝先生訪問紀錄〉，許雪姬等編，《高雄市二二八相關人物訪問紀錄（下）》，頁41-42。

107 〈黃碧雲為夫蔣金聰陳情狀〉，收錄於周琇環等編，《二二八事件檔案彙編（三）————臺灣高等法院檔案》，頁113-116。

108 〈郭萬枝先生訪問紀錄〉，許雪姬等編，《高雄市二二八相關人物訪問紀錄（下）》，頁43-44。

109 林玲玲編，《高雄市選舉史》，頁269。

壓行動，比中央政府派來的憲兵第4營與整編第21師的行動還要早。若以此爲「綏靖」的起始日，則大約到了3月19日時，軍事的綏靖即已有了具體的成果。接下來則是展開爲時較長的「清鄉」行動。3月21日起，警總將全臺劃分爲7個綏靖區，開始進行後續的軍事綏靖與戶口清鄉工作[110]。其中南部綏靖區以高雄爲中心，範圍包括臺南、旗山、屏東、恆春等地及南部高山地區。被國民黨當局視爲「戰功彪炳」的彭孟緝，無意外地出任南部綏靖區司令，主導此後直到5月16日爲止，長達約兩個月的綏靖與清鄉行動[111]。這段期間，因爲對於所謂「暴動嫌疑」的認定，根本漫無標準，以及官方未能有效約束軍警憲的違法行徑，因此也不免成爲某些人士藉機公報私仇，或者軍公警人員趁機敲詐勒索良民的黑暗時期。高雄市政府公佈的「高雄市政府分區清鄉實施辦法」，強調「一人犯法，五人連坐」、「檢舉有獎，告密無罪」[112]，使得整個高雄市，陷入另外一種不輸給槍彈威脅的恐怖肅殺氣氛中。大部份被捕的市參議員，都是在這段期間，成爲二二八的受害人，而其逮捕的理由，幾乎都是「莫須有」，先抓人先刑求再給罪名或釋放，被抓與被放之間，可謂毫無法理與邏輯可言。當時也被捕的《台灣新生報》記者謝有用說得好，這是

---

110 〈臺灣警備總司令部綏靖部署（調整）計劃〉、〈臺灣省縣市分區清鄉計劃〉，中央研究院近代史研究所編印，《二二八事件資料選輯（五）》，頁230-234。
111 〈臺灣南部綏靖區所轄縣市分區清鄉計劃〉，中央研究院近代史研究所編印，《二二八事件資料選輯（五）》，頁239-240。
112 〈高雄市政府分區清鄉實施辦法〉，中央研究院近代史研究所編印，《二二八事件資料選輯（五）》，頁241-242。

名副其實的「黑白捉」（隨便捉人）[113]。

　　有一些市參議員，3月6日當天，雖然人不在市政府的現場，但同樣難逃一劫。在3月6日下午軍方的鎮壓奏效後，整個高雄市區的秩序，暫時獲得控制，軍憲警當局開始接著執行逮捕行動，四出追緝他們認定的「暴徒」或與其相關的「奸匪」、「惡人」。許多未參與反抗行動，但因平素言行曾得罪或令國府黨政軍當局不悅者，便成為其積極逮捕歸案的對象。市參議員中，有的是平日質詢中對於政府官員不滿或批評，有的是因為在二二八之後，出面進行協調或聯繫工作，至此，全成了國府當局栽贓莫須有罪名，加以逮捕拘禁的主要對象。

　　總計當時被以各式理由拘捕的市參議員（含尚屬候補者），計有駱榮金、易金枝、王清佐、方錫淇等人。駱榮金與易金枝被逮捕的理由不詳，據說軍隊到駱榮金家中搜查時，易金枝正好也在現場，駱榮金還以為表明自己是市參議員的身份，可以讓對方知所收斂，沒想到所得到的回應卻是「我們就是要找參議員」、「市參議員更好！」，於是駱、易2人都被押上壽山拘禁。顯然，當時對於市參議員，極可能是一種有計畫的報復性集體逮捕。駱榮金被押上山拘禁後的境遇很慘，肋骨與整排牙齒，都被士兵以槍托撞斷[114]，而在拘禁中，駱的哮喘

---

113 〈謝有用先生訪問紀錄〉，許雪姬等編，《高雄市二二八相關人物訪問紀錄（上）》，頁153。

114 〈陳銀櫃先生訪問紀錄〉，許雪姬等編，《高雄市二二八相關人物訪問紀錄（下）》，

病又發作，狀甚可憐[115]。不過，駱與易2人，都並未被眞正移送法辦，就遭釋放，算是不幸中的大幸。律師出身的王清佐參議員的遭遇，則就比較悲慘。幾乎所有受訪者都相信，王清佐的被捕，絕非官方講的表面理由，主要還是因爲他在事件一發生時，曾拒絕警察局長童葆昭的避難庇護要求，才會遭到報復性的逮捕，王清佐律師在二二八中所受的苦難，一般相信與他當時得罪了童葆昭，脫不了關係[116]。

六、二二八浩劫後的市參議員

　　歷經兩個多月的綏靖與清鄉之後，5月15日戒嚴解除，隔天臺灣省政府成立，高雄市的陳啓清參議員，從兼任國大代表被延攬爲省政府委員，成爲高雄市參議員中，唯一在二二八之後獲得升官者。陳氏家族在事件中，頗受彭孟緝倚重[117]，聘陳啓

頁278、〈郭萬枝先生訪問紀錄〉，許雪姬等編，《高雄市二二八相關人物訪問紀錄（下）》，頁43、〈孫太雲先生訪問紀錄〉，許雪姬等編，《高雄市二二八相關人物訪問紀錄（下）》，頁199。

115 楊金虎，《七十回憶（上）》，頁95。

116 〈周耀門、王嬋如夫婦訪問紀錄〉，許雪姬等編，《高雄市二二八相關人物訪問紀錄（下）》，頁31、〈郭萬枝先生訪問紀錄〉，許雪姬等編，《高雄市二二八相關人物訪問紀錄（下）》，頁47、〈孫太雲先生訪問紀錄〉，許雪姬等編，《高雄市二二八相關人物訪問紀錄（下）》，頁200。

117 當時在彭孟緝的建議主導下，高雄市成立了一個「高雄市二二八事件嫌疑人犯調查委員會」，成員有彭孟緝、黃仲圖、彭清靠、林建論、林迦、陳啓川等軍政與地方重要民意代表，所有高雄地區被捕的暴動嫌疑犯，均由這個委員會定其去留。而

清為省府委員，應算是國民政府對於陳氏家族穩定高雄市治安的功勞，所作的回報。陳啓清接受報紙記者訪問時也表示，他認為二二八事件「是少數奸匪流氓和一些想升官發財的野心家陰謀」，「希望省內外同胞能因這一次的事變而將已（以）往隔開的一道鴻溝填平。」[118] 說法頗能與官方宣傳相符。而高雄市的政經秩序，也就在表面反抗被弭平後，漸次恢復，市參議會依然運作，只是景況已今非昔比。

在壽山談判過程中僥倖逃過劫難的彭清靠參議長，在被釋放後，其子彭明敏說道：「父親精疲力盡地回到了家裡。他有二天沒有吃東西，心情粉碎，徹底幻滅了。從此，他再也不參與中國的政治，或理會中國的公共事務了。他所嘗到的是一個被出賣的理想主義者的悲痛。」有一度還曾謠傳，他將會因身任高雄市處委會主委的罪名被捕，後來雖未成真，但仍以參議長之尊，遭政府特務長期監視，言行都受限制[119]。彭清靠在高雄市二二八事件中的角色，的確特殊。高雄市處委會的多數成員，都因參與處委會被捕，但身任主委的他，卻未遭逮捕與審

據彭孟緝的說法，與他私交甚篤的陳啓川，是他最信得過的人，被捕者究竟是否有罪，他本人也不能定奪時，「都問陳啓川是好人還是壞人？如果他說某某某是好人，便趕緊釋放。」參見〈處理二二八事件拘捕人犯小組會討論紀錄〉，《二二八事件資料選輯（一）》，頁395-397、〈彭孟緝先生訪問紀錄〉，許雪姬等編，《高雄市二二八相關人物訪問紀錄（上）》，頁105。

118〈國大代表陳啓清 榮膺省府委員 各方深慶得人均寄予厚望 苓雅寮陳宅賀客車馬接踵〉，《國聲報》，版3，1947/5/2。

119 彭明敏，《自由的滋味----彭明敏回憶錄》（台北：前衛出版社，1996），頁80-83。

判，有些被捕者的家屬，甚至公開對此表示不服[120]。其實這可能與彭孟緝對彭清靠的印象不差，以及彭清靠平素爲人溫和、極少樹敵有關[121]。但是說彭清靠自此不理中國政治，可能有點兒言過其實，至少他還繼續把參議長的任期做滿。但在參政的心態上，可能就與從前大不相同。孫太雲回憶說，彭清靠自壽山獲釋後，「什麼也不敢說，只是搖頭」，二二八之後的市參議會，「開會時都沒人敢講話，私下同情他們（按：指遇難的市參議員）而已」[122]。遞補蔣金聰的陳銀櫃參議員更說，「事後，市（參）議會完全不談二二八事件」[123]，似乎此一悲劇從未

---

120 蔣金聰的夫人黃碧雲在給高等法院的陳情書中，甚至很憤慨地說道：「彭清靠職居『處委會』之首席，派遣自若，現竟高枕逍遙！」參〈郭萬枝先生訪問紀錄〉，許雪姬等編，《高雄市二二八相關人物訪問紀錄（下）》，頁44。另外，在王清佐得判決書中，提到其犯罪事實稱「乘二二八事變發生，即勾結參議長彭清靠等，一面利用其分團部書記……」（見〈臺灣南部綏靖區司令部判決書〉，收於中研院近史所編，《二二八事件資料選輯（一）》，頁478）。與彭清靠「勾結」的王清佐，被判刑三年六個月，但與其「勾結」的彭清靠，卻未遭處份，若非彭清靠神通廣大，不然就突顯這樣的審判，是何等荒謬！

121 彭孟緝在釋放彭清靠下山時曾說：「我們知道彭先生這個人是好人，我們沒有理由傷害他。」參彭明敏，《自由的滋味----彭明敏回憶錄》，頁80。另外，很多與彭氏共事過的人，也都對彭氏的爲人處世，持中性肯定的態度，如孫太雲參議員就說「彭清靠是好好先生，事前事後的態度都一樣」、市參議會主任秘書蔡景軾則說「彭清靠是醫生，爲人十分小心，也比較沒有膽量，他做人好，而且抱著『無事好過有事』的原則，因此是政府心目中的好議長人選。」對於彭清靠雖非完全肯定，但大致沒有惡評，可以見出彭氏平日與人爲善的一面。見〈孫太雲先生訪問紀錄〉、〈蔡景軾先生訪問紀錄〉，見許雪姬等編，《高雄市二二八相關人物訪問紀錄（下）》，頁203、215-216。

122 〈孫太雲先生訪問紀錄〉，見許雪姬等編，《高雄市二二八相關人物訪問紀錄（下）》，頁202-203。

123 〈陳銀櫃先生訪問紀錄〉，見許雪姬等編，《高雄市二二八相關人物訪問紀錄

發生。陳銀櫃所言並不誇張，翻開輿論在二二八之後的高雄市參議會的相關報導，5月27日市參議會召開第1屆第5次大會，也是二二八之後的首次大會，結果市參議員們一改二二八之前踴躍提案的態度，全部提案數驟降至只有5件，前往報到的只有23人，連本身參與提案的蕭華銘都還以生病為由，推託不願與會，而5件提案中，竟無一言及任何與二二八相關的問題，談的都是不觸及政治敏感度的市政實務建設[124]。這次令眾市參議員意興闌珊的二二八後首次大會，前後只開了2天，即匆匆宣告結束，由於根本不能暢所欲言，第2天開會時，31名參議員實際只到了18位，可見會場冷清之一般[125]。彭清靠參議長在閉幕時還打圓場地說：「此次提出的議案雖然較少，且大家無多大發言，但終能在和氣融洽之下閉幕」[126]。試想，高雄市參議會的參議員，在事件期間有3人被殺（黃賜、王石定、許秋粽）、6人被捕刑求或判刑（駱榮金、易金枝、郭萬枝、蔣金聰、方錫淇、王清佐），其他因及時逃脫避難者，尚不在此數（如參議長彭清靠與副參議長林建論），而同為市參議會同仁的其他成員，竟然只能「私下同情」，不能公開要求平反，甚至要裝作視而不見，在公開的議事場合「完全不談」。由此可以

《下》，頁278。

124 〈市參議會日程排定 提案多關建設部門〉，《國聲報》，版3，1947/5/26。

125 〈市參議會第二日 繼續聽取報告 今日下午舉行閉幕典禮〉，《國聲報》，版3，1947/5/29。

126 〈市參議會圓滿閉幕 提案五件均照原案通過 彭議長致閉幕詞深表滿意〉，《國聲報》，版3，1947/5/30。

想見，二二八雖是告一段落，但餘悸猶存的高雄市參議員們，是在一種如何恐怖的政治肅殺氣氛下，行使其未竟的任務。「苛政猛於虎」，此之謂歟？

因此，我們也就不難理解，為什麼在二二八之後，市參議員們會有諸多不可思議的行為，其實追根究底，應是出於求自保以免禍的生存心態。其中最明顯的集體自保行為，就是向所有平定高雄市二二八「有功」的相關人員致敬與感謝。5月7日，高雄市大舞臺戲院冠蓋雲集，包括高高屏三位縣市長、臺南市長及4個縣市的參議長、陳啓川、陳啓清兄弟及軍方代表等南部地方黨政軍公界的重要人物，齊聚一堂，為的是要參加一場名為「南部4縣市各界聯合歡送彭司令孟緝榮膺臺灣全省警備司令大會」，會中眾人紛紛上臺，歌頌讚揚彭孟緝在二二八事變波及南部4縣市時保國衛民、維護治安的英勇表現，彭孟緝致詞時則表示，在二二八中「參加暴動主要份子，業經辦罪者實屬敗劣份子，罪有應得」，他希望其他守法的同胞，能繼續發揮守法的美德，最後在眾人「擁護彭司令」的歡呼聲中揮手離開高雄，真正是好不風光[127]。另外，就在5月28日高雄市參議會閉幕的當天，參議員們還決議通過三通電文，分別向國民政府主席蔣中正、省政府主席魏道明、以及被彭明敏稱之為「高雄屠夫」的警備總司令彭孟緝致敬，由王隆遜參議

---

127 〈歡送彭司令榮陞 大會假大舞臺舉行情況熱烈 彭氏致詞勗各界謀地方安寧〉，《國聲報》，版3，1947/5/7。

員當眾高聲宣讀，以示效忠。三通電文中，最堪令人玩味的，應是給與高雄市二二八關係最直接密切而在事件後升任臺灣省警備總司令的彭孟緝的電文。茲錄其內容如下，以饗讀者：

> 臺灣警備司令彭鈞鑒，鈞座宏才英風久著，眾望所歸，此次榮膺擢命，全臺同胞莫不額手稱慶，念本省國防有彰，曷深欣幸，茲值本會開第一屆第五次大會之期，謹代表全市民肅電馳賀，用申悃誠，高雄市參議會[128]。

電文中不只對彭孟緝所指揮的軍隊在高雄市的所作所為，未置一詞，還說他的升官是眾望所歸、全民稱慶。在同一篇報導中，彭清靠議長在致閉幕詞時，還意有所指地說道：

> 國家社會之安寧端在人民之守法，吾臺人民原有守法之美德，光復後殊見退步，此後深望各位議員領導民眾，養成守法精神，以維護社會安寧，完成建設使命。

總而言之，剛結束一場二二八驚魂記的市參議員們，再也沒有人敢在老虎嘴上拔鬚，也不願在人民的傷口上灑鹽，所以不免會出現這些可能是言不由衷或甚至是口是心非的言行，實亦不足為奇。目的除了求自保之外，應該也是想在浩劫之後，盡力彌補國民黨政權與高雄市民間各界的關係，避免再有其他的傷害。

二二八之後的高雄市參議員，人人皆如驚弓之鳥，已不敢再對現實政治嚴加針砭，市參議員們在二二八中的境遇，誠如陳浴沂所言，已從「市參議員」變成「悽慘議員」[129]。死去的

---

128 〈市參議會圓滿閉幕　提案五件均照原案通過　彭議長致閉幕詞深表滿意〉，《國聲報》，版3，1947/5/30。

129 〈陳浴沂先生訪問紀錄〉，見許雪姬等編，《高雄市二二八相關人物訪問紀錄

固然悲哀，未罹難而再回到議場的，又何嘗不是有著滿腹的辛酸？只是基於局勢與職責，不能不做完一任的任期罷了。對於國民政府，從1947到1950年，所推動的一連串政策，不論是三七五減租政策（1949年4月）、舊臺幣4萬元兌換新臺幣1元（1949年6月）等重大決策，即使普遍不利於擁有土地與資產的市參議員，但為求自保，絕大多數人也都選擇配合政策，默不作聲。更不用說1949年底國民政府播遷來臺、1950年3月蔣中正自行在臺復職視事，人微言輕的高雄市參議會，當然除了「竭誠擁戴」政府之類的官樣文章外，別無其他作為。從新聞報導中，我們看到陳騰雲參議員，對於省政府主席陳誠當時在毫無法源情況下，所推動的三七五減租政策，曾略有反抗的行動[130]，但也因嚴酷的政治氣氛與可能遭到的軍法處份，而使其反抗既短暫又微弱，終未能對執政當局有任何實質的影響。

1950年，因應政府推行地方自治選舉，高雄市參議會在該年11月19日下午6點50分，由彭清靠參議長與陳保泰市長共同致詞閉幕，完成她多采多姿又坎坷無比的歷史使命，總計在四年多的第1屆參議會存在時期，一共召開過17次大會，36次臨時會[131]。在1950年12月7日的第1屆高雄市議員選舉，在

（上）》，頁190。

130 〈本市減租總檢順利 高市陳騰雲不換訂新約 市府通知警局予以傳訊〉，《中華日報》，版4，1949/7/13、〈如此民意代表！高市參議員陳騰雲違租昨天復在楠梓發現數起〉，《中華日報》，版5，1949/7/15。

131 〈高市參會從茲結束 十七次大會閉幕 本次大會通過議案四十八件彭清靠致詞希望

任的31名市參議員中，共有林瓊瑤、陳銀櫃、王隆遜、蕭華銘、鐘同加、張啓周、張媽意、李庭飛、陳武璋、林仁和等人繼續參選，比例約三成。另外，因案去職的蔣金聰與郭萬枝也登記參選，但包括參議長彭清靠與副參議長林建論等人，都選擇不再參選市議員[132]。選舉結果，則只有陳武璋、陳銀櫃、林仁和、林瓊瑤等4人，順利獲得連任，可見其連任之不易，也可以見出高雄市議會的政治生態，實已大不同於市參議會的時代。一代新人換舊人，對於原本任期只有2年，但卻因緣際會當了四年多的第1屆市參議員而言，能把民意代表監督問政的棒子，平安順利地轉交給第1屆市議會，該算是最大的欣慰。

七、結　語

　　1946年在高雄市民超低投票率的不看好聲中，匆促成立的市參議會，在眾多參議員的共同努力下，其實也曾提出許多對於臺灣與高雄市發展，具有重大影響的建議，如其曾由郭國基參議員倡議，主張國民大會代表應行普選，不應由政府官派，以符合臺灣基層民意[133]。此議並獲得臺北市參議會甚至省

能逐一實現〉，《中華日報》，版6，1950/11/20。

132 〈高市議員候選人今日正式公告　四個選區共九十三人〉，《中華日報》，版5，1950/11/26。

133 〈本省國大代表選舉　高雄市議會高呼公選　民間盼望實現真正民主精神　當局表示依照中央頒佈辦理〉，《人民導報》，版2，1946/4/15、〈國大代表宜付公選　高雄市參議會全體電請蔣主席陳長官俯順輿情〉，《台灣新生報》，版3，1946/4/18。

參議會及其他臺灣人民團體與社會輿論的共同支持，而以此向
國民政府中央當局提出建議[134]。最後使得臺籍的國大代表，折
衷採取為由縣市參議會初選、再由省參議會決選的間接選舉方
式行之，原先甚囂塵上的官選國大代表案，遂不得不嘎然中
止。雖然高雄市的區域代表，全數落選，只有參加商會選舉的
陳啓清當選國大代表，參與制憲工程[135]。但此舉已可說是高雄
市參議員在二二八之前，集體對臺灣的民主政治，所做過最具
意義的貢獻。另外，二二八之後，市參議員也曾建議，主張臺
灣省政府的所在地，應由臺北市遷至高雄市，以平衡南北發
展，並促進大高雄地區的繁榮與進步[136]。此議若能成真，則高
雄市日後的發展，恐非今日所能相提並論，臺灣的南北發展差
距，也可望大幅縮小，可惜國府當局另有考量，並不採納高雄

---

134 〈國大代表問題　省議王添灯氏談、臺灣政治建設協會蔣渭川談、民政處長周一鶚
談〉，《台灣新生報》，版4，1946/4/19、〈（臺北市）參議臨時會議　主張國大民選
通過要案多件〉，《人民導報》，版2，1946/4/21、〈臺灣政治建設協會　反對國代
官選　昨舉行星期例會〉，《人民導報》，版2，1946/4/22、〈社論：臺灣的國大代
表問題〉，《人民導報》，版1，1946/4/25。

135 〈國民代表選舉結果　連震東等當選　陳長官親臨會場致詞〉，《人民導報》，版3，
1936/11/1。

136 〈高雄市民意代表　展開籲請省府遷治運動　曾往岡山鳳山遊說〉，《中華日報》，版
4，1950/1/10。據該報導，此議是郭國基在市參議會第25次臨時會中提出，並獲得市
參議員共同支持，由各市參議員、區長區代會主席與國代等共組一個「請省政府遷
移高雄期成委員會」，並由郭國基與彭清靠、林仁和、王隆遜等人，共同前往岡山、
鳳山等地，懇請當地人士支持，以高雄市良好的港口與工業條件，可在省府遷治
後，成為南臺灣的政經重心，與臺北市並駕齊驅，南北共榮。

市參議會的建議，再加上其他縣市參議會也各有盤算，此議究竟未能成眞。可見，即使市民普遍不看好，即使外在環境有諸多限制，但第1屆的高雄市參議員們，仍多努力地爲追求高雄市的未來美好，奉獻過心力。特別是在二二八前後，他們帶領高雄市民，度過了二二八軍隊綏靖清鄉的恐怖歲月，也走過兩岸軍政易主、風雲變色的驚濤駭浪時代，市參議員們有的身受政治迫害之苦，有的甚至喪失寶貴性命，有人資產因政府政策而被清算一空，從「市參議員」落難變成「悽慘議員」。但他們仍盡力地配合執政當局的政策，並盡力爲高雄市爭取建設，扮演其應有的角色，堅守崗位，不輕言去職，使高雄市民在每一個歷史的重要時刻，至少都有一群民意代表爲其向外發聲。即使聲音極其微弱，即使影響極其有限，但我們確實都不應忘記這一群，曾在高雄市議會發展史上有著承先啓後地位的第1屆高雄市參議員。

（本文寫作期間，承蒙財團法人二二八事件紀念基金會多方協助，並蒙成功大學鄭梓教授於研討會中指正，謹此致謝。）

參考書目

（依著者刊名筆劃序）

1. 史料（含官書、報紙、雜誌）

《人民導報》，1946年份。

《中華日報》，1946年份。

《民報》，1945-1947年份。

《國聲報》，1947年份。

《臺灣地方行政》，第5卷第12號，1939。

《興臺新報》，1946年份。

《臺灣日日新報》，1929年份。

《臺灣新生報》，1946-1947年份。

臺灣省行政長官公署民政處衛生局編（1946），《臺灣一年來之衛生》，
　　　臺北：臺灣省行政長官公署宣傳委員會。

臺灣省行政長官公署民政處編（1946），《臺灣省民意機關法令輯覽》，
　　　臺北：該處。

臺灣省行政長官公署民政處編（1946），《臺灣省民意機關之建立》，臺
　　　北：該處。

臺灣省行政長官公署民政處編（1946），《臺灣民政第一輯》，臺北：
　　　該處。

臺灣省行政長官公署民政處衛生局編（1946），《臺灣一年來之衛生》，
　　　臺北：臺灣省行政長官公署宣傳委員會。

《臺灣省政府公報》，1947年夏季號。

2. 專書著作（含時人與後人專書）

中央研究院近代史研究所編印（1992），《二二八事件資料選輯》（一）~
　　　（六），臺北：中央研究院近代史研究所。

全民日報社編（1951），《臺灣省首屆參議員名鑑》，臺北：該社。

寺奧德三郎原著，財團法人日本文教基金會編譯（2000），《臺灣特高警察物語》，臺北：文英堂出版社。

吳文星（1992），《日據時期臺灣社會領導階層之研究》，臺北：正中書局。

李筱峰（1993），《臺灣戰後初期的民意代表》，臺北：自立晚報社文化出版部。

林曙光（1993），《打狗瑣譚》，高雄：春暉出版社。

林玲玲編（1994），《高雄市選舉史》，高雄：高雄市文獻委員會。

周琇環等編（2002），《二二八事件檔案彙編（三）----臺灣高等法院檔案》，臺北：國史館。

侯坤宏、許進發編（2002），《二二八事件檔案彙編（九）----國家安全局、臺灣省諮議會檔案》，臺北：國史館。

高雄市發展史編纂小組（1988），《高雄市發展史》，高雄：高雄市文獻委員會。

章子惠編（1947），《臺灣時人誌》，臺北：國光出版社。

許雪姬編纂（1994），《續修高雄市志》卷8〈社會志‧二二八事件篇〉，高雄：高雄市文獻委員會。

許雪姬等訪問紀錄（1995），《高雄市二二八相關人物訪問紀錄》（上）（中）（下），臺北：中央研究院近代史研究所。

張炎憲等編（1987），《臺灣近代名人誌》第4冊，臺北：自立晚報文化出版部。

張炎憲、高淑媛合著（1996），《混亂年代的台北縣參議會（1946-1950）》，板橋：臺北縣立文中心。

陳翠蓮（2003），《派系鬥爭與權沒政治----二二八悲劇的另一面向》，

臺北：時報文化出版企業股份有限公司。

黃俊傑編（1994），《高雄歷史與文化論集》，高雄：財團法人陳中和翁
　　慈善基金會。

彭明敏（1996），《自由的滋味----彭明敏回憶錄》，臺北：前衛出版社。

楊金虎（1990），《七十回憶》（上），臺北：龍文出版社。

廖忠俊（2001），《臺灣地方派系及其主要領導人》，臺北：允晨文化實
　　業有限公司。

興南新聞社編（1943），《臺灣人士鑑》（昭和十八年版），東京：湘南
　　堂書店複刻本。

臺灣總督府警務局編（1973），《臺灣總督府警察沿革誌第二編　　領
　　臺以後の治安狀況（中卷）臺灣社會運動史》，東京：龍溪書舍
　　復刻版。

臺灣省文獻委員會二二八事件文獻輯錄專案小組編（1995），《二二八
　　事件文獻輯錄》，臺中：臺灣省文獻委員會。

臺灣新民報社編（1937），《臺灣人士鑑》，（昭和十二年版），東京：
　　湘南堂書店複刻本。

鄭梓（1993），《戰後臺灣議會運動史之研究----本土精英與議會政治
　　（1946-1951）》，臺中：作者發行。

3. 論文（含期刊論文、學位論文、論文集論文）

〈中國臺灣網----美國第七艦隊入侵臺灣海峽〉（上網日期：2006/7/14），
　　http://big5.chinataiwan.org/web/webportal/W2001214/Uliuf/A4459.html。

林秀玲（2003），〈高雄中學與「二二八事件」〉，臺北：臺灣師範大學
　　歷史所碩士論文。

〈高雄市第三信用合作社----歷史沿革〉（上網日期：2006/7/17），http://www.kh3c.com.tw/aseip_folder/kh3c1.htm。

〈高雄市議會55週年專輯----有趣的統計〉（上網日期：2006/7/22），http://www.kcc.gov.tw/magazine/april/part2-8.htm。

〈高雄市議會----高雄市議會55年來大事紀〉（上網日期：2006/7/18），http://www.kcc.gov.tw/magazine/april/part2-1.htm。

許淑貞（1996），〈日據時期臺灣地方選舉與政治參與----以兩次市、州會議員選舉爲例（1935~1940）〉，臺中：中興大學歷史學研究所碩士論文。

鄭志敏（2006），〈日治時期高雄地區臺籍醫師的政治與社會參與（1920-1945）〉，《高市文獻》，第19卷第3期，頁13-56。

鄭志敏（2004），〈二二八事件前高屏地區的傳染病防治----以霍亂與天花爲中心的探討〉，《臺灣文獻》，第55卷第2期，頁249-288。

鄭志敏，（2008）〈日治時期高雄市臺籍人士地方自治參與之研究〉，《高市文獻》，第20卷第1期，頁58-153。

謝欣純（2002），〈郭國基與戰後臺灣地方自治〉，臺北：臺灣師範大學歷史研究所碩士論文。

顏清梅（1993），〈臺灣光復初期米糧問題之研究（一九四五年～一九四八年）〉，臺中：東海大學歷史研究所碩士論文。

與談
從「市參議員」到「悽慘議員」
──論二二八事件前後的第一屆高雄市參議員

鄭　梓

　　各位先生，很抱歉！我住在台灣一輩子不會講台語，我是國民黨受害者的最好標誌，這個就是最深切的反省。在我的辭典裡，當我自己能夠突破國民黨的黑盒子，剛才有一篇論文提到國民黨的官僚體系只是一個黑盒子，無論是黑屋子、鐵屋子，當你心智慢慢成熟的時候，可以突破這些的時候，在我的辭典裡面，幾十年前的辭典裡面，個人的辭典裡面，最後得到的答案，是國民黨帶來的語言，說國語也通。所以大家也不必那麼排斥，國語代表國民黨帶來的語言，這是一種負面的意思。那你說是台灣國語，台灣國我們要獨立建國啊，不建國哪裡有國旗、國歌、國語呢？這是一種正面思考。我作這樣的一個交待，我遭受了國民黨的這樣的迫害，今天還是只能用國民黨帶給我的教育的這種語言，但我的國語並不是我的國家的語言，而是國民黨帶來的語言，別號北京話。到底是北京還是北

平話？那時候還沒有成立首都，應該叫北平話才對。現在北京話要捲舌了，我們不要捲舌？國民黨就教我們這個。

　　論文發表人說用6分鐘來正式發表他的論文，我花兩個小時看他的論文。當然剩下的時間他說用其他的方式來表達，我想我對這篇正式的論文的評論3分鐘，然後剩下7分鐘，我也用我的方式來表達。這樣才會公平。

　　這3分鐘，我想就針對他的論文的摘要，摘要最後一段，「第1屆高雄市參議員不僅擴大並承續高雄市地方菁英自日治時期以來的從政規模，也開拓日後高雄市政壇的新生態，是瞭解高雄市議會政治發展，不可不知的一頁重要史實。」結論我同意，也就是說作者期待這篇論文有貢獻於從日治到戰後台灣菁英，如何擴大他的參政規模。這點我也提供一點意見，要作這樣的題目時，要找日治時代稍微作個勾勒比較，去找前人研究日據時代辦了兩場選舉，選出來的市議員是哪些人？州議員是哪些人？他們是什麼樣的菁英？我們取別人所研究的成果就可以了。接著，針對國民黨來後，他辦了什麼選舉？這31個當選人，你要把他的表列出來。我們看不到這31個人，那個資料裡面都有，可能是他覺得論文太長了，而未表列清楚？我不是針對他的論文表示有什麼不妥，而是建議可修訂得更好。論文題目既然說悽慘，他怎麼悽慘？這個表要作出來，簡單地先列出來他怎麼當選的？哪些是遞補的？後來又遞補的？哪3個被殺？哪6個是刑求的？拘捕的？有逮捕令的？有的有、有

的沒有，也有的自己逃亡的等等，清晰畫列一個表格，則可一目了然。我想這個表作出來就很清楚了，就比較能夠確定你這篇論文的第1個功能。第1個功能就是如何繼承了日治時代台灣高雄市的菁英份子參政的這樣一個規模。

第2點，因為這篇論文自己把它架構很大，還要比較歷屆，即是國民黨來台以後，不僅帶來了語言，還帶來了所謂的「正式議會」，事實上我都不用這個「正式議會」，我都說「試行地方自治」。因為根本不在憲政下，根本沒有法律的基礎，都是省政府的行政命令，一直搞到省長民選才開始中央立法，地方自制才法制化。在這之前我們台灣的所有地方選舉全部是省政府的行政命令，是修訂過上百次的，還都不是中央的行政命令，根本都是沒有法治基礎的。國民黨從50年代開始辦選舉，一直到2004年、2005年，這漫長的階段都沒有制訂地方自治法，全部都是寄生在行政命令裡面。這個東西要把它真相揭穿，是在怎麼樣的法定基礎之上，然後加以比較，可窺陳誠來了，搞他那套不叫地方自治，應叫作「試行地方自治」，又叫「半自治制」，又叫作偽假的自治。但因為在教育的傳承過程，我們被迫害，不斷地被灌輸：「國民黨來了，好偉大，帶來地方自治。」事實上哪有地方自治？是把所有本土菁英壓迫、限制在地方基層，然後用各種利益來交換嘛！有學者稱此為「恩庇待從主義」（patron-clientelism）。這方面學界早有研究的成果，也是學術上比較有共識的部分。所以要作這議題，

至少還要把日治時期、戰後初期（1946）參議員、以及第1屆（1950）選出來的市議員，一起列表，這樣3個表對照起來，日治時代的兩次選舉，之後你要研究的參議會選舉，然後到了1950年代等；基本上處理這部分，然後針對參議會時代可更深入的研究。另外作者相當非常辛苦，用了三十多種的報紙，因為沒有會議資料，到底1946年高雄市參議員是間接還是直接選舉？可能你是對的，但必須更堅實的史料、證據等，如此才能推翻前人的看法。所以我提一個問題，你可能要去思考：真的找不到一點點會議記錄嗎？找不到議會的任何公報嗎？找不到任何31個裡面沒有留下自己的問政的任何實錄嗎？但作者一吳點都沒有引用到。當然如果真的沒有，那國民黨就做得很徹底了，全部消滅了嘛！我研究省議會時運氣很好，我發現了「議事錄」！我從來沒有把資料帶走的，我把那一堆議事錄複印，將幾十年前省參議會的4年半所有的會議記錄影印一套，在家裡慢慢研讀。我想你這方面，即使找不到會議記錄，你也要找這些人留下來的日記或其他紀錄等，留下來的日記或許比較精確，因為那時候兵荒馬亂，大部分記者幾乎都無法按事實記述！

　　最後，他花了好多時間，很辛苦把這些口述歷史、報紙都收集起來，提供更晚一輩人的故事裡面非常好的精采的材料，有血有淚有肉，唯一遺憾的事是沒有骨架，若把骨架也作出來會更好。這要參考這段時間裡更豐富的材料，還有漫長研究的

路要走。高雄市參議會只是一個樣本，張館長做了台北縣參議會也是一個樣本，是一個很好的範例，還有8個市，9個縣，如果8個9個縣能夠這樣大量做的話，十幾個縣市（那時候全台只有17個縣市）能把它架構起來，則提供我們一個比較有想像空間的歷史場景，我想在有生之年，或許至少可以得到這樣一個結論：戰後初期參議會時代的台灣菁英份子，不一定是反抗，但卻是隱忍，更可能是屈從，是掙扎求生！謝謝！

再論蔣介石在二二八事件中的責任：由蔣介石運用特務的行為模式來分析*

劉熙明**

摘　要

　　國共內戰時期，蔣介石為了鞏固統治，不惜下令特務殺害統治區的社會菁英，甚至為了軍事目的，下令前線部隊屠殺民眾。1947年的二二八事件，國家暴力機器濫殺無辜台灣菁英的情形，應該是他以國共內戰的心理與行為模式，下令特務殺害的寫照。

　　特務機構的運作方式是直接聽命蔣介石，尤其是殺害重要人士均必須他親自下令，且不留文字，以便隱匿歷史責任，其日記也配合隱匿。例外的昆明聞一多被害案不是他下令，但被迫公開澈查時，其日記留下隱匿主使人的偽造記載。聞一多案以後，地方大員與特務殺害楊虎城等重要人士，均必須蔣親自下令，其日記幾乎沒有記載頻繁召見執行殺人的特務。

*　本論文承蒙中央研究院近代史研究所副研究員陳儀深與匿名審查者提供意見，特此誌謝。
**　臺灣苗栗親民技術學院通識教育中心副教授

此行為模式運用於二二八事件，蔣日記透露自己視處理委員會成員叛亂，但隱匿口諭保密局長派人到台灣從事秘密任務。再由部分資料指出特務殺害處委會人士的主使人是南京或蔣之命令，以及他們被殺害時，陳儀等台灣軍特領導人通常事先不知情。顯示二二八事件中，蔣透過特務管道至少下令殺害中央級民代林茂生與張七郎父子，以及密裁殺害基隆市參議會副議長楊元丁。至於其日記的懷柔，只是面臨兩難抉擇的想法，故如果以懷柔推論他不是殺害台灣菁英的主使人，是不瞭解他屢屢利用特務管道濫殺社會菁英的行為模式。

關鍵詞：台灣、二二八事件、蔣介石、國共內戰、特務

一、前　言

　　自從台灣走向民主社會，過去眾多被隱瞞的歷史禁忌逐漸被揭開，二二八事件更是其中最受重視的議題。此議題的爭議重點是最高領導人蔣介石扮演何角色，包括他是否下令殺害台灣菁英？縱容或默認軍隊與特務濫殺？或只是單純軍紀敗壞，只負責政治責任？其中的《二二八事件責任歸屬研究報告》提及「蔣介石對事件介入程度之深、干預層面之廣，這樣的最高領導人，當然要為不幸事件負最大責任。」[1] 說明他不只是單純

1　李旺台、楊振隆總策劃，《二二八事件責任歸屬報告》（台北：財團法人二二八事件紀念基金會，2006年），頁168。

政治責任。本文即是在此論點基礎上，由他處置國共內戰的視野，進一步探討他是否利用特務管道，直接下令殺害台灣菁英。

　　1947年初爆發的二二八事件，中國大陸正是國共談判破裂，雙方兵戎相見的時刻。相信槍桿子出政權的蔣介石，最關心國共內戰，他對二二八事件的處置，即是國共內戰環境的一環。所以，分析此時期他如何處理中國大陸的反政府活動，將更容易瞭解台灣菁英在二二八事件被殺害，他扮演什麼角色。

　　本文就國共內戰時，蔣介石在中國大陸是否下令特務殺害社會菁英的行為模式，以其日記之一的《事略稿本》隱匿他本人下令特務殺人時顯示的規律性，佐以其他資料，推論他在二二八事件扮演的角色，以揭開他企圖藉日記逃避歷史審判的陰暗一角。

　　內容方面，第2節「國共內戰中的特務殺人與蔣介石之關係」，分析中國大陸被特務殺害的重要人士是否必須經由蔣介石親自下令？並說明蔣授與地方大員全權處理時，地方大員與特務是否可以沒有經過他的許可，任意殺害重要人士。如果他有下令特務殺人，是否有特定的行為模式？藉此引伸分析二二八事件時，特務殺害台灣菁英與他的關係。

　　第3節「推論蔣介石決定以特務殺害台灣菁英的過程」，分析蔣介石將二二八事件處理委員會（以下簡稱處委會）人士視為共黨人士與叛國後，他如何決定以特務殺害台灣菁英，並分析其日記的懷柔想法是否執行，以及推論他運用特務殺人的可能管道，以及台灣軍特領導人是否知道此一特務殺人的秘密管道。

第4節「蔣介石在特務殺害台灣菁英的角色」，分析爭議性大的軍特殺害台灣菁英，除了可能的私仇私利外，蔣介石、台灣行政長官公署長官兼警備總司令陳儀與警備總部參謀長柯遠芬等人，何者下達命令的可能性最大？尤其是分析被密裁的基隆市參議會副議長楊元丁、回憶資料提及中央級民代林茂生與張七郎父子之死等被害案與蔣介石的關係。

結論說明國民政府（以下簡稱國府）在中國大陸利用特務殺害社會菁英等迫害人權的作為，其與蔣介石的關係為何。藉此對比二二八事件的特務殺害台灣菁英與濫殺無辜，推論蔣是否親自下令，或縱容，或默認，或只是單純的政治責任。

二、國共內戰中的特務殺人與蔣介石之關係

二二八事件除了軍隊濫殺無辜與蔣介石是否有直接關係外，就是特務殺害社會菁英與他之關係為何。由於欠缺檔案資料佐證，同一時期特務在中國大陸統治區殺害社會菁英，對照《事略稿本》隱匿的規律性，可以看出雙方關係。從而推論台灣菁英被殺害與蔣之關係。

1946年，國共關係是持續抗戰勝利以來談談打打、打打談談的局面。蔣介石在國際壓力下，必須應付制憲時刻中共與自由派人士能夠加入聯合政府。故對於國府控制區的自由派、左派或中共人士的活動，必須顧及美國觀感與輿論。但他不

滿民主同盟（以下簡稱民盟）人士的親中共言行，所以其日
記很少記載的情報會議（即使偶爾記載，也是流水帳，並無
內容），將民盟視爲僅次於共產黨的重點打擊對象，並口頭指
示對民盟「應予膺懲」、「應施打擊」。[2] 另一方面，由於民盟
在昆明很活躍，6月20日其日記記載雲南省主席電陳，「（民
盟）李公樸等如逗留活動，則禍源不絕，必繩之以法，而驅逐
出境。」蔣「批覆滇中各事准照所擬辦法實施，請負責全權辦
理，不必顧慮一切可也。」[3] 此使雲南警備總司令霍揆彰得知蔣
痛恨民盟人士後，爲了討好蔣，以便希望升任雲南省主席，[4] 霍
又自認獲「權宜從事」的許可，因而在7月主使暗殺西南聯大
教授聞一多。[5]

聞一多被害後，非國民黨的輿論猜測是軍統所爲，[6] 因

---

2 《蔣中正總統檔案》，《事略稿本》（台北：國史館藏），1946年2月6日、6月5日、6
月10日、6月12日：2月6日只提及「上午主持黨政小組會報及宣傳小組會議」，6月
5日未記載有最高情報會議，6月10與12日「出席情報指導會議」，但無內容。公安
部檔案館編注，《在蔣介石身邊八年－侍從室高級幕僚唐縱日記》（北京：群眾出版
社，1991年）：1946年2月6日、6月5日：此2日唐縱參加情報會議，但《事略稿本》
在6月10與12日記載蔣介石出席情報指導會議，唐未記載。馬振犢，《國民黨特務
活動史》（北京：九州出版社，2008年），頁593-594：蔣介石多次秘密指示特務鎮壓
民盟的活動，例如1946年6月，民盟主席張瀾與秘書長范樸齋從成都飛上海準備召
開民盟會議時，特務在成都機場藉口2人貪污，強硬攔下，迫使2人無法到上海。
3 《事略稿本》，1946年6月20日。
4 沈醉，〈李公樸、聞一多被暗殺案側記〉，《政治暗殺實錄》（香港：中原出版社，
1985年），頁75-76。
5 馬振犢，《國民黨特務活動史》，頁594。
6 王康，〈李公樸、聞一多被暗殺案〉，頁51-70；沈醉，〈李公樸、聞一多被暗殺案
側記〉，頁71；2文收於《政治暗殺實錄》。

爲不是蔣介石下令殺害，他面臨輿論、學潮與美國等多方壓力，遂下令調查。他得知主謀是霍揆彰後，當面痛罵霍是「瘋子」，但隱匿主謀，公開措施是將兩名執行暗殺的兇手－雲南警備總司令部憲兵軍官判死刑，霍只以行政責任被革職，當時輿論都不知道霍是實際策動暗殺的幕後主使人。[7]

此案在蔣介石操縱下，其日記未坦白說出霍揆彰主使暗殺聞一多。[8] 顯示他對於不是自己下令殺害社會菁英，卻被迫必須公開特務暗殺的聞案，仍要隱瞞與曲解眞相。日記未記載罵霍是「瘋子」之事，其情境似乎指出授與「全權處理」，不包括未經他本人同意的暗殺重要人士。

聞一多案是迄今證明非蔣介石直接下令特務暗殺社會菁英，又記載於日記之例。接著說明此後特務殺害社會菁英與蔣之關係。

1947年初中共拒絕加入聯合政府後，國共之間只有赤裸裸的內戰。國府雖然會逮捕反政府的社會菁英，但美國視民盟等人士爲自由派，蔣介石不敢任意殺害。例如，3月東北前線指揮官杜聿明逮捕正從事反政府活動的民盟份子駱賓基，[9] 蔣與杜未殺害。[10] 又如，3月胡宗南部攻入延安，捕獲民盟中央常委兼

7　《在蔣介石身邊八年－侍從室高級幕僚唐縱日記》，頁634：1946年7月27日。沈醉，〈李公樸、聞一多被暗殺案側記〉，《政治暗殺實錄》，頁74-75：實際上兩名兇手未死，被槍決者是冒名頂替的死刑犯。

8　《事略稿本》，1946年7月27日。

9　《事略稿本》，1947年3月13日。

10　http://www.lanlina.com/new_page_1080.htm：吉林籍的駱賓基是作家與中共祕密黨

西北總支部主任委員杜斌丞，杜曾策動國軍第38軍副軍長率部叛變。蔣下令偵訊，未立刻殺害。但同年10月國府公布民盟份子叛亂後，將杜以「密謀響應匪軍暴動，並販賣煙毒有據」的罪名槍決。杜是曾任中學校長的教育家，「販賣煙毒有據」是欲加之罪。[11] 不久，國府以民盟「受共匪操縱，煽動學潮、破壞中美合作，無在而不為共匪張目，且有公然參加共匪之叛亂行動者」，宣布民盟是非法組織，並取締。[12] 民盟南京辦事處受到監控，民盟成員的人身安全得不到保障，迫使民盟與其他反國民黨社團停止公開活動與自動解散。[13] 同一時期，軍統只能在上海軟禁民盟主席張瀾。[14] 直到1949年5月共軍進入上海前夕，國軍上海敗局已定，特務才奉蔣之命令，準備在醫院殺害張瀾與民盟秘書長羅隆基，但他們被中共特工解救。[15]

此外，1949年9-11月蔣介石從重慶撤退前，國府殺害楊虎城全家、楊之秘書全家、二百多名共黨或親共學生等迫害人權之事。根據當時保密局雲南站站長沈醉與重慶辦事處

員，1947年他去東北作策反工作途中再次被捕，關押到1949年初。

11　《事略稿本》，1947年10月1、4日。http://www.hudong.com/wiki/%E6%9D%9C%E6%96%8C%C%E4%B8%9E。http://baike.baidu.com/view/346443.htm。http://www.cnbcr.com/contents/2007/12/8993.shtml.

12　秦孝儀總編纂，《總統蔣公大事長編初稿》卷四上冊（台北：1978年），1947年10月27日。

13　汪朝光，〈簡論國共內戰時期國民黨的"戡亂動員"〉，收於http://jds.cass.cn/Article/20060228103458.asp。

14　http://zh.wikipedia.org/wiki/%E5%BC%A0%E6%BE%9C 維琪百科，自由的百科全書。

15　年維佳，《蔣介石的殺手鐗》（武漢：長江文藝出版社，1997年），頁422-429。

處長郭旭的說法，是蔣下令保密局局長毛人鳳執行，這段時期蔣多次召見毛。[16] 這些蔣下令殺人之事，《事略稿本》在1949年8-9月均不提召見毛之事，也未記載對楊虎城的看法。[17] 但軍統人員提到，「重要案件的逮捕，須呈報戴笠批准，逮捕要人呈報蔣介石批准，由戴笠面報蔣介石同意後，派幹練的行動員秘密執行，蔣以侍從室與軍統局都不留文字檔案。」執行暗殺與密捕的重要行動時，「戴笠經常用"秉承領袖意志，體念領袖苦心"的話鼓舞行動員，要求既完成任務，又不牽連到蔣介石。」[18]

可見蔣介石在記載日記時，隱瞞自己在中國大陸親自下令特務暗殺社會菁英，無意之間卻顯示其規律性，其中包括不記載召見特務高官或情報會議，即使偶爾記載，也不記載下令殺人的關鍵性談話內容與口頭命令何任務。只能判斷，通常是迫害人權之事。而且史學界已由其他資料證明蔣介石親自下令殺害政敵或知識分子，[19] 他終究無法逃避屠夫的歷

---

16 郭旭，〈上海解放前夕的大劫掠和大屠殺〉，收入《特工秘聞—軍統活動紀實》（北京：中國文史出版社，1990年），頁484-488：蔣介石下令毛人鳳殺害楊虎城與其秘書全家時，郭回憶毛人鳳提及他與蔣介石談話的情形。沈醉，〈楊虎城將軍被殺經過〉，《政治暗殺實錄》，頁41-47：毛人鳳也向沈醉提及蔣介石下令毛人鳳執行殺害楊虎城與二百眾多名政治犯。

17 《事略稿本》，1949年8月1日-9月9日。

18 鄧葆光，〈軍統領導中心局本部各時期的組織及活動情況〉，收入《特工秘聞—軍統活動紀實》，頁48。

19 馬振犢，《國民黨特務活動史》，頁106-112、508-509。魏斐德著（Frederic Wakeman Jr.），梁禾譯，《間諜王：戴笠與中國特工》（SPYMASTER Dai Li and the

史審判。

大致而言，1946年聞一多案造成軒然大波後，以1947年杜聿明與胡宗南在東北與延安未殺害反政府的社會菁英，以及此後特務欲殺害民盟人士與楊虎城等等重要人士，均必須蔣介石親自下令而言，若非他親自下令，特務不可能任意濫捕與濫殺重要人士。以此行為模式投射到台灣二二八事件，他將二二八事件視為國共內戰的一環，有助於理解他在二二八事件中的角色。

三、推論蔣介石決定以特務殺害台灣菁英的過程

二二八事件以處委會為主的社會菁英，他們被蔣介石視為共黨人士與叛國後，被特務殺害，此是否蔣下令？如果是，他決定的過程為何？

早在1946年8月，蔣介石根據保密局的報告，得知台灣有共黨份子，1947年元月他又得到類似資訊。[20] 所以1947年2月10日，他賦與陳儀「權宜處置」的大權。[21] 但聞一多案的軒然

Chinese Secret Service）（南京：江蘇人民出版社，2007年），頁240-264。

20　中央研究院近代史研究所編，《二二八事件資料選輯（二）》（台北：1992年），頁63：根據保密局的報告，簡吉與盧新發等「奸偽份子」滲入三民主義青年團高雄分團，1947年元月12日三青團高雄分團成立典禮會上，「台灣省參議員郭國基在公眾場合肆意攻擊政府，宣傳反動言論」。

21　《二二八事件資料選輯（二）》，頁57-58、64：蔣介石電令陳儀：「據報共黨分子已潛入台灣，漸起作用，此事應嚴加防制，勿令其有一個細胞遺禍將來。台省不比內地，軍政長官自可權宜處置也。」

大波，蔣授與全權處理的大陸地方大員、特務與前線指揮官，他們未經蔣的許可，不會任意殺害重要人士，照理台灣的陳儀也應比照辦理。亦即陳儀有權逮捕被視爲共黨與叛國的台灣菁英，是否表示陳儀可以立即殺害？如果可以，陳儀是否如此做？或者是蔣介石下令？或軍特草菅人命？

　　二二八事件爆發之初，中統不斷以十萬火急的情報，強調事件是共產黨操縱，[22] 蔣介石因而判定「共黨份子與野心政客逐從中煽動群眾」。[23] 此後一直到3月31日，他均將二二八事件的台灣菁英定位爲「暴徒奸黨脅制叛亂」。[24]

　　3月初，陳儀與特務單位不斷報告台灣局面惡化，甚至指出「此次台灣暴亂已演變爲叛國的奪取政權之階段」，陳又要求蔣介石派兵赴台。5日，蔣決定派兵援台。6日，陳儀認爲「顯係有計劃有組織的叛亂行爲」，而且有美國外交官介入。當天美國駐台大使司徒雷登，以駐台領事報告台灣局勢嚴重，要求派飛機接眷離台。所以，台灣省參議長黃朝琴報告處委會是政治改革訴求而非叛亂時，蔣不接受此看法。[25]

　　7日，蔣介石認爲「暴動區域則已由台北擴延至全台各縣

22　趙毓麟，〈中統見聞及功過錄〉，《傳記文學》57：1（1990年7月），頁116。李旺台、楊振隆總策劃，《二二八事件責任歸屬報告》，324-325。

23　《事略稿本》，1947年2月28日：此條不清楚是否當天記載或事後追記，但可斷定是最初的看法。

24　《事略稿本》，1947年3月31日：本月反省錄。

25　《事略稿本》，1947年3月2、5、6日。秦孝儀總編纂，《總統蔣公大事長編初稿》卷6下冊，1947年3月5日。

市，且愈演愈烈。」加上處委會提出「處理大綱」32條，他「迭接各方報告」後，更加確認「暴動起因與演進情形，已非單純之政治問題，而實有叛國及奪取政權之重大陰謀夾雜其間。」此造成他「為台灣暴動事件甚感煩苦」，「又念部分台民久受日人奴化，遺忘祖國，畏威而不懷德。今茲內附伊始，亦唯有懷柔一途而已。今日決定以海陸軍增援台灣，乃不得不爾者，固雅非公之所願也。」[26] 8日，蔣「考慮台灣問題與對延安方略」，「召見派赴台灣之第二十一師劉雨卿師長，並指示其應行注意各點。」「接見李翼中（台灣省黨部）主任委員等，研究對台灣事件處理具體方案」，李告知陳儀希望派兵支援，蔣「指示其應行注意各點」。[27] 9日，蔣兩日內又再度召見劉雨卿。[28]

　　蔣介石日記並未記載他本人與官員談論二二八事件的處理內容，但李翼中的回憶錄提到相關蔣同意公開的處理辦法，[29] 李沒有提到蔣下令殺害社會菁英的內容，此應是並非李的工作內容有關。

　　此外，蔣介石日記另一隱匿的吊詭之事，是8日沒有記載單獨召見保密局局長鄭介民。保密局的工作重點之一是奉命殺害反政府人士，當時鄭奉「面諭」有關二二八事件的

26　《事略稿本》，1947年3月6、7日。

27　《事略稿本》，1947年3月8日。又，李翼中，〈帽簷述事〉，本文收錄於《二二八事件資料選輯（二）》，頁387：3月8日中午，蔣介石召見李翼中、行政院長張群與文官長吳鼎昌。

28　《事略稿本》，1947年3月9日。

29　李翼中，〈帽簷述事〉，本文收錄於《二二八事件資料選輯（二）》，頁386-387。

任務後，派劉戈青赴台從事秘密任務。[30] 顯示蔣除了指揮軍隊，以及與陳儀、楊亮功、李翼中與白崇禧等官員見面，可以記載於日記的公開管道外，尚有一個由他本人直接指揮的保密局從事秘密任務。

此對照蔣介石如果在7日仍企圖採取「懷柔」方式是合理推論，5日派兵赴台也許主要是鎮壓武裝反抗的團體，以防局面惡化，迄6日並未召見保密局長，似乎顯示此時仍未有以特務殺害台灣菁英的計劃。但處委會提出處理大綱32條後，7日形成蔣認為「實有叛國及奪取政權之重大陰謀」，夾雜可能採取「懷柔」而面臨兩難抉擇的想法，因此形成「為台灣暴動事件甚感煩苦」的心態。此時蔣的「懷柔」想法不敵認為台灣發生重大危機與認定處委會成員叛亂，遂以中國大陸習慣性以軍事鎮壓武裝叛亂團體，以及特務殺害社會菁英的行為模式，決定採取高壓手段。所以，蔣之日記中，隱匿8日召見保密局長，而他與劉雨卿均未記載兩次單獨談話內容。此配合蔣迫不得已採取經常利用的特務殺人方式，是口頭命令、「不留文字檔案」與「不牽連到蔣介石」的行為模式，合理推論他口諭劉雨卿武力鎮壓時，又口諭保密局進行殺害台灣菁英的秘密任務。

蔣介石召見鄭介民後，保密局派出特務人員之一的劉戈青

---

30 〈鄭局長介民呈蔣主席（36年3月10日）〉，〈大溪檔案〉，《二二八事件資料選輯（二）》，頁139：3月10日，鄭介民呈給蔣的報告，提及「前日奉　面諭派劉戈青同志攜電台飛台灣傳達命令，並飭會同生局台灣負責人陳達元同志等協助當局平息風潮⋯⋯」。

專長暗殺。[31] 檔案資料中的在台特工回憶，劉戈青的秘密任務之一是到台北配合組織「忠義救國軍」。[32] 劉到台灣後，呈報南京的電報目前只有一則9日台灣局面惡化的佳電。[33] 保密局除了派出劉戈青外，另派出第一處情報處處長何芝園赴台，但迄今仍無彭與南京間的來往文電，也缺乏彭、劉2人赴台後目前仍不清楚的秘密任務，以及他們與台灣保密局領導人間的活動資料。[34]

　　劉戈青等南京保密局總部派來台灣從事隱密的秘密任務，又可以從陳儀及其幕僚、台灣警備總部正、副參謀長柯遠芬與范誦堯、高雄要塞司令彭孟緝等相關回憶都沒有提到他。所以，對蔣介石而言，保密局的秘密任務是成功的。此外，〈大溪檔案〉與〈國安局檔案〉中，沒有出現南京保密局總部或憲兵司令部等中央特務單位下達台灣下屬命令的電文，說明了不少特務機構的電文應該是遺失或銷燬，以及特務另有呈報中央

31　http://www.shuku.net/novels/baogao/jtsxtgwdljs/jtsxtgwdljs38.html：劉戈青在抗戰時期成功暗殺南京汪精衛政權的外交部長。沈醉，《軍統內幕》（北京：文史資料出版社，1984年），頁435；相關資料未提到劉戈青是否隸屬負責逮捕、暗殺的第二處，但以劉在保密局專長是類似任務，劉赴台應與此有關。
32　〈「拂塵專案回憶資料」--陳甫：「台灣發生二二八事變回憶瑣記」〉，〈國防部保密局檔案〉，收入侯坤宏、許進發編，《二二八事件檔案彙編（十六）》（台北：國史館，2004年），頁237-238。
33　〈劉戈青呈報台北市暴徒數度圍攻行政長官公署及警備司令部情形（36年3月9日）〉，〈國家安全局檔案〉，收入侯坤宏、許進發編，《二二八事件檔案彙編（一）》（2002年），頁191-193。
34　李旺台、楊振隆總策劃，《二二八事件責任歸屬報告》，頁325-333、300-301；本書對此部分沒有太多著墨，應是缺乏資料，所以不清楚何芝園何時赴台及其任務為何。

的管道。[35]

也就是說，這些在台特務人員，除了名義上司陳儀外，還有蔣介石直接控制的南京中央級上司。而且就他們向南京報告陳儀的負面內容，除了是國府內部的派系鬥爭外，說明特務不見得聽令陳儀，甚至對陳儀陽奉陰違。[36] 又以同時期保密局特務在大陸殺害重要人士均必須蔣授意，以及日記不記召見鄭介民而言，讓蔣口諭保密局殺害台灣菁英有了想像空間。其中的疑點是蔣親自下令殺害社會菁英的名單，是在南京口諭保密局殺害處委會等成員？或是授權劉戈青或何芝園赴台後全權處理？或是遺漏台灣保密局傳電報回南京給蔣的建議名單？無論如何，以蔣介石將處委會成員定位為「暴徒奸黨脅制叛亂」的情形，他們一定是被殺害名單的主角。

四、蔣介石在特務殺害台灣菁英的角色

大致上，大陸援軍未至台灣時，陳儀等領導人認為台灣軍事力量不足，特務只偵查監視事變為首份子。[37] 但國軍登陸後

---

35 尹章義，〈學者看范誦堯口述歷史〉，1993年2月28日5版，《聯合報》：「由於當時的軍統系統相當獨立，不受台灣各機關指揮，而直接由位於南京的軍局指揮。因此，在探查歷史真相時，也應該進一步了解軍統局在事件中所扮演的角色。」

36 周一鶚，〈陳儀在台灣〉，收入李敖編著，《二二八研究》三集（台北：李敖出版社，1989年），頁159。陳翠蓮，《派系鬥爭與權謀政治》（台北：時報文化，1995年），頁232。

37 李旺台、楊振隆總策劃，《二二八事件責任歸屬報告》，頁227-231。

控制基隆與台北之初，該地區的社會菁英就被殺害。其中3月9日憲兵登陸基隆後，軍統就協助軍隊「此間搜索暴徒零星流氓有反抗者，即予逮捕」，「本日主犯參議會副議長楊元丁（處委會成員）亦被捕密裁矣」。[38] 尤其是「槍斃人犯，多由軍統局林頂立負責」。[39] 楊元丁之死，民間回憶錄指出是因為他嚴厲質詢基隆市警察局長郭紹文，令郭懷恨在心，伺機報復。[40] 楊之死也許是得罪郭，但台灣軍統已將「密裁」楊之報告，呈送給蔣介石。「密裁」又是特務奉蔣之令才可秘密殺人的作為，蔣對此不置可否，依照蔣的行為模式，此應是本人授意。何況蔣之心理視處委會成員為叛亂，而欲殺之。所以，楊之死應該與他是處委會成員的關聯較大。

陳儀與柯遠芬方面，陳儀在9日晚上只下令「緝捕為首陰謀份子」。[41] 陳儀幕僚提到陳離台前，開會下令清查二二八事件的案卷，以便瞭解軍統、中統等特務單位「究竟瞞了自己或假借自己的名義幹了多少壞事，終因柯遠芬的多方推托未能實

---

38 〈張秉承電呈有關基隆市暴動經過及善後處理應注意事項報告書〉（民國36年4月10日批），附件〈基隆市「二二八」事變日誌〉，〈國家安全局檔案〉，《二二八事件檔案彙編資料選輯（二）》（2002年），頁148、155。

39 台灣省文獻委員會：《二二八文獻補錄》（南投：1994年），頁117。陳翠蓮，《派系鬥爭與權謀政治》，頁275。賴淑姬，〈當年警備總部副參謀長范誦堯口述歷史：林頂立執行槍斃〉，1993年2月28日5版，《聯合報》。同日的《中國時報》與《自由時報》等亦有相同內容。

40 〈周金波先生訪問紀錄〉，《口述歷史》第4期（台北：中央研究院近代史研究所，1993年），頁245。

41 柯遠芬，〈台灣二二八事變之真像〉，收於《二二八事件資料選輯（一）》，頁29。

現」。[42] 顯示柯殺人並隱瞞陳儀，也說明不少社會菁英被害，不是陳主導。柯與軍統間的關係，是否如學者認為撇清關係，尚待瞭解。[43] 但柯從未提及劉戈青，其中包括了是否維護領袖的形象，而刻意不談，以及也要接受劉轉知蔣之命令。或者是他根本不知道劉來台，以及劉是否來台與軍統活動均未必向他報告之回憶是真實。

而在特務機構的運作上，台灣特務們雖然有可能未經南京許可，私自捲入派系鬥爭而任意殺人。但9日以後特務普遍殺害社會菁英，如果不是私仇，又敷衍陳儀與柯遠芬的話，當然就是直接聽命南京。何況即使是私仇的報復，也不應該是如此普遍性殺害台灣菁英。所以，對照特務在大陸要殺害社會菁英均須蔣同意，特務普遍性殺害台灣菁英的主使人，當然指向蔣。

雖然大陸援軍赴台不久即控制局面，蔣介石在10-11日也下令不得採取報復行動，「違則以抗令論罪」。[44] 但不表示他已放棄秘密殺害「暴徒奸黨」。以台大代文學院長兼國民參政員，又是處委會成員的林茂生被害為例。

10日陳儀逮捕林茂生，罪名是從事獨立運動，不久林被

---

42 周一鶚，〈陳儀在台灣〉，收入李敖編著，《二二八研究》三集，頁160。

43 柯遠芬在二二八事件的四十多年後，提到軍統台灣站長林頂立的義勇總隊與台北站長許德輝的忠義活動隊，指出其活動未必要向警總報告，此被懷疑是撇清關係。

以上說明參見：陳翠蓮，《派系鬥爭與權謀政治》，頁246、263-267。李旺台、楊振隆總策劃，《二二八事件責任歸屬報告》，頁221-222。

44 《事略稿本》，1947年3月10、11日。

處決，楊亮功認爲陳應該知道此事。[45] 但當時的台大經濟系主任吳克剛回憶他與楊亮功以私誼向陳儀詢問林之下落時，陳不清楚林被囚於何處，陳以溫和語氣與特務單位懇切溝通後，對方才說：「他們接到臺大臥底學生的報告，恐有部分學生，會有不穩情勢，或許是受到林院長的影響。他們向領袖請示，領袖立刻指示，速即槍決。」[46]

上述逮捕與殺害理由不同，合理解釋是特務單位早就將學潮、共產黨與台獨三合一，指向台大。[47] 林茂生遂成爲蔣介石欲除之而後快的目標，分析如下。

照理陳儀逮捕林茂生後，以林中央級民代身分，陳不應該冒著被輿論批評，甚至被蔣處罰的風險，未經審判而殺害。所以，陳儀幕僚證實陳根本不知道林茂生與宋斐如（台灣省教育處副處長，曾任《人民導報》社長）被殺害。陳說：「他們（特務殺人）事先不請示，事後還要求補辦手續，眞是無法無天！」[48]

如果陳儀及其幕僚之言爲眞，主使兇手只剩下蔣介石、柯遠芬與特務自行濫殺。後2者當然有可能，柯遠芬與一般特務也許會濫殺一般市民，但應該與陳儀一樣，不敢任意濫殺中央級民代。故推論蔣介石口諭保密局派員赴台的秘密任務，並對

45 李筱峰，《二二八消失的台灣菁英》（台北：自立晚報社文化出版部，1990年），頁46-47。
46 吳克剛著，《一個合作主義者見聞錄》（台北：中國合作學社，1999年），頁152-153。
47 柯遠芬，〈台灣二二八事變之眞像〉，收於《二二八事件資料選輯（二）》，頁21。
48 周一鶚，〈陳儀在台灣〉，《二二八研究》三集，頁160。

照特務在大陸殺害重要人士必須他同意的行為模式，以不是他下令殺害的聞一多案，仍下令澈查，他對中央級民代被害，竟然不聞不問，合理判斷他無法迴避是殺害林茂生的主使人。

依此而論，如果吳克剛指出蔣介石親自下令「速即槍決」林茂生可信，可能方式應是仍有迄今未見到的南京與台灣之間的來往文電。此雖然與蔣親自下令特務殺害社會菁英是不留文字的行為模式不同，但以軍情緊急，偶爾也要採用留下文字的電令。例如，台灣的國家檔案中，參與國共內戰的在台軍事將領提到蔣介石親自下令濫殺無辜的電報給他：1947年山東省戰場，蔣為了達成軍事勝利，下達「絕地」屠殺令給軍隊指揮官，即將駐軍周圍25公里內的民眾殺光，物資搶光，建築物燒光的三光政策。[49] 另一個蔣親自下令殺林茂生的可能方式，是陳儀、特務與吳克剛等溝通有部分落差，使得林茂生之死，沒有電令，而是8日蔣口頭面諭保密局派員赴台轉告台灣保密局的秘密殺人任務。

總之，林茂生之被害，是蔣介石認為林可能鼓動學潮，甚至包括尋求美國支持台獨的理由，林又是被蔣視為寇讎的處委會成員。所以，在沒有任何司法審判情形下，蔣口諭或電令保密局秘密殺害。

另一個牽涉蔣介石殺害台灣菁英的回憶資料，是花蓮縣參議會議長兼中央級制憲國大張七郎（處委會成員）及其子共3

49　劉熙明，〈蔣介石的屠殺模式〉，2009年2月26日，自由廣場，《自由時報》。

人被害案。台灣中央研究院台灣史研究所新發現的台灣保密局史料，提到張七郎父子之死是被當時的花蓮縣長張文成挾怨報復，由保密局台灣站站長林頂立送交情報後，交由抵台鎮壓的21師執行未經公審、動用私刑的密裁。但張七郎的孫子張安滿提到張家懇求有私交的特工方廷懷想辦法營救時，方說：「這是南京中央政府的示意，我無能為力！」所以，張安滿迄今仍認為其祖父之死是蔣介石主使。[50]

張七郎之死，當然有可能是軍特捲入派系鬥爭而私自殺害，蔣介石事後知道，此狀況依情理蔣應該對中央級民代之被害有所交待。但張七郎妻四處訴冤陳情，高等法院的回函竟然是該3人「背叛黨國、組織暗殺團，拒捕擊斃」等莫須有罪名。張妻另向白崇禧訴冤，仍無法彰雪冤案。[51] 1947年6月起，張家又將訴冤狀分別送蔣介石、行政院、國民大會等等，僅獲高等法院檢察處類似叛國之回函。[52]

可見張七郎父子被害案，以蔣介石及其日記顯示的行為模式，恐怕不是起碼的縱容或默認特務殺害中央級民代。理由是蔣對非中央級民代的聞一多案，還願意查出執行兇手。對於中央級民代張七郎父子之死，竟然不顧台灣的輿論壓力，不聞

---

50 記者楊宜中、林嘉琪，〈遺族張安滿不信 怒批國民黨操弄〉；記者林嘉琪，〈二二八新史料記載 張七郎父子三人死於政敵報復〉，二文均收於：2009年2月27日，《自由時報》。

51 李筱峰，《二二八消失的台灣菁英》，頁193-196。

52 http://www.228.org.tw/history228_elite_detail.php?id=17。

不問。如果台灣保密局最高領導人林頂立膽敢未經蔣之許可，殺害中央級民代，蔣必然懲罰林。而且蔣得知張之死訊，不僅不追查死因與兇手，也不懲罰林頂立，陳儀與柯遠芬等名義上台灣特務領導人，又不約而同指出他們未必有能力可以指揮保密局等其他特務單位。何況有權同時下令台灣保密局領導人與國軍殺害中央級民代在內的重要人士，依照國府的運作方式，只有蔣本人，花蓮縣長沒有權力指揮。再以中國大陸的特務殺人均是蔣直接下令而言，若是林頂立主導殺害張七郎父子，應該是蔣親自下令。以此立論，蔣視處委會成員為暴徒奸黨的成見，他主導殺害張七郎父子是合理看法。

五、結　論

　　1947年，爆發二二八事件，也是國共談判破裂，雙方兵戎相見的1年。蔣介石在二二八事件的措施是國共內戰的縮影。他為了鞏固統治，在中國大陸不僅不留文字地下令特務殺害全國性著名政治異議人士，甚至以軍情緊急，不尋常地電令前線部隊全面屠殺民眾。

　　就歷史責任與高度危險性而言，政治鬥爭最惡劣手段的暗殺政敵，大多數人不願執行，故只有聽令蔣介石，又有暗殺組織的特務，成為他執行此一迫害人權的任務。又因為他憚於歷史責任，對特務下達此類命令，往往沒有正式公文。執行的特

務若非叛變或被敵營俘虜而說出真相，就是台灣走向民主社會後，在台特務自行披露的內容，[53] 以及台灣戒嚴時期未被蔣介石等國府人士發現，進而可能銷毀的「絕地」屠殺令。這讓他隱匿濫殺無辜的真相，得以重見天日。所以，對照他在大陸運用特務殺人的行為模式，有助於理解他在二二八事件中的角色。

在大陸，1946年被迫公開偵查的聞一多被殺案，不是蔣介石下令殺害，但其日記造假地隱匿幕後主使人。由於聞案涉及蔣授與地方大員全權處理後，地方大員與特務是否可以任意殺害重要人士的彈性空間，又違反必須蔣同意才可殺害這些人的行為模式，此後凡是特務的如此行動，均必須蔣的同意。日記幾乎不記載召見執行暗殺的特務領導人與特務當事人，此包括1947年以後對民盟人士的措施，以及配合蔣下令殺害楊虎城等等案件。

至於蔣介石在二二八事件欲殺害何人，其日記指出他相信台灣特務誇大渲染的台灣危局，但6日以前似乎未有利用特務殺害台灣菁英的計劃。7日他認為被「暴徒所裹脅」的處委會提出處理大綱32條後，以「台灣暴動事件甚感煩苦」的心情下，8日應該決定了採取軍事鎮壓，兼用特務殺害的雙重管道。所以，8-9日兩次單獨召見第21師劉雨卿師長，兩人均未記載敏感的談話內容，日記也未記載單獨召見負責執行殺害反政府政敵的保密局長。就蔣召見單一特務領導人又不記載於日

---

53 劉熙明，〈蔣中正與蔣經國在戒嚴時期「不當審判」中的角色〉，《台灣史研究》第6卷第2期（台北：中央研究院台灣史研究所籌備處，2000年10月），頁144。

記的規律，應該是親自下令特務殺人。所以，合理推論援軍到台控制局面初期，直接接受蔣命令的保密局，在殺害處委會成員扮演重要角色。

認為蔣介石親自下令特務殺害台灣菁英的理由，是依照特務機構的運作上，台灣保密局實際聽命南京，也只有他有權透過南京保密局下令殺害台灣菁英，陳儀與柯遠芬無法指揮保密局。推論蔣日記未記載的南京保密局銜蔣口諭，派劉戈青等人赴台後，進行迄今仍不清楚的秘密任務，此事陳儀與柯遠芬未必知道。何況聞一多案以後，大陸的地方大員、前線指揮官與特務並無未經他之許可，任意殺害重要人士之例。以此而言，陳與柯未必膽大妄為到未經他同意而任意殺害中央級民代，可見即使是陳與柯下令殺人，也是奉他之令，他當然不會追究台灣菁英被殺害的責任。

由於當時在南京與殺害台灣菁英有關的軍特官員，如劉雨卿、鄭介民、林頂立與劉戈青等，他們來台後均未提到奉蔣介石口諭殺人的相關訊息，似乎形成蔣與特務與此無關。但蔣將二二八事件定位為「暴徒奸黨」與叛國兼有的嚴重犯行，使得特務「秉承領袖意志，體念領袖苦心……，要求既完成任務，又不牽連到蔣介石」，此配合蔣以不留文字與口諭而下令特務殺人的行為模式，成為可能。

所以，台灣保密局給南京的電報中，無意間透露蔣介石知悉在台保密局人員「被捕密裁」楊元丁，以及林茂生與張七郎

父子被害的主使者，民間回憶資料透過知情特務人員的轉述，指出是蔣下令殺害，以同時期在大陸的特務要殺害任何全國性知名社會菁英，都必須蔣親自下令的運作模式而言，他們的被害，應該是蔣親自下令殺害處委會成員。

此外，台灣菁英被害經過數月，蔣介石對可能被誤殺的中央級民代之家屬陳情，包括日記不記載的漠視態度，以及二二八事件發生後一年的1948年，日記記載本來也在二二八事件之初即應槍殺的「主犯」蔣渭川，仍以他的投案是「本寬大之旨議處。寬大爲懷，從輕議處」。[54] 以此而言，1948年蔣雖寬恕蔣渭川，仍視二二八事件爲叛亂的心態，可見二二八事件之初，台灣菁英被他視爲如大陸反政府社會菁英般的殺害，至爲明顯。

這些未經審判，甚至被捕即被殺害的處委會成員，即使被視爲是「奸黨暴徒」，也要有事實與經過審判的程序，但蔣介石未追究這些草菅人命的屠殺行動。換言之，國共決裂的內戰時刻，處委會成員宣佈32條處理大綱後，他們被蔣視爲叛亂，成爲蔣爲鞏固統治，採取特務殺害方式的無辜被害者。

總之，蔣介石日記雖然隱匿迫害人權的內容，但由親身參與殺害社會菁英的特務回憶資料，證實他親自下令特務殺人。二二八事件中，未經司法審判而被害的眾多台灣菁英，應該是透過只有他才可以指揮的特務，甚至結合軍事管道，親自下令

---

54 《事略稿本》，1948年3月9日。

殺害的結果。此正是他處理國共內戰的縮影。配合檔案與回憶資料佐證，可知他起碼下令殺害林茂生與張七郎父子，以及密裁楊元丁。以此而論，其日記中提到的「懷柔」，只是面臨兩難抉擇的想法，如果以「懷柔」推論他不是殺害台灣菁英的主使人，是不瞭解他面臨政權危機時，屢屢不擇手段地利用特務秘密管道，利用國家暴力機器，進行濫殺社會菁英的作為。

與談
再論蔣介石在二二八事件中的責任：由蔣介石在國共內戰的作爲來分析

陳 儀 深

　　報告人、劉教授、各位貴賓，雖說高鐵很進步，但也不可以高估，計算時間還是要看起迄點、幾點到。我遲到了好一下子，對不起！今天早上我在中央研究院台灣史研究所，代替二二八基金會董事長出席他們的新史料發表會；馬總統也到場致詞，其實他所說的話和今天《中國時報》所載昨天他在北市二二八紀念館說的話一樣，沒有什麼新東西。

　　中午如果看電視，就可以看到早上中研院台史所發生的事，就是又有二二八受難家屬在那邊互罵，老的戲碼，不太好。起因是有一個受難家屬廖繼斌跟馬總統走得比較近，得以在現場指揮，但他在處理現場的時候不太公平，例如有一些家屬有報名，可是不能進來，或者說一樣都不能進來也罷，但他卻允許另一位家屬可以進來，如此一來，便引起在場受難家屬的不滿，在外面就開罵了。不過，這些情況都是我們過去在紀

念二二八時常會遇到的。

馬英九總統的反應模式，就是一副很無辜的樣子，嘴巴上講歉意、承諾國家級的紀念館等等，實際上國民黨立院黨團卻在刪預算、扮黑臉。馬總統最近表示今年7月要把中正紀念堂的牌子掛回去，等於宣告扁政府時代「台灣民主紀念館」的變革不算數了，他的理由當然是「依法」；至於「大中至正」牌匾，是不是要掛回去？還是要保留「自由廣場」？這點，他說的倒很好聽，要交由公民會議來討論，然後採共識決，因為牽涉族群問題應該共識決。共識決不同於多數決，意指如果沒有辦法達成共識，那就保持現狀不動…這個意思就是「自由廣場」的牌子可能可以保住。問題是，馬英九現在上任沒有多久就要恢復「中正紀念堂」，這個有共識嗎？他說在扁政府任內處理的過程有法令的瑕疵，現在依法恢復，其實有關蔣介石的評價問題在台灣社會沒有共識，應該要整體來檢討，包括說中正紀念堂是不是要改作台灣民主紀念館，或者要作為歷任總統文物館等等，這些處理方式，應該要開放社會討論，而不是仗著國民黨在立法院的多數，就講「依法」要怎樣。

換句話說，蔣介石的定位問題直接關涉中正廟應不應該存在的問題。若蔣介石應該為二二八負最大的責任，也就是所謂元兇，卻又建了一間那麼大的廟來拜他，這樣是不對的！所以我們在論述「蔣介石應負最大責任的時候」，歡迎大家一起來辯論。現在劉熙明教授的大作也在討論這個，今天《自由

時報》也有相關報導。這樣的話題，無論是在學界，還是輿論界，大家來做做頭腦體操，來反省來討論，總是一件好事情。

就學術論文的評論，我必須指出一些問題。劉教授在這篇論文中，好幾次提到蔣介石在二二八事件中的角色是國共內戰的縮影，這樣的提法可能不太好，好像說在台灣也有「國」跟「共」的二元對立情況，其實沒有。因為在戰後的台灣，共產黨的力量相當微弱，不論是台共還是中共皆然，要說二二八是國共內戰的縮影，容易有誤會。我瞭解你的意思，你的意思是指蔣介石「行為模式」在台灣的翻版。因為過去蔣在國共內戰的時候，就是這樣子做，他面對台灣事件，也就跟著這個模式處理，這只是合理的推論。其次，他提起裡面的軍特集團，除了軍隊外，也論及特務，這是他著墨甚深之處。本文肯定表示軍特集團絕對是元凶，若是這樣，此軍特集團是一個沒有名字的集合體，而元凶通常是指一個單數，應該不是複數，否則，若說軍特集團是元凶，到底是誰要負責呢？這樣說來，恐怕很模糊。尤其，說到蔣介石時，他說是「縱容」，或是「默認」這個軍特集團在濫殺無辜，且無法擺脫他親自下令的那個責任，而親自下令指的到底是殺誰啊？這個我們沒有檔案的証據，所以他現在描述說：「無法擺脫下令殺害部分台灣社會菁英。」他用「部分」來鬆解了這個舉證的負擔。這樣說法，不能說不行，但這樣子反而讓我們不知道蔣介石該負什麼樣的一個責任。

我們基金會之前出版的《二二八事件責任歸屬研究報告》

一書，就是根據檔案認為蔣介石要負最大的責任，至於「元凶」這兩個字，是一般家屬或民間的用語。說到「應負最大責任」，理由包括他調兵遣將、完全掌握狀況、事後又不懲治任何軍政首長。其實，從大溪檔案裡面，顯示99項文件統統與蔣介石有關，例如當時軍隊出發了，就通報陳儀說：「你放心吧！我們的軍隊已經從上海出發了。」軍隊出發之後，還被要求要分早、中、晚3次向他回報。可見蔣介石充分掌握狀況。既然派了軍隊，而軍隊在台灣有濫殺無辜，指揮的人就要負責任，這不需要其他証據。此外，事後國民政府內部頗有人承認政府處理不當，尤其監察院的監察委員們，包括楊亮功、丘念台他們留下來的當時官方文書，皆顯示台灣的軍政首長有濫殺的狀況。最後卻由老蔣一肩扛下或一手遮天，所以說他要負最大責任！

　　總之要討論蔣介石的責任問題，最好用直接的材料、証據，少用推論。今天是在高雄開討論會，順便說上次我來參加高雄市文獻會辦的二二八研討會，所撰論文提到當年議長彭清靠和市長黃仲圖確實有打那封電報，說是暴徒脅迫他們上山與彭孟緝談判，但若注意去看那個時間，是在3月6日出事以後，他們兩人恐怕已經失去自由了，並且電報是從高雄要塞發出的。市政府難道沒辦法發電報嗎？這樣比對下，合理的解釋是，那封電報並不是自由意志下所為。我想時間差不多了，以上，謝謝！

轉型正義的條件：「中正紀念堂更名事件」的文化社會學分析

陳 雨 君

摘 要

　　本文依據關注轉型正義在台灣發展境況的立場，試圖以「中正紀念堂更名事件」為例，做一個文化社會學式的分析，目的在了解哪些深層的文化結構幫助或阻礙（目前以阻礙居多）轉型正義相關工作的推動和落實，以致於這個非常具有正當性（若我們都認同人權的普世價值）的規範性敘事，在台灣卻難以生根發芽。文中並透過政治人物修辭的敘事分析，來暴露文化結構的樣貌。對此我採用兩個方式：首先爬梳敘事和政治正當性的關連、理解兩造陣營基於自身政治利益發展出來的政治修辭，再來問為何其中一種政治修辭較獲得大眾認同（為何較有效），而透過象徵分類系統的分析，我們發現和過去統治階層相繫的文化／政治道德觀依然存續在我們的文化結構當中，特別是當綠營政治形象遭受污染之後，藍營政治菁英便能輕易取得象徵生產工具的控制權、繼續強化舊的道德秩序來維護自身的政治正當性，最後則削弱了轉型正義論述的效力。

關鍵詞：轉型正義、文化結構、角色過濾、污染、象徵分類系統

一、前　言

　　1648年30年戰爭結束之後，西歐各國簽訂的「西伐利亞條約」形塑了以主權國家為行動主體的國際關係結構，自此之後，伴隨著民族主義的傳播、現代國家一一出現，並以現實主義的自利原則（國家利益）出發，和其他國家進行互動、交涉。然而到二次大戰結束之後，世界秩序的運作規則面臨變化[1]，相對於過去強調國家作為行動者，其對內和對外行使主權的絕對正當性，另一股提倡落實於「個人」的權利觀——人權，逐漸醞釀茁壯、並成為和主權相互嵌格的力量，人權作為一種超越國界的道德普世主義，愈來愈具有干預他國內政的正當性。

　　人權觀念的傳佈作為全球化現象的一環，無論是沿著政府或非政府組織其機構或網絡進行擴散，在在顯示這是諸多國家願意降低其行動自主性、來依循此軟性法律的結果，儘管仍有部分國家以經濟發展為由、拒絕對此價值的重視和宣示[2]，人權的提倡仍是一股勢不可擋的趨勢。在這波世界性的

1　如跨國的區域經濟體逐一出現。透過跨國的經濟貿易、全球的相互依賴程度大於以往的時代。由於任何國際組織都會降低國家的自主行動能力，人權對國家的約束便是沿著既有的組織網絡關係逐漸成形。參考 David P. Forsythe《人權與國際關係》第一章：〈國際關係中的人權〉，台北市：弘智文化，2002。

2　例如李光耀、馬哈地等亞洲政治領袖就曾提出亞洲價值論，中共也不時引用特殊國

潮流之下，<u>轉型正義</u>[3] 便是晚近立基於人權觀念所開展出來的新人權實踐方式。2000年於紐約成立的國際轉型正義中心[4]（International Center for Transitional Justice/ 簡稱ICTJ），便希望協助國家追訴過去的大規模暴行、人權侵害事件，致力於提升和平、和解與民主的可能性。其對象包括經歷鎮壓統治或武裝衝突的社會，以及已民主化但歷史正義未果、制度濫權的民主國家。[5]

轉型正義的途徑依據著普世人權的根本信念，同樣作為跨國的全球化現象之一，然而其在地（local）的落實是成功或受阻，卻受到不同社會條件的影響。在社會條件的諸多層次中，「文化結構」是重要的一環，它作為深植於集體心態之內的社會潛意識，其意義之網牽連著人們的信念、情感、行動。當轉型正義的普世模型放入在地經驗之中時，勢必會產生文化結構內象徵資源的分化、爭奪的過程，擔綱者（carrier）經由挪用

情論和中國價值觀來回應西方國家對人權時況的批評。李明輝，〈儒家傳統與人權〉。第一屆「中華文明二十一世紀新意義學術研討會」。花蓮：喜瑪拉雅研究發展基金會主辦。2000，頁3

3　在此採用Louis Bickford的定義：一個社會自民主轉型以來，究竟要如何處理過去所發生過的人權侵犯、集體暴行或其他形式的巨大社會創痛。參見江宜樺，〈台灣的轉型正義及其省思〉，《思想》第五期，頁67。

4　國際轉型正義中心在2000年四月首度舉行構思的策略會議，超過二十幾個參與者（包括法律學者、人權提倡者和工作者），討論轉型正義包含的各個領域之種種實踐、運作的方式。2001年3月1日ICTJ於紐約市正式開幕之後，在六個月之內，便有十幾個國家蜂擁而進、尋求協助。詳見國際轉型正義中心網頁：http://www.ictj.org/en/about/mission/

5　同上。詳見網頁：http://www.ictj.org/en/about/mission/

象徵資源、建構一套轉型正義的規範性敘事之後，認同與不認同的人群群體於焉產生，他們各自站到不同的文化分類之下。若我們在道德立場上，同意對過去大規模人權侵害有進行究責的必要，這群不認同文化創傷[6]的人便成為拒絕一同承擔過去苦難的保守勢力。如同Jeffrey C. Alexander所言：「唯有完整理解文化結構的複雜性和些微差別，我們才有辦法用現實的方式去理解暴力、支配、排除和墮落的真正力量與持久性。」（Jeffrey C. Alexander，2008: 頁7）要理解轉型正義在台灣推動不夠成功的境況和原因，我們需要一個文化社會學的分析。

約從2006年開始，「轉型正義」的詞彙開始大量出現在台灣的公共論述領域，其相關議題在台灣各新聞媒體、不同類型的研討會與座談會上不斷被討論。跟隨2000年國際轉型正義中心的成立，台灣在反對黨執政末期營造的政治環境裡，也趕上這一波轉型正義的全球列車。當時綠營政治菁英將討黨產、與一連串去蔣化行動納入轉型正義的具體項目；與此同時並進的，是知識菁英的努力——成立「真相與和解促進會」，試圖透過重建口述歷史、還原失落的歷史真相。[7]然而，這一波轉型正義熱潮似乎成效有限：討黨產未成功、近日又傳出立院表決中正紀念堂將復名的新聞[8]。針對這些現象，我們可以這樣問：在推動轉型正義的社會過程之中，何種文化結構影響

6　此為Jeffrey C. Alexander在「文化創傷理論」中發展的概念，後文會再做說明。

7　參考中央社新聞，961229，〈台灣真相與和解促進會成立　致力轉型正義〉。

8　請見NOWnews新聞20090114，〈中正紀念堂重見天日　恐再釀流血衝突〉。

人們對轉型正義的看法？爲何台灣社會對此總是難以凝聚共識？本文將以「中正紀念堂更名事件」作爲分析的文本，試圖初步回答此一問題。

二、建構文化創傷：中正紀念堂更名事件

Jeffery C. Alexander（以下簡稱Alexander）的「文化創傷理論」透過「反身性」的思維，強調創傷作爲一種社會建構。（Jeffery C. Alexander，2008: 頁145）這種視角的優點在於，能夠同時說明建構成功、與不成功的文化創傷，因爲並非所有歷史上發生過的人權侵害事件都能夠獲得普世的認同。這裡所指的「文化創傷」意味一群集體的受創者，[9] 但這些受創者並不需要直接經驗此創傷的原初事件，因爲並非經驗本身造成創傷的效應，而是「記憶」所造成的。（Eyerman, 2002: 頁54）這個觀點可以說明重視轉型正義的知識份子或從政者，本身不需要同時是白色恐怖的受害者。因此Alexander在界定創傷的內涵與性質時就指出：<u>「創傷」是一種文化過程，它透過各式各樣再現的形式，成爲集體認同的重塑和集體記憶的再運作之間的媒介和連結。</u>（Eyerman, 2002: 頁53）當一個受創的社會要開始界定過去所受的創傷，便會經歷「創傷過程」階段，透過媒

9　Eyerman使用「奴隸制」（slavery）作爲「創傷」相對應的經驗現象，便同時說明了其所指涉的集體：受創的非裔美國人。

介選擇性的再現，過程中充滿了"意義的鬥爭"，不論是在界定傷痛的本質、犧牲的本質和責任歸屬等等面向。（Eyerman, 2002: 頁55）

　　Alexander認為，我們可以將事件和再現間的縫隙想像成「創傷過程」，而創傷過程的實作就像「言說行動」，包括了講述者（擔綱團體）[10]、閱聽人（民眾）以及情境（歷史、文化和制度環境）。（Jeffery C. Alexander，2008: 頁154-155）中正紀念堂更名事件的擔綱團體為綠營政治菁英，他們試圖透過體制內程序來進行紀念堂的更名，並在這麼做的同時，用政治修辭向社會大眾闡述此行動的意義與正當性。以下為更名事件的始末：

事件經過

　　在2006年10月份，台灣智庫舉辦的第2場轉型正義系列座談：「威權遺緒到民主資產──中正紀念堂改名之芻議」的座談會上，諸位學者（徐永明、汪平雲、陳文賢）以及台灣二二八關懷總會秘書長林黎彩等人，就表示中正紀念堂應該更名。[11] 隔年2月7日，在民進黨中常會上由民進黨黨主席游錫

10　即carrier group。

11　台灣智庫一共舉辦12場與轉型正義有關的一系列活動，此為第2場。這場座談會中，汪平雲律師就表示：「中正紀念堂是國際地圖上台灣的地標，然而裡面所陳列的內涵，卻不是台灣歷史的真實呈現；然而，人民集體的遺忘是對權力的退讓，中正紀念堂不僅走過威權的歷史，也走過民主的歷史，應該真實呈現這段台灣民主轉型的過程。」十足展現對過去歷史重新詮釋的企圖。而此座談會

堊提案、並通過一連串「去除獨裁統治遺緒」的決議，其中一個主軸就是去蔣化行動[12]，而中正紀念堂的更名，實屬於去蔣化行動的其中一個目標。

2007年2月民進黨中常會通過「去除獨裁統治遺緒」的一連串決議之後，4月13日由行政院長的蘇貞昌核定教育部所提的「國立台灣民主紀念館」組織規程及編制表。5月19日行政院院會通過「國立中正紀念堂管理處組織條例」廢止案，並且在當天舉行台灣民主紀念館的揭牌儀式，在場由陳水扁總統、行政院長蘇貞昌和教育部長杜正勝共同主持，陳總統致詞時強調：「中正紀念堂正名為台灣民主紀念館，是思想、空間、精神解嚴的落實和實踐。」杜正勝則表示：「這次的改名，是彰顯台灣從獨裁專制和平轉型為民主自由國家這段歷史過程。」[13]面對民進黨即將要進行的「中正紀念堂正名」行動，立委蔣孝嚴回應指出：「老總統對國家有貢獻，非陳總統一人論斷，陳

也有政治人物參與，如立委王淑慧、市議員徐佳青。參見台灣智庫網頁：http://www.taiwanthinktank.org/ttt/servlet/OpenBlock?Template=Article&lan=tc&category_id=59&article_id=679&BlockSet=

12 游錫堃在中常會後的記者會中表示：「去年有關二二八事件責任歸屬處理報告，清楚指出蔣介石是二二八事件元凶，但到現在蔣介石的生日和忌日還是國家紀念日，還有中正紀念堂，蔣介石的銅像在全國仍是到處挺立、全台各地也都有中正路，而蔣介石的相片還在鈔票上，這些都必須全面更改。」參考中央社新聞，960207，〈游錫堃籲馬英九 不再向獨裁者謁陵〉。

13 參考陳儀深，〈中正廟在法律與政治間浮沉－回顧2007年的一件大事〉，收錄於《漂流台灣 虛擬執政》，台北：前衛，2008，頁322-323；中央社新聞，960519，〈台灣民主紀念館揭牌 陳總統帶領見證轉型正義〉。

總統不合情理法推動中正紀念堂更名，才是獨裁。……陳總統的說法都是政治操弄…任何國家的先賢都應受尊重……」[14]

但自從「正名」的行動公開化之後，由藍營執政的台北市政府便準備要和中央的決策進行對抗。台北市政府文化局在2007年3月間啓動文資程序，將中正紀念堂暫列古蹟，來防止中央對中正紀念堂「動手」的可能性。民進黨政府獲知之後，便在11月6日由教育部提出申請、獲文建會通過將舊中正紀念堂列爲「國定古蹟」，以納入中央的管轄範圍，隨後教育部又向文建會提出「古蹟再利用」計畫，欲將「大中至正」牌匾改爲「自由廣場」，將原先「中正紀念堂」標示全改爲「台灣民主紀念館」。[15] 這個將中正紀念堂列爲國定古蹟的動作，讓中央有了管轄職權，於是教育部於2007年12月6日起封園，進行「中正紀念堂」更名爲「臺灣民主紀念館」，及「大中至正」牌匾更名「自由廣場」作業，並於12月9日完成施工。不料在施工期間引發了藍綠對峙，並發生激進民眾駕車衝撞，釀成五名現場採訪記者和一名員警輕重傷的不幸事件。[16]

這個事件爆發之後，引發各界關注，藍營、綠營、行政院都發出譴責暴力的聲明，但內容的焦點不同。一開始行政院

14　參考中央社新聞，960519，〈蔣孝嚴：蔣介石對國有貢獻 非屬一人獨斷〉。
15　參考中央社新聞，970229，〈台灣民主館具古蹟等三重身份 全台首例〉；陳儀深，〈中正廟在法律與政治間浮沉－回顧2007年的一件大事〉，頁322-323。
16　參考自由時報，961231，〈中正堂更名 台灣民主館〉。

發言人謝志偉除了呼籲民眾冷靜之外，也重申整個拆匾程序的合法性、以及轉型正義的必要性。隨後，國民黨團發表針對中正紀念堂更名這件事、以及民進黨的批評，如立委郭素春批評「民主進步黨為選舉無所不用其極，明知拆除牌匾會製造對立，不顧廣場上人民的安全，擺明當家鬧事。」立委潘維剛則指出：「民進黨應為受傷的記者與民眾公開道歉，全民也要看清楚民進黨慣用的伎倆，不管是中央選舉委員會組織法草案也好，還是強拆『大中至正』牌匾也好，就是一個字，『亂』。只有亂，民進黨才能從中謀利，這就是民進黨的作為。」面對藍營的攻擊，綠營則在隔天指出拆匾爭議應由台北市長郝龍斌負責，如立委林佳龍和葉宜津都認為這些爭議都是「保守勢力內心威權統治的價值被挑戰」。[17]

除了駕車衝撞的事故之外，拆除「大中至正」匾額的現場也集結了立場對立的藍綠支持者，12月7日下午5點半最後一個「正」字被拆下時，一方民眾不斷合唱「蔣公紀念歌」，高喊「捍衛中華民國、中華民國萬歲」；另一方民眾則熱烈鼓掌叫好、慶祝「大中至正」拆除。12月10日台灣民主紀念園區重新開張，部分民眾到場聲援「台灣加油」，也有不滿人士比中指及高喊「抗議自由廣場」，沸沸揚揚的中正紀念堂正名事

17　參考中央社新聞，961206，〈記者遭衝撞受傷 政院籲民眾理性屏除暴力〉；中央社新聞，961206，〈中正堂牌匾更名記者遭撞 國民黨團譴責暴力〉；中央社新聞，961207，〈綠營：馬郝把自由廣場當黨產 才有流血衝突〉。

件終於告一段落。[18]

　　由前文所提及的，以「言說行動」比擬創傷過程的分析架構，我們可以得出以下圖示：

圖一（此圖為自行製作）

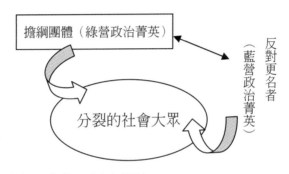

歷史、文化、制度環境

　　在「中正紀念堂更名事件」中，轉型正義的擔綱團體和反對者在制度環境中進行法律和程序上的鬥爭行動，並且挪用原來歷史和文化脈絡中的象徵資源來形成論述、說服作為閱聽人的社會大眾。在這個過程裡，創傷的再現是建立在具說服力的文化分類框架的架構上，（Jeffery C. Alexander，2008: 頁 155）而反對創傷建構者也是在既有的文化分類框架下，挪用有利於自己的論述。我們可以說，台灣社會對過去威權統治時期存有

18　參考中央社新聞，961207，〈民主紀念館大中至正拆除 民眾反應兩極〉；聯合報，961210，〈撤拒馬！民主園區罵聲中開張〉。

兩套不同的象徵分類系統[19]。在說明之前此分類系統之前，以下將先討論創傷過程中意義鬥爭和非文化場域（特別是政治場域），其利益和需求的糾葛課題。

三、敘事與政治正當性

前文我們談到政治菁英挪用文化結構中的象徵資源來說服社會大眾，本章便要進一步討論敘事和政治正當性之間的關係。社會學家到了晚近才開始重視政治正當性和公共修辭的關係。Jacobs and Sarah 研究美國國會的從政者關於非營利組織的論辯時，便發展出一種有趣的觀點，此觀點認為：當我們強調敘事和政治正當性的關聯時，我們也試圖定位在一整套更廣泛的政治敘事與論述策略當中，<u>政治正當性的敘事需要。</u>（Jacobs and Sarah , 2007: 頁2）換言之，國會的議員們便是透過"敘事"來爭奪政治正當性，<u>對從政者而言，政策競技場是一個富挑戰性和多維的文化空間，他們必須創造一篇意味深長、有說服力的政策敘事。</u>而在實作上，他們必須（1）連結更大套的政策敘事來共同定義他們自身的政治參與；（2）讓之後的言說者可以採用他們辯論的基本敘事；（3）強化他們自身的政治正當性與管轄權的權威。（Jacobs and Sarah , 2007: 頁2）

---

19 此為涂爾幹學派一脈相承的的文化社會學觀看世界的方式，本文採用Bourdieu的說明，詳見後文。

爲何從政者要這麼做呢？其實他們依循的是政治場域的邏輯。如 Skocpol 等人的洞見，「國家的相對自主性」的出現意味國家這個由民選官員和文官體制組成的機制，擁有不受其他場域（如社會、經濟等場域）干預的內部運作邏輯。因此國家管理者有他們自身的利益並且經常依他們自身的利益行動（可能基於個人需求、政黨需求或國家需求）。（Jacobs and Sarah，2007: 頁 3）但從政者的權力是誰賦予的呢？是人民賦予的，因此從政者如何爭取民意的支持，確保自身不墜的地位，就成了每個政治行動者摩拳擦掌的目標。<u>如果國家行動者關注於保護他們的自主性，他們只能從特定的文化結構去製造有效的修辭表演，向他們的聽眾恰當的提出。</u>國家行動者特別須要面對和他們提出來的政策、他們自身的正當性、與更一般的政治意識形態（與他們政黨的意識型態）、以及公眾需求有關的挑戰。（Jacobs and Sarah，2007: 頁 4）

　　那麼，從政者的政策敘事會有何種特質？由於要讓他們的聽眾們快速、準確的掌握他們要表達的敘事內容，從政者的敘事通常由一種經過角色過濾（Character funneling）的敘事結構所構成，這種結構會簡化論述環境的複雜性。（Jacobs and Sarah，2007: 頁 2-3）以下我將針對藍營和綠營從政者的敘事，討論其個別的特質。[20]

20　當時任職教育部主任秘書。

綠營的敘事

（1）闡述更名行動的正當性	角色過濾的過程
游錫堃籲馬英九 不再向獨裁者謁靈 「<u>去年有關二二八事件責任歸屬處理報告，清楚指出蔣介石是二二八事件元凶</u>，但到現在蔣介石的生日和忌日還是國家紀念日，還有中正紀念堂，蔣介石的銅像在全國仍是到處挺立、全台各地也都有中正路，而蔣介石的相片還在鈔票上，<u>這些都必須全面更改</u>。游錫（方方土）表示，很多二二八事件受害者家屬仍主張責任不夠明確，站在執政黨、政府的立場，應該讓歷史大是大非很清楚、明確，民進黨必須加快腳步努力。」（中央社新聞，960207）	（轉型正義的單純化） 1. 把轉型正義複雜龐大的工作內容轉化成可落實的政策—＞去蔣化—＞將中正紀念堂更名 （賦權自身）
稱蔣介石是民族救星？總統：歷史的最大諷刺 「總統陳水扁今天以民主運動先驅雷震案為例表示，蔣介石這樣的獨裁者，還被稱之為「民族的救星、民主的偉人」，這難道不是歷史最大的諷刺；他強調，<u>任何人試圖去解構過去黨國體制的迷思，馬上就被扣上操弄族群、挑撥族群的大帽子</u>，結果使台灣的民主有轉型，但卻沒有正義。」（中央社新聞，960308）	2. 強調自身角色對於解決問題的重要性、正當性
莊國榮[20]：更名是對威權統治作象徵性告別 「<u>希望透過台灣民主紀念館更名，能給過去受難者一個比較公道的交代，也讓台灣對威權統治做象徵性的告別</u>，使過去戒嚴及一黨獨大這種專制而不民主的時代畫下休止符，台灣才能往更自由民主的未來前進。」（中央社新聞，961207）	
總統：拆大中至正牌匾 轉型正義跨一大步 「陳總統說，為「中正廟」改名換牌大家已等很久了，這不是古蹟爭議的問題，台灣解嚴二十年仍把那威權象徵的字樣掛在那邊豈不諷刺。」（中央社新聞，961208）	

牌區拆除 總統：教育部完成解除威權任務 陳水扁總統今天在為立委參選人林重謨站台時說，台灣民主紀念館的大中至正牌區已經拿下來，正式改名為自由廣場，在過程中，雖然有台北市政府威脅和嗆聲，「但歷史還是還給我們公道」，他要鼓勵教育部「完成解除威權的任務」。（中央社新聞，961209） 民主園區更名完工 杜正勝:去獨裁堅持民主 （中央社新聞，961209）	
（2）反對正名者＝反民主＝威權獨裁	角色過濾的過程
綠營：馬郝把自由廣場當黨產 才有流血衝突 林佳龍：「大中至正」拆除爭議最根本的問題，在於保守勢力內心威權統治的價值被挑戰，古蹟合法與否的爭議只是表面，重點在於台灣社會仍存在威權統治的價值，<u>以至於現在台灣仍處在大中至正的陰影之下，台灣只有轉型沒有正義。</u> 葉宜津：「國民黨的反應證明他們承認蔣介石是獨裁、不民主的劊子手。」（中央社新聞，961207） 總統：捍衛大中至正是捍衛蔣介石神格地位 總統陳水扁今天透過「阿扁總統電子報」指出，<u>捍衛中正紀念堂絕對不是在捍衛什麼「古蹟」，而是在捍衛蔣介石的神格地位，捍衛其背後所代表的黨國體制與大中國意識型態。</u>（中央社新聞，961206） 總統：拆大中至正牌區 轉型正義跨一大步 那些維護「大中至正」人士是要讓台灣威權復辟，維護威權神格不受挑戰的人，要讓台灣民主走回頭路，籲請大家不要再被他們欺騙。（中央社新聞，961208）	將阻礙轉型正義者樹立成敵人、自己才是站在正義的一方。

蘇貞昌：掛回「大中至正」就是反對台灣民主	
馬英九要把「大中至正」牌匾重新掛回去的話，就是反對台灣民主、鄙視台灣民主，也是走回頭路的作法，令人遺憾。他也鼓勵台灣鄉親返鄉投票，增加民進黨勝選機會。（中央社新聞，961209）	

藍營的敘事

質疑程序問題、否定更名的意義、指對方真實目的是選舉操弄、賦予自身處理此議題的正當性	角色過濾的過程
李永萍：教部拆牌匾破壞古蹟情節嚴重罰百萬 李永萍強調，<u>教育部與文建會濫用維護古蹟職權，以指定行破壞古蹟之實，過程不敢光明正大，以偷偷摸摸的行為進行</u>；文建會審議施工計畫時，教育部及中正紀念堂管理提不出工法，以致於拆除工作遇到困難。……文化局下午將以行政罰，對中正紀念堂對「中正紀念堂」及「大中至正」兩牌匾拆除行為，各開出每張新台幣五十萬元的罰款。（中央社新聞，961207）	1. 指責推動更名事件者（民進黨）是假英雄、目的在謀取選舉利益。 2. 指出自身是保護古蹟的真英雄，可以懲罰假英雄。
國親立委：大中至正何罪 教部搞意識鬥爭 李慶安（台北市）與洪秀柱（台北縣）批評，「大中至正」的牌匾已有三十年的歷史，四個字「何罪之有」？難道只因有中、正兩字？她們批評<u>教育部不好好做教育，只會搞意識形態鬥爭</u>。（中央社新聞，961205）	

大中至正牌匾拆除爭議 馬英九籲選票制裁

牌匾可不可以拆是一項公共議題，是可以被討論
的，但民進黨政府卻沒有經過社會共識凝聚，而以
獨斷的方式拆除，像是創造另一項威權的體系、獨
裁的政府，而且主要目的是爲了挑起仇恨、製造對
立、奪取選取利益，他要呼籲大家要冷靜，不要上
當，也不要聚眾抗爭，給民進黨一個操弄的藉口。
馬英九呼籲反對拆除的人，用選票來制裁這個威權
獨裁的政府，而且在他當選總統後，將依據社會共
識與法律的程序，對被拆除的名稱，採取必要的回
復或重建，讓大家都能夠在法律與民主原則下，保
護我們的古蹟。（中央社新聞，961205）

自由廣場取代大中至正 馬英九：挑起對立
（中央社新聞，961208）

教部拆大中至正 馬英九：冷靜不要上當

馬英九重申他的態度很一貫，中正紀念堂(己更名
爲台灣民主紀念館)「大中至正」牌樓該不該拆，
是一個可以討論的公共政策，且中正紀念堂的設立
有法律依據，這個法律還是有效的，民進黨政府在
沒有徵求公共的意見下，用粗暴的手法拆除，令他
深深不以爲然。馬英九指出，說穿了民進黨只是利
用仇恨挑起衝突，以謀取選舉利益，他呼籲民眾冷
靜，不要隨之起舞，若將來有機會執政，將根據討
論公共政策的精神，採取合宜的方式，來做出要不
要回復的決定。（中央社新聞，961206）

立委蔣孝嚴向守候大中至正牌樓民眾致意

蔣孝嚴說，「只要國民黨贏了，一切就可改變，
回復原貌，台灣可以有重新好的開始」。（中央
社新聞，961205）

蔣孝嚴：還有天理嗎？

民進黨選舉沒步數，只會攻擊歷史人物，但這種破壞
秩序、不尊重歷史的手段，將適得其反……他們會這
麼做完全是選舉考量，……既然民進黨是爲了選舉，
他也同意讓民進在選舉中付出代價，用選票教訓這
個讓台灣向下沈淪的政黨。（聯合報，961209）

　　比較綠營和藍營的政治敘事，可以發現前者作爲擔綱團體，著重在更名事件本身的意義／創傷建構，他們挪用歷史文化場域的象徵資源來說明此行動的正當性、並將此行動進行自我賦權，同時攻擊反對此行動的另一方爲反民主、威權獨裁，希望獲得大眾認同。相對於綠營政治菁英，藍營政治菁英並沒有對此創傷建構正面回應，除了蔣孝嚴之外，其餘藍營從政者很難公開講出「蔣介石對台有貢獻」此類的話，因此藍營的反擊主要是，指控民進黨的說詞和行動全是爲了選舉的議題操作。其方式是透過將對方貼上製造社會對立的假英雄標籤，來讓綠營失去整套說詞和行動的正當性。

　　雖然我們透過討論敘事和政治正當性的關連，解構了這個事件當中政治場域的運作邏輯，我們仍要進一步追問，晚近的台灣社會中，這種以「選舉操作」、「製造對立」、「製造動亂」的政治修辭來反對轉型正義的推動（也包括其他政治、社會改革）爲何會被很大程度的社會大眾接受？[21] 換言之，此種完全沒有論及歷史事實的簡單敘事框架爲何能夠取得政治正當性？再者，對於任何政治陣營而言，在民主政治的選舉制度下，「選票」本來就是此場域所要追逐的利益，爲何此種政治

21　從2008年總統大選結果，便可以得知藍營的政治修辭發揮了相當大的效果。相對於綠營，藍營幾乎沒有什麼議題操作，就「穩穩的選上」，人民對綠營失去期待，關心經濟議題的程度似乎也遠大於歷史正義問題。然而歸納大選失敗的原因仍很複雜，且不是本文要處理的重點。

修辭能產生社會效應？它反映了何種文化結構，使得人民存有這樣的心態？

政治修辭中的文化結構

爲了對文化結構進行剖析，我們需要借助「象徵分類系統」的分析。Bourdieu在實作理論（《實作理論綱要》一書）中談到，象徵系統是一個建立在包含與排除之基本邏輯上的分類系統，所有的象徵系統都遵循這個基本的分類邏輯把各個因素劃分組合進對立的種類，並因此通過排除與包含的對抗邏輯產生出意義。（David Swartz, 2006: 頁97-98）這種基本的兩極對立的各種變體在差異極大的各種領域都可以發現。這一對立和其他成雙成對的對立，在不同的社會世界可以具有不同意義，不過它們仍然具有從一個領域到另一個領域的邏輯同一性，並且最終指向統治與被統治之間最基本的"永恆對立"。（David Swartz, 2006: 頁99）

若我們以善／惡來作爲象徵分類系統的基本架構[22]，根據綠營和藍營的政治修辭，我們可以得出兩種版本的象徵分類系統：

---

22 這種分類架構是參考Jeffery C. Alexander在《文化社會學》中，針對水門案之研究所做的分類。

綠　營

善	惡
民主自由	威權獨裁
反對運動者	蔣中正（蔣式政治集團）／國民黨
更名	威權遺毒
正義	鄉愿、不問是非
追究責任	撇清責任

藍　營

善	惡
安定／和平	亂／製造衝突對立
守法	違法
維持紀念堂原樣	破壞古蹟
人民的好政府（？）	拼選票炒作議題
寬恕	仇恨

　　由上述兩個表格，可發現藍營的價值分類系統，和國民黨政權以黨領政時期以來建構的政治道德觀相互呼應。[23] 那是作為威權統治者基於自身利益出發所形塑起來的道德觀，由於執政者需要順服的人民，於是不論反對者有不有理，一律用「暴民」、「製造動亂」的政治修辭將之污名化，來消除其反對的正當性。此外，國民黨打造自身的「人民的好政府（父母）」

23　與此相關的研究可參考蕭阿勤的碩士論文：《國民黨政權的文化與道德論述（1934～1991）--知識社會學的分析》，民79年，台灣大學社會學研究所。文中探討探討新生活運動、中國本位文化建設運動、中華文化復興運動、教育部文化局與行政院文化建設委員會，并提及新近的中華文化復興運動總會與新生活運動的號召。作者認為這些文化與道德論述一方面是凝聚政權內部成員的意識型態，以建立對社會政治問題的共識；另一方面是爭取社會的正當性信念的宣稱。

形象，則充滿過去威權統治的「家父長制」色彩，以致於轉型
爲民主化政黨政治之後，仍然不覺得需要證成其執政正當性，
而以指責對手「拼選票炒作議題」的方式、規避自身渴望選票
的利益需求。由藍營的象徵分類系統，我們見識到「文化」頑
強的力量，即便台灣社會已經進行制度上的民主改革，某種和
過去統治階級、威權政體相繫的政治道德觀依舊存在，這種文
化結構能和各式各樣新的社會議題相互嵌入，完全憑藉於行動
者如何挪用這些象徵資源。

　　相較於藍營的象徵分類系統，綠營的象徵分類系統中，
善的這一邊建立在民主、自由、人權，並賦權自身作爲這些價
值之擔綱者的正當性，是爲對另一政治陣營的全面挑戰。然而
這一度引起人民認同的文化建構，卻是<u>以擔綱者清新的形象作
爲基礎</u>，一旦這形象受到汙染或破壞，即便其政治論述再有道
理，都會完全失去對社會大眾的說服力。而綠營政治菁英在推
動轉型正義過程裡，正好碰上這樣的問題。

　　2006上半年第一家庭涉嫌捲入的收賄、內線交易行爲，
在在野黨與媒體的雙重夾攻之下，引發陳水扁總統的政治危
機，隨後歷經了七一五學者的連署聲明，在2006下半年施明
德發起的「百萬倒扁運動」進入高潮階段。（何經懋，2008：
頁92）雖然這場鬥爭直指第一家庭，但透過Mary Douglas其
污染／純潔的理論[24]，貪腐案本身已經成爲汙染的象徵，它散

24　此理論強調：污穢是相對的概念，它的存在象徵著分類體系(社會認可的秩序邏

發出邪惡和不潔、並擴散污染著和它相關的一切人事物——綠營、民進黨。於是，貪腐案造成一種「象徵倒置」（symbolic inversion）[25]，它不但讓先前綠營自我應許的改革角色蒙受污染、也連帶使他們失去象徵生產工具的控制權，在接下來的任何議題裡，他們的政治敘事便難以再獲得正當性。並且，貪腐案作為一種污染，它引起的社會反感強化了現有的道德體系（藍營版本的象徵分類系統），使得文化結構向藍營傾斜。所以我們可以想見，2007年至2008年綠營政治菁英試圖推動的轉型正義為何不成功了。

四、結　論

本文依據關注轉型正義在台灣發展境況的立場，試圖以「中正紀念堂更名事件」為例，做一個文化社會學式的分析，目的在了解哪些深層的文化結構幫助或阻礙（目前以阻礙居多）轉型正義相關工作的推動和落實，以致於這個非常具有正當性（若我們都認同人權的普世價值）的規範性敘事，在台灣卻難以生根發芽。文中並透過政治人物修辭的敘事分析，來暴露文化結構的樣貌。對此我採用兩個方式：首先爬梳敘事和政

輯)的存在。汙染意識有助於維繫現有的道德體系。Steven Seidman，《文化與社會》，立緒文化，1997，頁187;192

25　此概念借用於《文化社會學》一書，此為作者對大屠殺敘事轉變的分析所使用的概念。

治正當性的關連、理解兩造陣營基於自身政治利益發展出來的政治修辭，再來問爲何其中一種政治修辭較獲得大眾認同，而透過象徵分類系統的分析，我們發現和過去統治階層相繫的文化／政治道德觀依然存續在我們的文化結構當中，特別是當綠營政治形象遭受污染之後，藍營政治菁英便能輕易取得象徵生產工具的控制權、繼續強化舊的道德秩序來維護自身統治（及統治的正當性）。然而，本文的限制在於無法說明言說者（政治菁英）和閱聽人（社會大眾）之間的關係，因此無法確知分裂的社會大眾對於這些政治議題實際的觀感。事實上在激化的藍綠對立之外，可能也存在其他不同於這兩造的看法或批判。

究竟當今的社會大眾如何看待檯面上的政治議題？透過網路上部落格文章的搜尋，可以發現不少民眾相當厭倦兩造陣營的政治惡鬥，尤其是被視爲"主動挑起戰火"的綠營。在此情況下，若讓可能實質產生民主效益的政策不斷遭受「競逐選票」的污名，恐怕對民主社會的鞏固形成不良影響。因此，理解這類厭倦政治的大眾認知結構，是釐清問題的第一步，有其研究的必要性。

另外，回到研討會的主題，當二二八的紀念成爲每年進行的例行公事，也會漸漸無法喚起這個文化創傷所需的強烈情感、與其原有的神聖性，久而久之，我們便不能期待社會大眾永遠都保持對此議題的熱情，而必須更現實的考量，如何將此創傷曾付出的代價、民主社會存在的意義，透過歷史教育傳承

給下一代，讓過去的錯誤不再重蹈覆轍。而所謂歷史教育，則不該限於教科書式的灌輸，它需要以更幽微的手段，從NGO團體的各式講座活動、各種藝術表達、各種媒體（網路、平面或電視）來培養大眾的民主信念。如此一來，一個有品質的民主社會才能真正來臨。

五、參考文獻

1. 剪報資料（依時序排列）

中央社新聞，960207，〈游錫堃籲馬英九 不再向獨裁者謁陵〉。

中央社新聞，960225，〈民間真相和解促進會成立 籲重查政治謀殺案〉

中央社新聞，970229，〈台灣民主館具古蹟等三重身份 全台首例〉

中央社新聞，960308，〈稱蔣介石是民族救星？總統：歷史的最大諷刺〉

中央社新聞，960519，〈台灣民主紀念館揭牌 陳總統帶領見證轉型正義〉

中央社新聞，960519，〈蔣孝嚴：蔣介石對國有貢獻 非扁一人獨斷〉。

中央社新聞，961205，〈立委蔣孝嚴向守候大中至正牌樓民眾致意〉

中央社新聞，961205，〈大中至正牌區拆除爭議 馬英九籲選票制裁〉

中央社新聞，961205，〈國親立委：大中至正何罪 教部搞意識鬥爭〉

中央社新聞，961206，〈記者遭衝撞受傷 政院籲民眾理性屏除暴力〉

中央社新聞，961206，〈中正堂牌區更名記者遭撞國民黨團譴責暴力〉

中央社新聞，961206，〈教部拆大中至正 馬英九：冷靜不要上當〉

中央社新聞，961206，〈總統：捍衛大中至正是捍衛蔣介石神格地位〉

中央社新聞，961207，〈綠營：馬郝把自由廣場當黨產 才有流血衝突〉。

中央社新聞，961207，〈民主紀念館大中至正拆除 民眾反應兩極〉

中央社新聞，961207，〈李永萍:教部拆牌匾破壞古蹟情節嚴重罰百萬〉

中央社新聞，961207，〈綠營：馬郝把自由廣場當黨產 才有流血衝突〉

中央社新聞，961207，〈莊國榮：更名是對威權統治作象徵性告別〉

中央社新聞，960207，〈游錫堃籲馬英九 不再向獨裁者謁靈〉

中央社新聞，961208，〈總統：拆大中至正牌匾 轉型正義跨一大步〉

中央社新聞，961208，〈自由廣場取代大中至正 馬英九：挑起對立〉

聯合報，961209，〈蔣孝嚴：還有天理嗎？〉

中央社新聞，961209，〈蘇貞昌：掛回「大中至正」就是反對台灣民主〉

中央社新聞，961209，〈民主園區更名完工 杜正勝:去獨裁堅持民主〉

中央社新聞，961209，〈牌匾拆除 總統：教育部完成解除威權任務〉

中央社新聞，961229，〈台灣真相與和解促進會成立 致力轉型正義〉。

聯合報，961210，〈撤拒馬！民主園區罵聲中開張〉。

自由時報，961225，〈轉型正義絕不是選舉操作〉。

自由時報，961231，〈中正堂更名 台灣民主館〉。

NOWnews新聞，980114，〈中正紀念堂重見天日 恐再釀流血衝突〉。

2. 專書與論文集

陳儀深，2008，〈中正廟在法律與政治間浮沉－回顧2007年的一件大事〉，《漂流台灣 虛擬執政》，台北市：前衛。

David P. Forsythe；高德源譯，2002，《人權與國際關係》，台北市：弘智文化。

David Swartz；陶東風譯，2006，《文化與權力 布爾狄厄的社會學》，上海譯文出版社。

Eyerman, Ron (2002) "Intellectuals and the Construction of an African American Identity: Outline of a Generational Approach," in *Generational Consciousness, Narrative, and Politics*, edited by June Edmunds and Bryan S. Turner. Lanham, MD: Rowman & Littlefield. Pp. 51-74.

Jeffrey C. Alexander；吳震環譯，2008，《文化社會學 社會生活的意義》，台北市：五南。

Jeffrey C. Alexander / Steven Seidman；吳潛誠總編，1997，《文化與社會》，立緒文化。

3. 期刊論文

江宜樺，2007，〈台灣的轉型正義及其省思〉，《思想》第5期，台北市：聯經。

李明輝，2000，〈儒家傳統與人權〉。第1屆「中華文明二十一世紀新意義學術研討會」。花蓮：喜瑪拉雅研究發展基金會主辦。

Jacobs, Ronald N. and Sarah Sobieraj (2007) "Narrative and Legitimacy: U.S. Congressional Debates about the Nonprofit Sector," *Sociological Theory* 25(1): 1-25.

4. 學位論文

何經懋，2008，《思想、政治、權力：台灣知識份子的象徵鬥爭》，台
大社會所碩士論文。

5. 網頁資料

台灣智庫網頁：

http://www.taiwanthinktank.org/ttt/servlet/OpenBlock?Template=Artic
le&lan=tc&category_id=59&article_id=679&BlockSet=

國際轉型正義中心網頁：

http://www.ictj.org/en/about/mission/

與談
轉型正義的條件：「中正紀念堂更名事件」的文化社會學分析

蕭 阿 勤

陳教授，現場各位先生、朋友，大家好！

陳同學這篇文章在寫中正紀念堂這件事情，文章是不長，但我覺得很有趣，很多地方可讓人思考。我想用簡單的話將陳同學研究的重點和意義說出來。

相信大家都有一個經驗就，不管家裡的人吵架，還是外面的人吵架，如果遇到一個人說東，另個人說西的時候，到最後也不會有什麼結果。而吵架會有一個說東，一個說西的情形。一種情形是兩個人心中在想的完全不同，兩個人的價值和意義完全不同；另一種情形是因為另外一個人拳頭比較大，雖然他說的沒有理，另外一邊也不敢出聲，所以吵一吵就結束了，因為兩邊的權力不一樣。也有另一個可能就是一邊親戚朋友一大堆，如果繼續吵下去可能會被另外一邊圍剿，衡量危險因素，所以也不想再吵下去。所以，吵架跟我們社會裡面的衝突爭

吵，都是相同的，身為一個研究者要去研究這種社會的衝突爭吵，有很多方式可以研究。探討兩邊的人頭腦裡面想的那些價值和意義，是一個重要的研究方式。也有些人研究是不是這兩邊權力不一樣，也有些人在研究說是不是這兩邊的人他們的親戚朋友的關係不一樣，用國語來說，就是人際網絡的關係不一樣。簡單來說，陳同學這篇文章，研究的重點和角度就是放在人心肝裡最深的那個意義和價值，他們看事情的方法一樣或不一樣。從這個角度出發，用中正紀念堂改名這件事情作為看待角度，探討社會為什麼到現在還是這個樣子，分成兩邊；社會到現在好像還是進進又退退，進一步又退一步，為什麼我們的社會會這樣？為什麼我們的社會會變？有些地方變得很厲害，有些地方又沒有變，為什麼？當然，研究這種人們頭腦裡最深沈的意義和價值，在政治學和社會學裡已有相當久的研究傳統。譬如在研究政治人物如何講話，用什麼語言，政治人物他們用什麼價值去構成一個故事，去給民眾看，讓民眾相信；或者是研究一個國家的政治文化，一個國家大部分的人們心裡遇到選舉還是遇到政治人物政治事件的時候，第1個反應都是什麼，這些都是意義和價值的事情。倘若把陳同學的這個研究放在這個較長的研究傳統來討論，其實她有一個很有趣味的重點和貢獻，就是中正紀念堂改名這個事件。在藍營和綠營兩邊，就是支持和反對這兩方面，他們說的就是完全不一樣的事情。在她的文章中，還有剛剛投影片看的那張表，分述綠營和藍營

的善惡，和他們腦袋裡面所想的善、惡，好、壞，那個事情都不一樣，這是第1個，是一個很重要的貢獻。此外，她又把這兩邊在想的好壞的事情，相當詳細地把他們區分出來。

第2個比較重要的發現就是爲什麼現在又要把它改名回去？國民黨人士除了會這樣想，也會想說什麼是好的，什麼是壞的，這樣的想法完全是從以前國民黨統治的威權時代一直延續下來的政治的觀念。陳同學發現，這些觀念其實是跟自由民主、反對威權是背道而馳的，與這20年來，台灣政治在追求的是不一樣的。如果把陳同學的文章這兩個比較重要的發現，從這20年政治學家和社會學家的研究來看，其實可看出新的東西、新的貢獻。所以建議像陳同學這種研究，也許可以再擴大一點，再去研究台灣這10年、20年來，一些比較大的政治衝突的事件，比如說美麗島事件、中壢事件。再把它放回以前來看，然後連接到現在。像這個中正紀念堂事件，將它們相互比較，或許我們還可以再發現更多的事情。這是我要說明這篇文章有趣味和重要的貢獻的地方。

第2點，像這樣的發現、這樣的研究，放在二二八的歷史教育和傳承，有什麼樣的價值？有什麼可以讓我們再想的事情？既然我們發現這種很深沈的頭腦裡面，這種很深沈的意義和價值，它是影響台灣我們社會爲什麼會變成這樣的一個很重要的東西，我們就要去想，是要怎麼做會比較好？既然意義和價值對人的行爲和政治行爲影響很大，這在政治學和社會學裡

面研究也是很多，就是關於政治態度和政黨的認同，還有政治的價值，怎麼去社會化，怎麼在家庭，在教育把它傳承下去。台灣這幾年的研究也是有發現，就是差不多1990年代以後，以台灣政黨的認同來說，這十幾年來台灣的政黨的認同－可能說你是支持民進黨的，還是支持國民黨的－這個區分來說，這10年來，影響到年輕的青年或少年的政黨認同，大部分都是在家庭裡面形成的。在70年代，西元1970年代和1980年代，台灣意識提升後，黨外運動發展之後，大部分差不多40歲以上的人，他們的政黨認同在這個階段形成。而他們結婚、成家、生小孩後，開始長大，差不多現在20歲以下的少年孩子，大部分他們的政治認同都已經差不多是40歲以上的人在傳給他們的，在家庭裡面形成的。以這樣的型態來說，其實我們家庭和家庭教育已經很難變化了，現在等於還要靠學校和社會教育，社會教育包括像我們基金會這種管道的教育。我要說的是，其實我們把這場和下一場和學校教育放在一起，是很有意思的。現在要改變政治認識，學校和基金會在公共領域，可以扮演重要的角色。

第3點，既然知道學校教育很重要，就讓我們想想從學校教育中，我們可以做些什麼？這就是下一場座談會即將討論的問題。第一線的小學老師跟我們說他們對二二八教育的經驗，這使我想起自己十幾年前翻譯的一本書，叫作《人權教育活動手冊》，這是一本英國人在他們在小學怎麼教小孩人權教育的

書，是我十幾年前翻譯的，今天我特別將這本書帶過來，就是要特別去呼應下一場這些老師要說的一些事情，人權教育最有用的就是 — 讓學生自己去討論，自己去扮演角色，或者扮演二二八裡面受難者的那些角色，讓他們自己去體會經驗。另一個最有效的辦法就是講古，將他所經歷過的事情，說給孩子聽，這也是下一場有老師會去說到《二二八新娘》、《二二八小水牛》這些故事，最有效的地方。陳同學的研究是很有趣味，而且給我們很大的體會就是在這裡，我說到這裡，謝謝！

二二八與轉型正義

林 欣 怡

摘　要

　　步入民主化多年的台灣，在政治或社會上仍存在著國家認同的問題。根源在於台灣從威權轉型為民主的過程中，許多舊的課題並未被真正解開，如二二八事件的歷史真相、國民黨黨產問題，甚至是台灣人民對國家的認同等等。因此「轉型正義」在台灣的完整實踐，是解決當前台灣社會內部紛擾與實踐民主的重要方向之一。有鑒於「轉型正義」（transitional justice）在台灣的重要性，近年來相關的議題討論甚多，尤其有關於二二八事件。

　　以二二八事件來看，現今我國雖然已制定「二二八事件處理及賠償條例」、設立二二八紀念碑及賠償受害人等等成果，但絕大部分都還僅止於對事件受難者家屬的金錢補償正義與部分的歷史正義，因此仍有許多可以努力的方向，如對歷史真相進行徹底的調查、對歷史事件的詮釋不容扭曲、歷史責任歸屬的釐清和二二八國家紀念館的成立等。

　　二二八對台灣歷史有重大影響，事件可以原諒，但一定要記

住，所有台灣的子孫都要記住這件事，未來才不會再度發生。目前台灣諸多政治與社會未解決的問題乃根源於「二二八事件」，這些問題未被積極解決，其結果就是威權統治者與被統治的人民乃至各族群之間的心結難解甚至越來越糾結，造成社會長期的對立，而國家的正義也難以被伸張。轉型正義的重要不只在於矯正歷史，更在於讓我們對歷史的反省中，去形塑當代民眾對民主、人權與人性的認識，並學習永遠不再犯這些錯誤。

關鍵字：二二八、轉型正義

壹、前　言

　　台灣已步入民主化多年，社會經濟在民主開放下高度發展，但無論在政治或社會上依然存在著許多問題，如國家認同的分歧、藍綠的對立等等，導致台灣的民主無法正常的發展。[1]問題的根源在於台灣從威權轉型為民主的過程中，許多舊的課題並未被真正解開，使得我們目前的社會充斥著威權時期遺留下的問題，如二二八事件的歷史真相未解、國民黨黨產問題，甚至是台灣人民對國家的認同等等。因此「轉型正義」在台灣的完整實踐，是解決當前台灣社會內部紛擾與實踐民主的重要

1　汪平雲，〈國民黨黨產、黨國體制與轉型正義─「有轉型而無正義」的台灣民主化〉，《當代》第230期（2006年10月），頁14-25；王時思，〈轉型正義在台灣─政府的角色〉，《轉型，要不要正義？─新興民主國家與台灣的經驗對話》（臺北：台灣智庫，2008年），頁123-146。

方向之一。[2]

　　台灣身為90年代的新興民主國家，就如同其他新興民主國家一樣，都必須面對舊有政權勢力在新的民主體系下想延續其生命的本能與企圖，這也將深深影響新民主政體發展的命運。舊政權能延續多少力量，這涉及到舊政權原有掌握的資源與社會組織、民主化力量的強弱與團結的程度、國際政治情勢以及經濟社會情勢等問題。也就是說「決定一個國家會不會尋求轉型正義的主要因素，並不是法律或道德的考量，而是政治的考量：包括民主轉型的過程、轉型之後的權力平衡等。」[3] 台灣自然也存在這樣的轉型正義問題。「台灣之所以沒有完整地處理轉型正義，最大的原因應該是：台灣的民主轉型主要是在國民黨的安排下完成，而國民黨在民主轉型之後又繼續執政了十多年。在這種情況下，期待政府真誠地檢討威權統治的歷史、努力追查過去的錯誤、承認自己道德責任是不可能的。」[4]

　　其次，台灣雖然在2000年政黨輪替，但由於台灣在民主化的過程中採和平的政權轉移，而過去威權時期統治的政黨只是在民主的競爭下失敗成為在野黨，非經過革命宣告其非法與不正當。「因此在追尋正義的過程，台灣不同的族群並未從轉

2　陳水扁，〈中華民國95年國慶總統講話〉，《總統府公報》第6710期（2006年10月），頁1-10；陳水扁，〈中華民國96年元旦總統祝詞〉，《總統府公報》第6723期（2007年1月），頁2-10。

3　吳乃德，〈回首來時路：威權遺產或民主資產？〉，《總統府公報》第6620期（2005年3月），頁16。

4　吳乃德，〈回首來時路：威權遺產或民主資產？〉，頁16。

型正義的過程獲得正義滿足感。」[5] 再者，台灣雖已高度民主化，但人民對於轉型正義的了解模糊不清，在第七屆的立法委員選舉合併舉辦的轉型正義議題公投 —「追討國民黨黨產」，並未通過。原因之一在於支撐轉型正義的基礎「真相」並未完整釐清，所以對台灣人民來說並不需要藉轉型正義來實現共同未來願景的目標。目前的台灣雖已告別過去威權統治的時代，但過去威權時期所留下的問題，包含對政治受難者的平反、黨國體制下所侵占之國產民產歸還、國家社會符號去威權等等問題卻仍未被正視與解決。

二二八事件對近代台灣社會的發展有極深遠的影響，它必須納入台灣尋求落實轉型正義的重大工程之一，包括追求二二八事件真相、追究責任歸屬的工作，乃至於正名、追索黨產、去除兩蔣崇拜等等[6]，均為落實轉型正義的基本條件。本論文旨在瞭解近20年來臺灣對轉型正義所做的努力，並以影響當代社會最深遠的二二八事件來做檢視。

貳、轉型正義

鑒於「轉型正義」（transitional justice）在台灣的重要性，近年來相關的議題討論甚多，以「轉型正義」為名的座談會、

5　王時思，〈轉型正義在台灣—政府的角色〉，頁123。

6　陳水扁，〈中華民國96年元旦總統祝詞〉，頁2-10。

演講、研討會等等陸續呈現在國人面前，代表轉型正義這個議題目前在台灣非常的重要與熱門。

「轉型正義」（transitional justice）是民主轉型之後針對威權高壓時期的人員、結構、意識形態之清理與整頓，藉以根除舊政權遺緒與危害，並使是非公義獲得伸張。[7]

「轉型正義」的實質內容很廣泛，目前在台灣最爲廣泛被使用的是美國人權與法律學者學者 Ruti G Teitel（璐蒂‧泰鐸）所著作的《Transitional Justice》，台灣翻譯爲「變遷中的正義」一書。書中提出，從威權或極權體制到民主體制的轉型是一種典範性的政治變革。任何經歷這種典範性轉變的社會或國家都不得不同時面對兩個問題：一是如何面對處理前一政權的負面遺產和壓迫的紀錄；這是面對過去。二是如何塑造人權、法治和民主的文化和制度；這是展望未來。

在書中他將轉型正義分爲六大面向，分別是轉型期的法治、刑事正義、歷史正義、補償正義、行政正義、憲法正義。Teitel 也認爲，各個國家如何選取其轉型正義的措施、採用何種法律概念回應過往之惡，取決於各個國家特殊之歷史背景及政治傳承。[8]

---

7 陳翠蓮，〈歷史正義在台灣－兼論國民黨的二二八論述〉，《二二八事件60週年國際學術研討會－人權與轉型正義學術論文集》（台北：二二八基金會，2007年），頁346。

8 璐蒂‧泰鐸（Ruti G Teitel）著、鄭純宜譯：《變遷中的正義》（台北：商周出版社，2001），頁27。

一、轉型期的法治

在民主的社會中，我們認爲的法治應該是依循既定的原則，而不是一種任意和獨斷的行爲。但在政治劇變時代的法治，基本上意味著與既定的原則相出入、不規律及不穩定。轉型期的法治困境在於，是該依循法治原則認可前政權法律的有效性，即便是不道德的，也應維持其法律效益，並受到繼承政權法院的遵守，一直到該法律被取代爲止。還是該斷絕與前政權法律的關係，因爲過去的法律不符合各種程序條件，而沒有資格被視爲法律。[9] 因此轉型期法治的正當性建立相當重要，因爲它能夠連結非自由轉型至自由統治的斷裂，調解轉型期前後法治的矛盾。

二、刑事正義

轉型期的正義通常與懲罰及審判舊政權相關。而轉型期的刑事正義通常具有嚴重的兩難困境：究竟懲罰是一種對過去犯罪行爲的報復手段，還是法治的實踐呢？誰才應該對過去的罪行負責？這種罪責應到何種程度？犯罪個人有多少責任？集體與政權又有多少？甚至整個社會對此罪行應負多少責任？[10]

這些困境都是承繼社會該面對的。這些困境通常會以轉型期妥協的方式，作「有限度的刑事制裁」（limited criminal

9　璐蒂・泰鐸（Ruti G Teitel）著、鄭純宜譯：《變遷中的正義》（台北：商周出版社，2001），頁19。

10　璐蒂・泰鐸（Ruti G Teitel）著、鄭純宜譯：《變遷中的正義》，頁44。

sanction），而這種有限度的刑事制裁，只不過是一種象徵性的處罰罷了。[11] 因此刑事正義在某種形式上，乃是一種解救國家的儀式。轉型期的刑事制裁，把繼承政權由前政權的龐大邪惡遺毒中，解放出來。透過儀式化的分配與凍結、公開承認或否認、象徵性的損失與獲得等種種法律程序，並藉由這些催化轉型的程序和救贖的可能性，社會得以邁向自由。

三、歷史正義

對高壓統治的過往進行歷史清算，發掘真相，凝聚集體記憶，重建政治認同。[12] 而承繼政府有義務調查並建立事實，使真相為人所知，並成為國家歷史的一部份。真相的敘述，能回應受害者對正義的要求，促成國家的和解。[13]

四、補償正義

轉型期的補償正義與我們一般對於受害者的補償工作是來自於違法者有不同的作法。轉型期的補償措施，提供對受難者權利的官方承認，承繼政權會對過去政權的錯誤行為負起責任，這也意味國家承繼責任，也是建構持續政治認同的方法。

補償常以多種形式表現，包括實物的回報、財產歸還、金錢償付，或非慣例的補償，像是紀念碑建立、恢復名譽及公開

11　璐蒂・泰鐸（Ruti G Teitel）著、鄭純宜譯：《變遷中的正義》，頁45。

12　陳翠蓮，〈歷史正義在台灣－兼論國民黨的二二八論述〉，頁346。

13　璐蒂・泰鐸（Ruti G Teitel）著、鄭純宜譯：《變遷中的正義》，頁118。

道歉等等，這些措施儘管可能不能完全彌補實質的損失，然而卻具有象徵性的意義。[14]

五、行政正義

　　轉型期的行政正義，主要是指一個在政治變遷時期所採取的政治性措施，譬如剝奪前政權某些個人或是群體的政治資格。從某些意義上來看，這些措施似乎是在積極實現政治轉型，而從另一層面的意義上來說，這類轉型期的行政措施也含有懲罰性制裁的意義。[15]

六、憲法正義

　　政治轉型期的憲法主義與現行政治秩序之間，有著「建構性的關係」。[16] 轉型期的憲法主義，不但由現行政治所構成，也影響往後的政治變遷與發展。轉型期憲法主義包括不同階段，從為了在有限的時間內影響短暫的政治秩序而制定的臨時措施，到那些為引導國家核心政治而樹立的法律。也就是說，從臨時到高度穩固，它發揮了護衛未來憲法秩序的作用。

　　簡而言之，「轉型正義」是指轉型或新興民主國家針對過去威權政府統治期間的暴行和不正義的行為所作的回應，以重建真相、追究責任與修正不當政策等方式，給予新的事件定義

14　璐蒂‧泰鐸（Ruti G Teitel）著、鄭純宜譯：《變遷中的正義》，頁261。

15　許毓文，〈台灣戒嚴時期政治案件之補償與平反〉，頁57。

16　璐蒂‧泰鐸（Ruti G Teitel）著、鄭純宜譯：《變遷中的正義》，頁342。

與歷史地位之作為。轉型正義除了是新興民主國家對過去政府暴行和不正義行為的彌補外，也希望建立起一個比較民主、正義、和平的未來。[17]

參、二二八事件在轉型正義上政府的具體作為

　　二二八事件是台灣戰後發生最嚴重的暴力衝突。1945年終戰後，中國政府派遣不諳台灣民情之陳儀為行政長官，肩負接收治台重任，未料源自中國人治社會的霸權劣習，導致施政偏頗、歧視台民、外加官紀敗壞，產銷失調、物價飛漲、失業嚴重，讓民眾不滿情緒瀕臨沸點。1947年2月27日下午，專賣局人員在台北因查緝私菸，打傷女販，誤殺路人，激起民憤。次日，群眾聚集遊行示威要求懲兇，竟遭槍擊，死傷數人，也點燃了全台灣抗爭怒火。為解決爭端，各地仕紳組成處理委員會，居中協調，提出改革要求。陳儀卻以仕紳為奸匪暴徒，向國民政府請兵來台鎮壓、清鄉，數月之間，即造成民眾生命、財產的重大損害。[18] 從1947年事件爆發以來，當時的國民政府及相關單位未做好處理，相反的採取高壓手段，派兵來台鎮壓，任意逮捕槍殺，造成無數冤魂。其後的綏靖、清鄉時期到

17　張文貞，〈另類的憲改工程：擘建台灣的法治與政治信任〉，《新興民主的憲政改造：國際視野與台灣觀點國際研討會》（臺北：行政院研究發展考核委員會，2005年），頁4。

18　二二八事件紀念基金會，http://www.228.org.tw，2009/1/20。

1949年實施戒嚴，及爲鞏固蔣介石威權統治的白色恐怖政策，肅殺恐怖氣氛籠罩全台。

國民政府在事件發生之初對二二八的因果解釋與所謂「眞相」的建構，將其簡單概括爲「奴化教育的影響」、「政治野心家的分化」、「共產黨的煽惑」，以「暴動」、「暴亂」、「暴民」、「叛亂份子」和「共產策動」等罪名來污名化二二八事件[19]，將二二八事件定義爲族群衝突與獨立叛國。1947年，國民政府主席蔣介石於中樞國父紀念週報告二二八事件，認爲事件起因爲「昔日被日本徵兵調往南洋一帶作戰之台胞，其中一部分爲共產黨員，乃藉此次專賣局取締攤販趁機煽惑，造成暴動，並提出改革之要求。」[20]；當時的台灣省行政長官陳儀甚至認爲二二八事件的發生乃是台人受日本奴化太深，思想中毒，假藉這機會，以實行其叛亂的陰謀。1949年國民黨政府遷台後，實施數十年的戒嚴高壓統治，台灣人失去集會、結社、言論思想等自由，從此二二八事件成最大禁忌，快速被消音，長久以來無法公開被討論、研究。從1947年二二八事件發生

19　監察院於1988年3月9日公布楊亮功與何漢文於1947年訪查之後的〈二二八事件調查報告與處理經過〉報告書。調查報告指出二二八發生的原因，除物價高漲、失業、統治政策不當等因素外，最主要是因爲台灣人民對祖國觀念之錯誤、日人之遺毒、政治野心家之鼓吹、共產黨趁機煽動，這是典型的官方說法。〈二二八事件調查報告與處理經過〉報告書自1988年公布後，告大新聞媒體均有刊登，而陳興唐於《台灣二·二八事件檔案史料》裡亦有收錄。參考自陳興唐，《台灣二·二八事件檔案史料》（台北：人間，1992年）。

20　〈蔣主席在中樞國父紀念關於台灣記事報告書〉，《二二八事件文獻續錄》（南投：台灣省文獻委員會，1992年），頁473-474。

後，隨之而來的是戒嚴，因此對二二八事件的平反要到1987年才開始檯面化。一般而言，二二八事件在轉型正義的大致可分為下列階段：

一、二二八公義和平運動（1987年～1989年）

1987年2月，陳永興、鄭南榕等人串連數十個海內外台灣人團體成立二二八和平日促進會。在成立的記者會上，會長陳永興提到二二八事件是台灣近代史上最大的悲劇，是臺灣人民脫離日本政府統治後，回歸祖國統治下在各方面的不適應所造成衝突的時代悲劇。但數十年來，沒人敢正視這個傷痛，政府當局對二二八諱疾忌醫，不肯公布史料與真相，甚至扭曲事實、推卸責任，使得生活在這島嶼上人的政治恐懼、省籍對立、互不信任。因此他認為「二二八事件的禁忌必須解除、真相必須公佈、冤屈的亡魂必須得到安慰，讓時代的悲劇不再重演，讓歷史的傷痕能夠撫平。」[21] 二二八和平日促進會以演講、遊行、紀念的方式打破長久以來的禁忌，獲得社會大眾的支持。二二八和平日促進會在成立之初所面臨的困難在於，當時的台灣依然處於戒嚴時期，國民黨政府常假司法之名行迫害之實，因此每在活動的地區，都會受到政府當局的阻撓。以1987年3月7日鎮暴警察在彰化對來參與二二八事

21　陳永興，〈為什麼推動二二八和平日促進會工作？〉，《走出二二八的陰影─二二八和平日促進運動實錄（1987～1990）》（台北：自立晚報文化出版部，1991年），頁24-25。

件40週年紀念的人士「集體施暴」，可以看出「國民黨當局拒絕台灣人民伸出和平友善的雙手」[22]。另外，當時的行政院長俞國華對於二二八和平日促進會的作為曾表示「二二八事件這個傷口早已癒合，今天我們沒有必要再來揭這個傷口，增加不幸的回憶。……，不過政府絕對同意吳委員所說：『不贊成以訴諸街頭運動的方式』，以狹隘的觀念與情緒化的方法，來企圖挑撥同胞間的情感。」[23]。在1988年2月李登輝繼任中華民國第8任的總統，舉行的第1次總統記者會，提出他對二二八事件看法「現在都是沒有四十歲的人來談二二八，我覺得很奇怪。二二八發生的時候，我在台大唸四年級，那時候的情況如何，我們是不是留給以後的歷史家去研究？為什麼這個時候把這個問題拿出來呢？來進行鼓動，說什麼二二八不要忘記……，以眼還眼，以牙還牙，這個社會就不會有一天安定。……為了進步，眼睛要看前面，不要看後面。」[24] 同年12月，俞國華院長在接見「大陸政策往何處去」研討會的學者時說「民族與民族之間的紛爭，自古已有。當年滿洲人入關殺了很多漢人，滿洲皇帝也未向漢人道歉。」[25] 由上述可知，國民黨政府當時對於

22　二二八和平日促進會編，〈暴力是和平的劊子手—「二二八和平促進會」公開聲明〉，《走出二二八的陰影—二二八和平日促進運動實錄（1987～1990）》，頁54。

23　《立法院公報》第2027號（1987年3月10號），頁82。

24　二二八和平日促進會編，《走出二二八的陰影—二二八和平日促進運動實錄（1987～1990）》，頁56。

25　二二八和平日促進會編，《走出二二八的陰影—二二八和平日促進運動實錄（1987～1990）》，頁70。

二二八仍不願接觸與面對，而剛接任總統的李登輝先生由於權
力尚未穩固，因此對於二二八事件的看作法沿襲前人，雖然如
此，也為二二八事件的平反留下了伏筆，他希望將二二八平反
的這件事「留給以後的歷史家去研究」[26]。因此在1987年解嚴之
後幾年，看不見台灣政府對於二二八事件的轉型正義上有任何
的具體作為。

二、李登輝總統執政時代對二二八轉型正義的作為 （1989～2000年）

在當時那樣艱困的情況下，二二八和平日促進會經過3年
的努力不懈，終獲得民間社會熱烈的迴響。1989年，全台第
一座二二八紀念碑在嘉義市建立，由市府提供土地、民間人士
捐款設計建築完成，碑文中呼籲：「政府公佈事實真相、平反
冤屈、安慰受難者家屬、興建紀念碑、制定二二八為和平紀念
日」，二二八的禁忌已被打破。

隨著台灣政局日漸的民主化，二二八事件在民間社會積
極要求平反的呼聲下，李登輝總統開始給予正面的回應。1990
年行政院邀請國內學者專家，成立「研究二二八事件小組」負
責蒐集國內外有關檔案及相關資料，同年在高中歷史教科書中
第一次加入描述二二八事件的文字「……惟陳儀擔任行政長
官期間，因取締私煙引發衝突，致釀成三十六年的『二二八』

---

26 二二八和平日促進會編，《走出二二八的陰影－二二八和平日促進運動實錄
（1987～1990）》，頁56。

事件。政府迅速撤換陳儀，改組省政，並宣慰民眾。」[27] 1992年『二二八事件研究報告』公諸於世。1995年，當時的總統李登輝首先代表政府向所有二二八事件的受難者家屬公開道歉、同年台灣最高行政機構行政院通過訂定2月28日為和平紀念日，並為國定假日、並4月7日公布『二二八事件處理及補償條例』、10月行政院依法成立『財團法人二二八事件紀念基金會』，秉持物質補償與精神撫慰並濟之原則，受理二二八補償申請、核發補償金。

在李登輝總統執政期間，對於二二八事件的善後處理上最重要的便是『二二八事件研究報告』與『二二八事件處理及補償條例』的公布。以Teitel轉型正義六大面向來看，『二二八事件研究報告』屬於歷史正義的範疇，『二二八事件處理及補償條例』則為補償正義的範疇。

（一）『二二八事件研究報告』

《二二八事件研究報告》為行政院成立的「研究二二八事件小組」的研究報告，於1992年2月28日公佈。過去由於政情限制，官方未曾面對問題，以至於事件真相隱晦不明。解嚴以來，平反呼聲不斷，政府也鑒於此事件之解決日益迫切，乃於1991年成立專案小組，結合政府、民間、學界的力量，針對「二二八事件」進行大規模的調查、研究，提出這份報告。此

27　二二八和平日促進會編，《走出二二八的陰影─二二八和平日促進運動實錄（1987～1990）》，頁106。

份報告大致分爲五大部分：事件的背景、事件之爆發與衝突之擴大、政府之肆應與事件之平復、傷亡及受害情況、當時之救卹。這份研究報告修改過去暴動、暴民的說法，並詳細敘述事件發生的原因、過程以及軍隊登陸之後，逮捕、清鄉的情形。[28]

　　《二二八事件研究報告》首次採用大量的官方檔案，資料豐富。雖然如此，亦有許多困難和問題。行政院「研究二二八事件」小組委員兼總主筆賴澤涵曾說：「作爲總主筆的我感覺當時在撰寫報告時時間還是太過匆促，以至有些受難家屬的心聲未能充分的反映。此外，當時警總所繳給筆者的資料，還欠缺極爲重要的文件，諸如：當時被殺精英份子，是由誰下令逮捕？何時被殺？屍體如何處理？爲何不通知家屬？有無判決書等？由於報告文件未說明，以至受難家屬還是不斷的呼籲要公佈眞相，其理在此。這些問題關係『二二八事件』是否爲一件有計劃的屠殺問題，而且可由此鑒定誰應爲『二二八事件』負責。」[29]《新新聞》雜誌報導《二二八事件研究報告》的審查，形容「六十多天的鬥智審查，所有責任一字不剩。」[30]《中國時報》則說「施啓揚要求定位爲中性學術報告避免價值判斷。」[31] 其中最値得注意的是，雖在報告當中有對二二八事件中的關鍵人士提出評論與檢討，但

28　賴澤涵等，《「二二八事件」研究報告》，台北：時報文化，1994年。

29　賴澤涵，〈二二八事件有關問題的解決〉，http://free.greenworld.com.tw/~zchng/228/solve.htm，2009/1/17。

30　《新新聞》第258期（1992年2月16日），頁30-33。

31　《中國時報》，1992年2月21日，版3。

卻缺少了一段對蔣中正的評論。此外，對於二二八事件的死亡人數，官方認為過於高估，結果並未列入。對此賴澤涵認為「這裏牽涉的問題頗為複雜，諸如有些受難家屬已移民分散世界各地，並未獲知登記消息，或者受難家屬已無後代無人代為登記，或有些在事業有成，不願再提過去，或有些受難家屬只要道歉平反而不必金錢者，更有些家屬鑒於『二二八事件』的恐怖，還不敢站出來者亦所在多有。」[32]

由以上可知，政府官方在1992年所出版的《二二八事件研究報告》只是一個試探性的風向球，與轉型正義中面向中的歷史正義的訴求相差太遠「政府有義務調查並建立事實，使真相為人所知，並成為國家歷史的一部份。真相的敘述，能回應受害者對正義的要求，促成國家的和解。」[33] 導致於受難家屬還是不斷的呼籲要公佈真相，釐清責任。

（二）『二二八事件處理及補償條例』

「90年代由於在野立委力爭，立法院遂針對二二八事件的處理問題進行立法工作。由於國民黨方面主導通過的法案拒絕採取賠償一詞，並認為原定的補償金過高，因而在1995年3月23日完成立法之時，發生朝野衝突。本條例之立法主要目的是希望使「國民了解事件的真相，撫平歷史傷痛，促進族群

32　賴澤涵，〈二二八事件有關問題的解決〉，http://free.greenworld.com.tw/~zchng/228/solve.htm，2009/1/17。

33　璐蒂‧泰鐸（Ruti G Teitel）著、鄭純宜譯：《變遷中的正義》，頁118。

融合」。而所謂的受難者，則指人民因二二八事件導致生命、身體、自由或財產遭受公務員或公權力侵害者（根據司法程序或臺灣省行政長官公署之行政命令已取得補償撫恤或救濟者除外）。至於補償的範圍包括死亡或失蹤、傷殘者、遭受羈押或徒刑之執行者、財物損失者、健康名譽受損者，以及二二八事件紀念基金會經授權訂定的其他未規定事項，而補償的金額最高則為600萬。由於政府迴避完全負擔事件處理及補償的責任，因此二二八事件紀念基金會的基金也包括接受國內外公司團體及個人捐贈。」[34]

「二二八事件處理及補償條例」於1995年3月23日由立法院通過、4月7日總統令公佈、10月7日生效實施，而二二八基金會依「二二八事件處理及補償條例」設立，以「財團法人」性質接受政府委託處理二二八事件。二二八紀念基金會於2000年之前對事件的處理如下；

(1) 補償金：二二八事件受難者賠償金的審理及核發是基金會成立初期的重點工作。二二八基金會對二二八事件補償金申請範圍包括有以下幾項：

　　1. 死亡或失蹤

　　2. 傷殘者

34　薛化元，〈立法院法律資料庫——二二八事件處理及補償條例〉，《法律案專輯》（台北：立法院祕書處，1996年），頁49。http://nrch.cca.gov.tw/ccahome/website/site20/PDFFiles/0049.pdf，2009/1/17。

3.遭受羈押或徒刑之執行者

4.財物損失者

5.健康名譽受損者

6.其餘未規定事項授權基金會訂定 [35]

　董事會會根據法律的授權訂定賠償金的審理程序及核發標準，按照受難的程度對受難者或其家屬發放賠償金。

（2）教育推廣及眞相研究：教育推廣方面包括：架設網站、發行會訊、編印教材、補助教材著作及相關文宣活動、舉辦學術研討會（1997~2007）、進行口述歷史訪談以及理受難者分區座談會等。

（3）傷痛撫平：爲了撫平歷史傷痛，二二八基金會舉辦宗教儀式以撫慰受難者及家屬受創心靈；探訪年邁受難者、遺孀及中低收入家屬並致贈撫慰金、設置遺族獎助學金、安置受難者遺骸。

（4）族群和諧：二二八基金會不定期舉辦紀念音樂會、史料或美展、發行紀念套幣（50週年）以及辦理各類藝文活動以促進族群和諧。[36]

　「二二八事件處理及補償條例」的立法通過及實施，是二二八事件諸多善後措施中最重要的一環，就轉型正義的面向來說，屬於補償正義的範疇。對於二二八事件善後的補償正義

35　許毓文，〈台灣戒嚴時期政治案件之補償與平反〉，頁66。

36　二二八事件紀念基金會，http://www.228.org.tw，2008/7/27。

看來，台灣政府在這方面符合補償正義的訴求「補償常以多種形式表現，包括實物的回報、財產歸還、金錢償付，或非慣例的補償，像是教育憑證，或其他集體公共利益，或紀念碑建立、恢復名譽及公開道歉等等，這些措施儘管可能不能完全彌補實質的損失，然而卻具有象徵性的意義。」[37] 惟在「補償」一詞上有很大的爭議。「補償」是否能取代法律的責任？在陳志龍的〈二二八元兇責任追究之迫切性與需要性—從法律觀點探討如何使司法面對此問題〉中提出，「在『二二八事件處理及補償條例』中所謂的補償，是國庫給予被害人補償，是付補償者與受領補償者的關係，且『補償』也不等同於『賠償』。」[38] 簡單來說，違法行為造成的損害應給予賠償，合法行為造成的損害應予補償。「現行補償制度補償金的來源，是第三人繳付國庫的稅捐，所以即令有補償，也不代表是由加害人所給予的補償。」[39] 也就是說，雖然二二八的受難家屬依法領取了補償金，但這筆金錢的來源並非補償正義中所稱的「承繼政權會對過去政權的錯誤行為負起責任」[40] 所給的賠償金，政府對於「元兇加害人」並未加以追究其過失並擔負起應有的責任，

37　璐蒂‧泰鐸（Ruti G Teitel）著、鄭純宜譯：《變遷中的正義》，頁261。
38　陳志龍，〈二二八元兇責任追究之迫切性與需要性—從法律觀點探討如何使司法面對此問題〉，《二二八事件新史料學術論文集》（台北：二二八基金會，2003年），頁180。
39　陳志龍，〈二二八元兇責任追究之迫切性與需要性—從法律觀點探討如何使司法面對此問題〉，頁180。
40　璐蒂‧泰鐸（Ruti G Teitel）著、鄭純宜譯：《變遷中的正義》，頁261。

也就表示「國民黨政府不願承認錯誤，只承認過失傷害，不願負起二二八的政治責任。」[41] 更令人遺憾的是，依「二二八事件處理及補償條例」而接受政府委託處理二二八事件的「財團法人二二八事件紀念基金會」在其角色的扮演上，主要的工作在處理受難者申請補償事宜，「這只是一種行政手段和金錢補償，基金會沒有公權力去追查真相，整體而言也還沒有針對加害者追訴的法律行動。」[42] 被動的地位令人遺憾。

三、政黨輪替後陳水扁總統執政時代（2000～2008年）

2000年時陳水扁總統勝選，民進黨突破黨國體制成為執政黨，完成了政黨輪替，此時台灣的民主達到了最高峰。但在第一時間點民進黨政府卻未啟動轉型正義的追求。其原因在於，台灣與其他威權過渡到民主的國家不同的是，「台灣在解除戒嚴之後卻由原來的黨繼續主政，進行所謂寧靜革命的民主化。」[43] 因此民進黨政府上台後，並未有邁開大步的作為，「由於國會少數或其他原因，大體是延續2000年以前的政策再予以強化。」[44] 民進黨政府的政策方向上基本上以妥協、和解為基本

41 張炎憲，〈二二八事件真相調查的成果與障礙〉，《第一屆台韓人權論壇—政黨輪替與轉型正義》（台北：二二八基金會主辦，2008年），頁11。

42 陳儀深，〈要積極清算，不要消極清算〉，《漂流台灣・虛擬執政》（台北：前衛出版社，2008年），頁306。

43 陳儀深，〈政黨輪替與轉型正義〉，《第一屆台韓人權論壇—政黨輪替與轉型正義》（台北：二二八基金會主辦，2008年），頁88。

44 陳儀深，〈政黨輪替與轉型正義〉，頁88。

主軸。其中最爲引起注目的，是2006年2月二二八基金會出版的《二二八事件責任歸屬研究報告》及2007年將『二二八事件處理及補償條例』修正爲『二二八事件處理及賠償條例』。

（一）『二二八事件責任歸屬研究報告』

在1992年出版的《二二八事件研究報告》對於二二八事件的核心問題「眞相」仍未解決、二二八責任歸屬的追究尚未釐清，因此在2003年9月第87次董事會通過成立「二二八事件眞相研究小組」，於2006年2月《二二八事件責任歸屬研究報告》出版。這份報告針對二二八事件當時政府決策層面、執行層面、「半山」份子、社會團體成員，以及新聞媒體工作者等相關人員的責任歸屬問題，進行深入分析。根據二二八事件眞相研究小組召集人張炎憲在〈二二八事件及其平反運動〉一文中指出，這份報告的特色在於「釐清二二八事件的責任，分層說明國民政府主席蔣介石派兵來台，軍警屠殺台灣民眾，事後蔣對這些執行鎮壓的黨政軍特不只沒有處罰，反而陸續予以重用。這表示蔣介石認定台灣人有叛亂、意圖獨立建國的企圖，才派兵來台鎮壓，這些執行者也認爲逮捕鎮壓叛民具有正當性。」[45]

1992年出版的《二二八事件研究報告》與此次報告最大的不同點在於前者爲行政院於1991年成立二二八研究小組，對二二八事件重新調查後所出版；而後者爲行政院底下附屬的

45　張炎憲，〈二二八事件及其平反運動〉，頁236。

二二八基金會基於追求歷史真相的職責，成立二二八事件責任歸屬研究小組後努力研究的成果，兩份報告的地位強度不同，雖然如此《二二八事件責任歸屬研究報告》對於事實的釐清有很大的進展。在《二二八事件責任歸屬研究報告》中直指蔣介石需要負起派兵來台和鎮壓台灣民眾的最大責任。就歷史正義的部份，往真相邁進一大步。

（二）『二二八事件處理及賠償條例』

2007年政府將『二二八事件處理及補償條例』修正為『二二八事件處理及賠償條例』。此條例的修正顯示著責任已有歸屬，有助於我國在歷史正義或補償正義方面的施行。

肆、二二八轉型尚待努力的面向

以二二八事件來看，我國已制定「二二八事件處理及賠償條例」、設立二二八紀念碑及賠償受害人等等。雖然就二二八事件的處理上已有部分的成果，但絕大部分都還僅止於美國學者 Ruti G Teitel（璐蒂・泰鐸）所著作的「變遷中的正義」《Transitional Justice》一書「轉型正義」六大面向中的歷史正義與補償正義，因此還有許多需要努力的方向。如歷史真相的還原、未對迫害者追究責任、正名運動等等。

因此，在二二八的轉型正義上依然還有許多努力的面向[46]：

46　蘇貞昌，〈真相是通往寬恕的密碼─「二二八事件60週年」的省思〉，《自由時

（一）必須進行徹底的真相調查

　　二二八事件，是戰後台灣發生最嚴重的事件，影響深遠直到今日。從1947年事件爆發以來，當時的國民政府及相關單位未做好處裡，相反的採取高壓手段，派兵來台鎮壓，任意逮捕槍殺，造成無數冤魂。其後的綏靖、清鄉時期到1949年實施戒嚴，及為鞏固蔣介石威權統治的白色恐怖政策，肅殺恐怖氣氛籠罩全台，從此二二八事件成最大禁忌，快速被消音，長久以來無法公開被討論、研究。此舉深深地影響了社會的和諧，更阻礙了台灣朝向自由、民主邁進的步伐。從1947年二二八事件發生後，隨之而來的是戒嚴，因此對二二八事件的平反要在解嚴後（1987）才開始檯面化。

　　隨著1970年代後半興起的黨外運動、1980年代的自由化，台灣社會各界發起推動二二八平反運動，積極要求政府正式道歉、賠償、追求真相、公開史料、建立紀念碑、紀念館，並訂定二二八為國定假日。在台灣社會的支持下，政府逐一讓步，要求逐一實現。雖然如此，二二八事件的真相依舊未完整釐清。1996年阮美姝女士向當時的李登輝總統所提出陳情書。書中，阮女士清楚地傳達她畢生最大的心願，莫過於公開二二八事件的真相、以及洗刷父親的冤屈。[47] 10年後，在二二八基金會出版的

報》電子報（2007/2/26）

http://www.libertytimes.com.tw/2007/new/feb/26/today-o1.htm，2009/1/18。

47　阮美姝《花開花落擱一年》一書中曾寫到「隨著時間之經過，對於家父悲慘遭難之哀戚與心痛，卻愈形加深。真相被遮掩著，想到家父的死亡原因、場所、時日皆渾

《二二八事件責任歸屬研究報告》也指出在這10年中，二二八事件的歷史真相及責任歸屬的核心問題，依然沒有獲得解決。

> 在禁忌解除氛圍中，台灣社會卻缺乏對歷史的深刻反省，反而產生不求甚解、不問是非的曖昧情況。政府和社會大眾普遍認為受難者家屬獲得金錢撫慰，已對事情有所交代；每年又舉行例行性的追思紀念活動，受傷的心靈已受到安慰。二二八歷史真相及責任歸屬的核心問題，反而在這些外在形式的表象下被模糊而淡忘了。[48]

對於那段記憶中的歷史，我們應如何面對和處置？對人權普遍的蹂躪、對人性的冷漠、高傲的加害者、無數身心俱殘的受害者……，歷史的真相該被還原。台灣的民主發展至今，將近20年過去了，我們對這項民主社會最重要的問題之處理，態度仍然是勉強的、不完整的。這顯示今日的台灣，民主的發展還只是一種表象、一種形式，並未落實憲政體制下人權保障的核心價值，才會使今日的台灣社會發生嚴重的政治社會問題：本省人與外省人、藍綠對立，甚至是國家認同問題。一個社會要誠實面對過去，實現正義，方能有明亮的未來。要誠實面對過去，必先追究事實真相，了解以往錯誤、暴行及不公不義作為，且加以矯正彌補癒合，方能讓眾人攜手向前。目前

沌不明，卻背負著叛亂污名，湮滅於歷史洪流的日子實在是苦不堪言。金錢無法補償家父失去之生命與名譽，為了證明家父清白所耗費的半生努力心血，也不是金錢所能衡量。」參考自阮美妹，《花開花落攔一年》，第一屆「綠川」個人史文學獎，頁44，1999年。

48 張炎憲等執筆，《二二八事件責任歸屬研究報告》（台北：二二八基金會，2006年），頁6。

二二八事件的歷史脈落已有架構，但許多的檔案仍未公佈，因此進行徹底的眞相調查仍有其必要。

（二）歷史事件的詮釋不容扭曲

二二八事件發生的背景及原因，錯綜複雜，不是「官逼民反」[49]，也不是單純的族群衝突事件，任何單純化的定調，不但扭曲歷史事實，也無法彌合悲劇所造成的傷口，反而對受難者造成二度傷害。如果了解這個悲劇的本質，外省族群無須背負二二八的原罪。族群之間，應超越因對二二八事件偏頗的詮釋而帶來的裂痕，攜手對抗任何形式的獨裁專制政權，堅定守護民主自由的價值。

（三）歷史責任歸屬要釐清[50]

二二八事件紀念基金會在2006年完成了「二二八事件責任歸屬研究報告」，對加害人的責任層次有翔實的研究，蔣介

49　馬英九在2002年首次提出他對二二八事件的新看法：「二二八事件在二次大戰後、國共內戰中民生凋敝的情況下發生，當時陳儀政府實行壓制政策，腐敗現象不斷，導致社會脫序，民不聊生，迫使台灣百姓由期待而失望而憤怒，終至官逼民反，奮起抗爭。」參考自馬英九，〈發揮族群團結的力量—「二二八事件」五十五週年紀念感言〉，《自由時報》電子報（2002/2/27）http://www.libertytimes.com.tw/2002/new/feb/27/today-p4.htm，2009/4/23。

50　根據台灣智庫於2007年2月25日公佈的「228與族群關係」民調顯示，有47%的受訪者認爲二二八的眞相釐清工作不足；更有61%的受訪者認爲，確認二二八元凶是蔣介石這件事，並不會破壞台灣社會的族群和諧。資料來源：台灣智庫網站http://www.taiwanthinktank.org/ttt/servlet/OpenBlock?Template=Article&lan=tc&article_id=719&BlockSet=，2008/11/13。

石、陳儀、柯遠芬、彭孟緝以及其他重要軍政人員，必須負起歷史的責任。但在這個部分卻受到很大的爭議，很多人對這說法持反對態度。其中，國民黨認為蔣介石不是鎮壓二二八的元兇，且對台灣的貢獻功大於過，談蔣介石就是製造族群衝突。[51]由此得知，二二八的歷史真相與公義未彰顯且歷史責任歸屬尚未完全釐清。因此在社會各界要求轉型正義之際，釐清責任應該是一個重要的課題。

（四）二二八國家紀念館的成立

二二八事件的受難者家屬一直希望成立一個二二八國家紀念館，一方面可以永續經營，二方面可以教育紮根。行政院特別要教育部撥用「美新處」舊址的歷史建築物，舉辦60週年的影像展，並立即成立二二八國家紀念館。希望透過國家紀念館的成立，可以讓二二八的反省成為台灣歷史教育的重要內涵。

伍、結　語

「二二八對台灣歷史有重大影響，事件可以原諒，但一定要記住，所有台灣的子孫都要記住這件事，未來才不會再度發生。」[52]目前在二二八事件的轉型正義實踐上，我國僅止於對事

51　張炎憲，〈二二八事件60週年國際學術研討會閉幕詞〉，《二二八事件60週年國際學術研討會－人權與轉型正義學術論文集》（台北：二二八基金會，2007年），頁14。

52　參考自馬英九出席〈二二八新紀元年追思儀典致詞〉，馬英九、蕭萬長台灣向前行網站，http://2008.ma19.net/news/20080228/19733，2008/10/8。

件的受難者進行金錢上補償的補償正義與部分的歷史正義。正因爲我國的轉型正義實踐僅止於補償正義與部分的歷史正義，長期以來我國就存在轉型正義的爭議，並在我國的政治環境下成爲選舉政治炒作的焦點。因爲二二八事件是造成目前台灣內部省籍摩擦的重要源頭，是形成台灣歷史文化發展與國家認同的重要部分。目前台灣諸多政治與社會未解決的問題乃根源於「二二八事件」，這些問題未被積極解決，其結果就是威權統治者與被統治的人民乃至各族群之間的心結難解甚至越來越糾結，造成社會長期的對立，而國家的正義也難以被伸張。[53]

　　看看我們台灣社會，對於轉型正義也要求殷切，轉型正義的重要不只在於矯正歷史，更在於讓我們對歷史的反省中，去形塑當代民眾對民主、人權與人性的認識，並學習永遠不再犯這些錯誤。一個社會要誠實面對過去，實現正義，方能有明亮的未來。要誠實面對過去，必先追究事實眞相，了解以往錯誤、暴行及不公不義作爲，且加以矯正彌補癒合，方能讓社會向前邁進。

參考書目

1. 專書或論文、公報

二二八和平日促進會編，《走出二二八的陰影－二二八和平日促進運動

53　根據台灣智庫於2007年2月25日公佈的「228與族群關係」民調顯示，57.3%的受訪者認爲當前台灣社會的族群問題嚴重。資料來源：台灣智庫網站http://www.taiwanthinktank.org/ttt/servlet/OpenBlock?Template=Article&lan=tc&article_id=719&BlockSet=，2008/11/13。

實錄（1987～1990）》，台北：自立晚報文化出版部，1991年。

王時思，〈轉型正義在台灣—政府的角色〉，《轉型，要不要正義？—新興民主國家與台灣的經驗對話》，臺北：台灣智庫，2008年。

江宜樺，〈台灣的轉型正義及其省思〉，《思想雜誌》第5期，臺北：聯經出版社，2007年。

汪平雲，〈國民黨黨產、黨國體制與轉型正義—「有轉型而無正義」的台灣民主化〉，《當代》第230期，2006年10月。

阮美姝，《花開花落擱一年》，第一屆「綠川」個人史文學獎，1999年。

吳乃德，〈回首來時路：威權遺產或民主資產？〉，《總統府公報》第6620期，2005年3月。

吳乃德，〈珍惜民主資產，告別威權年代：轉型正義和歷史記憶〉，「台灣人權與政治案件學術研討會」，台北：財團法人戒嚴時期不當叛亂暨匪諜審判案件補償基金會、國立台灣大學社會科學院主辦，2005年12月8-9日。

吳乃德，〈轉型正義和歷史記憶：台灣民主化的未竟之業〉，《思想雜誌》第二期，臺北：聯經出版社，2006年。

許毓文，〈臺灣戒嚴時期政治案件之補償與平反〉，臺北：臺灣大學國家發展研究所，2006年。

陳興唐，《台灣二‧二八事件檔案史料》，台北：人間，1992年。

陳翠蓮，〈歷史正義在台灣—兼論國民黨的二二八論述〉，《二二八事件60週年國際學術研討會—人權與轉型正義學術論文集》，台北：二二八基金會，2007年。

陳永興，〈為什麼推動二二八和平日促進會工作？〉，《走出二二八的陰影—二二八和平日促進運動實錄（1987～1990）》，台北：自

立晚報文化出版部，1991年。

陳志龍，〈二二八元兇責任追究之迫切性與需要性－從法律觀點探討如何使司法面對此問題〉，《二二八事件新史料學術論文集》，台北：二二八基金會，2003年。

陳儀深，〈要積極清算，不要消極清算〉，《漂流台灣·虛擬執政》，台北：前衛出版社，2008年。

陳儀深，〈政黨輪替與轉型正義〉，《第一屆台韓人權論壇－政黨輪替與轉型正義》，台北：二二八基金會主辦，2008年。（出版中）

陳水扁，〈中華民國95年國慶總統講話〉，《總統府公報》第6710期，2006年10月；陳水扁，〈中華民國96年元旦總統祝詞〉，《總統府公報》第6723期，2007年1月。

黃秀政，〈論二二八事件的發生及其對台灣的傷害〉，《台灣史志新論》，臺北：五南出版社，2007年。

張炎憲等執筆，《二二八事件責任歸屬研究報告》，臺北：二二八基金會，2006年。

張炎憲，〈二二八事件60週年國際學術研討會閉幕詞〉，《二二八事件60週年國際學術研討會－人權與轉型正義學術論文集》，台北：二二八基金會，2007年。

張炎憲，〈二二八事件及其平反運動〉，《兄弟的鏡子－台灣與韓國轉型正義案例的剖析》，台北：二二八事件紀念基金會，2008年。（出版中）

張炎憲，〈二二八事件真相調查的成果與障礙〉，《第一屆台韓人權論壇－政黨輪替與轉型正義》，台北：二二八基金會主辦，2008年。

張文貞，〈另類的憲改工程：擘建台灣的法治與政治信任〉，《新興民主的憲政改造：國際視野與台灣觀點國際研討會》，臺北：行政

院研究發展考核委員會，2005年。

賴澤涵等，《「二二八事件」研究報告》，台北：時報文化，1994年。

薛化元，〈立法院法律資料庫——二二八事件處理及補償條例〉，《法律案專輯》，台北：立法院秘書處，1996年。

璐蒂‧泰鐸（Ruti G Teitel）著、鄭純宜譯：《變遷中的正義》，臺北：商周出版社，2001年。

2. 網路、報紙、史料

二二八事件紀念基金會，http://www.228.org.tw。

台灣智庫，http://www.taiwanthinktank.org/ttt/servlet/OpenBlock?Template=Article&lan=tc&article_id=719&BlockSet。

馬英九、蕭萬長台灣向前行網站，http://2008.ma19.net/news/20080228/19733。

《自由時報》電子報（2002/2/27），http://www.libertytimes.com.tw/2002/new/feb/27/today-p4.htm。

《自由時報》電子報（2007/2/26），http://www.libertytimes.com.tw/2007/new/feb/26/today-o1.htm。

賴澤涵，〈二二八事件有關問題的解決〉，http://free.greenworld.com.tw/~zchng/228/solve.htm。

《中國時報》，1992年2月21日，版3。

《立法院公報》第2027號，1987年3月10號，頁82。

《新新聞》第258期，1992年2月16日，頁30-33。

《二二八事件文獻續錄》，南投：台灣省文獻委員會，1992年。

與談
二二八與轉型正義

吳 密 察

　　主席，報告人，還有在場的各位先進，大家好！

　　林欣怡小姐這篇文章一開始介紹了一本已經在2001年翻譯成中文的一本關於轉型正義的一本書。接著，她用很簡要的文字，回顧過去20年來，臺灣社會如何努力突破二二八的禁忌，開始追求二二八的眞相，以及臺灣社會怎麼開始進行二二八的平反與和平運動。另外，最重要的，就是她在結論時強調了幾件事：第一，二二八要徹底調查眞相；第二，不能扭曲地解釋二二八這個歷史事件；第三，就是要釐清楚二二八事件的責任者；第四，要成立二二八國家紀念館。這些是她文章很重要的部分，她剛才沒有時間將結論說完，我特別幫她說一下。

　　我今天的身份不是評論者，而是與談人，所以我接下來不想評論林小姐的這篇文章，而是在林小姐這篇文章的基礎上，來談一下台灣社會面對二二八問題時候的一些問題。其實，林小姐在文章的前言中就已經跟我們說明台灣目前有很多糾結在

一起的困境，讓我們沒有辦法真正的好好討論二二八問題。就像林小姐的前言中所說的，我們的社會有藍綠對立，有國家認同的分立，所以沒有辦法真正釐清二二八事件的真相，因為真相未決、有國民黨黨產問題、台灣人民的國家認同沒有明確等等問題，因此轉型正義在台灣沒有辦法完成實踐。我想林小姐的這個前言是提出了問題，也解答了問題，那就是我們社會沒有完成正義的轉型，而那是因為我們的社會有很多情況讓我們沒有辦法進行真正的正義轉型。這麼說，那不是死結嗎？

所以，我反而認為我們應該用其他的方式來談我們將要面對的二二八問題。我剛才聽了前一位發表人陳雨君的報告，倒覺得應該由陳雨君來評論林小姐的這篇文章。為什麼呢？林小姐的這篇文章，像傳統的歷史學者在寫「應然」，就是說：我們社會應該怎麼樣；但是陳雨君小姐的文章不只是在說我們社會應該怎樣而已，而是在說：我們社會為什麼沒有怎麼樣？為什麼沒有像應該怎麼樣地那樣？也就是說，我們應該找出病因，才能治病，不能只是說「病應該要好起來」。

我雖然是歷史學者，但是我認為歷史學者其實經常都是在假作上帝。我們現在說要徹底調查二二八事件的真相，但是老實說，這是不可能的事。但是真相是那麼容易就可以知道嗎？最近，我們都非常想要知道一個真相：馬英九，你到底有沒有綠卡？但是，真想呢？過了這麼久了，我們還是不知道真相。這不是才幾年前的事情而已嗎，而且還是應該有文件可以証明

的簡單問題呢！但到現在卻不知道眞相。如果連這麼簡單的事情的眞相都不可得，請問二二八事件要怎麼知道眞相呢？時間已經過了那麼久；而且，展開大屠殺，難道會有人留下文字証據嗎？那是不可能的事。但是我們現在卻期待歷史學家用文字資料來証明屠殺的眞相。這是不可能的嘛！所以我們要知道：第一，眞相並不會是我們現在一般所想的那種眞相。眞相只有上帝知道，其他的人都不知道。但是，我們必須追求眞相，這是說趨近它（眞相）。第二，歷史事件不容扭曲。怎麼有可能不容扭曲呢？既然台灣有藍綠對立，誠如方才陳雨君所述，藍綠他們彼此之間價值觀就不一樣，他們對於善與惡的定義也不同，當然他們對於事件的解釋也就會不一樣。因此，這本身就是一個死結，你不能說解釋不被扭曲，綠營的人認爲是適當的解釋，在藍營的人來說就是扭曲，藍營的人認爲是適當的解釋，在綠營的人來說就是扭曲。

我認爲，其實我們錯失了一個機會。我們曾經執政8年，我們原本必須在那個時候做一件應該做的事情，但我們錯失了那個機會，我們沒有做。我們沒有做的是什麼事呢？那就是「審判」。沒有審判，即使我們做了很多事情，但那只是在「息事寧人」而已，充其量也只是在「撫平傷口」而已。直到現在政府做了很多的努力，但只是在撫平傷痛而已，而且撫平傷痛的方式是非常表面的。而眞相在哪裡呢？正義彰顯了嗎？好像「你能夠接受，我也能夠接受」這樣就可以了，眞相、責任、

正義反而不要緊了。這是不對的，一定要審判！

　　二次大戰之後，為了德國的屠殺猶太人，曾進行過一場審判。這不是歷史審判，不是叫歷史學者去當假上帝進行審判，必須是法庭審判。人類已經發展出一套法庭審判的形式與程序，我們必須對於二二八有一個法庭審判。有人可能會說，已經過了法律追訴期限，如今又來要求法庭審判，那麼這個法庭審判的目的是要做什麼？這是要回應大家（包括藍綠雙方）的政治要求和尋求真正的和解。

　　我認為：審判之後必須對犯罪者加以的處罰。審判之後沒有處罰，便不能使正義彰顯。我們不能當假上帝，只有上帝可以不處罰犯罪的人。但是，我們的處罰不是為了報復，而是為了和解，因此我們必須寬恕。透過審判、處罰、寬恕，我們達成了和解。我要再強調一次：要與過去和解，就必須透過審判，而且審判之後必須要有處罰，審判之後沒有處罰的寬恕只存在於上帝。但是如果審判後，我們要求做徹底的處罰，我們的行為也就變報復，所以我們必須要有寬恕，也就是具有寬恕的處罰。

　　臺灣必須往前走，但是往前走必須與過去達成和解。為了與過去達成和解，我們必須進行審判，處罰在審判中被定罪的人，但是我們卻不能沒有寬恕地對犯罪者進行報復。

　　但願我以上的發言，可以為大家提供一個重新思考二二八問題的起點。謝謝！

台灣轉型正義之落實現況與刑事制裁之可行性初探

劉正祥*

摘　要

　　當社會從專制、獨裁政權轉變為民主、法治以及對於個人和集體權利有所尊重時，如何處理過去專制、獨裁政權許多暴行或不正義之作為，是轉型正義不可逃避的難題。而我們台灣身為第三波民主化浪潮下的國家之一，如何與應如何面對轉型正義，則成為筆者之撰文動機。

　　本文的探討重心，主要分為二方面，一方面，對於台灣轉型正義之落實現況，也就是實然面，作一定程度之分析。另一方面，了解實然面之情形後，本文從應然面之角度出發，認為對於專制政權下從事人權侵害行為之加害人進行刑事制裁，是另一個可以嘗試之方向。至於落實的具體方式，則是以德國柏林圍牆射殺案為例，分析加害人行為時之不法性、有責性程度，並參酌法

* 臺大法律學研究所碩士，現為法務部司法官訓練所學習司法官。而相當感謝莊國榮老師在「二二八歷史教育與傳承」學術研討會中所給之許多寶貴意見，著實令筆者獲益良多，至於文中如有任何缺失，責任均由筆者自負。

律不溯及既往原則、Hannah Arendt之罪惡平庸性概念、Milgram
實驗之研究結果後，本文之初步想法，是將加害者區分為「一般
的行為人」與「政府少數高級官員」而作相異之處置。就「一般
的行為人」，殊難想像對之為刑事制裁。但對於「政府少數高級
官員」，則有施予刑事制裁之空間。

關鍵詞：轉型正義、刑事制裁、柏林圍牆射殺案、溯及既往、罪惡之平庸
性、Milgram實驗。

壹、前言──專制政權與轉型正義

古今中來沒有一個政府像社會主義政權一樣，
中央關注現實中發生的一切，深入到每個人的生活。
一個人每年要穿平均2.3雙鞋，每年平均讀3.2本書，
每年有6743名學生以全優的成績畢業。
但是有一項統計是不能公開的：自殺人數。
也許是因爲這些數字會危害到政府的存在。
如果你打電話到安全局去問，
每年有多少人因爲被懷疑與西德有往來而自殺，
安全局的工作人員肯定會沈默，然後會詳細記錄你的名字，
這是爲了國家安全，
安全局工作人員所關心的只有國家安全與幸福。
……然而這已經是最好的結果，
因爲那些自殺者不能忍受自己沒有流血、沒有熱情的那樣活著。
他們只能選擇死亡，死才是唯一的希望。
~~~~《竊聽風暴(2007)》

　　以上文字是來自於《竊聽風暴》這部電影，對於東德史塔西(Stasi)全面監控當時人民生活的最佳寫照之一[1]。的確，在東德共產專制政權的統治下，所有的人民都受到了政府全面之高壓統治，其生活中的一舉一動被完全掌控，且被迫信奉共產主義信條、喪失諸多自由。在那樣的環境下，只要言行稍有不慎，或是莫名其妙的原因，就可能因此遭到史塔西的逮捕，甚至於被送上斷頭臺。當然，也有人無法忍受這樣的體制而選擇自殺，因為只有選擇死亡，才是唯一的希望與解脫。

　　《竊聽風暴》所述的內容，雖然只是專制政權鎮壓人民之情形的冰山一角，然而或許會有人感到一種似曾相識，甚至於

1　史塔西，也就是所謂的Stasi，是東德政府成立的一個特務機構，其成立的目的在於全面監視人民生活以及揪出反對共產主義政權的異議份子。而以下將簡要介紹史塔西的起源、發展與影響。

　1949年，德國正式分裂，在蘇聯的扶植下，東德的共產專制政權正式建立。而為了讓該政權能不受任何威脅，並便於全面監視人民、打壓異己，政府乃於1950年成立了特務機構史塔西。這是一個人類歷史上最大、滲透度最高的政治監控組織。史塔西成員基於其任務之必要，可以實施恣意的逮捕與拷問、鎮壓反對份子，以及執行政府所交代的秘密任務。根據估計，史塔西的成員數量，除了接近10萬名的官方公務人員之外，還有17萬4000多名的臥底人員或是線民，其總數大約占了全東德人口的2%以上。但是其監控的人民總數卻高達600多萬，相當於東德三分之一的人口，而其中也包含了一部份的西德人。至於史塔西所取得、蒐集的相關檔案，在兩德再次統一後，經過管理史塔西檔案之機構，也就是Gauck Authority的分類，其資料可以延伸到180公里長，且每1公尺包含大約1萬頁以及600萬個檔案卡。由此可見前東德政府利用史塔西，來對於人民之生活進行掌控是多麼的徹底。See Chandra Lekha Sriram, *Confronting Past Human Rights Violation: Justice vs Peace in Times of Transition*, p. 55, New York, U.S.: Frank Cass, 2004. And Andrew Rigby, *Justice and Reconciliation: After the Violence*, p. 111, London, U.K.: Lynne Rienner Publishers, 2001.

是身歷其境的感覺。為何會如此呢？因為我們台灣，也有相當類似的歷史背景。

　　二次世界大戰後，日本戰敗，國民政府接收台灣，原本台灣人滿懷期待的迎接國民政府之統治，但卻因為接續而來政治地位的不平等、經濟上嚴重的通貨膨脹、失業問題以及歷史、文化背景之差異所產生的隔閡，終於在1947年爆發了二二八事件[2]。二二八事件造成的死亡人數，加上軍警及人民，共約在兩萬人左右，受傷的人數更是難以估算，其中也包含為數眾多的社會菁英份子，這使得台灣人民身心受創嚴重[3]。到了1950年代至1980年代，國民政府更打著反共復國的口號，宣佈戒嚴，成立警備總部等特務機構（俗稱警總），同樣對於那個時代的人民一切行為舉止予以監視。當然或許其監控的密度遠不如東德的史塔西，然而還是有許多人，因為與政府意見之些許不同，或是批評政府，即遭到警總的逮捕、審訊，甚至於失去性命。因此，在那個白色恐怖的年代，許多政治案件層出不窮的發生，專制政權制造成的政治迫害也無時無刻不充斥在生活中。面對這樣的恐懼，人民如果想要保命，不是選擇漠不關心，就是選擇與政權同流合污。而這樣的情形，一直持續到1987年宣布解除戒嚴、1991年廢止「戡亂時期檢肅匪諜條例」

2　李筱峰，《解讀二二八》（台北：玉山社，1998年1月），頁36-69。以及賴澤涵，《「二二八事件」研究報告》（台北：時報文化，1994年），頁47-51。

3　賴澤涵，《「二二八事件」研究報告》，頁262。

以及「懲治叛亂條例」、1992年修正刑法100條，人權保障日益受到重視，台灣才逐漸從國民黨政府的專制政權，轉型走向真正的民主國家。

　　不過，在民主轉型後二十餘年的今天，仍常會發生許多政治之紛紛擾擾，每當有重大的政治事件發生時，總是帶給國家或社會不小的動盪，也常造成人民之間情感的撕裂，這也不禁會讓我們去思考，究竟我們引以為傲的民主，是哪裡出了什麼問題呢？筆者在此認為，或許原因在於我們沒有去妥善處理轉型正義(transitional justice)之議題。

　　所謂的轉型正義，指的是面對過去政府許多暴行或不正義的作為之處理方式[4]。換句話說，如何讓過去政府從事之許多人權侵害行為，得到一個妥善的處置，就是轉型正義之核心概念。那麼，對於我國過去國民黨獨裁政權所造成之系統性人權侵害行為，目前是以怎樣的方式去處理呢？再者，這樣的處理方式是否適當呢？或許更進一步的說，應以怎樣的方式去處理才妥當呢？這些都是必須探究之問題。而目前國內最常提到的是強調對真相進行探求[5]。不過筆者在此想更進一步提出另一種

4　根據國際轉型正義中心(International Center for Transitional Justice, ICTJ)之定義，轉型正義一詞，指的是當社會從一段時間的專制或極權政權之統治，轉而進入到和平、民主、法治以及對於個人和集體權利有所尊重時，對於專制或極權政權之統治當時廣泛地或有系統性地人權侵害所遺留之影響所採取的一系列處理途徑。See http://www.ictj.org/en/tj/.

5　像是在2007年底所成立之「台灣民間真相與和解促進會」，就是強調以真相之探求作為轉型正義之方向。

方式，就是試圖以刑事制裁來作為轉型正義之落實方式之一，這樣的嘗試或許稍嫌大膽，然而在經過筆者的分析之後，所得出的結論是，以刑事制裁來落實轉型正義，只要在一定程度的限度內，並非是一個完全不可嘗試之選項。

因此，本文首先將從我國轉型正義之落實現況談起，說明我國面對前國民黨專制政權之處理方式與問題點。接著，對於刑事制裁之落實，以德國柏林圍牆射殺案的經驗為借鏡作一個可行性之分析。最後，於文末中點出目前刑事制裁之落實在我國所將遭遇到的困境與挑戰。

貳、台灣轉型正義之落實現況

一、台灣轉型正義之處理模式簡述

在台灣邁入了民主化之後，面對過去的二二八事件所造成的屠殺以及戒嚴時期下的許多侵害人權、傷害人權的政治案件，其處理之方式，主要可以分為幾個方向。

（一）肯認戒嚴時期國家人權侵害行為之合法性

首先，仍肯認當時國家之人權侵害行為的合法性[6]。以戒嚴

---

6 從專制政權轉型成民主政權的國家，在轉型的一開始通常也不會去否認前政權人權侵害行為的合法性，以西班牙為例，在1970年代中期轉型成民主國家後，也未馬上否認佛朗哥時期的政治法庭及其判決之效力。不過最近西班牙處理轉型正義之方法，卻有了戲劇性之發展，2007年所通過的歷史記憶法(Historical Memory

時期之政治案件為例，由於「戒嚴」是處於一個非常之狀態，對於人權侵害是相當嚴重的，因此對於戒嚴時期之政治案件所依據的違法審判，應容許人民在解嚴後上訴，將該違法審判的合法性撤銷掉才適當。學者黃若羚就提到，戒嚴法第8條與第9條雖然規定：戒嚴時期於接戰地域內犯特定刑法上之罪，軍事機關得自行審判或交法院審判之。但同時也在第10條規定：第8條、第9條之判決，均得於解嚴之翌日起，依法上訴[7]。因此，照理說1987年解嚴之後，人民應可依法提起上訴，將許多的違法審判予以撤銷。然而，事實卻不是如此，黃若羚更進一步說明到，與解嚴同時施行的「動員戡亂時期國家安全法（現已改名為國家安全法）」第9條卻規定戒嚴時期戒嚴地域內，經軍事審判機關審判之非現役軍人刑事案件，於解嚴後，其刑事裁判已確定者，不得向該管法院上訴或抗告[8]。如此一來，人民的上訴權被剝奪，無法依一般的正常法院管道提起救濟，同時也使得許多嚴重侵害人權之違法審判的效力繼續存在。換句話說，即使從現在之角度觀之，不論戒嚴時期的裁判

Bill)，即明白宣告佛朗哥時期的政治法庭及其判決均屬違法或不當。See Georgina Blakeley, *Politics as Usual? The Trial and Tribulations of the Law of Historical Memory in Spain, Entelequia,* Revista Interdisciplinar: Monográfico, nº 7, p321-322, Septiembre 2008. 看到最近西班牙之作法，不禁讓筆者想到，在我國要等到何時，才能將那些在戒嚴時期所為之違法裁判的效力予以否認。

7 黃若羚，《轉型正義與法院之功能角色》，國立臺灣大學法律學研究所碩士論文（2007年12月），頁17。

8 黃若羚，《轉型正義與法院之功能角色》，國立臺灣大學法律學研究所碩士論文（2007年12月），頁17-19。

是多麼的欠缺人權保障觀念，但是在現今的法體系下，仍是一個合憲合法的國家行為[9]。

（二）對受害者之處置

再者，對於受害者之處置，則有1995年通過之「戒嚴時期人民受損權利回復條例」、「二二八事件處理及補（賠）償條例[10]」與1998年通過之「戒嚴時期不當叛亂暨匪諜審判案件補償條例」來進行補償或賠償之事宜。

「戒嚴時期人民受損權利回復條例[11]」規定的內容，根據學者黃若羚之歸納，主要可以分為3個部分[12]。第一部分：人民於戒嚴時期，因犯內亂罪、外患罪，而喪失或被撤銷之公務

9　且令人氣餒的是，之後的司法院釋字第272號解釋，仍再次重申國安法第9條的制定，乃是謀求裁判之安定以及維持社會秩序所必要而不違憲。以下是司法院釋字272號解釋之節錄：「戒嚴法第八條、第九條規定，非現役軍人得由軍事機關審判，則為憲法承認戒嚴制度而生之例外情形。解嚴後，依同法第十條規定，對於上述軍事機關之判決，得於解嚴之翌日起依法上訴，符合首開憲法規定之意旨。**惟動員戡亂時期國家安全法第九條第二款前段規定，戒嚴時期戒嚴地域內經軍事審判機關審判之非現役軍人刑事案件已確定者，於解嚴後不得向該管法院上訴或抗告，係基於此次戒嚴與解嚴時間相隔三十餘年之特殊情況，並謀裁判之安定而設，亦為維持社會秩序所必要。**」

10　該條例原名為「二二八事件處理及補償條例」，但已於2007年修正全名為「二二八事件處理及賠償條例」，其理由在於鑑於二二八事件乃屬國家違法行使公權力造成人民權益受損之本質。以上參照自2007年二二八事件處理及賠償條例修正條文總說明。

11　這裡所指的戒嚴時期，依據戒嚴時期人民受損權利回復條例第2條之規定，台灣地區係指自民國38年5月20日起至76年7月14日止(1949-1987)；金門、馬祖、東沙、南沙地區係指自民國37年12月10日起至81年11月6日止(1948-1992)。

12　以下整理參考自黃若羚，《轉型正義與法院之功能角色》，國立臺灣大學法律學研究所碩士論文（2007年12月），頁23。

人員、公職人員、教育人員、專門職業及技術人員資格，得向主管機關申請回復之[13]；第二部分：戒嚴時期人民因內亂、外患罪被沒收財產者，於受無罪判決確定後，得請求發還或以適當金錢補償之[14]；第三部分：人民於戒嚴時期因犯**內亂、外患罪，於受無罪之判決確定前曾受羈押或刑之執行者，得聲請所屬地方法院比照冤獄賠償法相關規定，請求國家賠償**[15]。

另一方面，原本在戒嚴時期犯**非屬內亂、外患、懲治叛亂條例或檢肅匪諜條例之罪之人民**，雖不能藉由該回復條例獲得國家賠償，但是在司法院釋字第624號解釋的指示[16]與2007年冤獄賠償法第1條的修正後，也可依據冤獄賠償法獲得賠償[17]。

13　戒嚴時期人民受損權利回復條例第3條之規定。

14　戒嚴時期人民受損權利回復條例第4條之規定。

15　2000年修正前的戒嚴時期人民受損權利回復條例第6條之規定。該條於2000年修正後，還將可請求國家賠償的情形也擴張到**犯懲治叛亂條例或檢肅匪諜條例之罪**，而（一）經治安機關逮捕而以罪嫌不足逕行釋放前，人身自由受拘束者；（二）於不起訴處分確定前受羈押，或不起訴處分確定後未依法釋放者；（三）於無罪判決確定前受羈押或刑之執行，或無罪判決確定後未依法釋放者；（四）於有罪判決或交付感化教育、感訓處分，執行完畢後，未依法釋放者。

16　司法院釋字第624號解釋節錄：「……冤獄賠償法第一條規定，就國家對犯罪案件實施刑事程序致人民身體自由、生命或財產權遭受損害而得請求國家賠償者，依立法者明示之適用範圍及立法計畫，僅限於司法機關依刑事訴訟法令受理案件所致上開自由、權利受損害之人民，**未包括軍事機關依軍事審判法令受理案件所致該等自由、權利受同等損害之人民，係對上開自由、權利遭受同等損害，應享有冤獄賠償請求權之人民，未具正當理由而為差別待遇**，若仍令依軍事審判法令受理案件遭受上開冤獄之受害人，不能依冤獄賠償法行使賠償請求權，足以延續該等人民在法律上之不平等，自與憲法第七條之本旨有所牴觸……。」

17　原本的冤獄賠償法第1條，是未將軍事審判法受理之案件，包含在可申請國家賠償的範圍。而2000年修正後的冤獄賠償法第1條規定：「依刑事訴訟法、軍事審判

「二二八事件處理及補（賠）償條例」之主要內容，是規定於行政院下設立「財團法人二二八事件紀念基金會」來處理受難者之認定及申請補償事宜[18]，並訂定每年2月28日爲國定紀念日。而紀念基金會是以金錢來作爲補償之手段[19]，賠償範圍包含傷殘者、遭受羈押或徒刑之執行者、財物損失者、健康名譽受損者等人[20]。除了從事受難者的補償事宜外，紀念基金會也辦理受難者與其家屬名譽回復之申請[21]、拍攝二二八之記錄影片、舉辦許多追思紀念活動、繼續推動二二八口述歷史、研究二二八事件之責任歸屬、進行二二八事件的教育宣導以及舉行相關學術研討會等事務[22]。

至於「戒嚴時期不當叛亂暨匪諜審判案件補償條例」，則

法、少年事件處理法或檢肅流氓條例受理之案件，具有下列情形之一者，受害人得依本法請求國家賠償⋯..」，明顯已將戒嚴時期受軍事審判之情形包含在內。

18　二二八事件處理及補償條例第3條：
　　政院爲處理受難者之認定及申請賠償事宜，得設「財團法人二二八事件紀念基金會」（以下簡稱紀念基金會），由學者專家、社會公正人士、政府及受難者或其家屬代表組成之。

19　二二八事件處理及補償條例第7條：
　　受難者之賠償金額，以基數計算，每一基數爲新臺幣十萬元，但最高不得超過六十個基數。
　　前項賠償金數額由紀念基金會依受難者之受難程度，訂定標準。
　　賠償金之申請、認定程序及發放事宜，由紀念基金會定之。

20　二二八事件處理及補償條例第8條之規定。

21　二二八事件處理及補償條例第6條：
　　受難者及受難者家屬名譽受損者，得申請回復之；其戶籍失實者，得申請更正之。

22　財團法人二二八事件紀念基金會網站 http://www.228.org.tw/。

是規定由行政院下設立之「財團法人戒嚴時期不當叛亂暨匪諜審判案件補償基金會」來處理[23]。補償的對象為在戒嚴解除前，因觸犯內亂罪、外患罪或戡亂時期檢肅匪諜條例，經有罪判決確定或裁判交付感化教育之人民[24]。補償的範圍包含執行死刑、徒刑、交付感化(訓)教育以及財產被沒收之部分[25]。

而所謂人民受有罪判決確定而可申請補償之事由，學者陳志龍等人將其類型化為2種情形[26]：

第一：被認定是叛亂案或匪諜，為冤案、錯案、假案的情形。換句話說，實際上受無罪判決之人民是被誣告、被冤枉、被誣陷成罪或是錯抓的，其本來應該是屬於無罪的。這就是所謂「枉法裁判」的類型。

第二：雖然不能明確的被認定為冤案、錯案、假案的情形，但是判決中所依據的證據並不明確，而在證據並不明確的情況下，原本應依「罪疑有利被告原則」，予以無罪判決，但是卻仍為有罪判決之情形。而這是屬於「不當審判」的類型。

而戒嚴時期不當叛亂暨匪諜審判案件補償基金會，除了受

23　戒嚴時期不當叛亂暨匪諜審判案件補償條例第3條之規定。

24　戒嚴時期不當叛亂暨匪諜審判案件補償條例第2條第2項之規定。

25　戒嚴時期不當叛亂暨匪諜審判案件補償條例第6條之規定。另一方面，該條例於2000年修法時，也將補償的對象放寬，將在戒嚴前觸犯內亂罪、外患罪或戡亂時期檢肅匪諜條例而受有罪判決之人等情形包含在內。2002年修法時，還將在戒嚴前至動員戡亂時期終止時，涉嫌觸犯內亂罪、外患罪或戡亂時期檢肅匪諜條例，雖未受審判，但遭治安或軍事機關擊斃或緝捕致死之人也劃入可受補償之範圍。

26　陳志龍、蔡清彥、張天欽、王永壯，〈戒嚴政治刑案與補償責任〉，《法學叢刊》181期（2001年1月），頁140-141。

理補償事宜之認定及申請外，也辦理受裁判之人民及其家屬名譽受損之回復申請[27]、拍攝白色恐怖之記錄影片、舉辦許多追思紀念活動、教材著作補助以及舉行相關學術研討會等事務。

（三）關於相關調查研究報告之發表與檔案法之制定

對於二二八事件與戒嚴時期政治案件，也有相關調查研究報告之發表。就二二八事件而言，一開始行政院在1990年成立「研究二二八事件專案小組」，邀請學者專家撰寫報告，於1992年2月公布了行政院版的《二二八事件研究報告》。這份報告處理了事件的背景、事件的爆發與衝突經過、政府的因應以及傷亡與受害情況，整體而言，已經有相當全面之說明[28]。接著總統府、中央各部會及各縣市政府、各級法院、學校等，也蒐集許多二二八檔案，且集中管理、辦理解密，並公開展示，提供各界閱覽。並在2002至2004年之間，國史館使用該批檔案，與檔案管理局、二二八事件紀念基金會共同出版多達16冊的「二二八事件檔案彙編[29]」。而口述歷史方面，則有中研院近史所所編輯之《口述歷史：二二八事件專號》。再者，二二八事件紀念基金會又於2006年出版了《二二八事件責任歸屬研究報告》，在報告中對責任的歸屬提出明確結論，指出

27　戒嚴時期不當叛亂暨匪諜條例審判案件補償條例第4條之規定。

28　陳翠蓮，〈歷史正義在台灣：兼論國民黨的二二八論述〉，《二二八事件60週年國際學術研討會：人權與轉型正義》（2007年），頁13。

29　翁金珠，〈「二二八事件處理及補償條例」立法爭議與影響的研究〉，《二二八事件60週年國際學術研討會：人權與轉型正義》（2007年），頁24。

蔣介石是事件原凶，應負最大責任，某些重要的軍政人員應負次要責任，此外也說明了其他軍政人員、情治人員、半山人士[30]、社會團體、媒體工作者等人之責任[31]。

至於戒嚴時期政治案件的調查，目前政府主要是進行口述歷史的工作，而也有對於比較重要的政治案件加以介紹及分析，像是由台灣省政文獻委員會所發行的《美麗島事件》、《戒嚴時期臺灣政治事件口述歷史》、《戒嚴時期臺灣政治事件檔案與口述歷史》、《戒嚴時期臺灣政治事件檔案、出版資料、報紙人名索引》，以及中研院近史所所出版的《戒嚴時期臺北地區政治案件口述歷史》等書。不過整體而言，仍比較欠缺像處理二二八事件這樣全面且完整的官方檔案或是研究報告之發表[32]。

另一方面，政府並於1999年通過檔案法，2001年通過檔案管理局組織條例，成立檔案管理局來管理、彙整、判斷、分類、保存國家檔案，並規劃、推動檔案開放之應用方式[33]，也提

---

30 所謂半山人士，指的是出身在台灣，但曾經去過中國大陸一段時間，最後再返台的台灣人。學者李筱峰即將半山作語意上之界定：第一，指曾經留居中國大陸一段時日而後返台的台籍人士；第二，該人士係在國民政府體制內任職，或在行動上擁護國民政府。參照張炎憲等執筆，《二二八事件責任歸屬研究報告》（台北市：二二八基金會，2006年），頁338-341。
31 張炎憲等執筆，《二二八事件責任歸屬研究報告》，頁341。
32 例如戒嚴時期政治案件的討論，目前就沒有類似像《二二八事件研究報告》或是《二二八事件責任歸屬研究報告》相關研究報告之出現。
33 檔案管理局組織條例第2條之規定。

供一般人民申請閱覽、抄錄或複製檔案之權利[34]。藉由檔案法與檔案管理局組織條例之通過,將有助於二二八事件及戒嚴時期政治案件相關事實之釐清。

二、台灣處理轉型正義之現況分析

(一) 以金錢賠償或補償爲中心

在對於我國轉型正義之處理模式進行簡述後,可發現幾個特點,首先是以金錢賠償或補償爲中心。因爲不論是1995年通過的「戒嚴時期人民受損權利回復條例」、「二二八事件處理及賠償條例」,或是1998年通過的「戒嚴時期不當叛亂暨匪諜審判案件補償條例」,受害者能獲得的,卻也只有補償或賠償以及附隨的給予名譽回復之機會[35]。換句話說,我國關於轉型正義制定之主要法制,主要僅止於對受害者金錢之補償與賠償。

(二) 公開檔案、眞相調查之不足與以受害人爲中心之眞相調查

再來,是公開檔案、眞相調查之不足與以受害人爲中心之眞相調查。就公開檔案之部分而言,1999年通過檔案法以及2001年通過檔案管理局組織條例成立檔案管理局後,也出版相關之研究彙編資料,這的確是讓二二八事件與戒嚴時期政治案件之調查,邁進了一大步。但是由於公開檔案之措施,仍屬

---

34 檔案管理局組織條例第2條之規定。
35 黃若羚,《轉型正義與法院之功能角色》,國立臺灣大學法律學研究所碩士論文(2007年12月),頁46-47。

於草創階段，許多應公開之相關文件，不是不齊全，就是受到毀損，另一方面，遭受到惡意銷毀的文件也不知道有多少。再者，事實上仍然有很多的檔案還沒有獲得解密[36]。因此目前所公開的資料、檔案，對於相關事件之調查，到底能有多少幫助，還是個未知數。

至於真相調查，就二二八事件之相關調查，至目前為止有2份官方的報告：《二二八事件研究報告》與《二二八事件責任歸屬研究報告》。因為有這2份報告，使得關於二二八事件之研究相當全面且完整。然而就戒嚴時期政治事件的調查，到目前為止，較欠缺全面且完整的官方檔案或是研究報告，不過仍有許多「口述歷史」的相關文獻。而筆者在閱讀了許多口述歷史的資料發現，口述歷史之內容，主要是受害人單方之親身經歷，當然，瞭解受害人單方之親身經歷，是真相調查中不可或缺之一環。但是過度於強調此部分，會導致許多真相調查僅止於調查受害人之部分，未及於加害者之部分。換句話說，這裡也點出了我國真相調查之一個特徵----以受害人為中心之真相調查。

這樣的一個特徵，也可以於「二二八事件處理及賠償條例」以及「戒嚴時期不當叛亂暨匪諜審判案件補償條例」中體現到。以上這2個條例皆規定，「基金會為了調查受難者受難情形或是裁判情形，可以邀請相關人士到場說明，必要時並得

36　倪子修，「解嚴二十週年-人權與政治事件探討」國際學術研討會發言，2007年11月24-25日

調閱政府機關或民間團體所收藏之文件及檔案[37]」，因此基金會基於補償或賠償之需要，可以進行相關之眞相調查。但是由於基金會的目的主要是在補償或賠償要件之審查以及補償、賠償基數之認定，很自然的，其調查之方向當然是以受害人爲主，同樣也是欠缺加害者之調查[38]。

因此，從以上的分析可看出，第一：我國的檔案公開制度，目前仍是相當不足夠且不成熟；第二：眞相調查也較爲欠缺全面性之調查報告，目前完整的，僅止於關於二二八事件之《二二八事件研究報告》與《二二八事件責任歸屬研究報告》；第三：就算是有眞相調查，主要也只是以受害人爲中心之眞相調查，而不是一個全面性並包含加害者之眞相調查。

（三）欠缺責任之追究

最後，是我國所最欠缺的，也就是對專制政權下行爲人之責任追究。不論是二二八事件抑或是戒嚴時期政治案件，當初從事人權侵害行爲之行爲人，到目前爲止並未受到任何的不利處置，不論是刑事責任或是行政責任，或許這麼說更貼切，就是我國關於加害人之責任追究，是呈現一種未處理之狀態[39]。

---

37 二二八事件處理及補償條例第10條之規定與戒嚴時期不當叛亂暨匪諜條例審判案件補償條例第9條之規定。

38 學者黃若玲更進一步點出我國轉型正義所從事的眞相調查，是一種「欠缺個案眞相之調查」。參照黃若玲，《轉型正義與法院之功能角色》，頁57。

39 其實二二八事件處理及補償條例在制定中，原本是想要對於加害者爲刑事上之追究，但最後在立法院院會及委員會的表決攻防失敗，而未制定於現行條文中。參照

三、遺忘＝轉型正義

　　從前述對於我國處理轉型正義之處理模式與現況分析後可發現，從國民黨專制政權轉型到民主體制後，我們對於前政權可說是以最寬容的態度來處理之。到目前為止完全沒有追究行為人的刑事或行政責任。甚至所進行之真相調查，也不夠完整且全面，只著重於「受害者」，忽略「加害者」。且另一方面，只想以金錢之補償或賠償，來解決問題，對於過去盡量選擇遺忘，只有補償、賠償受害者，稱的上是轉型正義之措施。雖然社會上有些許追究加害者責任之聲音出現，像是2007年由民進黨立院黨團所提出的「二二八事件及戒嚴時期違法責任追究特別條例草案」，要求對於國民黨專制政權時期所發生之人權侵害事件，予以刑事責任之追究。但所得到的回應卻不外乎是「這是少數人的意見，聽聽就好[40]」、「誠屬荒謬[41]」、「扭曲歷史[42]」等反應。

翁金珠，〈「二二八事件處理及補償條例」立法爭議與影響的研究〉，《二二八事件60週年國際學術研討會：人權與轉型正義》（2007年），頁8-9以及頁12-13。而到了2007年，由民進黨立院黨團所提出的「二二八事件及戒嚴時期違法責任追究特別條例草案」，也要求對於國民黨專制政權時期所發生之人權侵害事件，予以刑事責任之追究。但最後於立法院司法委員會審查該條例草案時，因出席立委未達法定人數而流會，沒有獲得充分的討論即遭到否決。

40　〈國民黨推228歷史紀錄片 馬英九：必須做的事〉，《大紀元》，2006年2月21日。資料來源為http://www.epochtimes.com/b5/6/2/21/n1232105.htm。

41　韓毓傑，〈要制定「二二八究責條例」？荒謬！〉，《國政研究報告》，2008年1月3日。資料來源為http://www.npf.org.tw/particle-3817-2.html。

42　〈雷倩與部分學者：二二八究責草案扭曲歷史〉，《中央社》，2007年12月5日。資料來源為http://news.yam.com/cna/politics/200712/20071205027888.html。

由於這種只強調補償、賠償，不在意真相調查，不理會追究加害人責任之要求，使得我國就這方面議題之處理上，出現了一個很奇特的現象，就是雖然知道有許多侵害人權之事件發生，也知道有受害者的存在，但卻從來不知道加害者是誰，也難以得知發生之真正原因為何。簡單的說，我們對受害者知悉有限，但對真相一知半解，對加害者一無所知。

　　或許我們可以這麼說，我國對於轉型正義之處理，除了補償、賠償，就是要大家遺忘，忘記這一切不要再提起，忘得愈徹底愈好。在目前的台灣，選擇遺忘，似乎就是轉型正義的主流思考模式，而且也是最棒的思考模式。

參、以刑事制裁作為轉型正義落實方式之一

　　我國轉型正義之落實現況，是以選擇遺忘作為主流思考模式。然而這樣的思考模式是適當的嗎？一位著名的神學及宗教學家 Nigel Biggar，即對於這種蓄意的遺忘策略，提出了幾個相當一針見血的批評。第一：雖然在這邊不斷的強調遺忘，的確，或許某些人能夠遺忘，但是不代表所有的人──尤其是受害者──都能夠遺忘；第二，如果政府不能夠好好的照料受害者、關心他們的需求，而一味的要求遺忘，那麼等於是連最基本的政治責任──保護與支持受到傷害的受害者是國家的基本法定存在理由──都無法履行；第三，未獲得慰藉的不滿是

會逐漸傾向潰爛。潰爛會腐蝕未來的世代，不僅使他們會不加區別的怨恨加害者與他們的子孫，還會讓它們對於國家產生特有的不信任。而這樣的潰爛，沒有辦法去爲受害者證明所受到之過去苦難，更等於是國家默許了受害者苦難之存在。如此一來，將形成一種不穩定的混合物，在某種條件下，很可能會爆發且讓原先已經半遺忘的過去產生破裂；第四，這裡所說的遺忘，是指哪種遺忘？是只有專指遺忘加害者與他們所犯下的罪惡，還是包含了遺忘受害者與他們所受到的傷害？這樣的區別是相當重要的，因爲記住受害者與他們所遭受的痛楚，是落實轉型正義相當重要的一部份[43]。

再者，從暴力行爲的預防觀點來看，選擇遺忘，也是相當不智的行爲。南非的Tutu主教曾經說過：「除非我們承認過去並加以妥善處置，否則過去很可能毀掉我們的未來[44]。」沒有適度的揭露過去、記起過去，則我們對於過去將一無所知，如此一來，以前發生過的暴力行爲、人權侵害事件，在未來還是有可能發生。相反的，讓過去的暴行不被遺忘，則可以作爲警惕，避免同樣事件在不久之未來再度出現[45]。因此，在處理轉型正義的議題時，爲了社會、政局和平穩定，選擇遺忘策略、將過去的記憶封

---

43 Nigel Biggar, Making Peace or Doing Justice: Must We Choose?, in Nigel Biggar, ed., *Burying The Past: Making Peace and Doing Justice After Civil Conflict*, p. 5-6, Washington, D.C., U.S.: Georgetown University Press, 2003.

44 Desmond Tutu著，江紅譯，《沒有寬恕就沒有未來》（台北：左岸文化，2005年2月），頁68。

45 Nigel Biggar, Making Peace or Doing Justice: Must We Choose?, p. 10.

閉，是絕對不可行的。因為拒絕承認那樣的苦痛記憶，不僅無助於社會穩定，反而是埋下一個不定時炸彈，使得過往的暴力行為在未來再度發生。另一方面，國家集體、制度性的選擇失憶，同樣忽略了受害者的感受，甚至傷害其心理健康[46]。

很顯然的，選擇遺忘的模式是相當有問題的，那麼到底怎樣的處理方式才是適當的呢？其中一個倡導最力的方式是對於真相進行揭露。因為真相揭露，透過受害者或是相關人物的真相述說，不僅有助於自我認同，使得屬於自己的個性與不可剝奪的人格得到承認外，還可讓受害者本身所遭受到的創傷獲得治療[47]。再者，讓受害者之外的其他人了解事實的殘酷，有助於建立真實的歷史記憶。至於就社會而言，保存這樣的歷史經歷讓公眾知悉，某程度上，也能夠幫助避免這樣的一個不正義行為會在未來重複發生之機會[48]。

筆者在此並不否認真相揭露的重要性，的確，由政府成立真相委員會，以真相的揭露作為轉型正義的出發點，的確是相當重要的，而這也是目前國內學者所極力在推動的目標[49]。不

46　Donald W. Shriver, Where and When in Political Life Is Justice Served by Forgiveness?, in Nigel Biggar, ed., *Burying The Past: Making Peace and Doing Justice After Civil Conflict*, p. 31, Washington, D.C., U.S.: Georgetown University Press, 2003.

47　Brandon Hamber, Does the Truth Heal? A Psychological Perspective on Political Strategies for Dealing with the Legacy of Polotical Violence, in Nigel Biggar, ed., *Burying The Past：Making Peace and Doing Justice After Civil Conflict*, p. 160, Washington, D.C., U.S.: Georgetown University Press, 2003.

48　Donald W. Shriver, Where and When in Political Life Is Justice Served by Forgiveness?, p. 31.

49　像是學者吳乃德在〈轉型正義和歷史記憶：台灣民主化的未竟之業〉這篇文章就強

管是二二八事件或是戒嚴時期，過去政府所犯下的一些侵害人權行為，於民主轉型後，實在有必要將相關的檔案、資料完全公開，或是透過政府的力量成立真相委員會，進一步呈現加害者、受害者之證言，將一切真相公諸於世，讓我國人民瞭解過去，能以正面態度直接面對歷史的深刻創傷，以便有助於未來的國家發展[50]。

　　然而，筆者認為，轉型正義的落實，並不應只限於真相揭露。以南非為例，南非真相與和解委員會透過以大赦換真相的方式來作為處理轉型正義之方法，雖然其運作獲得廣泛的讚揚，也揭露了發生於種族隔離時期之許多殘酷暴行。但事實上，南非在真相揭露與揭開傷口後，仍有不少的問題存在，許多的受害者與倖存者仍然對大赦加害者的行為感到相當憤怒，有些加害者甚至還否認他們自己的責任。真相和解委員會雖然某方面是成功的，但是它的功能確實被誇大，並且一致的認為

調求真相的重要性，參照吳乃德，〈轉型正義和歷史記憶：台灣民主化的未竟之業〉，《思想2---歷史與現實》（2006年6月），頁1-34。另一方面，民間也在2007年成立了「台灣民間真相與和解促進會」，試圖透過真相的探求，來推動轉型正義。

50　不過有趣的是，筆者最近在閱讀各國轉型正義交叉分析的文獻時，卻發現有學者把我們臺灣列為有官方真相委員會（不過是非獨立機關性質之委員會）的國家。而究其實，該位學者應該是把我國的「財團法人二二八事件紀念基金會」當成了官方的真相委員會。See David Becker, Cross-National Comparative Analysis, in Hugo van der Merwe, Victoria Baxter and Audrey R. Chapman eds., *Assessing the Impact of Transitional Justice: Challenges for Empirical Research*, p. 79, Washington, D.C., U.S.: United States Institute of Peace Press, 2009.當然不能說這樣的結論完全錯誤，二二八事件紀念基金會的確具有官方色彩，且目前基金會確實也有進行真相探求之工作，只不過直接把二二八事件紀念基金會當成官方的真相委員會，仍與事實有不小的出入。

「真相述說」全體個人皆所需求、渴望的，而忽略了其實許多的受害者真正想要的，不只是真相[51]。

再者，從國家、社會未來發展的角度觀察，強調真相之追求，而使用大赦制度來讓加害者免於遭受制裁，也容易讓專制政權的遺產存在於現今的政府機關中，不僅無助於社會、國家未來的民主發展，也有害於人權保障的目標追求[52]。

最後，專制政權的受害者獲知真相後，不一定會想要寬恕加害者，這時如能制裁這些加害者，或許能讓受害者獲得些許的滿足。但如過度強調真相之重要性，而斷然實施「以大赦換真相」之模式，乃是將寬恕從原本的「個人性的寬恕」，擴張、轉化成「法律上的寬恕」。學者 Charles L. Griswold 就提到這種由政府透過法律上之大赦而形成之「**寬恕的公民文化 (civic culture of forgiveness)** [53]」是相當有問題的。因為它對寬恕的本質已經產生危害，此時的寬恕不再是受害者個人所自行施予的行為，而是受到群體的強迫或控制，所不得不為的行為[54]。如此一來，寬恕已成為在公眾壓力下的一種毫無意義之道德形式[55]。

---

51 Brandon Hamber, Does the Truth Heal? A Psychological Perspective on Political Strategies for Dealing with the Legacy of Polotical Violence, p. 162.

52 Brandon Hamber, Does the Truth Heal? A Psychological Perspective on Political Strategies for Dealing with the Legacy of Polotical Violence, p. 165.

53 Charles L. Griswold, *Forgiveness: A Philosophical Exploration*, p. 180-181, New York: Cambridge University Press, 2007.

54 Charles L. Griswold, *Forgiveness: A Philosophical Exploration*, p. 181.

55 Charles L. Griswold, *Forgiveness: A Philosophical Exploration*, p. 182.

因此，既然只有眞相的探求是不足夠的，則筆者想進一步嘗試的就是可否對於專制政權下從事人權侵害行爲之加害人進行某程度的刑事責任追究，也就是所謂刑事制裁的落實[56]。

肆、刑事制裁之可行性分析

一、刑事制裁之問題點

在民主轉型後的台灣，對於過去所發生的二二八事件或是戒嚴時期政治案件等人權侵害行爲，可否存在有以刑事制裁的形式來懲罰加害者的可能性呢？雖然我國目前沒有任何以刑事追訴手段來追究前國民黨專制政權下加害者之法制出現，不過學者陳志龍提出看法認爲，對於前國民黨政權的加害者，應有施予刑事制裁的必要性：

「生命權的保護，並無法依據長官的命令而阻卻違法(正當化)，亦不能夠依據長官的命令認爲可以原諒(阻卻責任)，

---

56 其實筆者在思考眞相揭露之不足性後，眞正所欲採取的措施是「懲罰制度」，也就是對加害人進行「懲罰」，至於「刑事制裁」，不過是「懲罰制度」之其中一種形式而已。而除了「刑事制裁」之外，「人事清查制度」，也就是「針對曾經擔任過前政權且現仍在職的重要公職人員，清查、調查其過去的檔案或資料，如發現有幫助、參與前政權侵害人權之行爲或是與前政權有重要牽連，如秘密合作等，則被要求去職或是強制剝奪其公職資格」，亦可歸類於「懲罰制度」之中，但由於文章篇幅所限，只能對「刑事制裁」部分加以論述。如有讀者想進一步瞭解「人事清查制度」的內涵與各國目前之落實現況，可參考筆者之碩士論文，劉正祥，《轉型正義之法治課題及應有方向之探討：除了眞相還要什麼？以懲罰制度之必要性與可行性爲重心》，國立臺灣大學法律學研究所碩士論文（2008年6月），頁228-302。

因為生命權要絕對尊重，即使依照長官的要求，也不能夠使殺人行為正當化。也不能因長官的命令不可違坳，就可以阻卻違法，換句話說，這些依照上級命令做殺人行為的行為者，還是構成殺人罪，並不能阻卻違法，也不能阻卻責任[57]。」

　　由此可見，對前政權之加害者實施刑事制裁，並非不是完全不可能之事，但是問題點在於如何透過刑法理論來正當化刑事制裁。依據刑法犯罪三階理論，犯罪之構成，必須具備構成要件該當性、違法性與有責性，才有刑事責任，也才有刑事制裁的空間存在[58]。其中的「構成要件該當性」，所指的是該犯

57　陳志龍，〈二二八事件的人權與法律〉，《二二八事件60週年國際學術研討會：人權與轉型正義》（2007年），頁23。

58　其實討論專制政權下加害人之刑事責任時，除了「構成要件該當性」、「違法性」與「有責性」判斷外，還包含了「追訴權時效」是否逾期之判斷。但由於追訴權時效，已經是在行為具備刑事責任而構成犯罪後，來進行是否予以刑事追訴的問題，一方面因屬偏向程序面的分析，另一方面基於篇幅所限，在此僅就目前國際人權法上關於人權侵害行為之追訴權時效規定，以及德國、捷克、匈牙利處理舊政權人權侵害行為追訴權時效之現況，作簡要的說明。就國際人權法部分，在國際法上的諸多公約，如《聯合國戰爭罪及違反人權罪不適用追訴權時效公約 (United Nations Convention on the Non-Applicability of Statutory Limitations to War Crimes and Crime against Humanity)》與歐洲委員會所通過之《歐洲戰爭罪及違反人權罪不適用追訴權時效公約 (European Convention on the Non-Applicability of Statutory Limitations to War Crimes and Crime against Humanity)》，對於「戰爭罪」與「違反人道罪」，皆明文規定沒有追訴權時效之適用，也就是說，不論是在多久以前所犯下的罪行，都具有永久的追訴權。德國（指西德）也在1979年修正刑法，將種族滅絕罪 (genocide) 與謀殺罪 (murder) 的追訴權時效取消（原本為30年）。至於捷克在民主化後，由於想追訴1948年2月25日至1989年12月29日共產專制政權時期之加害者刑事責任時，遇到了追訴權可能罹於時效之問題，於是國會在1993年也通過《確認共產政權之違法性與反抗法 (Act on the Illegality of the Communist Regime and Resistance to It)》，其第5條規定，在1948年2月25日至1989年12月29日的共產專制政權時期，從事人權侵害行爲的追訴權時效不予算入，也就是說，追訴權時效在1948年與1989年間停止進行，到1989年12月29日後又開始起算，如此一來，就可達成追訴共產政權時期加害者刑事責任之目標。而該法的合憲性也於同年獲得捷克憲法法院之認同。See Neil J. Kritz, ed., *Transitional Justice: How Emerging Democracies Reckon with Former Regimes, Volume* Ⅲ*: Laws, Rulings, and Reports,* p. 615-628, Washington DC, U.S.: United States Institute of Peace, 1995.匈牙利在民主化後，國會亦於1991年通過類似的立法，該法規定在1944年12月21日至1990年5月2日的共產專制政權時期犯下重罪(叛國罪、故意殺人罪與凌虐致死罪)之加害者，因爲政治上的理由而無法對其追訴刑事責任時，在1990年5月2日後重新起算其追訴權時效。不過此法在1992年就被匈牙利憲法法院宣告違憲(decision 11/1992)。然而事件尚未結束，在被憲法法院宣告違憲後不久，匈牙利國會於1993年2月，另以決議之方式作成2個與上揭法律內容幾乎完全相同之決定，但又再次被憲法法院宣告違憲(decision 41/1993與decision 42/1993)。在此同時，國會又作了第3次立法——《關於在1956年10月革命刑事觸法事件程序法(Concerning the Procedures in the Matter of Certain Criminal Offenses During the 1956 October Revolution and Freedom Struggle)》，不過這次立法不是透過延長追訴權之方式，而是從國際人權法之角度著手，且也將追訴之範圍限縮在1956年10月所發生的民衆革命事件(反抗共產政權)。《關於在1956年10月革命刑事觸法事件程序法》規定，在1956年爲了鎮壓民衆革命事件所犯下的「戰爭罪」與「違反人道罪」，基於國際人權法之原則，沒有追訴權時效之適用。這次的新法，只有一小部分內容在1993年遭到憲法法院之違憲宣告，其餘部分皆屬合憲(decision 53/1993)。而憲法法院更進一步闡述其見解認爲，所犯下之罪行如只是國內法(匈牙利刑法)之犯罪，稱不上是「戰爭罪」與「違反人道罪」時，仍有追訴權時效存在，除了2個例外：(1)行爲時之匈牙利刑法規定不存在有追訴權時效時，則該罪行將能夠被追訴，或是(2)當犯下之罪行是國際人權法所稱之「戰爭罪」與「違反人道罪」時，則能夠無視匈牙利刑法之追訴權時效而予以追訴。See Gabor Halmai and Kim Lane Scheppele, Living Well Is the Best Revenge: The Hungarian Approach to Judging the Past, in A. James McAdams, ed., *Judging the Past in Unified Germany,* p.158-166, New York, U.S.: Cambridge University Press, 1997.現在回到我國，我國刑法第80條規定不論是哪一種犯罪，都有追訴權時效，其最嚴重的犯罪，時效爲30年。因此，如果以228事件爲例，想要追訴當時

罪行為是否符合某一個犯罪的構成要件，假使符合，則具有構成要件該當性，反之則否。而「違法性」，所指的是符合該犯罪構成要件之行為，是否具有阻卻違法事由。而這裡比較特別的是，違法性的認定，與構成要件該當性之認定方式相反，所採取的是消極之認定方式。當存在阻卻違法事由，則行為人行為將不具違法性，反之，則行為人行為之違法性就能夠確立。而「構成要件該當性」與「違法性」又可統稱為「不法性」。至於「有責性」，指的是對於行為人行為時是否具備責任。簡單的說，一個人會構成犯罪，首先必須行為本身滿足犯罪構成要件，不存在阻卻違法事由（不法性），並且具備責任（有責性），才是構成犯罪的行為。

　　在現今的民主社會，殺人等人權侵害行為是一種犯罪行為，是無庸置疑的。但是如果時空背景換成是之前的專制政權，則依據刑法犯罪三階理論，其結論就不是這麼的理所當然了。在專制政權的統治下，許多的人權侵害行為，雖然行為本身滿足犯罪構成要件，但在當時的法律上是具有正當事由的，也就是所謂的阻卻違法事由。因此，如果以現代民主社會的思

加害者的刑事責任，根本早已罹於追訴權時效而無法訴追。對於這樣的難題，學者陳志龍即主張從追訴權時效的法理出發，關於228事件的追訴權時效，應自2000年5月10日政黨輪替之時開始起算。參照陳志龍，〈二二八事件的人權與法律〉，頁24-25。陳氏的看法，與前述捷克與匈牙利之立法，有些許雷同之處，然捷克與匈牙利畢竟是透過法律來處理追訴權時效問題，但我國到現在為止則未有任何相關立法，因此是否可透過法律解釋之方式來讓追訴權時效重新起算，目前仍是無解。

考模式，來否認前專制政權所承認之阻卻違法事由，的確會有相當大的問題存在。再者，在專制政權下的人們，對於自己所犯下的人權侵害行為，是否有能力意識到其違法性的存在，也就是所謂的有責性，同樣也是值得深入探討的。

關於專制政權下加害者行為之不法性與有責性問題，在國際間最常被討論的就是發生在德國的「柏林圍牆射殺案」，因此，筆者將先從此一系列判決談起，來說明追究專制政權下加害者刑事責任之可行性。

二、德國柏林圍牆射殺案

（一）背景概說與分析重心

1949年東西德正式分裂後，東德人民因為受不了共產專制政權的統治，從1949年到1961年，大約有250萬人從東德邊境逃往西德。而為了制止這種不間斷之逃亡情形之發生，東德政府乃於1961年8月13日建造柏林圍牆，並且沿著圍牆加強相當多的安全措施，特別是裝置了殺傷性地雷與自動射擊系統。因此，許多試著想通過兩德邊境的東德人民，不是碰觸到殺傷性地雷或自動射擊系統而死亡，就是被埋伏在東德邊境的守衛所射殺。因此欲越過圍牆而死亡之人數，可說是不計其數。

1991年10月3日，東西德再度統一，結束了長達40年分裂的局面。而統一後，關於是否要追究東德時期的邊境守衛、其上級長官以及領導人於東德邊境所從事之射殺非法越境人

民、裝置殺傷性地雷或自動射擊系統等行爲導致人民死亡的刑事責任，即成爲國內議題爭論的重心之一[59]。並且從1992年開始，德國的各級法院也開始對於此項議題表示了許多法律見解，而且相關案件甚至是到了歐洲人權法院的層級。

　　而由於在德國，關於柏林圍牆射殺案之相關判決相當眾多，基於篇幅所限，也基於討論之深入性，在此必須先說明的是，第一：筆者乃以曾經經過歐洲人權法院所審理的案件爲分析重心。第二：分析之案件內容將限縮在該案件的德國聯邦憲法法院見解與歐洲人權法院之見解。

（二）案例事實發生經過

　　案例事實的被告爲4位東德政府之人員，分別爲前國防部副部長Streletz、前國防部部長兼國民軍總司令Kessler、前國家主席Krenz與前邊界圍牆守衛K.-H.W.。Streletz與Kessler涉嫌從1971到1989年蓄意教唆殺害許多嘗試想穿越兩德邊境的18到28歲之年輕人等共7宗案例，而這些年輕人不是碰觸到殺傷性地雷或自動射擊系統而死亡，就是被邊境守衛射殺而死[60]。而Krenz則是涉嫌自1984到1989年，從事4宗邊境守衛射殺案之蓄意殺人罪間接正犯[61]。至於K.-H.W.，則是在1972年2月14

59　李建良，〈轉型不正義？──初論德國法院與歐洲人權法院「柏林圍牆射殺案」相關裁判〉，《月旦法學雜誌》148期（2007年9月），頁7-8。

60　Case of Streletz, Kessler, and Krenz v. Federal Republic Germany, para. 19(European Court of Human Rights 2001).

61　Case of Streletz, Kessler, and Krenz v. Federal Republic Germany, para. 23(European

日至15日晚間，與其他邊界守衛於東柏林邊界共同射殺一位想游向西柏林的東德人民，該人民最後因頭部中彈而死亡，K.-H.W.因此涉嫌蓄意殺人罪[62]。

　　而以上4位被告，於兩德統一後，分別被檢察官起訴，並且於柏林邦法院、聯邦普通法院皆獲得蓄意殺人罪之有罪判決。被告不服，均向聯邦憲法法院提起憲法訴願。

（三）聯邦憲法法院之見解

1. 憲法訴願人與聯邦司法部、柏林邦司法部之分別主張

　　而4位憲法訴願人的主張大概是，由於東德人民穿越兩德邊境的行為構成當時東德刑法第213條第1項的非法越境罪[63]，並且依照行為時的東德國家實務與國防部第89號令與以解釋，這是一種重罪[64]。雖然訴願人們於兩德邊界所為的射殺行為，或是裝置了殺傷性地雷與自動射擊系統的行為，符合當時東德刑法第113條第1項蓄意殺人罪的構成要件[65]，但由於非法越境罪是一種重罪。因此，訴願人們的殺人行為符合1968年

Court of Human Rights 2001).

62　Case of K.-H.W. v. Federal Republic Germany, para. 17(European Court of Human Rights 2001).

63　東德刑法第213條第1項：任何一個非法穿越德意志民主共和國邊界或是違反德意志民主共和國暫時授權條款而通過邊界的人民，將會被處以二年以下有期徒刑、緩刑或罰金。

64　李建良，〈轉型不正義？——初論德國法院與歐洲人權法院「柏林圍牆射殺案」相關裁判〉，《月旦法學雜誌》148期，頁9。

65　東德刑法第113條第1項：蓄意殺人者，處無期徒刑或十年以上有期徒刑。

通過的人民警察法第17條第2項[66]與1982年的邊境法第27條[67]之規定，具有阻卻違法事由，而不構成蓄意殺人罪。而法院如果嗣後將人民警察法第17條第2項與1982年的邊境法第27條之規定做與東德實務全然不同的解釋，使得該阻卻違法事由不再存在，進一步肯定刑罰之可罰性，將會違反基本法第103條第2項所規定的禁止溯及既往原則[68]。

　　至於聯邦司法部與柏林邦司法部，則認為訴願人的憲法訴願並無理由，並不存在侵害基本法第103條第2項之禁止溯及

---

[66] 人民警察法第17條第2項節錄：
當在下列的情況下，使用射擊武器是具有正當性的：
(a)為阻止犯罪行為的即將發生或持續進行，下列情形視為具有上述具體情況：
---對德意志民主共和國主權、和平、人道及人權所為的犯罪
---對德意志民主共和國所為的重罪
---對人民所為的重罪
---對公共安全或國家秩序所為的重罪
---其他的重罪，特別是使用射擊武器或炸藥所為的重罪
以上條文參考自吳志光，〈「邊界圍牆守衛案」裁定〉，《德國聯邦憲法法院裁判選輯（九）》（台北：司法院，2000年），頁8-9。

[67] 邊境法第27條第1與第2項：
使用射擊武器係對於相對人最極端的強制武力措施。射擊武器之使用僅得於無法以體力或輔助之方式制服，或顯然沒有效果時使用之。對於相對人使用射擊武器時，只有當武器的火力不及於物或動物時，才可使用之。
如果是為了阻止即將發生或是持續發進行的犯罪行為，而其情況是構成重罪行為者，此時使用射擊武器是可以是具有正當性的。而為阻止重大犯罪之嫌疑時，亦得使用射擊武器。
以上條文參考自吳志光，〈「邊界圍牆守衛案」裁定〉，《德國聯邦憲法法院裁判選輯（九）》，頁10。

[68] 德國基本法第103條第2項：行為之處罰，以行為前之法律規定處罰者為限。參考自司法院，《中譯德國基本法》。

既往原則的情形。理由在於，人民警察法第17條第2項與邊境法第27條之規定，嚴重違反了正義及人性之基本觀念，因此這時該阻卻違法事由是不存在的。

2.聯邦憲法法院之見解

聯邦憲法法院在審理該案件後，首先強調基本法第103條第2項禁止溯及既往原則是法治國原則的表彰，並闡明禁止溯及既往原則的意涵[69]。然而這樣的論述，並不代表本案的訴願人就可援用人民警察法第17條第2項與邊境法第27條之阻卻違法事由來免除蓄意殺人罪之責任。因為憲法法院更進一步說明，禁止溯及既往原則之絕對適用，是在一個民主、權力分立與保障基本權利下之國家才會發生，但如果國家本身是不民主、無權力分立且又不保障基本權利的話，則人民特別的信賴基礎即不存在，禁止溯及既往原則的適用也會受到限縮：

「德意志聯邦共和國（即東德）如果是依據既非民主亦無權力分立，也未實踐基本權利的國家法律之基礎來行使刑罰權，在此會導致基本法不可放棄法治國原則之要求與基本法第103條第2項規定之間的衝突。基本法第103條第2項規定嚴格禁止溯及既往原則，如同上述，其法治國原則之正當性在於，受基本權拘束之民主立法者制定之刑法所創設的特殊信賴基礎。當其他國

---

69 Case of Streletz, Kessler, and Krenz v. Federal Republic Germany, para. 22(European Court of Human Rights 2001).

家對最嚴重之犯罪不法雖然於刑法之構成要件中規範，但其刑罰之可罰性同時卻遭到阻卻違法事由而予以部分排除，這乃是由成文的規範而為不法之要求，此一要求以重大方式忽視國際社會一般所承認之人權時，上述特別的信賴基礎就不存在。在這種情形下，國家的掌權者造就了極端的國家不法，此種不法也只有在這種政權事實存在的一天，才有被主張之可能[70]。」

接著，憲法法院更從國際人權法的層次指出，此時禁止溯及既往原則必須退讓，阻卻違法事由沒有可以援用的空間：

「在這樣一個全然特別的情況下，如果來運用這樣一個阻卻違法事由，即是排除了實質正義與否認尊重國際法所承認之人權。因此，基本法第103條第2項規定所嚴格保障之信賴，於此不應適用。否則會導致德意志聯邦共和國之刑事司法違反了法治國的重要原則[71]。」

最後憲法法院亦表示，訴願人具備行為之不法性。

而關於有責性部分的討論，憲法法院認為刑事法院裁判之見解可資贊同，因此訴願人的行為滿足有責性原則的要求：

「刑事法院指出，對於手無寸鐵的逃亡者施以密集致命射擊，在可資確定的情況下，都是一種恐怖的、沒有任何理由足

70 李建良，〈轉型不正義？——初論德國法院與歐洲人權法院「柏林圍牆射殺案」相關裁判〉，《月旦法學雜誌》148期，頁14。以及吳志光，〈「邊界圍牆守衛案」裁定〉，《德國聯邦憲法法院裁判選輯（九）》，頁43。

71 吳志光，〈「邊界圍牆守衛案」裁定〉，《德國聯邦憲法法院裁判選輯（九）》，頁43-44。

以合理化之行爲，任何一個受過教育的人都可以立即認知到其抵觸比例原則及最基本的禁止殺人誡命。判決中的其他論述亦有基於整體判決理由之足夠明確性。……就此而言，滿足罪責原則的要求[72]。」

簡單的說，聯邦憲法法院判決之見解，結論是認爲訴願人的主張並無理由，而構成殺人行爲。首先，在違法性之層次，雖然強調法律不溯及既往原則之重要性，也主張阻卻違法事由的存在。不過卻認爲如果是在像是東德這樣既非民主亦無權力分立，也未實踐基本權利的極端不法國家，由於人民特別的信賴基礎已不存在，則法律不溯及既往原則是必須加以限縮的，因此，原先存在的阻卻違法事由沒有可援用的空間。此時適用東德刑法第112條、第113條規定，就構成殺人行爲違法性之表徵。

而在有責性的層次，憲法法院較無大力著墨，只是簡單的認同刑事法院的見解，認爲在通常情形下，任何一個受過教育的人，都應立即認知到對於手無寸鐵的逃亡者施以密集致命射擊，是一種違法行爲，因此具有有責性，必須負擔刑事責任。

由於憲法訴願人對於聯邦憲法法院的判決不服，於是就以德國爲被告，向歐洲人權法院提起訴訟。

---

72 李建良，〈轉型不正義？──初論德國法院與歐洲人權法院「柏林圍牆射殺案」相關裁判〉，《月旦法學雜誌》148期，頁17。

（四）歐洲人權法院之見解

1. 原告與被告之分別主張

　　在向歐洲人權法院提起訴訟時，原告主張的依據是，根據他們行為時的東德法與國際法，並不構成殺人行為，因此，德國聯邦憲法法院以及其下級法院對他們為有罪判決，違反歐洲人權公約(European Convention for the Protection of Human Rights and Fundamental Freedoms, ECHR)第7條第1項之法律不溯及既往原則[73]。一方面是從東德法來說，統一後的德國對他們為有罪判決，是完全沒有可預見性的。因為對原告而言，他們的行為，依行為時之東德法，是有阻卻違法事由的，他們的行為也完全沒有受到當時東德法院之追訴，所以他們不可能會預見這樣的行為在德國統一後，會再度被追訴[74]。

　　被告德國政府則主張，這些被告與東德其他的人民一樣，能夠輕易的瞭解到東德政府是不問任何理由，使用前所未有的技術性篡改以及殘忍的射擊武器來禁止人民離開國家。因此，他們

73　ECHR第7條第1項：
　　任何人之作為及不作為，依行為時之國內法或國際法不罰者，不得受判決處罰。刑罰亦不得重於行為時規定之處罰。
　　該部分翻譯參照李建良，〈轉型不正義？——初論德國法院與歐洲人權法院「柏林圍牆射殺案」相關裁判〉，《月旦法學雜誌》148期，頁17註58。

74　Case of Streletz, Kessler, and Krenz v. Federal Republic Germany, para. 47(European Court of Human Rights 2001) 以及 Case of K.-H.W. v. Federal Republic Germany, para. 42(European Court of Human Rights 2001).

應能夠預見殺死一個對於任何人沒有任何威脅之手無寸鐵的逃亡者，在相關的法律條款下，是會被刑事追訴的。因此，不論從任何角度來進行解釋，原告遭受刑事追訴，都是具有正當性的[75]。

2. 歐洲人權法院之見解

2001年3月22日，歐洲人權法院對於4位原告之訴訟，同時作出兩個判決，駁回原告之訴[76]。歐洲人權法院乃是以是否違反ECHR第7條第1項之法律不溯及既往原則，作為論述之重心[77]。

而法院乃是分別討論阻卻違法事由與行為之可預見性。在論述阻卻違法事由時，法院乃先對於東德的制定法進行文義解釋，包含憲法第19條第2項[78]、第30條[79]、刑法第213條、人民警

---

75 Case of Streletz, Kessler, and Krenz v. Federal Republic Germany, para. 48(European Court of Human Rights 2001) 以及 Case of K.-H.W. v. Federal Republic Germany, para. 43(European Court of Human Rights 2001).

76 分別為 Case of Streletz, Kessler, and Krenz v. Federal Republic Germany 以及 Case of K.-H.W. v. Federal Republic Germany 兩個判決。而由於這兩個判決之內容大同小異，所以以下將以 Case of Streletz, Kessler, and Krenz v. Federal Republic Germany 作為探討中心，而如有必要，才會將 Case of K.-H.W. v. Federal Republic Germany 的一些差異點進行分析。

77 Case of Streletz, Kessler, and Krenz v. Federal Republic Germany, para. 51(European Court of Human Rights 2001) 以及 Case of K.-H.W. v. Federal Republic Germany, para. 46(European Court of Human Rights 2001).

78 東德憲法第19條第2項：
尊重及保護人格尊嚴與自由，是對於所有國家機關、所有社會與每一個人民的要求。

79 東德憲法第30條：
每一個德意志民主共和國人民的人格與自由都是不可侵犯的。
僅於與犯罪行為或治療處遇之關連，使得限制，且應以法律為之。此等人民之權

察法第17條第2項與邊界法第27條第2項，認為由於東德人民
所為的非法越境，並不屬於刑法第213條第3項所謂的重罪[80]，所
以原告等人之射殺行為，不符合人民警察法第17條第2項與邊
境法第27條第2項阻卻違法事由的要件[81]，而成立蓄意殺人罪[82]。

　　但是，法院亦表示，ECHR第7條第1項所提到的「法
律」，或許應包含習慣法，因此，在討論該案例時，除了考慮
東德一些制定法外，也應將習慣法法則，也就是東德國家實務

　　利，僅得於法律上容許且必要之範圍內，限制之。

80　關於重罪的定義，根據東德刑法第1條第3項，必須是在法定刑超過二年之犯罪。
　　而一般的非法越境行為，根據刑法第213條第1項，只會被處以二年以下有期徒
　　刑，並不屬於重罪。只有在第213條第3項的情形下，由於會被處以1年到8年的有
　　期徒刑，此時才符合重罪的定義。但大部分東德人民的非法越境行為，沒有危害到
　　人類生命、沒有使用任何射擊武器或是其他危險方法、不具有特別的嚴重性，所以
　　不構成第213條第3項的情事。
　　至於刑法第213條第3項的規定，將詳述如下：
　　嚴重情形下，違法者將會被處以1年到8年的有期徒刑。而在下列情事，被視為嚴
　　重的情形
　　1.違法行為危害人類生命或健康
　　2.使用射擊武器或是其他危險方法來從事違法行為
　　3.違法行為具有特別的嚴重性
　　4.透過偽造假冒的證件、證件詐欺或隱藏使用來從事違法行為
　　5.兩人以上共同從事違法行為
　　6.違法者已受有非法越境之判決宣告者
81　人民警察法第17條第2項與邊境法第27條第2項的阻卻違法事由，必須是在越境者
　　所犯下的是重罪犯罪時，才有適用的餘地。
82　Case of Streletz, Kessler, and Krenz v. Federal Republic Germany, para. 59.63(European
　　Court of Human Rights 2001).

的本質一併加以分析[83]。而在這樣的背景下，法院也指出，東德的制定法與習慣法間，有產生矛盾的地方：

「原告在東德政權時期爲犯罪行爲，並沒有受到任何追訴。這是因爲一方面，東德憲法所揭櫫的原則與其他立法間產生了矛盾。另一方面，依據法治國原則所支配的國家與東德政權的鎮壓實務、保護邊界之命令，也產生了矛盾[84]。」

不過，此時法院的看法急轉直下，認爲此種國家理性，必須受到限縮，因爲人民生命權之保障具有最高價值：

「原告所主張的國家理性，受東德憲法與其他法律所揭櫫的原則所限制；國家理性仍必須尊重所有關於憲法、人民警察法與邊界法對於保障人類生命的要求，而即使在東德政權時期，生命權在基本人權中，仍具有最高價值[85]。」

法院並認爲，使用殺傷性地雷、自動射擊系統以及邊界守衛「不計一切代價的消滅越境者與保護邊界」之命令，是罪大惡極的侵害了東德憲法第19條與第30條所保障的基本權利。從而原告所依賴的阻卻違法事由，根據基本的法律原則，將無法正當化他們的殺人行爲，所以，毫無懷疑的，原告必須承擔

83　Case of Streletz, Kessler, and Krenz v. Federal Republic Germany, para. 67(European Court of Human Rights 2001).

84　Case of Streletz, Kessler, and Krenz v. Federal Republic Germany, para. 68(European Court of Human Rights 2001).

85　Case of Streletz, Kessler, and Krenz v. Federal Republic Germany, para. 72(European Court of Human Rights 2001).

個人之刑事責任[86]。

至於行為之可預見性方面，法院認為，原告不可能不知道憲法、法律、國際法上義務以及國際譴責的存在。所以原告們必須直接對於存在於兩德邊境殺傷性地雷、自動射擊系統或射殺行為所導致的死亡事件負其責任[87]。

而法院雖然也有注意到ECHR第7條第1項法律不溯及既往原則的重要性，但由於生命權的保障具有優先地位，因此，德國聯邦憲法法院以及其下級法院所為之原告有罪的判決，並不違背ECHR第7條第1項之規定：

「考慮到生命權在所有關於人權保障之國際文件的優先地位，包含公約本身也在第2條保障生命權。因此本院認為，德國聯邦憲法法院以及其下級法院在本案中嚴格解釋東德法律，與公約第7條第1項是可相容的[88]。」

從而，法院認為東德的習慣法，也就是邊界射殺政策之國家實務，並不屬於ECHR第7條第1項所稱之法律。基於這樣的理由，原告等人不得主張依據ECHR第7條第1項，作為其免責之藉口：

86　Case of Streletz, Kessler, and Krenz v. Federal Republic Germany, para. 74.76(European Court of Human Rights 2001).

87　Case of Streletz, Kessler, and Krenz v. Federal Republic Germany, para. 78(European Court of Human Rights 2001).

88　Case of Streletz, Kessler, and Krenz v. Federal Republic Germany, para. 85(European Court of Human Rights 2001).

「本院認爲國家實務，例如東德之邊界射殺政策，乃是罪大惡極的侵犯了人權以及國際人權上最高價值的生命權，因此無法透過公約第7條第1項的保障來掩蓋之。缺乏法律所應該具有之本質以及強加於其他東德國家機關的國家實務，是不能被敘述爲成公約第7條第1項所稱的法律。[89].....原告等人作爲東德的政治領導人，雖然透過東德的法律制度建立一個合法性的外觀，但卻又罪大惡極地繼續從事或執行與該法律制度相異的法實務，因此，是不能援引公約第7條第1項之保障作爲免責之藉口。否則將會抵觸該項規定是要確保沒有人會受到恣意追訴、審判、處罰的規範目標[90]。」

最後，法院認爲，原告所構成的殺人罪，從行爲時之法律來觀察，仍具有足夠之可預見性。所以，原告認爲無法預見邊界射殺行爲會受到刑事追訴之主張，是沒有理由的，原告等人的行爲構成犯罪[91]。德國聯邦憲法法院以及其下級法院對於原告等人所爲之有罪判決也未抵觸ECHR第7條第1項之規定。

簡單的說，歐洲人權法院判決的見解，重心是放在ECHR第7條第1項法律不溯及既往原則，來說明原告所犯下的殺人

---

89   Case of Streletz, Kessler, and Krenz v. Federal Republic Germany, para. 87(European Court of Human Rights 2001).

90   Case of Streletz, Kessler, and Krenz v. Federal Republic Germany, para. 88(European Court of Human Rights 2001).

91   Case of Streletz, Kessler, and Krenz v. Federal Republic Germany, para. 89(European Court of Human Rights 2001).

行為，其本身對於原告而言，是否具有可預見性。

　　首先討論的是阻卻違法事由是否存在之問題，在此法院認為東德的制定法，像是憲法或相關成文法的規定，皆找不出裝置殺傷性地雷、自動射擊系統以及邊界射殺行為之阻卻違法事由。至於東德的國家實務，因違反東德憲法第19條與第30條所保障的基本權利，同樣無法成為正當之阻卻違法事由。再者，基於國際法上許多相關的國際條約保障人民之生命權與遷徙自由之規定。因此，原告等人的殺人行為，不存在任何阻卻違法事由。

　　接著，關於行為之可預見性，法院不斷強調，原告不可能不知道憲法、法律、國際法上義務以及國際譴責的存在。再者東德的國家實務，也不屬於ECHR第7條第1項所稱之法律。所以，原告等人所構成的殺人罪，不論是從行為時之東德法來觀察，或是從國際法上保障人權之規則來看，對於原告而言，仍具有足夠之可預見性。原告等人必須承擔個人之刑事責任，是無庸置疑的結論。

三、專制政權下加害者行為之不法性分析

（一）概　說

　　在觀察了德國聯邦憲法法院與歐洲人權法院的判決後，可以發現不論是哪一個判決的看法，對於專制政權下加害者（在判決中包含了邊界守衛與高級官員）所從事之行為，皆認為其

具備「不法性」與「有責性」，而給予了有罪的認定。但是這樣的見解，從法律層面來觀察，是否正確或適當，則有值得深入討論之必要。在此先從行為人的不法性，也就是「構成要件該當性」與「違法性」談起。

（二）法律不溯及既往原則之違反？

首先，就構成要件該當性之問題，不論是聯邦憲法法院或是歐洲人權法院，都認為專制政權下加害者所從事之殺人行為，符合殺人罪之構成要件，因此具有殺人罪之構成要件該當性。而這樣之認定，也是較無太大爭議的。真正令人感到有所疑惑的地方，是違法性之認定部分。

關於違法性之認定，專制政權下加害者之殺人行為，是否存在阻卻違法事由？聯邦憲法法院原則上是肯認有阻卻違法事由之存在的。不過雖然承認阻卻違法事由之存在，但因為東德是一個既非民主亦無權力分立，也未實踐基本權利的極端不法國家，這時人民對於此類法制的信賴基礎已不存在，假使還進一步援用這樣的一個阻卻違法事由，等於是排除了實質正義與否認尊重國際法所承認之人權，因此無法援用之。而雖然此時會與基本法第103條第2項的法律不溯及既往原則有所衝突，但也因為東德政權之極端國家不法，法律不溯及既往原則必須做出相當的退讓與限縮，否則將會違反基本法中所蘊含的法治國原則，基於以上的理由，於此情形下，法律不溯及既往原則

受到限縮而無適用的餘地，則原先存在之阻卻違法事由雖不能援用，但與法律不溯及既往原則亦不產生衝突，行為人的殺人行為具有不法性。

很顯然的，聯邦憲法法院所採取的論述方式，是透過法律不溯及既往原則的限縮適用，來嗣後排除阻卻違法事由的援用，以便進一步正當化行為人殺人行為之不法性。

至於歐洲人權法院，雖然沒有明確對於法律不溯及既往原則如何適用作討論，不過其論述方式，透過類似法律優越原則之概念，使得東德國家實務無效化，進而將行為人入罪。這裡隱含的一個看法，就是原先的阻卻違法事由，因為東德之國家實務受到否認而無法援用，但將原先存在的阻卻違法事由予以嗣後不適用，這某程度上，也是一種法律不溯及既往原則的限縮適用。而且歐洲人權法院也在判決的一開始，就明確表示法院是站在ECHR的角度，來觀察聯邦憲法法院以及其下級法院，對於本案行為人之有罪判決，是否有抵觸ECHR第7條第1項之法律不溯及既往原則[92]。

然而，法律不溯及既往原則是法治國原則的表彰，憲法上相當重要的原則之一，對人民而言，是提供了一個能夠信賴之基礎。因此，如果輕易的將法律不溯及既往原則限縮適用，

---

92 Case of Streletz, Kessler, and Krenz v. Federal Republic Germany, para. 51(European Court of Human Rights 2001) 以及 Case of K.-H.W. v. Federal Republic Germany, para. 46(European Court of Human Rights 2001).

進一步為法律之回溯適用，是會抵觸法律不溯及既往原則本身的。這種建構一個法律不溯及既往之例外，讓原本行為人的合法行為，因為阻卻違法事由之嗣後排除而成為違法行為，進而給予刑事制裁。學者 Brad R. Roth 就認為，此種刑罰「回溯適用」之結果，不僅不具備足夠之正當性，也與保障人權、法治國原則之理念相違[93]。

（三）回溯適用之正當性：依行為人對於國家法律或實務之信賴程度而定

很顯然的，如果一律將法律不溯及既往原則限縮適用，進一步為法律之回溯適用，來對於專制政權下之加害者施予刑事制裁，是有疑義的。那麼何時才可讓法律不溯及既往原則之限縮適用取得正當性呢？筆者想回到法律不溯及既往原則之本質，作為討論的出發點。

關於法律不溯及既往原則之本質，如前所述，是一種法治國原則的表彰，並且強調該原則構成了人民信賴之重要基礎，讓人民不受之後的法律變更，而遭到無法預見之處罰。

也就是說，法律不溯及既往原則的其中一個重心，是要保障「人民的信賴」。當人民信賴國家法律或實務而從事行為時，此種信賴將值得保護，不得因嗣後法律或實務之變更，而

---

[93] Brad R. Roth, Retrospective Justice or Retroactive Standards? Human Rights as a Sword in the East German Leaders Case, 50 *The Wayne Law Review 37,* p. 66, 2004.

使其遭到不利益的結果。

　　因此，如果想要讓法律之回溯適用取得正當性，學者李建良表示必須找出的是，在何種情形下「人民對於國家法律或實務將會欠缺信賴，進而導致信賴不值得保護之情形」：

　　「罪刑法定與溯及禁止的根柢在於信賴保護。換言之，信賴保護本身即是溯及禁止原則，罪刑法定──溯及禁止──信賴保護三位一體，理路一貫。是以，行爲人對於國家法律或實務若欠缺信賴，或其信賴不值得保護，則自不得援引罪刑法定與溯及禁止原則 [94]。」

　　那麼，在何種情形下，人民對於國家法律或實務將會欠缺信賴，進而導致信賴不值得保護之情形呢？筆者認爲，判斷人民對於國家法律或實務是否欠缺信賴，應該從「行爲人本身的地位」著手才對。

　　如果從「行爲人本身的地位」來判斷人民對於國家法律或實務之信賴性，則怎樣類型的行爲人，會對於國家之法律或實務欠缺信賴呢？本文的看法是，在通常情形下，一個國家是否具備不法，一般之行爲人是相當難得知的，畢竟行爲人依據國家法律或實務所從事的行爲，外觀上都是具備合法性的，而既然其法外觀具備合法性，當然行爲人本身也會對於國家法律或實務將會充滿信賴。

94　李建良，〈轉型不正義？----初論德國法院與歐洲人權法院「柏林圍牆射殺案」相關裁判〉，《月旦法學雜誌》148期，頁28。

　　但是有一類人，卻與一般的行爲人不同，**他們不只是國家法律或實務的純粹執行者，相反的，他們甚至於是國家法律或實務之制定、發佈者，或是政策的擬定者。換言之，他們是處於政府相當高層的「政府少數高級官員」。**這類高級官員由於本身就是國家法律或實務之制定、發佈者或是政策之擬定者，因此在制定、發佈或擬定法律政策的同時，是「不會對於自己所制定、發佈或擬定的法律政策產生信賴的」。而既然對於國家法律或實務欠缺信賴，則在此時透過法律的回溯適用，來確認「政府少數高級官員」的不法性，是具備正當性的。

　　因此，筆者的看法是，必須從「行爲人本身的地位」來判斷人民對於國家法律或實務之信賴性，則專制政權下從事人權侵害行爲之行爲人，在「一般情形」是不具不法性的，只有是專制政權下制定、發佈或擬定法律政策的「政府少數高級官員」，因不會對於國家法律或實務產生信賴，則這類人之行爲將具不法性。

四、專制政權下加害者行爲之有責性分析

(一) 概　説

　　接著，就算認爲專制政權下加害者所從事之行爲一律皆具備「不法性」（包含前述的一般行爲人與少數之高級官員），則是否能更進一步肯定「有責性」之存在，而要求其必須負擔刑事責任呢？以下將針對「有責性」問題進行討論。

（二）不法意識之存在？抑或期待可能性之存在？

　　關於「有責性」之概念，所指為何？我們可以先從學者黃榮堅對於該概念的說明談起：

　　「如果用通說所說的責任概念來看，所謂責任是指行為人對於所做的事情的控制可能性（能力）的問題，或者從另外一個角度來看，也是我們對於行為人為合法行為的期待可能性。並且因為可以被期待為合法行為，但是行為人卻做了不法行為之選擇，所以法律上對行為人有可非難性，所以是有責任而應該受到刑罰[95]。」

　　很顯然的，從以上對於責任概念的理解來看，所謂有責性，指的就是期待可能性。更具體的來說，是對於行為人為合法行為之期待可能性。當行為人可以為合法行為，但卻仍為不法行為，那麼行為人本身就具備「有責性」。

　　但鑑於期待可能性之概念有時太過廣泛，在此必須將其中的「不法意識」概念與「期待可能性」做區分，成為另一個「有責性」要素[96]。而不法意識指的是，行為人必須認識到，自己的行為可能為法律所禁止[97]。

95　黃榮堅，《基礎刑法學（下）》（台北：元照，2006年9月，三版），頁635-636。
96　也就是說，有責性雖然指的是期待可能性，但是其所稱的期待可能性是「廣義的期待可能性」，而廣義的期待可能性，包含了「不法意識」及「狹義的期待可能性」。而以下所稱的「期待可能性」，專指「狹義的期待可能性」而言，其理由在於，區分「不法意識」與「期待可能性」，將能讓討論更加精細。
97　黃榮堅，《基礎刑法學（下）》，頁699。

簡單的說，只要行為人於行為時存在不法意識，再加上期待可能性，那麼行為人本身就具備「有責性」，而必須負擔刑事責任。

那麼在專制政權下從事人權侵害行為之加害者，是否具備有責性呢？聯邦憲法法院，從認同的見解出發，認為在通常情形下，任何一個受過教育的人，都應立即認知到對於手無寸鐵的逃亡者施以密集致命射擊，是一種違法行為，因此具備有責性：

「刑事法院指出，對於手無寸鐵的逃亡者施以密集致命射擊，在可資確定的情況下，都是一種恐怖的、沒有任何理由足以合理化之行為，任何一個受過教育的人都可以立即認知到其抵觸比例原則及最基本的禁止殺人誡命。判決中的其他論述亦有基於整體判決理由之足夠明確性。……就此而言，滿足罪責原則的要求[98]。」

從以上的論述可知，聯邦憲法法院對於行為人有責性的論述，並沒有詳細說明行為人是否存在著「不法意識」與「期待可能性」，而只有提到邊界射殺行為，是任何一個受過教育的人都可以理解的嚴重違法行為，因此具備有責性。換言之，法院之思考脈絡，或許是認為邊界射殺行為是一種任何受過教育的人都可以理解為違法的殺人行為。而在這種認知的前提下，行為本身也就理所當然的存在著不法意識與（為合法行為之）

---

98 李建良，〈轉型不正義？----初論德國法院與歐洲人權法院「柏林圍牆射殺案」相關裁判〉，《月旦法學雜誌》148期，頁17。

期待可能性，而具備有責性。

　　至於歐洲人權法院對於行為人有責性之論述，主要是從行為之可預見性著手，認為從事邊界射殺政策之國家實務的行為人，在從事該項國家實務時，瞭解或是應該瞭解到此種國家實務，是侵害到人權或基本權利規定的。因為他們不可能不知道自己國家憲法、相關法律、國際法上義務以及國際譴責之存在：

　　「他（行為人）應該知道，就像是一個普通的人民，射擊一個僅僅想要逃離自己國家之手無寸鐵的人民，是侵害基本人權的。畢竟他們不可能不知悉他們自己國家憲法與相關法律之規定。例如像是憲法第8條與第19條第2項所規定的『促進和平與人與人間和平互助之國際法上受普遍承認的規則，是國家與每個人民必須遵守的』與『所有國家機關、所有社會與每一個人民都被要求要尊重、保護人格尊嚴與自由』。同樣的理由，原告也不可能不知悉受東德政府所承認之國際法上義務或是國際譴責的存在[99]。」

　　歐洲人權法院所提到的「行為之可預見性」，其實就是「不法意識」與「期待可能性」所要處理的問題。歐洲人權法院認為，行為人應該知道對於一個僅僅想要逃離自己國家之手無寸鐵的人民開槍，是侵害基本人權的，也應該預見到，這樣

99　Case of Streletz, Kessler, and Krenz v. Federal Republic Germany, para. 103(European Court of Human Rights 2001) 以及 Case of K.-H.W. v. Federal Republic Germany, para. 104(European Court of Human Rights 2001).

的行為，是違反憲法、相關法律、國際法上義務，甚至會遭受到國際譴責的。換句話說，就是認為行為人於從事邊界射殺行為時，已經意識到這種行為是違法、違憲的，**此時也就存在著「不法意識」。而既然意識到該行為是違法的，則應該可以期待行為人為合法行為，但行為人卻仍從事邊界射殺政策之不法行為，此時也就存在著「期待可能性」。**基於「不法意識」與「期待可能性」之存在，則行為人具備有責性，從而必須負擔刑事責任。

很顯然的，不論是聯邦憲法法院，或是歐洲人權法院，在討論有責性之判斷時，強調的論點都相當類似，都是重複敘述著行為人應該要知道從事邊界射殺行為是違反憲法、相關法律、國際法上義務的，是任何一個受過教育的人都可以理解的嚴重違法行為……等，因此存在著「不法意識」與「期待可能性」，而必須負擔刑事責任。

然而，一律認為專制政權下從事人權侵害行為之加害者皆具備有責性，實稍嫌速斷。學者李建良就提到，法院所建立的道德標準，是相當高的：「要求個人在瘋狂的社會中必須保持清醒[100]」。李建良更進一步追問，聯邦憲法法院「所謂『任何一個受過教育的人』」，指的是當時東德的任何人？還是今日德國的任何人？是否也應該考量到個別的軍人受教育、被灌輸思

---

100 李建良，〈轉型不正義？----初論德國法院與歐洲人權法院「柏林圍牆射殺案」相關裁判〉，《月旦法學雜誌》148 期，頁 29。

想的過程及其所處實際情境[101]」？

的確，如果從現今之自由民主法治國家觀點來解釋、揣摩行為人當時的心理狀態，那麼行為人之行為，真的就是違反憲法、相關法律，是任何一個受過教育的人都可以理解的嚴重違法行為。但是，回到行為當時，在一個專制政權下，真的可以認為行為人從事人權侵害行為時，其心理狀態能夠理解到這是一個絕對違法的行為嗎？真的能夠認為行為人存在「不法意識」與「期待可能性」，而要求其負擔刑事責任呢？學者Kamali就指出，作出相關判決之法官，由於對東德法律制度運作之知悉不足，而無法正確的理解從事邊界射殺行為之行為人微妙的心理狀態[102]。因此，聯邦憲法法院與歐洲人權法院的見解，未免太過高估個人的自由意志及理性，並大大的忽略了個人所處的時空背景與情境，對於個人本身所產生的影響。

（三）Hannah Arendt：罪惡之平庸性與專制政權下的個人責任

> 邪惡從平庸的思維中引出並由普通人來加以實現，
> 是一個標準模式，而非例外。
> ～～～E. Staub

---

101 李建良，〈轉型不正義？——初論德國法院與歐洲人權法院「柏林圍牆射殺案」相關裁判〉，《月旦法學雜誌》148期，頁29。

102 Maryam Kamali, Accountability for Human Rights Violations：A Comparison of Transitional Justice in East Germany and South Africa, 40 Colum. J. Transnat' L. 89, p. 109, 2001-2002.

　　那麼，對於專制政權下從事人權侵害行為之加害者，應如何去考量時空背景與情境對於個人產生的影響，以便於能夠去確實地瞭解是否具備「有責性」？在此，政治暨社會哲學家Hannah Arendt對於個人罪惡的理解，或許可以作為一個思考的方向。

　　Arendt對於個人罪惡的理解，是先從極權主義出發[103]。Arendt認為極權主義政權，是透過立法程序以及各種宣傳，將意識型態全盤的灌輸給人民，塑造出一種緊密且封閉的集體性共同體，以便於控制人民的思想、心智。而思想受控制之人民，逐漸去個人化，成為極權主義政權的每一個小齒輪，不分是非、青紅皂白的執行國家的任何政策，而造就了全面統治、鎮壓的政治氣氛[104]。

　　至於極權主義下執行國家許多殘暴政策之行為人的責任，Arendt在目睹了耶路撒冷對於Eichmann的審判後，提出罪惡之平庸性(the banality of evil)來反思個人罪惡。

　　Eichmann，是一位協助策劃歐洲猶太人之人種滅絕行動的納粹官員，最後在以色列的耶路撒冷法院受審，並以違反人道罪與戰爭罪之理由，被處以絞刑。在當時的審判過程中，許多輿論都指出，Eichmann被控犯下侵害人權的罪行，必定具

103　當然，有人會認為Arendt所謂的極權主義，與專制政權之概念是有差異的。但是筆者認為，其差異性並不大，因此，透過極權主義來理解專制政權，並非完全不可行。

104　Hannah Arendt, *Responsibility and Judgment*, p. 23, New York: Random House, 2003.

有異常的人格特質，是一位惡性重大、絕對邪惡之人。不過，Arendt卻不這麼認爲，在觀察Eichmann的言行舉止、一言一行後，Arendt發現，其實Eichmann似乎是一個相當正常的人：

「有半打的精神病學家認定Eichmann的精神狀態爲『正常』，其中一位還宣稱：『至少，他的精神狀態，比起做完他精神鑑定之後的我，是還要正常的多。』另一位還發現，就他的整體心理狀況，他對於妻子、小孩、父母、兄弟姊妹及朋友的態度而言，他『不僅是正常而且還非常的富有魅力 (not only normal but most desirable)』——最後就連在監獄做過例行性訪視的執行官，於最高法院完成聽證程序後，也向大眾呼籲保證Eichmann是一個有非常多正面想法之人[105]。」

因此，Eichmann在Arendt的眼中，是一個與一般人並無不同的人，他跟我們日常生活中所接觸到的人並沒甚麼兩樣。他既不狡猾、也不蠻橫，除了迫切追求自己的升遷外，沒有其他任何的動機。而這種迫切追求自己升遷的行爲，也稱不上是一個犯罪；他也從未爲了奪權位而謀殺其上級長官[106]。Arendt更提到，甚至Eichmann在進行猶太人種族滅絕行動之時，不存在任何邪惡之動機，而只不過是服從命令辦事而已：

---

105 Hannah Arendt, *Eichmann in Jerusalem: A Report on the Banality of Evil*, p. 25-26, New York: Penguin Books, 2006.
106 Hannah Arendt, *Eichmann in Jerusalem: A Report on the Banality of Evil*, p. 287.

「就他的基礎動機來說，他相當確定他不是自己所稱的『本質上卑劣之人(innerer Schweinehund)』，所謂在他的內心中存在著一個下流混蛋；就他的良知而言，他完全記得，如果說他會覺得良心過意不去的話，其情形只有在他沒有完成他所應服從之命令——以極度熱誠和高度嚴密之手段將數百萬男女幼童送入死亡[107]。」

以上的描述，就是所謂「罪惡之平庸性」。學者蔡英文並提到，Arendt認為其實像Eichmann這樣會犯下滔天大罪的人，並不必然具有心理變態的異常人格特質，或是強烈的邪惡動機。相反的，他與我們一般人一樣，如果不是身為納粹之一份子，他可能正在過著相當正常的生活：

「Arendt運用『浮淺（也就是平庸）』形容Eichmann的罪行，其論旨在於Eichmann並非『惡魔的化身』或『罪惡的象徵』……Eichmann跟我們在日常生活中所接觸到的人一樣，並沒有讓我們人矚目的人格特徵。假若他不是身為一位納粹的高層官員，以及生活在納粹德國的特殊處境，他可能跟一般人一樣過著正規的生活[108]。」

換句話說，在「罪惡之平庸性」概念下，所謂的罪惡，不是一個極端的事物，而是普遍存在任何地方，任何一個平凡人身上。任何的普通人，某程度上都有可能犯下殘酷的重大罪行。而

107 Hannah Arendt, *Eichmann in Jerusalem: A Report on the Banality of Evil*, p. 25.
108 蔡英文，《政治實踐與公共空間——漢娜‧鄂蘭的政治思想》，頁165。

此種罪行，比起任何暴行，都還要令人震驚、恐懼，甚至會使世界毀滅。而這種「惡（平庸惡）」，是一種不經思考過的事物，而根據此種「惡」，將會讓犯下許多重大罪行的人們，完全不知道或不覺得自己的所作所為是一種令人深惡痛絕之罪惡：

「我真正的觀點是，惡絕不是『根本的 (radical)』事物，只是一種極端的 (extreme) 事物，它既不具有深度，也不具有任何惡魔般的特點。惡就像覆蓋在表面的菌類植物一般，能夠快速的四處繁衍進而毀滅整個世界。如同我之前所說，惡是一個抗拒思考 (thought-defying) 的事物。……涉及惡的瞬間，那裡是不存在任何東西的，這就是『惡的平庸性』[109]。」

既然犯下殘酷、重大罪行的人，並不具有強烈的邪惡動機或是變態的人格特質，而是像在你我眼前活生生的一般人一樣，其性格相當的平凡、正常。那麼必須進一步追問的是，是因為什麼理由，會讓一個原本相當正常、平凡的一般人，去犯下如此殘暴、令人震驚的罪行呢？

對於這樣的疑問，Arendt 認為原因在於，這是因為一般的平凡人，大多缺乏自我思考、反思的思維能力。而因為這樣的欠缺，使其喪失了「道德的良知」，導致在執行殘酷之命令或決策的當下，無法或不願意判斷其道德的正當性，無能力分辨正邪，而犯下如此的滔天大罪：

---

109 Cited in Elisabeth Young-Bruehl, Hannah Arendt: *For Love of the World,* p. 369, New Haven: Yale University Press, 2004.

「幾年前在報導耶路撒冷對 Eichmann 案的審判時，我提到『惡的平庸性』，而這既非一種理論，也不是一種學說，而是一種極度真實且大規模犯下之罪惡行為跡象，而這跡象的根源無法追溯到作惡者身上任何的邪惡特質、病態或是意識型態的信念，相反的是，作惡者的個人特質是一種相當異常的淺薄。無論其行為多麼的駭人聽聞，但作惡者並非如此的駭人或像惡魔那般的恐怖。從 Eichmann 的過去與在審判、警方訊問過程中的行為舉止，我們所能探索的到完全負面的唯一特別性格，就是他並非愚蠢無知，而是一種奇怪、又相當真實的『思考能力之欠缺(inability to think)』。他能擔任好一位優秀的戰犯，就像在納粹政府下擔任的角色一樣；然而在接受一套全然不同的規則時，也完全沒有困難[110]。」

「最大的作惡者，是那些失憶者(those who don't remember)，因為他們對任何事物都不曾思考，並且因為失憶，沒有任何東西可以阻擋他們[111]。」

學者 Bernstein 也對於 Arendt 之平庸惡概念作了深刻的闡述，其提到雖然這挑戰了常識與哲學傳統上對於善惡概念的理解，但卻也給了我們一個重新思考個人罪惡的特別想法[112]。的

---

110 Hannah Arendt, *Responsibility and Judgment,* p. 159.
111 Hannah Arendt, *Responsibility and Judgment,* p.95.
112 蔡英文，〈政治之罪惡與寬恕的可能性：以 Hannah Arendt 的解釋為焦點〉，《「戰後正義，寬恕，歷史否認」小型學術研討會暨「轉型正義」圓桌會議》，2007年6月30日，頁11。

確，一個正常的平凡人在不同的歷史背景下，將扮演截然不同的角色，有可能成為一個無害的小官僚，但也有可能成為犯下最凶惡罪行的作惡者：

「在我們平常的道德論述（與哲學傳統）當中，有一種相當牢不可破的信念，相信犯下罪行的人必定有邪惡的動機。罪行愈大，邪惡之動機愈深。Arendt批評這種信念。當事人既不是惡魔、人格變態者，也不是虐待狂。當事人只是意識型態的狂執。他的動機只不過是野心、諂媚其上級，以及生涯的晉升。這樣的人處在極權主義的環境裡，就可能犯下最恐怖的罪行。在不同的社會，在不同的歷史環境中，Eichmann很可能只是一位無害的小官僚。換言之，他完全是一個平常人，他的行為動機純粹是『現世性的慾望(mundance desires)』。但是，他在異常的環境中，犯下了最凶惡的罪行[113]。」

因此，所謂的「平庸惡」概念，告訴我們的是，我們之中的任何一個人，都具有潛在的邪惡因子。個人之「惡」，並不具有根本性或特殊性，而是普遍存在於世間的一般人中。當在某種環境、背景下，在我們認知下相當平凡的人，會因為自我思考、反思的思維能力的喪失，而犯下滔天的罪惡[114]。特別是

---

[113] 引自蔡英文，〈政治之罪惡與寬恕的可能性：以Hannah Arendt的解釋為焦點〉，《「戰後正義，寬恕，歷史否認」小型學術研討會暨「轉型正義」圓桌會議》，2007年6月30日，頁11。

[114] 德國法學暨文學家Bernhard Schlink，也從其相當著名的小說《我願意為妳朗讀》，表達了類似的想法。書中納粹時期的集中營警衛漢娜(Hannah)，與一般給人加害者

在專制政權之意識型態控制下，更有可能發生。

再者，Arendt 更提到，當我們在判斷這類加害人之刑事責任時，一方面**過度忽略極權政權對於一般人民所產生的影響**。在極權政權的統治下，由於思想與意識型態的全面控制，即使是明顯非法的重大罪行，也會藉由合法性之外觀加以包裝。因此，如果現在認定這些犯下殘酷罪行的行為人必須負起責任，事實上是要求他們透過在其內心的「合法感覺(feeling of lawfulness)」，來否定存在之國家法律以及原先他們對國家法律的認知。然而在這樣的情況下，要發現「非法」，遠比要求眼不盲、心不硬或腐化還要困難的多。因為在他們行為時的條件是，每個道德行為都是非法的，而且每個合法行為都是犯罪[115]。

另一方面，**過度相信人類之自由意志、獨立思考的能力**。Arendt 表示我們不可過度高估了人類意志的獨立性，過度相信其自由意志、獨立思考能力，認為人們對任何事件，都可以不受其他法律、輿論之影響，獨立的做出判斷[116]。但事實上，這

的形象大異其趣，她外表不是長相兇惡的混蛋，而是一位柔弱且惹人憐愛的女子。在二戰結束後，漢娜被法院判決有罪，理由是因她殺害了猶太人。Schlink 在書中試圖為漢娜所犯下的行為解套，然而事實發現，漢娜的罪惡不在於她從事了什麼罪大惡極的行為，她的罪惡在於她本身的「無知」。Bernhard Schlink 著，張寧恩譯，《我願意為妳朗讀》（台北：皇冠，2000 年）。附帶一提的是，這本小說已在去年被改編為電影，中文名稱譯為《為愛朗讀》，而飾演漢娜角色的女星凱特溫斯蕾(Kate Winslet)，也因為該部電影獲選為 2009 年奧斯卡金像獎的最佳女主角。

115 Hannah Arendt, *Responsibility and Judgment*, p. 40-41.

116 Hannah Arendt, *Responsibility and Judgment*, p. 41.

種自由意志、獨立思考能力是否存在，仍是相當有疑問的，特別是在極權政權統治下的情形。

如果可以理解 Arendt 所謂極權政權之控制力與人類自由意志之脆弱性，那麼這些在專制政權下加害者，雖然從事諸多的人權侵害行為，但因為受到意識型態的控制、自由意志受到影響，則似乎不應一律認為這些加害者有辦法理解到自己所從事的是一種違法行為且具有期待為合法行為之可能性，而存在著「不法意識」或「期待可能性」，進而要求其負擔刑事責任。

（四）Milgram 實驗：一個服從權威之實驗性觀點

> 當你思考漫長而陰暗的人類歷史，你將會發現，
> 在服從之名義下所犯下的駭人罪行，遠比以叛亂之名所犯下的還多。
>
> ～～～ C.P.Snow

Arendt 之「罪惡平庸性」概念，的確顛覆了一般人對於罪惡概念之理解。因此，美國一位相當著名的社會心理學家 Stanley Milgram，為了驗證其概念是否有理，即從社會心理學之實證角度，作了一系列相關的實驗，而這也就是相當著名的

Milgram 實驗[117]。

　　Milgram 實驗一開始的概念十分簡單，就是將被試驗者叫入心理學實驗室來，命令他們逐步進行一系列與良心相衝突的行為。其主要課題是要探討，被試驗者到拒絕繼續從事被要求的行為為止之前，會服從實驗者的指示到什麼程度[118]。

　　實驗在研究之初，是在報紙上刊登廣告，徵求男性參加一項心理學研究，其研究目的是如何透過懲罰來改善人們的學習和記憶[119]。而實驗的過程，首先實驗者將志願參加者兩人分為一組，其中一位被隨機選為學習者 (learner)，另一位被選為老師 (teacher)。之後，實驗者將學習者帶到一個房間裡，讓他坐在椅子上，並將其雙手用繩子綑綁起來，在手腕上裝上電極。接著，老師要給學習者一組「由兩個單字所組成的單詞表」讓他記憶。在測驗中，老師說出每個單詞表之關鍵字，學習者就必須回答正確的相關字[120]。假使出錯，則老師將會馬上按下電擊發

117　關於 Milgram 實驗之介紹以及 Milgram 實驗與刑法理論之有責性關係，另可參考楊皓潔之碩士論文，《從刑法期待可能性概念論軍職人員依上級違法命令之行為 - 以＜德國邊境圍牆守衛案＞為核心探討素材》。該論文乃將 Milgram 實驗之實驗內容以及實驗中的許多變項作相當詳細之說明，另外也從傳統之刑法理論深入分析 Milgram 實驗與期待可能性之關連性，極具參考價值。楊皓潔，《從刑法期待可能性概念論軍職人員依上級違法命令之行為 - 以＜德國邊境圍牆守衛案＞為核心探討素材》，國立臺灣大學法律學研究所碩士論文（2008 年 6 月）。

118　Stanley Milgram, *Obedience to Authority: An Experimental View,* p. 3, New York: Harper-Collins Publishers, 2004.

119　Stanley *Milgram, Obedience to Authority: An Experimental View,* p. 3.

120　舉例而言，當老師給予學習者以下的單詞記憶時：blue box，nice day，wild duck。

生器上的按鈕，立刻施以電擊懲罰。

　　而電擊發生器上總共有30個按鈕，每個按鈕都代表一個電力等級，從最低的15伏特開始，以每等級多15伏特的幅度累加，直到最高的電力等級——450伏特。至於在每個電力等級按鈕的旁邊，都會標上每個按鈕的電力等級，以及關於該電力等級的描述：如「輕微」、「極度激烈的電擊」、「危險：嚴重的電擊」等[121]。只要當學習者出錯時，實驗者都會提醒老師，從15伏特開始，根據學習者逐次犯下的錯誤，按下下一個更高電力等級的按鈕，來提高電擊水準。

　　不過，有趣的是，其實該實驗真正的主角是「老師」。老師是為了參加實驗來到實驗室，確實是一位什麼事情都不知道的被試驗者。至於學習者（也就是受害者）則是這項實驗的同謀，事實上完全沒有受到任何的電擊。其受到電擊的呻吟、哀嚎聲，也都是事先演練後錄音下來的。該實驗的要點是，在一個具體且能夠測定的情況下——被試驗者被命令施加逐漸增強的電擊於痛苦之受害者身上——，來觀察人們對於他人之加害可以到怎樣的程度。以及到什麼樣的程度，被試驗者才會拒絕

之後老師唸出blue，則學生必須答出box，才算正確。老師唸出nice，則學生必須答出day，以此類推。See Stanley Milgram, *Obedience to Authority: An Experimental View,* p. 19-20.

[121] Shelley E. Taylor, Letitia Anne Peplau and David O. Sears著，張滿玲譯，《社會心理學》（台北市：雙葉書廊，2005年8月），頁345。

遵守實驗者的命令[122]。

而必須值得一提的是，當在實驗的過程中，學習者因爲受不了電擊而表現出明顯痛苦的時候（當然是假裝的），老師或許想停止教學，但一旁的實驗者就會要求老師將實驗繼續下去：「請繼續」、「實驗一定要繼續」，「你沒有選擇，必須要繼續」，並向受試者保證責任由實驗者負擔，他完全不必負責[123]。爲了從這種情況下解脫出來，被試驗的老師必須與實驗者作一個明確的決裂。這實驗的目的就是要找出，人們在面臨能清楚判斷的道德命令時，何時將會反抗權威，以及如何來反抗權威[124]。

爲了增強該實驗的公正性，Milgram在從事實驗前，先將其實驗的程序與內容告訴一群約40名的精神醫學專家，然後要求他們估計會從頭到尾作完30個等級實驗的美國公民有多少比例[125]。平均而言他們的預測是只有不到百分之一的人會作到實驗之最後，因爲這是只有虐待狂才作的出的殘忍行爲[126]。而大部分

122 Stanley Milgram, *Obedience to Authority: An Experimental View,* p. 3-4.

123 Shelley E. Taylor, Letitia Anne Peplau and David O. Sears著，張滿玲譯，《社會心理學》，頁345。

124 Stanley Milgram, *Obedience to Authority: An Experimental View,* p. 4.

125 Philip Zimbardo, *The Lucifer Effect: How Good People Turn Evil,* p. 271, UK: Rider Books, 2007.而本書在台灣有中譯本，爲孫佩妏、陳雅馨所翻譯，書名爲《路西法效應》，於2008年由商周出版，有興趣的讀者可自行翻閱。

126 Philip Zimbardo, *The Lucifer Effect: How Good People Turn Evil,* p. 271.

的人，應該在第10等級的150伏特電力就會停止該實驗[127]。而這也符合一般人的想法，畢竟如果被試驗者認為電力等級太過強大而殘忍，是可以馬上拒絕執行並離開實驗室的[128]。

　　然而，實驗的結果是令人震撼的，高達三分之二以上的被試驗者，都一路進行實驗直到最高450伏特的電擊程度為止。且無論受到電擊的學習者多麼強烈的懇求，也無論那受到電擊的學習者看起來是多麼的痛苦，也無論被害者已經懇求停止電擊並讓他們離開，被試驗者之大多數，也都服從這樣的實驗過程[129]。這樣的實驗結果，告訴了我們一個事實：就是人們一般會以為給被害者最高等級電擊的都是惡魔，是社會上極端的殘酷成性者。但是當幾乎三分之二的被試驗者皆如此為之，特別是這些被試驗者還是隨機從工人、管理人、專業人員等各階層抽樣的普通人挑選出來時，則上述的假設，其根據將變得相當薄弱[130]。Milgram更提到，如果從該實驗的結果來重新分析Arendt對於罪惡概念之理解，將會發現，Arendt之「罪惡平庸性」觀點，是比一般人想像的更加接近真理。實驗中的一般人，之所以會對被害者進行電擊，乃是基於義務感使然，而不是因為他們具備任何特別攻擊性的傾向[131]。

127　Philip Zimbardo, *The Lucifer Effect: How Good People Turn Evil,* p. 271.

128　Stanley Milgram, *Obedience to Authority: An Experimental View,* p. 4-5.

129　Stanley Milgram, *Obedience to Authority: An Experimental View,* p. 5.

130　Stanley Milgram, *Obedience to Authority: An Experimental View,* p. 5.

131　Stanley Milgram, *Obedience to Authority: An Experimental View,* p. 6.

　　因此，Milgram實驗給了我們一個最基本的教訓：即使是從事自己的本分工作且沒有任何敵意的一般人，也能夠成為從事嚴重毀滅性行動的成員之一。甚至於當明白知道自己毀滅性行為所產生的影響時，並被要求從事與自己最基本的道德規範相矛盾的行為時，有辦法去抵抗這種權威的人相較之下還是少數[132]。人類的殘酷行為與人的個性其實相關不大，人之所以會犯下殘暴的罪行，反而與個人所處的時空背景、情境有相當大的關係。特別是來自於服從權威的社會心理結構，對個人所產生的影響。當面臨權威要求從事殘酷的行為時，人類的個性不僅無法制止，反而會去促成這種行為的發生[133]。

　　這裡的結論提到2個重點。第一個是，罪惡或是殘酷，具有社會性的本質，而不是我們原本理解的是一種個人性格的特質。學者Amitai Etzioni甚至指出，Milgram實驗發現了藏在普通人心中「潛在的Eichmann[134]」。學者John Steiner也提出「沈睡者(sleeper)」的概念，來說明在一般情況下潛伏著，但有時卻會被喚醒的殘酷本質：

　　「當適當的配置(lock and key)關係被建立後，沈睡者效應指的是具有暴力傾向之個人，像是獨裁者、暴君或是恐怖主義

---

132 Stanley Milgram, *Obedience to Authority: An Experimental View,* p. 6.
133 Zygmunt Bauman, *Modernity and the Holocaust,* p. 153-154, New York: Cornell University, 2000.
134 Cited in Zygmunt Bauman, *Modernity and the Holocaust,* p. 167.

者潛在之個性特徵。沈睡者從他的行為模式之規範步驟中被喚醒，而那潛伏的、具有暴力傾向的人格特徵被激起。在某些情形下，所有的人都是沈睡者，因為他們都擁有在特殊情況下會被觸發的暴力潛能[135]。」

那麼，何時人們的殘酷本質會被激發出來呢？這裡就是第2個重點所要提到的，只要在「適當情境」的配合下，則人們必定會將殘酷的本質，發揮的淋漓盡致[136]。甚至更進一步的說，人們在社會上，很多的所作所為，都不是出自於其自由意志或理性的選擇，而是受到情境，也就是身處社會環境的影響下，所不得不做出的決定。

很顯然的，「服從權威」在此，扮演了一個相當關鍵性之角色，在強調「服從權威」的適當情境下，人們殘酷之社會本質最容易發揮到極致，使得一般人犯下最殘酷的罪行。而何種情形下，最容易產生絕對的權威讓行為人毫無反抗的遵守，恰巧就是專制政權下的官僚體系。

以上的分析，同時也體現了目前刑事法律制度的一些弊病——在討論犯罪行為人之有責性時，同樣過於強調「人類自

---

135 Cited in Zygmunt Bauman, *Modernity and the Holocaust,* p. 167.
136 不過對於服從權威而犯下重大罪行的人們，可以認為他們失去了道德感嗎？Milgram認為這樣的理解是不正確的，因為他們的道德感集中於完全不同的地方。他們並不是對自己的行為失去了道德感情的回應，而是說他們的道德關懷已經轉變到如何完美的達成權威對自己期待的任務。See Stanley Milgram, *Obedience to Authority: An Experimental View,* p. 8.

由意志」之存在。一位社會心理學家Philip Zimbardo就提到，目前在世界上盛行的法律制度，其運作之領域都是以個人為核心，而在該制度的輔助下，創造了一種迷思，就是認為個人總是能夠控制自己的行為，個人的行為都是來自於自由意志與理性選擇，因此可以對自己所為的任何行動負起個人責任。至於情境對個人行為產生的影響，則被完全忽略[137]。而這種過於重視行為之「個人因素」，而完全忽略了「情境因素」所帶來之影響的想法，Zimbardo指出這是錯誤的，因為我們不應該忽略「社會情境」對於人類行為與犯罪的影響力。在經過實證之後，人們在面對各種情境力量的時候，是相當脆弱的。情境力量對於人類行為的影響，遠大於其自由意志，也遠大於我們一般的想像[138]。

　　另2位社會心理學家L. Ross與D. Shestowsky也認為，刑事司法系統不應該對於人類的自由意志有著錯誤的想像，而應重視「情境力量」對於人類行為之引導：

　　「刑事司法系統之運作，不應該繼續被行為的跨情境一致性幻覺所引導，被意志力量的作用在引導行為時與情境力量的作用是相對的之錯誤概念所操縱，或是被缺乏透過"受制於情境之個人"互動邏輯之思考所控制。以上這些令人欣慰且絕大部分是透過想像的自由意志概念，與昔日認為犯罪是巫術或著

137　Philip Zimbardo, *The Lucifer Effect: How Good People Turn Evil*, p. 320.
138　Philip Zimbardo, *The Lucifer Effect: How Good People Turn Evil*, p. 320.

魔所造成的概念一樣，不值得作爲刑事司法系統之圭臬[139]。」

因此，與前述Arendt罪惡平庸性之看法類似，當我們在討論專制政權下加害者之有責性時，或許應注意到情境力量——在此所指的就是專制政權下的國家法律制度——對於人類行爲的影響，遠大於其自由意志。雖然這些加害者從事諸多的人權侵害行爲，但這是因爲盲目服從權威所造成之結果，不是出自自身之自由意志，且似乎不應一律認爲這些加害者行爲時具有「不法意識」或「期待可能性」，進而要求其負擔刑事責任。

（五）依加害者地位之差異區別其有責性

從前述對於Arendt之罪惡平庸性與Milgram實驗之分析，可以理解到，我們不可一律認爲專制政權之加害者都具有「不法意識」或「期待可能性」，因此筆者認爲，必須視加害者本身地位之不同，作有差異的區別對待。

首先，一般的行爲人，如前所述，因爲受到專制政權思想及意識型態的控制，此時，情境力量對於行爲之影響，遠大於其自由意志，而造成盲目服從權威而從事侵害人權之行爲。這類人基於罪惡平庸性與Milgram實驗結果，由於行爲時難以理解到自己所從事的是一種違法行爲且具有期待爲合法行爲之可能性，並不存在「不法意識」或「期待可能性」，不具備有責性，也就不需負擔刑事責任。

---

139 Cited in Philip Zimbardo, *The Lucifer Effect: How Good People Turn Evil*, p. 320-321.

　　然而，專制政權下制定、發佈或擬定法律政策之「政府少數高級官員」，其情形則與一般的行為人完全不同，一方面，這類人並不適用Arendt之「罪惡平庸性」概念。「罪惡平庸性」的內涵，如前所述，所想要表達的意義是，在受到專制、獨裁政權統治之意識型態之支配下，人們的自由意志受到嚴重影響，造成了犯下殘酷罪行的行為人，是性格極為正常的一般人，所以我們難以論斷其有責性。然而，是「誰」對於專制、獨裁政權下的人們進行意識型態之支配，使得性格極為正常的多數人，也會犯下駭人聽聞的殘暴罪行呢？很顯然的，就是這些「政府少數高級官員」，這些少數高級官員，透過殘酷法律、政策之制定與發佈，長期間對於多數下級部屬進行思想之控制與意識型態之支配，讓這些下屬在自由意志受到嚴重影響的狀態下，從事諸多難以置信之人權侵害行為。再者，這些少數高級官員，於進行思想之控制與意識型態之支配時，是存有自由意志的，簡單的說，「政府少數高級官員」不僅不符合「罪惡平庸性」概念的內涵，甚至於就是導致「罪惡平庸性」出現的元兇（營造了一個罪惡平庸性出現的環境）。

　　另一方面，「政府少數高級官員」也與Milgram實驗之分析結果顯不相容。因為Milgram實驗的結論，是認為罪惡或殘酷，具有社會本質，任何一個平凡人，在情境力量配合下，像是身處於極權或專制政權的背景中，都有可能犯下駭人的罪行。然而，在此必須強調的是，是「誰」營造了這樣的一個情

境？沒錯，就是這些「政府少數高級官員」。既然是情境力量的營造者，那麼，要如何透過Milgram實驗，來免除其本身之有責性呢？更進一步的說，Milgram實驗的實驗前提，是「服從權威」，其受試驗者，是「服從權威者」，但是這些「政府少數高級官員」，根本不是「服從權威者」，而是一個不折不扣的「權威者」，營造出「服從」情境力量之「權威者」。

既然「政府少數高級官員」，不適用「罪惡平庸性」概念以及Milgram實驗之分析，那麼這類人於制定、發佈或擬定法律政策時，應該已經意識到從事這類行為是違法、違憲的，此時也就存在著「不法意識」[140]。而既然意識到該行為是違法的，則應該可以其為合法行為，但卻仍從事該不法行為，此時也就存在著「期待可能性」。基於「不法意識」與「期待可能性」之存在，乃具備有責性，從而必須負擔刑事責任。

四、轉型正義下之刑事制裁

最後，在對於專制政權下加害者行為之不法性與有責性進行分析後，筆者想作一個簡單的小結。筆者認為，轉型正義下之刑事制裁，確實具有存在的可行性，但是應對於何種加害者進行刑事責任之追究，則必須區別其差異性來作不同的對待。

---

140 關於「政府少數高級官員」行為之不法性，在本文肆、三、（三）之部分已有論述。筆者認為，「政府少數高級官員」之行為是具備不法性的，而其理由在於，這是屬於法律不溯及既往原則例外遭到排除適用的情形，從而法律之回溯適用取得正當性，來確認「政府少數高級官員」行為之不法性。

　　首先，就「一般的行為人」而言，由於這類人對於國家法律或實務之合法性充滿信賴，並依據該法律或實務為侵害人權之行為，這時應嚴守法律不溯及既往原則，不可以於嗣後將其行為認定為違法，其行為應不具不法性。而就算認為其侵害人權之行為具不法性，然而此種行為，是在專制政權的情境下，思想及意識型態遭到控制、自由意志受到嚴重影響之狀態下，因盲目服從權威所造成之結果，基於 Arendt 之「罪惡平庸性」概念以及 Milgram 實驗之分析，並不具「不法意識」與「期待可能性」，從而不具備有責性，不須負擔刑事責任。

　　至於「政府少數高級官員」則與之相反，由於這類人就是國家法律或實務之制定者，殊難想像會對於自己所制定、發佈或擬定的法律產生絕對的信賴，而既然對於國家法律或實務欠缺信賴，則在此時將能藉由法律的回溯適用，將其行為認定為違法，因此其行為具備不法性。又這類人同時又是專制政權此種情境之營造者、人民意識型態的支配者與權威者，並非 Arendt「罪惡平庸性」以及 Milgram 實驗之適用對象，因此具有「不法意識」與「期待可能性」，從而具備有責性，必須負擔刑事責任。

　　以上的區別對待，同樣適用在我國戒嚴前國民黨政權之加害者，因為當時台灣的國民黨政權就是一個專制政權。面對這些二二八事件的劊子手，或是在戒嚴時期犯下許多侵害人權行為的行為人，認定其刑事責任的方式，亦必須區分「一般的行

為人」與「政府少數高級官員」。一般的行為人在當時由於受到國民黨政權嚴格之思想與意識型態的支配，總會下意識的認為其行為具備合法性，因此，對這類人難以施加其刑事責任。而政府少數高級官員則不同，他們等於是侵害人權行為的下命者、決策者、人民意識型態的支配者、情境力量的營造者與權威者，要求其負擔刑事責任，乃具有充分的理由。

伍、代結論——刑事制裁在我國落實的困境與挑戰

> 誰能控制過去，就能控制未來；
> 誰能控制現在，就能控制過去。
>
> ～～～～George Orwell

　　在觀察了我國轉型正義之落實現況，瞭解我國面對前國民黨專制政權之處理方式與問題點後，對於專制政權下加害者中的「政府少數高級官員」進行刑事制裁，是筆者在本文中初步的嘗試。然而不可否認的是，想要落實刑事制裁，最重要的還是必須有真相的揭露。但是現今的台灣在處理轉型正義的議題時所面臨的最大困境，其中一部份是真相的不彰。如前所述，對於前專制政權的所作所為，我們總是以最寬容的態度來處理之，雖然有些許公開檔案、真相調查之措施出現，可是所進行的真相揭露，仍然不夠完整且全面，只以受害者為中心，忽略了加害者之部分。

　　除此之外，就算真相得到揭露，但是對於真相的歷史闡述

也常常有很大的歧異。學者吳乃德就提到以二二八事件為例，對於該事件的歷史闡述，有認為是「族群衝突」，有認為是「反抗外來政權」，亦有認為是「官逼民反」，甚至有認為是所謂「國共內戰的延長」。而這種「歷史闡述」的歧異性，常會混淆了真相之「歷史真實」，進一步使得真相的真實性難以確立[141]。

因此，當現在無法對真相作全面的揭露，或是真相的真實性難以確立，那麼對於過去所發生的人權侵害行為事實，將無法作進一步的釐清，則更遑論在未來對於這些人權侵害行為的加害者進行「刑事制裁」。英國小說家George Orwell曾在其著名的小說《一九八四》中提過一句名言：「誰能控制過去，

---

141 不過，學者吳乃德並不是反對對於真相作不同的歷史闡述，他反而認為，對於歷史的真相是可以從不同的立場加以理解的，因為當有不同的立場時，才可以讓每一種立場都可以獲得更深刻、更寬廣的反省空間。對於舊政權之行為人應負何種道德責任，受害者應以何種態度面對加害者，是可以有不同的道德立場存在的。畢竟，民主社會中的公民本來就必須接受不同的道德立場，這樣才能學會和對方共存、共同解決未來的道德議題。只是吳氏認為更重要的是，一個健全的民主社會，對於行為人何種行為是邪惡或是不可容許的，是必須要有共識的。而真相之「歷史真實」，就是要用來判斷行為人行為之邪惡或是不可容許性，從而在作「歷史闡述」時，切記不可以與「歷史真實」產生混淆，否則將會使得真相的真實性難以確立。簡單的說，吳氏的看法是，儘管可以有不同的「歷史闡述」而形成不同的「道德判斷」。但是「歷史真相」終究只有一個，不容任意的歪曲，因為這已經涉及行為邪惡性、不可容許性之判斷，而不單單只是「道德判斷」而已。參見吳乃德，〈書寫民族創傷：二二八事件的歷史記憶〉，《思想8---後解嚴台灣文學》，2008年1月，頁39-70。本文認同這樣的看法，並想更進一步延伸說明吳氏這裡所提到的行為邪惡性、不可容許性，其實是相當類似於法律上所謂「行為不法性」的判斷。因此，「歷史真相」或是真相之「歷史真實」，更不可以被「歷史闡述」的歧異性混淆才行。

就能控制未來；誰能控制現在，就能控制過去[142]。」而這句名言，剛好可以作爲我國轉型正義之現在困境的最佳寫照。現今眞相揭露的缺乏與不足，造成了筆者未來所欲落實的刑事制裁，面臨最大的困境與挑戰。

　　所幸的是，近年來轉型正義之議題逐漸受到重視，主張眞相揭露的呼聲亦不時出現，2007年底成立之台灣民間眞相與和解促進會，更在最近進行了一系列戒嚴時期受害者口述歷史之工作，致力於眞相之探求。或許仍不知要等到何時才能讓眞相的眞實性確立，以便進行刑事制裁，然而筆者深信「只要找對路，就不怕路遙遠」，那怕是30年或50年後，也期待著這一天的到來。

參考文獻

中文文獻

（一）專　書

李筱峰，《解讀二二八》，台北：玉山社，1998年1月。

黃榮堅，《基礎刑法學（下）》，3版，台北：元照，2006年9月。

張炎憲等執筆，《二二八事件責任歸屬研究報告》，台北市：二二八基金會，2006年。

---

142 George Orwell, *Nineteen Eighty-Four: A novel,* Part I.3, New York: Harcourt, Brace & Co, 1949.

蔡英文，《政治實踐與公共空間——漢娜・鄂蘭的政治思想》，台北：
　　聯經，2002年。

賴澤涵，《「二二八事件」研究報告》，台北：時報文化，1994年。

（二）專書論文或研討會論文

翁金珠，〈「二二八事件處理及補償條例」立法爭議與影響的研究〉，
　　《二二八事件60週年國際學術研討會：人權與轉型正義》，2007
　　年，頁1-28。

陳志龍，〈二二八事件的人權與法律〉，《二二八事件60週年國際學術
　　研討會：人權與轉型正義》，2007年，頁1-30。

陳翠蓮，〈歷史正義在台灣：兼論國民黨的二二八論述〉，《二二八
　　事件60週年國際學術研討會：人權與轉型正義》，2007年，頁
　　1-20。

蔡英文，〈政治之罪惡與寬恕的可能性：以Hannah Arendt的解釋為焦
　　點〉，《「戰後正義，寬恕，歷史否認」小型學術研討會暨「轉型
　　正義」圓桌會議》，2007年6月30日，頁1-28。

（三）期刊論文

李建良，〈轉型不正義？——初論德國法院與歐洲人權法院「柏林圍
　　牆射殺案」相關裁判〉，《月旦法學雜誌》，第148期，2007年9
　　月，頁5-32。

吳乃德，〈書寫民族創傷：二二八事件的歷史記憶〉，《思想8---後解
　　嚴台灣文學》，2008年1月，頁39-70。

吳乃德，〈轉型正義和歷史記憶：台灣民主化的未竟之業〉，《思想
　　2——歷史與現實》，2006年6月，頁1-34。

陳志龍、蔡清彥、張天欽、王永壯，〈戒嚴政治刑案與補償責任〉，《法學叢刊》，第181期，2001年1月，頁126-161。

（四）博碩士論文

黃若羚，《轉型正義與法院之功能角色》，國立臺灣大學法律學研究所碩士論文，2007年12月。

楊皓潔，《從刑法期待可能性概念論軍職人員依上級違法命令之行為 - 以＜德國邊境圍牆守衛案＞為核心探討素材》，國立臺灣大學法律學研究所碩士論文，2008年6月。

（五）翻譯著作

司法院，《中譯德國基本法》。

吳志光，〈「邊界圍牆守衛案」裁定〉，《德國聯邦憲法法院裁判選輯（九）》，台北：司法院，2000年。

Schlink, Bernhard 著，張寧恩譯，《我願意為妳朗讀》，台北：皇冠，2000年。

Tutu, Desmond 著，江紅譯，《沒有寬恕就沒有未來》，台北：左岸文化，2005年2月。

Taylor, Shelley E., Peplau, Letitia Anne and Sears, David O. 著，張滿玲譯，《社會心理學》，台北市：雙葉書廊，2005年8月。

（六）報章雜誌或網路資源

〈國民黨推228歷史紀錄片 馬英九：必須做的事〉，《大紀元》，2006年2月21日。

〈雷倩與部分學者：二二八究責草案扭曲歷史〉，《中央社》，2007年12

月5日。

韓毓傑，〈要制定「二二八究責條例」？荒謬！〉，《國政研究報告》，
2008年1月3日。

英文文獻

（一）專 書

Arendt, Hannah, *Eichmann in Jerusalem: A Report on the Banality of Evil*,
New York: Penguin Books, 2006.

Arendt, Hannah, *Responsibility and Judgment,* New York: Random House,
2003.

Blakeley, Georgina, *Politics as Usual? The Trial and Tribulations of the Law
of Historical Memory in Spain, Entelequia,* Revista Interdisciplinar:
Monográfico, nº 7, Septiembre 2008.

Bauman, Zygmunt, *Modernity and the Holocaust,* New York: Cornell
University, 2000.

Griswold, Charles L., *Forgiveness: A Philosophical Exploration,* New York:
Cambridge University Press, 2007.

Kritz, Neil J., ed., *Transitional Justice: How Emerging Democracies Reckon
with Former Regimes, Volume Ⅲ : Laws, Rulings, and Reports,*
Washington DC, U.S.: United States Institute of Peace, 1995.

Milgram, Stanley, *Obedience to Authority: An Experimental View,* New York:
Harper-Collins Publishers, 2004.

Minow, Martha, *Between Vengeance and Forgiveness: Facing History after*

Hamber, Brandon, Does the Truth Heal? A Psychological Perspective on Political Strategies for Dealing with the Legacy of Polotical Violence, in Nigel Biggar, ed., *Burying The Past: Making Peace and Doing Justice After Civil Conflict*, Washington, D.C., U.S.: Georgetown University Press, 2003.

Shriver, Donald W., Where and When in Political Life Is Justice Served by Forgiveness?, in Nigel Biggar, ed., *Burying The Past: Making Peace and Doing Justice After Civil Conflict,* Washington, D.C., U.S.:Georgetown University Press, 2003.

（三）期刊論文或相關報告

Crocker, David A., Punishment, Reconciliation, and Democratic Deliberation, 5 *Buffalo Criminal Law Review* 509, 2002.

Roth, Brad R., Retrospective Justice or Retroactive Standards? Human Rights as a Sword in the East German Leaders Case, 50 *The Wayne Law Review* 37, 2004.

（四）法律或法院判決資料

European Court of Human Rights, Case of K.-H.W. v. Federal Republic Germany, 2001.

European Court of Human Rights, Streletz, Kessler, and Krenz v. Federal Republic Germany, 2001.

日文文獻

Schlink, Bernhard，〈法治国家と革命の正義〉，收錄於Bernhard Schlink，

《過去の責任と現在の法——ドイツの場合》，岩淵達治、藤昌孚子、中村昌子、岩井智子譯，東京：岩波書店，2005年2月10日，頁25-42。

與談
台灣轉型正義之落實現況與刑事制裁之可行性初探

莊 國 榮

　　大家好！劉正祥這篇論文寫得相當深入和嚴謹，首先，作者對台灣轉型正義的落實現況作了簡明的分析，並指出台灣在轉型正義的推動上，有一個很大的不足之處，就是欠缺對加害人的調查及責任追究。作者認爲對加害人進行某種程度的刑事責任追究，是我國要進一步落實轉型正義的重要努力方向。確實我們從二二八和白色恐怖受難者家屬申請賠償，並得到賠償的資料，可以確定至少有一萬多個受害人，但是台灣對於「到底哪些人是加害人？」，知道的仍然非常少。2006年的《二二八事件責任歸屬研究報告》指出蔣介石是二二八事件的元兇，應爲該事件負責。但是除此之外，還有哪些人應該爲過去最少上萬件的政治迫害、人權侵害行爲負責？到底加害人是誰，我們知道的不多，這是台灣在落實轉型正義上很大的限制。這個問題並不是台灣特有的問題，許多國家也有類似問

題。一個國家要實現轉型正義，尤其是要追究加害者的責任，並不容易，因為一個新生的民主政體經常是脆弱的，民主轉型後的政府通常要在政治權力結構中擁有足夠的力量，並取得必要的社會支持，才比較有追究加害人刑事責任的可能性。

　　所以轉型正義對加害人責任的追究，不同國家常根據自己特定的政治及歷史情境，而採取不同的方式和策略。有的國家，像德國大量追究納粹時期加害人的刑事責任，將不少人判刑。美英法3國在佔領區依除納粹化名義逮捕之人數達182,000人，其中有86,000人於1947年年底之前已經被釋放；被判決者共有5,025人，其中判處死刑者有806人，實際執行死刑者有486人。至於西德各邦檢察機關歷年來偵辦的納粹相關犯罪行為，總數超過10萬件，並有6,495名被告受到終局判決。其中關於在納粹時期犯下殺人罪行的刑事訴訟審判，從1945到1997年間，一共有912件，被告人數為1,875人，有14人被判處死刑，150人被判處無期徒刑，842人被判處有期徒刑。兩德統一後，前東德的法官及檢察官有將近一半被免職，另外還有約42,000位政府官員被免職。南韓也將盧泰愚、全斗煥兩位前總統加以起訴（兩年後又加以特赦）。有些國家則採取類似南非真相和解委員會的方式，只要坦白承認犯下的罪行，就得到赦免。但有很多國家是選擇集體遺忘，不去面對獨裁統治所犯的罪行，因為這些新生的民主政府經常還很脆弱，常常需要和原來的政治力量妥協，沒辦法跟以前的保守的、威權的領導階

層決裂。台灣可能也有這種問題，因為，2000年陳水扁當選總統的得票率只有39%左右而已，而且民進黨在立法院一直沒有取得多數席位。

就法律層面而言，劉正祥針對德國柏林圍牆射殺案，就犯罪的構成要件該當性、違法性與有責性，深入分析各級德國法院及歐洲人權法院的判決，並依加害者地位之差異區別其有責性的見解，對台灣追究嚴重侵害人權之加害人刑事責任，有很高的參考價值。但除此之外，還有追訴權時效的問題。台灣94年修正前的刑法規定，犯最重本判為死刑的犯罪，追訴權因20年內未起訴而消滅，現在刑法追訴權時效修改成30年，但是二二八事件發生到現在已經超過60年了，如果沒有特別立法，會有追訴權時效消滅的問題。依德國刑法原來的規定，追訴權時效最長為20年，1969年時德國修改刑法，將殺人罪之追訴權時效延長為30年，1979年時又修改刑法，將殺人罪之追訴權時效完全取消，因此，只要涉及納粹屠殺行為之加害人還活著，檢察官永遠可以加以起訴。

我國如果要追究嚴重侵害人權之加害人刑事責任，可以仿照德國修改刑法追訴權時效的規定。不過就政治層面而言，台灣要仿照德國將殺人罪之追訴權時效完全取消，並不容易。劉正祥在文章中提到民進黨的立法委員曾經提案，想要立法來追究加害人的刑事責任，可是因為國民黨、親民黨立委的反對，在立法院並沒有通過。因此，追究加害人的刑事責任，不只是

涉及法律理念及道德上有沒有道理，還涉及政治、社會力量的變動。但是大家不要太氣餒，要知道一個社會的自由民主及轉型正義的實現，通常是需要持續努力才會逐漸實現。誠如剛剛劉正祥所提，西班牙在1970年代中期轉型成民主國家後，直到2007年才通過歷史記憶法這個新法，宣告佛朗哥時期政治法庭所做的判決均屬違法或不當。德國在二次大戰之後對納粹相關重大犯罪行為，進行了紐倫堡審判及其他去納粹化措施，主要是因為受美英法俄佔領，在這四個戰勝國主導下進行的。1949年德國制定基本法，建立新的聯邦德國政府之後，當時執政的基督教民主黨，並不積極進行去納粹化工作。一直到1969年社會民主黨執政，才又較積極進行去納粹化工作。

根據學者夏春祥（2003）及黃秀端（2008）的研究，從1949年5月20日到1987年7月15日，將近40年的戒嚴期間，報紙一共只有14則與二二八相關的新聞報導，而且這些報導大體上符合官方的意識型態。縱使國民黨政府用盡各種方法企圖讓二二八事件不僅從社會中消失，同時也企圖刪除家庭及個人的記憶，但經過將近40年的壓制，1987年之後，很多二二八的事件的真相，以及那些原本埋藏在受難者家屬、見證人內心深處的記憶，還是陸續被發掘出來。大家不要誤以為德國是在1945年納粹戰敗後馬上變成自由民主的國家，完全沒有這回事，西德雖然被盟軍佔領，被強迫民主化，但是連在這樣的情況下，德國的民主化也經過了漫長、艱苦的抗爭及努

力，例如在1968、1969年，德國學生運動跟社會運動風起雲湧的時候，很多大學都曾經發生學生拿教師在納粹統治期間寫的文章、所做的事情，在課堂上挑戰、質問授課教師，是否曾經是納粹幫兇。所以自由民主及轉型正義的實現不是突然從天上掉下來的禮物，而是經過辛苦奮鬥逐漸爭取來的。

我們之所以要持續努力追求轉型正義，不只是為了還給受害人和家屬一個公道，也是為了避免未來重蹈覆轍，避免威權統治重現。因為一個原本是威權統治的國家，若沒有針對過去的歷史深刻地檢討，沒有去面對那些罪惡，很多時候，人民不會學到應該怎樣去注重人權，尊重人性尊嚴，也不會學到當面對艱難的處境，面對威權統治及獨裁者的時候，要怎麼樣去奮鬥？面對那些為了自己的人權或其他人的人權在奮鬥的人時，要能夠不袖手旁觀，或者做為一個公務員或軍人，接到違法的不正義命令時，要能夠抗拒，這都是需要民主教育的。面對過去的歷史真相是很重要的民主教育方式，我以前在慕尼黑唸書的時候，郊區Dachau有一個納粹的集中營，我去參觀過幾次，也曾遇到德國的中學生，在老師的帶領下去看集中營，這是非常重要的教育，因為它有助於讓德國下一代的人能夠記取教訓。此外，我在慕尼黑大學唸書的時候，大學最主要的建築物的中庭，有一個浮雕，紀念白玫瑰這個由6個學生及一位教授組成的反抗納粹的組織。這7位白玫瑰的成員在納粹時期被處死，但慕尼黑大學最重要兩個建築前面的廣場，就以白玫瑰

成員Scholl兄妹及Huber教授的名字命名。慕尼黑最大的大學宿舍區主要街道及有些中學，也是以這些反抗者的名字命名。德國經過很多年的努力，才慢慢做到深入面對歷史的眞相，包括表彰那些有重要貢獻的人與追究那些犯下重大罪行者的責任。大家絕對不要氣餒，因爲，轉型正義的落實需要很多人持續的努力。雖然有時候期望不會馬上實現，但是只要有生命力的持續奮鬥，最後有些勝利一定會來臨，轉型正義也會愈來愈實現。謝謝大家！

二二八教學t„國小實施ê情形kap困境－以苗栗縣山腳國小為例

Koeh Iàn-lîm（郭燕霖）

1、話　頭

　　Tú接觸二二八，是góa讀台北市立師院【chit陣ê台北市立教育大學】時，時間是1998年。彼陣是陳水扁擔任台北市長，伊t„台北新公園成立臺北市二二八紀念館，離góa ê學校眞近，因爲對二二八有興趣，tö入去參觀。參觀soah beh離開紀念館時，t„公佈欄看tiõh館方beh招志工導覽二二八紀念館ê訓練課程，góa tö報名參加志工。尾啊陳水扁競選連任台北市長失敗，馬英九就任了後，任命龍應台做文化局長，彼陣經營二二八紀念館ê台灣和平基金會爲tiõh beh繼續經營二二八紀念館chhäm頂司龍應台對抗，過程充滿不公不義，路委台灣和平基金會眞鬱卒退出二二八紀念館，接手ê是梅可望ê台灣區域發展研究院，梅可望khah早ê經歷h³ góa對二二八紀念館ê未來感覺眞憂心，紀念館ê志工chôaⁿ一ê tòe一ê離開，góa mä因爲大學畢

業，離開二二八紀念館ê志工組。

　　1998年暑假我加入台灣教師聯盟，台灣教師聯盟是主張台灣教育本土化ê社運團體。台灣教師聯盟眞關心二二八教育傳承，積極kap二二八基金會合作，t,,宜蘭、淡水、台中、西螺、嘉義、台南辦二二八教師研習營，除了請講師講課，mä chhöa學員探訪二二八遺跡，koh合作出版一本二二八和平週教學手冊。

　　2002年退伍了後，góa t,,國小推動二二八教育。本文欲對國小行政kap教學上推動二二八ê實施情形kap困境來探討。

2、二二八教學現場

2.1.「二二八新娘」

　　2004年3月25早起8點，góa安排山腳國小五年丙班ê囝仔上司令台表演

　　「二二八新娘」，劇本是改編林雙不ê二二八短篇小說「黃素小編年」。故事是描寫雲林縣虎尾鎮19歲ê小姐黃素teh欲結婚，1947年有一工早起伊kap in老母去買菜刀，soah有人t,,街路頂烏白chông，伊chôaⁿ h³人掠去關khài審判。

　　黃素根本tö~知hông關ê理由，關kàu尾仔總算放chhòai，不過婚姻破滅人起siáu，最後t,,鐵枝路頂徘徊，命喪黃泉。

　　阮彼班學生囝仔teh poaⁿ特務審判，是kui齣戲最高潮之

處，因爲囝仔tùi「限制級」ê槍殺相當興趣，不過過程中爲呈現時代背景，góa要求囝仔口白ài用台語來講，kan-ta°特務kap阿山是用華語作口白。台kha觀眾是笑hai-hai，kap阮彼班學生sio-siang lóng無感覺二二八ê驚惶，純粹tùi「限制級」有khah深ê印象nia-tia°。

照慣例，原本校長iah是主任會針對戲劇內容事後做補充介紹，但是這遍無，góa感覺眞奇怪。因爲是頭一年chhöa班，事前無拜託其他同事tàu幫忙，學生囝仔teh poa°戲時góa teh錄影，等戲soah koh去發落整隊雜務，góa無機會kä台kha囝仔做進一步說明。老師同仁對「二二八新娘」ê態度不明，因爲kiàm-chhài老師可能看無「二二八新娘」欲表達ê意義。

8：50分上課時，校長請góa去校長室說明「二二八新娘」，校長講有做sit人khà電話講tú-á表演soah囝仔有講「阿扁仔落台」，我心想ho-li-ka-chài，góa有錄影存證，kä校長說明是「五丙仔落台」~是「阿扁仔落台」。彼陣因爲陳總統當選連任，有一寡人t„台北街頭抗議選舉不公，眞tú好mài-khuh放送出去，做sit人soah kiò-s„學校有人giâh mài-khuh teh講chia ê五四三，按呢ê講法góa感覺眞好s¡g！但是góa soah懷疑校長「做sit人khà電話」ê講法，有可能是校長警告góa mài koh繼續推動二二八教育，無會自chhöe麻煩！

2.2.聯絡本心得寫作

Kì-nà beh到二二八，góa會放「傷痕二二八」DVD h³囝仔

看、讀「二二八小水牛」、「漫畫二二八」，koh 規定 ài 剪報 taht，聯絡本頂面，聯絡本 ài 寫感想 iah 是 thçh 問，下底是囝仔 ê 感想 kah góa ê 回應。

（1）老師為什麼二二八事件有很多人沒有做錯事就被殺，我好想把那些殺人的人給打一打，替那些被殺的人報仇，但現在沒有二二八了，我什麼事就都不行替那些被殺的人了。【2008.12.29】

回：

A. 因為他們敢指出政府的錯誤，而政府又理虧，只好把他們………。

B. 可以，妳已經做很多，老師會把妳的心得發表在二二八研討會上，前國史館館長也會讀到妳的心得喔！

（2）老師二二八的第二集很好看，裡面有很多人沒怎樣，就一直被殺好可憐，那些阿兵哥還殺了一位在耕田農夫，那位農夫沒有怎樣，阿兵哥就在比賽如何把農夫殺死，那些阿兵哥真是可惡極了。【2008.12.16】

回：在中國境內，目前被屠殺最嚴重的是圖博和新疆，不過沒有畫家敢用漫畫的形式表達抗議。

（3）今天我看漫畫二二八，看到有許多男生被中國的軍人抓走，之後就被槍斃，或是使用很殘暴手段把人殺死，而且 in ê 老師還亂吐東西，看完這本書後我有些問題。（1）為什麼要用這麼不人道的手段殺人？（2）為什麼只抓男生？【2008.12.8】

回：

A. 因爲用這麼殘暴的方式來恐嚇其他的台灣人，讓善良的台灣人心生畏懼。

B. 因爲男生會向政府抗議，而女生多半比較服從政府。

（4）老師爲什麼二二八那一天要殺人呢？爲什麼會有二二八呢？

回：因爲台灣人不了解中國人。

　　爲什麼會有二二八紀念日呢？

回：因爲有人向政府爭取。

　　爲什麼要紀念二二八？

回：不讓二二八再發生。

　　爲什麼老師要給我們看二二八的 DVD 呢？

回：因爲老師不忍心。【2008.02.26】

（5）二二八的發生年代我們都不在，但是看了很多的報導，才知道那是一個悲情的時代，人民沒有自由的可悲，雖然無法感受到當時那些家人的痛苦。所以希望不要再發生這種悲慘的事情。

回：如果忘掉，會發生第三次二二八。【2008.02.27】

（6）老師爲什麼他們要殺人？

回：因爲當時的統治者沒有民主思想，只想著自己的利益，導致台灣人心生不滿，當時的統治者知道自己在法理上站不住腳，爲了快速解決問題，所以下令士兵鎮壓台灣人。【2008.02.27】

（7）老師爲什麼中國人不殺女生只殺男生？

回：因爲男生對政治會發表意見，女生則否。

小水牛的媽媽爲什麼要替牠掛上有「228」這三個字的耳墜子？

回：要小水牛永遠記住二二八【2008.02.27】

（8）今天下午老師給我們看二二八的影片，老師告訴我們影片很血腥，所以大家事先都做好心裡準備。一開始看不懂很無聊，到後面屠殺就變的很恐怖，影片上還寫有一～二萬人死去。大家才知道中國人有多壞。

回：是指下令屠殺的主謀和那些中國兵，不包含1949來台的新住民。【2008.02.27】

（9）今天我們在吃飯時，老師又播出了昨天那一個片子，而且二二八那一天還死了好多人，讓人看了都難過，而且我看了差點哭出來。

回：有個大學生死在岡山火車站，他母親哭到失明。【2008.02.27】

（10）老師我問你，爲什麼無辜的人會被殺？

回：因爲有些人的知識水準比政府的官員還高。還有在賣菸的老婆婆會被打？

回：因爲她賣私煙，所以政府要介入管制。

（11）今天我回家就問阿嬤爲什麼有二二八紀念日，阿嬤就說：「我不知道怎麼說。」（回：阿嬤的年代二二八不能講，因爲講了代表她知道二二八，政府會請她吃免費的午餐。）我又問阿嬤：「爲什麼以前的軍人要殺無辜的人（回：因爲那時的元首爲了要「方便」「統治」台灣），還偷拿人家的東西。（回：因爲他們軍紀敗壞，就像是穿著警察制服的土匪）」【2008.02.27】

（12）為什麼日本人要殺台灣人？

回：二二八不是日本人殺台灣人，是來自中國的軍隊殺台灣人。【2008.02.27】

（13）總統為什麼要參加228晚會？

回：代表總統很重視。

不參加會怎樣？

回：就好像清明節全家人都沒去掃墓一樣。【2008.02.27】

（14）為什麼以前的人的屍體要放在水裡？

回：不讓他們有「活命」的機會。【2008.02.27】

（15）老師二二八的日子為什麼要殺人？

回：因為統治者沒有民主思想，遇到問題只想以暴力來解決問題。

他們好可憐。如果我在以前早就把那些警察給殺了，我最痛恨警察了。

回：因為台灣政府沒做好轉型正義的工作，切記切記要用「愛」去包容和諒解，不過這的確很難，只有南非和德國才做得到。【2008.02.27】

（16）只要想到二二八就覺得很可怕、很不安，那時候台灣人真的真的受了很多的痛苦，不論是男是女，都過的很苦，男生就被殺，而女生就要自己待在家養小孩，真的很辛苦。

回：女生對二二八的理解果然和男生不同。

請問老師二二八那一天總共死去多少個人？

回：學者還在研究中。【2008.02.27】

（17）這兩天我看了關於二二八的剪報，讓我感到很可憐，因為

人們都遭到不明不白的屠殺，成為地下冤魂，因為有了他們的犧牲及勇敢才能有今天自由民主的台灣。什麼是「香港地位」、「一中三席」？

回：香港地位是指香港是中國的一部分，但台灣是嗎？一中三席是指一個中國包含：中國、香港、台灣。【2008.02.27】

(18) 老師妳借我的漫畫二二八好好看也好可怕，裡面有很多人物名稱，老師二二八的故事書可以借我第二本嗎？第一本我已經看光了，我拿二二八來看了喔。老師二二八裡有很多人被殺，還有人手腳被鐵絲穿過去好可怕，還有人不知為什麼就被抓走殺死人了，還有人已經不行了就把東西收一收搬走了，是因為有很多人還是老公被抓去被殺死丟到河裡沖走，有一位老公公也被殺了，老師有人還有街道上亂大小便真是沒公德心，還有一個更好笑的有一位軍人喜歡的人想要和她結婚，但是那位女生說不要、不要……。

回：那是一個恐怖的年代，但年輕的一代選擇遺忘，但傷痛和回憶又豈是說忘就忘。【2008.12.10】

(19) 星期四早上，老師放光碟給我們看，光碟上寫紅色戒嚴，我就猜想一定和二二八有關係，結果真的和二二八有關係，還有人罵他馬的，因為陳雲林來台灣，有人噴毒奶給陳雲林，到最後連老外也來幫忙，我想陳雲林是活該，而馬英九卻選陳雲林那一邊，台灣人本來以為馬英九會把陳雲林趕出台灣的，所以大家都叫馬英九下台，到了最後陳雲林離開台灣時，大家也跟馬英九說：「對不起。」我也要跟老師說：「老師謝謝，我提議要寫這個是我第一次寫最多的心得，老師謝謝。」

回：1.妳等著看吧，馬英九簽CECA時，一定會引爆二次紅色
戒嚴。2.「他馬的」不可講出來【2009.02.20】

（20）今天中午老師叫同學放「傷痕二二八」的影片給全班看，
三年級的時候老師您也有給全班看過，我記得最清楚的影
像是中國人一直射殺台灣人，老師為什麼那些中國軍人看
不起台灣人呢？（回：因為中國人從自卑感衍生優越感）
為什麼會發生二二八事件？（回：因為中國文化和台灣文
化不同）為什麼會有那麼多人死在二二八？（回：這樣統
治者聽不到反對的聲音。）老師，我覺得中國軍人全部都
是殺了人都不會後悔的壞傢伙！（回：到目前為止，的確
中國兵都沒為二二八事件來道歉，這是很令人不可思議的
事情。）【2009.02.16】

（21）今天中午老師叫同學放二二八好恐怖喔！有一位老婆婆因
為偷賣私煙被警察打到頭破血流，在那邊哀哀叫，接下來
恐怖的二二八要來了，很多居民因為不會講國語，就被當
作出氣筒，一直打他們，好恐怖的二二八。

回：「二二八」的發生和語言有很密切的關係，因為當時的台
灣人幾乎都不會講華語，而政府官員又大部分不會講台語
和客語，所以誤會和誤解就越來越深了。【2009.02.17】

（22）明天就是二月廿八日星期六，也是二二八紀念日，所以
二二八前幾天老師讓我們看關於二二八的影片，有紅色戒
嚴、傷痕二二八…等，看完了紅色戒嚴以後我覺得那時候
台灣的警察為什麼要幫中國的人？

回：因為馬總統下令的。【2009.02.27】

（23）我覺得二二八事件好殘忍喔，可是為什麼祖國來的人要殺

人呢？（回：他們有可能是奉「光頭總統」的命令來鎮壓台灣。）而我算是中國大陸的人，可是為什麼要殺同胞呢？（回：別忘了苑裡有平埔族道卡斯族喔！）第二個問題「同胞」的意思是因為祖先是從大陸的一個地來的。【2009.02.27】

（24）二二八那天是個很恐怖的日子，有許多人在那天被無辜的殺死。今天白色恐怖已逐漸過去，台灣政治也已相當的民主化，內部要發生類似二二八的衝突，幾乎不可能，然而面對中共霸權的對台統戰，二二八的歷史，仍應給我們深切的教訓與啟示。

回：中國不只用飛彈瞄準台灣，還準備用 ECFA 來封鎖台灣的經濟，中國是全世界最恐怖的霸權國家。【2009.02.27】

（25）我覺得寫二二八學習單可以讓我更加了解二二八，如果沒有二二八就沒有悲傷的眼淚，如果沒有二二八就沒有失去家人的痛苦心情，也沒有這些為二二八而去世的人，也沒有人會留下難過的回憶！【2009.02.27】

（26）今天我做了一個夢，我夢到我有一位跟我很好的同學，她的腳走路不方便。有一次我在上學的時候，那時我突然想起我忘記帶東西，所以她和一位男同學就一起跟我到媽媽家（那時我住在奶奶家），但是媽媽是住在公寓，而且那棟公寓很奇怪，有好多條樓梯，所以我們要一間一間的找媽媽，就在這時候「二二八」就來臨了，有一位軍人他要把我們給槍斃，但是他們兩個已經跑走了，只丟下我一個人，不知為什麼，那位軍人對我說：「小妹妹你是挑戰高難度嗎？」我因為太害怕了，所以我就跑走了，一路上我

看到很多人在我面前被槍斃，我心裡充滿了害怕、不安，所以我一直向前奔跑到奶奶家……回：這是一篇很懸疑的二二八小說，老師猜測妳可能是看了老師張貼在教室佈置施並錫教授的【1947年三月八日下午基隆港的屠殺】畫作，日有所思，夜有所夢也。【2009.04.01】

請學生囝仔剪報ê用意是督促家長關心二二八，h³囝仔帶動大人共同關心二二八，ôe囝仔寫be出，大人會tàu寫，可比講（5）。囝仔大部分teh探討中國兵thâi人ê動機，甚至想beh報復中國兵，老師ài　清楚指出廿一師執行二二八任務soah，tö h³蔣介石召轉去中國剿共，che chhäm 1949年來台ê新住民是無käng人。Ôe囝仔錯亂liãh講二二八是日本人thâi台灣人，che恐驚是過去ê仇日教育太成功，因爲三年仔學生根本tö iah böe學習歷史，應該是整個社會氣氛h³囝仔tä°知有1895，~知1947 ê可悲。另外囝仔點出二二八ê性別意識，ùi「cha-b⁻-lâng」ê觀點看二二八屠殺kah受難家屬ê心靈重建，che是眞好ê觀察。另外khah敏感ê囝仔tui二二八思考台灣ê地位問題，che mä考驗老師tùi台灣主體地位ê看法。

2.3.華語文ê reading test

2009年3月10我出好華語文ê考卷，reading test kh¡g詩人李敏勇ê詩【這一天，讓我們種一顆樹~二二八公義和平日的祈禱】，請看原文：

這一天
讓我們種一棵樹
每個人
在我們的土地
在自己的心中
在島嶼的每個角落
在掩埋我們父兄的墓穴
讓我們種一棵樹
聽到叫喊的聲音
看到血流的影像
但
讓我們種一棵樹
不是爲了恨
而是愛
讓我們種下希望的幼苗
而不是流出絕望的淚珠
讓我們種一棵樹
不是爲了記憶死
而是擁抱生
從每一株新苗
從每一片新葉
從每一環新的年輪
希望的光合作用在成長
茂盛的樹影會撫慰受傷的土地

涼爽的綠蔭會安慰疼痛的心

讓我們種一棵樹

做為亡靈的安魂

做為復活的願望

做為寬恕的見證

做為慈愛的象徵

做為公義的指標

做為和平的祈禱

讓我們種一棵樹

做為一種許諾

做為一種堅持

樹會伸向天際

伸向光耀的晴空

伸向燦爛的星辰

樹會盤根土地

守護我們的島嶼

綠化我們生存的領域

　　Góa thçh 考卷 h³ 隔壁班四乙 ê 黃佳卉老師看，伊看 soah 了後，感覺無妥當，要求 góa 抽掉，góa 一 khúi kä 回絕，要求黃老師說明理由，伊講 chun-ná 家長

　　反應問題，伊無法度負責，góa 應講一切由 góa 本人來負責，看 ë 出伊雖然心驚惶，~-koh liãh góa 無法，孤不而三終答應。雖然政治上解嚴，但是黨化教育 iah 是 sok-pãk 老師 ê 自由

心靈，這是我siäng深ê感受。

下底是考題，請讀者ioh看mai。

1.（　　　）依據本文所述，作者寫這篇祈禱文的目的是甚麼？（1）爲了紀念端午節（2）爲了紀念二二八公義和平日（3）爲了紀念世界環保地球日（4）爲了紀念中秋節。

2.（　　　）這首祈禱文的主題是甚麼？（1）希望在每個人心中種下愛與公義的種子（2）祈求二二八紀念日放假一天（3）提倡環保，鼓勵全民種樹（4）記取土石流教訓，要在植樹節當天種樹。

3.（　　　）『讓我們種一棵樹』，依作者之見，這棵樹是一棵甚麼樹？（1）防止水土流失之樹（2）愛與希望之樹（3）回憶與夢想之樹（4）愛情與許諾之樹。

囡á ioh-tiõh ê比率差不多是6成7，雖然現時國校教材有關228 ê資料無chë，可是「考試領導教學」，出二二八ê reading test ~-ná ë刺激學生囡á重視二二八，其他同仁老師所受ê刺激mä眞強，in ë偷偷á討論，t,, chia建議出題ê時機是下學期第一次月考，h³反對者liãh 無khang-phang。

3、行政推動情形

3.1.楊碧川學者二二八教師研習活動

2004年3月初3，góa邀請白色恐怖受難者楊碧川來學校

演講，因為che是góa ka-t,,雞婆去爭取安排這場二二八教師研習，加上是頭一冬教冊，tùi學校行政流程無熟，tö ka-t,,寫公文請苗栗縣教育局核准研習時數，發文時間是2004年2月19，等chiok久教育局lóng無回函，親自khá電話問教育局，總算t,,2月26回函，in講：「1.旨揭課程研習計畫案，教育部業已列入九年一貫課程綱要，本縣國民教育輔導團亦以列入社會領域輔導計畫中，屆時本府將通知各校教師報名參加。2.至於貴校所報本案研習，除對象請改為校內教師並應自由參加及本府未便同意列為指導單位外，餘請貴校本權責辦理。」

教育局回函第1點根本tö講白賊，教育部九年一貫案是實，但是苗栗縣國民教育輔導團根本tö無按呢安排，是假ê。第2點是衝二二八而來，任何研習只要老師有興趣，無應當限制t,,校內老師參加，獨獨針對二二八教師研習，公平性t,, ta位？而且「本府未便同意列為指導單位外」，che是套頭話，教育局小題大作，h³ góa真失望。

事後góa teh想是~是苗栗縣教育局thiâu-kang拖延時間來函，目的「以拖待變」，h³ góa知難而退。這場研習來聽ê老師10位左右，出席率差不多3成。

3.2.二二八校園教學步道

經過2004年h³苗栗縣教育局打壓ê經驗，2005年góa決定改變推動二二八教育ê形式。Khah早góa bat參加台灣教師聯盟kap二二八基金會所辦ê二二八教師研習營，其中台灣教師

聯盟潘桂芳老師 bat 發表伊 t,, 台北縣江翠國中 ê 二二八教學，潘桂芳老師透過漫畫、圖、囡仔詩、音樂 kap 美術 ê 方法來指導國中囡仔學習二二八，效果 be-bái，góa 想 beh 試用潘桂芳老師 ê 方法，所以 góa 借用伊 ê powerpoint 檔案，koh 加上 góa 個人 ê idea，準備用 20 張圖【下底號做細說二二八】，透過音樂、藝術 ê 管道，用 khah 柔情 ê 方式，透過校園學習步道來 hō͘ 囡仔認 bat 二二八。

因為阮學校行政編制 ê 關係，校園教學步道是由陳月英老師負責，góa 先徵求伊 ê 同意，看 ë-tàng tah 細說二二八無，陳老師看了後同意。2 月 13 胡復進校長召 góa 去校長室，認為細說二二八內容內底 ê 受難者部分 siu° 寫實無適合國小囡仔心靈發展；ang-á-圖 ê 部分無合彼時社會背景，無適合國小囡仔看，要求 góa 補足查緝私煙事件 kap 過程這二部分。Góa 回校長講，2004 年 3 月初 3 已經邀請台灣史學者楊碧川先生演講，老師應該對查緝私煙事件 kap 過程有了解，請老師 kā 囡仔補充說明；ang-á-圖 ê 部分 ë-tàng 吸引囡仔對二二八事件 ê 注目，引起囡仔學習二二八 ê 動機；三者二二八受難者是整個二二八事件 ê 核心，一旦抽掉這部分，二二八事件 chôa° 免講 ah!Góa chhām 校長 lóng 堅持，雙方認知差 chiok chë。

2 月 16 góa t,, 自由時報第五版看 tiõh chiok 大 ê 標題：「漫畫二二八、輕鬆讀歷史」、副標題是「阮朝日二二八紀念館首推、全書 150 頁、插圖 500 幅、嚴謹考證、還原歷史眞實」，看

tiõh che加添góa ê信心，Góa決定無ài chhāp校長，beh kä tah落去。

　　2月19 góa去台中向前二二八紀念館館長葉博文說明難處，伊聽了後，2月22寄電子批hō͘ góa。下底是前二二八紀念館館長葉博文ê批：

胡校長鈞鑑：

　　　　欣聞貴校郭燕霖老師將於課堂中以〈細說二二八〉為題，透過漫畫淺顯易懂的形式，讓學生瞭解這一段發生在台灣的重大歷史事件，本人忝為前台北市二二八紀念館館長，對於胡校長與郭老師為了讓台灣學生認識曾經發生在這塊土地的故事，如此盡心與努力，個人深感欣慰台灣的學校教育能使學生從本身的歷史認識起，也對胡校長與郭老師的付出致上最高敬意。

　　　　但聽聞胡校長對於〈細說二二八〉的內容，似乎有不同意見，在以漫畫的表現及透過受難者的心聲來表達二二八的看法這兩部分，更要求郭老師抽掉已製作好的圖卡講義。在台灣已經是民主化社會，人人享有言論自由的今天，學校中竟還有如此類似思想檢查的情況存在，讓人恍如回到專制獨權時代。

　　　　對於胡校長認為不適以漫畫方式說明二二八這個部份，個人認為，漫畫能忠實反映社會現象，為吸引讀者注意，作者也許會以比較有創意的手法來描述，但絕對是忠實的表達當時的社會現況。而且漫畫淺顯易懂的本質，反而能深入普羅大眾，引起民眾的共鳴，表達人民的心聲，尤其此次授課的對象是學生，用圖畫形式向學生說明，更容易達到深入淺出的教學目的。

　　　　世界民主國家的潮流，對於歷史上的不義與屠殺事件，都是以明朗、公開的方式正面面對，所以有美國、德國、以色

列的大屠殺紀念館、日本的原爆紀念館，及1997年在台北市成立的二二八紀念館等的存在，皆透過史實與受難者心聲儘可能的呈現，爲的就是警醒世人，不要再重蹈歷史悲劇的覆轍。爲的不是表達仇恨，而是記取歷史教訓。個人認爲，不論是加害者或是受難者，都需面對歷史評價，從受難者的角度來探討二二八的歷史眞相，不僅是展現對歷史負責的道德勇氣，更是化解被獨裁政權所扭曲的族群心結之道，也是尋回公義與眞正和平唯一途徑，就此而言，胡校長實在不應自我設限，懼於從受難者角度探討二二八眞相。

面對台灣苦難的歷史，需要更多的同理心與耐心，才有可能彌平這段歷史裂痕，對於二二八的認識，我們才開始起步，不必再以莫須有的意識型態阻斷學生學習之路，我們不希望學校內出現類似思想檢查的事件出現，更不希望這件事見諸報章媒體，228都已經是國家的和平紀念日，望胡校長能以開啟的心靈和學校的民主幼苗，共同加入探討二二八歷史眞相的學習之旅。

敬祝 教安

台灣和平基金會執行長

前台北市二二八紀念館館長

葉博文

敬上

不過收tiõh這張批góa心內眞躊躇，~知有beh公開無？

2月23（拜三）góa thçh彼20張圖h³陳月英老師，無想講胡校長竟然指示教學組長葉文輝老師搶走彼20張，這ê動作h³góa驚一tiô。23號e-p¬1點半，góa擔任二二八教學步道研習

講師，上課ê內容是講解細說二二八教學步道內容kap二二八學習單。研習soah，góa去拜訪pê°-á tòa t,,苑裡ê台灣教師聯盟盟員致民國中退休ê林銘達老師，伊決定2月24招中正國小退休老師林久美、大甲高工退休老師詹伯廉、致民國中退休老師林雀薇拜訪阮校長。

24號（拜四）早時8點，校長宣布t,,教師休息室召開課程發展委員會【下底簡稱課發會】，由教務主任林龍雄主持，要求課發會成員針對細說二二八20張圖一張一張表決。Góa發言表示因為時間眞逼，有chiok chē老師第一節ài上課，是~是另工chiah表決。林主任答應。24號e-p¬ 1點半去林銘達老師in四人拜訪校長，校長原在堅持伊ê理由，林老師ê拜訪並無進一步ê發展。

25號（拜五）教師早會góa發表三點聲明：（1）Goa、校長、主任t,,認知上無kâng，雖然每一ê人各有堅持，但是保持理性溝通是眞要緊täi-chì。（2）二二八事件beh t,,校園「公開」推廣眞oh，確實有現實上ê困難，但二二八教育對在職老師是一項考驗，為人師表~-thang冷淡看待、事不關心ê態度，老師e-tàng借人權教育、性命教育、品德教育各方面來引chhöa囝仔思考二二八事件ê意義。（3）課發會ê表決結果，góa尊重服從。中晝12點30，góa請教教務主任，課發會tang時投票表決，教務主任回答講因為今仔日e-p校長kap三處主任lóng必須出公差，課發會召開事宜留待下禮拜，góa koh追問因

爲台灣人有歷史健忘症，加上góa所kah ê學習步道學習單內底有一項作業是蒐集2月28 kàp月1日剪報，有時效性，kám有法度請教學組長代爲主持課發會會議？教務主任答覆學生t,,厝上網查詢即可。Kau-chia，góa希望趕t,, 2月25日tah細說二二八ê希望火燒罟寮—全無網（望）。

3月初2早上8：10召開課發會，在場有17人，góa影印「漫話二二八」簡報h³課發會老師參考，ài過9票chiah通過。下底是表決結果：

（1）這幅圖裡面有一個錯誤，你有辦法找出來嗎？ 10票✓。

（2）奸商買溜的漫畫。6票✗。

（3）葉宏甲的「強盜就縛」和張文元的「勝利之果」漫畫。3票✗。

（4）張七郎歡迎祖國的書法和墓碑。9票✓。

（5）林木杞的手和林茂生的相片。4票✗。

（6）陳澄波自畫像和湯德章少年照片。9票✓。

（7）台北228紀念碑和嘉義228紀念碑。15票✓。

（8）朱鳴岡的「朱門外」和黃榮燦「恐怖的檢查」。5票✗。

（9）李石樵的「市場口」和歐陽文的「望兒歸」。10票✓。

（10）Goya「蒙庫羅亞的槍決」和Picasso「格爾尼卡」。5票✗。

（11）國小和平鴿和愛心雙手畫作。15票✓。

（12）李恆昌的和平（小三）和詹富淇的我家住在和平街（小三）。8票✗。

（13）李潔琦和張雅芬和平鐘。13票 ✓。

（14）張淑琪「黑暗中的黎明」和吳伯彥「士兵對準人民開槍有骷髏頭」。6票 ✗。

（15）李佳軒國軍捕殺人民，人民倉皇逃命和林時宇「壓抑的苦悶和悲傷」充滿荊棘和痛苦。4票 ✗。

（16）劉于菁揮別228的陰霾，迎向充滿愛心與希望的現今世界和柯怡君裸體在黑暗和恐懼中。4票 ✗。

（17）李石樵「大將軍」和「避難」。3票 ✗。

（18）李敏勇「愛與希望的歌」和柯旗化「母親的悲願」有「台灣監獄島」。6票 ✗。

（19）呂泉生「杯底~-thang飼金魚」和楊三郎的「望你早歸」歌詞內容。6票 ✗。

（20）老師ê話228事件58週年。16票 ✓。

8張通過，12張無過，通過比率是40％。所以細說二二八20張kan-ta° ë-tàng tah 8張，頭尾無連貫，教學意義損失大半，而且mä拖過二二八，教學ê黃金時間mä miss kòe！學校以召開課發會ê方式來「表決」，chit ê動作góa感覺真不可思議，教師同仁mä同意學校chit-khóan ê做法，教師本身kám尊重教學專業？

Tui寒假備課構想開始，kàu趕t"二二八前chhôan好適，一直kah時間teh sio-giõk，校長有意無意以拖待變，行政打壓無所不tì，教學同仁無人出來贊聲，有淡泊仔chhè心，mä h³ góa

了解學校行政奧步。檢討失敗原因，學校主事者無ài二二八教育公開化、普遍化、全面化，che應該是in極力封殺細說二二八ê主因。

2009年我再一次beh 推動二二八校園學習步道，chit-kòe教學組長徐姿華老師kap宋銘豐校長lóng無疑慮，20張圖t,，2月12 tah好適，但是2月14有8張圖hông破壞，góa感覺推動二二八校園學習步道眞正是「內憂外患」，~-na ài「內除國賊」，而且ài「外抗霸權」。

Góa分h³囡á細說二二八學習單，其中有一tiâu是mng in：「Khiä t,，囡á ê立場，lí感覺tö一種紀念方式siäng ë-tàng喚起台灣人重視二二八事件？為什麼？」下底góa用下表來說明：

紀念二二八方式	理　　由
設二二八教學步道	Ë-tàng h³學生知影二二八事件
寫二二八學習單	記tiâu二二八 chit一工
看二二八電影	Khah chë人了解、效果khah「逼眞」
用講ê	Ë-tàng h³學生知影二二八事件
看2月28 ê報紙	報紙會報導相關事件
苑裡二二八史料展	台灣基督長老教會高雄中會t,，高雄中學展二二八史料展，希望t,，苑裡mä ë-tàng展出

最近國小眞時行「行動圖書館」、「行動科學列車」，利用車ê便利來突破空間ê限制，縮短城鄉差距，h³庄腳囡á mä ü機會來學習二二八，góa希望有志ë-tàng響應「二二八行動展覽

車」，h³ chit 台車 thuh 全台灣來講二二八大屠殺。

3.3黃哲彥傳道二二八教師研習活動

2006年2月22，góa邀請台灣基督長老教會山腳教會黃哲彥傳道探討後二二八現象。可能是舊年推動細說二二八ê風波，所以出席ê老師眞少，kan-ta˚六位左右，反倒轉民眾來旁聽有10外通ê，雖然人少，不過新ê教學組長黃麗鈴老師眞積極，an頭坐kàu尾，學校行政t,, chia是採取開放ê態度。

4、二二八教學t,,山腳國小推動困境kap突破

二二八教學t,,山腳國小校園實施狀況，kah台灣ê二二八事件t,,追求公義ê道路kang-khóan，眞乖舛kap孤單。早期二二八事件因爲t,,國民黨獨裁政權嚴密監控之下，台灣人民böe-tàng mä不敢公開談論二二八事件，學生beh t,,教科書讀tiõh二二八事件ê相關歷史資料，mä是「阿婆生囝」；這幾年t,,二二八和平公義活動ê努力推展之下，政府mä tãuh-tãuh-á重視二二八歷史事件，除了二二八一工定做國定紀念日以外，mä透過財團法人二二八事件基金會ê成立，來安tá受害家屬ê心靈創傷。Sui-bóng 這陣ë-tàng公開談論二二八，但是t,,國小校園推動二二八教學ê困境原在霧重雲深，學生ë-tàng清楚了解二二八事件ê mä是oh-tit-chhöe，其原因t,,-tòe？

一、老師心態：tãk-ê lóng 知，khah 早老師 ê 養成教育是掌握在師大和教育大學手頭，師範教育 ê 課程對本土教育差不多 long 無，所以師範生出業了後要拖除黨國毒化教育 ê 陰影是一件相當困難 ê 事情，其中二二八事件可講是國民黨獨裁政權下 siöng 恐怖 ê 歷史事件，老師 t,, iah-böe 說服自己坦承面對二二八真相前，對 t,, 校園講述二二八事件 iah 抱著「有 ah 好，無 ah 好」ê 心態，簡單幾句話交代 tö 可以。

二、歷史知識：Chün 講一位老師有心想要講二二八，但因為對二二八事件 ê 認知有限，t,, 信心不足 ê 情形下，不敢講 liàu 太深入。以 góa 六年七班自身學習為例，t,, 國小 kap 國中課本根本無看過二二八，高中歷史課本以一段約 50 字比例讀過。印象 siöng 深刻 ê 是課本講到蔣介石派陳儀接管台灣，課本 sui koh 牽轉去中國歷史國共內戰，了後 tö 講到蔣介石敗退來台，這期間 tú 好是台灣爆發二二八事件，也 tioh 是講 1945 到 1949 這段 ê 歷史，歷史課本 ê 軸線是 t,, 國共內戰~是台灣，造成六年級老師對二二八事件是「空白」印象。

三、學校和教育行政態度：阮學校行政態度抱著「三無政策」：「無鼓勵、無禁止、無關心」，苗栗縣教育局 mä 差不多按呢。Kau-ta°，唯一會鼓勵老師做二二八教學研究 ê 官方單位，恐驚只有財團法人二二八事件基金會，其他 lóng 無。因為解嚴 ê 緣故，t,, 校園是 ë-tàng 講二二八事件，學校並無採取禁止 ê 態度，但 mä 無鼓勵老師實施二二八教學，也 tö 是無關心。

　　四、時間點：T,,學校二月ê行事曆，二月上旬是寒假，下旬是處理開學雜差，一般老師t,, chit期間ài處理學生註冊täi，學校行政單位是kóng鑼khah鼓擬定下學期行事曆，而且時間上二二八又緊óa元宵節，絕大部分ê民間單位lóng會辦理燈節藝文活動，學校行政mä tiä°會應景舉辦元宵節主題教學，也tö t,,按呢情形之下，有心無心放掉二二八事件，所以學生對二二八事件ê態度大部分kap元旦、國慶日差不多，tö是放假一天，要國小囝仔體會「紀念」mä太沉重一sut。

　　五、教材來源：五下社會課本有講tiõh二二八事件，下底是康軒97年版課文內容：標題「光復初期的台灣」。內容：「第二次世界大戰結束，日本無條件投降，台灣、澎湖歸還中華民國，民眾獲悉消息後，無不歡欣鼓舞，迎接祖國政府的到來。但是，光復初期社會動盪不安、人民生活困苦，加上發生二二八事件，造成許多社會精英及無辜民眾的傷亡，對台灣的政治發展、族群融合產生不良的影響。」其中ê「台灣、澎湖歸還中華民國」這句話問題真大，課本無thçh起舊金山合約，kan-ta° khioh假ê「開羅宣言」繼續欺騙台灣學生囝仔台灣歷史，che國立編譯館ê教科書審查委員會ài負起責任。教科書不足，所以幾多前台灣教師聯盟bat結合財團法人二二八事件基金會出版「二二八和平週教學手冊」，但是實際利用者無chë，恐驚phia°去資源回收ah！除了這本教材，老師恐驚ài t,,網路頂搜集，che mä是chiok大ê問題；另外有關二二八ê進修研習

管道眞少，老師無夠積極參與二二八教學研習，che mä ài要求老師、教育部kap各縣市教育部積極配合。

　　The opposite of love is not hate, but indifference.從事二二八 ê老師目前iah眞少，設使老師毋敢教二二八事件，代表咱教育體制iah是無正常，老師敢thang無知無覺？

（附件）

細說二二八學習單 1947 228

班級： 　　　　　姓名： 　　　　　座號：

1. 請看圖2，一群民眾正熱烈歡迎來自「祖國」的軍隊，這個祖國是（　　）。

2. 請看圖6，妳/你覺得漫畫家葉宏甲他想要表達當時社會的哪種現象？（開放題）

答：_____

3. 台灣第一位哲學博士是_____，遇害時他當時擔任的職務是_____

4. 請看圖12，湯德章被高等法院宣判無罪，但是等不及宣判他已經被槍殺於台南民生綠園（現已改名為湯德章紀念公園），你/妳的感覺是

答：_____

5. 興建二二八紀念碑能讓後代子孫悼念這段史實，除了興建紀念碑之外，站在小朋友的立場，你/妳覺得哪種紀念方式最能喚起台灣人對228事件的重視？

答：_____

6. 「朱門酒肉臭，路有凍死骨」出自於唐朝詩人_____的詩句。

7. 我們看了許多藝術家的作品，例如朱鳴岡、黃榮燦、哥耶（Goya）、畢卡索（Picasso）、李石樵、歐陽文…..的畫作，妳最欣賞哪一幅？為什麼？

我最欣賞的是_____的作品_____，因為_____
_____

（可就畫作顏色、構圖、線條、人物、繪畫技巧………..來描述）

8. 我們看了許多大朋友和小朋友的文學作品，例如李敏勇、柯旗化、李恆昌、詹富淇、呂泉生、黃仲鑫……的作品，請你試著找出最感動妳/

1947 228

你的話語，把它謄寫在下面（文長50字以內），並寫出你的感覺。

我最感動的是＿＿＿＿＿＿的作品＿＿＿＿＿＿，內容是：＿＿＿＿＿＿

＿＿＿＿＿＿＿＿＿＿＿＿＿＿＿＿＿＿＿＿＿＿＿＿＿＿＿＿＿＿＿＿＿

我的感覺：＿＿＿＿＿＿＿＿＿＿＿＿＿＿＿＿＿＿＿＿＿＿＿＿＿＿＿＿

＿＿＿＿＿＿＿＿＿＿＿＿＿＿＿＿＿＿＿＿＿＿＿＿＿＿＿＿＿＿＿＿＿

9. 剪報活動：請你/妳找出2005年2月28日或2005年3月1日的報紙有關228系列的相關報導。（請寫在下表內，照片或文字描述均可，但要註明出處『包括：報紙名稱、第幾版、日期』，不限一則，愈多愈好，能附加心得更棒！）

附　　錄：和平的祈禱（Peace Prayer of St.Francis）

造物主，求使我成為和平的器皿。那裡有仇恨，就讓我散播愛；那裡有傷害，就散播寬恕；那裡有懷疑，就散播信心；那裡有絕望，就散播希望；那裡有黑暗，就釋放光明；那裡有傷悲，就散播喜樂。

噢！神聖之主，使我不多求安慰，而多安慰人；不多求人的瞭解，而多瞭解人；不多求人愛，而多愛人。因為藉著給予，我們就得著；藉著寬恕，我們就蒙赦免；經由死亡，我們就得重生，進入永恆生命。

家長簽章：

國小社會領域康軒版二二八教學的困境與省思—— 以澎湖文澳國小爲例

陳 志 瑋

一、前 言

依據教育部2003年公布的「國民中小學九年一貫課程綱要」，臺灣史爲社會領域第三階段(國小五、六年級)的學習重點之一。[1] 目前國小社會領域教科書述及二二八事件且通過國立編譯館審定的版本有康軒版、翰林版及南一版。本(97)學年度澎湖縣40所[2] 小學在社會領域臺灣史教科書部分，選用各版本的情形分別爲：康軒版28校，翰林版6校，南一版6校。因康軒版不但是澎湖縣最多學校選用的版本，亦是筆者任教的文澳國小選用的版本，故本文以康軒版爲探討對象。

本文的撰寫依據，除個人的教學經驗、訪談校內同樣擔

---

1 參見教育部，《國民中小學九年一貫課程綱要社會學習領域》(臺北：教育部，2003.3)，頁19-27。

2 澎湖縣目前有41所小學，但其中一所離島學校並無五年級，故實際參與選書的學校只有40所。

任社會領域教學的教師外，亦包涵分析教科書的內容，並推敲其背後所隱含的潛在意義，以期更多元的呈現澎湖縣教師在二二八事件教學所遭逢的困境，並尋思解決之道。

二、康軒版二二八事件教材的呈現與評析

在現行教科書審查機制的規範下，課本內容須依照課程綱要及能力指標編寫，方能通過審查。故從教科書教材的呈現，可看出當前主流的意識型態 ──「何種觀點、如何論述」被「合法化」。此外，不可忽略的，其中也有教科書做為經濟商品的考量(如何滿足最多數，占有最大市場)。故經由編者、出版商及審查者之手，最後產出的教科書，實是文化權力與經濟利益相互作用後的產物。

康軒版在二二八事件教材的編寫上，係依據「2-3-1認識今昔臺灣的重要人物與事件。」的能力指標，並安排於五年級下學期進行教學。[3] 相較於南一版和翰林版具有較詳細的脈絡說明[4]，康軒版較傾向簡約的重點描述。換言之，康軒版係「點」式的介紹歷史事件，教師須自行填補點與點間的縫隙，使之成為一具有連續性、因果關係的「線」。

3　參見章五奇等，《社會備課用書五下》(臺北：康軒文教事業股份有限公司，2008.2)，頁194。

4　南一版、翰林版均簡略舖陳時代背景，以說明事件發生的緣由，並提及歷史傷口的弭平之道。

康軒版留有許多縫隙待填充的編寫法，固然可能「得罪」最少具意識型態的審定者、教學者，也最易「自由發揮」。但因教科書扮演著「合法的知識」的角色，左右著許多教師與學童對二二八事件的教學／學習尺度、觀感與認知。故康軒版簡約且「安全」的描述在教學上亦帶來一些不便。例如教師增添的詮釋可能會遭遇背景、立場、概念、價值觀或意識型態不同的人質疑其所本；又如未出現爭議性的人物(如陳儀、蔣介石)讓教師引導學童多元的討論思辯；再如圖片(建紀念碑)未能與正文相結合，教師需再多花時間講解圖片所代表的意涵等。

三、二二八事件教學的困境

國小教師在進行二二八事教學時所遭遇的困境主要包括以下幾個面向：

(一) 學校方面

1. 行政支援方面：
   (1) 許多教師在受教育的過程中並未學習臺灣史，亟需在職進修相關的知識，然教師在職進修的課程規劃卻未必符合需求。以澎湖縣為例，即未舉辦相關研習、座談或學分班，有心的教師只能自行赴臺參加相關的進修活動。
   (2) 經費不足，未能提供充足的教學資源，例如購買相

關的圖書影片等,導致教師教學資源取得不便。

(3) 當教師教學遭受家長質疑時,學校未必能力挺教師,支持教師專業自主。甚至會過度反應,提醒教師勿在課堂上論及敏感或具爭議性的議題。

2. 教師素養方面:

(1) 國小教師的養成屬通才教育,不若國高中教師是分科的專才教育,故熟悉臺灣史的專業師資較為缺乏。

(2) 國小屬包班制,社會領域多由導師任教,多數導師或因在求學過程中缺乏臺灣史的相關學習,或因接觸到的臺灣史,皆是從中國/國民黨的視野去理解的臺灣史,故若在教學的過程中,對臺灣史/二二八事件的教學意願不高、支持度不夠,不願多花時間進修、研讀相關知識,將導致對二二八事件的認知與素養不足,傳授的知識匱乏或偏頗。

(3) 部分教師依賴課本、教學指引施教,照本宣科,使教學乏善可陳。且課本和教學指引的資料不足,亦導致教學無法深化。此外,教科書可能存在某種意識型態,某種階級利益,須透過教師的課堂教學加以檢視,若教師欠缺足夠的專業素養「挑戰」教科書,無法透過課堂上的詮釋、互動討論,從多面化的角度切入做出歷史解釋,將使課堂成為教科書意識型態灌輸的場域。

(4) 教師在研讀二二八事件的相關資料時,因各方詮釋

紛雜，不同立場呈現不同的歷史「事實」，故有難以辨識何謂歷史「事實」的困擾。如何判別史料，成為教師無法逃避卻又不易處理的課題。

(5) 教材的選擇和呈現，具體顯現教師選擇的知識和史觀，扮演著傳遞和形塑的角色。但因二二八事件被政治化，致使教師覺得在選材與講述的面向、尺度上，不易拿捏，亦因擔心引起意識型態上的指責與爭執，而顯得有些遲疑。[5] 因此，雖然九年一貫課程改革賦予教師自編教材的權力，然二二八事件被媒體、政治人物形塑為「政治議題」的「敏感性」，不但窄化了二二八事件探討的視野，也造成偏見，導致即便是單純的從學術或理性的角度出發的課程教學、教材補充，亦不免遭受質疑或污名化。這也可以解釋何以已在國小經歷過至少四次二二八紀念日的小五學童，在接觸到二二八時，仍會「天真」的說：「『慶祝』二二八，所以放假一天」，或糾正老師：「是二二四，不是二二八」。[6] 因為除教師本身未具教導二二八事件的素養、因特定立場刻意不教外，另一個原因即是擔心講述此「敏感」事件／紀念日會引起不必要的質疑與誤解。

5　過去的歷史教育扮演著維護國民黨政治體制及價值觀念的角色，故臺灣史，特別是二二八事件的教材，也被某些人帶著有色的眼鏡視為民進黨政府藉以形塑其意識型態的媒介，而抱持著「抵制」、排斥的態度。

6　部分國小學童背九九乘法表時，口訣是二一二，二二四，二三六。

3. 課程教材規劃方面：

(1) 課程教材缺乏有系統的規劃，例如二二八事件的發生和中國近代史互有關聯，然課本並未提及此一部分，學童的概念並不清楚。故在強調臺灣歷史的同時，可以在書末的附錄中表列中國近代史以爲對照，供學童對照學習；再如社會領域的課程設計並不連貫，以致學童升上五年級後，對臺灣史仍相當陌生；又如依課程的安排(課本的編排係依臺灣史的進程，自史前時代開始教授)，二二八事件約在5月份進行教學，倘若能規畫在2月進行教學，即可結合時事題材，使學習與生活結合。

(2) 目前五年級社會領域每週只有3節課，共120分鐘，若想面面俱到的告知學童不同立場的不同詮釋，何以有此不同？或引導學童討論、思辯；或提供相關圖檔、影片輔助教學等，將導致教學時間不足，進度落後。然若無足夠時間進行教學，則無法達成有效學習的目標。

(3) 在課本內容簡略，授課時間不足的情況下，雖教師可以指定相關閱讀的方式補充教學，但目前專爲國小學童編寫的二二八事件讀物並不多，以筆者任教的文澳國小圖書館爲例，僅吳密察總策畫，新自然主義出版的《漫畫臺灣史(9)民國時代(一)：強人天空下》而已。

(4) 澎湖的教師流動性高(特別是離島地區的學校)，選

教科書者與後來進行教學者往往非同一人，故教師未必能以最合己意的教科書進行教學。

4. **學童學習方面：**

(1) 二二八事件並非一獨立的「點」，因此在教學目標上，希望學童能達成了解此事件的因果關係，並建立此事件與現在之關聯的學習目標。但依據皮亞傑(Jean Piaget,1896-1980)的認知發展理論，國小五年級的11歲學童尚屬於具體運思期，筆者及學校同仁的教學經驗亦顯示此階段的學童仍在具體或半抽象運思的發展階段，對「過去」較「抽象」的歷史理解較不易，需教師提供較多具體的圖片影像等媒材來引導，協助學童建立較具體的歷史「圖像」。

(2) 學童受限於發展，較不能多元思考，也未必具有解釋歷史事件的能力，故往往輕易接受教師、家長或媒體等詮釋者的觀點，成為自己的歷史思維與認知，或斷章取義。

(3) 因澎湖地區在二二八事件中幾無受到波及，且無相關的活動、展覽舉行，故缺乏學習事件的情境，較不易與生活相結合。

(4) 視臺灣史為過去的、枯燥的，學習意願不高。

(二) 家庭方面

1. 家長缺乏教導孩童的臺灣史素養。

2. 或因隔代教養情況普遍，(外)祖父母無能力指導學童相關作業；或因父母忙於生計，親子互動少；因此即使教師有心透過訪談等實作作業，深化學習內涵——因為主動參與問出來的知識比教師告知的知識更深刻，但回收的學習單往往敷衍草率，未能達成預期的目標。且二二八事件澎湖幾無受到波及，許多父母、(外)祖父母等也說不出個所以然，頂多只能談談日治時期與戰後初期的回憶。[7]

3. 家長普遍重視國語、數學及英語，對社會領域較不重視。

4. 家長視教科書為「權威」，課本裡白紙黑字交代的才是「合法合理」的知識，教師的詮釋未必被視為「合法合理」。

5. 家長政治立場鮮明，會灌輸孩子一些非理性、獨斷的觀點，干擾教學。

(三) 媒體方面

當前臺灣部分新聞媒體與政論節目具有鮮明的政治意識型態，不同的媒體人／報導人／政論家在報導或評斷二二八事件時，往往呈現極大的差異性，甚至將其政治化、政黨化，影響學童及家長的認知。故教師須花費許多時間引導學童，甚至與家長溝通如何思辨媒體所傳播之訊息的準確性及意識型態，並引導其思考造成此種差異或說法的可能原因(學童較易溝通，但家長有

---

7 此外，為避免學童訪談時間不到重點，教師亦須耗時與學童討論出幾個重要的提問點，但此舉無疑將使原本即嫌不足的授課時間更顯拮据。

些就很「激動」，將教導二二八事件史實視為教學不中立)。

(四) 社區方面

澎湖缺乏中型、大型、開放式書店，二二八事件相關參考資料的選購較不易。一市五鄉雖各有一圖書館，但對大部分國小學童而言，均在無法自行走路前往的距離，且除澎湖縣文化局圖書館有較多二二八事件的藏書外，其餘圖書館的相關資源均較不足。此外，學童亦缺乏學習的情境及機會，例如歷史現場的實境體驗(境教)、觀看相關的展覽或表演、參加相關的營隊等。

四、對困境的省思與因應

針對前述來自學校、家庭、媒體及社區方面的阻力，化解困境的因應之道如下：

(一) 以學童為主體，靈活運用各種教學策略，提升教學成效：

二二八事件背後紛雜的背景因素，事件本身的複雜樣貌，對今日臺灣既糾結又分歧的認同所產生之影響，絕非單一觀點或三言兩語可以含括。雖然國小學童囿於發展，較無法多元思考、只達具體或半抽象的發展階段、分析論證史料能力尚不足，但教師仍可透過各種教學策略，在學童心中播下此事件的種子，激發學童日後再探究的動機。

如教師可善用學童喜歡看圖片、漫畫的心理，透過《新

新》等當時報刊雜誌中的漫畫、黃榮燦的版畫、李石樵的畫作等，形塑、強化學童的二二八記憶；又學童喜歡以「聽故事」的方式來學習，教師可以圖畫、相片等具體物，採看圖片說歷史故事的方式，協助學童建立較具體的歷史感；教師亦可透過觀察、訪談、角色扮演、合作學習、主題探索、議題辯論等方式，協助學童檢視自己的價值選擇、反省自己的價值信念、澄清自己的價值觀、修正自己的價值判斷與發展自己的價值體系。例如提出「如果你是當時的人，會怎麼想？」、「如果你是陳儀／蔣中正，會如何做？」、「如果你是受難者／受難者家屬，心中的感受如何？」等假設性問題，讓學童彼此分享或就爭議人物、事件進行辯論，培養學童的同理心及多元思考的能力；再如可指導學童以合作學習、主題探索的方式，製作補充教材，豐富課後閱讀的內涵。

(二) 親師生間互相支持、合作：

　　師與親生間應溝通理念，澄清教科書雖是重要的學習工具，但絕非唯一、正確的知識來源，其歷史知識尚有許多縫隙待縫合、填補、挑戰，須學童參與蒐集資料、思考、討論才能深化學習。而時間的壓力可能使理想的教學活動無法在課堂中完全施行，故除學童的主動參與外，仍需家長的支持與協助，例如將參觀二二八紀念館、紀念碑等列為假期旅遊的行程之一、二二八紀念日時與學童共同討論相關的報導或節目、協助學童購買或借閱相關的書籍、鼓勵學童報名參加相關營隊等。

(三) 積極開發合宜的教材：

目前坊間有關二二八事件的歷史書籍大多是以成人、研究者為對象所編寫，針對國小學童編寫的二二八事件補充教材並不充足，泛亞國際文化出版的《臺灣四百年(50)亟待撫平的傷口二二八事件》及《漫畫臺灣史》雖較為學童所理解與接受，但《臺灣四百年》以套書方式銷售，數萬元的售價並非一般小型學校或家庭所負擔得起。《漫畫臺灣史》的定價雖較「平民化」，但亦以套書方式銷售，在學校經費有限的情況下，亦不見得能被負責圖書採買的教師青睞。以筆者任教的學校為例，《漫畫臺灣史》即是因有心人士的贈書才得以擁有。故編輯如《漫話二二八》般單冊、低單價、適宜國小學童閱讀的二二八事件書籍有其必要性。

除兒童歷史書籍外，將二二八事件文學化，編寫二二八事件的兒童文學作品，亦是一尚待努力的方向。雖然筆者不得不承認，當前臺灣的閱讀及教育生態對二二八事件之類的傷痕議題保有距離、帶排斥感，也缺乏此議題的兒童文學作家、作品及帶領小讀者閱讀的師資，但若因此停滯不前，將使我們的下一代失去認識國家暴力之可怕，以及記取歷史教訓、深化民主憲政體制之必要的契機。故急需更多人投入耕耘，創作出如陳玉珠《二二八小水牛》[8]般獻給兒童或少年的二二八文學作品。

8　是臺灣第一本二二八兒童文學作品(設定為親子互動的繪本)，由海洋臺灣文教基金會出版。

此外，歷史教材須史料證據的輔助佐證，但生硬的檔案對尚未具足夠詮釋能力的學童而言，太過難以親近與理解，故亦需要以學童用語編寫的文獻史料彙集，增加二二八事件教學時的「論據」教材。

除書籍外，適宜國小學童的輔助影片亦不足。以公視的《傷痕二二八》為例，對學童而言影片節奏稍快，往往學童尚在思索理解某一畫面的敘述意義時，即又跳往下一畫面。且其中某些鏡頭，有部分學童反應感到恐懼、不舒服，以致無法專心的看下去。

職是之故，相關單位應與熟知學童心理與發展的專家學者或教學現場的教師合作，把握「可親近性」的原則，編製學童能理解的輔助教材，方更能激發學童主動關注、分析、探究的動力。教材可以單書或單片的方式製作，主動分送全國各國中小。若無經費和捐款，只能被動的等待教師青睞採購的話，其較低單價的優勢，亦較可能獲得採買。此外，建議財團法人二二八事件紀念基金會等相關單位應將二二八事件相關書籍分類整理上網，如分成兒童漫畫、兒童文學等，方便教師蒐集資料。又近年來，教育部、教育局(處)及國語日報社大力推動讀報(國語日報)教育，許多國小班級及學童家庭均訂閱《國語日報》，相關單位亦可請專人替《二二八小水牛》、《漫話二二八》等書籍撰寫書評或介紹，投稿至《國語日報》(或商請《國語日報》刊載)，藉由《國語日報》在小學教育圈的

「高人氣」，讓二二八事件的相關教材得以「被看見」，進而引發親師生閱讀它、理解它的動機。

(四) 安排相關進修活動，鼓勵教師積極參與，提升個人專業素養：

教師的認知、專長影響學童的學習的成效，未來社會中堅的一代，具有怎樣的歷史意識？如何去認知臺灣史、二二八事件？端賴今日的教師如何去教導。故政府或民間相關單位應不辭偏遠，至各地提供教師相關的進修活動；或雖定點辦理相關活動，但發文至全國各國中小，鼓勵教師前往參與。

(五) 規劃學童學習活動，彌補學校教育不足：

12歲以前是進行兒童情意教育的關鍵期，若能把握此一關鍵期，舉行相關的兒童研習營，將能讓學童於了解此一事件，並哀嘆悲憫無辜的受難者之際，進而涵養保衛家園、追求民主、正義之信念。故建議相關單位可持續辦理如「掌中·戲說二二八——兒童研習營」之類的活動，或培訓大專生、教師志工，於寒暑假時至學校辦理認識二二八(若擔心議題太過敏感，可能遭學校婉拒，可改為認識臺灣史之類)的夏令營，彌補學校教育的不足。

(六) 改善社區學習環境：

二二八事件不只是受難者的歷史，亦是全民的歷史；不只是波及地的悲劇，亦是全臺灣的悲劇。故相關活動、展覽亦可

移師或巡迴各鄉市鎮展演，讓更多人得以了解此一影響當前臺灣社會至深且鉅的歷史事件。在經費許可的前提下，亦可優先提供偏遠地區圖書館二二八事件相關的書籍、影片，營造資料蒐集的充裕情境。

五、結　語

　　長期以來對臺灣歷史的「恐懼」、陌生與疏離，是造成今日國家認同分歧的主因之一。僅管在不同政權底下，教科書中的歷史事件可能被賦予不同的意義、價值，但教學成效主要仍在於教師對事件本身的認知與運作。故期許教師們具備對課程中的意識型態進行剖析批判的專業素養，並善用教學技巧、提供豐富教學資源、做好親生溝通等等，給予學童適切、全面的二二八事件知識，培養其正確的史觀，使其了解臺灣人的歷史。

參考書目

教育部　2003　《國民中小學九年一貫課程綱要社會學習領域》。臺灣臺北：教育部。

章五奇等　2008　《社會備課用書五下》。臺北：康軒文教事業股份有限公司。

章五奇等　2008　《社會五下》。臺北：康軒文教事業股份有限公司。

人權教育與二二八歷史教學

劉 家 君

一、前　言

　　二二八事件是台灣歷史空前的最重大事件，它更是台灣歷史中最重大的一個轉捩點。這樣一個重大事件卻被我們錯誤地看成省籍的猜忌。我們錯誤地把二二八事件看成「本省人」和「外省人」的衝突。每年二二八週年紀念都被我們用來促進族群的和諧。有人甚至提出「外省人」也是受害者，來緩和省籍的猜忌。

　　二二八也被我們誤解為「恨」的行動。每年二二八週年紀念裡，我們可以聽到許多人，像傳教士佈道般地呼喚，我們要以「愛」來彌補傷痕。有的人不想再提起二二八，因為二二八帶給台灣人太大的傷害。更多的台灣人不要再提起二二八，因為他們不要舊「恨」重提。李登輝在談到二二八時，要我們「向前看」。我們很少利用紀念二二八週年的機會，探討二二八的歷史意義。

　　台灣的歷史可以說是移民來台、開墾台灣、反抗外來政權

的歷史。這些繼續不斷的反抗，就是台灣歷史裡的「三年一小反，五年一大反」。但是，二二八事件和這些反抗在本質上有許多不同的地方。

在二二八，台灣人並沒有以武力反抗政府，也沒有要推翻政府。台灣人提出32條政治訴求，要求台灣實施高度的自治和保障基本人權言論、出版、罷工的自由。

台灣歷史裡的反抗外來政權，都只是「一小撮」的人起義、領導的。這些反抗很少得到全島台灣人的響應。即使在清朝把台灣割棄給日本時，台灣人也沒有全島起來反抗日本人。當時真正拿起刀槍反抗日本人，絕大部份是台灣人用錢募來的民兵。

但是，二二八，從台北一開始，馬上得到台灣人民自動自發的響應。這種情形是台灣空前，也可能是絕後的、唯一的一次。

二、人權教育議題

（一）核心概念

1. 隱私的感受因人而異，尊重隱私就是尊重差異

每個人對隱私的感受，不見得會完全一樣。立場不同，觀點也會不同。尊重隱私就是尊重差異性。尊重差異性就是多元社會所不可或缺的寬容。了解、並試著去接受「差異」才是一種常態。

2. 談「權威」

權威包含法律與領導者。華人社會如何看待「權威」？如何看待政府？「權力分立」，避免濫權。法治教育促成公民社會的建立。

3. 偏見

當我們對他人有偏見時，就表示我們已對他人有所評價，而且這個評價是沒有任何事實根據的，換言之，偏見是一種非理性的意見、看法、感覺或態度。偏見的產生來自於對人事物的忽視，它使人從不懷疑與檢討自己的評價是否是正確的，所以它限制了一個人的視野與思考。我們所存在的社會實在是太複雜，要人類之間不產生偏見也是相當困難的，所以，盡可能的去學習開放自己的心胸，並且容忍人與人之間差異的存在，以減少無謂的偏見產生。

4. 歧視

因為偏見而對特殊族群或團體的人給予不公平的對待，即可稱為歧視，它比偏見來得具體可見的原因，即是它通常是偏見的具體實踐，換言之，若某人因為對某一種族的人持有偏見，進而給予不公平的待遇，這樣的行為即被稱為「種族歧視」。不過，有時候歧視並不完全導致負面的行為，它反而形成一種保護。

5. 正義

正義的概念牽涉到公平與程序的問題，常見的有「法律

正義」，指依據法律對待每一個人，而且執法過程中的程序必須符合公平，以保障其公民權利。不過，所謂的「社會正義」（又可稱分配正義），不如法律正義般強調確切的公平，尤其在社會的財富分配方面，比如我們會爭議，到底社會正義指的是保障每個人的機會均等，或者是所得均等？又若個人與社會團體的利益起衝突時，這時的正義指的又是什麼？

6. 和平

所謂「不發生暴力」並不只是不發生直接性的暴力而已，它還意味著沒有壓迫、疏離、剝削和社會中以上欺下的任何一種形態。最著名的維持和平的理論是「分的政策」，目標是求得安全或不發生直接性暴力，辦法則是採取保持距離的方式。但是在科技發達的現代，人與人之間的距離縮短，採取分的方式並非長久之道，所以後來人們發現，只有使各方融合在一起而不是讓它們各分東西時，真正的和平才能長久建立，換言之，只有在各方結成相互依賴關係且彼此具有相對平等關係時，才能建立真正的和平。

（二）相關名詞

1. 與生俱來的尊嚴

聯合國世界人權宣言序言提及「與生俱來的尊嚴」，第1條提及「尊嚴」，而公民與政治權利國際公約及經濟、社會與文化權利國際公約亦在其序言中明白昭示「尊嚴」。「重申基

本人權、人格尊嚴與價值」。「尊嚴」一詞亦出現在許多人權文件及人道法條約中。尊嚴既是人權的核心概念，也對人權的了解十分的重要。

2. 平等保障

「在相似的情況下，政府對待一個人或一群人的方式，應與對待其他人或其他一群人完全相同」。許多國家的憲法均對機會平等有所保障。世界人權宣言第7條明定，「法律之前人人平等，並有權享受法律的平等保障，不受任何岐視。人人有權享受平等保護，以免受違反本宣言的任何歧視行為以及煽動這種歧視的任何行為之害。」

3. 四大自由

美國總統富蘭克林・羅斯福於1941年的演說中，指出同盟國對抗法西斯軸心國的目的，「我們期待(未來)的世界建立在四大主要自由的基礎上：言論自由、宗教自由、免於匱乏的自由、免於恐懼的自由」由於免於匱乏的自由指涉經濟福利，被視為是一大進步。四大自由的理念激勵了世界人權宣言的制定，因此在世界人權宣言序言第二段中即引述了這四大自由。

4. 不可讓渡的權利

不可讓渡的權利意指人類與生俱來的、不能被剝奪、轉讓或放棄的權利。聯合國世界人權宣言序言第1條明示：「鑒於承認人類家庭所有成員與生俱來的尊嚴及平等、及不可讓渡的

權利，乃是世界自由、正義和和平的基礎。」

5. 人權與公民權利宣言

1789年法國人權與公民權利宣言是人權發展史中重要的里程碑，列舉各項權利與自由，如免於任意拘禁的自由、無罪推定、言論及宗教自由等都涵蓋其中。此宣言的最終文本經法國國會於1789年8月26日正式通過，作為1791年憲法的序言。

6. 環境權

早在1972年斯德哥爾摩會議宣言中，環境權已被界定為「人(類)享有自由、平等與在一個優質環境中過有尊嚴與幸福生活必需調件的基本權利」，這原則在1992年里約熱內盧會議再度重申，並提出全球夥伴關係的新觀念及有關國際法的制定。

7. 亞洲人權憲章

亞洲人權憲章是亞洲非政府組織於2001年在韓國光州所通過的人權憲章。基本上憲章以世界人權宣言為原則，主張人權為普世價值，並以此對抗若干亞洲威權政府的立場。

8. 人權教育

人權教育本身即為人權的一部份，許多國際人權公約的條款中皆明示人人有接受人權教育的權利。根據聯合國人權教育十年行動計劃，人權教育是為了建立人權的普世價值，所作的訓練及資訊傳播。人權教育的目的在於加強學習者的技能與知識，及影響他們對下列各項的態度與行為：

(1) 加強對人權和基本自由的尊重。

(2) 充分發展人的個性和尊嚴。

(3) 提倡不同國家、原住民、種族、族群、宗教和語系間的相互了解、包容、兩性平等與友誼。

(4) 促使所有的人成為自由社會體系的一環。

(5) 促進聯合國維持和平的活動。

　　在人權教育十年計畫結束後，聯合國大會於2005年7月通過世界人權教育計畫集中於國中小學的人權教育。

9. 平等保障

　　世界人權宣言第7條明定，「法律之前人人平等，並有權享受法律的平等保障，不受任何歧視。人人有權享有平等保護，以免受違反本宣言的任何歧視行為以及煽動這種歧視的任何行為之害。」

三、教科書中的二二八事件

　　「民國三十四年，第二次世界大戰結束，日本戰敗，結束對台澎的殖民統治。國民政府隨即成立台灣省行政長官公署，以陳儀為行政長官，辦理接收與治台事宜。由於行政長官集行政、立法、司法與軍事大權於一身，權限幾與日本殖民時的台灣總督相同，而公署的高級長官與地方首長多由外省籍人士擔任，並享較高待遇；加上部分軍警、官員風紀敗壞，漸引起台

人不滿。經濟方面，陳儀在接受日人留下的龐大資產後，由政府統一控管；同時沿襲專賣制度，限制私人產業發展，造成島內物資缺乏、物價飛漲。此外，戰爭末期遭遇轟炸而嚴重受損的工廠、交通等設施遲遲未能復原，台籍日軍的就業問題亦始終未解決，台灣經濟問題日益惡化。文化方面，台民與外省籍人士風俗不同、語言不通造成的誤解和衝突，更加深人民與政府之間的猜疑與隔閡。民國三十六年二月二十七日，菸酒專賣局在台北市查緝私菸，因誤傷市民致死，引起民眾憤慨，搗毀警局。第二天，公署衛兵對請願的群眾開槍造成傷亡，民眾情緒更加激動，衝突不斷擴大，本省或外省籍人士皆有死傷，遂爆發全島性的反政府行動。事件爆發後，台籍領袖組成處理委員會，要求改革台政，陳儀卻以台人叛亂為由，建議中央政府派軍來台鎮壓；三月初，抵台後的國軍實施武力掃蕩，造成嚴重傷亡，許多無辜百姓與社會菁英也因清查戶口、逮捕案犯、收繳武器等清鄉行動而犧牲。二二八事件後，中央先後派員來台進行調查與宣撫工作，並成立台灣省政府，取代過去的行政長官公署。在省府的安撫措施下，動亂的台灣才逐漸平息下來。此一悲劇不但使台灣民眾對政治卻步，因之而起的省籍情結更成為台灣民主發展與社會融合的阻礙。直到民國七十年代末期以後，才逐漸有討論研究的機會，並明定二月二十八日為和平紀念日，藉以謹記歷史教訓。」

四、結　論

　　台灣歷史裡的反抗外來政權，很少爲了台灣人民的權益。在清朝統治時期的反抗，是爲了復明。在日本統治時期的反抗，是爲了復清。在中國國民黨統治時期，我們也沒有崇高的政治理想；我們只反對中國國民黨的執政，一黨專制。

　　但在二二八，我們有崇高的政治理想：自治和人權。只有我們認識二二八的眞正歷史意義，我們才能有意義地來紀念二二八。我們不能繼續停留在族群的和諧的架框裡；我們不能在二二八紀念裡，文不對題地一再強調，以愛彌補恨。只有認識二二八的眞正歷史意義，我們才會跳出省籍的圈套。我們才會拋棄愛與恨的空洞口號。

　　最有意義的紀念二二八，就是認識二二八的眞正歷史意義，發揚二二八的精神，完成先賢先烈未完成的政治理想。紀念二二八，就是要認識二二八的眞正歷史教訓。二二八的先賢先烈是台灣獨立的先知先覺。我們要以台灣建國的先知者來紀念他們。台灣人民一定要肯定他們的奉獻，一定要繼續堅持他們的政治理想，來紀念他們。我們一定要建立一個沒有中國封建，保障人權的獨立國家，才對得起二二八的先賢先烈和受害者。

台灣史是誰的歷史？
── 以二二八事件教學為例

陳 淑 媛

一、前　言

一位作家說：「這裡的台灣人都是具有雙重身份，一邊放著中國政府給的居住證明，一邊放著日本發的配給票。」這應是何時何地的情況？

(A)1905年的台北　(B)1940年的北京　(C)1965年的東京
(D)1990年的上海

　　這是大學入學考試中心97學年度指定考試的題目，請各位也可以想一想答案應該是那一個？說不定你也會答錯，我們的高中畢業生，準備要上大學的考生，有百分之五十八答A，考歷史的考生有五萬多人，但答案是B，只有百分之二十六的人答對，這算是難的題目了，然而1905年的台北怎會有中國政府給的居住證明呢？其實學生都知道台灣這時是日治時期，顯然中國政府的統治權應該不及於台灣的不是嗎？相對的，

1940年正處於中日戰爭時期，日本佔領部分中國，包括北京，因此這時是有些台灣人赴中國發展，也就造成此種情形，其實若有從台灣主體來思考，我想這個問題不應困擾我們的學生！

二、延平特色

　　我服務的延平中學是所位於台北市的私立完全中學，分國中部與高中部，一般人的印象是升學率不錯，然而若對台灣歷史有較多一些了解的人，會進一步知道延平的創辦人朱昭陽先生，是位深具台灣本土意識的人，因此在日本統治結束後，以建設台灣首在培育人才的思維下，創辦延平學院，不過開學才一個學期，就發生二二八事件，學校立即被當局命令停辦，1948年以「補校」方式復校，逐步發展至今。在延平教師辦公室中，是個學生、老師、家長人來人往的開放空間，有老師掛著「台灣是我的國家」的布條，這是言論自由，沒有被干涉，在這樣的氛圍下，我認為對台灣主體的教育價值是有幫助的。然而在實際課堂學習上，又會是怎樣的情形呢？

三、國中生的學習情況

　　我的學生有國中生也有高中生，因此我分開討論二者的學習狀況，先談國一（或稱七年級，以下同）學生的學習狀況：雖然國一學生是有台灣主體意識，但其認知能力則仍有限，以

二二八事件為例,即使老師是完整地將事件前後因果與經過都解說過,但一半的學生只能認知到「小小私菸事件,竟引起如此悲劇」,約四分之一學生能理解與一年多來政府統治不當有關,另四分之一則不大能認知前因後果,絕大多數學生均難以理解為何陳儀要請求派軍隊,政治議題的複雜超出此年紀學生的理解,造成學習只達部分效果。個人認為若是以「個案」為教材,透過真實人物遭遇來探討此事件,比較容易引起學生的同理心,學習效果會更好,學生也會比較容易體會二二八事件的意義,相對增加這是發生在我們身邊的事,是我們的歷史的共鳴。曾經我在國一的課堂上,在我上了快一年台灣史的班上,我做了一次認同調查,我要她們(女生班)不管別人想法與眼光,認為自己是台灣人的舉手,約三分之二(二十多人),既是台灣人也是中國人的不到10人,認為自己是中國人的一人,這個小女生很勇敢的在全班同學注目下堅持舉手,我也支持地點點頭,這個話題結束,但我會一直想著,為何我上了快一年的台灣史了,仍有人不接受台灣歷史是自己的歷史,而這段歷史,是生活在這塊土地上的人都應珍惜與驕傲的!

四、高中生的學習情況

至於高中學生,本校以自然組為主,僅四分之一學生為社會組,因此高一雖未分組,但學生多視自己為自然組學生,對歷史的學習抱持副科、自己看課本即可的學習態度,這也與

國、高中台灣史教材架構雷同有關，學生在學習國中歷史的經驗中，由於國中教材簡易，即使沒有聽課但只要資質不錯，自己死背課本就可得高分，這種經驗延續到高中，學生上課的學習欲望低落，雖然第1次月考後他們就會發現上課是要聽課做筆記才行的，但在「我要念自然組，歷史考前再自己念」的心態下，部分學生上課的學習情況並不好。在此情形下，歷史教育要如何超越國中所學，令高中學生收穫倍增？國中學生的認知能力一般只能學習到歷史事件的發生經過，高中學生則應達到思考、判斷的能力，從而達到學習歷史的目的，但我們大部分的學生都不知道學歷史做什麼？

　　在高一的歷史課中，從國中所學基礎上學生多已知二二八事件的經過，上了高中的學生對於當時政治、經濟、社會、文化背景也能理解，但也僅止於此，很少學生會對此事件特別有興趣，然而當老師讓學生觀看二二八的影片後，學生會有不同的反應，透過影片的展現，學生多能體會為何這是一值得記憶的事件，也有學生說難怪二二八這一天要放假一天來提醒大家，而若是老師在看完影片後要求學生寫心得，那他們會很專心地看影片，並且認真思考，從學生的心得中甚至也有提到家族為二二八事件或白色恐怖的受難者，此時，二二八事件或台灣史才真正與我們的學生結合起來；當然也會有學生認為這是一件不幸事件，但過去就讓它過去，不要再發生就好，面對這樣想法，我認為這是很關鍵的機會教育時間點，我會反問說：

「過去就算了，那為何要學歷史？不要再發生，要『如何』不再發生？如果你不知道、沒學過的你無法防備，要怎樣『保證』不會再發生？」此時我會再提到中國古代文字獄與法國大革命時恐怖統治為例，說明古今中外這樣的事件一直在發生，如果不記取教訓，同樣的悲劇就是會一直重覆上演，這也是我們學歷史的目的。

相較於國中生不大能了解時代背景因素對二二八事件的影響，高中生多能理解事件當時政治、社會、經濟、文化因素的影響，但多數高中生仍不大能理解為何使用武力鎮壓？學生並不知道國民黨政府在中國大陸的統治，一直就以這種方式處理反政府活動，軍事政權下官員沒有民主、人權素養，在面對不符合他期望的情況時，軍人統治者會應對的方式是武力又何足為奇？這一點是現在在課堂上較不容易向學生傳達的部分。

現今學生在安逸中成長，本校學生甚多家境優渥，這實在是很幸福的一代，也就因此他們不大理解警察會打人、軍隊亂開槍的情形，許多學生覺得太誇張，也不覺得會發生在他們身上，即使他們才剛學過二二八事件，他們才說「受難者好傻」！學生似乎並不覺得他的心態與當時的人有異曲同工之處。面對整個二二八事件，高中學生的反應可分成一、漠不關心型，二、排斥否認型，三、情有可原型，四、同情理解型，五、恍然大悟型。

第1型學生表現得漠不關心的，覺得這些都不關他的事，

這很無聊，對整個事件沒有任何評論或心得。第2型排斥否認型學生會將事件焦點放在查緝私菸上，認為賣私菸本來就不對，還反抗，之後還打無辜的外省人，兩方都有錯。完全不提事件前的貪污統治與事後濫殺無辜的行為，甚至還有學生認為「為了社會安定，派軍隊鎮壓是必要的。」然後會再提到「每到選舉民進黨總以此過失痛批國民黨，雖然如此，但也侷限在選舉前，這代表著什麼？相信明眼人都看得相當清楚，利用受害者親友的傷痛打擊國民黨。」將事件歸於現今政治鬥爭而已。第3種情有可原型的學生會從八年抗戰談起，「日人對中國無情的殘殺，很難使中國人一下子放下所有的愛恨情仇，一下子無法接受台灣也是情有可原的，應該把這個事件漸漸淡忘掉，國家社會才能進步向前，更加安定祥和！」不過超過七成學生是屬於同情理解型，多能體會當時台灣人是在受到不公平待遇下再受到屠殺，此類學生也會主張現今不應再分本省、外省，應記取教訓共同為台灣未來奮鬥！最後是第5型的學生會說：「現在終於知道為什麼本省人會那麼討厭外省人了！」

　　我在結束二二八課程時，問了學生一些問題（見附錄一），其中有「二二八事件的發生是否侵犯了人權？」幾乎全數答：「是。」接著問：「在台灣，人權受侵犯的情形是否會再發生？」在經歷陳雲林來台事件後，竟仍有近一成學生答：「否。」接著又問：「請舉例你可能被侵犯的人權。」這題他們的答案五花八門，包括「阿扁匯錢到國外」，然後也有回答人權

不會再受侵犯的人，又舉例提到可能言論、集會結社自由被侵犯，對此，我只能解釋成學生的邏輯太差，所言前後矛盾。再不然就是他們的法治人權教育太差，人權的基本觀念都沒有，以致不知他們可能遭遇到何種不平等的待遇。然而，本校是私立學校，在服裝儀容上有些要求，這時他們卻大聲批評學校不尊重他們。在被侵犯的人權這一題也有學生寫到「不上學的自由」，坦白說，學生對於「權力」、「權利」和「義務」之界定模糊不清，我的學生現在是高二社會組，在我歷史課上完啟蒙思想、美國獨立、法國大革命的課程後，讓他們再回頭思考二二八事件，他們的想法讓我覺得—革命尚未成功，同志仍需努力！

　　若是再進一步分析男女生對此類議題的差異，會發現女生比較不認為自己的人權會受損害，也許是因為女生較乖巧，總是乖乖遵守各種規定，所以不會想到她的權益問題；但男生則較有想法，會主張島內不分族群，自然減少歧異，沒有差別待遇也就沒有糾紛，社會安定自由！然而以二二八事件為例，問題並不在島內，而是有了外來統治者而導致，這不是島內人和平團結就能避免的，我們的學生依然看不透此點！1945年的「回歸祖國」，有了1947年的二二八事件，2008年的「團團圓圓」，接下來會如何呢？

五、國家認同的難題

　　大致上現在學生以台灣為主體的意識是建立起來了，但

對對岸的觀點則是分歧，有的清楚認知是外國，也有認為是本國，但大半則仍懵懵懂懂的，這由許多人的習慣用語「我們『中國人』……」可見一斑。其實此「中國」乃是「中國文化」，並非「中華人民共和國」，但有的人認為沒什麼差別，或是對你說這是「中華民國」的簡稱，不必太計較，但面對中國對台灣的打壓，怎能不計較呢？台灣人容易重感情，例如王建民在美國洋基棒球隊當投手，當洋基隊贏得比賽時，許多人說：「我們今天贏了！」相同地，在上中國歷史時學生也會用「我們」一詞，此時我都要問誰是「我們」？

由於電影『海角七號』熱映，引起廣泛討論，這是在教室中的一段師生對話：

師：「有沒有看『海角七號』？」

生：「沒有，那是台灣人看的！」

師：「喔！那妳不是台灣人是中國人？」

生：「我不是中國人！」

在台北城裡的高三社會組學生，既不是台灣人也不是中國人，那他到底是什麼呢？從這個個案中，我們看到國家認同的困境，如果他連自己是什麼人都不知道，他要為什麼而努力？

六、教育的困境

2008年11月時書商到學校詢問老師，高一下的課程要不要

提前？他們準備好書了！書商會問的原因是雖然上學期僅過半，但許多學校已結束上學期台灣史一冊的教學，趕著上第2學期第2冊的中國史，如果壓縮台灣史課程，那就可以多上些中國史的內容，如此可避免中國史教不完的窘境，但我感到困惑的是我一個學期台灣史也只是勉強教完，他們是如何在半學期就能上完？在我教書經驗中，學生常會比較喜歡世界史，覺得有趣，有的不喜歡中國史，因為太複雜且艱深，台灣史則感受不到是在學自己歷史的心情，我想部分原因出在師資身上，老師或是台灣史素養不足，以致只好多上些他熟悉的中國歷史；另外就是台灣史的空白處太多，老師也不懂的東西自然無法讓學生接受，未能讓學生認知到先人在台灣的生活情境，沒有感情也就不易認同，沒有認同不會接受，也就失去學習的機會。

此外，即使老師努力教了許多東西，一旦學生問：「這會不會考？」老師的心就涼了！但這是學生的錯嗎？還是父母在乎分數？我們的教育被簡化成了考試，教育的內容難免走火入魔，學生無法將課堂所學與人生結合起來，只與分數做朋友，人權教育的困境即在此，這種教育本身就是迫害，人權應尊重多元、幫助弱勢，而今只轉化成數字！學生甚至不知道他失去了什麼！

學校教育有待加強外，人權困境還有一個幫凶，就是我們的傳播媒體，我們的媒體往往以「大眾有知的權利」之名，侵犯他人「隱私權」，記者更以個人評論當作公眾意見，我們的

學生在接收這些無孔不入的「新聞」（八卦？）時，不知不覺中被傷害了，一面倒的新聞內容影響到閱聽人獨立思考的判斷能力，若人失去了對是非價值的判斷，社會公平正義將不存，一旦如此，人權很容易就被忽視犧牲！回到問題根源，人透過學習，增強思考判斷能力，然後才能捍衛自己與他人的權益，沒有學習，連自己被欺負了都不知道，自然侈言爭取人權了，而學習的基本條件是認清自己的定位，知道自己是誰，明白追求的目標，才能對自己有最大幫助！

七、結　語

在這個世界上，人權議題可探討的案例很多，然而那些案例發生在國外，對我們而言無論是時間或空間上的差距都大，而在我們所立足的土地上，就在我們的身邊，研究二二事件對我們是相對容易，人權的學習何必捨近求遠？從這個角度來看，所有在台灣這塊土地上的人，所有關心自己人權的人，都該好好研究二二八事件，二二八不該是綠營的工具，不該是藍營的原罪，是所有人的教材，請大家共同來重視！

附錄一

1. 你認為二二八事件只是單純查緝私菸引起？　　□是　　　□否
　　　　　　　　　　　　　　　　　　　　　　3%（3）　97%（114）

2. 你認為「民怨」是二二八事件發生的主因嗎？　　□是　　　□否
　　　　　　　　　　　　　　　　　　　　　　88%（103）　12%（14）

3. 你是否同意「文化差異」是二二八事件發生的原因之一？　□是　□否
　　　　　　　　　　　　　　　　　　　　　　91%（107）　7%（8）
　　　　　　　　　　　　　　　　　　　　　　未作答2%（2）

4. 你認為派軍隊鎮壓二二八事件是必要的？　　□是　　　□否
　　　　　　　　　　　　　　　　　　　　　　6%（7）　94%（110）

5. 你認為二二八事件無辜受難者是否應得到賠償？　□是　　　□否
　　　　　　　　　　　　　　　　　　　　　　95%（111）　4%（5）
　　　　　　　　　　　　　　　　　　　　　　未作答1%（1）

6. 你認為二二八事件對日後台灣社會產生影響嗎？　□是　　　□否
　　　　　　　　　　　　　　　　　　　　　　98%（115）　2%（2）

7. 你認為「外省人」是否該為二二八事件承擔責任？　□是　　　□否
　　　　　　　　　　　　　　　　　　　　　　26%（30）　71%（83）
　　　　　　　　　　　　　　　　　　　　其他3%（4）另有說明者
　　　　　　　此題「外省人」由學生自由定義，教師並未另加解釋

8. 你認為二二八事件的發生是否侵犯人權？　　□是　　　□否
　　　　　　　　　　　　　　　　　　　　　　99%（116）　1%（1）

9. 在台灣，人權受侵犯的情形是否會再發生？　　□是　　　□否
　　　　　　　　　　　　　　　　　　　　　　93%（109）　6%（7）
　　　　　　　　　　　　　　　　　　　　　　未作答1%（1）

10. 請舉例你可能被侵犯的人權？

11. 對二二八的感想！
　　　【回收統計問卷數共117份】

在高中課堂遇見台灣史的傷口
—— 談二二八歷史教學的過去與現在

沈 育 美

一、前　言

　　1947年的二二八事件，是台灣現代史上最大的悲劇，台灣人民表達了對新政權的積怨，在激烈的族群衝突後，卻因延續中國內戰的情勢發展，與國際冷戰局面的影響，威權政府將事件長期封禁，使全民表面上罹患了「歷史失憶症」達40年，1990年高中歷史教科書首次將二二八事件納入，18年來高中課堂上雖然可以公開宣講，然而長期壓抑、隱晦的歷史傷口，經過掌權者的刻意誤導或操弄，文化意識形態者的惡意扭曲，歷史真相至今仍有爭議，藍綠的歷史記憶仍從這裡開始裂解。

　　這個歷史傷口關係著台灣一整代人的生命創傷，若不能健康的正視，其影響力將代代相傳，妨礙社會的整合與人際間信任感、親密感的建立。這幾年在藍綠的政治惡鬥下，二二八不是被簡化為「政治炒作的工具」，就是被視為「台獨意識」

的源頭而被誇大或漠視。其實從「統治者\被統治者」、「外省人\台灣人」的歷史脈絡來看，台灣目前在兩岸問題、國族認同、族群議題上的諸多爭議都與二二八事件脫離不了關係，團體之間的衝突所遺留的傷害，不能只就現狀來分析原因，定要追溯源起。放眼世界上族群間的矛盾衝突，克羅埃西亞人與塞爾維亞人的對抗可追溯到1400年前的仇殺，北愛爾蘭與英國的對抗源自一百多年前發生的馬鈴薯饑荒，相較之下，不論兩岸問題或藍綠問題其實在時間上都短淺得多，今天兩岸若要和解，得從國內藍綠的和解開始；藍綠若要和解，更得從平心正視二二八的歷史開始。

　　二二八歷史是高中歷史教學的重要課題，對於這段關於「威權」、「屠殺」等不堪回首的黑暗史，高中生如何去面對、學習？課本是怎麼呈現？老師要怎麼面對？目前高中歷史課綱強調「歷史是一門探究變遷的學問，最主要的工作，便是在一個較長的時序中進行觀照對比，並且參考相關的多種歷史敘述，適切地掌握變遷的機制，以及確認關鍵的所在。[1]」即高中生學習歷史應以歷史思維（historical thinking）為核心能力，過去稱為歷史意識（historical consciousness），其實歷史意識就是「變遷的意識」（sense of change）。從高中歷史教科書的變遷角度來看，民國79-84年統編版時代，課本中寫的二二八事

---

[1] 教育部頒定95年普通高級中學「歷史」課程綱要，貳、核心能力二、歷史理解。

件只有短短3行，之後逐漸增至11行，民國88年開放一綱多本後，二二八事件在教科書中的篇幅增加為一到兩頁，目前新版高一台灣史更增加為兩到三頁，使事件背景、經過、影響的敘述日趨完整。但二二八歷史教學的難題不在課本記載字數的多寡，而在面對不斷變遷的政治社會環境中，如何尊重不同族群的感受，如何照顧國族認同的差異，如何將負面史實導向正面思考等，凡此皆深深考驗著師生對歷史回顧與解析的容忍度，教師需要具備相當的歷史反思智慧去面對、處理。就因為課綱著重歷史思維能力的養成，歷史教學應是引導、思辨、建構、闡釋的工作，而非活背死記的學科，然而這對於多數謹守課本教學，近年來更在藍綠對峙中使教學陷入政治氛圍影響的歷史教師而言，要如何屏除外在雜音干擾，平心面對二二八歷史教學，才是最根本的挑戰，因為這涉及整體歷史教師養成以及二二八歷史真相未明的泥淖困境。

　　本文從北一女中十多位教師的訪談[2]中，回顧解嚴前後至今這20多年來歷史老師對二二八歷史教的親身經驗，對照教學現場與各時期政治社會氛圍的關係，以了解教師在二二八歷史教學上曾有的努力與遭遇的問題，期望能提供一些建設性的參考以就教各位先進並有待來者。

2　訪談對象包括一位數學老師、兩位國文老師，及9位歷史老師，其中僅有5位老師為現任教師，其餘均已退休。訪談時間為2008年9月到2009年1月期間。

二、高中生爲什麼要學習二二八歷史

國中課程雖然也有台灣史，但受教材與教學時數所限，多數學生認知的二二八就只是「查緝私煙」的事件。高中課文詳述背景經過，加上教學目標著重思維能力培養，我們才能期待經由二二八歷史的學習讓高中生達成以下的目標。

第一，理性、正面看待二二八的歷史傷口。在目前的社會，談二二八事件依舊是部份人的精神或心理禁忌，甚至必須小心迴避的敏感話題，以免觸及族群情緒的脆弱神經，何以至此？民國76年解嚴以前的40年，國民黨用僵化政策壓制教育、輿論，台灣人民不論外省、本省人都必須對這個歷史傷口一再自我壓抑〈repress〉，事實上是許多1949年來的新移民根本不知情，大部分歷經恐怖屠殺的本省人須忍受長期不能聲張的驚恐與夢魘，孤寡遺族只能暗夜哭泣。解嚴以後，國家機器的暴力有輿論、媒體的監督，但是人民長期自我壓抑的經驗與各族群生存心態（habitus）[3]的迴異則需要經過教育與社會更多的寬容與學習，才可能以健康自然不扭曲的方式面對二二八，什麼才是健康自然不扭曲的方式？就是外省人不用背負加害者

3　社會學家布爾迪厄認爲我們每天所接觸的事事、物物、人人，都會在我們身上留下痕跡，日積月累，這些生存軌跡會形塑我們最基本的生命態度，稱之爲「生存心態」。生存心態是依循著階級、族群等各種社會路徑而開展的。不同的階級、族群等，往往因為生存心態的迴異，會發展出很不一樣的生命情感和認知，而這正是各種社會對立和緊張的根源。詳參高宣揚，〈論布爾迪厄(Pierre Bourdieu)的「生存心態」概念〉，《思與言》，29：3，1991，頁21-26。

的十字架，而本省人不必背負受害者的悲情標籤，我們的社會要能正面看待二二八，才有機會從內在擺脫社會對立的邏輯。高中歷史教育著重歷史思維能力的培養，透過學習活動的對話、交流，在這個課題上正可以發揮理性思維的功效。

其次，實踐和平教育的理念。了解二二八史實、解釋悲劇還只是消極的教學目的，積極的意義應是在和平教育的理念實踐，透過課程如果能讓學生瞭解官民衝突的本質，將其轉化為正面的事件來看待；甚至及於如何透視大環境的緊張，如何與對立者溝通；如何對待不公與憤怒；如何解決衝突等層面。如果能重視這些積極的教學功能，相信對於社會的和諧、藍綠的和解、兩岸的和解絕對有加分的作用。

第三，青年人生價值的追尋。二二八事件發生時，當社會陷於混亂之際，台北、新竹、台南、高雄等地都靠學生的力量維持秩序。像台北延平中學學生、新竹中學高中部學生都曾出面接管警察局，維護市內治安，而且他們組織動員、嚴守紀律，憑著單純的正義感，做到公平、公正，保護外省人，降低夾怨報復外省人的死傷[4]，雖然結果都是以悲劇收場，但這些事蹟對於人格正在形塑中的高中生，在其追尋自我人生價值取向時，不論是景慕或惕勵，會有參考的作用，對未來的成年社會也較能有健康的期待。

4　高淑媛，〈民眾記憶與二二八歷史定位〉，二二八事件60週年全國巡迴「文化論壇」。http://blog.roodo.com/228tuioe/archives/2787841.html。

三、北一女中所見二二八歷史教學的過去

　　北一女中在過去許多人的觀念裡有著濃厚的黨國色彩，二二八歷史教學是否也會跟著染色定調？學生對二二八歷史的學習抱持甚麼態度？師生如何解讀二二八事件？為理解這些，筆者從教師的訪談及手邊收集的學生資料中，去勾勒部分的風貌。其實一女中從江學珠校長時代〈1949-1971〉網羅許多大陸來台的飽學之士，後來還到大學尋覓名列前茅的應屆畢業校友和優秀研究生[5]，奠定早期校內老師獨特的教學特色：同事間彼此相互尊重禮敬，教學上則兢兢業業各顯身手。之後歷任校長除了讓一女中繼續維持全國最高的女生升學率外，也都重視學校制度的完備，提供老師得以施展的教學空間，至今老師的獨立自主性高，加上教改以來多元化的學生來源，對每位老師而言每一天的教學一直都是不息的挑戰，二二八歷史的教學自不例外。

（一）1980年代解嚴前後

　　走過70年代戒嚴體制下的沉悶歲月後，80年代台灣的政治社會氣氛逐漸進入狂飆期，政治解嚴、大眾文化紛起、各類思潮洶湧，社會上各種活動呈現出對於過去的一切禁忌進行試探或反叛[6]，這樣的氣氛很快的感染校園。

5　北一女建校百年校刊編纂委員會，《發現北一女》〈台北，正中書局，2003〉，頁27。
6　楊澤主編，《狂飆八〇-記錄一個集體發聲的年代》〈台北，時報文化出版，

1. 解嚴前學生已有興趣探索二二八

　　80年代前期儘管還在戒嚴之下，文化界已有人開始在探觸本土和人權問題，有人在討論「台灣究竟是不是個多元社會？[7]」有人發出「中國人，你爲什麼不生氣」的聲音[8]，課堂上的教學也多了些生趣。

　　鄧玉祥校長〈1978-85任職〉曾在行政會報時，交代老師們上課時不要講二二八事件，校內同事無人敢談二二八。她退職後，民國74學年有一個班級在國文課演出二二八的歷史劇，由學生主動蒐集資料排演，還邀請數學老師觀賞，當演出人民被屠殺的經過時，不少學生動容，有的紅了眼眶，有的潸然淚下。此時是呂少卿校長〈1985-1990任職〉主持校務時期，她到任兩年後，1987年7月政府宣布解嚴，不久開放黨禁報禁，校園的髮禁也解除，學生的自主性提高[9]，社團舉辦各類型活動相當頻繁，1989六四天門事件發生時，班聯會甚至在呂校長及訓導主任丁亞雯的支持下，動員台北市各高中，發起「歷史的傷口」募款聲援活動。 這時二二八事件還未寫入歷史課本。

1999〉，頁6。

7　林毓生，〈台灣究竟是不是一個多元社會？〉〈1983〉，收入氏著《政治秩序與多元社會》〈台北，聯經，1987〉，頁141-168。

8　龍應台：〈中國人，你爲什麼不生氣？〉，中國時報，1984.11.20.「人間」。

9　北一女建校百年校刊編纂委員會，《發現北一女》〈台北，正中書局，2003〉，頁34。

2. 解嚴之初，已有老師以偷渡的方式教二二八，部分學生受大眾文化影響充滿學習的興趣。

一位老師談到他如何上二二八的課程：

> 「我通常從國共戰爭後國民政府來台，談到政府如何鞏固在台的政權，主要經由三部曲：第一步，透過二二八事件剷除具留學背景的台灣領導階層，第二步，實行三七五減租，減少中產階層的威脅，第三步施行肥料換穀，一斤稻穀換一斤肥料以控制下層農民。將二二八事件夾在經濟史中說出。」

1989年電影〈悲情城市〉推出，有位老師乘機帶全班去看，回來在課堂上討論，學生還因此撰寫出成功的〈悲情城市〉研究報告參加校內科展獲獎。學生在這篇科展研究報告〈悲情之後—電影"悲情城市"對北一女中影響之調查報告〉[10]中指出看過這部電影後，有91.6%的同學對本段台灣史有再認識的意願，然而要以詢問師長方式來深入了解這段台灣史的同學，卻是出奇的低〈問卷顯示學生計畫了解二二八的方式：書報雜誌占61.53%，詢問長輩占24.76%，詢問師長占11.53%〉。學生認為原因可能有二：〈1〉問題敏感，涉及立場問題，所以寧願向熟悉的人詢問。〈2〉靠自己蒐集各方資料會比詢問師長所得的，觀點更廣，可信度更高。不僅如此，報告中

10　王娟娟、曾子倫、鄭芸芸：〈悲情之後—電影"悲情城市"對北一女中影響之調查報告〉，〈台北市立第一女子高級中學學生科學作品展覽研究報告，1990年，未出版，作者收藏影本〉。以北一女中全體看過悲情城市的學生為母體群，發放問卷，從全校87班除預試3班外共84班，每班5人，隨機抽樣調查。

還提到「認為現行高中課程台灣史不足及非常不足的同學占
84.4%，其中認為應增列二二八課程的同學占94.8%[11]」。可以看
出儘管教科書中尚無相關的書寫，當時學生受到電影的影響，
對於二二八歷史的學習有相當高的意願，認知方法具有高度的
獨立性、自主性，但不輕易相信老師。

　　1990年9月二二八事件首次列入教材，雖然只有短短3
行，卻是教科書本土化的第一步，教師得以公然在課堂上講
授，但對於行事謹慎的老師而言，教二二八事件心情並不輕鬆。

　　「第一次上二二八時仍相當戒慎恐懼，記得首次在課堂上談
　　二二八，我從父親的經驗談起，我父親是1920年代出生的
　　人，在日本治台最好的年代時受教育，太平洋戰爭期間，他在
　　越南看到國民黨軍亂七八糟的情形，戰後回台知道這樣的軍隊
　　來台必定糟糕，故戰後當有人邀請他出來做事，他就回絕…。
　　所以我讓學生去設想，一個讀日本書長大的青年驟然轉變成國
　　府統治時代的感受。解嚴後隨著個人閱讀範圍的擴大，我對
　　二二八逐步了解，這才憶起兒時家中若有長輩來訪，父親總叫
　　我們幾個孩子到一邊打球去，大人們談話時神色詭異的表情。
　　我會將兒時的這些經驗向學生表達。」

　　另一位老師則借用他人經驗來談：

　　「有一次作家林雙不來本校演講，提到：學生時代有次上課老
　　師講到二二八，下課後他問老師甚麼是二二八，老師回答說，
　　我是講28頁，你聽錯了。後來老師才私下…」

　　在課堂的經驗分享中老師將壓抑的情緒透露給學生，屬於

11　同前註。

民眾記憶底層的驚恐此時有課文的依據得以抒發一些。

　　整個80年代可以看出的脈絡就是，師生們在自我認同、自我身分的不斷追尋中，帶著焦慮也懷藏著期待，這是一段各自撿拾記憶的過程。

（二）1990年代

　　90年代台灣民主化的腳步加速了整體社會環境的改變，再加上世界潮流快速變遷的影響，促使台灣社會走向多元化。1991年獨台會事件發生，陳正然因讀史明的台灣四百年史被抓，調查局人員闖入清大學生宿舍抓人，一位老師回憶說：

> 「當時新竹調查站的站長之女在莊班，以言詞向我挑戰，我開導她讀台灣史，後來站長還請她轉達致謝之意。」

可以看出90年代前期高中台灣史的教學由於課文的缺漏，只能靠老師課外的引導或補充。

　　1992年大學聯考的作文題目「變」，明確的反映當時台灣的環境在變，潮流在變，學者也大肆批評教育卻仍是統治政權灌輸黨國意識形態的工具[12]，因應民間各種教改呼聲，1996年行政院教育改革委員會的教育改革總諮議報告書出爐，提出教育鬆綁的教改理念，師資來源走向多元化，但在此之前，一女中由於丁亞雯校長〈1990-1996〉帶領，早已鼓勵學生主動學習，

12　黃德宗，〈高中歷史教學的回顧與檢討〉，收入台灣歷史學會編《歷史意識與歷史教科書論文集》〈台北，稻鄉，2003〉，頁186。

多方閱讀，追求卓越，並且配合政策公開甄聘新進教師，使校園裡充滿了活力與生命力，二二八的歷史教學也更多彩多樣。

1. 各種教學方式的嘗試

這時期我不斷嘗試各種教學方式，讓學生上台報告、時事討論等，曾經因為有學生提出戴國煇的一篇文章[13]而在課堂上討論二二八和統獨問題，那短短數分鐘裡學生臉上或疑懼或驚訝的各種不同的表情至今印象深刻。一位高三學生在徵文比賽的論文中描述課堂的學習：

> 「老師教了我思考，她使我不斷的思考、用心的思考，而且是換各種不同角度去思考。…老師問我們為了愛國可以殺人嗎？當時我心裡閃過的念頭就是：當然可以。為了我的國家，我會挺身而出。後來她問我們有沒有想過愛國會成為一種偏執，太過愛國也許就會造成像希特勒屠殺猶太人的悲劇，愛國也可能只是表面的假象…[14]」

透過引導與省思，學生獲得的體悟、成長往往超過老師所預期的，就像這位學生在文末自述：也許教給我們思考會帶來寂寞，但這種寂寞是必要的，它會使我看到內心深處的自己，發現自己的問題，進而探索追尋，甚至尋求幫助使自己突破瓶頸[15]。

---

13 戴國煇，〈愛憎「二二八」---「二二八」和統獨爭議〉，《中國時報》，1991.11.16。
14 張悌明，〈開啓生命省思的源頭〉，《中央日報》，1993.1.8。第 3 屆「重建師生倫理徵文」第 2 名作品。
15 同前註。

2.重視二二八歷史教學

此期二二八教學受到許多老師的重視。1992年的二二八當天我曾經以閩南語、國語的雙聲帶方式向學生解說這個日子在台灣歷史的意義。一位老師則憶起：「每一年到二二八前幾天，我都會花約半堂課跟學生談二二八，通常我從自身經歷談起，我是1949年出生，我爸媽遷到大目降之日，正是二二八波及台南之日…。小時候每每經過台南民生西路盡頭〈舊名石像〉時，母親經常一邊東張西望，一邊用驚悚的眼神低聲告訴我：二二八時許多成功大學的學生在這裡被殺。而我當時根本不知道二二八是甚麼，我常以此為引子來談二二八，至今我很慶幸學生並未出賣我。」即使在今天談起90年代的教學，她仍心有餘悸。

1995年2月28日，二二八紀念碑落成，新公園改名為二二八和平公園，這讓鄰近歷史現場的校內老師有更大的空間去設計二二八的課程。學校還邀請行政院二二八調查報告的撰稿人賴澤涵蒞校演講，講題為〈十四天與四十年〉，就事件原因、經過與影響對全校師生演講，引起相當的迴響。這年我發了兩份書單給學生，一是認識台灣建議書目〈兩年後國中《認識台灣》教科書出版〉，一是理解二二八建議書目[16]，提供她們認識本土、探索自我之用。

16　書目分為五類：一、一般專著〈不同立場的撰述〉二、目擊者、受害者的回憶錄或傳記 三、研究報告、論文 四、小說 五、電影、戲劇。

由於地緣關係，二二八公園讓師生上起課來更有臨場感。一位老師回憶道：

> 「我千方百計調課，將兩班學生帶到二二八紀念碑前，讓學生輪流上台講述她們所知道的二二八，回來後再由我完整說一次。我帶這兩班學生去做公園裡的古蹟巡禮，特別去看日治時代的播音亭。學生還戲說：若畢業後來找你不到，大概要到某個小島〈綠島〉找你。」

可見有些學生心中戒嚴的陰影也仍揮之不去。

此期一位國文老師帶領她任教的高二導師班學生，全班投入蒐集文獻、發放問卷、訪談受難家屬〈班上學生的祖父〉等活動，撰成二二八事件的研究報告參加校內科展，可惜原稿已失，未能引用、對比前述79年的學生研究報告。但校園中受難家屬的心聲每每讓接觸到的師生印象深刻，例如：我曾用兩個周末傾聽一位學生訴說家中在二二八以來的悲慘境遇，但她沒有勇氣到班上說給同學聽，另一位受訪老師的經驗則是：

> 「記得曾經有人罵我：『那是你未曾經歷那種痛楚！』有些人的痛或情緒是很難放下，而未經歷的又很難去理解。這是歷史的悲劇，我想應教學生同情理解那群人〈指受難的人及其家屬〉，不要延續這種情緒。」

不過，一位任教過補校和日校的老師則有這樣的分析：

> 「印象最深刻的是描述二二八受難者形象的《島國形象》四部出版時，正值畢業季節，補校學生家長特別挑選這部別具意義的書送我作為畢業禮物。1989六四事件後，二二八歷史教學進

入黃金期，課堂上很能引起學生的共鳴，到民國八零年代中期以後，日校學生課堂表現愈來愈沉悶，補校學生家長也許是社經地位較低，對台灣史及二二八教學，表現較為熱情有勁。」

1996年二二八成為國定假日，1997年國中《認識台灣》教科書公布，社會上有反對的聲浪，但是，就如研究認同政治的學者所言：他們的反對更加強台灣本土化所引起的，對台灣歷史的反省[17]，高中生還有人回頭拿起國中版的《認識台灣》課本來閱讀、和老師討論其中的「全島的流血衝突」[18]情形。1999年高中審訂本歷史教科書上市，台灣史占本國史約四分之一，有關二二八事件的課文有一到兩頁，高中老師不能不重視這段傷痕歷史的教學，讓學生了解二二八作為國定假日的緣由。那幾年我常借用詩人李敏勇的作品：

「種一叢樹仔／在咱的心內／不是為著死，是為著希望／二二八，這一天／你我鬥陣相安慰，不通尚悲傷。 從每一片葉子／愛與希望在成長／樹仔會釘根在咱的土地／樹仔會伸上咱的天／黑暗的時陣看看天星，在樹頂閃爍[19]」

這首〈愛與希望的歌〉深切表達了人們內心的盼望，開始成為我每年和學生到二二八紀念碑前一起吟誦的詩歌之一。

17　高格孚，《風和日暖-台灣外省人與國家認同的轉變》〈台北，允晨文化，2004〉，頁85。

18　國立編譯館主編：《認識台灣〈社會篇〉》〈台北，台灣書店，1997〉，試用本，頁67。

19　李敏勇，《傷口的花---二二八詩集》〈台北，玉山社，1997〉，頁94。

四、北一女中二二八歷史教學的現在〈2000年迄今〉

2000年政黨輪替後，本土政權執政，二二八仍經常成為選舉議題被炒作，對之反感的人逐漸將二二八汙名化，媒體上激烈的討論雜音，凱達格蘭道上頻繁的政治活動，讓不少在旁上課的老師、同學聲聲入耳。2006年高中95暫綱實施，高一學生先學台灣史再上中國史，許多老師以中國史上不完為由，自行濃縮台灣史上課時間，各校對此有不同的因應作法。2008年政權二度輪替，加上扁家弊案偵查影響，二二八的教學有的老師簡單帶過，有的則煞費苦心。

（一）老師立場各異，二二八話題容易引起緊張

有位校內同仁將中研院近史所研究員朱浤源寫的〈二二八事件真相還原〉[20]一文以電子郵件轉寄給一位歷史老師，文中認為二二八期間受害的外省人高過本省人，原本雙方教育理想相近過從甚密，卻因此信的討論從此疏遠少有往來。

另有一次歷史老師們出模擬考題，預定二二八那天要到二二八公園的咖啡廳去共同會題，有人戲稱：「要去紀念二二八。」馬上有老師回答：「紀念甚麼？有二二八紀念館、二二八紀念碑，難道還不夠啊？」一時空氣凝結，讓所有在

20　朱浤源此文原載於《海峽評論》，206期〈2008年2月〉，頁55-57。

場的人噤聲不語。

現任國史館林滿紅館長認為，二二八可以正面看待，並不排斥。但校內仍有老師在公開談話時表示：當年〈1947年〉軍隊從基隆港上岸是為了保護被台灣人殺害的外省人。

（二）課堂教學有老師心存畏懼，對二二八事件只好簡單敘述。

> 「說真的對於二二八的歷史我不敢多說，也不會提很多省籍的部分。現在的學生不會有太大的情緒，如今的社會，各信各的一套，我的立場偏藍，但對於二二八的歷史，難道不能從以往的傷痛來看？我知道很難，但要去學。對立只有彼此傷害，使人與人間毫無信賴可言。所以對於二二八的歷史我講得很簡單，並沒太大的顧慮，感覺學生較能理性對待，長大後在社會氛圍下，反而較不理性。」

（三）學生對二二八歷史的學習情緒，易受政治及媒體影響。

95課綱以後，台灣史單獨成冊，疑慮「去中國化」的宣傳，不只是老師，有學生說：可不可以跟教育部講廢掉台灣史？老師反問她：妳允許自己不了解這塊土地嗎？為了解學生的想法，有一位老師做了台灣史學習問卷調查，統計結果不喜歡學習台灣史的最大原因是：考試。也有少數是基於：我是中國人。

一位對台灣史相當用心的老師說：

> 「因為曾到二二八紀念館當志工，又經常參加各種學術研討會，我談二二八，通常從雙方政治情況的差異、現代化程度不

同,台灣人對祖國的期望高等背景說起,再談緝煙事件引爆衝突,先是本省人打外省人,政府再派軍隊來鎮壓等。然後參觀二二八紀念碑,解釋碑文曾因蔣介石或蔣中正的稱呼不同而發生爭議,結果有學生不滿意,在網路上留言:她的心裡在淌血,因為老師不尊敬先總統蔣公,所以特地跑到校園中的蔣公銅像前敬拜。」

鄰近凱達格蘭大道的校園環境,加上媒體的影響,不少學生拒絕學習這一段歷史。在紅衫軍新聞經常上報的那段時期,有高一學生表示:很高興遇到一位好老師〈立場深藍的代課老師〉,其他3位高一歷史老師〈立場較偏綠〉都很爛。

對於1990年代出生,這些後威權、後冷戰時代成長的新世代,為何拒絕學習台灣史的傷口,一位老師有這樣的觀察與看法:

「我一直覺得這些學生背很多台灣史,對清治時期的歷史較熱,但對日治以後、二二八、戒嚴時期的歷史缺乏想像,政治阻絕了他們去學這段歷史,認為這都是教育部長杜正勝操做出的,充滿反感。近日帶高三學生去參觀淡江中學,導覽者提到該校二二八時期的受難者,學生就問到北一女呢?是否也有?可見高一時因教室旁的凱達格蘭大道上是紅衫軍,社會氣氛不利於學習,到了高三就有人有感覺。紅衫軍運動時期許多老師都直接穿紅衫到課堂上課,而前幾年校園有許多免費贈閱的聯合報,上一期《北一女青年》有文章寫道:大家不要看〈自由時報〉,認為該報是虛構的、騙人的。」

政治與媒體的深刻影響,由此可見。

所以對於二二八的課程老師若不想簡單帶過,就得多費神

準備，一位年輕的老師提到他的作法：

> 「通常在上二二八的事件前，我會先表明上這個課程不是要挑起族群仇恨，是希望學生能從中學習，對這塊土地及土地上的人多些溫情及了解。95年教材改版，又有地緣上的方便，我先帶學生參觀二二八紀念碑，之後配合自製的學習單引導學生做相關的思考，例如：若無查緝私煙，是不是二二八事件就可避免？1949年來台的新移民若沒有竹籬笆的眷村藩籬，是不是族群間的隔閡會減少些？然後再觀看影片，進行討論。」

這樣的上課方式雖然費時，但對於思考與情意，都能發揮一定的效果，「有學生拿《朝顏時光》[21]與我分享，以回饋這段學習引發的心得。」可以想見，當年輕世代透過小說、電影等大眾文化，注視這段歷史的傷口，態度仍是認真的，心情是慈悲、冷靜的。

（四）家長對台灣史教學敏感關注

2004年319槍擊案發生不久，當時正在教台灣史的一位老師被學校關注，她說：

> 「教務主任約談我，說有人打電話來教務處口氣很兇，可能是我在白色恐怖的部分講很多。我講了甚麼？講江南案、十信冒貸案，還講了自己在一女中的遭遇。記得剛來時我在補校教學組工作，當時校長的秘書〈即俗稱的人二〉會來看我，問我是不是國民黨員，下課時他會找學生問我講了甚麼，所以有學生還好意提醒我要小心等經歷。」

---

21 米果著，台北，皇冠出版，2008。第7屆【皇冠大眾小說獎】決選入圍作品，以魔幻寫實手法寫二二八到白色恐怖時期的家族史小說。

可以看出在藍綠激化下，家長關心使歷史教學的空間也受到擠壓。

（五）教師需要不斷學習、反省

歷史教師帶領學生探就不斷變遷的學問，自己需要不時對過去、現在作反思，才能透過解釋過去，了解現在。我同意社會學者的論點：如果沒有融合歷史學與傳記，如果不去了解宏觀的社會進程如何融合其各人經驗及家庭經驗，如何賦予他們意義，則我們幾乎不可能理解人類之間的關係[22]。二二八教學常與個人經驗、人際關係有相當的關聯，越加省思，越見進境，一位老師提到他教學的經驗與思考：

> 「美麗島事件時，我在課堂上告訴學生這些人是「高雄暴民」，對照今日陳雲林來台，群眾抗議的情景…，我們應以比較的角度來看歷史。一女中有一位工友的遭遇尤其讓我深思：她的兄弟在二二八時聞槍聲大作出門探看，在巷口被擊斃，為了撫養兄弟幼小的子女，她因而終生未婚。對於二二八的了解，親睹身旁的遺屬讓我有真切的觸發，我們其實是慢慢學習才逐漸長大的。」

五、二二八歷史教學的建議

如何使這段帶著傷痕的歷史引發反思的智慧，且不使教師難堪、學生反感？台灣史學者戴寶村說：「從古代漢人來台、

---

22 米爾斯〈C.Wright Mills. 1959〉主張發揮「社會學的想像」，參見 S.kenrik 等編，王幸慧等譯，《解釋過去／了解現在-歷史社會學》〈台北，麥田，1997〉頁14。

日本殖民台灣，到1945年國民黨政府接收台灣，都曾經發生和228事件類似，因為濫用國家暴力傷害無辜人民的事件。學校的歷史教育，應該就歷史談歷史，而不是從政治立場看歷史。」[23]，雖然要完全沒有立場並不可能，但教師在帶領學生探索事件真相時，不妨提醒自己：「就像吉朋未被他那個時代的胡言亂語和特殊的想法所限制一樣，我們也許不必被我們時代的胡言亂語和特殊的想法所限制[24]」，要不斷去發現我們看過去的方法到底有何弱點和長處，每一年的教學才可以有所提升。

以下綜合訪談與個人所思試著提出二二八教學可行的想法與教法：

（一）從多元、尊重出發

多元社會要實踐多元文化教育，得從尊重多元的族群出發，不能一味要求寬恕，卻不肯傾聽，「當一個人願意談自己的創痛，卻沒人真正停下來聽，進而好好設身處地去體驗對方的感受；這樣，沒有被聽進去的述說，只好一而再地重述。沒有人傾聽的述說，自然而然是越來越不甘心，甚至嘮叨不停。[25]」教師若能讓不同省籍、族群的意見都得到表達，就能避免爭議創造和解。例如觀看〈天馬茶房〉影片來介紹二二八，

23　謝蕙蓮、韓青秀報導，〈別再從政治看歷史〉，《聯合晚報》，2007.02.25。

24　丹尼爾‧布爾斯丁Daniel J. Boorstin著，梅寅生譯：《隱藏的歷史》〈台北，麥田，2000〉頁101。

25　王浩威，〈傾聽對手的聲音〉，《中國時報》2004.04.01。

一位老師提到他的作法：

> 「我在課堂上以一節半的時間播放〈天馬茶房〉影片，中間時
> 而停格說明或提示，引導學生多方觀察與省思，不僅回應課文
> 的敘述，讓學生體悟文化及生活習慣差異是導致二二八事件發
> 生的重要原因，也讓學生了解人民對於政權的轉移別無選擇卻
> 有深沉的無奈。尤其片中對族群的處理細膩，我也分享耳聞的
> 經驗：一位學校老師的爸爸年輕時是士官長因而得以成婚，許
> 多單身的部下逢年過節都到他家聚會。讓孩子知道那些少小離
> 鄉的老兵，不少人受限於當年反攻大陸的政策不能成家，終生
> 無法享有天倫之樂，這樣從人性關懷的角度來看這段歷史，許
> 多外省第三、四代的孩子，也會同情二二八的亡靈與遺屬。」

二二八教學能顧及不同族群的傷痛，教學的層次也就跟著
提高。

（二）以問題意識引導

教師可以針對事件，提出建設性的爭議問題，由學生討
論，先選擇立場，表示反對的成一組，贊成的為另一組。或是
把意見一致的人組合在一起，相互解釋各人的判斷背景，聽者
應重述對方的陳述，最後列出清單，看哪些方面是達成一致
的，哪些方面是還未取得共識的。如果想更簡便些，可以靈活
運用既有的教案，配合實際需要來進行，台中一中許全義老師
模仿英國教科書的教材教法，設計了非常實用的教案，引用官
方檔案、民間資料提出層次分明的思考問題，依據史料鉤沉想
像的史實，在網路上很容易搜尋到，他的用心從這段文字可以

體會：

> 「了解歷史，才得以創造歷史。如果台灣市民的心靈，眞要從
> 二二八事件的焠鍊中，獲得昇揚，成爲和平之基的話，我們還
> 是有必要鉤沉所謂「共黨控制」、「官逼民反」這類想像史實
> 的依據，或許才能免於重蹈覆轍，而進一步創造台灣和平的歷
> 史。[26]」

（三）用創意實踐定位

　　爲了實踐和平教育，哈佛大學的社會心理學家有一套獨
特的授課方式，他們請到巴勒斯坦、以色列的政界官員〈由於
涉及外交禮節，這些人並不是眞正的領袖級人物，他們請到的
是一些高級助手〉來校開會，讓主修衝突解俇這門課的研究生
們幫忙兩者之間的對話。70年代開始他們實施這種教學，而當
初來到哈佛課堂上的人，後來都坐到實際的談判桌上[27]。這個例
子從理論到實踐充滿了創意，運用到二二八的教學是否也有可
能？也許高中教師的資源能力有限，但就地取材，輔以學生、
家長、社會的資源，加上一點巧思或集體創造，誰說不可能？
正視二二八，是爲了和平的願景，唯有創意，和平才有實踐的
可能。

26　許全義，〈二二八事件〉，網路 203.68.236.92/T-resource/book-1/1-4-1-(1)-970324.doc。
27　菲律賓馬尼拉大學孟蒂〈Montiel〉主講，傅學敏整理，〈和平教育與和平心理
　　學〉，出自魏明德主編《和平教育》〈台北，光啓文化事業，2001〉。

六、結　語

　　任何社會都難免有其歷史傷痕、過去累積的矛盾等問題，需要許多人用極大的努力才可能填補心靈的漏洞，對台灣的每一分子而言，二二八就是無法迴避的心靈漏洞。透過教學就是要讓公義及人權等理性面抬頭，讓扭曲的感性面逐漸淡出，讓和平的想望成為國民共同的和聲。二二八歷史進入高中教科書到今年剛好滿20年，從禁忌年代的偷渡摸索到依據課文闡釋傷痕歷史，一女中歷史教師在不同時空所遭遇面對的問題，或許也是台灣所有高中歷史老師面對二二八歷史教學，共同經歷的縮影。

　　解嚴之初，在課本尚未提及禁忌歷史的時候，一女中的學生就因〈悲情城市〉這部電影的觸發，在科展的研究報告中呼籲增列二二八歷史課程，從1980年代到1990年代，隨著政治社會氛圍的逐漸開放，一女中教師也常順著自我身分認同的追尋和學生分享各自的二二八歷史經驗與體察，尤其是90年代，隨著相關出版品的增多及大眾文化如電影、小說的描述多元化，二二八探討幾乎成為顯學，這樣的社會文化環境對敏於閱讀喜歡看電影的一女中師生，有相當深廣的影響，二二八歷史在課堂內外普受重視，加上鄰近二二八和平公園的地利之便，二二八歷史教學在90年代得以深耕發展。2000年以降台灣歷經兩次政黨輪替，政治民主雖得以進一步落實，教科書的

二二八書寫所占篇幅也不斷增多，但二二八的歷史教學並未因文字的量增而得到質的全面提升，相反的，因政治上藍綠惡鬥與日俱增，媒體又推波助瀾，校園裡的二二八歷史教學不時受到各類雜音干擾，對立的社會氣氛使該主題的教學在不同教室出現極大的落差。二二八事件既是台灣現代史上重要史事，理應回歸歷史教育的本質來思考，當前若要使其在高中教學上發揮理性教育、和平教育、價值追尋等功能，肯定需要教師在歷史反思上更求專業，在教材教法上不斷精進、創新，若能透過多元尊重、問題意識引導、創意實踐等方法，則二二八教學不僅不是燙手山芋，還可能成為解決當前諸多問題的一把鑰匙。

　　期待二二八歷史教學各方皆能正面對待，教師本身須先自我反省，再來引導學生思考，透過個人想法的調整，創意的發揮，整體的教學才有可能朝向合理化。更望藍綠族群早日擺脫二元對立的邏輯，為台灣社會的公共發展爭取希望。

濟州4.3與5.18光州民主化運動
教育傳承之比較

鄭乃瑋

一、前 言

　　1948年，許多無辜的濟州島民因爲國家「漢賊不兩立」的思維，被當成共產異議份子，遭到殲滅屠殺。悲慘的命運，籠罩在當時的濟州島，政府的殘暴，讓原本應該受到國家保護的人民，卻慘死的政府的槍砲下。1980年，同樣在韓國，全斗煥爲了個人執政的私慾，夥同盧泰愚等新軍部勢力，派遣精銳的空降部隊，至光州鎮壓要求民主化與要求獨裁政府下台的光州市民。在獨裁政府的統治下，勇敢的光州市民無辜被扣上「暴徒」、「赤色份子」等莫須有的罪名，經歷了3任總統，十多年的努力爭取，才促使政府、國會制訂出保障人權的基本法規，這才讓當初無辜慘遭鎮壓身亡的民眾們，恢復了自身的清白名譽。

台灣與韓國這兩個亞洲新興民主國家，在現代發展史上，都曾經歷過因獨裁政府、國家暴力所導致的歷史悲劇，兩國政府與人民，在轉型正義的實踐上，也各自做出了不同的貢獻與努力。但是，在賠償、究明事實與紀念建物之後，人們需要的，不是一年一度隆重盛大的追悼紀念儀式，而是如何從悲慘的歷史事件中汲取經驗，記取教訓，避免悲劇的再度重演。

　　人們透過教育來學習並傳遞知識。經由教育的傳承，我們承襲了先人智慧，同時也透過自身的學習，培養判斷是非、理解問題的能力。教育的啓發讓我們知道「鑑古推今」的重要，美國哲學家喬治・桑塔亞那（George Santayana）說：「未能記取過去教訓之人，必受重蹈覆轍之苦」，學習歷史，並不是要我們盲目灌輸或填鴨死背歷史知識，而是希望能夠透過教育，讓我們回顧歷史，在了解問題根源的同時，學習辨別與解決問題的方法。

　　「前事不忘，後事之師」，教育的力量便在於此，唯有透過教育的傳承，才能將過去的歷史教訓，永續傳遞給我們的後世子孫。本文將借鏡韓國經驗，比較韓國濟州4.3事件與5.18光州民主化運動的教育傳承工作，提供給國內的教育工作者一個參考。

二、濟州4.3事件的經過

1945年8月15日，日本宣布無條件投降。戰爭結束後，

濟州島撤走了6萬名的日軍，同時也有六萬餘名當時因受徵召而客居異地的濟州人，重返故鄉。這些人高興地回到故鄉後，卻因僧多粥少，找不到工作，面臨了嚴重的失業問題。濟州島當時因為與日本的貿易中斷，生活必需品嚴重短缺，加上1946年濟州又爆發霍亂，數百名居民因而死亡。此外，農作的歉收，以及「美軍政[1]」當局錯誤的米穀政策，使得米價暴漲。接連不斷的社會問題，讓濟州民心嚴重惡化。

　　1947年3月1日，濟州居民群起響應紀念「3.1獨立運動」28週年的活動。在集會結束之後，民眾遲遲不肯散去，他們心中積累已久的不滿，讓慶祝活動自然地演變成街頭示威。就在此時，有個小孩突然從人群中衝出來，不小心被警察所騎乘的馬匹踢到，然而，這名騎馬的警官卻視若無睹。當他正想轉身離開的時候，開始有民眾大聲吆喝，並追逐警官。其他警察以為民眾要襲擊警察局，開始朝民眾開槍。開槍事件造成了6名圍觀民眾死亡，其中包含一名抱著嬰兒的二十多歲婦女，與一名15歲的少年，另外還有8名民眾受到重傷。

　　事後的調查發現，死傷者多為圍觀民眾，而非參與示威

1　1945年日本投降，美蘇兩國決定以北緯38度線分佔韓半島南北區域，在美國哈基（John R. Hodge）中將的指揮之下，美陸軍24軍團於9月8日登陸韓半島。美軍在進入首爾之後，9日便宣布對38度線以南地區實行軍政，12日阿諾（A.V. Arnold）就任為軍政長官，正式開啓美軍政體制。美軍自1945年9月8日進駐38線以南地區接管，至1948年8月15日李承晚宣布大韓民國成立，其間這段軍事統治時期，稱為「美軍政時期」。

的人，濟州居民對於警察開槍造成民眾重傷或死亡一事，感到相當憤怒。這就是4.3事件的導火線。警政單位堅持開槍有其正當性，這讓濟州島民的不滿更為高張，隨後演變成全島大罷工，約95%以上有工作的濟州居民，都參與了這次罷工，規模之大，前所未見。

美軍政眼見事態嚴重，便派遣調查團至濟州，調查後，他們認為此次罷工，雖起因於民眾不滿無辜居民在「3.1節」紀念活動上受到槍擊，但是人民憤慨的情緒，主要還是由於南勞黨的煽動。美軍政此時並不注重穩定民心，他們首要的目標還是剷除左派勢力。也因此，濟州島從道知事到軍政高官，全部被換成外地人士，支援警察與西青[2] 也大舉來到濟州，開始對罷工主謀者進行整肅。僅1個月，就有五百多人遭到逮捕。4.3事件爆發前的一年之間，約有2,500人遭到拘禁。

1948年1月中旬，一名負責濟州島黨部聯絡工作的人遭到逮捕監禁，嚴刑拷打中，他被迫供出有關組織的消息。南勞黨濟州島黨部此刻已陷入危機，在「新村會議」中，以新進勢力為主的強硬派，認為軍政警察與西青的暴行，已使民心背離，因此應善用時機積極拉攏民眾，壯大組織勢力，同時，為了反

---

2 自光復到1947年為止，北韓有10%（約100萬餘名）的人口（多為親日派、大地主、宗教人士、反共右翼人士等），因為受到或是擔心北韓體制迫害，因而越境來到南韓。這些人的意識型態多為反共、反北韓。「西青」就是結合這些越境來到南韓的青年團體（主要是來自西北地區），於1946年11月30日所成立的組織。

對單獨選舉，與反對建立單一政府，他們決定採取武裝抗爭。

1948年4月3日凌晨2點，350名的武裝隊員開始採取行動，攻擊12個警察支署與右翼團體。他們的主要訴求是「要求警察與西青停止鎮壓」、「反對單獨選舉、單一政府」、「建立統一政府」等。美軍政一開始僅將此起武裝抗爭看成是單純的治安事件，但隨著抗爭態勢擴大，單單以增派警力與西青，已無法控制局面。這迫使駐韓美軍司令官[3]哈基（John R. Hodge）與軍政長官[4]丁恩（William F. Dean）命令警備隊，開始進行鎮壓作戰。

4月28日，第9聯隊長金益烈與武裝隊總指揮金達三進行協商，決定以和平方式解決紛爭，但是，此次的和平協商卻因右翼青年團體所策劃的「吾羅里縱火事件[5]」，而宣告破裂。5月10日，韓國舉行單獨選舉，在全國200個選區中，只有濟州島2個選區因為投票人數未能過半，而被裁決選舉無效。

1948年8月15日，大韓民國在漢城（2005年更名為首爾）正式宣告成立，同年9月9日，金日成也在平壤宣布成立朝鮮民主主義人民共和國，自此，濟州島4.3事件也從單純的

---

3 統率並指揮美國駐韓第8軍與第7空軍的司令官。

4 韓國受美國託管時期，負責於韓國實施軍政的美軍指揮官。

5 事件起因於數名右翼青年團員，在參加完一場遭武裝隊殺害的女性的喪禮後，憤而跑到參與左派活動的人士家裡縱火。武裝隊在得知消息之後，立即展開追擊，但是並未造成任何人員傷亡。而美軍政事後聽信警察所做的報告，認為「吾羅里縱火事件」是由武裝隊自身所策劃的。

地區事件，演變成意識型態認同的複雜問題。10月11日，李承晚政府在濟州島設置警備司令部，並增派本土的兵力至濟州。第9聯隊長宋堯讚發布通告，凡出入自海岸線向陸地延伸5公里以上地區的民眾，皆視爲暴徒，格殺勿論，山腰村落也被施以「焦土化」強硬鎮壓。11月17日濟州島宣佈戒嚴令，此後，大量居民蒙受其害。

　　1949年3月，「濟州島地區戰鬥司令部」成立，政府開始採行鎮壓與安撫並用政策。新任的劉載興司令官同意，只要那些藏匿於山間的民眾願意歸順投降，既有罪刑，概不追究，許多民眾因而紛紛下山。

　　然而，隨著韓戰的爆發，悲劇又再度上演。「輔導聯盟[6]」的成員，以及入山者的家屬等，紛紛受到「事先拘禁[7]」，並在隨後遇害，監禁於全國各地的4.3相關人士，也遭到立即處決。根據推算，約有三千餘人犧牲，絕大部分的死難者家屬，至今仍未能找到家人遺體。因1947年3月1日的「開槍事件」，與1948年的4.3武裝抗爭而引發的濟州4.3事件，一直到1954年9月21日，漢拏山的「禁足地區」全面開放之後，歷經7年又7個月，才拉下帷幕。

6　「輔導聯盟」的成立，名義上是爲了啓蒙與輔導那些脫離南勞黨的變節者，實際上則是爲了嚴密掌控左翼勢力。

7　所謂「事先拘禁」，原是日治時代爲了防範犯罪，依據「朝鮮政治犯預備拘禁令」，在事前將可能犯罪之人，加以拘禁的作法。當時因爲韓戰的爆發，使得南韓政府重新執行該項命令。

三、濟州4.3教育的現況與難題

濟州4.3事件發生距今已有60年的歷史，當時事件的受害者家屬不是年歲已高，就是逐漸老去凋零，加上濟州4.3又有長達五十餘年被視爲禁忌話題，人們因爲怕被扣上帽子，因而不願談論，不敢提起。在2000年「濟州4.3事件眞相糾明與犧牲者名譽恢復相關特別法」公布，與2003年「濟州4.3事件眞相調查報告書」出爐前，韓國一直以來的歷史教育，都是將濟州4.3事件歸類爲共黨份子意圖顚覆國家的暴亂，史學家也是以冷戰體制下的視野，來描述這場浩劫。即使是濟州島的居民也因爲長期的反共教育，而無法對濟州4.3有客觀完整的認識。

隨著濟州4.3眞相的公開，每年的4月份，濟州島都會有許多的追悼紀念活動，包含慰靈祭、音樂會、各種作品展示會、美術展、4.3歷史紀行活動等，不一而足。但是，人們卻忽略掉最重要的部分，那就是學校教育。當然，並不是說上述的追悼紀念活動沒有任何的教育意義，只是學校教育與各級社會文化團體透過活動展示所呈現出來的教育，在影響層面上仍有所差距。學校教育有「直接性」、「無差別性」，也就是說，凡是接受過國民義務教育的人，就至少會受過一次濟州4.3教育的洗禮。而社會教育則有「選擇性」、「制約性」，會去參加追悼活動或是去看展示會的人，通常侷限在特定族群身上，無法普及。

當然就濟州4.3而言，受難者的遺骸挖掘、濟州4.3和平

基金會的運作等工作也很重要，但是，在真相調查報告出爐之後，最重要的任務，還是教育的傳承。若不進行教育傳承工作，過去以來所花費的心血，辛苦研究建立的資產，就會因為年輕一輩的無知、冷漠，而灰飛煙滅、化為烏有。

以下僅針對韓國濟州島地區的國、高中教育與大學教育的現況，進行比較。

（一）國、高中教育現況

事實上，2003年以前，可以說是「4.3教育的禁忌時期」。當時，韓國教育廳對於濟州4.3的教育，還是傾向於遏制的態度，在2003年「濟州4.3事件真相調查報告書」出爐前，學校老師們即使想要教導有關濟州4.3的內容，也會因為上級長官的壓力，而受到許多阻礙。當然也有一些教師不畏壓力，仍為濟州4.3的教育傳承，奉獻努力，然而可惜的是，這樣的教師並不多。在這樣的教育情況下，學生們對於濟州4.3的認識自然是相當貧乏，甚至可以說是完全不懂。

之後，隨著真相調查報告書的出爐，4.3教育不再是禁忌，學校上級的態度也逐漸轉變，但是，4.3的教育實施情況，仍舊不理想，主要的原因是學校老師們的「教育動機不足」與「施教準備不足」。

教育動機不足的原因，在於有些老師們認為「以前沒教也沒什麼大不了」、「這種意識型態的問題太過複雜」，而且「趕

功課進度都來不及了，哪有時間教什麼濟州4.3」[8]。在升學爲主的風氣之下，學校老師缺乏教育使命感，傳道、授業、解惑暫放一旁，讓學生考上一流學校才是重要。

而事實上，再深入探究的話，我們可以發現4.3教育未臻理想的原因，出於老師本身對於4.3的認識不足。大部分老師只知道事件當時有很多人死亡，但對於事情發生的背景、原因與經過，並不了解。在這些教師們所受的師範教育體系內，並未提及有關濟州4.3的內容，就連老師們的職務研習課程中，也沒有濟州4.3的相關課程，因此，會出現這樣的情況其實很「正常」。然而，不管造成此等現象的原因如何，老師們若能抱持著積極心態，就能對現況進行改善。

（二）大學教育現況

濟州島內大學[9]對濟州4.3教育的施教情況與國、高中教育類似。大學中，雖有專門介紹濟州4.3的學生社團，然而正規教育中，並沒有特地將濟州4.3獨立出來教授的課程，也沒有專門講授韓國現代史的講座，學校雖然有〈濟州島史的理解〉之類的課程，但是充其量也只是利用1~2小時來介紹濟州4.3而已。另外，學校裡雖有開設以英語來講授濟州4.3的特別講

8　Lee Young Gwon，〈學校現場的4.3教育，其現況與課題〉，《4.3與歷史》通卷第7號（2007年12月），P.131。

9　濟州境內大學有濟州大學、濟州教育大學、耽羅大學與韓國放送通信大學濟州分部等。

座，但是這樣反倒讓濟州4.3無法在韓國國內普及，增加了既有限制[10]。

四、4.3教育傳承的推行

（一）師長觀念的改變

4.3事件發生在濟州島，要談觀念改變的話，濟州島的師長們更應該身先士卒。現在部分師長們的態度還是傾向於「消極被動」，未能完全體認到4.3教育的重要性，也許是過去長久以來的反共教育，讓「赤色情結（Red Complex）」還存留在既有認知裡。在韓國社會的教育現實中，學校校長有著非常大的影響力，因此，只要校長對於推展濟州4.3的教育，也能有著堅定的信念，那麼該學校的濟州4.3教育，便能取得相當大的成果[11]。

（二）4.3教師研習營義務化

在第一線負責教導學生的老師，角色極為重要。但是，由於目前教師們對於濟州4.3認識不足，他們不知道為何而教，也不知道應該怎麼教？因此，即使教師們的觀念改變，也無法收立竿見影之效。由此可見，教師研習營的重要性。在教師研習營的課程安排上，除了濟州4.3本身的起因、過程外，應該

10　Lee Young Gwon，〈學校現場的4.3教育，其現況與課題〉，P.133。
11　Lee Young Gwon，〈學校現場的4.3教育，其現況與課題〉，P.139。

還要教授韓國現代史，讓聽課的學員了解，濟州4.3並不是突發事件，而是依附於韓國現代史發展中的產物。另外，在課程的最後，可以安排學員們上台試教，透過試教也可以了解學員們是否確實理解課程內容。

（三）教師的積極努力

　　教師的職務就是教育，不能因為考試不考，或是略過教學也無所謂，就放棄濟州4.3的教育。現在就連濟州島的文化遺產解說員，為了要答覆觀光客的問題，都要求希望能研習有關濟州4.3的教育課程，學校的老師們，更應該積極努力才是。而在大學之中，若能成立濟州4.3的專門研究教育機構，或是將韓國現代史與濟州4.3編入歷史系的正規教育課程中，就能讓更多歷史系學生來選修。另外，還可以採用通識課程的方式，讓其他科系的同學也能更接近濟州4.3。

五、5.18光州民主化運動的經過

　　1979年10月26日，朴正熙遭到中央情報部長金載圭槍殺身亡，次日全國進入非常戒嚴狀態，並由國務總理崔圭夏暫代總統職務。朴正熙遇刺之後，政治情勢動盪不安。12月12日，全斗煥夥同盧泰愚，派兵包圍了陸軍總司令兼戒嚴司令的鄭昇和官邸，並羅織罪名將他逮捕，取得最高軍權，是為「雙十二政變」。1980年4月，全斗煥自任中央情報部長，掌握實際權

力，崔圭夏的代總統職位形同虛設。

　　5月間，抗議示威不斷，大學生不斷上街要求政府「解除非常戒嚴」、「保障言論自由」、「全斗煥下台」等。眼見事態嚴重，5月17日，韓國政府透過緊急國務會議，決議「非常戒嚴令」擴大全國實施，並宣布禁止所有政治活動、嚴禁誹謗前現任總統，以及強制所有大學停課等，同時也拘捕了金大中、金泳三等民主人士。

　　5月18日，擴大戒嚴的消息傳到光州之後，眾多光州學生為宣洩心中不滿，齊聚於全南大學前展開示威抗議，要求政府解嚴與全斗煥下台。全斗煥為了維繫權力，竟派遣空降特戰部隊到光州鎮壓大學生的示威，多名學生遭毆打成傷。空降部隊的強勢鎮壓，引發光州市民不滿，參與示威的民眾也因而不斷增加。

　　5月21日，光州民眾再度聚集於錦南路的全羅南道廳前，抗議戒嚴軍在光州火車站前，向沒有武裝的市民開槍，造成兩名市民當場死亡之事。孰料，空降部隊竟向示威民眾展開全面攻擊，錦南路上的抗議民眾紛紛應聲倒地。看到自己的親人，遭到殘酷射殺身亡，憤怒的光州市民再也按捺不住心中悲憤，開始襲擊警察署與後備部隊的槍械庫，奪取步槍、機關槍與彈藥等武器，自組「市民軍」，英勇地與戒嚴軍進行武裝抵抗，一度還把戒嚴軍趕出了光州市區。

　　然而，5月27日，美國國務院發表了「不能坐視韓國的無秩序和混亂」的聲明，這被視為美國正式容許韓國當局以軍隊

鎮壓光州的信號。當天,數千名的軍人開著坦克車進軍光州,隨即包圍了全羅南道廳,並展開強勢攻擊,僅僅1小時又10分鐘,這場維持10天的抗爭,就在獨裁政府的血腥鎮壓之下落幕。

六、5.18紀念基金會相關的教育事業

相較於濟州4.3,5.18光州民主化運動的教育推廣就比較完善,除了教科書內有詳細記述之外,1994年,以國民捐款以及部分受害當事人的補償金,集資成立的5.18紀念基金會,2005年也開始接受國家的補助,進行各項事業活動。青少年的相關教育,則是從2001年開始著手進行。在5.18紀念基金會事務處內,設有教育事業組(組長1人,組員3人)[12]。

相較於年代比較久遠的濟州4.3事件,一般民眾比較熟悉1980年發生的5.18光州民主化運動,然而,所謂的一般民眾泛指40~50歲以上的成年人。根據5.18紀念基金會的調查,在進行青少年教育之前,光州地區僅有13％的青少年了解光州事件,而光州的大學生知道光州事件的比率,也大概只有30％左右。[13]這也就是為什麼5.18紀念基金會要積極從事青少年的5.18歷史教育的原因。

以下就5.18紀念基金會所從事的教育事業,進行簡單的介

12　Jo Jin Tae,〈5.18教育的現況與課題〉,《4.3與歷史》通卷第7號(2007年12月),Pp.20-21。

13　Jo Jin Tae,〈5.18教育的現況與課題〉,P.21。

紹。

（一）教師研習

　　5.18基金會從2001年開始實施教師研習，不僅針對5.18，也對民主主義與韓國現代史來進行授課。同時，5.18基金會也與光州市教育廳合作，凡是參加研習的教師，其研習時間都可以獲得教育廳認證。該研習並提供老師各種教學用的多媒體教材。

（二）教學案例發表會

　　基金會希望透過教學案例的分享，跳脫歷史教育與社會教育，並嘗試以不同的型態，與更多樣的教課形式來呈現5.18。基金會除積極開發之外，並提供各級學校國語、社會與美術等教學用的教材。

（三）海外民主公民教育現場考察

　　教師研習表現優良者，或是對5.18相關教育有貢獻的教育人士，皆可獲得5.18基金會的贊助，參加海外民主公民教育現場的考察。韓國目前雖然仍是以升學教育為主，且短期內很難改變現狀，但是基金會仍希望能藉由海外考察，並透過國外的民主公民教育案例，嘗試以階段性、持續性的方法，來為往後的5.18相關教育做準備。

（四）5.18合作學校

　　為了讓5.18的學校教育能更有體系地來實施，5.18基金會也

在光州地區，各選擇一所小學、國中與高中，來進行各項與5.18教育相關的課程。這個計畫也獲得光州市教育廳的支援補助。

（五）5.18青少年文化祭—「紅色嘉年華（Red Festa）」

為了讓青少年也能熱情參與5.18的紀念活動，5.18基金會每年5月皆會在舊全南道廳前的廣場與錦南路上，舉辦「紅色嘉年華」青少年文化活動。基金會從9月開始組成籌畫小組，並在隔年3月配合學校開學，公開募集各項活動計畫的主題。學校老師們的媒介角色至為重要，老師們的積極幫助，可讓青年學子的參與更為熱烈。

（六）全國高中生討論大會

基金會希望透過討論、對話溝通的方式，來培養青少年的民主素養，同時將5.18的精神價值與時事結合，藉此來培養高中生的歷史使命感。活動以2人1組的方式，先透過論述選定30組，再以3天2夜的營隊形式進行選拔。高中生參與營隊期間，也會進行5.18的歷史現場巡禮。

（七）青少年話劇大賽

基金會透過語言與行為藝術的表現方式，來增進學生的創意，讓學生從內在去體驗5.18所賦予的歷史意義。文化與藝術能讓青少年以更深層、寬闊的視野去體認生命存在的意義。本活動設有戲劇獎、演技獎與舞台技術獎等，藉此來鼓勵創作。

（八）體驗學習

有形或無形的空間體驗，能讓記憶更為生動深刻。在國立5.18民主墓地、5.18自由公園等5.18相關史蹟，均備有專門的解說人員，為造訪的民眾進行解說。另外，「5月講師團」與5.18主題藝術作品表演團，也能直接到各級學校，進行適合學生的演說與表演。

（九）青少年人文學院

在寒暑假期間，透過健全的課程教授，來學習尊重自己與他人，並培養共同體意識。這是5.18紀念基金會與韓國全南大學哲學系共同規劃的活動課程。

（十）青少年志工社團—「新春」

這是由光州地區的國、高中學生所組成的志工社團。這些學生依照自身性向，來參與各項5.18紀念基金會所規劃的活動。這些志工學生們不管是在「紅色嘉年華」的策劃，或者是在活動的進行上，都相當積極地參與。他們在啟發自身創意的同時，也學習到所謂的5.18精神。

（十一）開發多樣化的青少年教育媒體教材

為了吸引年輕人的興趣，學校老師與各領域的專家集思廣益，不斷摸索開發多樣適合青年學子的5.18相關學習教材，包含小冊子、CD、影像教材、書籍、漫畫等。

　　針對5.18精神的傳承，韓國教育界認爲除了透過上述種種的教育活動之外，老師們在學校課堂上，也應該持續教導青年學子，傳遞普世價值，而教師團體、家長會與相關組織，也可以共組委員會，來推展5.18的歷史傳承教育，公家單位對這些團體也應該給予適時的支援補助。

　　5.18教育的面貌雖然豐富多元，但唯有持續不斷的開發，才不至於淪爲即興性質、上台一次即成絕響的教育。

七、結　語

　　在濟州4.3發生55年後，2003年10月31日，前韓國總統盧武鉉公開承認了這場因國家暴力所導致的悲慘歷史，並向濟州島人民致歉。也許是歷史的眞相來得太晚，使得人民對於這場浩劫變得無情冷漠，50多年的負面教育，讓今日濟州4.3的教育傳承工作極爲艱辛。

　　同樣遭受國家暴力摧殘的光州，與濟州4.3一樣，也曾有過晦暗的禁忌時期。在全斗煥執政期間，人民忌諱談論5.18，在政府的操弄之下，整個事件的眞相也不斷地受到扭曲，所幸在人民與宗教社運團體的努力之下，5.18終獲平反。在光州人民的積極推動之下，5.18紀念基金會成立，同時爲了不讓歷史遭受遺忘，也爲了宣揚民主與人權的重要性，5.18紀念基金會也開始推展青少年的教育活動。

現在，每年4月與5月，韓國民眾會分別在濟州與光州舉辦大型的追悼紀念活動，其中也不乏學術研討會、音樂會或是文藝作品的展示等，兩地的紀念活動皆隆重盛大。唯一的不同點是，濟州缺乏年輕人的參與，因為學校沒教，老師沒說，造成濟州當地的青少年對於60年前的歷史缺乏認識，參與動機不足，教育的傳承工作也出現危機。反觀光州地區，2009年將舉辦第6屆的「紅色嘉年華」，這場每年皆吸引大批青年學子參加的文化盛會，藉由各種有趣活動的參與，讓光州的學子們在潛移默化當中，體會到前人犧牲抗暴的偉大精神。光州的教育傳承工作，值得學習，而台灣與濟州的努力還要持續。

銘記歷史，正視歷史，教育需要永續傳承，千萬不能因為我們對於教育傳承的忽視，白白錯失以史為鑒的機會，而讓深具教育意義的歷史事件，成為年表上的一行字而已。

徵引書目

二二八事件紀念基金會彙編　2008　《兄弟的鏡子－台灣與韓國轉型正義案例的剖析》。臺北市：二二八事件紀念基金會。

濟州4.3研究所編　2007　《4.3與歷史》通卷第7號。韓國濟州：閣。（韓文期刊）

朱立熙　2008　《韓國史：悲劇的循環與宿命》(增訂2版)。臺北市：三民書局。

朱立熙　2007　《國家暴力與過去清算》。臺北市：允晨文化。

教育現場座談（一）討論

戴寶村：

本來是預備在最後留一點時間給各位發言討論，可是看起來時間不太足夠，所以我們就不預備給各位發言討論，因為最後會有一個綜合座談，我想在那時候再來談。

我很高興主持這個階段的討論，因為我個人一直很關心歷史教育的問題，像剛剛劉家君老師所提交的文字，他講了一些在自己教學經驗上的一些觀念，而這些觀念等於去處理了幾個不同層次的問題，包括普世價值的人權問題，或者是國家主權是人民決定的，還有主權轉移的問題，或者是國家權力，就是一個國家政治運作的權力。以二二八來說，可能是當時國民黨把國家權力濫用到變成國家暴力，罔顧人權，二戰結束後，明明是戰爭的接管，就把台灣人統統變成中華民國國民，這其實都是違反了人民的權利。而二二八對台灣人民的殘害，其實也就是罔顧人權，我想這幾個觀念，在教學上如果可以放在裡面的話，其實不只是在回應到二二八教學問題，也是我們目前教育主軸所強調的生命教育，這個在學校都還有專門的小組，或者是人權教育，其實這些都是教育裡面很重要的。但是像剛剛郭老師和陳老師報告的，只要

一論及到這些問題，其他人都會說你是民進黨等等，這個真的是不太正常的。我發現現在很多教育大學的教授，運用很多理論，都在強調多元價值，甚至衝突理論寫了一大堆，他們以為自己是走在學術的最尖端，但從落實到實際，卻教出來的很多那樣的老師，甚至去出題考出來的校長，反映出來的統統都是陳老師跟郭老師所說的，而劉老師說不定也有那種經歷，因此覺得台灣真的是一個很錯亂的地方。

另外，方才劉老師有談到教科書的問題，有很多的老師，把教科書當成了聖經。關於這點，我舉一個例子，我曾到高中去講台灣史教學的問題，有一些老師並不反對，也是認為台灣史應該要教，但是那些老師跟我說，台灣史教一冊他不會反對，可是台灣史四百年教一冊，中國史五千年也教一冊，那怎麼教得完？我想台下幾個高中老師也知道這樣的問題，他們會把這種東西用量化的方式，就像剛剛老師講到說，那殺人到底殺多少人？甚至說哪裡不死人諸如此類的話。因此我覺得台灣已經把很多在教育裡面非常重要的東西刪除，失去了應該要去彰顯人的價值的觀念，只要想到這點，我真的手腳都會冷掉！

台灣的教育體制強調一大堆的教學技巧，這不是最重要的，應該是老師要想清楚，到底是為誰而教？這個如果先弄清楚，那底下要教什麼，要怎麼教，我想應該就比較有一個正確的方向。而所謂為誰而教？為什麼地方而教？當然就是牽涉到最後的國家認同的問題。倘若你不曉得為誰而教？為哪一個國

家、爲哪一個土地而教？那教出來的會是什麼樣子的學生？我想是可以預料的到。我想這些也應該是3位老師所共同關切的問題，也應是各位大家所關切的問題。我想我們這個單元，教育現場的經驗這個部分就到這裡，第2個部分還有其他的老師來作報告，以上我們這個單元到這裡結束，謝謝各位！

教育現場座談（二）暨綜合座談

張炎憲：

今天，綜合討論結束後，本次活動就正式落幕。這兩天以來，有些議題在研討會中沒有討論到的，可以再提出來，而由在座的三位老師回應。或者各位對未來二二八事件紀念基金會應該怎麼運作，應該做些什麼，也可以提出來共同討論。

首先，說明這一次研討會的籌劃構想。2003年，基金會主辦「二二八事件新史料學術研討會」，是因為2001年到2003年，基金會和國史館合作，共同出版18本《二二八事件檔案彙編》，所以才舉辦新出土的史料研討會。到了2006年，本會出版《二二八事件責任歸屬研究報告》後，認為很多重要課題應再深入探討，而開始有舉辦研討會的想法。自2007年開始舉辦，首先談到二二八的問題，之後論及韓國、德國、奧地利、南非等國，怎麼處理他們自己國家的歷史事件，這些經驗的交流，有助台灣解決內部的問題。2007年舉辦研討會後，二二八事件紀念基金會即開始和韓國的光州5‧18、濟州4‧3的人權團體、研究團體進行國際交流。同年二二八事件紀念基金會受邀參加韓國光州5‧18的追思儀式。2008年4月3日，基金會受邀參加韓國濟州4‧3六十週年活動，並將這兩年台

韓交流的論文集結出版《兄弟的鏡子—台灣與韓國轉型正義案例的剖析》。2008年10月，基金會和韓國人權團體在台北舉辦一場台灣和韓國的人權論壇，討論韓國和台灣處理公權力迫害人權、屠殺民眾的經驗及其做法。

今年舉辦這場研討會，一方面是深入人權的主題，另一方面是對二二八問題持續深入的研究。昨天下午研討會討論「事件研究」的議題，上午探討「媒體觀點」，因為現在媒體泛濫，大家都在擔心媒體的胡作非為，使得台灣陷入是非不明的狀況，所以檢視二二八事件前後的媒體問題，是不是也同樣胡作非為。另外，二二八研究必須傳承下去，因此邀請年輕學者發表論文，希望能代代相傳。此外，站在第一線的國小、國中、高中的老師，教導二二八事件時，在學校、學生、老師、家長之間到底會遇到什麼問題，提出來共同討論。這次所舉辦的研討會，是朝這樣的構想來策劃的。

這次研討會是在2月26日、27日舉辦，另外，在5月23日，二二八事件紀念基金會將舉辦「國際人權論壇」。希望大家能夠蒞臨參加。人權論壇分成4個部分，第1部分是「中國的六四天安門事件與人權」，討論1989年發生的屠殺事件。第2部份是「圖博（西藏）與人權」，討論1959年中國派軍隊進入圖博鎮壓屠殺之後，圖博的動向與發展。第3部份是「新疆獨立運動與人權」，討論新疆的維吾爾族人要求獨立，卻受到中國的鎮壓與屠殺。第4部份是「二二八事件與人權」。這些

是在強權統治下，政府使用公權力壓迫人民、屠殺人民而爆發的事件或運動。

　　這次邀請到國小、國中、高中的老師來參加，讓人覺得很欣慰。原先聯絡的發表人不只這幾位，但在聯絡的時候，一些老師擔心參加之後，學校校長會有意見，害怕會被列入黑名單，受到排斥或監視；或因顧慮校長反對，而決定不參加。所以最後邀到這5位老師發表文章，他們教學地點遍佈北、中、南等地。北一女是中國國民黨意識或大中國意識濃厚的學校，我們請一位北一女教歷史的沈老師來發表。台北延平中學是具有台灣意識的學校，邀請陳老師來發表。上述兩位都是來自台北的老師。中部地區則請苗栗的郭老師，而南部則請屏東的劉老師。澎湖是個離島，在二二八事件發生時，又沒涉入，對於沒有發生二二八事件的地方，應該要怎麼教二二八？這是很重要的！所以邀請澎湖的陳老師來發表。這5篇分屬北、中、南和澎湖，是台灣抽樣的縮影，可看出學校老師面對二二八教學時，還有很多問題需要去解決與克服。今天這5位老師能來參加，在此表達最大的敬意和感謝！

　　以上，我簡短說幾句話，請大家發表意見，最後再請老師回應，現在就請大家發表意見。

觀眾提問：

1.
　　我是二二八紀念館的解說員，在紀念館解說時，解說員

是第一線接觸並關心二二八事件的這些人。在解說的過程中，遇到學生來參訪，表明之所以會來參觀二二八紀念館，是因為這是學校老師指定的作業。像這樣的心態，我們怎麼來做解說？剛才延平中學老師發表的內容，其中有一份問卷，我很不同意，關於這點，我要跟您抗議一下，在您發表文章最後的附錄一：「7.你認為外省人是否該為二二八事件承擔責任？」我認為這句話非常地不公平！自我擔任二二八的志工、解說員開始，有一位讓我感動的外省人，什麼人你知道嗎？就是陳師孟老師。當二二八紀念館開館的時候，他擔任副市長一職，他有來跟志工對話。陳老師說他阿公是當代很重要的人物，因此他並不知道二二八的屠殺，當他聽到這個事件，先去反省他自己，去看他阿公的日記，看看日記裡有沒有寫到對不起台灣人民的事情。在他很認真地看過了他阿公的日記後，他鬆了一口氣，幸好他的先輩、長輩沒有做出對不起台灣人民的事情。這是二二八紀念館開館的當天，他告訴志工的一小段話。從那個時候開始，我更加敬重這位外省人。

在導覽的過程當中，參訪來賓來自世界各國，其中有一位讓我印象深刻的是人是盧炳欽醫師。記得當時有一位參訪人站在展示前面哭泣，不知道是什麼事情讓他那麼震憾？當下決定暫不打擾他，等他回復情緒後，便問他：「你是遇到什麼樣的場景，讓你想到這樣的情形，你可以跟我們說…。」原來，他是當時盧炳欽醫師的鄰居跟患者，看到這些展覽，他想到在這一輩子當

中，已經沒有機會再回饋或感謝盧醫師，感觸甚深，不禁悲從中來…。因為在那個年代，有所謂調查盧醫師的一些相關資訊的時候，他們都因害怕而不敢承認認識這個人。其實他們家對盧醫師有無限的感恩，因為當時他家裡貧窮，生病沒有錢可付醫藥費，但盧醫師不僅免費看診，不收取費用，還拿錢倒貼予他們家做生活費…。那個時候，我們台灣有這麼多類似的人，而這位醫生是這樣子地在疼惜他們，結果遇到二二八事件時，大家卻因為內心恐懼，為顧及自己的性命，都不敢說很多。

以上是我們身為第一線解說員所看到的情況，希望明年度的二二八事件紀念基金會，能讓我以擔任二二八事件12年資深志工的身分，共同分享站在第一線所遇到之實務經歷，謝謝！

2.

剛剛教授表示此次活動在邀請的過程裡面，有幾個老師是比較不害怕且願意參與的，這點應該要給他們很大的肯定。第2個部分，從前一陣子的野草莓運動和這兩天的研討會，我覺得愈來愈多的師資養成單位，如師大、教育大學的老師，或像剛才戴教授的發言，代表了這樣的師資養成的機關裡面，已經有一些不同的聲音，這和過去、幾十年前的狀況不同。而據前面那幾位老師的說法，很多老師教育的環境是處於相當無奈的情況，但在這裡看到他們在教學上有相當堅定的意志，不僅如此，他們還發展出一些應付的方法、自保的方法，如要怎麼樣去和他們的同事去對話？要怎麼要和他們那些主管溝通？我常

覺得教育體制中，不管是教育理念或是人權教育等等，只是說一套而已。但是這次研討會發表老師，有一些不一樣的背景，或參加了一些民間社團，如台灣教師聯盟、二二八基金會活動等等，所以啟發他們不同的想法。這些老師是很少數的，在這樣的處境下，在學校要如何去結合社團？如何建立一個互相支持的系統？這是重要的。這是我的意見，謝謝！

3.

　　大家好！我這裡有幾點報告。首先，我要表達的是，我很欽佩這些發表老師的勇氣。我畢業於師大，之後在岡山高中擔任國中老師至退休，令人遺憾的是，我們高中國文課本第1冊到第6冊，都沒有台灣人的文章。我認為文學非常重要，像類似這樣的學術論壇，一定要延續下去。以我實際的經驗為例，我現在於公所服務，擔任主任秘書一職，受邀至國中演說時都用台語演講，目的是要讓學生能夠有機會聽台語、學台灣話。觀察這兩天的活動，參加的年輕朋友很多，這表示我們有達到深耕人權種子與教育傳承的目的。謝謝！

4.

　　主辦單位舉辦這樣的研討會，實在是很好，給我很多心得感想。第1點，說到國民黨，中國人是要把你標籤化，對於意見不同者，就是綠營的，我說不是，是台灣本色，台灣人要疼自己的台灣。第2點，我們是很憂心新的二二八事件會再度發生，如果中國勢力一直來台灣，搶我們台灣的工作，搶我們

的錢，是不是有一天，二二八事件會再發生？我實在很憂心。第3點，今天大家參加這個研討會，我們每個人回去要廣為宣傳，共同為台灣歷史與人權教育進一份心力。謝謝！

5.

　　我是退休的老師，現在開始有在製作記錄片，另外有兩次的自助旅行的經驗。看了今天中午的影片，內容是作了整個紀念碑的介紹，可惜的是，對於內容無法深入了解。我這次去波蘭的克拉克，那邊有一個很大的集中營，在那個環境下，你可以選擇以運動休閒方式步行整一天，或是去那邊玩。這樣的設計模式，可以供給二二八紀念館一個建議。第2點，今天這5位老師，讓我很佩服，因為他們所說的心聲，都是我自己在教導鄉土教育的過程。在教台語的過程中，就有一位外省父親，因為他的孩子學台語學不起來，所以他拿刀割他的手腕。時間往前推，若今天處於二二八事件的年代，所受到的反彈更大。二二八和平紀念日剛好連接著寒假，其實可以利用讀書會的方式鼓勵小學、國中、高中學生閱讀相關書籍，或者，可考慮親子一同參加讀書會的方式，之後再分組，家長同一組，孩子同一組。在85年的時候，我辦了親子讀書會，他們都很感謝舉辦了這樣認識台灣的活動。另外，關於媒體的部分，建議這5位老師，可以用影像方式傳播發表內容，這樣可提供教台灣歷史和二二八的歷史老師一個很好的教學方式，謝謝！

6.

　　大家好！我可能是在現場比較年輕的一輩，由於我的台語不太輪轉，請大家多多包涵。我目前在國中實習歷史科的歷史老師，已有半年的時間實習經驗，加上今天參加這個會議也有一些感想，提出來與大家一起分享。在國中實習的時候，我的老師差不多是四十到五十幾歲這個年紀之間，其實他們以前在上課的時候，對於台灣歷史的部分，學的很少，因為他們所學的都是中國歷史。因此，他們這一輩教我們新的這一代時，中間有一個落差存在。所以身為一位實習老師，我坐在教室的後面實習時，我心理有一些疑問：「他說的好像不是真實的。」因為我學的是台灣歷史的部分。所以在實習過程中，我常存著這樣的疑問。第2點，要成為一個老師，他對一個事件的解釋，其實是很重要的，因為國中或是國小的學生，他們其實都很相信老師所說的話，老師在他們的心裡的地位是很高的，可是有一些歷史，如二二八事件來說，有一些老師可能解釋的不是那麼中立、客觀，這是我覺得很可惜的地方。我現在在實習中，希望等我當上老師時，能夠像剛才那5位老師一樣，擁有勇氣、堅定的力量，可按照他們的方式教育我們的下一代。我的父母常常跟我說，身為一位老師，給孩子分數高低不要緊，重要的，你一定要教他們分辨是非、黑白分明，我接受我父母給我觀念，希望有一天，我可以擁有這樣勇氣，好好地教育我們的下一代，謝謝！

7.

　　我覺得要讓孩子接受很簡單，可透過動畫或漫畫的方式。如藉由影像動畫、台語配音、台語字幕的方式呈現，以符合那個時候的整個過程；或藉由漫畫呈現的方式啟發孩子的興趣。另外，二二八可以利用有獎徵答活動的方式，提高孩子的興趣。在台灣，有很多中國的漫畫故事，像西遊記、封神榜等，相較下，缺乏類似二二八的漫畫故事，我認為這個部分可以再改進，希望未來有二二八的漫畫、白色恐怖的漫畫供孩子閱讀與激起興趣，這是我的意見，謝謝！

8.

　　對於學校的歷史教育，我有一些心得與大家分享，雖然我不是老師，但提供個人的一點意見予在座的老師參考。現在，有的學生不解為什麼二二八是一件值得同情的事？有的學生是漠不關心；有的學生是認為屠殺是情有可原的，為何要去關心這樣子的一些少數人？雖然他們是少數，但是為什麼學生會有這樣子的想法？若是沒有去了解學生的想法，當要去推動育的時候，是不是會遇到一點障礙？我的看法是運用一些技巧，比如讓學生去比較六四大屠殺或者是南京大屠殺，同樣是大屠殺事件，而發生在台灣時，為什麼就不是大屠殺？以這樣的方式去跟他們對話，讓他們去思考。同樣地，大多數的大學畢業生可能也搞不清楚為什麼納粹要殺猶太人？如此看來，我們的歷史教育可能是有問題的。不管是對中國還是對外國，是對台

灣還是對哪一國，對於大屠殺背後的心理還有社會文化的脈絡，其實都沒有很清楚，學生也沒有很理解。所以如果要推動二二八，它遇到的困難，除了是整個教育結構裡出問題，還扼殺了對於歷史獨立思考判斷。這是我的看法，謝謝！

戴寶村：

　　主席，各位朋友，我今天來參加這個研討會，覺得很安慰。剛剛聽了發表人與現場來賓很多的意見，覺得很感心。我覺得對二二八事件和整個台灣，大家要有志氣，大家都很誇獎剛剛那幾個老師。其實在這個時代不要害怕，你如果不怕，有志氣，那其實在學校、在什麼地方教書都不要緊。我說的不怕是指那些藍營的只會大小聲，你如果意志堅定，他們也不敢怎麼樣，因為現在這個時代，台灣是有民主自由的價值。剛剛也有很多補充表示，若老師沒有犯法，若老師沒有期望擔任學校組長、主任、校長等等職位，其實老師有很多地方是不用去害怕的，如果你不害怕，那就沒有事情了。我們私底下其實也是有很多的同志的，這是我跟大家共同說明不必煩惱的事情。

　　第2點，在教學過程中，我們所做的每一件事情，一腳步一腳印，你種的一些種子一定會成長茁壯。像我也不知道張教授怎麼去邀約這些人，仔細發現，這些發表者當中，有陳志瑋我當年有心無心教出來的學生，像陳淑媛就是我指導的學生，還有像剛剛那個溫柔中有衝撞力的，其實我已經不記得她有上過我的課，真是所謂桃李滿天下。就像陳志瑋上過我的課，當

然她有她本身的天分，可能我們在上課的時候比較會去堅持用台灣的主體性來教育，然後就會產生影響。

來到這裡，看到很多年輕的一輩發表意見、討論內容，覺得很感動。像剛剛那位，你不用說你的台語不輪轉，你現在隨便找一個來問：「高雄縣梓官鄉，那個梓官的台語怎麼講？」搞不好會講的沒有過半數，所以你已經很厲害了。而且你在實習當中，還需去聽那些老師上課，雖然你可能不能去反抗他，但是你從他們教書的過程當中，他可能犯一大堆錯的時候，發現他有說錯的地方，其實你就已經是一個很進步、很先進的一個台灣未來的希望，所以我祝福你的實習很順利，看能不能拼考到老師，這樣對台灣是更有作用的一個機會。以上幾點感想跟大家分享，謝謝！

薛化元：

主席，各位先進，我剛才主持這場，聽了沈老師還有其他老師的發表，以及配合韓國的教學對照，我認為其實台灣社會，無論是看待二二八也好、思考台灣前途也好，都過於「現實」考量，而欠缺價值觀的確定這是我們要去克服的。台灣人太過聰明，太過現實。有些人跟我說現在就是經濟差，所以大家對馬英九不滿意，那我可以說那你說現在壞，可能3年以後就會好一點。

16年前，有許多跟我一起寫文章的朋友，他們說：「我們現在很好，台灣很好，可以炒股票怎樣，中國都不行。」我

回答說：「如果有一天中國行怎麼辦？」你就會看到像現在這種情形。因此，價值問題的確立，是一件很重要的事情。台灣和中國最大的不同，就是對人權、對自由民主價值的確立，這個部分是很重要的，這個部分台灣只要能夠確立起來，就不用再煩惱二二八這種事情會再度發生。而確定對自由、民主、人權價值，普世價值的確立和深化，是避免這種事情在台灣再發生的一個根本面的、制度面的及價值面的建立。我們不能忘記二二八事件，就是要從這個角度出發。剛剛老師提及在教書，會面對很多壓力，有一則舊聞，提出來與大家一起分享。2007年的2月，我參加台灣智庫舉辦有關二二八民調的發表會，他們邀請我來參加，我看到了那個文獻，另外特別講了一些東西，我覺得這個應該特別傳播。2007年2月的那份民調，內容問到：「你認為每年紀念二二八會不會造成台灣的族群衝突和緊張？」那份民調是很清楚的顯示：「會。」不管你的立場是藍或者綠，他們都覺得你愈說就愈亂。但下面一題更有趣。「我們在討論二二八事件的責任歸屬，假如蔣介石是二二八的元凶，那我們追究他的責任，會不會造成台灣族群的衝突？」那份民調的結果相對於剛剛的問題，衝突反而下降。接著再看，「是哪些人認為說衝突會下降？」答案是：「大部分是國民黨或者是親民黨的支持者。」這個意思顯示：民調指說會造成族群的分裂等等，卻沒說明什麼才是造成分裂的原因。換句話說，就是「責任不清」，這是造成族群之間必須承擔責任的

一個原因。

其實應負責任的人負起責任，其他的人就不會有責任了。也就是因為講不清楚，說不明白，所以變成族群的責任。另外，我想提出有關台灣認同的問題，我認為這不應該建立在語言或歷史而已，僅有這樣的認同是不夠的。很多朋友都說：「你怎麼不說台語？」我回答說：「用語言來認定誰是愛台灣的，這樣子很危險！」台灣認同、台灣人的認同跟台灣國民的認同是不一樣的，須有台灣國民的認同，台灣的主體性才能夠確立，僅靠語言是很不妥當的！關於這點，跟大家分享我的感想，謝謝！

李敏勇：

二二八是一個沒處理完的歷史災難，假如真的處理完，台灣國家的重建，不會像現在這樣，陷入一個困難。這就讓我想到歷史處理的課題。從一方面來講是「政治」，但是要處理政治的背後，就是「教育」。教育能夠使我們時刻記憶，認識二二八這個歷史。還有另外一個就是文化在這裡面所扮演的角色。文化的扮演角色和教育所扮演的角色如果沒有成功，政治處理會變得非常地困難，難以肯定。我舉兩個例子，因為我自己對拉丁美洲還有對東歐洲的文學有很大的興趣，最近我去參加尼加拉瓜的桑定的一個國際的詩會，此時正好是尼加拉瓜桑定革命的30週年，而去年我在高雄出版一本書，裡面有一些收集是桑定遊擊隊遊擊隊員所寫的詩。帶領他們寫這些詩是桑

定革命成功後第1任的文化部長，叫卡得尼爾的詩人。他們的革命者所寫的詩，把獨裁政權對他們的壓迫和反抗，透過詩的文化活動，顯示深層意志和感情。如果看尼加拉瓜這個國家，擁有對他們自己改變獨裁政權的熱情和文化。尼加拉瓜有兩個最常看到的銅像，一個就是他們的革命之父桑定，他在75年前被美國人暗殺；另一個就是他們的詩人魯本‧達里歐。在機場裡面，就以這兩個人的像最大張；在都市、公園裡面，皆是這兩個人的銅像。他們的文化建構交織政治的變革。顯示他們文化在追求的價值。

第二，關於東歐洲，在1980年代，第1次開放民主選舉的時候，所有的東歐洲國家，都一次把改變了共產黨的統治體制，僅僅透過第1次選舉而已。蘇聯解體後，共產體制下的東歐洲，開放選舉，僅一次，沒有任何的例外。透過選舉決定改變，結束共產的政治體制。他們的選舉情況與台灣，是完全不一樣的！我想台灣是在經濟主義物質志向型的國家，在文化上完全沒有要建構一個近代、現代的國家文化價值的思維。這就是戰後統治體制之下，台灣社會最大的一個迫害，而這個迫害如果沒有文化建構去把它解除，我們永遠就是要去拜託我們的人投票給自我重建的人。我們應是去拜託大家支持一個能夠使我們台灣能夠實現主體性，不會再讓國家循環到像二二八的歷史的災難情況才對。我們應該要有一個好的國家，民主國家的價值，不然我們的政治變成我們要拜託投票，我想這點跟東歐

洲國家開放選舉狀況，完全是非常大的差別。正因為這樣，所以生活在這裡的台灣人陷入兩種情況，一個就是被害者的夢魘，一個是加害者的夢魘。關於二二八，那個經驗當然是我們的父親那一代的經驗，我在二二八事件後出生，張炎憲也是，我們都是在某個階段才知道二二八，「被害者的夢魘」—台灣人就好像一直被害，那個夢魘還存在；最可怕的是「加害者的夢魘」，因為事件責任的追究不清楚，歷史沒有處理，於是有一些外省人，認為自己好像被歸納為加害者的陣營，其實他不是加害者的陣營，因為真正有責任的人把責任掛在他們整個族群裡面，於是外省人就背負著加害者的責任，以為若有一天台灣人獨立，就要把他們丟進海裡面，我就曾經聽過這種說法。所以，台灣在被害者與加害者夢魘的糾葛和牢結裡面，我想所有在這裡的人，包括在國民黨這些搞不清楚狀況的人也是被害者。理論上，文化和政治不一樣，文化本來是一種價值的建構，它不是在追求一個權力的相對的東西。所有在做二二八這件事情的人，變成所有在台灣想要認同台灣，建構一個好的、幸福的國家，不管哪一個族群的人，都是一樣的想法，都要面對這樣的事情。如果沒有的話，我想少數的統治者也會在那種沒有未來的確定性價值裡面走一步算一步，變成漂流的、飄零的樣子。文化上的力量在台灣常常被忽視，藝術的力量常常在台灣被忽視，因為過度重視物質主義的社會裡面，我們常覺得說拿到很多錢就感覺到很安心，但是人不是只有靠這個東西就

可以建構被尊重的一個共同體、一個被尊重的國家。我們台灣應該在這個地方，召喚一種不願意面對這種歷史真相的少數，即所謂殖民的基本教義派殖民體制的那些人。重要的是，釐清二二八的歷史，就是人性的重建，因為二二八這種很高度的破壞性，造成一種社會的病因，人的善美跟真實沒有辦法顯現出來，演變成欺騙自己，或是在附和作共犯的結構裡面，所以這對人性的破壞。另外，對於二二八的歷史和教育，就是要重建一個正常的人性，知道什麼是對，什麼是錯，為了爭取追尋對的東西，去付出他的努力，這樣的話，人性的重建才會變成政治的改變，國家本身要追求沒有陰影的近代國家，才能夠真正地實現。要建構台灣的這個國家，須透過大家共同來努力，建構一個比較光明的社會，想要這樣生活的環境和國家，每一個人自己的當下要站出來，知道什麼是對的，改變成一個正常的、有善美、真實的意志與感情的台灣人！

謝謝大家。

議　程　表	
2009年2月26日（星期四）0910～1750	
時　間	活動內容
0830-0910	報　到	
0910-0930	開幕典禮	開幕致詞：陳錦煌先生（228基金會董事長）
0930-0945	主題演說	主講人：張俊雄先生
0945-1000	茶　敘	
1000-1200	主題：媒體觀點	主持人：朱立熙（228基金會董事、政治大學韓文系講師）
	子題1：從《人民導報》看戰後初期臺灣的族群與文化認同	發表人：吳純嘉（中興大學臺灣文學研究所行政組員） 與談人：李筱峰（國立台北教育大學臺灣文化研究所教授）
	子題2：廣播與收音機在二二八事件中的角色	發表人：石育民（東海大學歷史學研究所碩士） 與談人：李筱峰（國立台北教育大學臺灣文化研究所教授）
	子題3：二二八事件期間駐臺中國記者之報導析論	發表人：張耀仁（世新大學中文系講師） 與談人：林元輝（政治大學新聞學系教授兼傳播學院研究暨發展中心主任）
1200-1330	午餐時間	
1330-1445	主題：文化藝術	主持人：李敏勇（詩人、文化評論者）
	子題4：臺灣古典詩與二二八	發表人：顧敏耀（中央大學中文系講師） 與談人：李敏勇（詩人、文化評論者）
	子題5：再殖民的認同困境—李石樵的社會寫實繪畫〔市場口〕研究	發表人：潘桂芳（臺灣師範大學美術學系在職進修碩士） 與談人：謝里法（臺灣師範大學美術研究所教授、藝術家）
1445-1505	茶　敘	
1505-1750	主題：事件研究	主持人：張炎憲（228基金會董事、吳三連基金會董事）
	子題6：從「市參議員」到「悽慘議員」——論二二八事件前後的第一屆高雄市參議員	發表人：鄭志敏（輔英科技大學人文與管理學院副教授） 與談人：鄭梓（成功大學歷史系教授）
	子題7：二二八事件前本土菁英的參與障礙與其我群意識之形成	發表人：李汾陽（開南大學圖書館館長暨通識教育中心副教授） 發表人：倪仲俊（開南大學通識教育中心助理教授） 與談人：陳佳宏（臺灣師範大學臺灣史研究所助理教授）
1620-1630	休　息	
	子題8：二二八事件時期臺灣經濟危機之探討	發表人：翁嘉禧（中山大學中山學術研究所副教授） 與談人：劉孟奇（中山大學政治經濟學系副教授）
	子題9：再論蔣介石在二二八事件中的責任：由蔣介石在國共內戰的作為來分析	發表人：劉熙明（親民技術學院通識教育中心副教授） 與談人：陳儀深（228基金會董事、中央研究院近代史研究所副研究員）

議　程　表		
2009年2月27日（星期五）0930～1730		
時　間	活動內容	
0900-0930	報　到	
0930-1140	主題：轉型正義	主持人：陳儀深（228基金會董事、中央研究院近代史研究所副研究員）
	子題10：轉型正義的條件：「中正紀念堂更名事件」的文化社會學分析	發表人：陳雨君（臺灣大學社會所研究生） 與談人：蕭阿勤（中央研究院社會學研究所副研究員）
1010-1025	茶　敘	
	子題11：二二八與轉型正義	發表人：林欣怡（台北教育大學社會科教育學系研究生） 與談人：吳密察（成功大學台灣文學系、歷史系合聘教授兼台灣文學系系主任）
	子題12：轉型正義的法治課題及應有方向之探討	發表人：劉正祥（臺灣大學法律學研究所碩士） 與談人：莊國榮（政治大學公共行政學系助理教授）
1140-1240	午餐時間	
1240-1400	影片賞析	引言人：洪維健（導演）
1400-1410	休　息	
1410-1510	教育現場座談會（一）	主持人：戴寶村（政治大學台史所教授）
	二二八教學在國小實施的情況與困境－以苗栗縣山腳國小爲例	發表人：郭燕霖（苗栗縣山腳國小教師）
	國民小學社會學習領域二二八事件教學的困境與省思－以澎湖縣的一所國小爲例	發表人：陳志瑋（澎湖縣馬公市文澳國小教師）
	人權教育與二二八歷史教學	發表人：劉家君（屏東縣滿州國中教師）
1510-1525	茶　敘	
1525-1625	教育現場座談會（二）	主持人：薛化元（228基金會董事、政治大學台史所所長）
	臺灣史是誰的歷史?－以二二八事件教學爲例	發表人：陳淑媛（台北延平高級中學歷史科教師）
	在高中課堂上遇見臺灣史的傷口－談二二八歷史教學的過去與現在	發表人：沈育美（台北市立第一女子高級中學退休教師）
	518與43教育傳承之比較	發表人：鄭乃瑋（韓國漢陽大學中國研究所碩士）
1625-1635	休　息	
1635-1720	綜合座談	主持人：張炎憲（228基金會董事、吳三連基金會董事）
	引言人：李敏勇（詩人、文化評論者） 　　　　戴寶村（政治大學台史所教授） 　　　　薛化元（228基金會董事、政治大學台史所所長）	
1720-1730	閉幕式：張炎憲（228基金會董事、吳三連基金會董事）	

學者簡介

主講人、主持人、論文發表人、與談人簡介（依議程表順序）

主題演說	簡　　介	
張俊雄	學歷：1960年	臺灣大學法律學系法學組第一名畢業
	1960年	全國律師高考第一名及格
	2003年	韓國檀國大學名譽法學博士
	經歷：1962－1983年	執行律師業務
	1980年	美麗島事件軍法大審辯護律師
	1982－1986年	高雄市基督教青年會理事長
	1983－2000年	立法委員（6任）
	1986年	組黨十人秘密小組
	1986年	民主進步黨十八人工作小組
	1986－2000年	民主進步黨中常委、中執委
	1987－1988年	民主進步黨立院黨團首任幹事長
	1989－1996年	立法院司法委員會召集委員
		立法院內政委員會召集委員
		立法院交通委員會召集委員
	1990年	民主進步黨立院黨團召集人
	1998－1999年	民主進步黨立院黨團召集人
	2000年	陳水扁總統競選指揮中心總幹事
	2000年	總統府秘書長
	2000年	行政院副院長
	2000－2002年	第一次出任行政院院長
	2002年	總統府資政
	2002年	民主進步黨中央黨部祕書長
	2004年	陳水扁總統競選連任指揮中心總指揮
	2005年	立院民主進步黨最資深立法委員（第七任）
	2005年	財團法人海峽交流基金會董事長
	2007－2008年	第二次出任行政院院長

主持人	簡　　介
朱立熙	學歷：美國史丹福大學東亞研究所日本研究碩士 南韓延世大學大學院史學科〔研究〕 臺灣政治大學東方語文學系學士 經歷：為資深媒體人與東北亞問題研究者 歷任聯合報駐韓特派員 中國時報主筆 Taipei Times 總編輯 華視副總經理等職 現任：政治大學韓國語文學系、新聞系任教(1997.8-) 研究領域：國際傳播實務、東北亞國際關係、韓國史
李敏勇	學歷：中興大學歷史系 經歷：笠詩刊主編 臺灣文藝社長 臺灣筆會會長 鄭南榕基金會董事長 臺灣和平基金會董事長 圓神出版事業機構社長 現代學術研究基金會董事長 現任：詩人、文化評論者 領域：詩、散文、文學評論、文化評論 作品：《暗房》、《鎮魂歌》、《野生思考》、《戒嚴風景》、《傾斜的島》、《心的奏鳴曲》、《青春腐蝕畫》、《島嶼奏鳴曲》等等詩集。另有小說、散文、評論、研究集等五十多冊。

張炎憲	學歷：	日本國國立東京大學博士（1983年） 國立臺灣大學歷史研究所碩士（1974年） 國立臺灣大學歷史系學士（1970年）
	經歷：	清華、東海、台師大、國北師、中央、東吳、輔仁等大學兼任教授 臺灣歷史學會會長(1988年5月–2000年5月) 中央研究院社科所副研究員(1984–1993年) 中央研究院社科所研究員(1993–2004年) 總統府國史館館長(2000年5月20日-2008年5月20日)
	現任：	二二八事件紀念基金會董事 吳三連臺灣史料基金會董事
	研究領域：	「平埔族與漢人關係」、「日治時代臺灣政治社會運動」、「戰後臺灣政治運動史」、「二二八事件」、「一九五〇年代政治案件」等。
陳儀深	學歷：	政治大學政治研究所博士（1987年）
	經歷：	東吳大學專任講師（1984 － 1987年） 東吳大學副教授（1987 － 1988年） 臺灣教授協會秘書長/副會長 臺灣北社副社長
	現任：	臺灣教授協會會長（2009年） 二二八事件紀念基金會董事 中央研究院近代史研究所副研究員
	研究領域：	近代中國政治思想史、戰後臺灣政治史、政教關係
戴寶村	學歷：	臺灣師範大學歷史研究所博士 臺灣師範大學歷史研究所碩士
	經歷：	台北藝術大學傳統藝術研究所兼任教授 海洋臺灣文教基金會董事長 國家檔案管理委員會委員 台北市七星田園文化基金會董事 台北縣文獻諮詢會委員 高雄市文獻會委員 財團法人戒嚴時期不當審判補償基金會審查委員
	現任：	政治大學臺灣史研究所專任教授
	研究領域：	臺灣文化史、臺灣海洋史

薛化元	學歷：臺灣大學歷史研究所博士（1987－1992年） (Ph.D./National Taiwan University) 臺灣大學歷史研究所碩士（1982－1985年） (M.A./National Taiwan University) 政治大學歷史系學士（1978－1982年） (B.A./National Chengchi University) 經歷：國立政治大學歷史系教授兼主任 現任：政治大學臺灣史研究所所長 　　　二二八事件紀念基金會董事 　　　臺灣歷史學會理事長 研究領域：臺灣史、中國近代思想史、臺灣近代政治經濟史、憲政史
發表人	簡　　　介
吳純嘉	學歷：中央大學歷史研究所碩士 　　　東吳大學歷史學系學士 經歷：苗栗社區大學企劃專員 　　　康熙圖書股份有限公司社會科組長、教材研究員 　　　全人實驗高級中學社會科教師 　　　財團法人吳三連臺灣史料基金會秘書 現任：中興大學臺灣文學研究所行政組員 研究領域：臺灣史、二二八事件
石育民	學歷：東海大學歷史學研究所碩士 現任：東海大學碩士畢
張耀仁	學歷：政治大學新聞學研究所博士候選人 經歷：《聯合報》駐地方記者 現任：政治大學傳播學院兼任講師 　　　世新大學中文系兼任講師 研究領域：新聞史、市場導向新聞學、臺灣文學
顧敏耀	學歷：中央大學中文研究所博士班 現任：中央大學中文系講師 研究領域：臺灣古典文學、臺灣新文學

潘桂芳	學歷：臺灣師範大學美術學系在職進修碩士
	現任：台北縣立江翠國民中學專任教師
鄭志敏	學歷：臺灣師範大學歷史學博士
	現任：輔英科技大學人文與管理學院副教授
	臺灣醫學史學會秘書長
	大寮鄉文史協會籌備會主任委員
	研究領域：臺灣史、醫學史、婦女史
李汾陽	學歷：中國文化大學史學研究所博士
	經歷：臺灣海洋大學共同科歷史教學組兼任講師
	現任：開南大學圖書館館長暨通識教育中心專任副教授
	研究領域：歷史學、清史、中國近現代史、臺灣史
倪仲俊	學歷：美國賓夕法尼亞大學 (U. of Pennsylvania) 歷史學博士 (Ph. D)(1998 年~2008年)
	現任：開南大學通識教育中心專任助理教授
	研究領域：臺灣史、中國現代史、拉丁美洲史、國族主義及族群關係研究
翁嘉禧	學歷：中山大學社會科學博士(經濟組)
	經歷：中山大學中山學術研究所副教授 (2001年8月至今)
	現任：中山大學中山學術研究所副教授
	研究領域：臺灣經濟史、臺灣產業政策、中國經濟變遷、經濟思想史
劉熙明	學歷：台灣師範大學歷史學研究博士
	經歷：台北師範學院社教系兼任副教授
	中央大學歷史研究所兼任副教授
	中原大學兼任副教授
	東吳大學兼任副教授
	淡江大學兼任副教授
	立法院國會助理
	現任：親民技術學院通識教育中心專任副教授
	研究領域：台灣現代史、中國現代史
陳雨君	學歷：臺灣大學社會研究所研究生
	現任：臺灣大學社會研究所碩士三年級

林欣怡	學歷：台北教育大學社會科教育學系研究生
	經歷：台北市北政國中社會科教師
	現任：台北教育大學社會科教育學系碩士三年級
劉正祥	學歷：臺灣大學法律學研究所碩士
	經歷：講師、法學期刊編輯
	研究領域：憲法、行政法、轉型正義
郭燕霖	學歷：台北市立師院初等教育系（今台北市立教育大學）
	經歷：臺灣教師聯盟盟員
	核四公投促進會志工
	現任：苗栗縣山腳國小教師
陳志瑋	學歷：台北教育大學臺灣文學研究所碩士
	現任：澎湖縣馬公市文澳國小教師（社會科）
劉家君	學歷：台南大學文化與自然資源學系碩士
	現任：屏東縣滿州國中教師
陳淑媛	學歷：中央大學歷史研究所碩士
	現任：台北市私立延平高級中學歷史科專任教師
沈育美	學歷：臺灣師範大學大史研所暑修班結業
	臺灣師範大學大歷史系畢
	經歷：台北市立第一女子高級中學教師
	現任：台北市立第一女子高級中學退休教師
鄭乃瑋	學歷：韓國漢陽大學中國研究所碩士
	經歷：二二八基金會駐韓特派員
與談人	簡　　介
李筱峰	學歷：臺灣師範大學歷史研究所碩士
	經歷：世新大學通識教育中心專任教授
	《八十年代》雜誌執行主編，報社記者、編輯、主筆
	現任：國立台北教育大學臺灣文化研究所教授
	吳三連臺灣史料基金會董事
	研究領域：臺灣史、臺灣當代史、臺灣歷史人物析論

林元輝	學歷：美國威斯康辛大學麥迪遜校區哲學博士 日本國立東京大學大學院社會學研究科 政治大學新聞學系第36屆	
	經歷：財團法人新聞公害防治基金會董事第1、2屆 經濟日報國外新聞組副主任 輔仁、中正、成功等大學兼任副教授 中研院文哲所籌備處短期助研究員 聯合報東京記者	
	現任：政治大學新聞學系教授兼傳播學院研究暨發展中心主任、 碩士在職專班主任	
	研究領域：華人文化思想與傳播、新聞史、新聞文學、臺灣史	
李敏勇	詳見前述	
謝里法	學歷：臺灣師範大學藝術系 法國國立巴黎美術學院雕刻科 紐約普拉特版畫中心研究	
	現任：臺灣師範大學美術研究所教授	
	研究領域：藝術創作、美術史、文學寫作	
鄭 梓	學歷：東海大學史學碩士 臺灣大學歷史系	
	經歷：國會記者 雜誌主編 社論主筆	
	現任：成功大學歷史系所教授	
	研究領域：戰後臺灣政治發展史、臺灣議會運動史、臺灣近現代史、近代臺 海兩岸關係史、新聞評論學	
陳佳宏	學歷：臺灣師範大學歷史學系博士 輔仁大學歷史學系碩士	
	經歷：中央研究院臺灣史研究所博士後研究人員 臺灣師範大學歷史學系兼任助理教授 輔仁大學全人教育中心兼任講師、助理教授	
	現任：臺灣師範大學臺灣史研究所專任助理教授	
	研究領域：臺灣政治發展與變遷、臺灣獨立議題、海外臺灣人團體	

劉孟奇	學歷：臺灣大學經濟學研究所博士
	經歷：教育部「獎勵大學教學卓越計畫」諮詢委員
	青輔會兼任研究委員
	臺灣大學經濟學系兼任助理教授
	大葉大學休閒事業管理學系助理教授
	澳洲 Monash 大學訪問學人
	美國 Chicago 大學訪問學人
	現任：中山大學政治經濟學系專任副教授
	研究領域：政府治理與經濟發展、制度與經濟發展、資訊通信科技與經濟發展、經濟思想史、效率研究、高等教育政策、消費者行為
陳儀深	詳見前述
蕭阿勤	學歷：臺灣大學社會學研究所碩士
	美國加州大學聖地牙哥校區 (University of California, San Diego) (UCSD) 社會學博士
	經歷：中央研究院社會學研究所助研究員
	中央研究院臺灣史研究所籌備處助研究員
	中興大學社會學研究所兼任助理教授
	台北大學社會學研究所兼任助理教授
	現任：中央研究院社會學研究所副研究員
	清華大學社會學研究所兼任助理教授
	臺灣大學社會學系兼任教師
	專長：文化社會學與政治社會學，研究興趣為族群、民族主義、集體認同、集體記憶、歷史意識、時間、敘事、世代等。著有 Contemporary Taiwanese Cultural Nationalism (London: Routledge, 2000)、《回歸現實：臺灣1970年代的戰後世代與文化政治變遷》(台北：中央研究院社會學研究所，2008)。另外，與 John Makeham 合編 Cultural, Ethnic, and Political Nationalism in Contemporary Taiwan: Bentuhua (New York: Palgrave Macmillan, 2005)。

吳密察	學歷：東京大學大學院人文科學研究科博士課程修了
	經歷：國立臺灣歷史博物館館長
	國家台灣文學館籌備處代理主任
	臺灣大學歷史系教授
	行政院文化建設委員會副主任委員
	東京大學東洋文化研究所外國人研究員
	牛津大學中國研究所客座教授
	現任：成功大學台灣文學系、歷史系合聘教授兼台灣文學系系主任
	研究領域：臺灣史、日本近代史
莊國榮	學歷：德國慕尼黑大學法律學博士
	經歷：台灣經濟研究院副研究員、教育部主任秘書
	現任：政治大學公共行政學系助理教授
	研究領域：行政法、教育政策與法律、傳播政策與法律、憲法

影片介紹	簡　　介
洪維健	學歷：中興大學植物病理系畢
	經歷：1978-1980 台視文化採訪
	1980-1986 中國時報主編
	1988-1989 聯合晚報主編
	1989-1990 中影企劃組長
	1996-1997 TVBS 製作人
	1997-1998 三立電視主任
	1998-1999 大成報主編
	2000-2001 電影導演
	2002-2008 紀錄片導演
	作品：
	1980▲　台視連續劇【鐵血楊家將】製作人、編劇。
	台視單元劇【清宮煙雲】製作人、編劇。
	電影【孤戀花】編劇，根據白先勇小說改編，吳宇森策劃。
	1986▲　華視連續劇【朋友好久不見】編劇。
	1988▲　電影【傲空神鷹】編劇，金鰲勳導演，趙文瑄演出。

	1993 ▲	電影【南京1937】編劇，兩岸製作，秦漢，劉若英演出。
	1999 ▲	一千萬輔導金國片【天公金】編導。
	2001 ▲	敘述陳文成博士命案的【綠色玫瑰】獲選一百萬短片輔導金。
	2002 ▲	短片【綠色玫瑰】，獲得第25屆金穗獎。 短片【綠色玫瑰】入圍全世界34個影展，得了兩個獎，【義大利另類影展首獎】，和美國佛羅里達州獨立影展的WOW獎。
	2003 ▲	獲公視贊助拍二二八紀念碑紀錄片【碑情程式】。
	2004 ▲	【暗夜哭聲】獲得【國家文藝基金會】贊助，2005開拍。 公視人生劇場【蜜蜂】編劇。 完成HD高畫質紀錄片【風雲行館】。 完成【風雲黨產】講的是國民黨在臺灣的黨產，全長60分鐘。
	2005 ▲	完成【白色恐怖追思】講的是25位白色恐怖受害者，全長108分鐘，由「戒嚴時期不當審判基金會」2005年贊助製作。
	2006 ▲	完成【暗夜哭聲】講的是我母親白色恐怖受難的故事，全長98分鐘，由「國家文藝基金會」2006年贊助製作。
	2007 ▲	拍攝【就是那道光--臺灣燈塔全紀錄】，新聞局甄選高畫質記錄片。 完成【碑情推手】紀錄片。
	2008 ▲	拍攝【百年不孤寂】，新聞局甄選高畫質記錄片。完成【白色悲歌】講的是1950年一個前後長達10年的假案，匪諜案【于非案】，全長78分鐘，由「文建會」2008年贊助製作，從這個案子衍生出來的幾個，抓人關人殺人的大案子，包括人數最多的【蘇藝林案】，驚動台大校長的【台大學生姜民權案】，軍中牽連最複雜的【宮樹桐案】，還有牽扯不清的【王夢同案】和【梁鍾溽案】，以及5年後借題發揮的【張國維案】。
	2009 ▲	推出【風雲行館】續集、【蔣宮行館】。
引言人		簡　　介
李敏勇	詳見前述	
戴寶村	詳見前述	
薛化元	詳見前述	

二二八歷史教育與傳承學術論文集

發 行 人　陳錦煌

總 編 輯　楊振隆

執行主編　柳照遠

編輯校對　林昆鍾、賴亮竹

出　　版　財團法人二二八事件紀念基金會

地　　址　台北市北平西路3號3樓3021室

電　　話　02-2361-0028

傳　　真　02-2382-6280

網　　站　http://www.228.org.tw

指導單位　教育部

贊助單位　高雄市政府教育局

封面設計　行者創意事業有限公司

印　　刷　尚暐印刷事業有限公司

地　　址　台北縣板橋市板新路103號4樓之1

電　　話　02-2958-6010

出版日期　2009年6月初版

定　　價　新台幣450元

國家圖書館出版品預行編目資料

二二八歷史教育與傳承學術論文集 / 楊振隆總
編輯. -- 初版. -- 臺北市 ： 二二八基金會,
2009. 06
　　面； 　公分

ISBN 978-986-85106-2-3（精裝）

1. 二二八事件 2. 歷史教育 3. 文集

733. 291307　　　　　　　　98010832